History Sells!

HISTORY SELLS!

Hrsg. Wolfgang Hardtwig und Alexander Schug

 Franz Steiner Verlag Stuttgart, 2009

EINLEITUNG

WOLFGANG HARDTWIG und ALEXANDER SCHUG

»Geschichte war langweilig« – mit diesem Slogan auf einem Werbeplakat warb vor Jahren das Haus der Geschichte in Bonn für seine neue Dauerausstellung über die deutsche Geschichte nach 1945. Es verwies damit die aus alten Schulzeiten bekannte Paukerei von Jahreszahlen in die Vergangenheit. Die bunt und multimedial aufgemachte Ausstellung zeigte, dass Geschichte nicht nur in dicken Büchern und fachwissenschaftlichen Artikeln mit ausuferndem Anmerkungsapparat und Verweis auf eine vielleicht auch noch unsichere Quellenlage dokumentiert werden muss. Sie kann sich auch in der Strickjacke von Helmut Kohl medialisieren, die er bei seinen Gesprächen mit Gorbatschow 1990 im Kaukasus trug. Die Strickjacke gehört zu den Ausstellungsstücken im Bonner Haus, das seit seiner Gründung 1994 ein großer Publikumserfolg ist und jährlich fast eine Million Besucher anlockt. Das Haus der Geschichte und seine Präsentationen sind kein Einzelfall. Die optisch aufbereitete Geschichte boomt. Die Zahl der Besuche in historischen Museen ist insgesamt beträchtlich gestiegen. Mitte der 1970er Jahre besuchten rund 25 Millionen Menschen die deutschen Museen, heute sind es weit über 100 Millionen. Die meisten Besucher ziehen dabei die historischen Museen auf sich, einschließlich der heimat- und volkskundlichen, der Freilicht-, Burg- und Schlossmuseen sowie der kulturgeschichtlichen Spezialmuseen.

Nicht nur hier, auch in anderen Medien ist Geschichte zum Publikumsrenner geworden. Die Vergangenheit bietet sich zunehmend bunt, laut, interaktiv und zum Anfassen dar. Sie wird in kleinen Dosen verabreicht und immer reich bebildert oder freizügig nachgespielt. Aus Geschichte ist »History« geworden, besser noch: living history, die sich mit dem Entertainment-Anspruch zum Histotainment vereint und in Deutschland wie in vielen anderen Ländern einen ertragreichen Markt darstellt. Diese »History« wird der so genannten Kreativ- und Kulturwirtschaft zugerechnet, deren Stellenwert für das Bruttoinlandspro- dukt in Deutschland tatsächlich fast so bedeutsam ist wie der Stellenwert der Automobilindustrie.

Geschichte hat mittlerweile auch die Primetime der TV-Sender erobert. Guido Knopps Geschichtsserien im ZDF haben nicht nur Millionen Menschen gesehen, sie wurden auch in Dutzende Länder verkauft. Deutsche Geschichte, vor allem NS-Geschichte, ist dabei zum einträglichen Exportschlager geworden. In den 1970er Jahren waren geschichtliche Themen noch vor allem in den Dritten Programmen und im Schulfunk beheimatet – pädagogisch wertvoll aufbereitet. Selbst der amerikanische Vierteiler »Holocaust« lief 1979 noch in den Dritten, allerdings mit Einschaltquoten von über 40 Prozent. Praktisch jeder zweite deutsche Erwachsene sah damals die Serie. Damit war der Darstellung von Zeitgeschichte im Fernsehen der Durchbruch gelungen.

Auch am Zeitschriftenmarkt haben sich erfolgreich Formate für historische Themen etabliert. »PM-History«, »Geschichte«, »Geo Epoche« und »Damals« heißen die auflagenstärksten populärwissenschaftlichen Zeitschriften in Deutschland. 2005 legte die »Zeit« ein eigenes Geschichtsmagazin auf, 2009 zog der Spiegel mit der vier Mal jährlich erscheinenden Reihe »Spiegel Geschichte« nach. Dazu kommt noch eine ganze Serie spezialisierter Hefte: So zum Beispiel das Mittelaltermagazin »Karfunkel« oder die mehr als fragwürdigen Heftchen, die den Zweiten Weltkrieg – vor allem die Waffen der beteiligten Armeen – behan- deln; hinzu kommt eine fast nicht zu überblickende Reihe esoterischer Publikati- onen, die Exkursionen in die vorindustrielle Vergangenheit anbieten. Diese Hefte haben stabile und teilweise hohe Auflagen. So verkauften sich die erfolgreichsten Hefte von »Geo Epoche« zuletzt weit über 200.000 Mal.

Zielen die so genannten Wissenszeitschriften mehr auf ein männliches Pub- likum, richten sich die seit Jahren ebenfalls erfolgreichen Historienromane vor allem an weibliche Leser. Die unübertroffenen Renner auf diesem Gebiet, vor allem von Umberto Ecos »Der Name der Rose« (dt., 1982), der sich über 30 Millio- nen Mal verkaufte, und Dan Browns »Illuminati« (dt., 2003), sind allerdings nicht geschlechtsspezifisch zuzuordnen. In den letzten fünf Jahren wurden in Deutsch-

land jährlich etwa 1.300 historische Romane aufgelegt. Einer Studie des Börsen-vereins des deutschen Buchhandels zufolge interessieren sich 10 Prozent aller Leser explizit für diese Literaturgattung. Übertroffen wird das Genre in der Publikumsgunst nur von den »heiteren Romanen« und den »Krimis«.

Längst hat sich die Geschichte auch im neuesten Medium, dem Internet, ihren Platz erobert. Hier warten nun nicht mehr nur redaktionell aufbereitete Inhalte auf die User, diese werden neuerdings im sogenannten Web 2.0 mit seinen interaktiven Möglichkeiten selbst zu Geschichtsschreibern und Berichterstattern; so beispielsweise bei www.einestages.de, einem Angebot der Spiegel-Verlagsgruppe, bei dem das Konzept des »user generated contents« exemplarisch umgesetzt und monetarisiert wird. Jede und jeder kann aus ihrem oder seinem Leben und vermeintlich »historischen« Erlebnissen oder Begegnungen schreiben und diese Beiträge posten. Die Community erfreut sich an den unterhaltsamen Geschichten und kommentiert sie. Die besten geposteten Beiträge hat der Spiegel erst kürzlich in die Offline-Welt befördert und sie in einem bebilderten Magazin wieder in den Zeitschriftenhandel gebracht.

Den Expertinnen und Experten, den universitären und den in Grenzbereichen von Wissenschaft und Infotainment arbeitenden Historiker_innen, die sich nach wie vor der Wissenschaft verpflichtet fühlen, mögen sich angesichts dieser Entwicklungen eine ganze Reihe von kritischen Fragen stellen. Denn was wird aus »der Geschichte«, wenn sie derart vermarktet und feilgeboten wird? Welche Geschichtsbilder entstehen, wenn nicht Aufklärung und Information, sondern ein gehöriges Maß an Unterhaltung den Hauptantrieb zur Auseinandersetzung mit Geschichte bildet?

Geschichte – auch die universitäre Geschichtsschreibung und die Vertreter des Fachs – muss sich inzwischen auf einem Markt behaupten, auf dem mit immer schärferen Mitteln um die Aufmerksamkeit von Lesern und Zuschauern gerungen wird. Der Professor alten Schlags hat es in Zeiten dieser Aufmerksamkeitsökonomie zunehmend schwer, Gehör zu erlangen, wenn er es nicht zumindest ins Feuilleton der FAZ oder der Süddeutschen Zeitung schafft und ab und an im Deutschlandradio befragt wird. Längst hat sich an den Hochschulen das Hochschulmarketing etabliert. Eine steigende Anzahl von PR-Arbeitern in den Pressestellen bemüht sich bereits um »speaking opportunities« für die Lehrenden in den Medien und der Öffentlichkeit. Solche immer noch professionell fundierten Beiträge zu geschichtlichen Themen stehen jedoch in direkter Konkurrenz zu Talkshows – bei denen auch immer noch der eine oder andere »Experte« seinen Auftritt haben mag (wenn auch kaum aus der Geschichtswissenschaft) – Modemagazinen und Kriminalfilmen. Diese Konkurrenz hat selbstverständlich Auswirkungen auf die Art und Weise, wie von den Ereignissen der Vergangenheit berichtet wird. Geschichte ist eben Teil des Infotainment geworden.

Der Begriff »Infotainment« wurde von dem amerikanischen Soziologen Neil Postman geprägt. Er kritisierte schon 1985 die zunehmende Vermischung von Entertainment und Information in den Medien, bei der echte Information zu kurz komme und nur Scheinwissen vermittelt werde. Inzwischen haben die so Kritisierten den Begriff jedoch freundlich adaptiert und umgedeutet. Sie wollen

Infotainment als unterhaltsame und über diesen Weg erfolgreiche Wissensvermittlung verstanden wissen. Histotainment als besondere Ausprägung des Infotainments tritt nunmehr oftmals mit dem Versprechen auf, Bildung ohne Anstrengung zu vermitteln – wie bei Geräten, die Muskeln ohne Anstrengung versprechen, warnen jedoch die Kritiker nicht zu Unrecht. Die mediale Geschichtsinszenierung dramatisiert, personalisiert und vereinfacht. Sie präsentiert lineare, chronologische Narrative, die der Komplexität moderner Gesellschaften kaum gerecht werden. Sie verspricht problemlose Orientierung in der Unübersichtlichkeit der Postmoderne und macht damit auch eingängige Identitätsangebote. Es ist zu vermuten, dass eben darin ein Hauptgrund für die Attraktivität populärer Geschichtsdarstellungen liegt. Die Geschichtswissenschaft, die korrigierend eingreifen könnte, hat sich jedoch weitgehend aus der öffentlichen Debatte zurückgezogen. Gewiss – immer mehr akademische Historiker werden in Sendungen wie »Die Deutschen« als »Experten« ins Bild gesetzt und freuen sich, irgendeinen 10- oder 30-Sekunden-Satz in die Kamera sprechen zu dürfen. Trotzdem – oder gerade deswegen – kann man sich des Eindrucks kaum erwehren, dass sie noch nicht wirklich im Medienzeitalter angekommen sind. Jedenfalls fällt es den meisten schwer, sich mit dem Interesse des großen Publikums an Geschichte ernsthaft und verstehend auseinanderzusetzen. So bietet etwa die Darstellung der DDR-Geschichte ein prominentes Beispiel dafür, dass die Wissenschaft kaum gegen den in Super-Illu oder im History Channel geführten populären Geschichtsdiskurs ankommt. Wissenschaft und Hochkultur auf der einen und Populärkultur mit ihrem oftmals konsumistischen Kern auf der anderen Seite scheinen unvereinbar zu sein.

Allerdings kann es sich die Geschichtswissenschaft heute nicht mehr erlauben, an den Angeboten populärer Geschichtsinszenierung als marktrelevantem Sektor der Wissensproduktion vorbeizugehen – umso weniger, je mehr sie sich, durchaus nicht ohne Berechtigung, darüber ärgert. Wirkungsmächtige Geschichtsbilder werden heute mehr denn je außerhalb der Universitäten produziert und prägen die Geschichtskultur. Mit diesem Sachverhalt, so wie er sich heute darstellt, darf sich die Wissenschaft nicht einfach resignierend abfinden. Die Produktion von Geschichtsbildern, wo immer sie stattfindet, muss sehr viel stärker als das heute geschieht, Gegenstand der wissenschaftlichen Reflexion werden. Hier setzt der vorliegende Sammelband an. Er will das stark ausdifferenzierte Feld populärer Geschichtsangebote ohne Verzicht auf Qualitätsansprüche sichten und probehalber ordnen. Als begriffliche Klammer dient der Terminus »Angewandte Geschichte«.

Im Folgenden wird darunter ein Geschichtsverständnis und eine Art und Weise der Geschichtsvermittlung verstanden, die sich zum großen Teil, aber nicht ausschließlich, außerhalb des akademischen Betriebs bzw. verwandte Institutionen findet. Die Angewandte Geschichte hat in den letzten Jahren einen rasanten Aufschwung genommen, ist allerdings auch keineswegs vollkommen neu. Zur Angewandten Geschichte gehören historische Festivals, Geschichtsparks, das History Marketing sowie andere Formen der Geschichtsvermittlung, die sich – nach akademischen Maßstäben – unkonventioneller Medien bedienen und damit auch nicht mehr als klassische Geschichtsschreibung in Texten zu verstehen sind. Die Themen und Medien der Angewandten Geschichte sind andere als die der universitären Geschichtsschreibung. Sowohl die spezifische Multi-Medialität als auch das ausdifferenzierte Themenspektrum der Angewandten Geschichte gehen einher mit der deutlichen Intention zur Popularisierung ihrer Inhalte und damit oftmals auch zu einer verstärkten Ausrichtung von Inhalt und Form auf den Markt. Dieser verstärkte Bezug auf den Markt – und damit auch eine verstärkte Abhängigkeit vom Markt – ist durchaus als integrales Definitionsmerkmal zu verstehen.[4]

Angewandte Geschichte hat sich im angelsächsischen Raum seit den 1970er Jahren etabliert, vorzugsweise unter dem Namen »public history«. Sie wird dort auch vielfach bereits als Lehrfach an Universitäten angeboten, als Anleitung zu ihrer Praxis ebenso wie als Gegenstand wissenschaftlicher Analyse. Angewandte Geschichte als universitäres Lehrfach erweitert die Perspektiven der Geschichtsdidaktik um die außerschulische, außeruniversitäre und außermuseale Vermittlung von Geschichte und erhebt den Anspruch, auf das Feld dieser Geschichtsbildproduktion mit den eigenen Qualitätsmaßstäben einzuwirken. Es wird der Geschichtswissenschaft auch hierzulande gut tun, diesen Weg bewusst und energisch zu gehen. Tut sie das nicht, gibt sie einen zunehmend wichtigen Bereich der Auseinandersetzung über Geschichte preis und büßt weiter an kultureller, gesellschaftlicher und politischer Relevanz ein.

Heute stellt sich die Frage, ob es sich bei der Konjunktur der Angewandten Geschichte um eine bloße – durchaus positiv zu bewertende – Erweiterung und Ausdifferenzierung des historischen Feldes handelt oder ob letztlich die universitäre und die außeruniversitäre Geschichtsdarstellung um die Deutungsmacht bzw. – in der hier gewählten Terminologie – um Marktanteile kämpfen. Möglicherweise ist beides der Fall – was die Einstellung zur Angewandten Geschichte nur noch weiter kompliziert. In der Aufmerksamkeitsökonomie der Mediengesellschaft hat die universitäre Geschichtsschreibung sicherlich das Nachsehen gegenüber historischen PC-Games, Geschichtsbilderbüchern, Reality-Dokus oder der spektakelhaften Inszenierung bei Geschichtsfestivals. Das Histotainment trägt unverkennbar einem starken Bedürfnis heutiger Gesellschaften Rechnung: Es will – wie der Name schon sagt – unterhalten und geht damit von einem völlig anderen Ausgangspunkt, aber auch von völlig anderen Zielvorstellungen aus als die in den letzten 500 Jahren gewachsene Geschichtswissenschaft. Diese anderen Prämissen sind aber ohne schweren Schaden für ihre Wirkungschancen von der Geschichtswissenschaft nicht mehr zu ignorieren.

Ein kurzer Rückblick auf die Geschichte des akademischen Fachs macht die Diskrepanz zwischen akademischer Geschichtsschreibung und Angewandter Geschichte deutlich. Geschichte etablierte sich nach einem langen Verlauf im Kontext anderer Fächer als selbstständige akademische Disziplin seit dem ausgehenden 18. Jahrhundert. Im Lauf des 19. Jahrhunderts institutionalisierte und verwissenschaftlichte sie sich zunehmend, nachdem eigene Lehrstühle eingerichtet worden waren, die Gründungsväter des Fachs die theoretischen

Grundlagen, die Methoden und das Gegenstandsfeld nach außen abgegrenzt und nachdem die Nachfolgegenerationen die Binnendifferenzierung vorangetrieben hatten. Die Grenzen zu vor- und nicht-wissenschaftlicher Beschäftigung mit Geschichte blieben fluide, jedoch lehrte die entstehende Geschichtswissenschaft in Abgrenzung zu nicht-wissenschaftlichen Darstellungen der Vergangenheit, das Wissen prinzipiell kritisch zu prüfen, zu vermehren und – wenn auch keineswegs ohne damit auf Protest zu stoßen – auf holistische Deutungen zu verzichten. Durch systematische Forschung, durch Bildungsabsicht und Reflexivität unterlief diese Geschichte als wissenschaftliche Disziplin vormoderne Weltbilder. Dabei transformierten die professionellen Historiker schon des 18., vor allem aber des 19. und 20. Jahrhunderts – aufs Ganze gesehen – eine ältere Art von Geschichtsschreibung, die vor allem von vereinzelten, zufälligen, interessanten, insgesamt kontingenten Tatsachen berichtet hatte und bemühten sich, das Individuelle an Strukturen und langfristige Verlaufsprozesse zu binden, wenn nicht gar, es dadurch zu verdrängen. Bis zum Beginn des 20. Jahrhunderts entstand somit – entlang bildungsbürgerlicher Kriterien – eine klare, konsensgestützte und ihrerseits konsensbildende Vorstellung von historischer Bildung, von ihren Voraussetzungen und von den Bedürfnissen, die diese Form von Geschichte befriedigte.

Diese, später historistisch genannte, Geschichtsschreibung etablierte sich als ein richtungsweisendes Element des öffentlichen Meinungsbildungsprozesses. Historiker, heute auch Historikerinnen, stiegen zu den gesuchtesten Interpreten der gesellschaftlich-politischen und kulturellen Zustände auf. Die Frage nach dem Nutzen oder auch Nachteil dieser Art von Historie stellte sich nur bei intellektuellen Außenseitern.

Der gesellschaftliche Orientierungsanspruch der Historiker mit ihren kanonisierten Kriterien von Wissenschaftlichkeit (Wahrheitspostulat, Systemcharakter, Ableitungscharakter) bestimmte auch die universitäre Geschichtsschreibung mit, die die Ergebnisse einer systematisierten und zunehmend arbeitsteiligen Forschung einer bürgerlich-gebildeten Öffentlichkeit präsentieren sollte. In der sich pluralisierenden Gesellschaft traten dabei durchaus unterschiedliche Gelehrtentypen auf: der politische Professor des deutschen Vormärz und der Reichsgründungsphase, der Gelehrten-Politiker im Kaiserreich, der in Kategorien von Arbeitsteiligkeit und Wissenschaftsorganisation denkende Großgelehrte, wie ihn Theodor Mommsen und Max Weber verkörperten; ein asketischer Kontemplator wie Jacob Burckhardt begnügte sich in diesem Berufsfeld konsequenterweise mit der Rolle eines Außenseiters. Der Aktionsrahmen der professionalisierten Historiker war wesentlich durch die wechselnden Ziele und Interessen von Staat und Politik beeinflusst, die aus ihrem kulturell-politischen Selbstverständnis heraus die historische Forschung organisierten und finanzierten. Das hatte zur Folge, dass das historische Interesse vielfach auf die Themenfelder Staat, Nation, internationale Beziehungen (also auch Krieg und Frieden), Individualität und sozialer Wandel absichtsvoll fokussiert wurde. Ein von der bürgerlichen Kultur geprägtes, universitätsgebildetes Publikum fragte solche Geschichtserzählungen lebhaft nach.[5]

Gegenüber dem 19. und vielfach auch noch dem 20. Jahrhundert haben sich der Umfang, die soziale Struktur, die Bildungsvoraussetzungen, die Erkenntnis- und Unterhaltungsinteressen inzwischen weitgehend geändert. Die moderne »Massenkultur« – das Wort soll hier keinerlei abwertenden Beigeschmack haben – trat im 20. Jahrhundert neben die bürgerlich-aristokratische Hochkultur und verdrängte oder veränderte diese weitgehend. Der neuhumanistische Bildungskanon verlor seine gestaltende, disziplinierende, aber auch ausgrenzende Kraft. Der Aufstieg der modernen Technik und ihre umfassende Präsenz verschob und verschiebt weiter die Ausbildungsinteressen zu den naturwissenschaftlich-technischen Disziplinen und ihren Anwendungsfeldern. Die neuen Medien revolutionierten die Informations-, Kommunikations- und Unterhaltungsangebote. In der modernen Wissensgesellschaft – wie immer sie im Einzelnen aussehen und wo immer ihre Probleme liegen mögen – flacht sich die Hierarchie zwischen Kultur- bzw. Sinn-Produzenten und -Konsumenten ab, ungeachtet allen unvermeidlichen ›Fachmenschentums‹. Varianten populärer Geschichtsvermittlung gab es auch in der bürgerlich-industriellen Gesellschaft des 19. und 20. Jahrhunderts. Auf dem Markt erfolgreiche Geschichtsschreibung von Autoren außerhalb der Universität und publikumsbewusste Geschichtsdarstellung von Professoren lagen im 19. und frühen 20. Jahrhundert vielfach nahe beieinander. Aber die Herausforderungen an die Geschichtsbildproduzenten haben sich unter den genannten Bedingungen der heutigen demokratisierten Informations- und Mediengesellschaft substanziell geändert.

Diese Bedingungen will der hier vorgelegte Sammelband vorläufig bilanzieren und kommentieren. Wenn es im geplanten Sammelband um die Angewandte Geschichte, ihren theoretischen Referenzrahmen und ihre Praxis in Abgrenzung zur Geschichtswissenschaft mit ihren zitierten Traditionen geht, dann liegt die Frage nahe, wie Geschichtsbilder und Geschichtskulturen aussehen, die durch eine publikumsorientierte Geschichtsdarstellung geprägt sind. Wie verändert sich durch Angewandte Geschichte die kulturelle Formung und die gesellschaftlich-politische Funktion der Geschichtsdarstellung? Provozierend könnte man angesichts der Etablierung der Angewandten Geschichte, der gestiegenen Zahl freiberuflicher Historiker und wachsender Umsätze auf dem Markt der Angewandten Geschichte fragen: Liegt die Zukunft der Historiker vielleicht mehr in der Produktion von Content für PC-Games, bei der Beratung von Fernsehproduzenten oder der Organisation von History-Festivals als bei der wissenschaftlichen Forschung, Darstellung und Lehre in Universität und Schule? Wie pendelt sich das Verhältnis zwischen akademischer Forschung und Darstellung einerseits und marktabhängiger Geschichtsbildproduktion jenseits des altetablierten akademischen Büchermarktes andererseits ein? Wird aus dem Historiker, wie ihn das 19. Jahrhundert hervorgebracht hat, ein Event- und Content-Manager, dem der Habitus eines asketischen Kontemplators, aber auch eines Gelehrten-Politikers und selbst eines immer noch primär erkenntnisorientierten Wissenschaftsmanagers völlig fern steht? Was sind überhaupt die Axiome einer nicht-wissenschaftlichen Geschichtsvermittlung? Geht es auch in der populären, marktorientierten Angewandten Geschichte zumindest im Kern um herkömmliche und vielleicht altmodisch klingende Sinnangebote wie Wahrheitssuche, gesellschaftlich-politische Orientierung, kulturelles Interesse, »Bildung« und Identitätsstiftung? Oder etabliert sich gerade eine Dominanz der Unterhaltungsinteressen, die dann auch auf das wissenschaftliche Feld zurückwirkt und dessen Legitimität und Nutzen genauso in Frage stellt wie die Suche nach »historischer Wahrheit«?

Diesen Fragen geht der vorliegende Sammelband in kurzen und pointierten Essays nach. Bewusst haben die Herausgeber Autorinnen und Autoren aus Wissenschaft und Praxis in diesem Band vereint, um das breite Spektrum der Diskussionen deutlich zu machen und aufzuzeigen, wo Schnittmengen zwischen beiden Denk- und Interessenrichtungen existieren. Im ersten Kapitel beschäftigen sich die Autorinnen und Autoren mit den Funktionen, Perspektiven und Selbstverständigungsdebatten der Geschichtswissenschaft und der Angewandten Geschichte. Grundsätzliche ethische Fragen werden ebenso diskutiert wie die Eigenart der Wissenstransformation in neuen Medien wie Computerspielen, Comics oder Reenactments. Die Beiträge im zweiten Kapitel arbeiten heraus, dass die Diskussionen über »populäre« Geschichtsdarstellung nicht neu sind. Ihre Ergebnisse legen nahe, kulturpessimistische Sichtweisen auf die aktuelle Lage von Geschichtsforschung und -vermittlung mit Vorsicht zu genießen. Historische Unterhaltungsliteratur und Visualisierungsangebote etwa in Panoramen und Filmen prägten die Geschichtskultur des 19. und 20. Jahrhunderts ebenso wie die allerdings noch stark an der Wissenschaft orientierten alternativen, aber auch Laien offen stehenden Geschichtswerkstätten der 1980er Jahre. Das dritte Kapitel bietet eine Vielzahl an Praxisbeispielen, wie und von wem Geschichte inszeniert wird. Dazu gehören Fallstudien zu privaten Museen zur DDR-Geschichte, Geschichtsagenturen, die Diskussion von Projekten zur online-basierten interaktiven Geschichtsschreibung und zu neuen Vermittlungsansätze in öffentlich finanzierten Museen und bei Bildungsträgern wie der Bundeszentrale für politische Bildung, aber auch bei privaten Geschichtsangeboten von Vereinen und Stiftungen.

Im vierten Kapitel schließlich werfen die Autoren einen Blick auf das Angebot populärer Geschichtsdarstellungen außerhalb Deutschlands. Hier werden – ohne Anspruch auf Repräsentativität – Beispiele aus den USA, Großbritannien, Polen und der Schweiz diskutiert.

Der hier vorliegende Sammelband kann und will keine irgendwie vollständige Darstellung der Angewandten Geschichte, ihrer Träger, Konzepte, Ansprüche, Formen und Probleme sein. Er beschränkt sich auf den Versuch, ein neues Beobachtungs- und auch Forschungsfeld der Geschichtswissenschaft vorläufig zu sondieren und die Diskussion darüber zu stimulieren. Die Herausgeber verbinden damit aber durchaus auch die Absicht, eingefleischte Abwehrreflexe gegenüber der Populär- und Konsumkultur zu brechen oder zumindest unter Kontrolle zu bringen und zur Auseinandersetzung über Chancen und Risiken dieser Geschichtsbildproduktion anzuregen. Die Diskussion über die zahlreichen, oft spannenden, kreativen, didaktisch wertvollen, häufig aber auch fragwürdigen multimedialen Geschichtsangebote sollte jedenfalls entschieden forciert werden.

1 Beier-de Haan, Rosemarie, Erinnerte Geschichte – Inszenierte Geschichte, Frankfurt/Main 2005, S.12.
2 Bundesministerium für Wirtschaft und Technologie (Hg.), Gesamtwirtschaftliche Perspektiven der Kultur- und Kreativwirtschaft in Deutschland. Kurzfassung eines Forschungsgutachtens im Auftrag des Bundesministeriums für Wirtschaft und Technologie, Forschungsbericht Nr. 577, Berlin 2009, S.3.
3 Postman, Neil, Wir amüsieren uns zu Tode, Frankfurt/M. 1985.
4 Schug, Alexander, History Marketing. Ein Leitfaden zum Umgang mit Geschichte in Unternehmen, Bielefeld 2003.
5 Hardtwig, Wolfgang, Geschichtskultur und Wissenschaft, München 1990.

1. KAPITEL

ANGEWANDTE VORGESCHICHTE

Das menschliche Gen zwischen Naturwissenschaft, Öffentlichkeit und Markt
MARIANNE SOMMER

Mit dem Begriff der angewandten Vorgeschichte möchte ich einen in den Analysen des Geschichtsbooms bislang vernachlässigten Aspekt ins Zentrum der Aufmerksamkeit rücken: Anwendungen einer biologisch fundierten und naturwissenschaftlich rekonstruierten Geschichte. Denn im 21. Jahrhundert sind Naturwissenschaftlerinnen erfolgreich dabei, sich die traditionelle Deutungsmacht der Historiker als Lieferanten von identitätsstiftenden Herkunftsnarrativen anzueignen. Wenn die angewandte Geschichte sich dadurch auszeichnet, an althergebrachte Bedürfnisse anzuknüpfen, die durch jüngere Entwicklungen akzentuiert auftreten, dann scheinen darin insbesondere die Lebenswissenschaften zu reüssieren. Der Anspruch der Naturwissenschaft auf die Wahrheit darüber, wer wir sind und woher wir kommen, greift mannigfaltig in gesellschaftliche Prozesse der Identitätspolitik ein. Insbesondere die Genetik verspricht

eindeutige Antworten und objektives Wissen bezüglich grundlegender Mensch-
heitsträume. Dabei geht das Versprechen über die Machbarkeit von Schönheit,
Gesundheit und langem Leben hinaus. Die Medienpräsenz jener Naturwissenschaften, welche die Evolution des Menschen und der Menschen zum Gegenstand haben, macht deutlich, dass es längst nicht nur die Geschichte humani-
stischer Provenienz ist, die mit neuen Anwendungen Märkte kreiert. So erzählt
zum Beispiel die Humanpopulationsgenetik von den Ursprüngen und
Geschichten von Klans, Stämmen, Ethnien, Rassen und Nationen.

Im Sinne von »big anthropology«, die auf der Basis der genetischen Variabilität
zwischen lebenden Populationen die evolutionäre Geschichte der Menschheit
rekonstruieren will, geht die anthropologische Genetik auf den Aufruf zum
»Human Genome Diversity Project« (HGDP) in »Genomics« von 1991 zurück.[1]
Einer der Initiatoren, der italienische Populationsgenetiker Luca Cavalli-Sforza,
gehört seit den 1960er Jahren zu den Pionieren der humanpopulationsgene-
tischen Forschung. Er studierte die Beziehungen zwischen Migrationsmustern
und Blutgruppenverteilungen und war auch an der Entwicklung der Methoden
zur ›Stammbaumerstellung‹ beteiligt.[2] Das Verständnis des Gens als Geschichtsdokument, welches gar als ›herkömmlichen Geschichtsdokumenten‹ überlegen
postuliert wird, ist denn auch nicht erst das Produkt der genetischen »big
anthropology«. Die Vorstellung, dass die Gene die authentischsten Träger der
menschlichen evolutionären Vergangenheit sind, ging vielmehr der Möglichkeit
deren direkter Analyse voraus. Sie stammt aus den Anfängen der Anwendung
molekularer Verfahren auf die Phylogenese und Evolution der Primaten in Form
von Proteinvergleichen in den 1960er Jahren. Zunehmend beriefen sich die
molekularen Anthropologen auf die größere Objektivität ihrer quantitativ-tech-
nischen Verfahren gegenüber einer notorisch von Befangenheit gekennzeichne-
ten physischen Anthropologie.[3] Es sollte jedoch bis in die zweite Hälfte der
1980er Jahre dauern, bis die Technologien zur groß angelegten statistischen
Untersuchung der genetischen Diversität der Menschheit zur Verfügung stünden
und damit ein HGDP in den Bereich des Möglichen rückte.

Bis heute sind zahlreiche kleinere und ehrgeizigere Projekte in die Fußstapfen
des HGDP getreten; so etwa das »African Ancestry« Projekt und nationale
populationsgenetische Unterfangen wie das »Irish Origins« Projekt. Von besonderem Interesse für die Betrachtung angewandter Vorgeschichte ist, dass sich
diese mitunter durch die Möglichkeit der öffentlichen Teilnahme auszeichnen.
So verbindet zum Beispiel das »Genographic Project« ein humanpopulationsge-
netisches Ganzheitsvorhaben mit dem Markt der genetischen Genealogie. Das
von »National Geographic«, IBM und der »Waitt Family Foundation« unterstützte
Projekt besteht aus drei Teilen: Erstens dem Vorhaben, DNA von indigenen, also
so genannten ›isolierten‹ Populationen zu sammeln und durch deren vergleichende Analyse die evolutionäre Geschichte der Menschheit zu rekonstruieren.
Zweitens hat das Projekt einen kommerziellen Teil, in welchem die westliche
Bevölkerung aufgerufen wird, gegen Bezahlung die eigene DNA analysieren und
in den menschlichen Stammbaum einreihen zu lassen. Aus diesem Geld soll
drittens das Überleben indigener Kulturen unterstützt werden. Hier haben wir

es also mit Identität als Ware in neuen Formationen aus Lebenswissenschaften, Öffentlichkeiten und Märkten zu tun.[4]

Das mit dem »Genographic Project« assoziierte »Family Tree DNA« Unternehmen ist bei Weitem nicht der einzige kommerzielle Anbieter von genetischen Vorfahrentests. Die besonders im anglophonen Raum aktiven Firmen wie »DNAPrint Genomics«, »Genelex«, »GeneTree«, »Oxford Ancestors« und »Relative Genetics™« ordnen den individuellen Kunden in den menschlichen, europäischen oder nationalen Stammbaum ein und geben Auskunft über ethnische Identität. Gegen Bezahlung und einen Mundabstrich soll der Kunde erfahren, ob und zu wie vielen Prozenten er »Native American« ist, oder ob er von der jüdischen Priesterkaste der Kohanim abstammt. DNA-Abschnitte einer afroamerikanischen Kundin werden zum Beispiel auf Zugehörigkeit zu bestimmten afrikanischen Populationen geprüft. Ein Y-Chromosomentest kann demgegenüber eine Abstammung von den Wikingern oder den Kelten verraten; vielleicht gar eine direkte Nachkommenschaft von Dschingis Khan. Aber das ›Archiv‹ der DNA reicht weit vor solch mythisch aufgeladene ›Väter‹ und ›Völker‹ zurück und ordnet die Kundin im prähistorischen Stammbaum der mitochondrialen Eva ein, unser aller afrikanischer Urmutter. Die Behauptung, dass die Genetik dabei Lücken im historischen Archiv füllt, ist eine gängige Rhetorik. So erklärt der Gründer und wissenschaftliche Direktor der »African Ancestry Inc.«: »Science and technology now provides a bridge to the past. Technological advances in DNA technology now open up new and unprecedented opportunities for African Americans to fill centuries of old voids in knowledge of their family history.«[5] Weder populationsgenetische Großprojekte zur Rekonstruktion der irischen ›Völkergeschichte‹ oder der menschlichen Migrationen schlechthin noch die individualisierte genetische Genealogie sind ohne die Rhetorik des Gens als Geschichtsdokument denkbar.

Im Folgenden möchte ich die Betrachtungen zur Populationsgenetik als neue Erscheinungsform der angewandten Vorgeschichte an einem Beispiel vertiefen. Dabei interessiert insbesondere ihr Verhältnis zu anderen Geschichtsformen. Die Verstrickung von akademischer Naturwissenschaft, kommerzialisierter Geschichte und öffentlich-medialer Verbreitung und Partizipation werden am Beispiel der Forschung, der Publikationen und der »genetic ancestry tracing« – Firma des renommierten britischen Genetikers Bryan Sykes besonders deutlich. Seine Genetik ist auch durch die sinnstiftende Funktion für den Konsumenten angewandt, und damit explizit weltanschaulich perspektiviert.

POPULATIONSGENETIK ALS ANGEWANDTE VORGESCHICHTE: »OXFORD ANCESTORS« Bryan Sykes ist Genetikprofessor am »Institute of Molecular Medicine« der Universität Oxford. Obwohl er seine Karriere in der medizinischen Forschung begann, ist er zu einem bedeutenden Populationsgenetiker geworden. Er wandte die von Allan Wilson, Rebecca Cann und Mark Stoneking in den 1980er Jahren entwickelte Methode, die zum »African Eve«- Modell der menschlichen Evolution führte, auf europäische Populationen an.[6] Die »African Eve«-Theorie basiert auf der vergleichenden Analyse mitochondrialer DNA-Sequenzen (mtDNA) von etwa 150 Menschen, die

»African«, »Asian«, »Australian«, »Caucasian« und »New Guinean« Populationen zugeschrieben wurden. Sie besagt, dass die mtDNA der heute lebenden Menschen auf eine einzige Sequenz vor circa 200.000 Jahren zurückgeht. Diese mtDNA-Sequenz habe sich im Körper einer hypothetischen Urmutter befunden, eben der »African Eve«, die zu der Zeit zu den ersten modernen Menschen in Äquatorialafrika zählte. Etwa vor 100.000 bis 140.000 Jahren hätten Populationen des modernen Menschen begonnen, von dort den Erdball zu besiedeln. Sykes' »Seven Daughters of Eve«-Modell nimmt den Faden von da auf. Ebenfalls aufgrund von mtDNA-Studien gelangte Sykes zu der Theorie, dass die heutige Bevölkerung Europas auf sieben prähistorische Gründerklans zurückgeführt werden kann. Da mtDNA nur über die mütterlichen Linien weitergegeben wird, postuliert er für diese sieben ›Stämme‹ jeweils eine europäische Urmutter, eben eine von sieben Töchtern der mitochondrialen Eva. Diese ›Stämme‹ haben ihren Ursprung laut Sykes im Europa vor zwischen 45.000 und 8.500 Jahren.[7]

Sykes' Forschung, die auch die Analyse fossiler DNA und genetische Familiengenealogie mit einschloss, stieß auf derartige öffentliche Resonanz, dass er 2001 ein universitäres Spin-off- Unternehmen gründete, dass diese Technologien der breiten Öffentlichkeit zugänglich machen sollte. Das Unternehmen mit dem Namen »Oxford Ancestors« bietet verschiedene Dienstleistungen an. Das »MatriLineTM«-Paket informiert den Kunden »[...] about their own maternal ancestry and their place in the family tree of all humanity«,[8] während die »Y-Clan™« und die »Tribes of Britain™« Varianten väterlicher Abstammung eruieren. Die »Tribes of Britain™«-Analyse ist auf britische Männer beschränkt, für welche eine keltische, angelsächsische oder Wikinger-Herkunft bestimmt werden soll. Kunden, die sich zum Beispiel für eine mtDNA-Analyse entscheiden, erhalten für £ 180 nebst der Sequenzinformation über 400 Basenpaare ein Zertifikat, welches sie zu Mitgliedern eines der Stämme der sieben Töchter der Eva macht. Ein weiteres Zertifikat zeigt dem Kunden, wie sich sein europäischer Klan zu anderen paläolithischen Weltklans verhält und in den Stammbaum der gesamten Menschheit, von der mitochondrialen Eva ausgehend, einreiht.

Während es dem Kunden bei der genetischen Zuschreibung zu den Kelten oder Wikingern möglich ist, auf eine Fülle an Büchern, Filmen und anderen Quellen zur Sinnstiftung zurückzugreifen, ist dies bei der mtDNA-Analyse und der Identifikation mit einem der sieben Klans der Evatöchter schon schwieriger. Diese sind Sykes' Kreationen und der Name und die DNA-Sequenz allein bleiben daher für den Kunden stumm. Hier greift denn Sykes' intermediales System. Er kombiniert die Information auf der Website und die Services von »Oxford Ancestors«, die sich ihrerseits auf seine akademische Arbeit abstützen, mit Populärliteratur. Sein Buch »The Seven Daughters of Eve« erklärt nicht nur detaillierter sein theoretisches Modell und seinen praktischen Ansatz, sondern macht die sieben Töchter der Eva – alles fiktive Gestalten – zu realen, in der Steinzeit lebenden Frauen, indem er diese aufgrund archäologischen Wissens mit individuellen Geschichten versieht.[9] Tatsächlich ist diese Strategie so erfolgreich, dass zahlreiche Leser und Kundinnen fälschlicherweise davon ausgehen, dass Sykes die Überreste von einst lebenden Frauen gefunden hätte. Als Pendant zu diesem

Buch, das die mtDNA-Services für den Kunden wertvoll macht, schrieb Sykes ein weiteres als Begleitlektüre zur Y-Chromosomen-Analyse: »Adam's Curse. A Future Without Men«.[10] Es erzählt Erfolgsgeschichten von Y-Chromosomen, die sich durch Gier, Aggression und Promiskuität zu vervielfältigen und bis heute durchzusetzen vermochten. Es sind dies die Abenteuer von scheinbar kalkulierenden Molekülen, die es nur so aussehen lassen, als ob Helden wie Dschingis Khan ihre Eroberungszüge aus freiem Willen unternommen hätten.

Durch seine Bücher gibt Sykes den DNA-Mutationen also Gesichter und schreibt abenteuerliche Geschichten in Nukleotidsequenzen ein, die für den Kunden andernfalls wenig informativ wären. Trotz der proklamierten Überlegenheit genetischer gegenüber physisch-anthropologischer, archäologischer und historischer Geschichtsschreibung scheinen die Geschichten doch von da zu kommen. Auch machen Bezeichnungen wie »Töchter Evas« deutlich, dass sie auf einen breiteren kulturellen Wissensfundus zurückgreifen. Eine Beziehung zwischen Kunde und Produkt wird auch dadurch hergestellt, dass »Oxford Ancestors«, wie bereits angedeutet, guten Gebrauch vom Internet macht. Die Firmenwebsite bietet Plattformen, wo Kunden über ihre Erfahrungen mit den Dienstleistungen sprechen können. Diejenigen Kunden, die sich mit genetisch ihresgleichen finden möchten, können online die Datenbank nach passenden DNA-Sequenzen durchforsten. Sykes beschreibt diese Entdeckung genetischer Verwandtschaft als sehr emotionsgeladen und verbindend; es werden gar Klanparties organisiert. Die Kunden von Oxford Ancestors sind, indem sie ihre eigene DNA in die Datenbank einspeisen, sowohl Teil von Sykes wissenschaftlichen Projekten wie von den kommerzialisierten Angeboten, da sie Vergleichssequenzen für neue Analysen liefern. Sehen wir uns diese multiplen Verstrickungen – und insbesondere das Verhältnis der genetischen zu anderen Geschichtsformen – am Beispiel von Sykes' 2006 erschienenem populären Buch, »Blood of the Isles. Exploring the Genetic Roots of Our Tribal History«, abschließend noch etwas genauer an.

GENE, MYTHEN, GESCHICHTE: »BLOOD OF THE ISLES« Dabei handelt es sich analog zu den bereits besprochenen Büchern um ein Begleit- und Synergieprodukt zu einer der »Oxford Ancestors«-Dienstleistungen, nämlich dem »Tribes of Britain™«. Die genetischen Daten, die in dieses Buch eingeflossen sind, sind das Resultat von zehn Jahren DNA-Sammeln durch Sykes' »Oxford University Team« in Großbritannien. Nebst den Blut- und Speichelproben, die Sykes und Mitarbeiter von Engländern, Walisern und Schotten über Blutspendedienste, an Schulen und Messen und über Briefanfrage erhielten (über 10.000), waren auch hier die Samples der »Oxford Ancestors«-Kunden integrativer Bestandteil der Forschung. Diese fand innerhalb des »Oxford Genetic Atlas«-Projekts statt, das hauptsächlich durch den »Wellcome Trust« finanziert wurde. Dem Netzwerk aus »Oxford Ancestors« und Website und Sykes' »Oxford University Team«, Labor und Publikationen ist im Falle von »Blood of the Isles« noch ein weiteres Element angefügt. Es wurde eine spezielle Website eingerichtet, die über das Projekt informiert und ein Formular enthält, mittels welchem die freiwilligen Spender den Code verlangen können, der es ihnen erlaubt, ihre Daten auf der Website zu identifizieren.[11] Die mtDNA- und Y-Chromosomen-Daten des »Genetic Atlas«-Projekts sind in PDF-Dateien der Website angefügt und unter Copyright verwendbar.

Sykes beginnt »Blood of the Isles« mit dem Satz: »This is the very first book to be written about the genetic history of Britain and Ireland using DNA as its main source of information.«[12] Er positioniert also die Art der Geschichtsschreibung, um die es hier geht, und fährt fort: »In Blood of the Isles, I approach the DNA evidence in the same way as others who write about the past using their different specialties – material artefacts, written documents, human remains and so on. The most important thing about the genetic evidence is that it is entirely independent of these other sources.«[13] Die genetische Rekonstruktion von Herkunft und Geschichte antwortet nach Sykes auf ein spezifisches Bedürfnis: »I have experienced the thirst for roots first hand through the company I set up to help people trace their origins using DNA.«[14] Sykes' Geschichtsschreibung ist also eine Art Hilfeleistung an die nach Orientierung dürstenden Menschen der Gegenwart. Während Soziologen hochgestochen von einem Trauma der Entwurzelung durch das allgegenwärtige Phänomen der Migration in einer globalisierten Welt sprechen, während sie die Suche nach Ursprüngen als Verlangen nach einem sinnvollen, moralisch begründeten und authentischen Selbstnarrativ in Anbetracht der Mehrdeutigkeiten und Diskontinuitäten der Moderne deuten, zitiert Sykes den ›Mann der Straße‹: »I want to be able to tell my children where their ancestors came from. It gives them a sense of belonging in a world that sometimes moves too fast.«[15] Sykes hält sich an die einfach formulierten Fragen des Alltags und die Geschichte im Gen hält die ebenso unkomplizierte Antwort bereit.

Aber das Bedürfnis nach Wurzeln könnte auch von der ›herkömmlichen‹ Geschichtsschreibung befriedigt werden. An diesem Punkt zieht Sykes seinen Joker. Sykes' Geschichte ist nämlich eine organische; DNA-Sequenzen sind scheinbar ebenso greifbar wie die Bedürfnisse ›des gemeinen Mannes‹:

»[...] a DNA test which roots a person to Scotland or Ireland makes a living link between descendant and ancestor. It is all the more powerful as this talisman is carried across the generations in every cell of the body, as it was in the bodies of ancestors, including the ones who made the journeys ›abroad disease-ridden ships bound for outlandish colonies‹. It was there.«[16]

Es geht hier um eine Geschichte, die im Innern jedes Körpers getragen wird; eine »history within«, wie es auf der Website des »Genographic Projects« heißt. Wie ein unsichtbares Netz verbinden die Chromosomenfäden die Menschen über räumliche und zeitliche Distanz. Das Gen als Relikt oder eben Reliquie wird bis zur Fetischisierung aufgeladen: »[...] to many people, of which I am one, the idea that within each of our body cells we carry a tangible fragment from an ancestor from thousands of years ago is both astonishing and profound.«[17] Der Gedanke erregt Ehrfurcht. Gene sind scheinbar direkte Zeitzeugen, und die Geschichte schreibt sich gleichermaßen im DNA-Code ins organische Weichteil. Damit ist die Geschichte in Genen auch so alt wie das Gen selbst und Sykes' spezifische Geschichte zielt auf eine Zeit lange vor der Bildung der Nationalstaaten ab. Er schließt daher auch Samples aus der irischen Replik in die Geschichte Großbritanniens ein. Somit befindet sich Sykes mitten im dominanten universalistischen Diskurs der Humanpopulationsgenetik, und die Botschaft seines Buchs lautet: »Ours is a shared history.«[18]

Eine solch einigende Kraft ist dem Mythos eigen, und Sykes bezieht sich in seiner Interpretation der genetischen Daten immer wieder auf diesen: »But in my research around the world I have more than once found that oral myths are closer to the genetic conclusions than the often ambiguous scientific evidence of archaeology.«[19] Das zweite Kapitel von »Blood of the Isles« ist daher eine Rekapitulation der Ideen über die Herkunft der Briten von der König-Arthur-Sage bis zum Teutonischen Mythos, der schließlich in Gestalt des Arier-Mythos die Schreckensherrschaft der deutschen Nazis ideologisch untermauerte. Sykes schließt daraus, dass »[...] the career of a myth depends far less on its factual accuracy than on its congruence with contemporary political ambition, and the fervour with which people believe it.«[20] Dies wirft die Frage auf, welche spezifischeren gegenwärtigen politischen Ambitionen und menschlichen Leidenschaften Sykes' eigene Geschichte abholt. Zuerst scheinen die Gene den Mythen zu widersprechen. Die genetisch fundierte Geschichte unterwandert den Sykes zufolge höchst aktuellen, wenn auch alten Mythos der Andersartigkeit einer keltischen Rasse. Dieser Kult der Differenz beruhe auf der gälischen Sprache, welche den westschottischen, irischen, walisischen, cornwallschen und bretagneschen Kelten gemeinsam ist. Während die Kelten im Westen der britischen Inseln den »Celtic brand« dazu benutzten, sich vom übrigen Britannien zu distanzieren und diesen der scheinbaren englischen Dominanz entgegenhielten, erzählt die Genetik nach Sykes eine einende Geschichte.[21]

Allerdings ist sich Sykes der affektiven Kraft des keltischen ›Mythos‹ wohl bewusst. Der ›keltische Separatismus‹ betrachte allein diese Kelten als die Hüter eines farbigen stammesgeschichtlichen Erbes. Dieses Erbe werde noch dadurch angereichert, dass die Kelten in ihrer Rolle als europäische Ureingeborene mit den marginalisierten, aber spirituell und mythisch reichen »Australian Aborigines« und »Native Americans« in Verbindung gebracht würden. Genau diese Art aufgeladener Herkunftsnarrative eignet sich nun aber besonders gut für das Business des »genetic ancestry tracing«, in welchem Sykes handelt. Sykes stellt sich denn auch nicht auf die Seite von Wissenschaftlern, wie etwa des Archäologen Simon James, die den »Celtic brand« eben als Mythos dekonstruieren.[22] Sykes' Frage, ob die Genetik hinter den »Celtic brand« – und die darauf basierenden Gefühle der Ursprünglichkeit – und hinter dessen Marketingmaschine und Politik zu schauen vermag, bringt eine andere Lösung hervor.

Die Erklärungen zur ›irischen, schottischen, walisischen und englischen DNA‹ werden im Buch der Einführung in die mythischen und historischen Quellen jeweils nachgereicht. Die mtDNA erzähle – so Sykes – von einer sehr alten und kontinuierlichen Geschichte der mütterlichen Linien, die zu großen Teilen auf die paläolithischen und mesolithischen Inselbewohner zurückzuführen seien. Neolithische Farmer seien von der iberischen Halbinsel entlang der Atlantikküste gekommen, hätten aber keineswegs die indigenen mesolithischen Briten ersetzt. Seither, also während der letzten circa 6.000 Jahre, sei der weibliche Genpool

mehr oder weniger intakt geblieben. Sykes bezeichnet diese originale Linie als
»Celtic/Pictish«: »On our maternal side, almost all of us are Celts.«[23] Auch
die männlichen Linien seien vorderhand ›keltisch‹ in diesem panbritannischen
Sinne. Sächsische, dänische Wikinger und normannische Y-Chromosomen
(alle germanischer/skandinavischer Herkunft) seien da, aber überall eine
Minderheit.

»Overall, the genetic structure of the Isles is stubbornly Celtic, if by that we
mean descent from people who were here before the Romans and who spoke a
Celtic language. We are an ancient people, and though the Isles have been the
target of invasion and opposed settlement from abroad ever since Julius Caesar
first stepped on to the shingle shores of Kent, these have barely scratched the
topsoil of our deep-rooted ancestry. However we may feel about ourselves and
about each other, we are genetically rooted in a Celtic past. The Irish, the Welsh
and the Scots know this, but the English sometimes think otherwise. But, just a
little way beneath the surface, the strands of ancestry weave us all together as
the children of a common past."[24]

Die Genetik unterstützt also die Theorie einer großen Einwanderungswelle
aus Zentraleuropa in den Westen der Inseln nicht. Schotten, Waliser und Iren
sind demnach nicht mit jenen ›Kelten‹ verwandt, die im ersten Jahrhundert vor
Christus von Hallstadt und La Tène Richtung Italien, Griechenland und der
Türkei zogen. Aber Sykes benutzt diese genetisch begründete Einsicht auch nicht
dazu, eine irisch-schottisch-walisische Identität als Kelten zu unterwandern.
Vielmehr macht sich Sykes den emotional und politisch stark aufgeladenen
»brand« zu eigen, um alle Teile der Inseln darunter zu einen: Auch die Engländer
und generell die Ostbewohner sind mehrheitlich Kelten. Der Begriff des Kelten
wird damit Tausende von Jahren in der Zeit zurückgeschoben, eben auf die
paläo- und mesolithischen Ureinwohner der Inseln, die sich friedlich mit den
iberischen Neolithikern gemischt hatten. Dieser Schachzug ist geschickt,
weil Sykes damit die Aura des Werdensmythos der Inselbewohner für sich in
Anspruch nehmen kann, die nicht zuletzt wichtiger Teil der Verkaufsstrategie
von »Oxford Ancestors' Tribes of Britain™« ist.

LEBENDIGE GESCHICHTE, OBJEKTIVITÄT UND AFFEKT So gelingt es Sykes schließlich, Mythos, Geschichte und wissenschaftliche Sicherheit, Autorität und Objektivität zu einem
Paket zu schnüren. Am Ende steht die neue Geschichtsschreibung, die das Gen
ermöglicht: »My subject has been our history, the history written in our genes.«[25]
Die Kunst des DNA-Lesens erscheint dabei gleichzeitig als »[...] oblivious to the
prejudice of the human mind«[26] und als Quelle jeden Wissens über den Menschen.
Die Gene selbst werden zu Trägern der Ursprungsmythen, Werdensgeschichten
und ›stämmischer‹ Identität der Inselbewohner und damit zu weit mehr als den
Herrschern über deren Körper: »I have introduced you to a new art and a new
language. An art that is written in the codes of our DNA, those unseen architects
of our bodies, even of our souls. It is a new art, not long tested and yet somehow
irresistibly correct.«[27] Die Gene bergen demnach die Geheimnisse unserer physischen und spirituellen individuellen Essenz; sie verkörpern aber zudem unser

aller Geschichte vom Anbeginn des Lebens. Sie lassen den Lebensfaden gleich einer »infinite umbilical cord« nie abreißen. Damit ist die genetische Rekonstruktion eine authentische, weil sie sich auf den Zeitzeugen DNA stützt. Sie ist auch eine lebendige, die sich wie keine andere zur angewandten Geschichte eignet: »It is a living history, told by the real survivors of the times: the DNA that still lives within our bodies. This really is the history of the people, by the people.«[28]

Dieser Satz, mit welchem Sykes »Blood of the Isles« schließt, verweist nicht nur auf eines seiner früheren Bücher – »The Human Inheritance«, sondern nimmt die populationsgenetische Vorstellung des menschlichen Genpools als »our genetic heritage« auf.[29] Ganz im Sinne eines kulturellen Erbes gelte es das genetische zu bewahren, aufzuarbeiten und der Öffentlichkeit zugänglich zu machen. Es bestehe aus einem Fundus an Geschichten von dem ›Volk‹ für das ›Volk‹, die dennoch die Objektivität und Authentizität der direkten Einschreibung der Natur und die Autorität einer mathematisierten und technisierten Laborwissenschaft aufweisen. Daraus ergibt sich die Behauptung einer Überlegenheit der genetischen gegenüber der humanistischen Geschichtsschreibung. Letztere wird der naturwissenschaftlichen als subjektiv, kulturell gefärbt und lückenhaft, wenn nicht trocken und leblos (im Gegensatz zu organisch, feucht und lebendig) entgegengestellt. Wie die geisteswissenschaftliche, so ist auch die genetische Geschichtsschreibung implizit und – in den hier besprochenen Beispielen angewandter Vorgeschichte – explizit identitätsstiftend. In der Gemengelage aus Naturwissenschaft, Öffentlichkeit und Markt, welche die angewandte Populationsgenetik kennzeichnet, stehen diese biologisch fundierten Identitäten zum Verkauf.

1 Cavalli-Sforza, Luca u. a., Call for a World-Wide Survey of Human Genetic Diversity. A Vanishing Opportunity for the Human Genome Project, in: Genomics 11 (1991), S. 490–491. Ermutigt durch das Humangenomprojekt – und damit einhergehende Fortschritte in molekularen Methoden, deren Automation und in der Informationstechnologie – wurde das »Human Genom Diversity Project« lanciert. Es hatte zum Ziel, durch groß angelegte vergleichende Analysen der genetischen Variation zwischen lebenden Populationen die Wanderungsgeschichte und den Stammbaum der Menschheit zu rekonstruieren.

2 Vgl. z. B. Cavalli-Sforza, Luca L./Edwards, A. W. F., Phylogenetic Analysis. Models and Estimation Procedures, in: American Journal of Human Genetics 23 (1967), S. 235–252.

3 Sommer, Marianne, History in the Gene. Negotiations Between Molecular and Organismal Anthropology, in: Journal of the History of Biology 41/3 (2008), S. 473–528.

4 Zum Genographic Project vgl. Nash, Catherine, Mapping Origins. Race and Relatedness in Population Genetics and Genetic Genealogy, in: Atkinson, Paul/Glasner, Peter/Greenslade, Helen (Hg.), New Genetics, New Identities, London: Routledge 2007, S. 77–100.

5 Kittles, Rick A./Winston, Cynthia E., Psychological and Ethical Issues Related to Identity and Inferring Ancestry of African Americans, in: Turner, Trudy R. (Hg.), Biological Anthropology and Ethics. From Repatriation to Genetic Identity, Albany 2005, S. 209–229, hier S. 222.

6 Cann, Rebecca L./Stoneking, Mark/Wilson, Allan C., Mitochondrial DNA and Human Evolution, in: Nature 325 (1987), S. 32–36.

7 Zur Methode vgl. Sykes, Bryan, The Human Inheritance. Genes, Language and Evolution, Oxford 1999.

8 www.oxfordancestors.com.

9 Sykes, Bryan, The Seven Daughters of Eve, New York 2001.

10 Ders., Adam's Curse. A Future Without Men, London 2003.

11 www.bloodoftheisles.net.

12 Sykes, Bryan, Blood of the Isles. Exploring the Genetic Roots of Our Tribal History, London 2006, S. 1.

13 Ebd., S. 2.

14 Ebd., S. 54.

15 Ebd., S. 54.

16 Ebd., S. 54.

17 Ebd., S. 108.

18 Ebd., S. 3.

19 Ebd., S. 21.

20 Ebd., S. 34.

21 Ebd., Kap. 3.

22 Vgl. James, Simon, The Atlantic Celts. Ancient People or Modern Invention?, Madison WI 1999.

23 Sykes, Blood, S. 281.

24 Ebd., S. 287.

25 Ebd., S. 278.

26 Ebd., S. 278.

27 Ebd., S. 278.

28 Ebd., S. 288.

29 Vgl. z. B. Cavalli-Sforza u. a., Call, S. 490.

ANGEWANDTE UND AKADEMISCHE GESCHICHTE – KEINE GEGENSÄTZE

DANIEL SCHLÄPPI

Seit einem guten Dutzend Jahren arbeite ich neben meinen Tätigkeiten in der akademisch-wissenschaftlichen Forschung als freiberuflicher Historiker in wechselnden Auftragsverhältnissen. Meine Dissertation beispielsweise habe ich für private Auftraggeber erarbeitet.[1] Zuletzt war ich an der Herausgabe einer Publikation beteiligt, die explizit eine breit gestreute Leserschaft anpeilt und, wie die mit früheren Bänden der gleichen Reihe gewonnenen Erfahrungen bestätigen, auch tatsächlich erreicht.[2] Vor dem Hintergrund meiner mit Auftragsarbeiten im Feld der angewandten, nachfrageorientierten Geschichte gemachten Erfahrungen gehe ich in diesem Beitrag von zwei grundlegenden Annahmen aus:
1 Angewandte Geschichte unterscheidet sich von der wissenschaftlichen Geschichte in erster Linie hinsichtlich ihrer formalen und habituellen Erscheinungsformen. Beide Modi der Historie erklären bzw. inszenieren ihren Gegen-

stand aber aufgrund von gesicherten Quellengrundlagen und beziehen sich auf bekanntes Wissen. Sie dürfen bzw. müssen in ihren Darstellungen und Deutungen vereinfachen und Komplexität reduzieren. Sie können beide ihre Themen und Argumente nur unter Einbezug plausibler Argumentationen und fundierter Quellengrundlagen erarbeiten und darstellen.

Markant unterscheiden sich die beiden Modi von Geschichte aber hinsichtlich der für sie charakteristischen Formen medialer Vermittlung. Die Textlastigkeit der akademischen Geschichte schreckt potentielles Publikum ab. Umgekehrt wecken auf Unterhaltung abzielende und mit modernen Medien operierende Angebote der Angewandten Geschichte Neugierde und den Wunsch nach Teilhabe an Geschichte. Dabei ist zu bedenken, dass ein historisch interessiertes Laienpublikum durchaus intelligent genug ist, komplexere Sachverhalte verstehen zu können. Gleichzeitig zeigt die Erfahrung unzähliger Fachtagungen, dass auch im wissenschaftlichen Milieu der süffige, rhetorisch ausgefeilte und mit spannenden Beispielen unterlegte Vortrag dank seines Unterhaltungswertes besser ankommt und eingehender diskutiert wird als die spröde Theorieexegese. Verständlichkeit, Unterhaltung und Leserfreundlichkeit einerseits, inhaltlicher Tiefgang und fundierte Darstellung andererseits dürfen also nicht als unvereinbar gegeneinander ausgespielt werden. Dieser Beitrag befasst sich vielmehr mit möglichen Modi der Geschichtsvermittlung. Ich gehe davon aus, dass die akademische Historie tatsächlich jenseits der gängigen Präsentationsformen der Angewandten Geschichte über alternative Darstellungsmöglichkeiten verfügt, wenn sie ihre angestammten Techniken besser erklären und den gestellten Anforderungen und vorhandenen Erwartungen anpassen kann. Generell sind aber die Gemeinsamkeiten zwischen angewandter und wissenschaftlicher Geschichte größer als die kategorialen Differenzen.[3]

2 Es gibt keine unterschiedlichen »historischen Wahrheiten«. Vielmehr ist zu unterscheiden zwischen variierenden Tiefenschärfen der Erkenntnis. Die von einem kenntnisreichen Lokal- bzw. Hobbyhistoriker_innen gemachte Einzelausstellung in einem Ortsmuseum ist nicht richtiger oder falscher als ein von angesehenen Autoren verfasster wissenschaftlicher Sammelband oder die vielgerühmte Qualifikationsarbeit. Geschriebene und/oder inszenierte Geschichte ist immer Ergebnis von Recherche, Denk- und Vermittlungsarbeit. Sie ist verarbeitete Information. Und wie es gute und schlechte Presseberichterstattung zum Zeitgeschehen gibt, gibt es auch intelligente und dumme geschichtliche Darstellung. Man darf sich nicht von der Dicke der Bücher beeindrucken oder täuschen lassen. Möglicherweise recherchieren Boulevard-Journalist_innen schlauer und effizienter als ihre Kolleg_innen bei einem so genannten seriösen Blatt. Vielleicht stellt er einfach die richtigen Fragen und hat den feinen Riecher, um an die einschlägigen Informationen heran zu kommen. In jedem Fall verlangt das Berufsethos unbedingte Faktentreue. Analog dazu kann »historische Wahrheit« kein Unterscheidungskriterium für die angewandte und die akademische Geschichte sein. Wo seriös gearbeitet wird, darf mit den Fakten nicht geschummelt werden.

Qualität misst sich daran, ob die präsentierten Sachverhalte mit adäquaten Begründungen und unter Einbezug angemessener historischer Zusammenhänge vermittelt werden. Die Beschränkung auf Einzelthemen oder auf kleine Segmente komplexerer Sachverhalte, wie sie sich die Angewandte Geschichte gerne auferlegt, ist durchaus legitim. Ähnlich verfährt beispielsweise auch die Mikrogeschichte. Wer historisch forscht, muss sich immer beschränken, muss zwangsläufig auswählen. Und man sollte nicht vergessen, dass selbst ein langfristig angelegtes Wissenschaftsprojekt aufgrund der Unvollständigkeit jeder Überlieferung unausweichlich nur einen (zufälligen) Ausschnitt der historischen Realität in den Blick bekommt. Und in diesem Sinn ist ein_e Hobbyhistoriker_in auf seinen Stellwänden im Ortsmuseum der »historischen Wahrheit« genau so verpflichtet wie der Fachspezialist.

FÜR WEN RECHNET SICH SINNSTIFTUNG AUF BESTELLUNG? Das Interesse an der Angewandten Geschichte, wie sie von den Herausgebern dieses Bandes umschrieben wird, wird vielfach als Ausdruck des Bedarfs breiter Bevölkerungskreise nach kuluktureller Identität gedeutet. In der Tat sind historische Themen derzeit – wohl als Gegenbewegung auf die im Zuge kultureller Globalisierung verstärkte Entgrenzung der westlichen Gesellschaften – in Mode. Zeiten großer Veränderungen fordern das kulturelle Gedächtnis von Gesellschaften heraus. Werden derzeit verstärkt Erinnerungen an das historische Herkommen heraufbeschworen, kann dies als rückwärts gewandte Selbstvergewisserung im Angesicht einer aufziehenden Normenkrise interpretiert werden. Lehren aus der Geschichte bzw. die Deutungshoheit über Geschichte sollen dazu beitragen, ins Wanken geratene Wertesysteme und in Transformation begriffene soziale Ordnungen über bewährte Techniken der Sinnstiftung und unter Rückgriff auf historisch gewachsene Kulturressourcen zu stabilisieren.[4] So gesehen erstaunt die große Nachfrage der westlichen Gesellschaften nach Geschichte nicht.

In diesem Klima gedeihen in den letzten Jahren stetig neue publikumswirksame Angebote. Das spektakulär inszenierte Ritterturnier, der mittelalterliche Erlebnispark, in dem steinzeitliche Technik ausprobiert werden kann, das Konzert mit historischem Repertoire und antikem Instrumentarium – sie fallen alle auf fruchtbaren Boden, weil sie sorgloses Eintauchen in die – besser und unbeschwerter geglaubte – Vergangenheit versprechen. Doch liefern sie tatsächlich das nachgefragte Orientierungswissen?

Derartige Publikumsevents versorgen die Kundschaft mit kurzlebigen, käuflichen Erlebnissen. Wo Fun ohne namhaften geistigen Aufwand zu haben ist, fallen die fraglichen Angebote eher unter Kulturkonsum als unter Sinnstiftung. Überhaupt durchdringt bzw. überlagert im modernen Geschichtszirkus das merkantile Moment die identitätsstiftende Dimension der traditionellen Geschichte. Der enge Konnex medienwirksamer Publikumsanlässe zu den marktorientierten Geschäftsstrategien von renommierten Kulturinstitutionen ist virulent. Wenn immer solche als Veranstalter auftreten, dienen die angesprochenen Events als leicht bekömmliche Appetithäppchen und Köder für ein in Scharen anrückendes Publikum zur PR-wirksamen Vermarktung der dahinter stehenden

Organisation.[5] Die Menschenmassen spielten den Organisator_innen ein schwer widerlegbares Argument für den Stellenwert ihrer Institution im lokalen kulturellen Arrangement in die Hand. Die Breitenwirkung von Unterhaltungsanlässen wird instrumentalisiert, um mehr private Sponsorengelder mobilisieren zu können.

An den Besucherzahlen misst sich im 21. Jahrhundert also öffentliche Relevanz. Die Menge steht in der rechnerischen Logik des New Public Management stellvertretend für Qualität und Erfolg von Museen und ähnlichen Kulturvermittlungsinstitutionen.[6] In Zeiten schrumpfender Kulturetats und dem reziprok dazu steigenden Stellenwert des Privatsponsorings nimmt die Bedeutung einer effektvollen Selbstvermarktung stetig zu.[7] Geneigte Geld- bzw. Auftraggeber_innen investieren in jene Anbieter_innen, von denen sie sich den besten »Return on Invest« versprechen.[8] Welchen Ertrag Sponsor_innen von einem historischen Publikumsanlass im Stile angewandter Geschichte tatsächlich davontragen, ist indes schwer zu sagen, denn kulturelles bzw. symbolisches Kapital lassen sich weder quantisieren noch bilanzieren. Ich unterstelle aber, dass die bloße Verbreitung von Firmenlogos in Programmheften und auf Plakaten nur wenig nachhaltigen Profit einbringt. Wenn die Pferdeställe des Ritterturniers abgebaut sind und sich der Duft der Bratwurststände verzogen hat, verraucht die Euphorie des Erlebnisses bald.

FUNDIERTE GESCHICHTE – RESSOURCE KULTURELLEN UND SYMBOLISCHEN MEHRWERTS Demgegenüber bin ich überzeugt, dass sich für Geldgeber_innen die Investition in die differenzierte Aufarbeitung seiner Geschichte als manifester und multipler Gewinn an Sinn und Symbolik auszahlt. Deshalb hat auch qualifizierte Wissenschaft, die gegen Bezahlung Orientierungswissen zu beschaffen und zu vermitteln weiß, neben der Angewandten Geschichte gute Chancen, ihre Vergangenheitsprodukte zu vermarkten.[9] Ihre Angebote sind auf den ersten Blick vielleicht wenig spektakulär, garantieren den Investor_innen aber eine sichere und langfristige »Rendite«. Schön gemachte, repräsentative Fachbücher über die Geschichte eines Vereins, eines Dorfes, einer Region oder einer Familie stellen für die Angehörigen bzw. die Angestellten symbolisches Kapital in Reinkultur dar. Hohen Gästen bei offiziellen Anlässen ein wissenschaftliches Werk über die eigene Geschichte überreichen zu können, mehrt das Sozialprestige und das Selbstwertgefühl der Schenkenden.

Eine gelungene Auftragsarbeit kondensiert kulturelles Kapital in unterschiedlichen Aggregatzuständen. Liegt eine ambitionierte Studie erst zwischen zwei Buchdeckeln gebunden vor, vermittelt dies mehrere – aus Sicht der Auftraggeber_innen positive – Botschaften:

1 Die auftraggebende Institution ist bedeutend genug, dass sie aus historischer Sicht ausreichend Stoff hergibt, um mehr als eine kleine Informationsbroschüre zu verfassen.[10]

2 Die Auftraggeber_innen fürchten sich nicht vor ihrer eigenen Geschichte und haben den Mut, sich über eine professionelle Außensicht statt über eine hagio-

graphische Innensicht eines verdienten Doyens, der im Ruhestand eine wohlwollende Chronik verfasst, darzustellen.[11]

3 Die Auftraggeber_innen zeigen sich gegenüber der potentiellen Leserschaft des Werkes gut gesinnt, und unterstellen ihr, sie interessiere sich auch für die Geschichte, wenn diese in anspruchsvoller Weise aufbereitet wurde.

Neben den geschilderten Außenwirkungen stimuliert eine fundierte, wissensgesättigte Studie die Gruppenidentität, von der wiederum Bindekräfte auf das Personenkollektiv oder die Institution ausgehen. Anhand von Archivalien aufbereitetes Wissen ist die Grundlage zu einem konturierten Selbstbild und einer nachhaltigen Selbstvergewisserung. Das Wissen um das eigene Herkommen und die Handlungs- und Denkweisen der Altvorderen ist in einer Welt, die notorisch auf die Tagesaktualität fokussiert, ist ein seltenes und deshalb wertvolles Gut. Ein vertieftes Selbstbewusstsein ist auf der Basis anekdotischer Geschichte und über die auf Showeffekte fokussierte Vermittlung kaum zu gewinnen.

FORSCHUNG MUSS SICH ERKLÄREN

Bei allem Verständnis für die Berührungsängste, von denen im akademischen Schonraum sozialisierte Forscher_innen hinsichtlich Fragen der Verwertbarkeit und der Vermarktung ihres Schaffens geplagt werden, unterstelle ich der professionellen Geschichtsschreibung erheblichen Erklärungsbedarf gegenüber potentieller Kundschaft.[12] Ein Markt für alternative Formen der angewandten Geschichte besteht zweifellos, und die akademische Forschung verfügt über genügend gute Argumente, um den Nutzen ihres Produktes – des fundiert und seriös aufbereiteten Geschichtswissens – plausibel zu machen. Aber erst wenn sich die Wissenschaft ihrer Stärken bewusst wird, kann sie ihre Anwendungsmöglichkeiten umschreiben und sich neue Wirkungsfelder erschließen, in denen sie als attraktive Alternative zur Angewandten Geschichte durchaus Erfolgschancen besitzt.

Die akademische Geschichte braucht sich nicht marktschreierisch anzupreisen. Mögliche Geld- bzw. Auftraggeber_innen lassen sich überzeugen, wenn sich die Forschenden der Vorzüge ihrer wissenschaftlichen Arbeiten gegenüber von publikumswirksamen Inszenierungen zunächst selbst bewusst werden und es schaffen, die entscheidenden Vorteile gegenüber der angewandten Geschichte verständlich nach außen zu kommunizieren. Wie kultureller Mehrwert und symbolisches Kapital entstehen, was diese ominösen Größen überhaupt sein könnten, muss anhand konkreter Beispiele erklärt werden – und sei es nur schon die Tatsache, dass begleitend zu einer Forschungsarbeit ein unübersichtliches, chaotisches Archiv erschlossen, dokumentiert und für künftige Benutzer_innen flott gemacht werden kann, was für den/die Besitzer_in schon einen objektiven Mehrwert darstellt.[13]

NARRATIVE ELEMENTE UND LESBARE SPRACHE ALS ALTERNATIVEN ZU MEDIALEN MODETRENDS

Für das Gelingen von Auftragsarbeiten ist entscheidend, dass frühzeitig und verbindlich vereinbart wird, in welcher Form die Ergebnisse einer Forschungsleistung publiziert werden sollen. In den Verhandlungen dürfen die entscheidenden Eckpfeiler des wissenschaftlichen Arbeitens – die intersubjektive Überprüfbarkeit sowie die Anbindung der Befunde an den Forschungsstand und den aktuellen wissenschaftlichen Diskurs – nicht ohne Not preisgegeben werden. Sinnvollerweise wird der Fließtext als »Publikumstext« gestaltet. Im Gegenzug dafür bedingt sich der/die Autor_in einen Anmerkungsapparat aus, in welchem Nachweise, Kommentare und fachspezifische Diskussionen abgehandelt werden dürfen. Haben Laien den Aufbau und die Funktionalität eines wissenschaftlichen Buches sowie den Zweck von Fußnoten einmal verstanden und deren Bedeutung für das Fach- und das Laienpublikum eingesehen, haben sie meinen Erfahrungen zufolge nichts gegen Anmerkungen und theoretische Erörterungen einzuwenden.[14]

Inhaltliche und methodische Freiheit sind entscheidende Faktoren, wenn eine Auftragsarbeit zu einem befriedigenden Abschluss kommen soll. Es lohnt sich, entsprechende Garantien über Konzessionen hinsichtlich formaler Fragen, äußerer Aufmachung, Anonymisierung oder des Einbezugs weiterer Beiträge aus den Reihen der Auftraggeber_innen auszuhandeln.[15] Form und Inhalt sollten nicht verwechselt werden. Inhaltliche Kriterien müssen in der Interessenabwägung des Forschenden höher gewichten als das Recht einen hermetischen Fachjargon schreiben zu dürfen. Auch einfach formulierte Texte können komplexes Wissen vermitteln. Ein_e Autor_in sollte die Leserschaft nie unterschätzen, und gerade Auftragsarbeiten werden vom inneren Zirkel der Zielgruppe sehr aufmerksam und gründlich gelesen.

Längere Texte gewinnen durch die kreative Kombination narrativer und analytischer Passagen. Hohe Faktendichte, Liebe zum konkreten Beispiel und spannende Details zeichnen leserfreundliche Wissenschaftsprosa aus. Beliebt sind auch grafische Visualisierungen und Illustrationen, wobei derartige Darstellungsmittel aus Kostengründen von Beginn an in die Projektbudgets einbegriffen werden müssen. Es empfiehlt sich, die Auftraggeber_innen schon in der Recherchephase mit ersten Ergebnissen und Trouvaillen aus dem Quellenbestand zu konfrontieren. Dies geschieht sinnvollerweise über unterschiedliche Vermittlungsangebote (Vorträge, Führungen, kleine Beiträge in internen Postillen, Arbeitsberichte zuhanden verantwortlicher Führungsgremien etc.). Auf diese Weise werden im Hinblick auf das Endergebnis der Studie Erwartungen und Spannung geweckt und die Identifikation der Auftraggeber_innen mit dem Projekt gestärkt.

VERSTÄNDNIS FÜR FRAGESTELLUNGEN UND METHODEN WECKEN Was ist besonders an der Geschichte einer Institution? Inwiefern steht die Geschichte des Einzelbeispiels stellvertretend für allgemeine Entwicklungen? Derartige Fragen sind nicht nur dazu geeignet, künftige Auftraggeber_innen im Verhandlungsprozess zu einer geplanten Arbeit vom Stellenwert des Projektes zu überzeugen. Indem sie über den konkreten Gegenstand der Fallstudie hinausweisen, markieren sie vielmehr auch den intellektuellen Übergang von der Chronik, der ältesten Form der angewandten Geschichte, zur intelligenten, hinterfragenden Forschung. Neben der medialen Aufbereitung historischen Wissens unterscheidet sich die akademische von der Angewandten Geschichte nämlich in erster Linie durch methodisches Bewusstsein, elaborierte Heuristik, operationalisierbare Fragestellungen sowie reflektierendes Bestreben, den Einzelfall über vernetztes Wissen in größere historische Zusammenhänge einzuordnen. Gelingt es, umsichtigen Auftraggeber_innen den exemplarischen Charakter des Fallbeispiels plausibel zu machen, erkennen diese im Gegenstand ihres privaten Interesses plötzlich eine allgemeine Dimension. Dieser kulturelle Mehrwert rechtfertigt Abstriche auf Kosten des Unterhaltungsanspruchs trivialer Popularisierungen.[16]

Wird eine Auftragsarbeit wie beschrieben aufgegleist und im wissenschaftlichen Diskurs eingebettet, öffnen sich dem Forschenden attraktive Podien, auf denen er sich mit seiner vordergründig vielleicht als marginal eingestuften Auftragsarbeit profilieren kann – ein weiterer Anreiz für ehrgeizige Auftraggeber_innen, die ihren Return on Invest optimieren möchten. Gelingt es Wissenschafter_innen, das Thema auf internationalen Tagungen und in Fachpublikationen präsent zu halten, ehrt das implizit auch den Mäzen, der derartige Forschungen möglich macht. Aus Sicht der Historiker_innen bedingt dies aber, bei der Wahl der Methode, der Fragestellung und der heuristischen Ausrichtung einer Auftragsstudie den aktuellen Forschungsdiskurs im Blick zu behalten. Die diesbezüglich vorgenommenen Weichenstellungen definieren die thematischen Schwerpunkte der Studie. Weil sich die Methode wesentlich auf den Inhalt der in Auftrag gegebenen Publikation auswirkt, müssen die Eckwerte des Forschungsplans den Kunden_innen frühzeitig kommuniziert werden. Auch das Laienpublikum muss (und kann) verstehen, warum allenfalls mit soziologischen, sozialanthropologischen, mit quali- oder quantitativen Methoden gearbeitet wird. Die Arbeitstechnik der akademischen Geschichtsforschung kann grundsätzlich jeder vernunftbegabten Person vermittelt werden, und dieser Übersetzungsaufwand lohnt sich.

FAZIT Angewandte und akademische Geschichte haben Vieles gemeinsam. Sie unterscheiden sich aber hinsichtlich der Tiefenschärfe ihrer Befunde, der Darstellungsformen sowie der medialen Vermittlung. Beiden Sparten sind jedoch den Fakten verpflichtet. Die angewandte Geschichte kann ihre Angebote dank ihrer medialen Offenheit effizienter auf die konkrete gesellschaftliche Nachfrage nach Sinnstiftung ausrichten als dies der akademischen Historie möglich ist. Wie nachhaltig der Sinn wirkt, den die Darstellung von Geschichte in populären Medienformaten (Unterhaltungsevents, Reenactments, Themenparks oder Mittelaltermärkte) stiftet, muss hier offen gelassen werden.

Aus Sicht von Geldgeber_innen, die in Geschichte zu investieren bereit sind, stellt sich die Frage nach der Nachhaltigkeit ihres finanziellen Engagements. Wenn es der professionellen Geschichtsschreibung gelingt, der Kundschaft ihr identitätsstiftendes Potential plausibel zu machen, kann sie sich neben den von der angewandten Geschichte besetzten Handlungsfeldern dynamische Märkte erschließen. In Fragen der Darstellung wird die akademische Geschichte formale und stilistische Konzessionen eingehen müssen. Formale Zugeständnisse, ein zeitgemäßes Layout, gute Lesbarkeit, das Bemühen um spannende Illustrationen und grafische Elemente im Text sind aber gute Argumente, um in Verhandlungen mit potentiellen Auftraggeber_innen als Gegenleistung »Freiheit der Forschung«

garantiert zu bekommen. Bei Auftraggeber_innen und beim Laienpublikum muss um Verständnis für professionelle Arbeitstechniken geworben werden. So wird es möglich, die Fallstudie über ihren prioritären Anwendungszweck hinaus mit aktuellen wissenschaftlichen Diskursen zu korrelieren.

Die akademische Geschichte muss sich über ihre Anwendungsmöglichkeiten Gedanken machen und ihre Qualitäten der potentiellen Kundschaft stetig vermitteln. Dies bedingt eine außerordentliche Kommunikationsanstrengung. Die Wissenschaft kann hinsichtlich der Vermittlung von der Angewandten Geschichte viel lernen, ohne ihre Stärken und Tugenden verleugnen zu müssen.

1 Als selbständigen Kulturschaffenden und freiberuflichen Historiker beschäftigen mich Fragen der ökonomischen Verwertung kultureller Erzeugnisse schon seit längerer Zeit. Der vorliegende Beitrag will deshalb als reflektierender Erfahrungsbericht gelesen werden. Ich synthetisiere auf den folgenden Seiten meine bei Auftragsarbeiten gemachten Erlebnisse mit den über die Jahre gereiften Einsichten über den Stellenwert von Geschichte und Forschung, sofern sie als Dienstleistung begriffen und verkauft werden (vgl. dazu Schläppi, Daniel, Orientierung und Distinktion – Zur Bedeutung von Geschichte für bürgerliche Eliten am Beispiel der Bürgergemeinde Bern, in: »Rückkehr der Bürgerlichkeit«, Vorgänge 170, Zeitschrift für Bürgerrechte und Gesellschaftspolitik 44 (2005), Heft 2, S. 71–79 sowie meine einschlägigen Auftragsarbeiten: Schläppi, Daniel, Die Zunftgesellschaft zu Schmieden zwischen Tradition und Moderne. Sozial-, struktur- und kulturgeschichtliche Aspekte von der Helvetik bis ins ausgehende 20. Jahrhundert, Bern 2001; Ders., Der Lauf der Geschichte der Zunftgesellschaft zu Metzgern seit der Gründung, in: Zunftgesellschaft zu Metzgern Bern (Hg.), Der volle Zunftbecher. Menschen, Bräuche und Geschichten aus der Zunftgesellschaft zu Metzgern, Bern 2006, S. 15–199, 302–304. Ferner habe ich in den Jahren 2002 und 2003 im Auftragsverhältnis an einer neuen Geschichte der Stadt Bern mitgearbeitet [erschienen 2003]).
2 Vgl. Holenstein, André u. a. (Hg.), Berns goldene Zeit. Das 18. Jahrhundert neu entdeckt, Bern 2008. Dieses Buch wurde hinsichtlich Aufmachung, Illustrationen und Stil ausdrücklich als Publikumspublikation konzipiert. Inhaltlich und formal sind die weit über 100 Einzelbeiträge dieses Bandes wissenschaftlichen Konventionen verpflichtet.
3 Die akademische Geschichtswissenschaft muss die mögliche Verwertbarkeit ihrer Erzeugnisse und deren Nutzen hinterfragen. Das heißt nicht, dass sich die professionelle Forschung am Markt anbiedern soll. Will sie am Markt aber Erfolg haben, muss sie plausibel machen können, dass Wissen um Geschichte für die Gesellschaft oder mindestens für einzelne Gruppen einen Sinngewinn darstellt. Die Forschung im engeren Sinn ist langfristig schlecht beraten, wenn sie ihre Energien ausschließlich darauf verwendet, sich von der angewandten Geschichte im Selbstverständnis habituell abzugrenzen, sich aber gleichzeitig im Kampf um Kultur- und Forschungsgelder von der unterhaltenden Konkurrenz hilflos an die Wand spielen lässt.
4 Vgl. dazu beispielsweise Kunz, Georg, Verortete Geschichte, Regionales Geschichtsbewusstsein in den deutschen Historischen Vereinen des 19. Jahrhunderts, Göttingen 2000; Oder demnächst: Schmid, Regula, Geschichte im Dienst der Stadt. Amtliche Historie und Politik im Spätmittelalter, Zürich 2008.
5 Bezeichnend dafür ist beispielsweise das 2008 aus Anlass des 300sten Geburtsjahres von Albrecht von Haller (1708–1777) in Bern veranstaltete Eventprogramm. Dieses reichte von öffentlichen und halbprivaten Empfängen, Konzerten, der Inszenierung eines eigens in Auftrag gegebenen Theaterstücks über eine botanische Sonderschau bis hin zur in Verbindung mit der Vernissage der Haller-Sonderausstellung stattgefundenen Eröffnung einer neuen Ausstel-

lungshalle (Kubus) ungeahnter Dimensionen. An dem zuletzt genannten Event nahmen weit über 1000 geladene Gäste teil. Im Kontext der genannten Veranstaltungen wurde ein beachtlicher Medienhype entfacht. Bezeichnend für die merkantile Logik der Verantwortlichen ist ein Statement von Raphaël Barbier, dem »Szenografen« des Bernischen Historischen Museums (BHM). Unter dem Titel »Terrorisiert« meinte Barbier in einem Interview über den Universalgelehrten von Europäischem Rang in der einzigen Berner Qualitätszeitung, er sei eigentlich »der Falsche, um für diese Person [Haller] zu werben: Gerade sympathisch sei im Haller nicht geworden. ›Seine Vielseitigkeit ist faszinierend, doch zugleich war er ein Streber, humorlos, lustlos und Frauengeschichten wie Einstein hatte er auch keine.‹« Einstein ist das Zugpferd des BHM, nach Barbier ein »Selbstläufer« (Der kleine Bund, 29.11.2008, S. 2). In der Tat bescherte vor Jahren eine groß aufgezogene Einstein-Ausstellung ungeahnte Besucherrekorde. Doch selbst wenn die Museumsmacher_innen Einstein als lokalen Säulenheiligen inkorporierten und er seinen Dienst als Publikumsmagnet getan hat, ist zu bedenken, dass Einstein nur einen Lebensabschnitt in Bern (1902–1909) gewirkt hat. Er fristete ein Dasein als verkanntes Genie (Experte 3. und später 2. Klasse beim Schweizer Patentamt). Professor wurde er schließlich in Zürich, wo er während seiner Berner Zeit doktoriert hatte. Das Museum dankte ihm die Berner Jahre u. a. mit einem kindergerechten »Erlebnispark Physik«. Als weiteres Beispiel bietet sich die ebenfalls vom BHM veranstaltete Ausstellung »Jungfrau, Hofer und Ragusa – Berns Weg in die Moderne« an. »Jungfrau« spielt auf den Berg bzw. auf die touristische Erschließung der Alpen mit der weltberühmten Jungfraubahn an. »Hofer« bezieht sich auf »Polo Hofer«, den populärsten Schweizer Altrocker und bekannten Medienpromi. Für die Vernissage wurde neben besagtem Sänger Kurt Aeschbacher, das bekannteste männliche Fernsehgesicht, als Moderator eingeladen (BHM, Jahresbericht 2007, S. 5f.). Die faszinierende zeitgeschichtliche Sammlung, die chronologische Serien industriell gefertigter Alltagsgegenstände seit der Jahrhundertwende zeigte, wurde in den vorangehenden Jahren systematisch liquidiert.

6 Demgegenüber fallen traditionelle Aufgabenbereiche von Museen wie Dokumentation und Konservierung in der Prioritätensetzung zurück, da sie sich nie gewinnbringend werden bewirtschaften lassen.

7 In Bern, der Schweizer Bundesstadt, findet beispielsweise seit 2004 jährlich die sog. »Museumsnacht« statt. Dieser Anlass, an dem sich unter erheblichem personellem und finanziellem Aufwand fast alle Museen der Stadt beteiligen, stößt von Jahr zu Jahr auf steigendes Interesse beim Publikum. Von einem vielfältigen kulturellen Rahmenprogramm angezogen, pilgern Zehntausende von Besuchern in einer Nacht in genau jene Museen, die während des Jahres bei der einheimischen Bevölkerung nur auf mäßiges Interesse stoßen. In Kreisen der verantwortlichen Organisatoren ist man sich einig, dass dieses Event in erster Linie Promotionscharakter hat. Aufgrund des eindrücklichen Publikumsaufmarschs ist es sichtlich einfacher, Medienpartner_innen und private Sponsoren zu finden, vgl. Angaben unter www.museumsnacht-bern.ch [27.06.08]. Die tatsächliche Bedeutung privater Beiträge im Gesamtaufwand von der öffentlichen Hand getragener Kulturinstitutionen wird allerdings notorisch überschätzt. Die Einnahmen aus Eintritten und Merchandising liegen vielfach unter 10 Prozent. Das bedeutet, dass die bunten und knalligen Projekte der angewandten Geschichte unter wirtschaftlichen Gesichtspunkten teilweise gar nicht so gut dastehen, wie man aufgrund ihrer schieren Menge meinen möchte.

8 Im Zusammenhang mit der Bedeutung privaten Geldes im Kulturbetrieb möchte ich aufgrund der Erfahrungen, die ich bei meinen eigenen Aktivitäten im Feld des Kultursponsoring gemacht habe, vgl. www.danielschlaeppi.ch [27.06.08], zu bedenken geben, dass inhaltliche Konzessionen möglicherweise gar nicht nötig sind, um an Geld heranzukommen. Den entscheidenden Anreiz für ihr Engagement finden Sponsoren vielmehr in der Vernetzungs- und Repräsentationsleistung kultureller Anlässe und – noch wichtiger – in deren Rahmenprogrammen in Form von Apéros, Empfängen und Galas. Potente Geldgeber_innen operieren am liebsten im Verbund mit anderen wichtigen Playern. Sie haben an die Stelle des klassischen Mäzenatentums ein gewinn-

orientiertes Ressourcenmanagement gestellt. In dieser ökonomischen Logik versprechen sie sich von der Bündelung der Kräfte eine exponentielle Steigerung des symbolischen Wirkungsgrads der investierten Mittel. Die exklusiven Netzwerke, welche entsprechende Multiplikatoreffekte generieren können, sind in der Regel nur über persönliche Beziehungen zugänglich. Professionelle Kulturproduzenten_innen arbeiten deshalb mit professionellen Agent_innen, die über einschlägige Kontakte verfügen und Mittel von erheblichem Umfang generieren können. Natürlich kann ohne konkretes Programm und hübsch gestaltete Präsentationsmappe auch die gewieftesten Broker_innen nicht vor einen Verwaltungsrat oder einen Clubausschuss treten. Dennoch sind die Inhalte bei der Mittelakquise sekundär und vorauseilende Abstriche im Programm folglich gar nicht indiziert.

9 Grundsätzlich gibt es überall eine Nachfrage nach Geschichte. Die Zahl möglicher Interessenten hängt ab von der lokal anzutreffenden Gesellschaftsstruktur bzw. vom institutionellen Arrangement. Um an Aufträge heranzukommen, bedarf es unternehmerischer Initiative und einer intelligenten »Marktforschung«. Nur wer über die örtlichen Verhältnisse Bescheid weiß, kann ansprechende Projekte entwickeln und diese den richtigen Leuten schmackhaft machen (Fest- und Jubiläumsschriften, Biographien etc.). Zum Geschichtsbedarf bürgerlicher Eliten im ausgehenden 20. und 21. Jahrhundert vgl. Schläppi, Orientierung und Distinktion (wie Anm. 1).

10 In meinem Arbeitsfeld machte das Beispiel – nämlich einen außenstehende, unabhängig forschenden Berufshistoriker mit der Aufarbeitung der Geschichte zu beauftragen – Schule. Kurz nach der Publikation meiner Dissertation über die Zunftgesellschaft zu Schmieden in Bern gelangte bereits eine zweite und sehr ähnliche Vereinigung (Zunftgesellschaft zu Metzgern Bern) mit einem vergleichbaren Auftrag an mich. Unterdessen hat auch die Zunft zu Zimmerleuten ein ambitioniertes Projekt in Angriff genommen. Gegen Bezahlung sollen gleich mehrere studentische Abschlussarbeiten entstehen. Geplant sind je eine Masterarbeit zur »Soziologie der Zunft« im 18., 19. und 20. Jahrhundert, zur Bedeutung des traditionellen Handwerks, zur Fürsorge- und Finanzpolitik und schließlich eine Bachelorarbeit über die »Stellung und Integration der Frauen in der Zunft«, vgl. die Ausschreibung der fraglichen Aufträge unter www.hist.unibe.ch/unibe/philhist/hist/content/e1702/e5232/newsfile/datei/datei/Themen-Zimmerleuten-2-2_ger.pdf [27.06.08].

11 Auch Außensichten sind nicht vor hagiographischen Tendenzen gefeit. Allfälligen Schwierigkeiten muss über vertragliche Vereinbarungen vorgebeugt werden. Es lohnt sich, dabei die Erfahrungen von Leuten einzuholen, die bereits für private Auftraggeber_innen gearbeitet haben. Die Abteilung »Berufsinteressen« der Schweizerischen Gesellschaft für Geschichte (SGG) hat 2003 einen »Leitfaden für freiberufliche Historiker und Historikerinnen« erarbeitet. Eine 2008 ergänzte Fassung ist unter www.sgg-ssh.ch/de/abteilungen/berufsinteressen/SGG-Leitfaden2008.pdf [27.06.08] einsehbar. Die darin festgehaltenen »Empfehlungen zur Honorierung« (S. 7, 13) haben eher den Charakter von Verhandlungsgrößen. Der »Richttarif« in der veranschlagten Höhe wird wohl nur bezahlt werden, wenn hinter einem Auftrag eine Institution der öffentlichen Hand steht. Im Kontext dieses Beitrags ebenfalls von Interesse ist der 2004 ratifizierte »Ethik-Kodex«, den ebenfalls die SGG herausgegeben hat.

12 Argumentationsdefizite bestehen auch in den klassischen Anwendungsfeldern der Fachgeschichte. In der Schweiz droht das Fach langfristig aus den Lehrplänen des Maturitätsstoffs verdrängt zu werden. In der Hierarchie der traditionellen Leistungsfächer ist die Stellung der Geschichte bereits marginal.

13 Die professionelle Aufbereitung von Archivgut ist eine wertvolle Nebenerscheinung von Forschungsarbeiten. Entscheidungsträger von Institutionen oder Familienhäupter, die ein Archiv in ihrem Besitz wissen, sind mit der Erfassung und Verwaltung ihrer Bestände in der Regel heillos überfordert. Eine Anwendung der akademischen Geschichte besteht deshalb darin, Bewusstsein für die Bedeutung und den Wert des vorhandenen Archivgutes zu wecken. Historische Überreste sollten von der Forschung nicht nur hinsichtlich ihrer konkreten Verwertbarkeit gewürdigt werden. Wenn die heutige Historikergeneration nicht Anleitung zur systematischen Aufbereitung von künftigem Quellenmaterial gibt, werden brauchbare Quellen irgendeinmal zur

Mangelware (Probleme der Datenkonservierung, langfristigen Lesbarkeit, Scheidung von digitalem Datenschrott und essentiellen Dokumenten). Auch dies ist angewandte Geschichte, in dem Sinn nämlich, dass historisches Wissen erforderlich ist, um eine adäquate Konservierung der Überreste der Jetztzeit zuhanden späterer Generationen zu sichern. Derartige Bestrebungen stellen wichtige Investitionen in die Zukunft der Disziplin dar. Werden im Rahmen von Forschungsrecherchen private oder institutionelle Bestände geordnet und erschlossen, bringt dies die Geschichte in eine Win-win-Situation (vgl. dazu Schläppi, Daniel, Zum Stellenwert von Vereins- und Verbandsarchiven als Quellen für die Kultur- und Sozialgeschichte, in: Ilbrig, Cornelian/Kortländer, Bernd/Stahl, Enno [Hg.], Kulturelle Überlieferung. Bürgertum, Literatur und Vereinswesen im Rheinland 1800–1950 [Archiv, Bibliothek, Museum/Heinrich-Heine-Institut Düsseldorf 12], Düsseldorf 2008, S. 47–65 [im Druck]).

14 Im Fall institutioneller Auftraggeber_innen ist der Erklärungsaufwand bezüglich Anmerkungen in der Regel geringer als im Fall von Privaten. Gleichzeitig war ich sehr positiv überrascht, wie genau und gründlich in meinen für Privatkunden verfassten Arbeiten auch die Fußnoten gelesen wurden. Meine Dissertation von 566 Seiten besteht aus 930 000 Zeichen Fließtext und 1272 – teilweise ausführlich kommentierenden – Anmerkungen mit rund 700.000 Zeichen. Trotzdem musste ich nach der Drucklegung mehrfach Detailfragen zu einzelnen Anmerkungen beantworten, die mir aus Kreisen der Leserschaft gestellt wurden. Das heißt, auch sperrige Anmerkungsapparate werden vom Laienpublikum gelesen, wenn erst das Interesse geweckt ist.

15 Zu wiederkehrenden Diskussionen geben beispielsweise die Modalitäten der Anonymisierung Anlass. Sie eigenen sich deshalb ideal als Verhandlungspfand. Nach meinem persönlichen Dafürhalten bringt es wenig, auf gesetzlich vorgegebenen Schutz- und Sperrfristen zu beharren. In meinem Fall habe ich für weitgehende Konzessionen bezüglich Anonymisierung unbeschränkten Archivzugang bekommen und durfte sogar sensible Dokumente problemlos einsehen. Der Wert der Akteneinsicht ist viel höher einzustufen als das Recht zur Namensnennung gemäß Gesetz. Die von mir in Verhandlungen mit den Auftraggeber_innen definierten Leitlinien und Beschränkungen werden unterdessen von einigen Archiven ihren Benutzer_innen weiterempfohlen (vgl. Schläppi, Schmieden [wie Anm. 1], S. 6). Auch Zugeständnisse im Feld der Terminologie, der Verzicht auf unerwünschte Begriffe können im Gegenzug andere Vorteile bringen, ohne dass inhaltliche Abstriche in Kauf genommen werden müssten.

16 Schon frühere Epochen kannten Vorläuferformen der heute im Trend liegenden Ritterspiele, Mittelaltermärkte oder Gauklerfestivals. Die Popularisierungen der angewandten Geschichte sind demnach keine Errungenschaften der globalen Konsumgesellschaft. Historisch unterlegte Rituale hatten beispielsweise schon in der alten Eidgenossenschaft, der Schweiz vor 1800, erhebliche Bedeutung. In breiten Kreisen war ein historisches Bewusstsein über die Befreiungslegenden rund um Tell verankert, das bei Bedarf abgerufen und politisch instrumentalisiert wurde. Das 19. Jahrhundert pflegte den Brauch monumentaler historischer Kostümumzüge, die mit den Shows des 21. Jahrhunderts jedoch nur wenig gemein haben. Erstens wurden zum Zweck größtmöglicher Authentizität viel Geld und Rechercheaufwand in erlesene Kostüme investiert. Zweitens verkörperten die seinerzeit in den Umzügen und Festspielen auftretenden Protagonisten ihre eigene Geschichte, sprich: sie stellten ihre Vorfahren dar und machten so den Nimbus ihres Herkommens, ihr unbestreitbares historisches Erbe für sich persönlich nutzbar, indem sie ihr uneinholbares symbolisches Kapital gegen Aufsteiger_innen aus bürgerlichem Milieu in die Waagschale warfen (vgl. Marchal, Guy, Schweizer Gebrauchsgeschichte. Geschichtsbilder, Mythenbildung und nationale Identität, Basel 2006; Holenstein, André, Der Bauernkrieg von 1653. Ursachen, Verlauf und Folgen einer gescheiterten Revolution, mit kommentierter Transkription des Bundesbriefes, in: Berner Zeitschrift für Geschichte und Heimatkunde 66 [2004], S. 1–43, hier S. 13–16; Kreis, Georg, Zeitzeichen für die Ewigkeit. 300 Jahre schweizerische Denkmaltopographie, Zürich 2008; Sarasin, Philipp, Stadt der Bürger. Bürgerliche Macht und städtische Gesellschaft, Basel 1846–1914, Göttingen 1997, S. 317, 331–333; Schläppi, Schmieden [wie Anm. 1], S. 275f., 453–460).

VERKAUFTE ZUNFT?

Ein Beitrag zur Ethik des History Consulting CHRISTOPH KÜHBERGER

Darstellungen über die Vergangenheit werden meist dann in der Öffentlichkeit oder in Fachkreisen kritisiert, wenn die Gefahr besteht, dass der persönliche Nutzen (wirtschaftlicher, politischer oder kultureller Gewinn) der Geschichtsschreiber_innen über dem Interesse einer seriösen wissenschaftlichen oder zumindest wissenschaftsorientierten Aufarbeitung der Thematik steht. Dies gilt besonders dort, wo akademisch ausgebildete Historiker_innen einerseits den Nimbus der Wissenschaftlichkeit nützen (Hinweis auf ihre Ausbildung, wissenschaftliche Erfahrung etc.), sich aber am freien Markt bewegen. Zu Beginn des 20. Jahrhunderts herrschte ein Wissenschaftsverständnis, demzufolge der Wissenschaftler sein Tun als Berufung verstand. Max Weber grenzte sich dabei von dem von ihm so genannten »Dilettanten« ab, der sich vom Fachmann dadurch unterscheide, dass »ihm die feste Sicherheit der Arbeitsmethode fehlt,

und daß er daher den Einfall meist nicht in seine Tragweite nachzukontrollieren und abzuschätzen oder durchzuführen in der Lage ist.«[1] Weber erkennt zudem nur da Wissenschaftlichkeit, wo sie rein der Sache selbst dient. In seiner Sicht sollte »die Wissenschaft, um ihrer selbst willen« betrieben werden und nicht etwa dazu, dass »andere damit geschäftliche oder technische Erfolge herbeiführen, sich besser nähren, kleiden, beleuchten, regieren können.«[2] Dieses Webersche Konzept entsprach einer Situation zu Beginn des 20. Jahrhunderts, in der universitäre Gelehrte sehr viel mehr als heute die Produktion und Verbreitung von kulturwissenschaftlichem Wissen monopolisiert hatten. Seit dem ausgehenden 20. Jahrhundert hat sich jedoch die (außer)universitäre Landschaft verändert. Durch das allgemeine Ansteigen der Akademikerquote etablieren sich auch im deutschsprachigen Raum zahlreiche Historiker_innen, die nicht in öffentlichen Forschungseinrichtungen tätig sind.[3] Sie verfügen über eine wissenschaftliche Ausbildung, die in der Regel wohl über den von Weber kritisierten Dilettantismus hinausgeht. Damit veränderte sich auch die Geschichtskultur. Deutungen über die Vergangenheit werden nicht mehr nur von der institutionalisierten Forschung erbracht, diese muss sich vielmehr auch mit den Ergebnissen der privaten Forscher_innen auseinandersetzen (u.a. Berichte aus Firmenarchiven, historische Forschung im Dienstleistungsbereich). Das Anwachsen dieses Sektors wird durch die allgemeine geschichtskulturelle Entwicklung in unserer Gesellschaft begünstigt. [4]

Der folgende Beitrag geht daher der Frage nach, inwiefern eine geschichtswissenschaftliche Produktion außerhalb der öffentlichen Forschungseinrichtungen sich auch aktiv mit ethischen Fragen der eigenen Forschung auseinandersetzen sollte, um der schwierigen Situation gerecht zu werden, vor der sie meist steht, nämlich um allen Seiten des Umfeldes gerecht zu werden, um ihre Produkte so gestalten zu können, dass sie als medien-, publikums- und wissenschaftsgerecht zu bezeichnen sind und auf diese Weise auf eine öffentliche Nachfrage stoßen.[5] Eine Ethik der privat organisierten wissenschaftlichen oder wissenschaftsorientierten Geschichtsschreibung versteht sich dabei als Ort des vernünftigen Nachdenkens über Probleme, die im Rahmen der dort ausgeführten Tätigkeiten auftreten, sowie über deren Lösungswege.

HISTORY CONSULTING ALS BETÄTIGUNGSSEKTOR Ein Bereich, der am meisten der Kritik ausgesetzt ist, stellt das so genannte »History Consulting«[6] dar. Während es in anderen Disziplinen üblich ist, Beratungstätigkeiten auszuführen (Politikwissenschaft, Soziologie, Wirtschaftswissenschaft etc.), wird in der deutschsprachigen Geschichtswissenschaft erst zaghaft darüber nachgedacht. Obwohl einige Wissenschaftler_innen davon ausgehen, dass dies auch nicht unbedingt nötig sei, da Wissenschaftler_innen sich ohnedies an den Kriterien der Wissenschaft orientieren müssten, gilt es zu bedenken, dass zwar die wissenschaftsinternen Kriterien dieselben sind (u.a. Objektivität/Intersubjektivität, Gültigkeit, Vollständigkeit, Konsistenz), doch die wissenschaftsexternen Momente, die ebenso Einfluss auf den Erkenntnisweg nehmen, anders gelagert sind (u.a. persönliche Motive, politische und ökonomische Interessen).[7] So besteht die Gefahr, dass die

»wissenschaftliche Freiheit« im ursprünglichen Sinn durch die Interessen der Auftraggeber_innen, für die gearbeitet wird, eingeschränkt und meist auf den öffentlichen Meinungsbildungsprozess rund um ein Produkt, eine Dienstleistung oder andere Aspekte mitbestimmt wird. Aus diesem Grund wird auch rasch der Vorwurf laut, dass das Profitinteresse der Auftraggeber_innen und das damit verbundene monetäre Interesse der selbstständig arbeitenden Historiker_innen die Darstellung beeinflussen.[8] Damit würde – so das Argument – Geschichtswissenschaft zur trivialen und unkritischen »Sinnstiftung« verkommen, anstatt kritischen »Sinnfindung« zu ermöglichen.

Es wäre jedoch eine zu eingeschränkte Sichtweise, würde man bei diesen altbekannten Vorwürfen halt machen, denn geschichtswissenschaftliche Unternehmensberatung und Wissenschaftlichkeit schließen sich nicht in jedem Fall aus.[9]

Die Situation ist aber weit komplexer. Ronald C. Tobey verweist anhand der us-amerikanischen Situation auf das Problem der erhöhten Verantwortung, das private Historiker_innen etwa vor dem Gesetz haben. Während die Arbeit von akademisch verankerten Wissenschaftler_innen in den seltensten Fällen zu unmittelbaren rechtlichen Konsequenzen für den Forscher/die Forscherin führt, werden die privat arbeitenden Kolleg_innen schneller verklagt.[10] Darüber hinaus arbeiten sie in anderen Rhythmen, die nicht selten den wirtschaftlichen Zyklen unterworfen sind und nicht den wissenschaftsinternen Erfordernissen. Dies kann zu Ungenauigkeiten oder zum oberflächlichen Arbeiten führen. Private Historiker_innen stehen dabei gleichzeitig unter einem ungleich größeren Zeit- und Outputdruck, der sich in der Qualität der präsentierten Narration über die Vergangenheit zeigen kann. Einen anderen Aspekt, der in diesem Zusammenhang selten aufgegriffen wird, stellen die unterschiedlichen Herangehensweisen dar, die im Rahmen von »History Consulting« genützt werden, um den Wünschen und Anforderungen der Kund_innen gerecht zu werden. Wendet sich ein Unternehmen an einen Historiker/eine Historikerin, handelt es sich oft um Aufträge, die eine positive Selbstdarstellung in historischer Perspektive erwarten, als um den Wunsch der Ausarbeitung einer differenzierten wissenschaftlichen Arbeit.[11] Meist sind es Jubiläumsbände oder Darstellungen der Firmengeschichte, die ein breites Publikum erreichen sollten. Damit werden Historiker_innen mit Anforderungen konfrontiert, die nicht zu ihrer klassischen Ausbildung zählen und daher auch heute noch oft von Werbeagenturen mit betreut werden.[12] Zwar beschäftigt sich die Geschichtstheorie und -didaktik seit längerem mit diesem Bereich, doch das Problem der Darstellung auf unterschiedlichen Niveaus (geschichtsdidaktische Reduktion) wird bei weitem unterschätzt,[13] vor allem deshalb, da mit ihm nicht nur Geschichtslehrer_innen konfrontiert sind, sondern alle Historiker_innen, egal ob sie an der Universität, im Archiv oder freiberuflich tätig sind. Aus einer geschichtskulturellen bzw. geschichtsdidaktischen Perspektive heraus ist bekannt, dass vereinfachte Darstellungsweisen von wissenschaftlichen Ergebnissen praktikabel sind, ohne die Sachlage zu verändern. Diese Möglichkeit benötigen eine Reflexion des Tuns zwischen Wissenschaft und Alltagsbrauchbarkeit. Man kann dabei auf die bereits vorhandenen Erfahrungen von jenen Historiker_ innen und Kulturwissenschaftler_innen zurückgreifen, die sich beruflich mit der Produktion von populären Medien wie Film, TV, Sachbuch o. ä. beschäftigen und dabei die Wirtschaftlichkeit nicht außer Acht lassen können. Es gilt dabei nämlich nicht aus dem Auge zu verlieren, dass Produkte des »History Consulting«, die etwa für die PR und das Marketing eines Wirtschaftsbetriebes erzeugt und von diesen genutzt werden, noch nichts über deren Qualität im geschichtswissenschaftlichen Sinn aussagen. Aus diesem Grund gilt es, wie bei geschichtswissenschaftlichen Narrationen über die Vergangenheit, die an institutionalisierten Forschungseinrichtungen entstehen, nach deren empirischen, normativen und narrativen Triftigkeit zu fragen.[14] Doch auch wenn man derartige Momente, die eine historische Narration prägen, als privater Dienstleister wahrnimmt (u. a. Triftigkeit, Vollständigkeit, Konsistenz, Intersubjektivität), kann man dadurch nicht automatisch alle damit verbundenen Problemzonen ausschalten. Bei Auftragsgeschichtsschreibung fließen nämlich nicht nur persönliche Bewertungen und Perspektiven der Historiker_innen ein, wie wir dies auch aus der institutionalisierten Forschung kennen, sondern auch explizit kommunizierte oder freiwillig antizipierte Werte der Auftraggeber_innen. Daher ist es mitunter von großer Bedeutung offen zu legen, was die Historiker_innen dazu bewegte, ein spezielles Thema zu erforschen, bestimmte Aspekte hervorzuheben oder wegzulassen sowie wer das Forschungsprojekt finanziert hat. Erst auf diese Weise kann es gelingen, einige einflussnehmende Faktoren in der Rezeption und Bewertung der historischen Narration wahrzunehmen und den eingenommenen »Sehe-Punct« (J. M. Chladenius) angemessen mitzudenken. Eine transparente Erzählung entsteht daher nicht nur, wenn alle verwendeten Quellen- und Literaturnachweise angeführt werden, sondern erst – und dies gilt für jedes geschichtswissenschaftliche Arbeiten – wenn es gelingt, als »moderierender Historiker« (W. Schulze) in den Texten in Erscheinung zu treten, um so einen autoritativen und damit doktrinären Erzählstil ohne erwägenden Charakter und den darin suggerierten Wahrheitsanspruch zu entkommen.[15] Die Darstellung der Vergangenheit benötigt daher in sich eine Metareflexion, die auch die Rahmenbedingungen ihres Entstehens thematisiert.

DER ETHIKKODEX ALS LÖSUNG? In der anglo-amerikanischen Welt hat sich zur Lösung bzw. zumindest zur Eindämmung derartiger Probleme der Ethikkodex als Instrumentarium durchgesetzt, der versucht, auf normativer Ebene bestimmte Überlappungsbereiche zwischen der Wissenschaft und der Öffentlichkeit, hier auch verstanden als das Verhältnis zwischen Historiker_innen und Auftraggeber_innen, zu regeln. Es handelt sich dabei, um einen verschriftlichten Konsens über das richtige Verhalten von Historiker_innen. Hauptziel sollte es sein, dass jene Bereiche der wissenschaftlichen Arbeit auf eine kontraktualistische Ebene gehoben werden, die als geeignet anzusehen sind, das System der Geschichtswissenschaft, verstanden als ein System aus internen und externen Werten, zu stören bzw. zu behindern. Vor- und nachgelagerte Momente des Forschens, die auf den gesellschaftlichen Kontext von Wissenschaft verweisen und die von den Wissenschaftler_innen verantwortet werden müssen, werden dadurch sichtbar gemacht.[16] So regelt das us-amerikanische National Council on Public History[17] in Unterpunkt II seines Code of Ethics aus dem Jahr 1986 das Verhältnis zwischen den Historiker_innen und deren Kunden:

A) Historians owe their employers the historical truth insofar as it can be determined from the available sources.

B) Historians at all time respect the confidentiality of clients, employers, and students. Information gained through a professional relationship must be held inviolate, except when required by law, court, or administrative order.

C) Historians seek to perform professional quality work in accordance with their employment agreements or research contracts.[18]

In einer Überarbeitung dieses Abschnittes aus dem Jahr 2007 wurden diese Forderungen noch stärker differenziert. Dabei konnte das Abhängigkeitsverhältnis von den Geldgeber_innen nicht abschließend geregelt werden. So heißt es dort in einer Einleitungspassage: »Public historians have a responsibility to perform work competently, diligently, creatively, and independently in pursuit of a client's or employer's interest, and a corollary responsibility to assure that such performance is consistent with their service to the public interest.«[19] Darüber hinaus wird darauf verwiesen, dass Historiker_innen keine Tätigkeiten anbieten und ausführen sollten, in denen aktuelle, offenkundige oder begründet vorhersehbare Interessenskonflikte auftreten, ohne über den Umgang mit ihnen eine schriftliche Vereinbarungen zu treffen.[20]

Ein solcher Zugang gilt im deutschsprachigen Raum noch als weitgehend unbeachtet, wie dies etwa der Ethik-Kodex der Schweizer Gesellschaft für Geschichte zeigt. Er richtet sich an ein geschichtswissenschaftliches Fachpublikum und blendet Probleme, die sich im Rahmen von Auftragswerken ergeben, aus.[21] Hier werden die bereits oben erwähnten unterschiedlichen wissenschaftlichen Traditionen erneut deutlich, indem sich nämlich Geschichtswissenschaftler_innen im deutschen Sprachraum oftmals nicht als Dienstleister_innen gegenüber Auftraggeber_innen verstehen und damit aber den existierenden Aufgaben und benötigten Lösungswegen nur unzureichend begegnen.

Es scheint ein praktikabler Weg zu sein, eigene Ethikkodizes aufzustellen oder den einer anderen wissenschaftlichen Einrichtung oder Vereinigung für die wissenschaftliche Arbeit als ForscherIn am freien Markt anzuwenden, um bereits im Vorfeld der angebotenen Tätigkeit mit den Kund_innen oder Geldgeber_innen den Rahmen abzustecken, in dem die Dienstleistung durchgeführt wird. Auf diese Weise können beide Seiten ihre Standpunkte darlegen und es kann für antizipierte Problemkonstellationen nach einer gemeinsamen Lösung gesucht werden. Im Idealfall sollten derartige Übereinkünfte als Teil des Arbeitsvertrages in eine rechtliche Struktur eingebettet werden. Dies ist vor allem deshalb wichtig, da eine wissenschaftliche Aufarbeitung nicht nur auf verdrängte Teile der Vergangenheit stößt, also Momente, die den Auftraggeber_innen bewusst sind, wie man dies etwa am Ende des 20. Jahrhunderts im Rahmen der öffentlichen und wissenschaftlichen Auseinandersetzung mit dem NS-Regime beobachten konnte (u. a. Zwangsarbeiter_innen, Beteiligung an der Vernichtung von Menschen, Geschäftserfolg durch Kriegswirtschaft) oder für andere Zeitabschnitte bereits im Voraus vermuten kann (u.a. Rolle innerhalb der Politik oder Wirtschaft in der DDR), sondern auch tatsächlich Vergessenes zurückkehren kann und die Auftraggeber_innen sowie die damit befassten Historiker_innen im Laufe des Forschungsprozesses damit konfrontiert werden. Dies sind meist Aspekte, die erst im Lauf der geschichtswissenschaftlichen Beschäftigung und der Quellenrecherche zu Tage treten (u. a. Streichung von Sozialleistungen, politische Verstrickungen, Diskriminierung von weiblichen Angestellten, ökologische Katastrophen mit Langzeitfolgen, Menschenrechtsverletzungen an ausländischen Produktionsstätten). Ethikkodizes geben daher nicht nur für das persönliche Handeln der Historiker_innen Orientierung oder helfen ihre persönlichen Verantwortungsbereiche abzustecken bzw. abzusichern. Kodizes leisten vor allem einen Beitrag zur Sensibilisierung ethisch relevanter Fragen.

AUSGEWÄHLTE ASPEKTE EINER ETHISCHEN REFLEXION IM RAHMEN DES HISTORY CONSULTING

Anhand der hier nachstehend angeführten Punkte könnten individuelle Beratungsgespräche zwischen den Auftraggeber_innen und den Historiker_innen geführt oder anlassbezogene Ethikkodizes erstellt werden, die bereits im Vorfeld der wissenschaftlichen oder wissenschaftsorientierten Dienstleistung Konflikte und moralische Dilemmata zu minimieren suchen und den Umgang mit wissenschaftlichen Produkten im Dienstleistungssektor regeln möchten.

1 **Heikle Daten und Fakten** Eines der schwierigsten Probleme bei geschichtswissenschaftlichen Auftragswerken ist der Umgang mit auftauchendem Quellenmaterial, das die Vergangenheit der Auftraggeber_innen betrifft und etwa dazu angelegt ist, deren derzeitiges kulturelles, wirtschaftliche und/oder politisches Kapital in der Öffentlichkeit zu mindern. In bestehenden Ethikkodizes, wie z.B. in jenem des Australian Council of Professional Historians Association, wird festgehalten, dass vertrauliche Informationen nicht zum Vor- oder Nachteil der Auftraggeber_innen eingesetzt werden dürfen. Die einzige Ausnahme, die ein-geräumt wird, betrifft die gesetzliche Lage und deren Verzerrung. Im Kodex der NCPH heißt es dazu genauer: »A public historian is obligated not to disclose information gained in a professional relationship when the client or employer has requested such information to be held confidential. Exceptions to the principle of non-disclosure must be made when required by process of law. Exceptions may be made when disclosure would prevent a violation of law or prevent a substantial injustice to the public interest. In such instances, a public historian must verify the facts and issues of the circumstance and, when practicable, make every reasonable effort to obtain separate opinions from other qualified professionals employed by the client or employer and every reasonable effort to obtain reconsideration from the client or employer.«[22]

Gleichzeitig sollte man jedoch bedenken, dass Historiker_innen in Beratungssituationen auch das geschichtskulturelle Umfeld von Kund_innen in der Gegenwart und in der Zukunft nicht aus dem Auge verlieren sollten. Die Wissenschaftler_innen sollten also auch in der Lage sein, mit ihren Auftraggeber_innen über gesellschaftliche Konsequenzen zu sprechen und zwar sowohl im Fall des Verschweigens von Bekanntem, als auch im Fall einer offensiven Öffentlichkeitsarbeit. So gilt es etwa im Rahmen einer professionellen Beratung ein Firmenmuseum darauf aufmerksam zu machen, das die langen historischen Tradition der Firma rühmt und bis ins Spätmittelalter hineinreichende Traditionsstränge präsentiert, aber die problematischen Zeiten der Zeitgeschichte nicht thematisiert, welche Schräglage dadurch in der Wahrnehmung entstehen kann. In einem konkreten Fall einer Privatbrauerei wurde etwa zwar die Zeit nach dem Ersten Weltkrieg angesprochen, die NS-Zeit hingegen geschickt umgangen, indem an der Stelle, an der der historische Abschnitt in der chronologisch gestalteten Ausstellung präsentiert werden müsste, ein Fenster den Erzählfluss der chronologischen Abhandlung unterbrach und man erst wieder mit der Nachkriegszeit fortsetze. Eine derartige selektive Geschichtsdarstellung wirft per se Fragen auf und wirkt verdächtiger als ein offener Umgang mit dieser Zeit.[23] Manfred Grieger, Leiter der Historischen Kommunikation in der Volkswagen AG, betont diesbezüglich: »Wer Tatsachen verdreht, anstatt Lernleistungen eines Unternehmens aufzuzeigen, verschenkt die Möglichkeit einer historischen Unternehmenskommunikation.«[24] Alexander Schug verweist in seinem Leitfaden zum Umgang mit Geschichte in Unternehmen im Bezug auf »schwarze Flecken« darauf, dass diese durch aktives Verdrängen zu einem Imageschaden führen können. Der Schaden »wird umso größer, je länger versucht wird, Geschichte totzuschweigen oder schönzufärben. Selbstbewusst und unter voller Anerkennung seiner gesellschaftlichen Verantwortung (Stichwort ›corporate citizenship‹) muss das Unternehmen selber bei der Bewertung seiner Geschichte die führende Rolle spielen. Macht es das nicht, machen es andere, und die Schlagzeilen sind dann meistens nicht besonders schmeichelhaft.«[25] Dieses Spannungsverhältnis zwischen einer aus der Sicht der Auftraggeber_innen schädigenden Sprengkraft von Wissen über die Vergangenheit und einem fundierten, wissenschaftsorientierten Kommunizieren der Geschichte sollte daher in den Vorgesprächen zwischen Historiker_innen und Kund_innen ausdiskutiert werden.

2 Interessenskonflikte Interessenskonflikte ergeben sich nicht nur im Zusammenhang mit den oben genannten sensiblen Daten und Fakten. Sie können auch durch andere Bereiche hervorgerufen werden, wie zum Beispiel dem bisherigen historischen Selbstverständnis der Auftraggeber_innen und deren Vorstellungen zur Funktion von Geschichte. Aus diesem Grund gilt es, in den Vorbereitungen einer Dienstleistung die Auftraggeber_innen darüber zu informieren, welche Ziele eine wissenschaftliche oder wissenschaftsorientierte Aufarbeitung verfolgt bzw. verfolgen sollte und in welcher Art die Ergebnisse verwendet werden sollten. So ist es etwa denkbar, dass Kund_innen zwar einer wissenschaftlichen Aufarbeitung der Vergangenheit zustimmen, sie diese jedoch nur im Sinn eines ästhetischen Erkenntnisbedürfnisses der Öffentlichkeit zugänglich machen möchten (u. a. Internetauftritt, Jubiläumsbroschüre). Daher sollte die Verwertung von wissenschaftlichen Forschungsergebnissen ebenso thematisiert werden, wie der Zugriff der Öffentlichkeit auf diese. Das NCPH fordert in seinem aktuellen Code of Ethics and Professional Conduct dazu auf, dass Historiker_innen die Kundenentscheidungen bezüglich der Ziele und der Natur der professionellen Dienstleistungen zu respektieren haben, außer wenn das angestrebte Ergebnis illegal, unmoralisch oder unethisch ist.[26] Treten derartige Interessenskonflikte erst während der Forschungsarbeit auf, so empfiehlt ein anderer Kodex die sofortige Mitteilung des Problems an den/die Kund_in.[27]

3 Handlungsspielraum der Historiker_innen Ein anderer Bereich, der bereits im Vorfeld einer in Auftrag gegebenen Dienstleistung geklärt werden sollte, bezieht sich stärker auf die Person der/des Historiker_in und ihrer/seiner Rechte. Es geht dabei etwa um das offizielle In-Erscheinung-Treten als AutorIn im Fall von Publikationen oder anderen geschichtskulturellen Produkten. So sollte etwa auch die »Ehrenautorenschaft« zum Thema gemacht werden. In institutionalisierten, wissenschaftlichen Kreisen wird die Praxis, dass der/die Leiter_in einer Einrichtung, der/die Vorgesetzte oder die Finanziers eines Forschungsprojektes automatisch die (Mit-)Autorenschaft einfordern könnten, abgelehnt.[28] Neben der Sicherung von geistigem Eigentum sollte aber etwa auch geklärt werden, ob oder in welchem Umfang Historiker_innen das im Zuge der Recherche und Archivarbeiten gesammelte Material auch in anderen Kontexten ihrer Arbeit, also unabhängig von der eigentlichen in Auftrag gegebenen Dienstleistung nutzen können. Der Grad der Verschwiegenheit bzw. die Nutzungsrechte von Daten, Fakten und Ergebnissen, die im Rahmen der Dienstleistung erarbeitet werden, sind daher zu regeln.

4 Grenzen der Dienstleistung Neben den bereits angesprochenen Grenzen einer wissenschaftlichen oder wissenschaftsorientierten Dienstleistung (u.a. Konflikte mit bestehenden Gesetzen oder moralischen Setzungen einer Gesellschaft), sollten auch jene Aspekte einer gemeinsamen Klärung zwischen Auftraggeber_innen und Historiker_innen zugeführt werden, welche die Umsetzbarkeit des Vorhabens betreffen. Dies sollte nicht nur die finanzielle Seite betreffen, also jene Momente, in denen der Kostenaufwand (Sachmittel, Zeitaufwand etc.) entgegen der ursprünglichen Vereinbarung überschritten wird, sondern auch wenn die Grenzen der Machbarkeit und Durchführbarkeit der in Aussicht gestellten Dienstleistungen erreicht sind.

Um Konflikte zu vermeiden, sollten derartige Fälle am Beginn antizipiert werden, um etwa der Empfehlung eines Ethikkodex nachzukommen, der von den Historiker_innen einfordert, dass sie »should not accept or continue to perform work that is beyond his or her professional competence.«[29] Eine Möglichkeit mit dieser Konstellation umzugehen, beinhaltet der bereits zitierte australische Kodex, der festhält: Historiker_innen »should advise the client when a project requires the expertise of other professional disciplines and, if possible recommend a contact«[30] In diesem Zusammenhang gilt es Kund_innen bereits vor der Arbeitsübereinkunft darüber in Kenntnis zu setzen, welche Rahmenbedingungen für die erfolgreiche Durchführung einer geplanten geschichtswissenschaftlichen Dienstleistung gegeben sein müssen, um ein Scheitern aufgrund nicht beeinflussbarer Momente ausschließen zu können (etwa aufgrund Lücken in den Quellenbeständen, Zugang zu Quellenmaterial o.ä.). Ein solches Vorgehen hat den Vorteil für beide Seiten, dass schon im Vorfeld abgeklärt wurde, wie mit auftretenden unlösbaren, oft nur schwer vorhersehbare Problemen umgegangen wird (z.B. Abbruch der Recherche oder des Vorhabens und die finanzielle Abgeltung der bereits erbrachten Leistungen).

AUSBLICK Es mag in dieser Darstellung der Anschein erweckt worden sein, dass ethische Fragen und moralische Probleme im besonderen Maße im Bereich der nicht institutionalisierten Geschichtsforschung angesiedelt sind. Die Realität verlangt ein derartiges vernünftiges Nachdenken über das wissenschaftliche Arbeiten im Überschneidungsbereich zwischen Vergangenheit, Geschichte und Gegenwart/Zukunft, verstanden als angewandte Ethik, jedoch auch von institutionell verankerten Historiker_innen.[31] Ein intensiv und offen geführter Diskurs über derartige Fragen der guten wissenschaftlichen Praxis steht jedoch im Bereich der Geschichtswissenschaft im deutschsprachigen Raum erst am Anfang. Eine Ethik der Geschichtswissenschaft steht daher sowohl in der universitären Ausbildung der Junghistoriker_innen, als auch in der freien und institutionalisierten Forschung noch am Beginn, da unter diesem Bereich weit mehr fällt als die oftmals wahrgenommene Debatte zur wissenschaftlichen Objektivität.[32]

1 Weber, Max, Wissenschaft als Beruf, Stuttgart 1995, S. 13.

2 Weber, S. 18.

3 Vgl. u.a. Schug, Alexander, History Marketing, Bielefeld 2003. Rühl, Margot, Berufe für Historiker, Darmstadt 2004. Konrad, Heiko, Sozial- und Geisteswissenschafter in Wirtschaftsbetrieben, Wiesbaden 1996.

4 Vgl. Hanisch, Ernst, Archiv und Zeitgeschichte – ein notwendiges und spannungsreiches Verhältnis, in: Scrinium 57/2003. S. 26.

5 Vgl. Quandt, Siegfried, Geschichte im Fernsehen. Sachgerecht, mediengerecht, publikumsgerecht?, in: Kühberger, Christoph/Lübcke, Christian/Terberger, Thomas (Hg.), Wahre Geschichte – Geschichte als Ware. Die Verantwortung der historischen Forschung für Wissenschaft und Gesellschaft, Rahden/Westf. 2006, S. 181–186.

6 Unter History Consulting werden hier jene geschichtswissenschaftlichen Dienstleistungen verstanden, die am freien Markt erbracht werden. History Consulting ist damit als ein Teilgebiet des von A. Schug definierten und umfangreich angelegten History Marketing anzusehen, wobei jedoch die geschichtswissenschaftliche und die damit verbundene geschichtskulturelle Beratung im Mittelpunkt steht und nicht etwa ökonomische Strategien im Rahmen einer umfassenden Unternehmenskommunikation.

7 Kühberger, Christoph/Sedmak, Clemens, Bausteine einer Ethik der Erinnerung, in: Zeitschrift für Geschichtswissenschaft 11/2005, S. 998f.

8 Tobey, Ronald C., The Public Historian As Advocate. Is Special Attention To Professional Ethics Necessary?, in: The Public Historian, Vol. 8/No. 1/1986. S. 16–24.

9 Grieger, Manfred, PR oder Wissenschaft? Zur Standortbestimmung unternehmensgeschichtlicher Forschung und Historiographie, in: Kühberger, Christoph/Lübcke, Christian/Terberger, Thomas (Hg.), Wahre Geschichte – Geschichte als Ware. Die Verantwortung der historischen Forschung für Wissenschaft und Gesellschaft, Rahden/Westf. 2006, S. 213. [213–232]

10 Tobey, 17f.

11 Ausnahmen findet man etwa im Rahmen der unternehmensgeschichtlichen Abteilung im VW-Konzern: Mommsen, Hans/Grieger, Manfred, Das Volkswagenwerk und seine Arbeiter im Dritten Reich, Düsseldorf 1996. Vgl. auch die Reihe »Historische Notate. Schriftenreihe des Unternehmensarchivs der Volkswagen AG, Wolfsburg«.

12 Vgl. z.B. Kahman, Ralf, Eine prickelnde Geschichte. Die Rotkäppchen-Sektkellerei 1856–2006, Freyburg/Unstrut 2006.

13 Vgl. Matthes, Eva / Heinze, Carsten (Hg.), Elementarisierung im Schulbuch, Bad Heilbrunn 2007.

14 Rüsen, Jörn, Objektivität, in: K. Bergmann et al. (Hg.), Handbuch der Geschichtsdidaktik, Seelze-Velber 1997, S. 160–163.

15 Borries, Bodo von, Schulbuch-Gestaltung und Schulbuch-Benutzung im Fach Geschichte. Zwischen empirischen Befunden und normativen Überlegungen, in: Geschichtsdidaktische Schulbuchforschung, hg. v. S. Handro / B. Schönemann, Münster 2006, S. 43.

16 Kühberger, Christoph / Sedmak, Clemens, Ethik der Geschichtswissenschaft. Zur Einführung, Wien 2008, S. 102f.

17 Public history wird definiert als »a movement, methodology, and approach that promotes the collaborative study and practice of history; its practitioners embrace a mission to make their special insights accessible and useful to the public«, www.ncph.org/WhatisPublicHistory/tabid/282/Default.aspx [11.06.2008].

18 National Council on Public History: Code of Ethics. www.ncph.org/code_of_ethics.htm [30.04.2002].

19 Im Unterpunkt 3 heißt es dazu auch noch: »A public historian should exercise independent professional judgment on behalf of a client and employer.« NCPH, Code of Ethics and Professional Conduct, 2007. www.ncph.org/AbouttheCouncil/BylawsandEthics/tabid/291/Default.aspx [11.06.2008].

20 NCPH, Code of Ethics and Professional Conduct, 2007.

21 www.sgg-ssh.ch/de/abteilungen/berufsinteressen/SGG-EthikKodex.pdf [11.06.2008].

22 NCPH, Code of Ethics and Professional Conduct, 2007.

23 Das Beispiel bezieht sich auf die Ausstellung der Stiegl-Brauerei in der Stadt Salzburg (Ausstellungssituation 2006). In der derzeitigen Ausstellung (Stand Juni 2008) war dieser Teil überhaupt nicht mehr auffindbar.

24 Zitiert nach Schug, History Marketing, S. 55.

25 Ebd., S. 31.

26 NCPH, Code of Ethics and Professional Conduct, 2007.

27 Australian Council of Professional Historians Associations Inc.: Code of Ethics and Professional Standards for Professional Historians in Australia (2001). www.historians.org.au/Code.pdf [13.05.2004].

28 Richtlinien zur Sicherung guter wissenschaftlicher Praxis, in: Mitteilungsblatt – Sondernummer der Paris-Lodron-Universität Salzburg. Studienjahr 2006/07, 22.11.2006, 8. Stück.

29 NCPH, Code of Ethics and Professional Conduct, 2007.

30 Australian Council of Professional Historians Associations, Code of Ethics (2001).

31 Kühberger, Christoph, »Wir versprechen [...] zur Lösung der Probleme der menschlichen Gesellschaft und deren gedeihlichen Weiterentwicklung beizutragen.« Soziale Verantwortung als Teil einer Ethik der Geschichtswissenschaft, in: Bauer, Ingrid et al. (Hg.), kunst.kommunikation. macht. Sechster Österreichischer Zeitgeschichtetag 2003. Innsbruck 2004, S. 21–25.

32 Vgl. Kühberger / Sedmak, Ethik der Geschichtswissenschaft. Vgl. auch Schweizer Gesellschaft für Geschichte (Hg.), Ethik-Kodex und Grundsätze zur Freiheit der wissenschaftlichen Forschung und Lehre (2004), www.sgg-ch.ch/de/abteilungen/berufsinteressen/SGG-EthikKo-dex_Gundsaetze.pdf [11.06.2008].

MEDIEN UND ERINNERUNGS-KULTUR: EINE NOTWENDIGE BEZIEHUNG

MATHIAS BEREK

Ein immer noch weitverbreitetes Ideal der akademischen Geschichtsschreibung
ist es, sich allein dem Erkennen der Wahrheit – wie es gewesen ist – verschrieben
zu haben. Ein Ideal, das die Fachhistorie von ihren popularisierten und kommerzialisierten Geschwistern abgrenzen soll und das auch leitend für die Definition
von »Angewandter Geschichte« ist. Doch lässt sich eine solche klare Trennung
wirklich anhand der Kategorien Erkenntnis und Wahrheit ziehen? Zweifel daran
kommen nicht erst dann auf, wenn man beispielsweise die tiefe Verstrickung der
Arbeit der meisten wilhelminischen Historiker in ihre politischen Motive näher
ins Auge fasst.[1] Um nicht in die verzweifelte Beliebigkeit zu verfallen, dass es
überhaupt keine Wahrheit zu erkennen gebe, muss man zwischen wissenschaft-
lich-historischer Forschung und kollektivem Erinnern unterscheiden – ein zuge-
geben nicht einfaches Unterfangen, da auch Historiker_innen in eine Alltagswelt

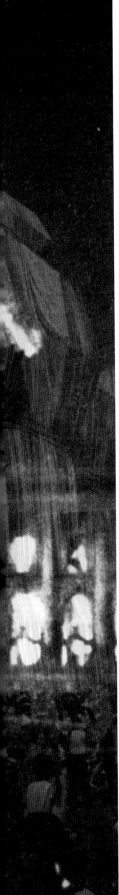

eingebunden sind und gewisse Vorannahmen über die Vergangenheit und über an sie gestellte Erwartungen in ihre Arbeit einbringen. Wenn es gelingt, den erinnerungskulturellen Anteil an historischer Forschung deutlich zu markieren, kommt man einer solchen Unterscheidung näher.

Es würde allerdings den Rahmen dieses Beitrags sprengen, sich allen Strukturen und Funktionen von Erinnerungskultur zuzuwenden. Eine der zentralsten Eigenschaften kollektiven Erinnerns ist seine Medialität, und die Diskussion dieses Teilbereichs genügt, das Gesamtphänomen zu erhellen.

MEDIEN UND ERINNERUNGSKULTUR Medien im Sinne von Zwischenträgern, die Situationen jenseits der des vis-à-vis ausmachen, sind Träger von Wissen, das zum Auslöser von Erinnerungsakten werden kann. In der Regel sind darunter Massenmedien zu verstehen, also Gegenstände, Organisationen und Einrichtungen, die in modernen, komplexen Gesellschaften die Kommunikation zwischen den Mitgliedern massenhaft, also sich mit den gleichen Inhalten an eine Vielzahl von Einzelnen richtend, vermitteln. Es geht mir hierbei jedoch weniger um die Massenhaftigkeit als um die Öffentlichkeit dieser Zwischenträger. Die Grenzlinie des Untersuchten kann dort gezogen werden, wo ein Medium nicht nur Erinnerungsstütze des einzelnen Subjekts ist, sondern es in die intersubjektive und kollektive Kommunikation eingebracht wird. Rein private Träger von Wissen können im Zusammenhang mit Erinnerungskultur nicht weiter beachtet werden, da sie dafür keine Rolle spielen können. Im Gegensatz zum privat erstellten und – wenn überhaupt – nur privat gelesenen Tagebuch[2] sind so verstandene Medien Sinnträger, die Inhalte in der Öffentlichkeit vermitteln, sich also an ein Publikum richten. Dazu zählt die Kleinauflage eines Büchleins zur Stadtteilgeschichte ebenso wie die Geschichtsdokumentation, die im öffentlich-rechtlichen Fernsehen ein Millionenpublikum erreicht. Auch neue Medien wie Computerspiele und Webseiten müssen in die Betrachtung mit einbezogen werden.[3]

Dabei stellen sich mehrere Fragen: Welchen Einfluss haben diese Medien auf die individuellen und kollektiven Erinnerungen? Welche Verbindungen zwischen Erinnerungskultur und Massenmedien gibt es? Gibt es erst dann einen Trend zum Medialen, wie er oft für die Erinnerung an den Holocaust festgestellt wird, wenn die Zeitzeugen weniger werden? Die zu untersuchende These zur Medialität von Erinnerung ist, dass kollektive Erinnerungen in modernen, komplexen Gesellschaften heute immer und zwangsläufig medial beeinflusst und verändert werden – und auch die individuelle Erinnerung, sobald sie formuliert, also geäußert wird.

Wenn es um den Zusammenhang von Medien und Erinnerungskultur geht, ist es zunächst sinnvoll, einen Blick auf Ergebnisse zu werfen, die die Forschung zum Verhältnis von Medien und Vergangenheit erbracht hat. Bei einem groben Überblick über den Forschungsstand schälen sich einige Funktionen von Medien heraus, die für das hier infrage stehende Thema von Bedeutung sind. Zuerst umreißen Medien den »Raum des Sagbaren«, die Grenzen des gesellschaftlichen Diskurses.[4] Sie geben darin die Bilder vor, die mit bestimmten Ereignissen der Vergangenheit automatisch assoziiert werden – durch Cornelia Brink am Beispiel der Fotografien von Konzentrationslagern als »Ikonen der Vernichtung« auf den oft zitierten Punkt gebracht und einige Jahre vorher von Dan Diner am Beispiel der »Ikone Bergen-Belsen« als Begriff eingeführt.[5]

Darüber hinaus prägen sie auch das Geschichtsbewusstsein: wie die Menschen sich den Ablauf von Geschichte vorstellen, welche Bilder sie von den Ereignissen der Vergangenheit haben und wo sie sich selbst und ihre Bezugsgruppe respektive ihre Gesellschaft in dieser Geschichte verorten. So gibt es nicht nur die genannten Ikonen, die mit Auschwitz automatisch verbunden werden, sondern generell wird die Vorstellung, die sich vom Nationalsozialismus und der Shoah gemacht wird, zum größten Teil durch Medien, hier vor allem das Fernsehen und Kinofilme, geprägt.[6] Aus der Arbeit von KZ-Gedenkstätten wird berichtet, dass sie zunehmend mit Besucher_innen zu tun hätten, die aus Filmen erworbene und emotionalisierte Geschichtsbilder mitbrächten.[7] Doch nicht nur die Bilder, auch Stereotype, wie das vom ehrlich kämpfenden und moralisch sauberen Wehrmachtssoldaten, und Identitätstypen, wie der vom unschuldigen deutschen Volk als Opfer, sind Ergebnis medialer Prozesse.[8] Letztlich werden auch die Legitimationen von Institutionen und Sinnwelten durch Medien weitergegeben – etwa zur Selbstvergewisserung nationaler Kollektive.[9] Und verallgemeinert: Gedächtnis-Medien dienen der Speicherung ebenso wie der Zirkulation von Inhalten, »Medialität stellt [...] die Bedingung der Möglichkeit des kollektiven Bezugs auf zeitliche Prozesse dar.«[10]

Es ist kein Zufall, dass die eben genannten Funktionen der Medien sich im Wesentlichen mit den Funktionen der kollektiven Erinnerung überschneiden. Denn genau diese Funktionen kann eine Erinnerungskultur nur erfüllen, wenn sie durch die Medien in der Gesellschaft transportiert wird: Alle Elemente der Wirklichkeitskonstruktion durch Erinnerung lassen sich nicht in der direkten Vis-à-vis-Kommunikation weitergeben, sondern bedürfen eines Zwischenträgers, der verschiedenen Medien.

Das Faktum, dass Erinnerungskultur nur medial stattfinden kann, lässt sich aber auch anders als über die Beobachtung der Funktionen der Medien herleiten: indem wir uns dem Zusammenhang von den Grundlagen her annähern, der Entstehung und Struktur von kollektivem Gedächtnis.

Zum Bestandteil von Erinnerungskultur können Erfahrungen und Erlebnisse nur werden, wenn sie entäußert, also objektiviert worden sind, das heißt, wenn sie eine Form gewonnen haben, die sie austauschbar zwischen Individuen macht. Das reicht jedoch noch nicht aus. Vielmehr müssen diese auf die Vergangenheit bezogenen Wissensinhalte auch kollektiv genügend Bedeutung zugemessen bekommen, um Teil einer Erinnerungskultur zu werden. Der Vorgang der Bedeutungszuweisung jedoch geschieht immer in einem öffentlichen (im Sinne von überindividuellem, nicht privatem) Diskurs, der nicht auf direkter Interaktion beruht, sondern vermittelt ist durch die Zwischenträger, die Medien. Unter Medien werden hier nicht allein die modernen Massenmedien verstanden, sondern entscheidend ist, dass es sich um öffentliche Zwischenträger handelt. Man mag hier etwa einwenden, in schriftlosen Kulturen bedürfe es keiner Medien zur Vermittlung der Geschichten, und auch in komplexen Gesellschaften seien Gruppen vorstellbar, deren kollektives Gedächtnis allein in direkten Gesprächen und Erzählungen vermittelt werde. Aber auch dann läge bereits ein Medium vor: die Erzählungen. Zwar haben wir es mit einer Vis-à-vis-Situation zu tun und wären damit an der eingangs erwähnten Definitionsgrenze dessen, was Medium ist. Aber nicht die Sprache an sich ist hier das Medium, sondern die spezifische Form der Erzählung. Erzählungen, die sich nicht nur auf die Wiedergabe persönlicher Erlebnisse beschränken, sondern eine Bedeutung innerhalb der jeweiligen Erinnerungskultur haben, sind eben bereits kollektiv überformt und entstanden aus einem Prozess der Gewichtung entlang bestimmter Motivationen, was wichtig ist zu erzählen und was nicht. Kurz: Erinnerungskultur kann nur medial stattfinden, weil im medialen Diskurs entschieden wird, was Teil des kollektiven Gedächtnisses wird.

MEDIALE INHALTSVERÄNDERUNG In diesem medialen Vorgang der Vermittlung der Inhalte des kollektiven Gedächtnisses geschehen mit den ursprünglichen Inhalten Veränderungen. Zum einen wird im Rahmen der Prägnanzbildung das Überkomplexe auf das reduziert, was als wert erscheint, vermittelt und mitgeteilt zu werden. Zum anderen finden Dekontextualisierungen und Rekontextualisierungen statt, die es unmöglich machen, die originalen Inhalte authentisch wiederzufinden.

Eine wichtige Eigenschaft alles zwischen Menschen ausgetauschten Sinns ist Prägnanz.[11] Sie stellt erst den Unterschied her zwischen Vorder- und Hintergrund, sie hebt die einzelnen Inhalte aus dem Strom des Bewusstseins hervor, indem sie Gestalten und Formen erst erkennbar macht und damit austauschbar zwischen Menschen. Sie ist eine Eigenschaft der menschlichen Wahrnehmung ebenso wie des Medienangebots. Damit aber ist der Inhalt der Erinnerung zwangsläufig einer Veränderung unterworfen. Die erste Prägnanzbildung findet statt, wenn das zu erinnernde Ereignis mediale Formen annimmt. Bereits an diesem Punkt wird die Fülle der Details, die das Ereignis besitzt, reduziert auf diejenigen, die ausreichen, um das Ereignis hinreichend prägnant zu beschreiben. Die zweite Prägnanzbildung erfolgt in dem Moment, in dem das im Medium beschriebene Ereignis rezipiert wird. Denn wie die in Medien transportierten Inhalte dann aufgenommen werden, hängt wiederum von der Einstellung der sie Konsumierenden und der Rezeptionssituation ab. Welche Gestalten und Formen dann aus den angebotenen (und bereits hoch prägnanten) Inhalten aus Sicht der Leser_innen oder der Zuschauer_innen prägnant erscheinen, ist dabei nicht vorher bestimmbar.

Auf der nächsten Stufe der Prägnanzbildung werden die prägnant gewordenen Medieninhalte im Moment der Ablagerung im Medium aus ihrem ursprünglichen Kontext herausgelöst und dafür in den medialen Kontext eingebettet. Veranschaulichen wir uns das an einem Beispiel: Rezipiert wird die Videoaufnahme eines Zeitzeugenberichts. Zunächst einmal geht die Dialogizität der ursprünglichen Situation verloren – vermittelt wird lediglich ein Monolog. Nicht nur werden die Fragen der Interviewenden oft weggeschnitten, auch die meisten anderen Eigenschaften der Interviewsituation gehen auf dem Weg zum medialen Endprodukt verloren. Es geht verloren, dass das letztendlich in der Dokumentation Gesagte vorher immer auch ein Gefragtes war[12] – die Frage selbst verschwindet, der Kontext der Frage innerhalb eines ganzen Sets von Fragen ebenso, und auch

der Kontext des gesamten Gesprächs inklusive aller Einleitungen ins Thema, der vorangegangenen Höflichkeitsfloskeln und erst recht der Art und Weise, in der sich beide Seiten auf das Interview vorbereitet haben. Es gehen aber auch alle Eigenschaften der Interviewsituation jenseits der semantischen Ebene verloren. Das heißt, man erfährt im fertigen Bericht der Zeitzeug_innen nichts mehr von den Erwartungshaltungen der Interviewten und der Interviewenden, nichts von der sozialen Konstellation im Moment des Gesprächs und nichts von der Vorgeschichte der Situation. Es gibt also keine Informationen mehr darüber: was für Antworten die Interviewenden erwarten und wie sie dementsprechend ihre Fragen stellen; ob die Interviewten unterstellen, dass eine bestimmte Sorte von Antworten und Erzählungen von ihnen erwartet wird; welches Publikum sie sich für ihre Geschichte vorstellen; was sie gegenseitig über ihren sozialen Status wissen und wie sie demgemäß miteinander in einer bestimmten Form kommunizieren; wie die gegenwärtige Stimmung der beiden Seiten ist und ob sie bis zu diesem Zeitpunkt einen guten oder einen schlechten Tag hatten.

Die nächste Veränderung der zu vermittelnden Inhalte geschieht dadurch, dass in Medien bestimmte Erzählkonventionen gelten, von denen im Normalfall nicht abgewichen werden kann. Zu diesen Konventionen zählen der dramaturgische Aufbau einer Erzählung (es gibt nur eine gewisse Anzahl von entsprechenden Mustern), die Vorgabe, etwas Interessantes oder Neues mitzuteilen, die Anknüpfbarkeit an bereits vorhandenes Wissen und die Muster, mit welchen Mitteln bestimmte Erzählungen untermalt werden (begleitende Bilder, Ton, Musik, Hintergrund, typische Metaphern etc.). Was sich diesen Konventionen widersetzt, hat Schwierigkeiten, weitervermittelt zu werden. So wird zum Beispiel die Erzählung eines Ereignisses, von dem die Konsumierenden bereits eine Unzahl anderer Geschichten gehört haben, denen diese neue Version aber ganz und gar nicht entspricht, erst einmal weniger Chancen auf Weiterverbreitung haben. Das Gleiche gilt für den Fall, in dem die Erzählung gegen dramaturgische Vorgaben verstößt und beispielsweise den Ablauf des Ereignisses in umgekehrter oder gar nicht mehr linear zeitlicher Abfolge erzählt, oder wenn die Geschichte von unpassenden Metaphern gesäumt wird.[13]

Im System der Massenmedien – und insbesondere den audiovisuellen – sind die Einwirkungen des Mediums auf den Inhalt so stark, dass innerhalb des Mediums neue Inhalte geschaffen werden können. Aufgrund des Erfordernisses, im Fernsehen jede Information mit Bildern begleiten zu müssen, haben sich zu bestimmten Inhaltskategorien ganz eigene Bilderkanons ausgebildet. Diese kanonisierten Bilder, einmal etabliert, bekommen dadurch einen eigenen Inhalt zugewiesen, der vom ursprünglichen mit dem Bild verknüpften Inhalt abweichen kann. Das Illustrationsbedürfnis des Mediums schafft so neue Konstruktionen, und der Antrieb dazu ist nicht mehr, eine bestimmte Version eines Geschehnisses zu verbreiten, sondern entstammt lediglich einem Bedürfnis des Mediums. Vittoria Borsó setzt die Autonomie des Mediums sogar so hoch an, dass sie dem medial vermittelten kollektiven Gedächtnis beispielsweise die Fähigkeit zur Identitätsfundierung ganz abspricht, da im Material des Mediums immer auch »Alterität« als Gegensatz zur Identität eingeschrieben sei.[14]

Es sind jedoch nicht nur die Gestaltungsprinzipien, die die medialen Gedächtnisinhalte verändern, sondern auch die Gesetzmäßigkeiten des Mediensystems als Ganzes. Dazu gehören produktionstechnische Erfordernisse ebenso wie der Zwang, mit dem Medium Gewinne zu erwirtschaften. Der kommerzielle Druck eines kapitalistisch organisierten Mediensystems wird beispielsweise verhindern, dass die Vergangenheitsversion einer gesellschaftlichen Minderheit zur Primetime Sendezeit mit Breitenwirkung bekommt.

Die Medien, in denen die erinnerungskulturellen Inhalte gespeichert und transportiert werden, verändern aber nicht nur die einzelnen Inhalte, sondern auch jede Erinnerungskultur als Ganze. Technologische Neu- und Weiterentwicklungen der Medien können neue Wahrnehmungsweisen, neue Arten der Informationsspeicherung, neue Gedächtnistechniken und neue Weisen kollektiven Erinnerns hervorrufen. Der Übergang von der Mündlichkeit zur Schriftlichkeit, der es ermöglichte, Geschichte, Verträge und Gesänge nicht mehr allein mittels mnemonischer Techniken im Gedächtnis aufzubewahren, gilt gemeinhin als ein bedeutendes, wenn auch von der Gegenwart in den postindustriellen Gesellschaften weit entferntes Beispiel.[15] Zeitlich näher liegen da etwa das Aufkommen der Fotografie mit ihrer Fähigkeit, Ereignisse gedächtnisextern und optisch festhalten zu können, die neuen Speicherungsmöglichkeiten für alle Arten von Informationen mithilfe elektronischer Informationstechnologien (digitale Datenspeicherung, Internet) oder die in den reicheren Gesellschaften der Mehrheit zur Verfügung stehende Möglichkeit, jeden Moment mit Videokameras »festhalten« zu können. Es gibt immer neue Möglichkeiten, Geschehenes außerhalb des organischen Gedächtnisses zu speichern, und dem Gedächtnis werden immer neue Erinnerungsanlässe geboten. Der Einwand, dass sich die Menschen damit immer mehr zu Cyborgs mit externen Prothesen ihres Gedächtnisses[16] entwickeln würden, kann entkräftet werden: Schon vor langer Zeit hat auch die Schrift die Warner auf den Plan gerufen, die meinten, durch die Auslagerung auf externe Datenspeicher gehe die lebendige Erinnerung verloren.[17] Und auch über den schlechten Einfluss der Verbreitung des Buchdrucks wurde seinerzeit geklagt.[18] Gleichzeitig aber bedeuten all die formenden Einflüsse des Mediums auf die Inhalte des Gedächtnisses nicht, dass durch die Nutzung des gleichen Mediums auch automatisch ein gemeinsames kollektives Gedächtnis entstünde:[19] Die Medien bleiben nur einer von mehreren Faktoren bei der Entstehung und Verbreitung kollektiven Gedächtnisses.

Zusammengefasst: Die Inhalte von Erinnerungskultur müssen also nicht nur immer durch die Vermittlung der Medien hindurch, sie werden im Zuge dieser Vermittlung auch stark verändert, weil sie sich den strukturellen und konventionellen Eigenschaften der Medien anpassen müssen. Damit haben die verwendeten Medien einen direkt formenden Einfluss auf das kollektive Gedächtnis, wenn auch nicht den alleinigen. Für die individuellen Erinnerungen trifft das genau dann ebenfalls zu, wenn sie anderen Menschen mitgeteilt werden und damit den rein subjektiven und nicht geäußerten Erfahrungsraum verlassen.

Diese enge Beziehung von Medien und Erinnerungskultur ist kein vermeidbares Übel, sondern ein notwendiger Zusammenhang. In der Konsequenz muss auch jede geschichtswissenschaftliche Veröffentlichung den Eigenschaften dieses Zusammenhangs folgen. Spätestens in dem Moment, wo eine fachhistorische Erkenntnis über ein bestimmtes Ereignis der Vergangenheit in den öffentlichen Diskurs gebracht wird, unterliegt es den genannten Gesetzmäßigkeiten. Auch der wissenschaftliche Anspruch auf Wahrheit ordnet sich in diesem Moment den Eigenschaften kollektiven Erinnerns unter.

FUNKTIONEN DES GEDÄCHTNISSES Was aber sind die Funktionen der Erinnerungskultur, wenn die Wahrheitsfindung keine ist? Vor allem muss sie Legitimationsleistungen erbringen, die über die Individuen hinausgehen. Sie sorgt für die Rechtfertigung kollektiver Identitätstypen. Das sind die Eigenschaften, die sich Mitglieder menschlicher Kollektive als vermeintlich gemeinsame selbst zuschreiben – von: »In unserer Familie lügt man nicht«, bis hin zu: »Deutsche sind gute Ingenieure«. Die Erinnerung beschreibt die Herkunft und Geschichte dieser Eigenschaften.

Weiter legitimiert Erinnerungskultur auch gesellschaftliche Institutionen. Der Vergangenheitsbezug liefert die Gewissheit, eine Institution wie beispielsweise der Nationalstaat würde schon lange existieren und sei aus guten Gründen geschaffen worden.

Gesellschaftliche Institutionen wiederum werden auch durch symbolische Sinnwelten legitimiert. Als symbolische Sinnwelt wird von Berger/Luckmann das allumfassende Bezugssystem bezeichnet, das die institutionale Ordnung einer Gesellschaft legitimiert. Sie hat den Anspruch, für die darin lebenden Menschen jeden Aspekt der Wirklichkeit mit Sinn zu versehen.[20] Die symbolische Sinnwelt des Nationalstaats wäre etwa die Idee einer bestimmten Nation. Im Falle des Deutschen Kaiserreichs zum Beispiel wäre es das Konzept der deutschen Nation, die mit der Reichsgründung 1871 nach langer Pause wieder eine staatliche Aggregatform gefunden hätte. Und gerade diese symbolischen Sinnwelten brauchen die kollektive Erinnerung, um ihre Existenz mit dem Verweis auf lange Dauer und Altehrwürdigkeit zu rechtfertigen.

Mit diesen legitimierenden Funktionen ist die Erinnerungskultur letztlich daran beteiligt, die Integration von Gruppen und Gesellschaften herzustellen. Denn der Zusammenhalt von Kollektiven hängt nicht unwesentlich auch von der Stabilität ihrer Wirklichkeit für die Mitglieder ab. Aus diesem Grund auch steht Erinnerungskultur immer im Fokus politischer Interessen. Die begriffliche Trennung Erinnerungskultur – Erinnerungspolitik ist deshalb zwar analytisch gesehen sinnvoll. In der Alltagspraxis aber beinhaltet jedes kollektive Erinnern stets politisches Handeln und ist jedes kollektive Gedächtnis Ziel dieses politischen Handelns.

FAZIT Für das Verhältnis zwischen Fachhistorie und »Angewandter Geschichte« ergeben sich daraus zwei Schlussfolgerungen: Zum einen sind beide in der Praxis in erinnerungskulturelle Prozesse eingebunden und erfüllen deren Funktionen – insofern besteht zwischen beiden in diesem Punkt kein qualitativer, sondern nur mehr ein gradueller Unterschied. So müssen beide mit den inhaltlichen Modifikationen umgehen, die die mediale Umsetzung mit sich bringt, und ebenso dienen beide oft der Legitimation gegenwärtiger gesellschaftlicher Strukturen. Zum anderen aber gibt es sehr wohl eine wesenhafte Differenz zwischen wissenschaftlicher Geschichtsforschung und der Vielzahl von marktorientierten Angeboten im Rahmen der Angewandten Geschichte. Diese Differenz besteht darin und exakt nur so lange, wie sich die wissenschaftliche Forschung an ihren eigenen Idealen orientiert, das heißt, solange sie ihre Aussagen nachprüfbar belegt und Erinnerungen wie jede andere Quellengattung untersucht: kritisch. Die Differenz zwischen wissenschaftlicher Geschichtsforschung und Angewandter Geschichte ist also nicht so groß, wie oft vermutet, dennoch bleibt sie sehr genau bestimmbar.

1   Vgl. Krumeich, Gerd, Historische Wissenschaft und europäisches Gedächtnis, in: Borsó, Vittoria/ Krumeich, Gerd/Witte, Bernd (Hg.), Medialität und Gedächtnis. Interdisziplinäre Beiträge zur kulturellen Verarbeitung europäischer Krisen. Unter Mitwirkung von Patrick Krassnitzer und Vera Viehöver, Stuttgart/Weimar 2002, S. 193–214. Das für die deutschen Historiker jener Epoche Gesagte gilt dabei auch für andere. Der nationale Historiker der 19. Jahrhunderts hätte generell den Status eines »priest of culture« gehabt, meint Amos Funkenstein in: Collective Memory and Historical Consciousness, in: History and Memory 1 (1989), 1, S. 5–26, hier S. 21.
2   Und privat bleibt das Tagebuch nur so lange, wie es nicht veröffentlicht und von einer größeren Anzahl anderer Menschen rezipiert wird.
3   Vgl. Sumner, Angela M., Kollektives Gedenken individualisiert: Die Hypermedia-Anwendung The Virtual Wall, in: Erll, Astrid/Nünning, Ansgar (Hg.), Medien des kollektiven Gedächtnisses, Berlin/New York 2004, (= Media and cultural memory, 1), S. 255–276; Hein, Dörte, Mediale Darstellungen des Holocaust. Zum World Wide Web und zu seiner Disposition als Gedächtnismedium, in: Jahrbuch für Kommunikationsgeschichte 7 (2005), S. 176–196; Kansteiner, Wulf: Of Kitsch, Enlightenment, and Gender Anxiety: Exploring Cultural Memories of Collective Memory Studies, in: History & Theory 46 (2007), 1, S. 82–91, hier S. 84.
4   Vgl. Pollak, Alexander, Zwischen Erinnerung und Tabu – Die diskursive Konstruktion des Mythos von der »sauberen Wehrmacht« in den österreichischen Medien nach 1945, in: Folia Linguistica XXXV (2001), 1–2, S. 131–156.
5   Vgl. Brink, Cornelia, Ikonen der Vernichtung. Öffentlicher Gebrauch von Fotografien aus nationalsozialistischen Konzentrationslagern nach 1945, Berlin 1998; Diner, Dan, Nationalsozialismus und Stalinismus. Über Gedächtnis, Willkür, Arbeit und Tod, in: ders., Kreisläufe. Nationalsozialismus und Gedächtnis, Berlin 1995, S. 47–75, hier S. 50.
6   Vgl. Seibert, Peter, Medienwechsel und Erinnerung in den späten 50er Jahren. Der Beginn der Visualisierung des Holocaust im westdeutschen Fernsehen, in: Der Deutschunterricht 53 (2001), 5, S. 74–83; Insdorf, Annette, Indelible Shadows. Film and the Holocaust. Cambridge 1989.
7   So die Leiterin der Mahn- und Gedenkstätte Ravensbrück, Insa Eschebach, auf der Tagung »Zukunft der Erinnerung« in Wolfsburg, November 2006. Siehe www.hsozkult.geschichte.hu-berlin.de/tagungsberichte/id=1456.

8 Siehe exemplarisch zum Fernsehen: Kansteiner, Wulf, Nazis, Viewers and Statistics: Television History, Television Audience Research and Collective Memory in West Germany, in: Journal of Contemporary History 39 (2004), 4, S. 575–598. Zur Presse: Naumann, Klaus, Auschwitz im Gedächtnisraum der Presse 1995, in: Hoffmann, Detlef (Hg.), Das Gedächtnis der Dinge, Frankfurt a. M./New York 1998 (Wissenschaftliche Reihe des Fritz Bauer Instituts, 4), S. 324–329. Zum Film siehe: Reimer, Robert C./Reimer, Carol C., Nazi-Retro Film. How German Narrative Cinema remembers the Past, New York 1992.

9 Vgl. Dahrendorf, Malte, Die Darstellung des Holocaust in der westdeutschen Kinder- und Jugendliteratur, in: Stadtmuseum Oldenburg (Hg.), Antisemitismus und Holocaust, S. 83–96; Wodak, Ruth u.a., Die Sprachen der Vergangenheiten. Öffentliches Gedenken in österreichischen und deutschen Medien, Frankfurt a. M. 1994; Lersch, Edgar, Vom »SS-Staat« zu »Auschwitz«. Zwei Fernsehdokumentationen zur Vernichtung der europäischen Juden vor und nach »Holocaust«, in: Historical Social Research/Historische Sozialforschung 30 (2005), 4, S. 74–85. Am Beispiel der Architektur als Medium: Burkhardt, Benjamin, Der Trifels und die nationalsozialistische Erinnerungskultur. Architektur als Medium des kollektiven Gedächtnisses, in: Erll, Astrid/Nünning, Ansgar (Hg.), Medien des kollektiven Gedächtnisses, S. 237–254.

10 Erll, Astrid: Kollektives Gedächtnis und Erinnerungskulturen. Eine Einführung, Stuttgart/New York 2005, insbes. S. 124–139.

11 Zum Begriff der »symbolischen Prägnanz« siehe Cassirer, Ernst, Philosophie der symbolischen Formen. Dritter Teil: Phänomenologie der Erkenntnis, 9. Aufl., Darmstadt 1990, S. 222–237, insbes. 234–237 und Köhnke, Klaus Christian/Kösser, Uta, Prägnanzbildung und Ästhetisierung in Bildangeboten und Bildwahrnehmungen, unter Mitwirkung von Anke Hofmann u.a., Leipzig 2001 (Leipziger Studien zur Erforschung von regionenbezogenen Identifikationsprozessen, 6).

12 Diese Formulierung geht auf Klaus Christian Köhnke zurück.

13 Es ist dabei kein Widerspruch, dass sich zu jeder Zeit auch neue Konventionen – gegen mehr oder weniger starken Widerstand – durchsetzen können.

14 Vgl. Borsò, Vittoria, Einleitung, in: Dies./Krumeich/Witte (Hg.), Medialität und Gedächtnis, S. 9–20, hier S. 12.

15 Vgl. Assmann, Aleida/Assmann, Jan/Hardmeier, Christof (Hg.), Schrift und Gedächtnis, München 1983 und Assmann, Jan, Das kulturelle Gedächtnis. Schrift, Erinnerung und politische Identität in frühen Hochkulturen, 5. Aufl., München 2005.

16 Vg. Olick, Jeffrey K., Collective Memory: The Two Cultures, in: Sociological Theory 17 (1999), 3, S. 333–348, hier S. 342.

17 Sokrates in Platons Phaidros-Dialog: »Denn Vergessenheit wird dieses in den Seelen derer, die es kennenlernen, herbeiführen durch Vernachlässigung des Erinnerns, sofern sie nun im Vertrauen auf die Schrift von außen her mittelst fremder Zeichen, nicht von innen her aus sich selbst, das Erinnern schöpfen.« – Platon, Phaidros, S. 113, in: Die digitale Bibliothek der Philosophie, Berlin 2001, S. 13949 (= Platon, Sämtliche Werke, Band 2, Berlin 1940, S. 475). Vgl. auch Assmann, Aleida: Vier Formen des Gedächtnisses – Eine Replik, in: Erwägen Wissen Ethik 13 (2002), 2, S. 231–238, hier S. 235.

18 »Allerdings wurden genau dieselben Vorwürfe Ende des 18. Jahrhunderts gegen die Verbreitung von Druckerzeugnissen erhoben, als die Kritiker der sogenannten Lesesucht davon überzeugt waren, daß viel zuviele Leser viel zuviel lesen und daher nicht mehr wissen, was wichtig und Rechtens ist und was sich ziemt.« – Winthrop-Young, Geoffrey, Zwischen Nil und Net, in: Erwägen Wissen Ethik 13 (2002), 2, S. 271–273, hier S. 272.

19 Vgl. Kansteiner, Wulf, Finding Meaning in Memory. A Methodological Critique of Collective Memory, in: History & Theory 41 (2002), 2, S. 179–197, hier S. 193.

20 Berger, Peter L./Luckmann, Thomas, Die gesellschaftliche Konstruktion der Wirklichkeit. Eine Theorie der Wissenssoziologie, 16. Aufl., Frankfurt a. M. 1999.

DETEKTIVISCHE NARRATIVE IN GESCHICHTSWISSENSCHAFT UND POPULÄRER GESCHICHTSKULTUR

ACHIM SAUPE

Spannende und spannungsreiche Geschichtserzählungen sind mit der in der populären Geschichtskultur, aber auch in der Geschichtswissenschaft verbreiteten Vorstellung vom »Historiker als Detektiv« eng verknüpft. Diese Metapher deutet die historiografische Praxis im Rahmen eines »Indizienparadigmas« als akribische »Spurensuche«, die als »Wissenspraxis« und »Orientierungskunst« verstanden werden kann.[1] Damit rücken Geschichtserzählungen in die Nähe populärer detektivischer Narrative, wenn nicht sogar – wie in historischen Kriminalromanen, in historischen Fernsehdokumentationen oder Geschichtsfilmen – die Geschichte selbst »als Krimi« aufgefasst wird.

Im Folgenden werden drei Aspekte des detektivischen Paradigmas in der Geschichtskultur beleuchtet: Erstens wird gezeigt, wie der bedeutendste Geschichtstheoretiker des deutschen Historismus, Johann Gustav Droysen, in seiner »Historik« eine Narrativik der »untersuchenden Darstellungsform« entwickelt, indem er die historiografische Praxis an ein untersuchungsrichterliches Vorgehen anbindet. Diese Erzähltheorie kann durchaus vor dem Hintergrund der Entstehung der modernen Kriminalliteratur im 19. Jahrhundert gelesen werden. Zweitens werden Facetten eines detektivischen Geschichtsverständnisses im 20. Jahrhundert aufgezeigt. Drittens schließlich sollen zwei aktuelle Beispiele filmischer Geschichtsdokumentationen analysiert und dabei gezeigt werden, dass die Konstruktion des ZDF-Geschichtsfernsehens von Guido Knopp einer Logik des Thrillers folgt, während die NDR-Dokumentation »Das Schweigen der Quandts« (2007) einem detektivischen Narrationsschema verpflichtet ist. Mit den aufgezeigten Interferenzen und Konvergenzen zwischen »angewandten« und »wissenschaftlichen« Formen detektivischer Geschichtsschreibung wird dafür plädiert, die Grenze zwischen Geschichtswissenschaften und angewandten Formen der Geschichtsvermittlung als eine offene zu begreifen, ohne dass dabei Differenzen eingeebnet werden müssten.

GESCHICHTSSCHREIBUNG UND KRIMINALLITERARISCHES ERZÄHLEN Die populäre Annahme, dass sich Geschichte »wie ein Krimi« darstellt oder doch zumindest so erzählt werden könne, hat durchaus Entsprechungen in narratologischen Ansätzen in der Geschichtstheorie. So hat Hayden White historiografische Werke als »literarische Kunstwerke« gelesen und behauptet, dass die Sinnerzeugung historiografischer und geschichtsphilosophischer Narrative des 19. Jahrhunderts klassischen dramatischen Formen – bzw. »Archetypen« (Northorp Frye) – wie der Romanze, der Tragödie, der Komödie und der Farce folge.[2] Der Sinn unterschiedlicher Geschichtserzählungen ergibt sich nach White durch ein spezifisches emplotment, d.h. die Auswahl von Ereignissen im Zuge eines narrativen Arrangements. White hat dabei der Referentialität ihre Bedeutung bei der Sinnkonstitution historiografischer Narrative weitgehend abgesprochen – also dem Umgang von Historikern mit Materialien, die im Prozess der Forschung zu Spuren, Indizien und Beweisen werden, aber auch der diskussiven Auseinandersetzung mit der wissenschaftlichen wie öffentlichen Rezeption eines Themas, um zu einem Forschungsproblem und Forschungsfragen zu gelangen. Damit sorgte er für aufgeregte Kritik.[3]

Doch gerade diese Spezifik moderner Wissenschaftsprosa – der stete Verweis auf das Spurenmaterial – kann vor dem Hintergrund der Ausbildung eines populären Erzählschemas ausgedeutet werden: der seit der Mitte des 19. Jahrhunderts entstehenden modernen Kriminal- und Detektivliteratur. Während die narrativen Synthesen des frühen Historismus, insbesondere bei Leopold von Ranke, vor dem Hintergrund einer goethezeitlichen Ästhetik interpretiert werden können[4], ist die Frage, inwieweit die Geschichtswissenschaft seit dem ausgehenden 19. Jahrhundert narrativen und ästhetischen Modellen folgt, um eine »Synthesis des Heterogenen«[5] durch die Erzählung leisten zu können, selten thematisiert worden.[6] Denn in die zweite Hälfte des 19. Jahrhunderts fällt eine weitgehende Institutionalisierung und Professionalisierung der Geschichtswissenschaft, die nicht zuletzt aufgrund einer »Entrhetorisierung« und Abgrenzung von populären Formen der Geschichtsschreibung als Prozess einer »Verwissenschaftlichung« verstanden wird.[7]

In Johann Gustav Droysens zwischen 1857 und 1882 regelmäßig gehaltenen »Historik«-Vorlesungen, die diese »Abgrenzung« in manchem vorantreiben, finden sich jedoch auch Anhaltspunkte, die in eine andere Richtung weisen.[8] Droysen skizziert hier eine Typologie, als »Topik« bzw. »Apodeixis« bezeichnet, die zwischen vier historiografischen Darstellungsweisen – der »untersuchenden«, »erzählenden«, »didaktischen« und »diskussiven« – unterscheidet. Aus einer narratologischen Perspektive sind insbesondere die erzählende und die untersuchende Darstellungsweise interessant, da hier über die traditionsreiche Unterscheidung von Geschichtsschreibung und Geschichtsforschung hinaus vielleicht erstmals in der Geschichtsmethodologie eine Analytik detektivisch-historischen Erzählens zu erkennen ist. Die erzählende Darstellung charakterisiert Droysen als »Mimesis des Werdens«, die durch ihre narrativ-genetische Entwicklungslogik »eine Erklärung des Späteren aus dem Früheren, des Gewordenseins als ein notwendiges Resultat der historischen Bedingungen« liefert.[9] Vor dem Hintergrund des zeitgenössischen literarischen Realismus zeichnet sie ein »Bild von den Dingen selbst«, auch wenn er sich gegen einen auf Anschaulichkeit fixierten »falschen Realismus« wendet.[10] Droysen nennt als erzählende Darstellungsformen insbesondere Biografien und Monografien und erkennt im Zuge der Verwissenschaftlichung des Faches »das Einfache und Pragmatische, Sachgemäße« neuerer historischer Erzählungen. Ihre volle Größe erreicht die historische Erzählung jedoch in der »katastrophischen« Darstellung, im katastrophischen Drama, welches die »Konkurrenz von Gedanken, Leidenschaften, Zwecken, Interessen« erfasst und den »Kampf relativ berechtigter Existenzen«[11] schildert – eine Form, die als Vorwegnahme des Politthrillers des 20. Jahrhunderts gelesen werden kann.

Dagegen sollte die untersuchende Darstellung, deren Parallelen zu diskussiven Darstellungsformen Droysen betont, den »beste[n] Teil aller wissenschaftlichen Erkenntnis«, nämlich »die Arbeit des Erkennens« repräsentieren.[12] Gegenüber der erzählenden Darstellung kehrt die untersuchende Darstellung die Linearität des historischen Verlaufs um und verfährt retrospektiv, indem ein in Forschungsfragen formuliertes Problem die Erzählung einleitet und der Prozess der Forschung in die Darstellung Eingang findet. Die untersuchende Darstellung will nicht anschaulich sein, sondern überzeugen und den Verstand befriedigen. Droysen unterscheidet dabei zwischen einer kritisch ausgerichteten »Mimesis des Suchens«, die den Argumentationen von Staatsanwälten und Advokaten im Rahmen einer Gerichtssitzung gleicht, von einer stärker interpretativ vorgehenden, dem Ideal des »forschenden Verstehens« entsprechenden »Mimesis des Findens«, die er recht plastisch mit einem untersuchungsrichterlichen Vorgehen vergleicht:

»Der Untersuchungsrichter, wenn es sich um einen Mord handelt, findet diese Gegebenheiten vor sich: den so getroffenen Leichnam, die Blutspur, nach dem Dorf zuführend, auf dem Weg die weggeworfene blutige Axt mit den und den Zeichen nah dem Stiel usw. Diese Gegebenheiten, diesen Tatbestand erfasst der

Untersuchende, interpretiert ihn: also von dieser Seite überfiel und traf der Mörder den Erschlagenen, nach dem Dorf zu floh er. Weiterforschend findet er in dem Dorfe, in dem Hause neue Indizien: es fehlt da eine Axt, der Mann ist die Nacht fortgewesen, aufgeregt zurückgekommen usw. Allmählich ergibt sich dem Untersuchenden ein System von Zusammenhängen, das auf die Frage, mit der die Untersuchung begann, eine bestimmte und vollständige Antwort gibt.«[13]

Neben Reminiszenzen an die Ausführungen zur forensischen Beredsamkeit in der antiken Rhetorik, die die Gerichtsförmigkeit historiografischer Narrative betont hatten[14] – zeigte sich Droysen bei dieser anschaulichen Beschreibung offensichtlich von zeitgenössischen Untersuchungsrichtergeschichten heute weitgehend unbekannter Autoren wie Adolph Streckfuß oder Jodocus D. H. Temme angeregt. Dieses neue, um 1850 entstehende populäre Genre, in dem Kriminalfälle aus der Perspektive von Untersuchungsrichtern erzählt wurden, generierte ein indizienorientiertes, »sachbezogenes Erzählen«[15], welches in einem engen Zusammenhang mit der Einführung des »vollgültigen Indizienbeweises« und der »freien richterlichen Beweiswürdigung« im Zuge der Rechtsreformen seit der Französischen Revolution stand.[16] Die »Mimesis des Findens« zeichnet eine rezeptionsästhetische Dimension aus, denn indem »sie den Leser gleichsam mitsuchen und mitfinden lässt, überzeugt sie ihn« und besticht so durch ihre persuasive Rhetorik, denn »alle Abirrungen, Täuschungen und Erfolglosigkeiten [...] läßt man hinweg«.[17] Die wissenschaftliche Untersuchung zielt so auf Eindeutigkeit, indem nicht nur das Relevante vom Redundanten geschieden, sondern auch mögliche Mehrdeutigkeiten ausgeklammert werden. Dabei konnten die zeitgenössischen Untersuchungsrichtergeschichten durchaus vorbildhaft sein, denn in ihnen war der Kreis der Verdächtigen eingeschränkt und Verrätselungseffekte ebenso wie falsch gestreute Fährten noch kein bestimmendes Erzählprinzip wie später im klassischen Detektivroman.

In Droysens Unterscheidung von genetisch-erzählender und retrospektiv-untersuchender Darstellung findet sich erstmals jene »narrative Verdopplung« des historiografischen Diskurses, die als charakteristisch für moderne wissenschaftliche Werke angesehen werden kann.[18] Im Gegensatz zu dem weit verbreiteten objektivistisch-realistischen Ideal des 19. Jahrhunderts erzählt die moderne Forschungsliteratur parallel zu Detektivromanen zunehmend zwei Geschichten: die (rekonstruierte) Geschichte und die Geschichte der Rekonstruktion der Geschichte, also einerseits die Geschichte selbst, die weitgehend ihrer chronologischen Struktur folgt, und die Aufklärungs- oder Ermittlungsgeschichte.[19] Ebenso wie Untersuchungsrichtergeschichten des 19. Jahrhunderts und klassische Detektivromane sind historiografische Ermittlungsgeschichten »analytische Erzählungen«[20], die »von der fortschreitenden Erkenntnis des Historikers im Umgang mit seinen Quellen«[21] berichten und damit einen »Diskurs zweiten Grades« eröffnen.[22] Mit der zunehmenden Gewichtung der zweiten Geschichte – der Ermittlungsgeschichte, die eine Darlegung des Forschungsprozesses mit ihren theoretischen Erwägungen, die Auseinandersetzung mit der Forschung und der Thematisierung der öffentlichen und wissenschaftlichen Rezeption eines

Problemzusammenhangs beinhalten kann – gewinnt die Historiografie eine (selbst-)reflexive Dimension.

Durch diese Betonung des Forschungsprozesses kann sich in historiografischen Werken eine detektivische Erzählstimme entfalten, die den Wissenschaftler als Spurensucher mit einem untersuchungsrichterlichen und detektivischen Habitus in Szene setzt und die kritischen Leser argumentativ durch die Forschungserzählung führt. So erscheint die Wissenschaftsprosa, welche sich im 20. Jahrhundert ausbildet, nicht allein als Resultat von Professionalisierung, Institutionalisierung und Entrhetorisierung, sondern auch als Ergebnis einer interdiskursiven Verflechtung wissenschaftlicher mit neuen kriminalliterarischen Schreibweisen.

WANDLUNGEN DES DETEKTIVISCHEN MODELLS IM 20. JAHRHUNDERT Zu Beginn des 20. Jahrhunderts zeigt sich, wie die Vorstellung vom Historiker als Untersuchungsrichter durch die Metapher vom Historiker als Detektiv verdrängt wird. So entwarf etwa Marc Bloch, der mit dem Historiker die Tätigkeit eines juge d' instruction verband, eine erste Skizze für einen – letztlich nicht verwirklichten – Kriminalroman.[23] Doch insbesondere die in den 1930er Jahren entstandenen geschichtstheoretischen Schriften des britischen Historikers, Archäologen und Geschichtsphilosophen Robin G. Collingwood zeigen den Historiker als Detektiv. In einer exemplarischen detective story, deren Plot sich offensichtlich an Romanen von Agatha Christie – wie etwa The Murder in the Vicarage (1930) – orientiert, versucht Collingwood, Ähnlichkeiten und Unterschiede zwischen historiografischer und detektivischer Praxis aufzuzeigen.[24] Im Gegensatz zu den (Selbst-)Inszenierungen eines Sherlock Holmes, der seine Methode als deduktives Vorgehen charakterisiert und sich dabei wiederholt auf Erkenntnisse der Natur- und angewandten Humanwissenschaften beruft, zeigt sich Collingwood von Hercule Poirots synaptischen Verknüpfungen der »kleinen grauen Zellen« inspiriert, in denen er eine empiriegebundene, proto-hermeneutische, jedoch rationale Ermittlungslogik von Frage und Antwort erkennt. Die Vergangenheit wird von Collingwood als Tatort begriffen, die sichtbare und unsichtbare Spuren in der Gegenwart hinterlassen hat. Um den Tathergang eines vergangenen Geschehens zu verstehen, müssen sich Historiker wie Detektive mittels historischer Einbildungskraft imaginativ an einen Zeitpunkt vor das zu erklärende Ereignis versetzen und das vergangene Geschehen in Gedanken durchspielen, um Intentionen, Absichten und Handlungsmöglichkeiten historischer Akteure im Nachvollzug der Vergangenheit (re-enactment) abzuwägen.[25]

Collingwood verweist jedoch auf einen zentralen Unterschied zwischen wissenschaftlicher Geschichtsschreibung und Detektivliteratur: So kommt es im klassischen Detektivroman des golden age of crime – welches mit Autorinnen wie Agatha Christie und Dorothy L. Sayers verbunden ist – am Ende des Falles immer zu einem Eingeständnis des Täters. Historiker, die problemorientierte Fragen stellen und indizienorientiert in freier Beweiswürdigung argumentieren, können sich auf eine solche Bestätigung ihrer Interpretation nicht verlassen. Denn jede Antwort auf eine historische Fragestellung geht – abseits des »Vetorechts der

Quellen«[26] – über das historisch Dokumentierte und damit den Erfahrungshorizont der Zeitgenossen wesentlich hinaus. Über die Stichhaltigkeit der geführten Beweiswürdigung – Collingwood gebraucht den Begriff evidence in seiner Doppelbedeutung von materiellem Beweis und argumentativ erzeugter Gewissheit, die ihn auch von der »Autonomie« historischen Denkens sprechen lässt – entscheidet nicht die vergangene Wirklichkeit als Referent der Darstellung, sondern die herangezogenen Beweismittel in ihrer rhetorisch und narrativ versierten Auslegung.[27]

Doch trotz dieser bemerkenswerten Einschränkung ergab die Rezeption des klassischen Detektivromans auch Kurzschlüsse in Collingwoods Bild der historischen Wissenschaften. Das kriminalistische Erkenntnismodell und die Fiktion des closed room mystery führte ihn dazu, selbstgewiss von der prinzipiellen Lösbarkeit historischer Forschungsprobleme auszugehen und einen intentionalistischen Erklärungsansatz zu privilegieren, der gesellschaftliche Strukturen und soziale Kontexte – ebenso wie dies in den Romanen des golden age of crime der Fall war – weitgehend ausklammerte.

Collingwood wählte mit Inspektor Jenkins noch einen Staatsangestellten von Scotland Yard, um die wissenschaftliche Praxis des Historikers zu verdeutlichen. Es dauerte bis in die 1970er Jahre, dass Carlo Ginzburg die historiografische Praxis implizit mit Sherlock Holmes, einem »Privaten«, vergleichen sollte.[28] Mit der Mikrogeschichte, aber auch der Alltagsgeschichte der 1970er und 1980er Jahre verband sich nicht nur eine Beschäftigung mit den zuvor marginalisierten Subjekten der Geschichte, sondern auch eine Erneuerung historischen Erzählens. Gerade mikrogeschichtliche Fallstudien orientierten sich an selbstreflexiven Figuren des analytischen Erzählens im Detektivroman, indem sie ihr Historiker-Ich nicht mehr verbargen, aber auch über Verrätselungseffekte neue wissenschaftliche Fragen konstruierten, deren Beantwortung eine neue »Rhetorik der Wahrscheinlichkeit« provozierte.[29]

Schon hier wurde deutlich, dass das wissenschaftlich-detektivische Objektivitätsideal mit Fragen von Standortbindung und Parteilichkeit in Einklang gebracht werden konnte. Deutlich zeigt sich dies an dem widersprüchlichen Vor- und Querdenker der DDR-Geschichtswissenschaften Jürgen Kuczynski, der als leidenschaftlicher Krimileser das detektivische Erkenntnismodell für die Geschichtswissenschaft in Anspruch nahm. Während Kuczynski in den 1960er Jahren in Diskussionen über eine neu zu entwickelnde sozialistische Kriminalliteratur den klassischen Detektivroman des golden age of crime verteidigte[30], verglich er um 1980 – als die starren Vorgaben des historischen Materialismus aufbrachen und die Diskussion um »Tradition und Erbe« eine konservative Historisierung des DDR-Geschichtsbildes einleitete – seine fünfbändige Geschichte des Alltags der Deutschen[31] mit dem Werk von Georges Simenon. Wie dessen Kommissar Maigret verstand sich Kuczynski als ein Anwalt der kleinen Leute, denen nachträglich historische Gerechtigkeit widerfahren sollte.[32] Auch eine parteiliche Geschichtsschreibung konnte sich auf das Indizienparadigma stützen – wie dies im Bereich der Kriminalliteratur etwa auch die links politisierten Ermittler des französischen neo-polar beweisen.[33]

Ebenso boten sich neuere literarische Helden der Kriminalliteratur als Projektionsfläche eines wissenschaftlich-detektivischen Habitus an. In einer frühen Reportage aus dem Jahr 1962 über ein Arbeitserziehungslager sah sich Lutz Niethammer – ein maßgeblicher Wegbereiter der oral history in Deutschland – in der »Kriminalfilmpose« eines Protagonisten des film noir, der gegen gesellschaftliche Widerstände ankämpfen muss.[34] Die teilnehmende Beobachtung an den verschleiernden Inszenierungen des kollektiven Gedächtnisses und die Face-to-Face-Kommunikation mit den historischen Akteuren bedeutete, sich nicht mehr als Lehnstuhldetektiv des golden age of crime zu begreifen. Zum literarischen Vorbild wissenschaftlicher Praxis avancierte der hardboiled-Detektiv als fiktionales Pendant der Chicago School of Sociology[35], wie er stilbildend in den Romanen von Dashiell Hammett und Raymond Chandler erscheint. Ähnlich wie Chandler, der es sich zur Aufgabe gemacht hatte, »das Leben [zu] beschreiben, wie es wirklich vor sich geht«[36], konfrontieren sich oral historians mit den Realitäten einer kriminellen Moderne, um aus dem Inneren der Gesellschaft eine ethnografisch »dichte Beschreibung« (Clifford Geertz) verbrecherischen Zeitgeschehens zu zeichnen. Auch wenn der Zusammenhang zwischen einem detektivischen Gestus und detektivisch-historiografischen Narrativen nicht überstrapaziert werden darf, kann man literarische Konvergenzen erkennen: Etwa wenn durch narrative Interviews die Alltagssprache Eingang in historiografische Rekonstruktionen findet oder die journalistische Form der Reportage gewählt wird.[37]

Vor dem Hintergrund der Tradition detektivischer Bezüge in methodologischen Überlegungen von Historikern darf die Reihe erweitert werden: So stehen die in den 1970er Jahren entstehenden Soziokrimis – etwa des Autorenduos Sjöwall/Wahlöö oder des »neuen deutschen Kriminalromans« – augenscheinlich in Verbindung mit der Sozialgeschichte der 1970er und 1980er Jahre. Denn hier wird das Kriminalschema nicht mehr intentionalistisch auf das whodunnit und die Identifizierung von Tätern und Tathergängen eingeschränkt, sondern um die Suche nach Gründen gesellschaftlich bedingter Verbrechen erweitert.

Auf diese Weise kann der Kriminalroman, der sich zunehmend als literarische Gesellschaftskritik versteht, auch weiterhin als Projektionsfläche historischen Schreibens dienen. Und umgekehrt entdeckt die Kriminalliteratur seit der Mitte der 1970er Jahre die Geschichte für sich: In »historischen Kriminalromanen«[38] übernehmen die Detektive die Aufgaben von Historikern, wenn sie nicht gleich ein Studium der Geschichte absolviert haben, wie etwa die drei arbeitslosen Historiker Mathias, Marc und Lucien in einer Romanserie von Fred Vargas.

GESCHICHTE ALS THRILLER UND DETECTIVE STORY IM DOKU-FERNSEHEN In Fernsehtrailern des ZDF-Geschichtsfernsehens von Guido Knopp wird »Geschichte wie im Krimi« versprochen, recherchiert von den »Geschichtsdetektiven« der Redaktion. Um »Neugier, Anteilnahme, Spannung und Betroffenheit«[39] zu erzeugen, braucht es ein narratives Schema, welches dem Leser wohl vertraut ist: »Geschichte ist wie ein guter Krimi«, denn erst auf den »zweiten Blick« erkennt man die »Geschichten hinter der Geschichte«, da manche Spuren »verborgen« oder »verwischt« wurden. Im Dienst historischer Aufklärung »wühlen« die Geschichtsdetektive »in

Archiven nach geheimen Dokumenten, sprechen mit Augenzeugen und Experten, entlocken manchem Beteiligten nach jahrzehntelangem Stillschweigen doch noch die Wahrheit«: Es gilt auf »Überraschendes, Unerwartetes, Unglaubliches« zu stoßen und »Licht ins Dunkel« zu bringen: denn der »schöne Schein« der Mythen und Legenden »ist selten die ganze Wahrheit«.[40]

Die Geschichtsdokumentationen Guido Knopps folgen tatsächlich vertrauten kriminalliterarischen Erzählschemata. So ist die geheimnisumwitterte Wahrheitsrhetorik, mit der Geschichte zum Schicksals- und Enthüllungsdrama stilisiert wird, aus populären Polit- und Zeitgeschichtsthrillern – insbesondere sogenannten secret histories und nightmares – bekannt.[41] Die Montage von »authentischem« Filmmaterial und Spielfilmsequenzen – »szenischen Zitaten« (Knopp) – resultiert keinesfalls allein aus einem Bebilderungszwang des Fernsehens, sondern erhält ihre diskursive Legitimation auch aus der faction-Literatur des Agentenromans[42]: »Eine seriöse Dokumentation darf packend wie ein Thriller sein, wenn das Thema dies zulässt.«[43] Parallelen zu kriminalliterarischen Erzählweisen ergeben sich auch dort, wo die Dokumentationen den Konventionen von Pitavalgeschichten folgen: Da rein chronologisch aufgebaute Narrationen als spannungsarm gelten, wird etwa in der Reihe »Hitlers Helfer« (1997) wiederholt mit den Nürnberger Kriegsverbrecherprozessen begonnen, um dann der Chronologie der Ereignisse folgend auf diesen vermeintlichen Schlusspunkt der Geschichte hinzuerzählen.[44] Der thrill, den gerade die NS-Dokumentationen des ZDF-Geschichtsfernsehens auslösen können, beruht auf einer Reihe von oft kritisierten Vorentscheidungen: Fokussierung auf einen engen Machtzirkel, der als weitgehend allein-verantwortlich für die NS-Verbrechen erscheint; eine unreflektierte Teilhabe an einem Filmmaterial mit oft propagandistischer Provenienz, die eine voyeuristische Faszination des Grauens auszulösen vermag; »Zeitzeugen«, die ihren sozialen wie historischen Kontexten entrissen sind, die das Bildmaterial »authentifizieren« sollen und für die inside story, das private, emotionale Erleben der Geschichte einstehen müssen.[45] Wie im Thriller treibt die Geschichte des verbrecherischen NS-Staats – eingeschränkt auf handelnde Akteure – über zeitraffende cliffhanger und Informationslücken von Gewaltereignis zu Gewaltereignis voran. Angereichert wird dies mit einer spannungserzeugenden Prise sex and crime, da das Böse durch die Verknüpfung von Gewalt und Sexualität gesteigert werden kann.[46] Die master criminals müssen überhöht werden, um sie kleinzureden. So braucht es einen »Helden«: Da durch Schnitt und Kommentar aus dem Off die spurensuchende, journalistische Arbeit weitgehend in den Hintergrund tritt, erscheint dieser als Geschichtserzähler, der sich der Gewalterfahrung der Historie entgegenstellt, um sie schließlich zu überwinden.

Demgegenüber zeigt sich das zweite Beispiel stärker detektivischen Narrativen verpflichtet, als dies die Produktionslogik der Marke »Knopp« zulässt: In einer mehrfach ausgezeichneten NDR-Produktion wird »Das Schweigen der Quandts«[47] – die Verdrängung der NS-Vergangenheit durch eine der reichsten Unternehmerfamilien im Nachkriegs-Deutschlands – aufgebrochen. Rekonstruiert wird, dass der Kapitalstock für ihr heutiges Vermögen letztlich auf ihrer Zugehörigkeit zur nationalsozialistischen Wirtschaftselite, auf »Arisierungsgewinnen« und der Ausbeutung von KZ-Häftlingen und Zwangsarbeitern beruhte. Das Vermögen vielfach vermehrend und weithin im Hintergrund des bundesrepublikanischen Wirtschaftserfolgs agierend, sah die Familie lange Zeit keinen Anlass, sich mit der eigenen Geschichte auseinanderzusetzen. Auch wenn sich Mitglieder der Familie – ebenso wie die Firmen BMW und ALTANA, an denen die Familie hohe Aktienanteile besitzt – an dem Fonds der Stiftung »Erinnerung, Verantwortung und Zukunft« für die Entschädigung von ehemaligen Zwangsarbeitern beteiligten, vergab die Familie erst nach der öffentlichen Resonanz auf die Ausstrahlung des Films einen Forschungsauftrag an einen Historiker, dem Zugang zu den Privatarchiven der Familie zugesichert wurde.

Mit einer filmischen Rekonstruktion, die von der Gegenwart zurück in die Vergangenheit führt, die Linearität der Geschichte aufbricht und beide Zeitebenen durch rekonstruktive Einschübe in ein dynamisches Verhältnis setzt, erhebt der Film Einspruch gegen Narrationsmuster, welche die Zeit des Nationalsozialismus auf die eine oder andere Weise aus der deutschen Geschichte auszuklammern versuchen. Das detektivische Narrativ zeigt hier seine kritische und moralische Dimension, indem es als Erzählung über die »Aufklärung« von Verbrechen, aber auch ihrem Verschweigen und Beschweigen eine anklagende Funktion übernimmt.

Ihren detektivischen Gestus entfaltet die Dokumentation darüber hinaus durch die Einbindung der Recherchen in die Erzählung: Einzelne Mitglieder der Familie Quandt werden aufgesucht und befragt, solange sie nicht eine Stellungnahme verweigern, Historiker werden als Experten herangezogen, ein ehemaliger Zwangsarbeiter schildert am »Tatort« der Ausbeutung sein erlittenes Leid. Die Kamera übernimmt dabei selbst die Spurensuche in der Zeit, sie tastet das Umfeld der Befragten, die historischen Orte und nicht zuletzt Dokumente ab, denen keine illustrierende, sondern eine argumentative Funktion zukommt. Weitere Spannungseffekte werden wiederholt durch das künstliche Klopfen eines Herzens, oder aber durch eine disharmonische, aus Psychothrillern vertraute Musik erzeugt. Doch auch hier fehlt nicht ein sex and crime-Quickie: Die zweite Frau des Firmengründers Günther Quandt war die spätere mehrfache »Kindsmörderin« Magda Goebbels, der eine vergleichsweise große Rolle in der Dokumentation beigemessen wird.

GENRE UND GESCHICHTE Die Vorstellung vom Historiker als Detektiv zeigt ein Selbstverständnis innerhalb der akademischen Geschichtswissenschaften, welches sich auf die Populärkultur beruft, um »Wissenschaftlichkeit« zu signalisieren und Grundzüge der Historik zu explizieren. Das Detektivschema verbindet Formen angewandter und wissenschaftlicher Geschichtsschreibung: Sein wesentlicher analytischer Kern besteht darin, die Ermittlungsgeschichte als Schauspiel der Forschung zum integralen Teil der Geschichtserzählung zu machen. Rückt demgegenüber die Ermittlungsgeschichte in den Hintergrund, kann Geschichte als Krimi, als Verbrechensgeschichte und Thriller historisch-genetisch erzählt werden. Diese – schon in Droysens Differenzierung von katastrophisch-erzählenden und untersuchend-diskusiven Darstellungsformen zu erkennende – idealtypische Unterscheidung tritt allerdings in der zeitgenössischen Kriminalliteratur ebenso wie in der historiografischen Wissenschaftsprosa zugunsten von Mischformen zurück: Ermittlungsgeschichte und Verbrechensgeschichte gehen zunehmend ein dynamisches Verhältnis ein.

Beide Schemata folgen dabei einem romanzenförmigen Muster von Spannung, Katharsis und Entspannung. Während Detektivgeschichten einen Fall lösen wollen oder doch kritisch zu erhellen versuchen, setzen Geschichten im Format des Thrillers darauf, einen Konflikt zu überwinden. Mit der Überführung der »Verbrecher« gewinnen die Rezipienten die Gewissheit, in einer gerechten, funktionierenden, zumindest aber reparablen Welt zu leben. So entspricht die Wiederherstellung der Ordnung im Kriminalschema dem beruhigenden Sicherheitsstreben des historischen Diskurses, sich in der Auseinandersetzung mit der Vergangenheit in der Gegenwart einzurichten.

1 Ginzburg, Carlo, Spurensicherung. Der Jäger entziffert die Fährte, Sherlock Holmes nimmt die Lupe, Freud liest Morelli – die Wissenschaft auf der Suche nach sich selbst, in: Ders., Spurensicherungen. Über verborgene Geschichte, Kunst und soziales Gedächtnis, München 1988, S. 78-125; Krämer, Sybille/Kogge, Werner/Grube, Gernot (Hg.), Spur. Spurenlesen als Orientierungstechnik und Wissenskunst, Frankfurt a. M. 2007.

2 White, Hayden, Metahistory. The Historical Imagination in Nineteenth-century Europe, Baltimore u. London 1973.

3 Etwa: Evans, Richard, In Defense of History, London 1997. Zur Neubewertung von Erzählen und narrativen Mustern vgl. aber: Hardtwig, Wolfgang, Formen der Geschichtsschreibung: Varianten des historischen Erzählens, in: Goertz, Hans-Jürgen (Hg.), Geschichte. Ein Grundkurs, Reinbek 1998, S. 169-188.

4 Fulda, Daniel, Wissenschaft aus Kunst. Die Entstehung der modernen deutschen Geschichtsschreibung 1760-1860, (European Cultures, Bd. 7), Berlin u. New York 1996. Süssmann, Johannes, Geschichtsschreibung oder Roman? Zur Konstitutionslogik von Geschichtserzählungen zwischen Schiller und Ranke 1780-1824 (Frankfurter hist. Abhandlungen, Bd. 41), Stuttgart 2000.

5 Ricœur, Paul, Zeit und Erzählung, Bd. I, München 1988-1991, S. 268ff.

6 Wichtige Ansätze dazu bei: Harth, Dietrich, Historik und Poetik. Plädoyer für ein gespanntes Verhältnis, in: Geschichte als Literatur. Formen und Grenzen der Repräsentation von Vergangenheit, hg. v. Eggert, Hartmut/Profitlich, Ulrich/Scherpe,Klaus R., Stuttgart 1990, S. 12-23; Lämmert, Eberhard, »Geschichte ist ein Entwurf«. Die neue Glaubwürdigkeit des Erzählens in der Geschichtsschreibung und im Roman, in: The German Quaterly 63 (1990), S. 5-18; Fulda, Daniel, Die Texte der Geschichte. Zur Poetik modernen historischen Denkens, in: Poetica 31 (1999), S. 27-60.

7 Hardtwig, Wolfgang, Die Verwissenschaftlichung der Geschichtsschreibung zwischen Aufklärung und Historismus, in: Ders., Geschichtskultur und Wissenschaft, München 1990, S. 58-91; Jaeger, Friedrich/Rüsen, Jörn, Geschichte des Historismus, München 1992.

8 Aufgrund der Publikationsgeschichte blieb der Einfluss der »Historik« bis in die zweite Hälfte des 20. Jahrhunderts zunächst gering. Zitiert wird im Folgenden aus den beiden maßgeblichen, jedoch im Stilistischen recht unterschiedlichen Ausgaben: Droysen, Johann Gustav, Historik. Vorlesungen über Enzyklopädie und Methodologie der Geschichte, hg. v. Hübner, Rudolf, München 1937; Droysen, Johann Gustav, Historik, Bd. 1: Rekonstruktion der ersten vollständigen Fassung der Vorlesungen (1857). Grundriß der Historik in der ersten handschriftlichen

(1857/1858) und in der letzten gedruckten Fassung (1882), hist.-krit. Ausg., hg. v. Leyh, Peter Stuttgart u. Bad Cannstatt, 1977.

9 Droysen, Historik (1977), S. 163.

10 Droysen, Historik (1977), S. 220 u S. 240.

11 Droysen, Historik (1977), S. 246.

12 Droysen, Historik (1937), S. 273f.

13 Droysen, Historik (1937), S. 279f.

14 Vgl. Kessler, Eckhardt, Das rhetorische Modell der Historiographie, in: Koselleck, Reinhart/Lutz, Heinrich/Rüsen, Jörn (Hg.), Formen der Geschichtsschreibung, München 1982, S. 37–85.

15 Hügel, Hans-Otto, Untersuchungsrichter, Diebsfänger, Detektive. Theorie und Geschichte der deutschen Detektiverzählung im 19. Jahrhundert, Stuttgart 1978.

16 Vgl. Saupe, Achim, Der Historiker als Untersuchungsrichter. Das »Indizienparadigma« und die »Historik« Johann Gustav Droysens, in: Handlung, Kultur, Interpretation. Zeitschrift für Sozial- und Kulturwissenschaften 16 (2007), H. 1, S. 14–43.

17 Droysen, Historik (1937), S. 278 u. Droysen, Historik (1977), S. 225.

18 Rüth, Axel, Erzählte Geschichte. Narrative Strukturen in der französischen Annales-Geschichts- schreibung (Narratologia, Bd. 5), Berlin 2005, S. 45–47.

19 Todorov, Tzvetan, Typologie des Kriminalromans, in: Ders., Poetik der Prosa (Ars Poetica; Bd. 16), Frankfurt/M. 1972, S. 54–64; Alewyn, Richard, Anatomie des Detektivromans, in: Ders., Probleme und Gestalten. Essays, Frankfurt/M. 1982, S. 361–394.

20 Weber, Dietrich, Theorie der analytischen Erzählung, München 1975.

21 Rüth, Erzählte Geschichte, S. 45f.

22 Ricœur, Paul, Vernunft und Zufall in der Geschichte, Tübingen 1986, S. 27.

23 Raulff, Ulrich, Ein Historiker im 20. Jahrhundert: Marc Bloch, Frankfurt a. M. 1995, S. 190f.

24 Collingwood, Robin George, The Principles of History and other Writings in: Dray, William H./ Dussen, Willem J. van der, (Hg.), Philosophy of History, Oxford 1999, S. 7–38.

25 Collingwoods Begriff re-enactment wird heute vielfach für theatrale Inszenierungen und audiovisuelle Strategien, historische Szenen spielerisch nachzustellen, in Anspruch genommen. Collingwood war freilich davon ausgegangen, dass der imaginative Nachvollzug der Vergangenheit weniger ein anschauliches Visualisieren, sondern ein spielerisches, strukturell-abstraktes Vorstellen bedeute.

26 Koselleck, Reinhart, Standortbindung und Zeitlichkeit. Ein Beitrag zur historiographischen Erschließung der geschichtlichen Welt, in: Ders., Vergangene Zukunft. Zur Semantik geschicht- licher Zeiten, Frankfurt a. M. 1979, S. 176–207, insb. S. 204ff.

27 Eine ähnliche Argumentation auch bei: Ginzburg, Carlo, Noch einmal: Aristoteles und die Geschichte, in: Ders., Die Wahrheit der Geschichte. Rhetorik und Beweis, Berlin 2001, S. 49–62.

28 Vgl. Ginzburg, Spurensicherung.

29 Vgl. Ginzburg, Carlo, Der Käse und die Würmer. Die Welt eines Müllers um 1600, Frankfurt a. M. 1979; Davis, Natalie Zemon, Die wahrhaftige Geschichte von der Wiederkehr des Martin Guerre, München 1984; zur Kritik des detektivischen Impetus bei Ginzburg: La Capra, Dominique, Der Käse und die Würmer. Der Kosmos eines Historikers im 20. Jahrhundert, in: Ders., Geschichte und Kritik, Frankfurt a. M. 1987, S. 38–63; auch: Graf, Klaus, Carlo Ginzburgs Buch »Hexensab- bat«. Eine Herausforderung an die Methodendiskussion in der Geschichtswissenschaft, in: kea. Zeitschrift für Kulturwissenschaften 5 (1993), S. 1–16; eine »Rhetorik der Wahrscheinlichkeit« konstatiert: Rüth, Erzählte Geschichte, S. 180–183.

30 Vgl. zur Diskussion über die Kriminalliteratur in der DDR: Hillich, Reinhard, Tatbestand. Ansichten zur Kriminalliteratur der DDR 1947–1986 (= Deutsche Bibliothek, Bd. 13), Berlin 1989.

31 Kuczynski, Jürgen, Geschichte des Alltags der Deutschen, 6 Bde., Berlin 1980–1983.

32 Kuczynski, Jürgen, Werden und Arbeitsweise des Schriftstellers Georges Simenon, in: Ders., Jahre mit Büchern, Berlin u. Weimar 1986, S. 201–218; Kuczynskis Rückgriff auf die Analogie von Historiker und Detektiv führte jedoch nicht zu einer innovativen Erzählstruktur, die vielmehr kompilatorischen Charakter hat.

33 Vgl. Müller, Elfriede/Ruoff, Alexander, Histoire Noire. Geschichtsschreibung im französischen Kriminalroman nach 1968, Bielefeld 2007.

34 Niethammer, Lutz, Ego-Histoire? Und andere Versuche, Wien 2002, S. 12; detektivisch geführte Erkundungen auch bei: Rosenthal, Gabriele, Erlebte und erzählte Lebensgeschichte. Gestalt und Struktur biographischer Selbstbeschreibungen, Frankfurt a. M. 1995, S. 212.

35 Schwanhäußer, Anja, Stadtforschung – hart gesotten, in: Franceschini, Bruno/Würmann, Carsten (Hg.), Verbrechen als Passion. Neue Untersuchungen zum Kriminalgenre (Juni. Magazin für Literatur und Politik, Bd. 37/38), Berlin 2004, S. 269–284.

36 Chandler, Raymond, Die simple Kunst des Mordes, Zürich 1975, S. 337.

37 Vgl. Bude, Heinz, Die soziologische Erzählung, in: Jung, Thomas/Müller-Doohm, Stefan (Hg.), »Wirklichkeit« im Deutungsprozeß. Verstehen und Methoden in den Kultur- und Sozialwissenschaften, Frankfurt a. M. 1993, S. 409–429.

38 Browne, Ray Broadus/Kreiser, Lawrence A. (Hg.), The Detective as Historian. History and Art in Historical Crime Fiction, Bowling Green 2000; Dappert, Dagmar, Der historische Kriminalroman als hybrides Genre, in: Brodersen, Kai (Hg.), Crimina. Die Antike im modernen Kriminalroman, Frankfurt a. M. 2004, S. 127–142.

39 Knopp, Guido/Quandt, Siegfried (Hg.), Geschichte im Fernsehen. Ein Handbuch, Darmstadt 1988, S. 1.

40 Knopp, Guido, History. Die Geschichten hinter der Geschichte. Das Buch zur ZDF-Serie, München 2005, S. 3.

41 Sutherland, John, Bestsellers. Popular Fiction of the 1970's, London 1981.

42 Lenz, Bernd, Factifiction. Agentenspiele wie in der Realität. Wirklichkeitsanspruch und Wirklichkeitsgehalt des Agentenromans (Anglistische Forschungen, Bd. 188), Heidelberg 1987.

43 Guido Knopp zitiert nach: Huber, Joachim/Alanyali, Iris, Die Zeitgeschichte – eine Doku-Soap?, in: Der Tagesspiegel vom 24.11.1998. Das Genre des Kriminalromans scheint in einem weiten Sinn der Verbrechensgeschichte des Nationalsozialismus zu entsprechen, da jede Erzählung über diese Epoche sich den Verbrechen stellen muss. Die Überführung von Geschichte in Genre führt jedoch zu fragwürdigen, im Folgenden angedeuteten Konsequenzen.

44 Vgl. Kleppe, Katharina, Die fernsehmediale Geschichtsvermittlung am Beispiel der Dokumentationen Guido Knopps, unveröffentlichte Magisterarbeit, Berlin 2004, S. 72–81.

45 Zum Geschichtsfernsehen siehe: Keilbach, Judith, Geschichtsbilder und Zeitzeugen. Zur Darstellung des Nationalsozialismus im bundesdeutschen Fernsehen (= Medien-Welten, Bd. 8), Münster 2008; Kansteiner, Wulf, In Pursuit of German Memory. History, Television, and Politics after Auschwitz, Ohio 2006, S. 154–184; Bösch, Frank, Holokaust mit »K«, in: Paul, Gerhard (Hg.), Visual History. Ein Studienbuch, Göttingen 2006, S. 317–332; auch die Beiträge von Ole Frahm, Judith Keilbach, Karsten Linne und Hanno Loewy, der die »thrillerhaften Spannungselemente« betont, in: 1999. Zeitschrift für Sozialgeschichte des 20. und 21. Jahrhunderts 17 (2002), H. 2, S. 90–139, Zitat S. 118.

46 Vgl. Friedländer, Saul, Kitsch und Tod. Der Widerschein des Nazismus, München 1984.

47 Das Schweigen der Quandts. Deutschland/NDR 2007. [Erstausstrahlung ARD: 30.09.2007]. Regie und Buch: Eric Friedler u. Barbara Siebert. Nach der öffentlichen Resonanz auf die Erstausstrahlung wurde im NDR am 22.11.2007 eine um 30 Minuten verlängerte 90-Minuten-Fassung des Films gezeigt.

ABENTEUER GESCHICHTE. ZEITREISEN IN DER SPÄTMODERNE

Reisefieber Richtung Vergangenheit MICHAELA FENSKE

Spätestens seit der Verfilmung des Science-Fiction-Klassikers »Die Zeitmaschine« (1895) von George Wells im Jahre 1960 ist das Thema »Zeitreise« populär.[1] Während Wells' Protagonist in eine düstere Zukunft reist, wählen heutige, spätmoderne Zeitreisende bevorzugt die andere Richtung: Sie reisen in die Vergangenheit. Und im Gegensatz zur Wells'schen Zukunft stellt man sich diese Vergangenheit meist positiv vor. Von der imaginären Reise als Leserin populärer historischer Romane über die Teilnahme an historischen Doku-Soaps wie dem »Schwarzwaldhaus 1902«[2] oder »Abenteuer Mittelalter«[3], den Besuch von Mittelaltermärkten und Ritterfesten bis hin zum Flug mit dem legendären »Rosinenbomber« über Berlin[4], einem »Country Pleasure-Wochenende« im Stil des 18. Jahrhunderts[5] und neuerdings auch urbanen Geschichtsfestivals wie der »Historiale«[6] – die Möglichkeiten des Zeitreisens scheinen unbegrenzt. Das Angebot bietet für jeden Geschmack und Geldbeutel etwas. Auch der »Aktivitätsgrad« der Reisenden variiert: Er reicht vom Lesen oder Zuschauen und Mitfiebern vor dem Fernsehapparat bis hin zum »Living History«, dem Versuch, Geschichte nachzuerleben. Für manche wird das Zeitreisen sogar zur semiprofessionellen Leidenschaft: Während viele nur gelegentlich Offerten aus einem breiten, sich laufend verändernden Angebot nutzen, verbringen Mitglieder von Re-Enactment-Vereinen nicht selten ihre gesamte Freizeit mit der »lebensechten« Inszenierung vergangener Lebenswirklichkeiten.

Dramaturgisch funktionieren spätmoderne Zeitreisen ähnlich wie die Reise des Wells'schen Protagonisten, wenn auch die meisten der heute Reisenden Zeit und Ort verändern (während Wells' Held stets am gleichen Ort blieb). Heute übernehmen »Zeitschleusen«, Kutsche oder Bahn die Aufgabe der Wells'schen »Zeitmaschine«, die Reisewilligen in ein historisches oder historisiertes Ambiente zu versetzen. Denn darum geht es: Die Reisenden werden durch Hilfsmittel in eine fremde, zeitlich und/oder lokal entfernte Lebenswelt befördert. Die Einbeziehung von Fachleuten, darunter Historiker und erfahrene Re-Enacter, bürgt für die »Authentizität« des Historischen, denn fast alle Zeitreisen erheben den Anspruch auf Geschichtsvermittlung. So einfach das Angebot wirken mag – Zeitreisen sind hochkomplexe Produkte: Sie verbinden Faktizität und Fiktion, fachliche Expertise (etwa Erfahrungen der experimentellen Archäologie, des professionell betriebenen Re-Enactments, Darstellungen der Alltagskultur in Museen) mit Emotionalisierung, Personalisierung und Dramatisierung. »Histotainment« heißt diese neue Form der Unterhaltung als »Erlebnis- und Wissensorientierung«[7]. Die Nachfrage nach dieser Form der Unterhaltung ist groß: Die Verkaufs- und Besucherzahlen sind mehrstellig, die Einschaltquoten hoch.[8] Dabei zielen Anbieter von Zeitreisen auf sehr verschiedene Märkte: Dazu gehören Medien, Tourismusindustrie, Hersteller von historischen Kostümen und Werkzeugen.

Das Reisefieber in die Vergangenheit ist Teil des allgemeinen Geschichtsbooms, der die spätmodernen Zeitgenossen erfasst hat. Die Herausgeber eines deutschsprachigen Sammelbandes zum Thema kulturelles Erbe sprechen gar von einer momentanen »Besessenheit von Geschichte«.[9] Geschichte wird allenthalben als Ressource genutzt, dient ökonomischen wie politischen und sozialen Interessen. Die derzeit so populären Zeitreisen gehören in den weiten und im Einzelnen äußerst differenzierten Bereich der »Angewandten Geschichte«. Von Seiten der Fachwissenschaften werden diese Zeitreisen teils scharf kritisiert. Indem sie nämlich Fiktion und Faktizität vermischen, stellen sie nach Meinung der Fachleute spekulative Imaginationen dar, »pseudohistorische Utopien der Jetztzeit«; kurz: Sie bergen die Gefahr der Vermittlung »falsche[r] Geschichtsbilder«.[10] Populäre Zeitreisen dokumentieren damit hervorragend das Spannungsfeld, in dem Geschichte als Interpretation vergangener Lebenswelten heute steht: inmitten verschiedener Bedürfnislagen von Wissenschaften, Bildung, Unterhaltung und Markt.

Welche Funktionen erfüllt Geschichte in den Zeitreisen, und welche Bedürfnisse befriedigt sie? Welche Darstellung von Geschichte und welche Geschichtsbilder kommen dabei zum Tragen? Welche Aufgabe erwächst den Fachwissen-

schaften aus der derzeitigen Popularität von Geschichte? Der folgende Beitrag
spürt diesen Fragen auf der Grundlage empirischer Forschungen und verschiedener theoretischer Konzepte aus der Unterhaltungsforschung, der Heritage-For-
schung sowie der kulturanthropologischen Wissensforschung nach. Angesichts
der geringen Aufmerksamkeit, die Zeitreisen in Deutschland nach wie vor in der
Forschung erfahren, liegt die Konzentration dabei auf den teilweise erforschten
historischen Doku-Soaps und dem nicht professionellen Re-Enactment ergänzt
durch erste Befragungen von Anbietern touristischer Zeitreisen und Forschungsergebnissen über den realistischen historischen Roman[11]. Der Beitrag versteht
sich als einen Versuch, wesentliche Charakteristiken von Zeitreisen herauszustellen. Denn obgleich Zeitreisen hinsichtlich ihres Anspruchs, ihrer Inhalte und
Ausführung sowie der dabei genutzten Medien stark variieren, sind sie in ihren
Grundzügen vergleichbar. Diese Grundzüge machen das Phänomen der Zeitreisen aus – zumindest dort, wo diese populär werden: Zeitreisen eröffnen den
heutigen Akteuren neue Handlungsräume mit besonderen Erlebnisqualitäten.

GESCHICHTE ALS NEUER HANDLUNGS- UND ERFAHRUNGSRAUM »Enchanted zones« hat die schwedische Ethnologin Lotten Gustafsson den Raum genannt, den sich die von ihr
untersuchten Mittelalter-Re-Enacter durch ihre Geschichtsinszenierungen eröffnen.[12] Enchanted zones sind Handlungsräume, in denen spätmoderne Akteure
neue Erlebnisse machen, sich selbst und gegebenenfalls auch andere erproben.
Dabei ermöglichen die neuen Handlungsräume Erfahrungen, die im zeitgenössischen Alltag so nicht möglich sind.

Bei ihrer Befragung von Mittelalter-Re-Enactern in Südniedersachsen erhielt
die Europäische Ethnologin Annemike Meyer folgende Erklärung.

»Man stellt jemanden dar, eine fiktive Persönlichkeit, wie sie im Mittelalter
gelebt haben könnte. Nicht selten werden hier der eigenen Persönlichkeit neue
Freiräume aufgetan. Es ist ein Miteinander, ähnlich der Geselligkeit, die der
Lagerfeuerromantik zugeschrieben wird.«[13] Der Hinweis auf ein befriedigendes
soziales Miteinander findet sich vergleichbar auch bei anderen Zeitreisenden.[14]
Die Möglichkeit der Selbsterfahrung nannte auch die Darstellerin einer Magd in
der historischen Doku-Soap »Abenteuer 1927« als Motivation für ihre Teilnahme
an der Sendung:»[...] eine Zeitreise zu machen (ist) etwas Einmaliges [...].
Außerdem wollte ich wissen, ob auch ich unter solchen Bedingungen arbeiten
bzw. leben könnte. Des Weiteren fand ich es interessant, einmal ein ganz anderes
Leben ›ausprobieren‹ zu können, in eine andere Rolle zu schlüpfen und auf eine
Art zu leben, die gar nichts mit meinem eigentlichen Leben zu tun hat.«[15]

Gesucht werden also Grenzerfahrungen; man möchte herauszufinden, ob man
unter den fremden Bedingungen leben kann.[16] Das Ergebnis dieser Erfahrungen
ist zunächst verblüffend, entspricht aber durchaus der Erfahrung anderer Zeit-
reisender[17]:

»Was allerdings wirklich positiv daran war, so viel zu tun zu haben und nicht
wirklich eigenständig handeln zu müssen: Man musste sich viel weniger Sorgen
machen. Ich hatte so viel zu tun, da blieb mir gar keine Zeit, um wirklich über
mein Leben und den Sinn des Lebens nachzudenken.«[18]

Angesichts der Komplexität ihres spätmodernen Alltags, angesichts existentieller Sinnfragen entscheiden sich auffällig oft gerade junge Leute für die aus ihrer Sicht positiven Seiten vermeintlich einfacher hierarchischer Ordnungen. Und darum geht es bei vielen Reiseangeboten: um die Diskussion der Jetztzeit, um die eigene Lebenswelt, um deren Werte und Ordnungen.[19] Viele spätmoderne Zeitreisende suchen ganz ähnlich wie die Zuschauer von Reality-TV-Angeboten, die die englische Medienwissenschaftlerin Annett Hill untersucht hat,[20] Teilhabe: Ihnen geht es um die Mitwirkung an zeitgenössischen Diskursen und Debatten. So werden etwa in historischen Doku-Soaps soziale Hierarchien ebenso diskutiert wie der in der westlichen Gesellschaft wachsende Vegetarismus.[21]

Zugleich geht es um das Erleben vermisster Erfahrungen: Naturerfahrungen bzw. die Entfremdung des heutigen Großstädters von den natürlichen Lebensbedingungen sind beispielsweise ein Thema, das sowohl Doku-Soaps als auch Freizeit-Re-Enacter oder Besucher von Stätten historischen Kulturerbes beschäftigt.[22] Geschichte wird hier zum Erlebnisraum, zum »Abenteuerspielplatz«[23] einer konkret von Wald, Wiesen, Äckern und Nahrungsmittelproduktion weitgehend entfremdeten Gesellschaft. Auch Sicherheiten, was die eigene Rolle als Mann oder Frau betrifft, lassen sich im neu eröffneten Handlungsraum gewinnen. Geschlecht ist nämlich eine Leitdifferenz vieler Angebote. Die Literaturwissenschaftlerin Waltraud Maierhofer stellt die Geschlechterordnung auch als ein zentrales Leitmotiv des populären historischen Romans heraus.[24] Hier werden ähnlich wie beim Re-Enactment oder bei historischen Doku-Soaps vor allem traditionelle Geschlechterrollen belebt. Denn Zeitreisen haben häufig einen affirmativen, konservativen Rahmen. Das vermeintlich einfachere, weil eindeutig geordnete Oben und Unten, die klare Trennung von Männern und Frauen, das als nicht entfremdet wahrgenommene naturnahe Leben in engem Kontakt zu anderen Lebewesen sind zentrale Erfahrungen, die Zeitreisende schätzen und in kontrastiver Bereicherung zu ihrer eigenen Lebenswelt sehen. Die »konservative Schließung«[25] gelingt allerdings dort am wenigsten, wo das Reale ein Teil der Inszenierung ist. Wo »richtige« Menschen als Darsteller agieren, bleiben auch die Botschaften der Zeitreisen und der Zeitreisenden widersprüchlich.[26]

Es gibt im Einzelnen verschiedene Motivationen für Zeitreisen: Manche Reisende nutzen das Erlebnis, um ihren durch Schulabschluss, bevorstehende Heirat oder Rente veränderten Platz in der Gesellschaft zu reflektieren; andere möchten mit Familienmitgliedern etwas Außerordentliches erleben; fast alle wollen in »unbekannte Erlebnis- und Gefühlswelten eintauchen«.[27] In diesem Sinn eröffnet Geschichte als vermeintliche Erfahrung der Vergangenheit einen neuen Handlungs- und Erfahrungsraum; ermöglicht Selbsterfahrung und -verortung. Damit die derart inszenierte Geschichte zum Abenteuer werden kann, bedarf es der Alteritätserfahrung. Nicht zufällig erfreut sich daher das Mittelalter besonders großen Zuspruchs. Zeitliche Ferne und scheinbar besonders große Fremdheit lassen die Reise ins exotisch anmutende Mittelalter zu einer Fernreise der besonderen Art werden.[28] Das von den Anbietern der Zeitreisen propagierte und von Reisenden beanspruchte »Erleben« vergangener Zeiten setzt allerdings bestimmte Präsentationsformen voraus.

RIECHEN, SCHMECKEN, FÜHLEN – ERLEBBARE GESCHICHTE Geschichte soll – so ein Versprechen vieler Zeitreise-Angebote – körperlich und sinnlich erfahrbar werden. Ein Beispiel, wie dies konkret aussehen kann, ist das Konzept von Jadis, einem Reiseunternehmen von Zeitreisen für die gehobene Mittelschicht.[29] Die Veranstalterinnen, darunter eine studierte Historikerin, bot um die Jahrtausendwende Zeitreisen in unterschiedliche Epochen an. Die Reisenden besuchten, jahreszeitlich und landschaftlich abgestimmt, Hotels mit dem Flair vergangener Zeiten, genossen in historischem Ambiente ehemals der Oberschicht vorbehaltenen Luxus wie Pferderennen oder Sommerfrische. Im Mittelpunkt stand dabei die sinnlich-körperliche Erfahrung, die der Veranstalter vor allem mittels historischer Kleidung und historischer Ess- und Tafelkultur erzielte. Eine »Papillen-Expedition«, eine besondere Erfahrung für die Geschmacksknospen auf der Zunge, versprach die Werbung, denn nicht nur Liebe, auch Geschichte gehe durch den Magen.[30] Auch in historischen Doku-Soaps oder im Re-Enactment wird Geschichte am eigenen Leib erfahren: Kratzende Kleidung, harte Schlafplätze, der scharfe Geruch von Tieren und den sich mit ungewohnt harter körperlicher Arbeit plagenden Mitdarstellern, der seltsame Geschmack ungewohnter Speisen strukturieren die Dramaturgie des Erlebens.[31] Wenn das Fühlen, Spüren, Riechen als ein Königsweg in die Vergangenheit erscheint, dann ist es nur folgerichtig, wenn neuerdings auch die Vergangenheit selbst zum Parfüm wird. The »Library of Fragrance« etwa verspricht etwa solche »Erinnerung in Flaschen«.[32]

Die Geschichte, um die es bei den Zeitreisen geht, ist das, was unter Fachleuten als »Alltagskulturgeschichte« firmiert. Insofern dies zugleich die »Geschichte der Vielen« ist, behandelt das Angebot auch Eigenes, nämlich die Geschichte der eigenen Vorfahren. Dass man als Reisender mit Jadis oder als Darsteller der sogenannten Herrschaften in Doku-Soaps als Angehöriger der Mittelschicht auch Erfahrungen aus der vergangenen Kultur der Oberschichten machen kann, widerspricht dem nicht grundsätzlich, macht aber sicherlich für die Betreffenden einen »Erholungswert« aus, insofern als sie durch die individuelle Erfahrung einer mehrfachen Andersartigkeit gewissermaßen »Ferien vom eigenen Ich« machen. Wesentlich ist das Erleben vergangener Lebenswelten. Mit dem Versprechen, historische Lebenswelten mittels Zeitreise erfahren zu können und derart am vergangenen Alltag der Vorfahren teilzuhaben, verkörpern Zeitreisen allerdings ein gewisses Paradoxon. Die Angebote richten sich nämlich mehrheitlich an ein breites, historisch nicht vorgebildetes Publikum. Die in historischem Ambiente erlebte Alltagskultur ist daher notgedrungen zeitgenössisch, also spätmodern gefärbt. Wie ein Akteur aus dem Mittelalter sich bewegt haben könnte, welche Gestik und welche Mimik er gehabt haben könnte, wie er gesprochen haben könnte, kurz: die Summe der kulturellen Praktiken, die vergangenen Alltag ausmachen, wird allenfalls von begabten Schauspielern oder Re-Enactern mühsam erlernt.[33] Teilnehmer an historischen Zeitreisen verfügen über diese Kenntnisse in der Regel nicht. Sie bleiben daher zwangsläufig von den Erfahrungen früher lebender Menschen ausgeschlossen. Kritiker sprechen daher auch von »Rollenspielen«. Ob historischer Roman, Re-Enactment oder Doku-Soap – vielen Angeboten ist ein ahistorisches Menschenbild gemeinsam. Während die historischen Wissenschaften und Ethnologien Einsichten in die kulturelle Geformtheit von Emotionen und Körpererfahrungen vermitteln, lautet eine Botschaft der Zeitreisen, dass körperliche Erfahrungen ewig gleich bleiben.

Folgt man David Loewenthals Charakterisierung, so ist Fiktion bei der Darstellung von Geschichte besonders wirkungsmächtig.[34] Hinsichtlich ihrer Rezeption und Akzeptanz wirkt Fiktion erheblich nachhaltiger als wissenschaftliche Darstellungen. Vergleichbar wies der Historiker Bodo von Borries kürzlich auf die Wirkungsmächtigkeit des Geschichts-Fernsehens hin.[35] Nicht die historisch überlieferten Gesichtszüge eines Luther, Napoleon oder Hitler bleiben den Menschen demnach in Erinnerung, sondern die Gesichtszüge des jeweiligen Schauspielers. Vor diesem Hintergrund gewinnen die Bedenken der Kritiker an populären Zeitreise-Angeboten an Gewicht. Denn selbst wenn man davon ausgeht, dass viele Zeitreisende weniger an der Vergangenheit als an Selbsterfahrung interessiert sind: Zeitreisen prägen doch auch heutige Geschichtsbilder. Was ist vor diesem Hintergrund mit Brüchen, Ungereimtheiten und den leisen Tönen, die Alltagskulturgeschichte als eine Geschichte der Vielen ausmachen? Was ist mit der Geschichte der Verlierer? Während Tracy Chevaliers Geschichte des »Mädchens mit dem Perlenohrring«[36], interpretiert als romantische Liebesgeschichte zwischen der Magd Grit und dem Künstler Vermeer, als Roman massenhaft verschlungen wurde und mit der Hauptrolle des Superstars Scarlett Johannson viele Menschen ins Kino lockte[37], können historische Darstellungen vergangenen Frauenlebens wohl selbst im besten Fall meist nur mit einer vierstelligen Leserzahl rechnen.[38] Tatsächlich lädt eine Geschichte wie die der Ansberger Näherin Anna Vetter, die die Literaturwissenschaftlerin Eva Kormann behandelt hat,[39] ohne Emotionalisierung und Dramatisierung in ihrem Elend und ihrer bedrückenden Enge kaum zur individuellen Identifikation ein, kurz: Sie ist nicht unterhaltsam. Die sinnliche Erfahrbarkeit eines solchen Lebens wäre alles andere als angenehm – wenngleich sicherlich lehrreich. Ist also eine komplexe Geschichte der Vielen in all ihren Facetten und Widersprüchlichkeiten für eine populäre Aufbereitung geeignet? Kritiker weisen darauf hin, dass die in Zeitreisen behandelte Geschichte sich im Wesentlichen auf lieb gewonnene Stereotypen reduziere; behandelt würden in linearen geschlossenen Erzählungen der Glanz historischer Seebäder oder adeliger Gutshäuser, das vermeintlich unzivilisierte Mittelalter.[40] Zeitreisen thematisieren demnach zu einem erheblichen Teil bereits Bekanntes – und müssen dies auch tun, wenn man den Ausführungen des britischen Kulturwissenschaftlers John Fiske folgt,[41] der Bekanntheit als Voraussetzung für Popularität und damit wirtschaftlichen Erfolg von Unterhaltungsangeboten formuliert hat.

Zeitreisen enthalten allerdings in puncto Geschichtsdarstellung und -vermittlung äußerst wichtige Botschaften. Indem die Anhänger und Macher von Zeitreisen »Erleben« statt »Lesen« propagieren, indem sie Geschichte sinnlich erfahrbar machen wollen, erfüllen sie zentrale Bedürfnisse. Wenngleich man den Mix von Unterhaltung und Belehrung als Bequemlichkeit eines vergnügungsverwöhnten Massenpublikums abtun kann[42], das massenhafte Eintreten für eine »erlebbare Geschichte« lässt sich auch als ein vehementes Plädoyer für andere als herkömmliche Vermittlungsformen verstehen. Nicht wie beim akademischen

Lernen Kopf und Verstand bei diszipliniert sitzendem Restkörper sollen »begreifen« –, sondern der ganze Körper, alle Sinne sollen »erfahren« wie es sich »früher« angefühlt hat. Zeitreisen dokumentieren das Bedürfnis nach einer erlebbaren Geschichte. Zeitreisen als ein besonderer Handlungs- und Aushandlungsraum bieten also noch ein weiteres Thema an: Sie lösen Diskussionen um Geschichte aus, die beteiligten Akteure diskutieren Zuständigkeiten, Deutungen und »Wahrheiten« sowie mögliche Präsentationsformen.

GESCHICHTE IM DIALOG Unter Rückgriff auf postmoderne Theorien in den Geisteswissenschaften hat die Empirische Kulturwissenschaftlerin Lioba Keller-Drescher jüngst nochmals daran erinnert, dass Geschichte in gewisser Weise stets »gemacht« wird, dass sie sich in diesem Prozess des unaufhaltsamen Rekonstruierens und Konstruierens auch ständig verändere, Rekonstruktion und Konstruktion daher zusammenfallen.[43] Geschichte, verstanden als Interpretation vergangener Lebenswelten bzw. historischer Überlieferungen, wird damit auch Teil eines Aushandlungsprozesses zwischen verschiedenen Akteuren. Dieser Aushandlungsprozess ist längst nicht mehr nur Teil der Wissenschaften, sondern findet – folgt man den Konzepten der neuen Wissensforschung[44] –, zwischen Wissenschaft und Öffentlichkeit statt. Versteht man Wissensproduktion als eine kulturelle Praxis, dann geht es auch darum, neben den Wissensinhalten die verschiedenen Akteure und Praktiken zu verstehen. Dabei hilft ein offener Wissensbegriff, wie ihn etwa der Kulturanthropologe Fredrik Barth vertritt[45]. Barth und andere begreifen Wissen und dessen Transfer als einen offenen, mehrdimensionalen Prozess, in dem es nicht um Richtig oder Falsch, Oben oder Unten, Experten oder Laien, sondern um eine komplexe Verhandlung verschiedener Annahmen, Interpretationen und Meinungen geht. In diesem Sinn geht es auch bei der Auseinandersetzung mit dem Angebot von Zeitreisen zuvörderst um das Verständnis der ihnen zugrundeliegenden Konstruktionsprinzipien. Es geht darum, die mit dem derzeitigen inflationären Interesse an Geschichte bzw. an deren Inszenierung verbundenen Bedürfnisse und offenen Fragen der heutigen Gesellschaft zu verstehen. Denn Zeitreisen zielen objektiv weniger darauf ab, Vergangenheit zu rekonstruieren als durch deren vermeintliche Rekonstruktion Antworten auf brennende Fragen der Gegenwart (Naturentfremdung, als bedrohlich erlebte Komplexität der gesellschaftlichen Ordnungen etc.) zu geben. Zugleich stellen Zeitreisen als Teil der Interpretation von Geschichte ernst zu nehmende, weil von vielen begeistert geteilte Auffassungen dar. Sie sind ein Beitrag im Prozess der Aushandlung von Geschichte im gesellschaftlichen Bewusstsein. Geschichte als Interpretation entsteht also grundsätzlich im Dialog, und offen ist dabei lediglich, inwieweit sich die Fachwissenschaften in diesen Dialog einbringen wollen.

Hinsichtlich ihrer aktiven Teilhabe an dem Austausch mit der Öffentlichkeit zeichnen sich die Geisteswissenschaften in Deutschland im internationalen Vergleich durch eine gewisse Zurückhaltung aus. Hier wurde und wird teilweise nach wie vor beharrlich an der Trennung zwischen Experten und Laien wie zwischen Wissenschaft und Ökonomie festgehalten. Für Letzteres wird das Verlagswesen gerne als ein Beispiel angeführt, in dem das jeweilige Selbstverständnis bzw. die sich aus verschiedenen Rollen ergebenden Notwendigkeiten Reibungen und Missverständnisse erzeugen: Während Verlage Wissen nämlich buchstäblich zu Markte tragen, vertreten Wissenschaftler meist das Ideal des immateriellen Wissen-Schaffens.[46] Nach wie vor beklagen Historiker wie Siegfried Quandt das geringe Interesse ihrer Fachkollegen an einer Auseinandersetzung mit den Medien;[47] und noch vor zehn Jahren führte die Abstinenz deutscher Europäischer Ethnologen hinsichtlich der im us-amerikanischen Kontext selbstverständlichen »Public Folklore« als einer kritischen angewandten Wissenschaft auf Seiten der amerikanischen Fachkollegen zu Irritationen.[48] Auch deutsche Museen haben sich nur sehr zögerlich der »Living History« als Möglichkeit museumsdidaktischer Interpretation geöffnet und tun dies nach wie vor nicht ohne erhebliche Einwände.[49] Dass Geisteswissenschaften ihre Verantwortung in der kritischen Analyse historischer wie gegenwärtiger Phänomene sehen, ist ihre ureigenste Aufgabe. Gerade deshalb sind sie allerdings in besonderem Maße gefordert, ihr Wissen in den Dialog um und über Geschichte einzubringen. Ohne die Bereitschaft der Fachwissenschaften, sich an diesem Dialog offen zu beteiligen, bleiben nämlich sowohl Wissenschaft als auch Öffentlichkeit im jeweils eigenen Zirkelschluss der Selbstbestätigung gefangen.

Unter dem Eindruck des »Vergangenheitsaufschwungs« der letzten Jahrzehnte haben sich vor allem junge Akademiker, die an den Universitäten keine Stellung fanden oder hier nicht ausschließlich tätig sein wollen, in verschiedener Weise in den Dialog eingebracht. Entstanden sind unter anderem Kulturbüros und Biografiewerkstätten, die einer interessierten Öffentlichkeit historische Dienstleistungen anbieten. Mit dem Aufkommen neuer Studiengänge entstehen in Anlehnung an amerikanische Vorbilder gerade Masterstudiengänge in »Public History« auch in Deutschland.[50] Das Feld der Angewandten Geschichte professionalisiert sich also auch hierzulande, dazu gehört eine Diskussion um Qualitätsstandards und Ethos der professionell betriebenen Angewandten Geschichte.

VOM ABENTEUER, IN FREMDE LÄNDER ZU REISEN ... »The Past is a Foreign Country« – dieses Diktum wird von historisch Arbeitenden gerne genutzt, um die Fremdheit vergangener Lebenswelten auszudrücken. Sie betonen damit die kulturelle Formung dessen, was Menschen jeweils ausmacht.[51] In der Formulierung schwingt auch eine gewisse Reise- und Abenteuerlust mit, die historisch Arbeitende mit vielen spätmodernen Zeitgenossen teilen. Allerdings haben die derzeit populären Zeitreisen konkret wenig mit Geschichte als (Re-)Konstruktion bzw. Interpretation historischer Lebenswelten zu tun. Zeitreisen sind ein kulturelles Konstrukt der Jetztzeit, das primär heutige Bedürfnisse und Notwendigkeiten dokumentiert. Mittels Zeitreisen eröffnet sich den heutigen Menschen ein neuer Handlungs- und Erfahrungsraum, der ihnen unter anderem die Möglichkeit zur Positionsbestimmung innerhalb der komplexen Gesellschaft unter den Bedingungen der Globalisierung gibt und zugleich die Aushandlung verschiedener Rollen, Werte und Normen ermöglicht. Mit ihrem Angebot der gezielten und genormten Entfremdung tragen Zeitreisen zu Entspannung, Spaß und Vergnügen und damit zur Erholung der Reisenden bei. Die Begeisterung für die Zeitreisen dokumentiert ein

Interesse an Geschichte als einer Geschichte, die mit den jetzt lebenden Menschen, ihrer Gegenwart und Zukunft zu tun hat. Wenngleich das Versprechen einer tatsächlich erlebbaren Geschichte kaum einlösbar ist, befriedigen Zeitreisen zumindest das Bedürfnis nach sinnlicher und damit unmittelbarer Erfahrung. Hier eröffnet sich für historisch Arbeitende als Analytiker populärer Geschichtsanwendungen sowie als Vermittler von Geschichte als Interpretation vergangener Lebenswelten eine wichtige Aufgabe: Sie müssen nicht nur ihre jeweiligen Geschichtsinterpretationen in den Dialog einbringen, sondern auch geeignete Formen der Vermittlung mit der Gesellschaft verhandeln. Neben der historischen Forschung selbst ist dieser Dialog ein weiteres Abenteuer für die historischen Wissenschaften.

1 Wells, H. G., The Time Machine, London 2002 (erstmals 1895); Pal, G.,
The Time Machine, 1960; DVD: H. G. Wells Die Zeitmaschine. Turner Entertainment Co. und
Warner Home Video GmbH 2000.

2 SWR Fernsehen Baden-Baden, zero südwest in Baden-Baden und Heise, Volker (Regie),
Schwarzwaldhaus 1902 1–4, Erstausstrahlung: 2002.

3 MDR/Arte/ARD und Aernecke, Susanne (Regie), Abenteuer Mittelalter.
Leben im 15. Jahrhundert 1–5, Erstausstrahlung 2005 (DVD, UAP Video GmbH, 2006).

4 Vgl. www.yatego.com/yamando/p,47d9155695c8f,446332efd6b158_1,rosinenbomer-zeitreise
[06.07.08].

5 Vgl. www.lumieres-event.com [06.07.08].

6 Vgl. www.historiale.de/pages/presse/2008.php [07.07.08].

7 Maase, Kaspar, Grenzenloses Vergnügen? Zum Unbehagen in der Unterhaltungskultur,
in: Frizzoni, Brigitte/Tomkowiak, Ingrid (Hg.), Unterhaltung. Konzepte – Formen – Wirkungen,
Zürich 2006, S. 49–67, hier S. 52

8 Vgl. z. B. die Angaben bei Philipp, Marc J., Geschichte in den Medien. Tagungsbericht,
in: http://hsozkult.geschichte.hu-berlin.de/tagungsberichte/id=1074 [07.07.08]; sehr gut
dokumentiert ist dies beispielsweise für die historischen Doku-Soaps: So erreichte beispielsweise die erste in Deutschland ausgestrahlte Doku-Soap »Das Schwarzwaldhaus 1902«
durchschnittlich über 6 Millionen Zuschauer, vgl. Das Erste: Reportage/Dokumentation:
Schwarzwaldhaus 1902 – Leben wie vor hundert Jahren. Neues von den Boros. [18.04.2003],
www.daserste.de/doku/030418.asp [07.07.08]; bei der Sendung »Windstärke 8« bewarben
sich über 5.000 Personen, Windstärke 8, Das Casting,
www.wdr.de/tv/w8/60_projekt/content/61_casting.phtml [07.07.08].

9 Prädikat »Heritage«. Wertschöpfung aus kulturellen Ressourcen, hg. von Dorothee Hemme
und Markus Tauschek und Regina Bendix, Göttingen 2007, S. 9.

10 Z. B. Fischer, Thomas/Wirtz, Rainer (Hg.), Alles authentisch? Popularisierung der Geschichte im
Fernsehen, Konstanz 2008; Hartwig, Martin, Geschichte als Seifenoper? Über den Boom der
Populärgeschichte, Berlin 2005; Kaiser, Andrea, Die Billigen und die Willigen. Neue Fernsehsendungen fingieren die Wirklichkeit. Das Gefälschte ist vom Echten nicht mehr zu unterscheiden, in: Die ZEIT online, www.zeit.de/2003/35/Reality-TV [07.07.08]; Fraund, Philipp, Tagungsbericht HT 2006: Popularisierung der Geschichte im Fernsehen – Folgen für die Geschichtswissenschaft? 19.09.2006–22.09.2006, Konstanz, in: H-Soz-u-Kult, 09.01.2007, www.hsozkult.
geschichte.hu-berlin.de/tagungsberichte/id=1201; Schwellenbach, Judith, »Geschichte light«
zum Mitmachen? Das TV-Format Living History am Beispiel der Serie »Windstärke 8 –
Das Auswandererschiff«, unveröffentlichte Magisterarbeit Münster 2007, S. 58–65; Wolf, Fritz,

Trends und Perspektiven für die dokumentarische Form im Fernsehen. Eine Fortschreibung der Studie »Alles Doku – oder was?« Über die Ausdifferenzierung des Dokumentarischen im Fernsehen, Düsseldorf 2005, S. 11; vgl. auch ders., Alles Doku – oder was? Über die Ausdifferenzierung des Dokumentarischen im Fernsehen. Zusammenfassung und zentrale Expertise der Ergebnisse www.64.233.183.104/search?q=cache:-WPRFRbs3RQJ; www.lfm-nrw.de/downloads/allesdoku-zusam.pdf+Fritz+Wolf+Alles+Doku&hl=de&ct=clnk&cd=2&gl=de&client=firefox-a [07.07.08].

11 Definition nach Nünning, Ansgar, Von historischer Fiktion zu historiographischer Metafiktion 1–2, Trier 1995.

12 Gustafsson, Lotten, Den förtrollade zonen. Lekar med tid, rum och identitet under medeltids-veckan på Gotland, Nya Doxa 2002.

13 Meyer, Annemike, »Die Wochend-Ritter...«. Streifzüge durch die Mittelalter-Szene. Eine kulturwissenschaftliche Betrachtung des Phänomens, unveröff. Magisterarbeit Göttingen 2003, S. 53.

14 Ebd., passim; vgl. auch Drieschner, Carsten, Living history als Freizeitbeschäftigung. Der Wikingerverein »Opnn Skjold e. V.« in Schleswig, in: Kieler Blätter zur Volkskunde 37 (2005), S. 31–61.

15 Unveröffentlichter Fragebogen, digital erhoben von Esther Heckmann, Göttingen, Juni 2008. Die Verfasserin dankt Esther Heckmann für diese Information.

16 Vgl. auch Schwellenbach, »Geschichte light«, S. 47.

17 Vgl. z. B. Fenske, Michaela, Geschichte, wie sie Euch gefällt. Historische Doku-Soaps als spätmoderne Handlungs-, Diskussions- und Erlebnisräume, in: Historizät. Vom Umgang mit Geschichte, hg. von Andreas Hartmann, Silke Meyer und Ruth Mohrmann, Münster 2007, S. 85–105, hier bes. S. 99f.

18 Unveröffentlichter Fragebogen, digital erhoben von Esther Heckmann, Göttingen, Juni 2008.

19 Vgl. Klaus, Elisabeth, Grenzenlose Erfolge? Entwicklung und Merkmale des Reality TV, in: Frizzoni/Tomkowiak, Unterhaltung, S. 85–106.

20 Hill, Annette, Reality TV. Audiences and Popular Factual Television, London, New York 2005.

21 Fenske, Geschichte, bes. S. 101 f.

22 Kirshenblatt-Gimblett, Barbara, Theorizing Heritage, in: Ethnomusiocology 39 (1995) S. 367–380.

23 Svensson, Birgitta, The Nature of Cultural Heritage Sites, in: Ethnologia Europea 28 (1998), S. 5–16.

24 Maierhofer, Waltraud, Hexen – Huren – Heldenweiber. Bilder des Weiblichen in Erzähltexten über den Dreißigjgährigen Krieg, Köln/Weimar/Wien 2005.

25 Klaus, Erfolge, S. 102.

26 So begehren einzelne Darsteller auch gelegentlich gegen die als ungerecht empfundenen Ordnungen auf, vgl. Fenske, Geschichte, S. 100.

27 Vgl. ebd., S. 95–97.

28 Vgl. z. B. Althoff, Gerd (Hg.), Die Deutschen und ihr Mittelalter. Themen und Funktionen moderner Geschichtsbilder vom Mittelalter, Darmstadt 1992; Groebner, Valentin, Das Mittelalter hört nicht auf. Über historisches Erzählen, München 2008.

29 Unveröffentlichter Fragebogen, digital erhoben von Michaela Fenske, Göttingen im März 2008. Die Verfasserin dankt Frau Meißner, einer der Inhaberinnen der Agentur für Zeitreisen Jadis, sehr herzlich für ihre Gesprächsbereitschaft sowie für die Bereitstellung diverser Werbematerialien.

30 Mit Reifrock & Chapeau Claque, Flyer der Agentur für Reisen in die Vergangenheit, Kristina Meißner, undatiert.

31 Fenske, Geschichte; Meyer, Wochend-Ritter.

32 The Library of Fragrance, www.libraryoffragrance.de/seiten/phil.htm [07.07.08]; vgl. Hemme, Dorothee, Harnessing Daydreams: A Library of Fragrant Fantasies Congress, unveröffentlichter Vortrag auf dem 9. Kongress der Societé d' Ethnologie et de Folklore in Ulster/Irland, Juni 2008.

33 Lesenswert ist in diesem Zusammenhang Natalie Zemon Davis' Beschreibung der Dreharbei-ten der Verfilmung ihrer Studie »Die wahrhaftige Geschichte von der Wiederkehr des Martin Guerre« (Berlin 2004, orig.: Le Retour du Martin Guerre, Paris 1982). Das Buch wurde 1982 erstmals verfilmt (Le Retour de Martin Guerre/The Return of Martin Guerre. DVD Freemantle Media: 1982), Hauptdarsteller waren Gérard Depardieu und Nathalie Baye. Davis beschreibt, wie Depardieu unermüdlich Gestik und Mimik des 16. Jahrhunderts übte, um das aus ihrer Sicht beeindruckende Endergebnis erreichen zu können, Zemon Davis, Natalie, Ad me ipsum, in: Dies.: Lebensgänge. Glikl. Zwi Hirsch. Leone Modena. Martin Guerre, Berlin 1998, S. 75–104. Die spätere Verfilmung Sommersby (DVD Regency Enterprises/Le Studio canal: 1993) mit Richard Gere und Judy Foster in den Hauptrollen wurde übrigens weitaus populärer als die erste; dies wohl auch, weil Zemon Davis Geschichte hier zu einer romantischen Liebesge-schichte ohne Bezug zur Vorlage umgedichtet wurde.

34 Loewenthal, David, The Past is a Foreign Country, Cambridge 1986.

35 Borries, Bodo von, Historischer »Spielfilm« und »Dokumentation« – Bemerkung zu Beispielen, in: Kühlberger, Christoph/Lübke, Christian/Terberger, Thomas (Hg.), Wahre Geschichte – Geschichte als Ware. Die Verantwortung der Historischen Forschung für Wissenschaft und Gesellschaft, Rahden/Westf. 2007, S. 187–212, hier S. 208f.

36 Chevalier, Tracy, Das Mädchen mit dem Perlenohrring, München 2003 (orig.: Girl with a Pearl Earring, London 1999).

37 Concorde Video, Webber, Peter (Regie), 2003.

38 Vgl. Blaschke, Olaf/Schulze, Hagen (Hg.), Geschichtswissenschaft und Buchhandel in der Krisenspirale? Eine Inspektion des Feldes in historischer, internationaler und wirtschaftlicher Perspektive, München 2006; vgl. auch Langewiesche, Dieter, Geschichtsschreibung und Geschichtsmarkt in Deutschland, in: Ders., Zeitwende. Geschichtsdenken heute, hrsg. von Nikolaus Buschmann und Ute Planert, Göttingen 2008, S. 9–17.

39 Kormann, Eva, Ich, Welt und Gott. Autobiographik im 17. Jahrhundert. Köln/Wien/Weimar 2004.

40 Vgl. Uka, Walter, Historie, in: Hügl, Hans-Otto (Hg.): Handbuch populäre Kultur. Begriffe, Theorien und Diskussionen. Stuttgart, Weimar 2003, S. 240–248; Wolf. Trends, S. 30f

41 Fiske, John, Lesarten des Populären, Wien 2003.

42 Z. B. Heidtmann, Florian, Geschichtsbilder und Nutzung von Geschichte, dargestellt an ausgewählten Mittelaltermärkten, unveröffentlichte Magisterarbeit Hannover 2001, zitiert nach Meyer, Wochend-Ritter, S. 27f.

43 Vgl. Keller-Drescher, Lioba, Die Fragen der Gegenwart und das Material der Vergangenheit. Zur (Re-)Konstruktion von Wissensordnungen, in: Hartmann/Meyer,/Mohrmann, Historizität, S. 57–68.

44 Aus der Fülle einschlägiger Literatur z.B. Gibbons, Michael u. a., The New Production of Knowledge. The Dynamics of Science and Research in Contemporary Societies, London 1994; Nowotny, Helga/Scott, Peter/Gibbons, Michael, Re-Thinking Science. Knowledge and the Public in an Age of Uncertainty. London 2001 [dt. Wissenschaft neu denken. Wissen und Öffentlichkeit in einem Zeitalter der Ungewissheit. Weilerswist 2004; Weingart, Peter, Die Wissenschaft der Öffentlichkeit. Essays zum Verhältnis von Wissenschaft und Öffentlichkeit, Weilerswist 2005.

45 Siehe Barth, Fredrik, An Anthropology of Knowledge, in: Current Anthropology 43 (2002), S. 1–18.

46 Vgl. Kerlen, Dietrich, Der Verlag. Lehrbuch der Buchverlagswirtschaft, 14. Aufl., Stuttgart 2006.

47 Vgl. Quandt, Siegfried, Geschichte im Fernsehen,: Sachgerecht, mediengerecht, publikumsge-recht, in: Kühlberger, Christoph/Lübke, Christian/Terberger, Thomas (Hg.), Wahre Geschichte, S. 181–186.

48 Vgl. Kulturwissenschaft und Öffentlichkeit. Amerikanische und deutschsprachige Volkskunde im Dialog, hg. von Regina Bendix und Gisela Welz, Frankfurt a. M. 2002.

49 In diesem Sinne vgl. Böder, Sonja, Tagungsbericht »Living History im Museum«. Jahrestagung der Volkskundlichen Kommission für Westfalen. 19.10.2007–20.10.2007, Cloppenburg. In: H-Soz-u-Kult, 02.12.2007,
http://hsozkult.geschichte.hu-berlin.de/tagungsberichte/id=1791 [letzter Zugriff 06.07.08], (Duisberg, Heike (Hg.), Living History im Freilichtmuseum. Neue Wege der Geschichtsvermittlung, Ehestorf 2008.

50 Public History Master,
www.geschkult.fu-berlin.de/e/fmi/studium/masterstudium/public_history/
[letzter Zugriff 07.07.08].

51 Z. B. Loewenthal, Past; Stark, Laura, Premodern Concepts of Self and Body in Finnish Magic Narrative, öffentlicher Vortrag, Göttingen 02.07.08.

FOLGENLOSE UNTERHALTUNG ODER KUNSTVOLLER WISSENSTRANSFER?

Geschichtsfernsehen EDGAR LERSCH und REINHOLD VIEHOFF

Die seit einigen Jahren zunehmende Präsenz von Sendungen zur Geschichte im öffentlich-rechtlichen Fernsehen lässt Fragen aufkommen, die in der akademischen und sonstigen Öffentlichkeit lebhaft diskutiert werden. Besonders problematisch erscheint dabei, wieweit TV-Geschichtsdokumentationen[1] als populäre »Angewandte Geschichte« Geschichtsbilder und die Geschichtskultur derart prägen, »dass von einer Dominanz einer Unterhaltungskultur« gesprochen werden kann, so dass »Sinnstiftung, Erkenntnis, Wahrheit und Identität« eher verlorengehen.[2] Was die Herausgeber in wertender Zuspitzung im »Call for papers« als Gegensatz betrachten, schätzen die Autoren dieses Beitrags als Grundspannung jeder historiografischen Publikation ein. Denn jede derartige Publikation, ob nun als wissenschaftliches Buch oder als unterhaltender Film im Fernsehen, muss eine Balance finden zwischen zwei sehr unterschiedlich hergeleiteten und eingebetteten Anforderungen: Es soll nämlich die Annäherung an die historische »Wahrheit« (und nur diese und nichts anderes) mit der zweiten Erwartung ausbalanciert werden, dass die Leser respektive Zuschauer ihre Aufmerksamkeit auf gerade diese Behandlung von Geschichte richten.

Eine Beantwortung der aufgeworfenen Frage des Ausbalancierens verlangt Kriterien, die über die handwerkliche Intuition der Macher und den Quotenerfolg hinausgehen, Kriterien, die als Maßstab für Analyse und Bewertung des Genres Geltung haben. Doch es gibt wenig exklusive argumentative oder gar normative Vorgaben, was denn bei der Selektion von Themen und ästhetischen Gestaltungsformen für Geschichtsdokumentationen »erlaubt« sei oder was nicht. Zwar sind fernsehkritische Stellungnahmen von Geschichtswissenschaftlern und Äußerungen der feuilletonistischen Fernsehkritik von der Versuchung nicht frei, Geschichtssendungen im Fernsehen apodiktisch zu verurteilen. Doch existiert bei näherem Hinsehen eine beträchtliche Bandbreite an durchaus kontroversen Vorstellungen darüber, was eine »gute« Geschichtsdokumentation im Rahmen der gegebenen massenmedialen Kontexte sein könne oder gar sein solle.

Bevor jedoch einige Überlegungen zur Diskussion gestellt werden, ob die medienspezifischen Darstellungszwänge des Fernsehens ohne Weiteres der puren Unterhaltungskultur zuzuschreiben sind, werden vorher auf Basis empirischer Forschungen die Themenschwerpunkte und die Entwicklung genrespezifischer Präsentationsstrategien der letzten 15 Jahre vorgestellt, um so auf sicherer Basis Vergleiche zur wissenschaftlichen Herangehensweise zu ermöglichen.[3]

THEMATISCHE SCHWERPUNKTE VON GESCHICHTSSENDUNGEN IM FERNSEHEN Der Anteil an Geschichtssendungen im Fernsehen ist seit 1995 beträchtlich gestiegen, wie die erste Tabelle im Überblick zeigt:

Anteil der Geschichtssendungen am gesamten Sendevolumen

Prozentualer Sendezeitanteil der codierten Sendegenres von 1995 bis 2003
auf Basis des Gesamtprogramms

	1995			1999			2003		
	Minuten *	Sendebasis **	Sendezeitanteil in % ***	Minuten	Sendebasis	Sendezeitanteil in %	Minuten	Sendebasis	Sendezeitanteil in %
Gesamt	8.975	64.5120	1,4	10.865	64.5120	1,7	15.306	64.5120	2,4
ARD	352	40.320	0,9	910	40.320	2,3	500	40.320	1,2
ZDF	894	"	2,2	255	"	0,6	855	"	2,1
RTL	55	"	0,1	35	"	0,1	210	"	0,5
SAT.1	115	"	0,3	150	"	0,4	0	"	0,0
Pro7	0	"	0,0	120	"	0,3	50	"	0,1
VOX	120	"	0,3	605	"	1,5	115	"	0,3
BR	610	"	1,5	410	"	1,0	985	"	2,4
HR	585	"	1,5	745	"	1,8	1.655	"	4,1
MDR	375	"	0,9	730	"	1,8	1.090	"	2,7
NDR	1.165	"	2,9	980	"	2,4	1.410	"	3,5
SWR	535	"	1,3	510	"	1,3	940	"	2,3
WDR	800	"	2,0	570	"	1,4	840	"	2,1
ORB/RBB	270	"	0,7	1.055	"	2,6	330	"	0,8
SFB	1.027	"	2,5	1.315	"	3,3	1.047	"	2,6
3sat	645	"	1,6	1.570	"	3,9	1.985	"	4,9
ARTE	1.427	"	3,5	905	"	2,2	3.294	"	8,2

*   Dauer der durch das Kategoriensystem erfassten Geschichtssendungen in Minuten je Sender

**   Basis des 24-Stunden-Programms in Minuten über den Zeitraum der Codierung (4 Wochen eines Jahres à 7 Tage = 28 Tage × 24 Stunden × 60 (in Minuten) × Anzahl der Sender in der Sendergruppe)

*** Prozentualer Sendezeitanteil der erfassten Geschichtssendungen zur Basis des 24-Stunden-Programms

Nähere Untersuchungen und Analysen belegen, dass die öffentlich-rechtlichen Programmanbieter den überragenden Anteil des Gesamtangebotes von Sendungen mit historischen Themen im Fernsehen bestreiten. In den untersuchten Beispieljahren 1995, 1999 und 2003 geht der deutliche Anstieg von Geschichtssendungen im Fernsehen fast ausschließlich auf die Vermehrung des Angebots seitens des öffentlich-rechtlichen Fernsehens zurück. Er lässt sich vor allem bei den dritten Programmen der Landesrundfunkanstalten sowie bei 3sat und ARTE feststellen, ein Trend, der vermutlich auch gegenwärtig noch gilt.

In den im Hallenser Geschichtsprojekt untersuchten Jahren ist die überragende thematische Rolle des 20. Jahrhunderts und insbesondere der NS-Zeit nicht zu übersehen.

Epoche/global
Prozentualer Sendezeitanteil der codierten Sendegenres von 2003 auf Basis des Gesamtprogramm Betrifft eine Sendung mehr als eine historische Sequenz (z. B. Erster Weltkrieg und die nachfolgenden Jahre) oder ist die Epoche nicht eindeutig feststellbar, ist »mehrere« als Kategorie vergeben worden.

	ARD/ZDF	Dritte	3sat/ARTE	Private
Frühgeschichte	0,7	0,3	0,8	0,1
Früh-, Hoch- und Spätmittelalter	–	0,2	0,2	–
Frühe Neuzeit bis 19. Jahrhundert	0,0	0,6	0,5	0,3
20. Jahrhundert	1,7	1,1	2,0	0,4
mehrere	0,8	1,5	3,7	0,1
21. Jahrhundert	0,1	0,1	0,2	–

Über alle Sendergruppen hinweg steht das 20. Jahrhundert im Mittelpunkt der Darstellung von historischen Ereignissen im Fernsehen. Zuschauer, die sich 2003 Geschichtssendungen angesehen haben, sind überwiegend mit Themen des vergangenen Jahrhunderts konfrontiert worden, das heißt mit Zeiten und Ereignissen aus dem eigenen Erlebenshorizont oder dem der Elterngeneration.

Epoche/detail
Prozentualer Sendezeitanteil der codierten Sendegenres von 2003 auf Basis des Gesamtprogramms, Mehrfachcodierung möglich

	ARD/ZDF	Dritte	3sat/ARTE	Private
Frühgeschichte	0,7	0,3	0,8	0,1
Früh-, Hoch- und Spätmittelalter	–	0,2	0,2	–
Frühe Neuzeit bis 19. Jahrhundert	0,0	0,6	0,5	0,3
20. Jahrhundert	1,7	1,1	2,0	0,4

Die Geschichtsdarstellung im Fernsehen thematisiert in der Hauptsache Geschehnisse des 20. Jahrhunderts (23,3 Prozent, ab der Ausprägung »1914 bis 1920« bis zum Jahr 2000). Das heißt, dass die vergleichsweise »kurze« Epoche der vergangenen einhundert Jahre – die Zeitgeschichte – (etwas) mehr Raum im Fernsehen einnimmt als alle davorliegenden geschichtlichen Epochen zusammen.

Innerhalb des 20. Jahrhunderts gibt es zusätzlich deutliche Schwerpunkte, vor allem in der zweiten Hälfte des Jahrhunderts. Während die Werte für die sechziger und siebziger Jahre und die Gegenwart (2000 bis 2003) annähernd gleich verteilt sind, geht die hohe Besetzung des Zeitraums von 1939 bis 1945 natürlich auf die Thematisierung des Zweiten Weltkrieges und der Nachkriegszeit zurück. Dieser Befund überrascht nicht, nimmt doch die Diskussion über die Zeit des Nationalsozialismus, über Schuld und Verantwortung in der Öffentlichkeit einen breiten Raum ein, nicht nur im Fernsehen, sondern ganz generell in der bundesrepublikanischen Geschichtskultur, also in Ausstellungen, in einem umfassenden Bücherangebot oder durch zahlreiche Gedenktage, die im Fernsehen inzwischen als eine Art rituelle Inszenierung des kulturellen Gedächtnisses zelebriert werden.[4]

Epoche/global – Zeitebene im Zeitverlauf
Anzahl der Sendungen mit historischen Inhalten von 1995 bis 2003 auf Basis des Gesamtprogramms (n= 848)

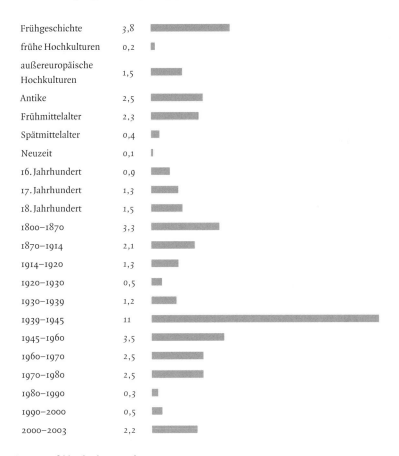

Frühgeschichte	3,8
frühe Hochkulturen	0,2
außereuropäische Hochkulturen	1,5
Antike	2,5
Frühmittelalter	2,3
Spätmittelalter	0,4
Neuzeit	0,1
16. Jahrhundert	0,9
17. Jahrhundert	1,3
18. Jahrhundert	1,5
1800–1870	3,3
1870–1914	2,1
1914–1920	1,3
1920–1930	0,5
1930–1939	1,2
1939–1945	11
1945–1960	3,5
1960–1970	2,5
1970–1980	2,5
1980–1990	0,3
1990–2000	0,5
2000–2003	2,2

* an 100 fehlend »ohne Angabe«

Betrachtet man die Thematisierung von Ereignissen, die im Zusammenhang mit dem Zweiten Weltkrieg – von der Ausprägung »Faschismus« bis zu »Hitler« – stehen, zeigt sich, dass diese in den öffentlich-rechtlichen Hauptprogrammen den breitesten Raum einnehmen. Mit der Aufmerksamkeit, die dem Weltkriegsgeschehen gewidmet wird, positionieren sich ARD und ZDF als die »Adresse« für Sendungen dieser Inhalte. Den größten Anteil hat dabei vermutlich bis in die Gegenwart das ZDF mit seinen (zeit-)geschichtlichen Dokumentationen, die nicht unwesentlich zur Profilbildung des Senders beitragen.[5] Bis 2007 ist die plakative Kennzeichnung für das ZDF als »Mattscheibe mit Hitler« zutreffend.[6] Die Landesrundfunkanstalten bedienen ihrerseits durchaus der Jahrestags-Agenda der NS-Zeit und der Ereignisse des Zweiten Weltkriegs (so 2004 und 2005). Sie finden ihre Themen darüber hinaus verstärkt auch außerhalb dieses Zeitraums, vor allem erneut und unter veränderten Vorzeichen als früher in der Nachkriegszeit wie auch in anderen historischen Epochen.[7]

AUTHENTIFIZIERUNGS- UND GLAUBWÜRDIGKEITSSTRATEGIEN ALS ÄSTHETISCHE GESTALTUNGS-MUSTER Strategien der Authentifizierung und Beglaubigung werden im dokumentarischen Genre über jene Elemente der ästhetischen Gestaltung realisiert, die als eine Form oder Möglichkeit der audiovisuellen Präsentation, vor allem aber des Vorzeigens, die Echtheit des Präsentierten verbürgen sollen. So gibt es verschiedene Gestaltungselemente von Dokumentationen, die traditionell innerhalb des Genres einer solchen Konnotation unterliegen und hier gewissermaßen Signalcharakter im Sinne einer authentischen und somit glaubwürdigen Darstellung respektive der Wahrheit und Historizität des so Dargebotenen tragen. Zu diesen Elementen gehören die originalen Bild- und Tonaufnahmen, der Originalschauplatz, das Zeigen von Dokumenten, Archivmaterialien und Quellen sowie die Zeitzeugen und die jeweilige Form ihrer Präsentation. Diese drei beziehungsweise vier Elemente fungieren im untersuchten Zeitraum in den Geschichtssendungen aller Programmanbieter generell als filmästhetische, visuelle Strategien der Authentifizierung und Beglaubigung des Erzählens von Geschichte im Fernsehen.

Wie im gegenwärtigen Diskurs hinlänglich analysiert und besprochen,[8] hat sich lediglich die Gewichtung jener Gestaltungsmittel leicht verändert, die von den Filmemachern eingesetzt werden, um für den Zuschauer einen authentischen Eindruck des gezeigten Geschehens zu erzeugen. Traditionell dominant sind zwar immer noch die originalen Bild- und Tonaufnahmen im Sinne eines Vorzeigens der Originalbilder. Sie stehen für die Markierung des Historischen und damit der Wahrheit des Gezeigten. Die materiale, quellendokumentarische Gattungsorientierung wird jedoch zunehmend bedrängt von der Präsentation einer personalen Aneignung von Geschichte. Mit anderen Worten: Zeitzeugen werden zunehmend als authentifizierende »Quelle« vorgeführt. Ein individuell erlebter Geschichtsausschnitt, mit welchem sich das intersubjektiv beleumundete historische Geschehen dem Zuschauer subjektiv, personalisiert darbietet, wird dem Dokument übergeordnet. Damit ist zweifellos eine Verschiebung hin zu einer Emotionalisierung der Geschichte verbunden. Von dieser Emotionalisie-

rung nimmt man an, dass sie die Wahrnehmung und den Eindruck der geschichtlichen Präsentation verstärkt und dass sie gleichzeitig die Möglichkeiten für den
Zuschauer erhöht, sich mit der Perspektive der von Geschichte Betroffenen und in
Geschichte Handelnden zu identifizieren. Darin steckt nicht nur ein »unterhal-
tendes« Moment, wie immer – kritisch – hervorgehoben wird, sondern prinzipiell
auch ein liberal emanzipatives, weil die Zuschauer nämlich sich selbst als Akteure
der Geschichte denken können. Die Bedingungen für diesen Perspektivwechsel
hin zum Akteur der Geschichte sind aber nicht immer optimal. Denn: Mit der
Hinwendung zum individuellen Lebensbericht verlieren politische und ökonomische Paradigmen der modernen Gesellschaft in solchen Fernsehpräsentationen
ihre geschichtsmächtige Bedeutung, sie werden als Rahmen geschichtlicher
Prozesse verdrängt und unkenntlich. Übrig bleibt dann das Geschichte erlebende,
erfühlende und erleidende Subjekt. Wenn Erinnerungsinterviews diese Perspektive stark machen, schwächen sie zugleich ein aufgeklärtes Verhältnis zur eigenen
Geschichte.[9]

DOKUMENTE, ARCHIVMATERIALIEN UND QUELLEN Die klassische Geschichtsdokumentation hat in
ihren Anfängen im Wesentlichen das Gesagte und Gezeigte durch das demonstra-
tive Zeigen von originalen Dokumenten (als Schriftdokumente oder Überreste
der audiovisuellen Medienkommunikation (Fotos, Filme, Hörfunk- und Fernseh-
beiträge)) als Spuren von tatsächlich Gewesenem und Geschehenem untermauert.
Die Authentizität der Dokumente entspringt ihrer Niederschrift, die dem Publikum als Beglaubigung des Berichteten unterbreitet wird. (Schrift-)Archivische
Quellen werden immer eingesetzt, insgesamt schwankt ihre Verwendung, aber
in weit mehr als der Hälfte aller historischen Sendungen im Fernsehen finden wir
sie immer noch. Dokumente sind insofern ein fester Baustein des Genres, der
auch auf Dauer kaum verdrängt werden kann.

Im Hinblick auf Zeitgeschichte und die mit ihr inzwischen fest verbundene
filmische Fixierung von Ereignissen tritt das bewegte Bild neben die Schriftdokumente. Der dokumentarische Charakter von Originalfilmmaterial verleiht Authentizität. Wiederholt ist festgestellt worden, dass es sich bei den in historischen
Fernsehsendungen gezeigten Bildern oft um die immer gleichen Bilder handelt.
Diese Zweit- und Drittverwertung von Bildern führt beim Zuschauer bzw. im
öffentlichen Bewusstsein zu einer Art Bilderkanon, der bei bestimmten Ereignissen aufgerufen wird und präsent ist. Diese Bilder sind jedoch bereits mit gewissen
Vorstellungen verknüpft und nicht mehr uneingeschränkt für neue Inhalte verfügbar, auch wenn die bekannten Bilder vielfach neu zusammengeschnitten und
mit einem neuen Kommentar versehen werden.[10] An bestimmte, immer wieder
benutzte Bilder lagern sich die Assoziationen ihrer Verwendungsgeschichte an,
die Teil der semantischen Bedeutung des Bildmaterials werden. Wenn solche
Bilder erneut in Geschichtssendungen illustrativ benutzt werden, vor allem, wenn
dies unter Ausblendung ihres Entstehungszusammenhangs geschieht, haben
Zuschauer kaum Chancen, kritisch-reflexiv mit solchen visuellen Inszenierungen
und Illustrationen umzugehen. Eher ist das Gegenteil zu vermuten.

Um diesem Recycling (das durch die inzwischen perfekte Organisation der Archive in den öffentlich-rechtlichen Anstalten begünstigt wird) und der Abnutzung der Bilder und den ihnen assoziierten Konnotationen zu entgehen, werden neue und kostspielige Wege beschritten. Zum einen wird immer stärker nach noch unbekanntem bzw. unentdecktem Filmmaterial gefahndet.[11] Zum anderen stehen allein aus diesem Grund auch private Streifen von Filmamateuren[12] oder farbige Originalaufnahmen hoch im Kurs. Deren Entstehungszusammenhang wird aber meist ebenfalls nicht mit reflektiert. Die jeweils medial zentrale »Haltung« der Kamera und der dadurch gewährte Blick auf die »Realität« werden neutralisiert. Die Bedeutung, die Originalaufnahmen für zeitgeschichtliche Dokumentationen haben, bleibt gleichwohl über die Jahre hinweg kontinuierlich hoch. Über die Herkunft der filmischen Elemente wird selten Auskunft gegeben, und auch die Indizierung ist nicht standardisiert, sondern wird im Gegenteil unterschiedlich gehandhabt.[13]

ORIGINALSCHAUPLATZ Der Originalschauplatz gewinnt seine Authentizität dadurch, dass sich ein historischer Vorgang an dieser Stelle tatsächlich zugetragen hat und dieser Platz auch heute noch visuell stellvertretend für das vergangene Ereignis »erfahrbar« – vor allem visuell erfahrbar – ist. Fernsehmacher wie Zuschauer spekulieren dabei darauf, dass sich dem Ort die Spuren der Tat eingeschrieben haben. Sie erwarten deshalb von diesem Genremerkmal, dass es eine »geschichtsträchtige« Stimmung vor Ort vermittelt und so den Zuschauer und Beobachter für die nicht mehr sichtbaren Ereignisse sensibilisiert. Schauplätze dienen in Dokumentationen dieser Art von Veranschaulichung und, besonders wenn es sich bei der Darstellung um längst vergangene Epochen handelt, dem Sichhineinfühlen in Zeiten und Milieus, dem virtuellen Zeitsprung in die Vergangenheit.[14] Originalschauplätze bringen filmästhetisch Abwechslung und innovative Darstellungsmöglichkeiten, auf die heute in Geschichtssendungen kaum jemand verzichten möchte, weder die Macher noch die Zuschauer. Mit dem Aufkommen der Oral History und dem Einsatz von Zeitzeugen erfährt diese Art der Schauplatzbesichtigung auch eine neue Qualität der historiografischen Legitimation. Die Distanz zu historischen Ereignissen wird aufgehoben, weil historische Orte durch die Referenz auf ein Individuum, das über seine eigenen Erlebnisse gerade hier am Ort vor x Jahren berichten kann, direkt und sehr emotional erfahrbar werden.

ZEITZEUGEN Zeitzeugen sind – wie bereits erwähnt – das dramaturgische und inszenatorische Mittel, um Geschichte im Fernsehen zu personalisieren, auch zu individualisieren, und so für die persönliche und individuelle Erfahrung des einzelnen Zuschauers anschlussfähig zu machen. Es ist eher dieser Umstand, der als Genremerkmal dominiert und in dem sich die Möglichkeit andeutet, Geschichte zu demokratisieren, als die Perspektive auf eine aktive Gestaltung von Geschichte durch jeden Einzelnen. Andererseits: Mit all den ihr immanenten Schwächen, der Ungenauigkeit und Unzuverlässigkeit des Gedächtnisses, des selektiven, vorstrukturierten, narrativ überlagerten und subjektiven Charakters der Aussagen, besitzt diese Methode der Augenzeugenpräsentation eine ganz eigene Authentizität des

Anschaulichen. Durch sie treten in anderen Diskursen verdeckte Ebenen zutage, geschichtliche »Wahrheit« rückt in ihrer Multiperspektivität etwas näher an den Zuschauer heran. Mit seiner Person steht der Zeitzeuge für die Glaubwürdigkeit eines bestimmten historischen Geschehens – »So ist es gewesen!« – und damit für ein Authentizitätsversprechen, durch das Zuschauerinteressen motiviert und gebunden werden. Aus diesem Grund ist es nicht verwunderlich, dass der Zeitzeuge in siebzig bis neunzig Prozent aller ausgestrahlten Sendeminuten innerhalb des Untersuchungszeitraumes fast aller Sendeanstalten zu sehen ist.

Dem Zuschauer wird, im audiovisuellen Modus doppelt verbürgt, die Möglichkeit geboten, die hier erzählte Geschichte als »echt« zu erleben. Zum einen durch alle dem augenblicklichen Moment der Erzählung innewohnenden persuasiven Eigenschaften sowie andererseits durch die Möglichkeiten, die das Bild an zusätzlichen Sinneswahrnehmungen und -eindrücken bietet. Dabei können die Aussagen der auftretenden Zeugen durch die Unmittelbarkeit der vorgeführten Situation entweder bestätigt oder konterkariert werden, was im Erleben des Zuschauers aber in jedem Falle den Eindruck des Authentischen hinterlässt.

Die Präsentation der Zeitzeugen geschieht in der Mehrzahl der analysierten Fälle in einer individuellen Umgebung, das heißt einer persönlichen und privaten Atmosphäre, was ganz deutlich im Kontext der Strategien der Personalisierung und Emotionalisierung und einer damit einhergehenden Authentifizierung der vorgeführten Person zu beurteilen ist.[15]

Es liegt auf der Hand, dass das Zeitzeugeninterview und der Zeitzeugenbericht dem Modus des Narrativen nahestehen, man kann sie zumindest problemlos so arrangieren und inszenieren. Das hat schon seit einiger Zeit zu einer signifikanten Veränderung in der Konstitution der medialen Zeugenfigur geführt wie auch in der Funktion, die sie innerhalb von historischen Dokumentationen erfüllen. Zeitzeugen können Geschichte nur als persönlich-private Geschichte erzählen. Das schlägt dann durch bis in den Duktus ihrer Argumente. War die Funktion des Zeitzeugen zunächst im Sinne eines quasi juristischen Zeugen gedacht und ins Fernsehen gelangt, so dominiert er gegenwärtig in der Funktion des individuellen Erzählers von erlebter Geschichte, um diese für das Publikum nacherlebbar zu machen.

2005, während der Abfassung des erwähnten Projektberichts, zeichnete sich ab, dass mit der Serie »Unsere fünfziger Jahre« (ARD 2005) etwas Neues begonnen wurde, denn bei der systematischen Programmbeobachtung bis 2003 war eine derartige Gestaltungsweise nicht aufgefallen. Es handelte sich um eine neue Form der zeitzeugenzentrierten Dokumentation, die mit der Serie über die 1960er Jahre (ARD 2006) und mit der Serie »Damals nach dem Krieg« (ARD 2008) fortgesetzt wurde. Es gab nun nicht mehr den allwissenden Erzähler aus dem Off, sondern die Zeitzeugen präsentieren »ihre« Geschichte als einerseits außergewöhnliche und damit besonders fesselnde, gleichzeitig auch als exemplarische Erfahrung in der abgehandelten Epoche. Damit verstärkt sich als eine der Konsequenzen der Zeitzeugeninszenierung auch insgesamt der dem Zuschauer vorgeführte Patchwork-Charakter von Geschichte. Geschichte erscheint nun zusammengesetzt aus unendlich vielen einzelnen Bildern und Perspektiven.

Geschichte wird wieder mehr Schicksal, dem der einzelne Akteur keine integrative oder gar teleologische Idee mehr abringen kann, auch der Zuschauer nicht. Neben dieser notwendig kritischen Sicht auf die Dominanz des Zeitzeugen bleibt aber, dass alle vorgestellten biografischen Erfahrungen starke Emotionen transportieren.

Genretypisch ist – sozusagen als klassisches Korrektiv – bei der Inszenierung von Zeitzeugen, dass sie mit einem auktorialen Erzähler aus dem Off in ihren Erzählungen miteinander verbunden werden. Das degradiert sie oft zur bloßen Illustration der Thesen dieses auktorialen Erzählers. Diese mehr illustrierende Funktion können dann – neben den Zeitzeugen – auch private Fotos des Erzählenden, zeitgenössische Dokumentarfilm- oder auch Spielfilmausschnitte übernehmen, die nicht in einem direkten erkennbaren Zusammenhang mit den erzählenden Personen stehen. Auch Reenactment erhebt den Anspruch, dass es so gewesen sein könnte, wie es erzählt und vorgespielt wird. Diese aktualisierende neue Erlebensdimension, die das Reenactment dem Zuschauer anbietet, ersetzt in vielen Fällen heute schon den Strom beglaubigender Bilder, die immer noch »alt« sein müssen, um zu wirken.

Der Einsatz von Spielszenen und sogenannten Reenactments sowie eine gelegentlich deutlicher als in der zeitgeschichtlichen Dokumentation ausgeprägte biografisch-narrative Anlage der Dokumentation als Ganzer zeichnete schon immer die Dokumentationen aus »vorfilmischer« Zeit aus. Dafür lassen sich bereits Belege in den Beiträgen der späten 1950er Jahre finden. Das seitdem bewährte Muster wird bis in die Gegenwart angewandt, so auch in einer der jüngsten Produktionen – in der Serie »Die Germanen« –, in der die einzelnen Themen in einen teils völlig fiktiven, in anderen Fällen nur teilweise erfundenen biografisch-narrativen Kontext gestellt werden. Die Informationen über Germanien und seine Bewohner im Gang der Ereignisse bis zur Taufe des Frankenkönigs Chlodwig im 5. Jahrhundert n. Chr. werden daran »angelagert«. Die Vermittlung der jüngeren Zeitgeschichte bediente sich immer wieder der narrativen Fiktionalisierung, wobei dann die Grenzen des Genres sehr offen zum Roman respektive zum Spielfilm werden. Der Streit der Historiker als Streit zwischen der strikten Sozial- und Strukturgeschichte (Hans-Ulrich Wehler) und der narrativ-fiktionalen Rekonstruktion (Golo Mann) ist ja noch in Erinnerung. Medial hat diesen Streit natürlich Golo Mann »gewonnen«, was man nicht nur am »Untergang« und seinem Erfolg ablesen kann, sondern auch daran, dass bei geschichtlichen Darstellungen im Fernsehen die einmal vorhandene Zurückhaltung abgenommen hat, in der Zeitgeschichte das Fiktive und das Dokumentarische zu vermischen.

SCHLUSSFOLGERUNGEN Zusammenfassend können als aktuelle Diagnose zwischen wissenschaftlicher Geschichtsschreibung und televisionärer Geschichtsvermittlung einige Unterschiede bestimmt werden:
– Es gibt andere Themenschwerpunkte im Geschichtsfernsehen als im wissenschaftlichen Geschichtsdiskurs (z.B. im Fernsehen fokussiert auf: Zeitgeschichte bzw. Nationalsozialismus und selbst erlebte Periode)

– Bedingt durch die Visualität des Mediums wird das Zeigen von »Zeugen« des historischen Geschehens ein dominierender Gestus im Fernsehen, wodurch eine starke Personalisierung, Dramatisierung und Emotionalisierung beinahe zwingend erfolgt. Geschichtswissenschaftliche Darstellungen haben bekanntlich für den Umgang mit Zeitzeugen hochkritische Präsentations- und Deutungsweisen entwickelt, die solchen Tendenzen entgegenarbeiten.

– Geschichte im Fernsehen erzeugt eher einen individualisierten Blick auf die Geschichte »von unten«, während Geschichtswissenschaft mehrheitlich in ihren Publikationen auf überindividuelle Zusammenhänge schaut und damit eher einen Blick »von oben« erlaubt.

– Sendungsdramaturgische Konventionen (»keine Zeit« zur Kontextualisierung der Quellen, vor allem der Bilder und Filme) und der (vermeintliche) Authentizitätsanspruch der Bilder verführen zu fundamentalistischem Wahrheitsanspruch (»Zeigen, wie es wirklich gewesen ist«, Guido Knopp). Es fehlt an spielerischen inszenatorischen Strategien der Brechung dieser medial bestimmenden »Wahrheitsperspektive«. Die Geschichtswissenschaften wissen dagegen, dass Ereignisse der Geschichte aus den Medien ihrer Überlieferung immer nur rekonstruiert werden können, soweit sie eben überliefert sind.

Dennoch: Trotz der gelegentlichen Neigung der Macher im Fernsehen – etwa in den nicht seltenen Gesprächen zwischen Wissenschaftlern und Fernsehleuten –, die in die handwerklichen Regeln eingeflossenen Zwänge des Mediums gegen Kritik zu immunisieren, werden immer wieder die Orientierung am Stand der Wissenschaft und damit an ihrem kritischen Aufklärungspotential hervorgehoben.[16] Es ist allerdings ein Anspruch, der durch die Notwendigkeit konterkariert wird, auch ein Millionenpublikum bei durchaus sperrigen Themen zu fesseln, ein Anspruch übrigens auch, der angesichts des nachgewiesenen Kampfes um die Aufmerksamkeit[17] der Zuschauerschaft hohe Anforderungen an die dramaturgischen Strategien stellt. Aus Sicht der Fernsehmacher ist es deshalb stark verkürzt oder sogar falsch, Geschichtssendungen als reine Unterhaltungsangebote zu bewerten und oftmals auch abzuwerten.

Wieweit Geschichtssendungen im Fernsehen von den Rezipienten als (bloße) Unterhaltung wahrgenommen und verarbeitet werden, kann gegenwärtig nicht beantwortet werden. Eine erste empirische Studie zur Aneignung von Geschichtsdokumentationen[18] ergab, dass zahlreiche Zuschauer offenbar nicht nur oder nicht »bloße« Unterhaltung erwarten, sondern dass sie von Geschichtssendungen »Aufklärung« und »Sinnstiftung« erwarten und diese Erwartungen auch meistens erfüllt werden. Was die Rezeption von Geschichtssendungen jedoch für die Einstellungen und Werte, für das »Geschichtsbild« der Rezipienten solcher Sendungen bedeutet, welche »Wirkungen« dem Geschichtsfernsehen im Kontext der sonstigen geschichtskulturellen Vermittlungsprozesse zuzuschreiben sind und ob gar durch – eben immer auch unterhaltende – Sendungen zur Geschichte im Fernsehen ein eher passives Beobachtungsverhältnis der Zuschauer zur Geschichte etabliert wird, dazu gibt es derzeit keine empirisch abgesicherten Aussagen. Auszuschließen ist nicht, dass die Primetime-fähigen Produktionen der Knopp-Redaktion im ZDF im Wesentlichen als Unterhaltungsangebot genutzt werden. Aber was bedeutet das gleichwohl für das Geschichtsbild dieser Zuschauer?

Die Vermutung, dass das Fernsehen das Geschichtsbild der Nation (negativ) präge, setzt kurzschlüssig die Einschaltquote von Fernsehprogrammen mit einer massenhaften Prägung von Geschichtsbildern und Einstellungen zur Historie gleich. Das ist ein in der Rezeptionsforschung längst überwundenes behavioristisches Konzept. Aber die weite Verbreitung dieser Vermutung macht umso deutlicher, dass dringend empirische Studien benötigt werden, um diese Frage zu klären.

Nachsatz: Zu wünschen wäre in jedem Fall ein entspannter(er) Diskurs zwischen Geschichtswissenschaft und Fernsehmachern als Historikern. Es wäre manches gewonnen, wenn akademische Historiker in größerer Zahl mit Blick auf das Fernsehen und seine Inszenierung selbstkritischer die eigenen medialen »Inszenierungen« betrachteten und darüber reflektierten, welche »Konzessionen« der Darstellung und Inszenierung, der Aufmerksamkeitsstrategie und Leserlenkung auch bei geschichtswissenschaftlichen Darstellungen üblich sind.[19] Auch die Geschichtswissenschaft verpackt ihre historischen Rekonstruktionen so, dass die besten Geschichten eben mehr sind als das reine Aneinanderreihen von Fakten. Manchmal sind sie sogar unterhaltend.

---

1 In diesem Beitrag kann aus Platzgründen auf die fiktionalen und semifiktionalen Produktionen des sogenannten Eventfernsehens nicht näher eingegangen werden. Der Beginn einer neuen Ära von Fernsehfilm-Events mit Themen aus der jüngeren Vergangenheit datiert auf etwa 2003 mit »Der Untergang« (die zweiteilige Fernsehfassung wurde 2005 gesendet, die einteilige im April 2008). Die »Jahrestags-Agenda« für 2004 und 2005 brachte weitere einschlägige Neuproduktionen wie »Stauffenberg« (ARD 2004), die »Die Stunde der Offiziere« (ZDF 2004) und »Speer und Er« (ARD 2005). Sie fanden ihre Fortsetzung in den Zweiteilern »Dresden« (ZDF 2006), »Die Flucht« (ARD 2007) und schließlich 2008 mit »Die Gustloff« (ZDF). Hinzu kommen Themen aus der Nachkriegszeit mit Gründungsmythen, Skandalen und Katastrophen in der alten BRD, Geschichten, die den deutsch-deutschen »Reibungsflächen« ihre Grundlage verdanken wie »Die Frau vom Checkpoint Charlie« (ARD 2007), das »Wunder von Berlin« (ZDF 2008) und auch – unter einem spezifisch eingeschränkten Blickwinkel – Themen aus dem Alltag der DDR, so 2003 zum 17. Juni. Zur Problematik siehe mehrere Beiträge in dem Band: Fischer, Thomas/Wirtz, Rainer (Hg.), Alles authentisch? Popularisierung der Geschichte im Fernsehen, Konstanz 2008; speziell: Wirtz, Rainer, Das Authentische und das Historische, ebd., S.187–225.

2 Zitat aus dem Call for Papers der Herausgeber.

3 Basis des im Folgenden Vorgestellten sind Daten, die für die in 2007 vorgelegte Studie »Geschichte im Fernsehen« erhoben wurden: vgl. Lersch, Edgar/Viehoff, Reinhold, Geschichte im Fernsehen. Eine Untersuchung zur Entwicklung des Genres und der Gattungsästhetik geschichtlicher Darstellungen im Fernsehen 1995 bis 2003 (Schriftenreihe Medienforschung der Landesanstalt für Medien Nordrhein-Westfalen (Hg.), Bd.54), Berlin 2007. Sie gehen zurück auf Recherchen zu ausgewählten Programmwochen für die Jahre 1995, 1999 und 2003. Für die Folgejahre bis 2007 werden sie um Einschätzungen aus Programmbeobachtungen einer ausgedehnten Mitschnittpraxis ergänzt.

4 Siehe dazu mehrere Beiträge in dem Band: Bartsch, Anne/Brück, Ingrid/Fahlenbrach, Kathrin (Hg.), Medienrituale. Rituelle Performanz in Film, Fernsehen und neuen Medien, Wiesbaden 2008.

5 Allerdings ist es zugleich so, dass mit Geschichtssendungen im Fernsehen inzwischen nur mehr – passend zum Altersprofil der Zuschauer des ZDF – eine Art Selbstgespräch der älteren Generation 50 + stattfindet. Jüngere Zuschauer werden eher durch Spielfilme mit geschichtlichen Themen (z.B. »Troja«, »Der Untergang« und Ähnliche) angesprochen. Das ist ein Problem, dem hier leider nicht weiter nachgegangen werden kann, wie bereits in Anm. 1 erläutert.

6 Dies in Abwandlung eines Tagungstitels des Stuttgarter Hauses des Dokumentarfilms im April 2008: »Mattscheibe ohne Hitler?«.

7 Auffallend ist in diesem Zusammenhang das Interesse an Themen aus der Frühgeschichte bis zur Spätantike. Die einzelnen Sendungen gehen vornehmlich auf Ergebnisse archäologischer Forschung ein, deren Vorgehensweise teilweise sehr anschaulich visualisiert wird, so bei den ZDF-Reihen: Schliemanns Erben, Terra X, Expedition u. a.). Im Gegensatz dazu wurden und werden das Mittelalter und die frühe Neuzeit selten behandelt.

8 Vgl. dazu: Adelmann, Ralf/Keilbach, Judith, Ikonographie der Nazizeit: Visualisierungen des Nationalsozialismus, in: Heller, Heinz-B. u.a. (Hg.), Über Bilder sprechen: Positionen und Perspektiven der Medienwissenschaft (Schriftenreihe der Gesellschaft für Film- und Fernsehwissenschaft: GFF; Bd. 8) Marburg 2000, S. 137–150.

9 Vgl.dazu: Keilbach, Judith, Geschichtsbilder und Zeitzeugen. Zur Darstellung des Nationalsozialismus im Bundesdeutschen Fernsehen (Medien Welten. Braunschweiger Schriften zur Medienkultur, hg. von Rolf F. Nohr, Bd. 8) Münster u. a. 2008 und Bösch, Frank, Geschichte mit Gesicht. Zur Genese der Zeitzeugen in Holocaust-Dokumentationen seit den 1950er Jahren, in: Fischer/Wirtz, Alles authentisch?, S. 51–72.

10 Keilbach, Judith: Fernsehbilder der Geschichte. Anmerkung zur Darstellung des Nationalsozialismus in den Geschichtssendungen des ZDF, in: 1999. Zeitschrift für Sozialgeschichte des 20. und 21. Jahrhunderts, Bd. 17 (2002), H. 2, S. 102–113. Vgl. auch Fahlenbrach, Kathrin/Viehoff, Reinhold, Medienikonen. Die symbolische Entthronung Saddams als Versuch strategischer Ikonisierung, in: War Visions. Köln 2005, S. 356–387.

11 Knopp, Guido, Zeitgeschichte und Geschichtsbewusstsein, in: Zweites Deutsches Fernsehen: ZDF-Jahrbuch 1986, Bd. 23, Mainz 1986, S. 70–74.

12 Blümlinger, Christa, Sichtbares und Sagbares. Modalitäten historischer Diskursivität im Archivkunstfilm, in: Hohenberger, Eva/Keilbach, Judith (Hg.), Die Gegenwart der Vergangenheit. Dokumentarfilm, Fernsehen und Geschichte (Texte zum Dokumentarfilm, Bd. 9), Berlin 2003, S. 82–97.

13 Indizierung meint, dass es Angaben zu bestimmten verwendeten Quellen gab. Dies schließt aber nicht automatisch ein, dass alle filmischen Dokumente ausgewiesen wurden.

14 Diese Zeitsprünge werden heute zunehmend auch – begünstigt durch die Möglichkeiten der digitalen Technik dreidimensionaler Rekonstruktionen – den Geschichtssendungen faktisch implementiert.

15 Nach wie vor werden die Zeitzeugen häufig vor einem schwarz-weißen und damit neutralen, auf jeden Fall vereinheitlichten Hintergrund präsentiert. Dies war und ist vor allem im ZDF dominant und ebenfalls in ARD-Produktionen zu finden. Einerseits wird – das ist eine mögliche Deutung der Vorgehensweise – dem Zuschauer ein neutraler Raum suggeriert, der mit der Vorstellung von einem Laboratorium oder einer Lehranstalt korrespondiert und somit auf die Verbürgtheit, die Objektivität und Authentizität des Berichteten verweist. Zweifellos spielt es eine Rolle, die angeblich zeitlose Umgebung der Zeitzeugen für weitere Verwertungen zu nutzen.

16 So Kloft, Michael, Fernsehstar Hitler. Wie viel Wissenschaft verträgt die Zeitgeschichte im Fernsehen?, in: Fischer/Wirtz, Alles authentisch?, S. 87–98.

17 Die der wissenschaftlichen Auswertung nicht zugänglichen Nutzungskurven in kurzen Zeittak-
   ten der gemeinsamen Zuschauerforschung der öffentlich-rechtlichen Anstalten und der privat-
   kommerziellen Anbieter seitens der GfK offenbaren z.B. dramatische Zuschauerverluste, wenn
   während der Sendung in Nachbarprogrammen attraktive Angebote beginnen. Näheres zur
   Praxis der Nutzungsforschung: www.agf.de/fsforschung/auswertung/pctv/.
18 Meyen, Michael/Pfaff, Senta, Rezeption von Geschichte im Fernsehen. Eine qualitative Studie
   zu Nutzungsmotiven, Zuschauererwartungen und zur Verwertung einzelner Darstellungsformen, in: Mediaperspektiven, 2006, Heft 2, S. 102–106.
19 Vgl. dazu die Einleitung und mehrere Beiträge in dem Band: Crivellari, Fabio u. a. (Hg.),
   Die Medien der Geschichte: Historizität und Medialität in interdisziplinärer Perspektive
   (Historische Kulturwissenschaft, Bd. 4), Konstanz 2004.

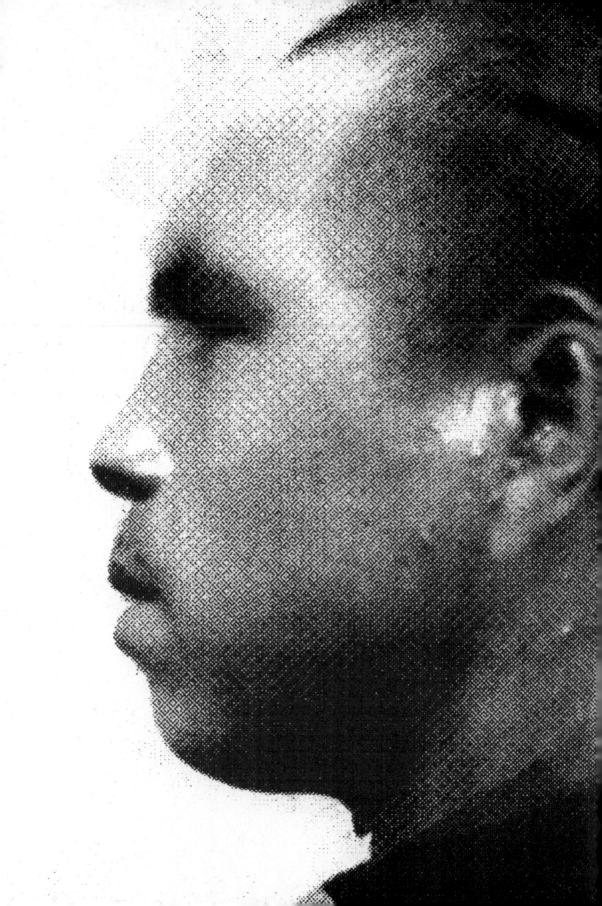

DOKUDRAMA ZWISCHEN FAKTEN UND FIKTIONEN

Eine Verteidigung VIKTORIA URMERSBACH

»Ich hoffe immer noch, dass Gestern besser wird.«[1]
Charlie Brown, Peanuts

Alle Geschichte sei auch Zeitgeschichte, so die These von Benedetto Croce.[2]
Das heißt, dass Geschichte immer nur durch die Brille der Gegenwart entsteht
und sich somit ständig ändert. Das ist keine revolutionär neue These. Einer der
Begründer der modernen Geschichtswissenschaft, Johann Gustav Droysen,
drückte es schon vor 150 Jahren poetisch aus: »Wir haben nur diesen Moment
Gegenwart; Anfang und Ende und das Ganze und der Zusammenhang, das ist
unsere Konstruktion, ist unsere Spiegelung der Sonne, ist unser Bekenntnis und
Zeugnis – immerhin futuram oblivionem.«[3]

Der »Schutzheilige« der Historiker, Leopold von Ranke, hatte dagegen noch gefordert, der Historiker möge sein Selbst gleichsam auslöschen, um sich besser in einen Gegenstand hineinversetzen zu können und um ganz und gar objektiv zu sein.[4] Das gilt historiografiegeschichtlich als überholt – dieser Anspruch wird gleich im ersten Semester des geschichtswissenschaftlichen Studiums demontiert. Längst haben sich auch die Dokumentarfilmer von einem absoluten Objektivitätsanspruch verabschiedet.[5] Denn natürlich sind auch die »echten, wahren« Bilder der Dokumentation immer schon eine Konstruktion gewesen: Bereits im Augenblick ihrer Entstehung zensiert bzw. konstruiert das Auge des Kameramannes die Wirklichkeit, und umso mehr bekommen die Bilder im Schnitt durch die Montage eine Funktion im Film, die über die der Illustration weit hinausgeht. Jede Darstellungsform historischer Realitäten konstruiert und verkürzt, so wie schon jede journalistische Gegenwartsbeschreibung ein Ausschnitt und damit eine Konstruktion ist – aber noch lange keine Fiktionalisierung.

Heute allerdings suchen die akademischen Historiker in den TV-Dokus noch nach historischer Wahrheit – und finden all ihre gut gepflegten Vorurteile gegen das sogenannte »Historytainment« bestätigt: Trivialisierung, Marginalisierung, Inszenierung.[6] Johann Gustav Droysen hatte den Historiker aufgefordert, »den Speer gleichsam umzudrehen«, um als erste heuristische Operation die eigene Position zu prüfen.[7] Mit welchen Argumenten also zielen die Kollegen aus der Universität auf die Fernsehdokumentationen, und was sagen diese Argumente über ihr Selbstverständnis und ihre Zunft aus?[8]

DER KAMPF UM DIE GEGENWART: KONKURRENZ ZWISCHEN GESCHICHTSWISSENSCHAFTLERN UND TV-HISTORIKERN Als das Fernsehen begann, Geschichte im Fernsehen populär darzustellen, und damit erfolgreich war, ignorierten die akademischen Historiker diese Darstellungsform erst einmal. Geschichtsfernsehen fand im Dritten Programm auf Sendeplätzen statt, die keinem Quotendruck ausgesetzt waren. Da durften Dokumente abgefilmt sowie vorgelesen werden, und Experten dozierten ungekürzt. »Holocaust«, der Erfolgsfilm von 1979, kam aus den USA. »Ungenau« und »erfunden« sei die Geschichte einer – tatsächlich fiktiven – jüdischen Familie, monierten Kritiker. »Trivial und kitschig«, empörten sich viele Deutsche über die spielfilmartige Darstellung. Mehr als 20 Millionen Deutsche schauten dennoch zu. Viele von ihnen beschäftigten sich auf diese Weise erstmals mit der unfassbaren Judenvernichtung, mit Fragen der Schuld und ihrer eigenen Geschichte. Der Film traf die Deutschen im Inneren und löste emotional geladene öffentliche und familiäre Diskussionen aus. Die Nürnberger Prozesse und einiges an wissenschaftlicher Literatur hatten nicht vermocht, was dieser journalistische Paradigmenwechsel vollbrachte. Das war erst der Anfang. Das deutsche Fernsehen verfolgte zwar die amerikanische Darstellung von Geschichte nicht weiter. Im Ausland aber experimentierte man erfolgreich mit filmischen Formen im Bereich Non-Fiction. 1996 gelang dem ZDF mit der Dokumentation über »Hitlers Helfer« ein großer Publikumserfolg. Für die Branche der professoralen Zuschauer der Sündenfall. Regisseur Guido Knopp wurde zum Prügelknaben, seine stilbildenden Dokumentationen pauschal als »Mainzer Clip-Schule«[9] diffamiert: schnelle

Schnitte wie bei privaten Musiksendern, ein Niveau wie auf der »Klippschule«. Die Empörung über die Deutungserfolge der »Laien« im Fernsehen eskalierte jüngst in einem absurden Aufschrei: »Geschichtspornographie!«[10] Elfenbein-Historiker haben jedoch längst die Deutungshoheit über Geschichte und Gegenwart verloren. Umso vehementer geht es ihnen nun noch um die Kritik der TV-Historiker. Wenn Reflexion der eigenen (Geschichts-)Kultur »als eine Art Immun- oder Identitätssystem«[11] einer Gruppe begriffen werden kann, bietet besonders die Kritik am Doku-Drama ein Bild von der desolaten Lage, in der sich die akademischen Historiker derzeit befinden. Kein Argument ist zu schlecht, um es nicht gegen die erfolgreichen Geschichtsbilder im Fernsehen vorzubringen. Das Niveau der Kritiker bewege sich auf dem Niveau von Pointen – ob die Wissenschaft dem nicht etwas anderes entgegenhalten könne, muss man fragen.[12] Dabei profitieren die Universitäten auf ihre Weise vom Geschichtsboom: Studierende strömen in die Fakultäten, Verlage können ihr Programm diversifizieren und die anspruchsvolleren Publikationen auch durch publikumsstarke Projekte mitfinanzieren. Aber nein, die Wissenschaft möchte kein bisschen Deutungshoheit abgeben – sofern sie sie überhaupt noch besitzt. Aber auch die Fernseh-Historiker pochen auf ihren »Wahrheitsanspruch.« Zwei Fronten, unvereinbar, so scheint es.

HISTORISCHE FIKTION ODER FIKTIVE HISTORIE – TV ALS MANIPULATION DER QUELLEN?

Der Historikertag 2006 beschäftigte sich ausführlich mit der »Popularisierung der Geschichte im Fernsehen – Folgen für die Geschichtswissenschaft« und bemängelte in immer anderen Varianten, die Darstellung der Vergangenheit im Fernsehen werde der Geschichte nicht »gerecht«. Ein scheinbar guter Einwand. Wenn die Argumente gut wären. Oder reproduzieren die Angriffe der akademischen Historiker auf die Laien vom Fernsehen neben dem Standesdünkel nicht auch die uralte historiografische Kritik, die auf den Rankeschen Topos vom Auslöschen des Ich als Ziel des Erzählers hinausläuft? Dass es »so« nicht gewesen sei, ist eine schwache Kritik, sie gilt ja allein wegen der immer neuen Forschungsergebnisse und der »aktuelleren« Perspektive der jeweiligen Gegenwart fast für die Historie insgesamt.

Und: Ohne den objektiven Standpunkt ist mangelnde Objektivität ein unfairer Einwand. Geschichte bleibt Konstruktion, ob im Fernsehen oder an der Universität, seit Droysen schon, und nicht erst seit der Postmoderne. Die Diskussion um die Postmoderne und ihre Bedeutung für die Historie insgesamt inspiriert die Auseinandersetzung um gute und schlechte, wahre und falsche Geschichts-Dokus natürlich mit vielen neuen Argumenten. Das Wichtigste in Kürze: Wo man nicht mehr auf die Meta-Erzählung (»DIE Geschichte«) rekurrieren kann, müssen und dürfen Widersprüchliches, Fragmentarisches, Parteiisches und Poetisches Teil der Geschichte sein.[13] Schon Max Weber bedauerte 1917 die Vielzahl miteinander konkurrierender Sinnstiftungssysteme als Tatsache modernen Lebens.[14]

So gesehen ist das Doku-Drama ein mit der akademischen Geschichtsschreibung konkurrierendes Medium des Geschichtsbewusstseins. So gesehen ist es eine unter mehreren Möglichkeiten, den vielen historischen Wahrheiten auf die Spur zu kommen. In den Augen der quellentreuen Historiker gibt es ein besonders prekäres Genre: Das Doku-Drama sei eine Chimäre, nämlich die unlautere Vermischung von Fakten und Fiktionen. Wo die »echten« Dokumentaraufnahmen fehlen oder einfach nicht so spannend sind, wird inszeniert wie im Spielfilm, Musik inklusive. Die Methode ist erfolgreich und für die Kritiker ein klarer Fall: Die TV-Macher folgen dem »Quotenterror«, die Zuschauer werden nicht aufgeklärt, sondern getäuscht: So ist es damals gar nicht gewesen!

So hält Frank Bösch Spielfilmszenen innerhalb von Dokumentationen insgesamt für problematisch, weil sie hohe suggestive Kraft hätten und oft emotionale Szenen generierten, deren Aussagekraft sich verselbständige.[15] Nachgedrehte Szenen (Reenactments) sind aber oft unverzichtbar, seit sich die Zuschauer abgefilmte Dokumente oder Gemälde nicht mehr ansehen mögen.[16] Nur zur Zeitgeschichte gibt es manchmal noch Zeitzeugen, Originalbilder und die Möglichkeit, an Originalschauplätzen zu drehen. Aber Spielfilmszenen werden von Zuschauern längst als solche, also als Konstruktion, erkannt, nicht als »Fake« verurteilt.[17] Aufgewachsen mit Sandmännchen und Sandalenfilmen, können Zuschauer z.B. den »Wahrheitsgehalt« von Homestories einschätzen. Vor dem Fernseher sitzt schließlich nicht eine dumme Masse, die von bildungsstolzen Akademikern erzogen und aufgeklärt werden müsste, sondern mündige Rezipienten.

GEFÜHLTE GESCHICHTE IM FERNSEHEN Die Suggestivkraft der Bilder, die Konzentration auf große Ereignisse und auch die großen Gefühle machen die Kritiker (Historiker wie Feuilletonisten) erfolgreicher Dokumentationen misstrauisch: Darf Geschichte so auftreten? So z.B. kritisiert Martin Hartwig, dass »Emotionalisieren, Dramatisieren und Personalisieren« die Mittel des Fernsehens im Kampf um die Zuschauer seien, und es habe sich herausgestellt, so konstatiert er abwertend, dass die Mixtur, die die neuen Infotainmentformate angerührt haben, in diesem Sinne gut funktioniere.[18]

Tatsächlich, die Doku-Dramen greifen gerne dramatische Ereignisse auf. Aber soll die Vergangenheit selbst etwa nicht dramatisch gewesen sein? Zeitzeugen, die nach ihren Erlebnissen im Katastrophengebiet oder nach einem Verkehrsunfall gefragt werden, dürfen ihre Geschichte vor der Kamera erzählen und lassen so andere daran teilhaben. Der Vorwurf, das Fernsehen dramatisiere unnötig und betreibe Effekthascherei, artikuliert tatsächlich sowohl eine seltsame Abgeklärtheit den Ereignissen als auch eine gewisse Hartherzigkeit den Emotionen der Betroffenen gegenüber. Die Personalisierung an sich zu kritisieren ist noch unzeitgemäßer:[19] Biografien boomen, sowohl im Sektor wissenschaftlicher Publikationen als auch in der Populärliteratur. Die Problematik des Wahrheitsgehaltes von Zeitzeugenaussagen ist den Fernsehproduzenten sehr wohl bewusst. Schließlich basiert der Journalismus insgesamt darauf, Nachrichten und Meinungen kritisch einzuordnen, und ist insofern auch qua professione quellenkritisch. Norbert Frei wirft dem Fernsehen vor, den Zeitzeugen als »Authentizitätsfiktion« zu missbrauchen, bei der Zeitzeugen nur als »Beglaubiger«[20] interessieren. Und als Journalist ist man immer wieder überrascht, dass Historiker nicht mit den Menschen der Zeitgeschichte sprechen, sich für ihre allerjüngste Vergangenheit nicht zu interessieren scheinen.[21] Hermetisch abgeschlossen, ohne öffentlichen Diskurs und schließlich ohne Medien würde die Zeitgeschichte zum Paradoxon. Das Fernsehen schließt eine Lücke, indem es eine öffentliche Geschichtskultur konstituiert – Emotionen inklusive.

FERNSEHKRITIK ALS KULTURKRITIK: DIE GESCHICHTS-DOKU ALS INDIKATOR FÜR DIE KRISENHAFTE GEGENWART Dass die eigene Zeit als besonders krisenhaft und »beschleunigt« und durch die Medien beherrscht erlebt wird, lässt sich schon immer nachweisen – für Historiker ein altbekannter Topos der Gegenwartskritik, besonders gepflegt von den Historikern des Historismus.[22] So klagte der fortschrittskritische Schweizer Kunsthistoriker Jacob Burckhardt über sein vermeintlich so lautes und hektisches Zeitalter: »Ferner kommt hier auch die große akustische Täuschung in Betracht, in der wir leben, insofern [...] die Reflexion und ihr Räsonnement, durch die Presse zu völliger Ubiquität verstärkt, mit ihrem Lärm alles übertönt.«[23] Für ihn wie andere Historiker des 19. Jahrhunderts fielen Erfahrungsraum und Erwartungshorizont auseinander. Laut Reinhard Koselleck entstand so das neuzeitliche Geschichtsverständnis. Daraus, so Koselleck, artikuliere sich schließlich auch ein Bedürfnis nach einem neuen Umgang mit Geschichte.[24]

Heute reproduzieren Historiker diese Einwände für die mediale Historiografie und speziell für den Dokumentarfilm: Die Darstellung werde immer schneller – rasanter seien die Schnitte (»Mainzer Clip-Schule«, s.o.), die kurzen Zeitzeugeninterviewschnipsel, die Musik, die ganze Machart der Werke.[25]

Historische Dokumentationen, die älter als sieben, acht Jahre sind, wirken alt und überholt, oft tatsächlich reichlich »langsam«. Stilmittel, Farben und Schnitte entsprechen dann schon nicht mehr den Sehgewohnheiten, Inhalte würde man aus einer anderen Perspektive präsentieren. Das Fernsehen erfindet sich alle paar Jahre neu. Genau wie die Geschichtswissenschaft, diese allerdings in etwas längeren Intervallen. Die hohe Wandlungsfähigkeit und Innovationskraft des Mediums als Kritikpunkt zu formulieren, zeugt von ausgeprägtem Kulturpessimismus.

Ein anderer Kritikpunkt, etwa bei Wolfgang Benz und Norbert Frei, ist die Popularisierung des Genres Geschichtsdokumentation[26]: Um eine möglichst hohe Zuschauerquote zu erreichen, werde die Vermittlung von Inhalten und Aufklärung nur noch wenig anspruchsvoll und ambitioniert betrieben. Fernsehen, das billige Spektakel für die Unterschicht? Nein, die Mediengesellschaft ist eine Massengesellschaft, das Lamento über die Massen, gern von Jacob Burckhardt und seinen Zeitgenossen angestimmt, ist aber angesichts des Leitmediums Fernsehen nicht angebracht. Wenn »historische Erkenntnis letztlich auch Selbsterkenntnis [ist]«[27], könnte auch die Kritik an der historischen Darstellung zur Selbstkritik (Droysens Speer) dienen.

DIE ZUKUNFT DES DOKU-DRAMAS: HISTORISCHER SPIELFILM ODER HISTORISCHE METAFIKTION? Das Doku-Drama, in Deutschland maßgeblich geprägt durch Horst Königstein und Heinrich Breloer, hat in seinen Anfangsfilmen die Unterschiede und Gegensätze des Materials und der Darstellungsformen sehr betont und mit den Brüchen gearbeitet. Dabei wirke es besonders bei Königstein, so Fritz Wolf, gewissermaßen »brechtisch«, während Breloer in den vergangenen Jahren einen fließenderen Übergang kultivierte.[28] Analysiert man das Genre in den letzten Jahren, auch hinsichtlich der internationalen Entwicklung, gehen Fachleute davon aus, dass der Anteil der Spielszenen höher wird und die »faktischen Bilder«, also Zeitzeugenberichte und Archivbilder, verdrängt.[29] Die erfolgreichsten Dokumentationen sind derzeit komplett durchinszenierte Filme, auch »Pseudo-Dokumentationen« genannt.

Das ZDF-Movie über den Untergang der Gustloff ist ein Beispiel für diese Art der Darstellung[30], der Sender spricht vom »semidokumentarischen Spielfilm« oder von »historischer Reportage«, vieles ist bewiesen, also wahr, anderes durch nichts belegt: Die Liebesgeschichte zwischen dem Kapitän und der Kranken-schwester mag als kitschig verurteilt werden – stellt aber keine Verfremdung oder Fälschung im engeren Sinne dar. Es ist ein Spielfilm vor historischem Hinter-grund und keine traditionelle Dokumentation, die Gnade vor den Augen der Universitäts-Historiker fände. Aber: So hätte es gewesen sein können.[31] Lässt man die einfache Dichotomie von Wahrheit und Fiktion hinter sich wie die post-modernen Geschichtsphilosophen, darf man diesem Film getrost auch zugeste-hen, zur Bildung des historischen Bewusstseins beizutragen.[32] Hayden White spricht von »historischer Metafiktion« und fordert, alle Elemente gleichwertig zu behandeln: Quellenbilder, Mutmaßungen, stilistische und rhetorische Mittel, um einen Film zu produzieren. Denn schließlich gäbe es schon kein »primitives Datenmaterial, das bestimmt, welche Bedeutung ein Ereignis haben kann.« Insofern empfiehlt White, nicht nur den Unterschied zwischen »Fakten« und »Fiktionen« (die er lieber »Bedeutungen« nennt) aufzuheben, sondern auch die Repräsentation moderner Ereignisse mithilfe der künstlerischen Moderne zu versuchen. [33]

DAS DOKU-DRAMA LÄSST »DIE QUELLEN SPRECHEN«: BEISPIEL »ESCHEDE ZUG 884«

Das Fernsehen entdeckt die jüngere Geschichte. Auch ein häufiger Kritikpunkt:
Immer kürzer würden die Abstände zwischen Ereignis und Film. Pietätlos sei das Genre, so ein Vorwurf. Menschen, die ihre Familie verloren haben, zu kontak-tieren, um die Geschichte filmisch darzustellen, kann aber nicht per se unmora-lisch sein. Es kostet Überwindung. Die Erfahrung zeigt aber, dass Betroffene oft dankbar sind über Kontakte zu Journalisten; manchmal treffen sich verschiedene Interessen, ohne dass eine Seite die andere instrumentalisiert. Ein Film über das Zugunglück von Eschede wird geradezu dadurch befeuert, dass die Perspek-tive der Opfer durchgängig erzählt wird. Dass die Deutsche Bahn kein Interview vor der Kamera gegeben hat, prägt die Darstellung natürlich. Wie andere Autoren und Geschichtenerzähler kann auch der TV-Autor nur mit den Quellen arbeiten, die ihm zugänglich sind, und entscheidet sich so für eine Art von Parteilichkeit. So muss die Deutsche Bahn selbst an ihrer eigenen Rechtfertigungsperspek-tive arbeiten. Oder weiter schweigen. Die Opfer und Hinterbliebenen aber waren offen für die Fragen, die ihnen gestellt wurden. Einmal wollten sie ihre ganze Geschichte erzählen. Und der zeitliche Abstand von acht Jahren schien vielen richtig: »Endlich fragt wieder jemand. Wir dachten schon, es wird alles verges-sen«, sagten sie. Die zeitliche Distanz zum zehnten Jahrestag wiederum gab

ihnen das Gefühl: Es muss sich um eine aufwendige, gründliche Arbeit handeln, wenn zwei Jahre vor Sendetermin schon recherchiert wird. Die Zuschauer werden sich mit ihnen identifizieren: mit dem Mann, der mit seiner Frau in die Pfingstferien fährt und sie zwischen den Trümmern sterben sieht, mit dem Familienvater, der Frau, Tochter und Sohn am Bahnhof verabschiedet und nie wiedersieht. Sie erzählen, was sie erlebt haben, und der Film enthält Spielfilmszenen, die das Geschehen nachstellen. Alles echt und in Farbe, inszeniert, rekonstruiert aus den Erinnerungen der Zeitzeugen. So prägt der Film das Kollektivgedächtnis, das zu einem nicht geringen Teil aus Katastrophen besteht. Was ist falsch daran? Wann werden sich andere Historiker aus wissenschaftlicher Perspektive mit Eschede beschäftigen?

Der Regisseur Raymond Ley war ein großes Wagnis eingegangen und arbeitete in den Spielfilmszenen nicht nur mit Schauspielern, sondern ließ die damals vor Ort aktiven Feuerwehrleute die Szenen darstellen. Es war für alle eine besondere Erfahrung, »sich selbst« zu spielen. »Die Quellen sprechen lassen«, würden Rankeaner das nennen, gäbe es sie noch. Hatten »die Medien«, also einige rücksichtslose Nachrichtenjournalisten, damals den ganzen Ort überrumpelt und mit ihrer Arbeit in gewisser Weise auch die Helfer zu Opfern der Tragödie gemacht, wurden diese Helfer durch das Doku-Drama zu Akteuren. Aber jene »Betroffenen«, die von medienkritischen Rezensenten stets als Opfer der Berichterstattung gesehen werden, waren in diesem Fall begeistert: Nach der Vorführung in Eschede vor Hunderten Escheder Anwohnern, Feuerwehrleuten, Helfern vom Technischen Hilfswerk und anderen karitativen Organisationen war die Kritik euphorisch: Die Menschen waren gerührt von der Aufmerksamkeit, Detailbesessenheit und Einfühlsamkeit des Regisseurs und insgesamt von der Riesenmaschine Film. »Und jetzt können wir das wirklich hinter uns lassen, nun wollen wir ein Ende finden und mit der Katastrophe unseren Frieden finden.« So und ähnlich waren die Reaktionen am Abend der Aufführung. Durch das Doku-Drama konnten viele der damals Beteiligten die traumatische Situation einmal mehr verarbeiten.

Dieser Film wird dem Geschehen und den Betroffenen gerecht und gewinnt dadurch eine Art von Objektivität, die sonst kaum zu erreichen ist.

Wann werden sich die Historiker an den Universitäten dem Thema widmen? Und unter welcher Perspektive? Werden die sogenannten Betroffenen davon Kenntnis nehmen können, sich und ihre Geschichte wiederfinden, werden sie das Gefühl haben dürfen, einen Beitrag zur Geschichtsschreibung geleistet zu haben? Provokative Fragen, die aus der Sicht einer kritischen, alternativen Geschichtswissenschaft (z.B. »oral history«) gestellt werden können. Muten die Millionenproduktionen einige Historiker vielleicht schon wegen der Produktionssumme als Verrat an? Schließlich ist es für viele wohl ein Widerspruch, wenn solche Filme die Zeitzeugen ihre Geschichte »von unten«, die Sicht der »kleinen Leute«, erzählen lassen.[34] Dieses Argument gegen die Erfolgsgeschichten, die das Fernsehen schreibt, lässt Historiografen an eben jenen Einwand erinnern, den die »Gründergeneration« der Geschichtswissenschaft des 19. Jahrhunderts gegen ihre Gegenwart vorbrachte: Materialismus und Kommerz seien die Paradigmen der Moderne. Auch damit befindet man sich in guter Gesellschaft mit dem Historismus.

FAZIT: WIE »DIE MÖGLICHKEIT VON GESCHICHTE« (KOSELLECK) ENTSTEHEN KANN – SOGAR UND GERADE IM FERNSEHEN Das Fernsehen reiht sich ein in die lange Serie von Deutungsvarianten gegenüber der Geschichte – ein legitimer Vorgang. Bildliche, journalistische Darstellungen müssen nicht weniger »wahr« sein als die schriftlichen akademischen. Denn auch sie haben nur eine begrenzte Gültigkeit. Auch sie verändern den Gegenstand, den sie behandeln, und variieren vergangene Wirklichkeit. Natürlich ist auch das Doku-Drama einer »Vergangenheitstreue« verpflichtet wie andere Medien und Gattungen von Historiografie. Pauschale Verurteilung verdient dieses Genre jedoch nicht, sondern eine differenzierte Auseinandersetzung mit seinen besonderen Darstellungschancen. Und es verdient Kritiker, die etwas vom Genre verstehen. Nicht der Quotenerfolg allein soll die Arbeit der Filmemacher legitimieren. Aber die Kritik an erfolgreichen Sendungen und Stilen ist oft nicht zeitgemäß.

Ein dialogisches Verhältnis zur Geschichte muss das Ziel von allen Interessierten sein. Die Geschichtsschreibung verändert das Sujet. Wann aber ändern sich die Historiker und geben liebgewonnene Feindbilder sowie Denkmuster des Historismus auf und trennen sich von überkommenen Dichotomien von Wahrheit und Fiktion?[35]

Die Vergangenheit, wollen wir sie uns als ontologische Größe vorstellen, profitiert von der Vielfalt der Darstellungen. Sogar noch viel mehr von der Vielzahl der Rezipienten. Und die generiert das Fernsehen. Wenn seine Sinnstiftungsweisen der Gegenwart nicht immer den Anklang aller finden, müssen die Kritiker doch bessere Gegenargumente bieten als die Neuauflage der alten Vorbehalte gegen die Erzählung, gegen Rhetorik, Dramaturgie, Stilmittel und Perspektive. Und die Kritik bleibt eine Variante der schon im Historismus üblichen Vorwürfe, die darstellerische Form verzerre also das »eigentliche« damalige Geschehen. Der alte Wunsch des Leopold von Ranke lässt grüßen, er möchte sein Selbst auslöschen, um die Geschichte und nichts als die Geschichte selbst sprechen zu lassen.

Die Auseinandersetzung zwischen den beiden »Fronten« sollte intensiviert werden, um gemeinsam zu einer Art Qualitätssicherung zu kommen.[36] Zwar beschäftigte sich der Historikertag jüngst mit der Erfolgsstory »Geschichte im Fernsehen«, man lud sogar zwei Fachleute aus dem feindlichen Lager ein, aber leider nur, um hinterher zu konstatieren, man habe nichts Neues erfahren.[37]

Das erinnert an Fritz Ringers Mandarine[38]: Die elitären Wissenschaftler, die nicht praxisorientiert forschen und lehren wollen, hüten lieber ihren Elfenbeinturm. Die Mandarine spezialisieren sich, bis keiner sie mehr versteht. Und ihrerseits verstehen sie kaum mehr den Dialekt der Provinz, in der sie leben.

1 Schulz, Charles M., Charlie Brown und seine Freunde (Peanuts), Nr. 699, 1979, zitiert nach: Rüsen, Jörn, Zeit und Sinn. Strategien historischen Denkens, Frankfurt a. M. 1990, S. 153. Ich danke Prof. Norbert Fischer (Hamburg) sehr für Anregungen und Kommentare.

2 Croce, Benedetto, Die Geschichte als Gedanke und Tat, Bern 1944.

3 Droysen, Johann Gustav, Briefe, hg. von Rudolf Hübner, 2 Bde, Stuttgart/Leipzig 1929, hier Bd. 2, S. 969, Nr. 1325, Brief vom 16.02.1884.

4 Wer weiterliest, findet bei Ranke dann aber auch: »Die Historie wird immer umgeschrieben, was schon bemerkt worden. Jede Zeit und ihre hauptsächliche Richtung macht sie sich zu eigen und trägt ihre Gedanken darauf über … Würde man sie (die Geschichte, VU) ohne den Impuls der Gegenwart überhaupt studieren?«, Ranke, Leopold von, Aus Werk und Nachlaß, hg. von W. P. Fuchs, Theodor Schieder. München 1964, S. 241.

5 »Der Mythos einer wertfreien Dokumentation stirbt nicht aus, obwohl er längst tot sein müsste. Der Glaube an eine neutrale Objektivität des Dokumentarfilms grassiert immer noch. Bei Konsumenten und Produzenten.«, in: Wember, Bernhard: Objektiver Dokumentarfilm?, Berlin 1972, S. 9. Der Zwang zur Subjektivität sei durch Bildausschnitte, Kamerastandort, Objektivwahl, Schnitt und Ton-Bearbeitung gegeben – ganz abgesehen von den Faktoren, die auch schon die wissenschaftliche Produktion von Historiografie beeinflussen, nämlich Standort und Perspektive des Betrachters.

6 So z.B. Benz, Manfred, Geschichte in Spielfilmen und Fernsehdokumentationen – eine Herausforderung. www.bpb.de/veranstaltungen/GC37ZN,1,0,Sektion_10:_Mediatisierte_Vermittlung_von_Politik_und_Geschichte.html [Stand: 29.12.2008].

7 Droysen, J. G., Historik. Vorlesungen über Enzyklopädie und Methodologie der Geschichte, hg. von Rudolf Hübner, 7. Aufl., München 1974, S. 66.

8 Übrigens entsteht kaum eine Dokumentation im Fernsehen, ohne dass Historiker beteiligt sind, sowohl auf der Produktion, Autoren- und Rechercheseite als auch durch die Beratung durch Professoren, die den neuesten Forschungsstand kennen. Und natürlich gibt es auch gute gelehrte Auseinandersetzungen mit einzelnen TV-Sendungen, speziell zur Geschichte des Nationalsozialismus. Das gesteht auch Manfred Benz dem Medium zu (vgl. Benz, Geschichte).

9 So auf dem Deutschen Historikertag 2006 im Abstract zur Sektion Neue Geschichte.

10 Wulf Kansteiner wirft »Knopp TV« (Kansteiner) »Geschichtspornographie« vor, weil er den Zuschauer dazu animiere, den Hitlerschen »Machtphantasien nachzuhängen, während sie gleichzeitig gute Bundesbürger bleiben…« www.goethe.de/ges/pok/dos/dos/ern/kug/fuf/de2921358.htm [Stand: 29.12.2008]. Norbert Frei griff diesen Ausdruck auf, um ihm eine andere Bedeutung zu geben: Geschichtsfernsehen mache Lust auf historische Erkenntnis, befriedige sie aber nicht, man habe mehr versprochen bekommen, als man durch die Sendung geboten bekomme.
www.hsozkult.geschichte.hu-berlin.de/tagungsberichte/id=1193&view=print
[Stand: 29.12.2008]. Auch die Enttäuschung nach Konsum eines gedruckten Geschichtswerkes kann manchmal groß sein, so die Erfahrung der Autorin.

11 Assmann, Jan, Das kulturelle Gedächtnis. Schrift, Erinnerung und politische Identität in frühen Hochkulturen, München 1992, S. 140.

12 Crivellari, Fabio, Das Unbehagen der Geschichtswissenschaft vor der Popularisierung, in: Fischer, Thomas, Wirtz, Rainer (Hg.), Alles authentisch? Popularisierung der Geschichte im Fernsehen, Konstanz 2008, S. 161–185.

13 Jüngst ausführlich diskutiert von Rosenstone, Robert, Die Zukunft der Vergangenheit. Film und die Anfänge der postmodernen Geschichte, in: Hohenberger, Eva/Keilbach, Judith (Hg.), Die Gegenwart der Vergangenheit. Dokumentarfilm, Fernsehen und Geschichte, Berlin 2003, S. 45–64. Rosenstone wirft professionellen Historikern vor, nicht mehr zeitgemäß zu schreiben, sich viel zu traditionell an die überkommenen Wahrheitsansprüche der Erzählungen und Meta-Erzählungen zu halten. Zeitgemäße Geschichtsschreibung entdeckt Rosenstone in zeitgenössischen Dokumentarfilmen, allerdings nicht im Fernsehen, sondern aus der Off-Szene.

14 Weber, Max, Wissenschaft als Beruf, Stuttgart 1995 (1919 veröffentlicht), in: Kaesler, Dirk (Hg.), Weber, Max, Schriften 1894–1922, Stuttgart 2002, S. 474–513. Dem Wissenschaftler mit seiner »geistesaristokratischen« (S. 480) Ausbildung gesteht er eine höhere Urteilskraft auch in außeruniversitären Dingen zu und bedauert auf 40 Seiten den Verfall der wissenschaftlichen Autorität in der Öffentlichkeit.

15 Frank Bösch in seinem Vortrag »Geschichte emotional: Darstellungsformen von NS-Dokumentationen« auf dem Historikertag, zitiert nach dem Tagungsbericht von Philipp Fraund für HSOZKULT. www.hsozkult.geschichte.hu-berlin.de/tagungsberichte/id=1201 [Stand: 29.12.2008]. Bösch setzt sich intensiv mit der Darstellung des Nationalsozialismus im Fernsehen auseinander.

16 Früher galt dieses Stilmittel unter Dokumentarfilmern als eine Möglichkeit, »die Quellen sprechen zu lassen«. Die Naivität dieses Anspruchs ist aus einer anderen Zeit, die Sehgewohnheiten der Zuschauer haben sich geändert. Die Filme sind dadurch ansprechender, besser geworden.

17 Darin waren sich die Fernsehautoren, u.a. Christian Deick (ZDF) auf dem Symposium »Hitler & Co als Fernsehstars« im Haus des Dokumentarfilms am 21.04.2005 einig. www.hsozkult.geschichte.hu-berlin.de/tagungsberichte/id=768&count=36&recno=26&sort= datum&order=down&hskyear=2005&search=stuttgart.

18 Hartwig, Martin, Historytainment: Geschichte als Seifenoper? Über den Boom der Populärgeschichte, Deutschlandradio [06.02.2005].

19 Die Kritik an den »Fernseherzählungen« kann wissenschaftsgeschichtlich auch als Variante der alten Auseinandersetzung zwischen Strukturhistorikern und »Narrativisten« eingeordnet werden: Das Prinzip »Erklärung durch Erzählung«, noch dazu aus der Ich-Perspektive des Zeitzeugen im Massenmedium Fernsehen, provoziert eben durch eine ganz eigene Authentizität – unerreichbar für strukturgeschichtliche Darstellungen.

20 Frei, Norbert, Kopfsalat mit Zeitzeugen, in: Süddeutsche Zeitung, 22.01.2005, S.18. Eine wunderbare Diskussion dazu hat der Film »Speer und Er« von Heinrich Breloer entfacht: Während Breloer den Historikern vorwirft, die »Erinnerungen« von Speers Werken nie kritisch hinterfragt zu haben, keine wissenschaftliche Edition vollbracht zu haben und auch Joachim Fest und dem Siedler-Verlag »auf den Leim« gegangen zu sein, finden Uniprofessoren in dem Film eine Vielzahl von Unstimmigkeiten. Siehe u.a. Schwendemann, Heinrich, Späte Enttarnung eines Lügners, in: Die Zeit, 04.05.2005. www.zeit.de/2005/19/Speer_und_er_ [Stand: 29.12.2008].

21 So gibt es an der Hamburger Universität niemanden, der sich mit der Hamburger Sturmflut von 1962 auseinandergesetzt hat – vielleicht das bewegendste Ereignis der Hamburger Nachkriegsgeschichte. Die Autorin erfuhr selbst bei ihren Recherchen zu dem Film »Die Nacht der großen Flut« (Arte 2005), wie riesengroß das Bedürfnis der Zeitzeugen war, über ihre Erlebnisse in der Katastrophennacht zu erzählen.

22 Ausführlich in: Urmersbach, Viktoria, Der Historiker und seine Gegenwart. Zeitdiagnose, Geschichtstheorie und Historiographie bei Johann Gustav Droysen, Jacob Burckhardt und Ernst Troeltsch. Magisterarbeit, Universität Hamburg, 1996, S. 49–84.

23 Burckhardt, Jacob, Weltgeschichtliche Betrachtungen, hg. von Rudolf Marx, Stuttgart 1978, S.15. »Brüllmasse« ist auch ein Ausdruck Burckhardts für die veränderte Tonlage seiner Zeit.

24 Koselleck, Reinhard, Vergangene Zukunft. Zur Semantik geschichtlicher Zeiten, 2. Aufl., Frankfurt 1992, S.89.

25 Der Eindruck der Autorin ist ein anderer: Gerade in den Mehrteilern der ARD, z.B. über die DDR (»Meine DDR«, Februar 2009) und über die 50er Jahre (»Unsere 50er Jahre«, ARD, ab 21.11.2005) kommen die Zeitzeugen ausführlich zu Wort, sind Original-Filmsequenzen in ungewohnter Länge zu sehen.

26 Frei, Kopfsalat, a.a.O., Benz, Geschichte in Spielfilmen und Fernsehdokumentationen, a.a.O.

27 Goertz, Hans-Jürgen, Geschichte. Ein Grundkurs, Reinbek 1998, S.34.

28 Wolf, Fritz, Alles Doku, oder was? Über die Ausdifferenzierung des Dokumentarischen im Fernsehen, Düsseldorf 2003, S.98ff.

29 Schlanstein, Beate, Geschichte im Fernsehen – gespielt oder dokumentiert? Die Chancen und Fallen der verschiedenen Formate. Vortrag auf dem 10. Bundeskongress für Politische Bildung, März 2006, beschreibt, wie das einst strenge Inszenierungsverbot der ARD durch die Entwicklung auf den konkurrierenden Fernsehmärkten überholt wurde. www.bpb.de/veranstaltungen/GC37ZN,3,0,Sektion_10%3A_Mediatisierte_Vermittlung_von_Politik_und_Geschichte.html#art3 [29.12.2008]; zum internationalen Markt und seinen Trends siehe Brauburger, Stefan, Doku-Drama, in: Ordloff, Martin, Fernsehjournalismus, Konstanz 2005, S. 311–324.

30 Das Gleiche gilt für andere ZDF-Produktionen wie »Die Flucht« (2007) und »Das Drama von Dresden« (2006): Spielfilme vor historischem Hintergrund.

31 Emmanuel Le Roy Ladurie und Carlo Ginzburg haben sich auf beeindruckende Weise mit dem literarischen Potential von Vergangenheit beschäftigt, ohne dem historischen Relativismus zu verfallen. So u. a. Ginzburg, Carlo, Die Wahrheit der Geschichte. Wahrheit und Beweis, Berlin 2001, S. 30ff. über Rhetorik. Le Roy Ladurie hat mit seiner Studie Montaillou: Ein Dorf vor dem Inquisitor, Frankfurt 1980, gezeigt, wie ergebnisreich der ganz enge Fokus auf ein Forschungsobjekt auch mit entsprechend eingeschränkter Quellenlage sein kann.

32 So fordert es Williams, Linda, Spiegel ohne Gedächtnis, in: Hohenberger, Keilbach, Gegenwart, S. 42: »Dokumentarfilme können und sollen alle Verfahren fiktionaler Konstruktion nutzen, um zu Wahrheiten zu kommen.« Sowenig wie eine Abbildung von Realität als nur »wahr« gelte, sowenig könne eine Fiktion auch »rein erfunden« sein.

33 White, Hayden, Das Ereignis der Moderne, in: Hohenberger, Keilbach, Gegenwart, S. 194–215.

34 So artikuliert Fabio Crivellari auf dem Historikertag 2006 sein Unbehagen auch angesichts der Vermarktung von Geschichte und Stilisierung zum Event www.hsozkult.geschichte.hu- berlin.de/tagungsberichte/id=1201&count=4&recno=4&sort=datum&order=down&hskyear=2007&search=Historikertag+KOnstanz [29.12.2008]. Ein Unbehagen, das viele TV-Autoren teilen.

35 Einen konstruktiven Beitrag liefert Wolfrum, Edgar, Die Massenmedialisierung des 17. Juni 1953, in: Aus Politik und Zeitgeschichte (B 40–41/2003). Wolfrum fordert Bewertungsmaßstäbe, die auch die Vorzüge des Mediums berücksichtigen, »denn Sachertrag oder Aufklärung und Publikumseffekt müssen nicht zwangsläufig Gegensätze sein.« www.bpb.de/publikationen/D1ZOoX,0,Die_Massenmedialisierung_des_17_Juni_1953.html [29.12.2008].

36 Diesen Vorschlag äußert auch Fabio Crivellari, der sowohl ein besseres »medienpraktisches Rüstzeug« für Geschichtsstudenten fordert als auch eine intensive Auseinandersetzung der Historikerzunft mit ihren »technisch-narrativen Möglichkeiten«: Crivellari, Unbehagen, S. 185.

37 Historikertag in Konstanz, September 2006, Tagungsbericht von Philipp Fraund, HSOZKULT, a. a. O., S. 3: »...Berichte aus der Praxis, die ... an wirklich Neuem und Interessanten kaum etwas zu bieten hatten...«

38 Ringer, Fritz, Die deutschen Mandarine, Stuttgart 1983, S 223f. Ringer vergleicht die deutschen Historiker des 19. Jahrhunderts mit dem chinesischen Mandarinentum, das völlig losgelöst von seiner Umwelt forscht und damit den eigenen Niedergang in die Bedeutungslosigkeit ignoriert.

GESCHICHTE UND COMPUTER-SPIELE

ESTHER MACCALLUM-STEWART

Die Verwendung von historischen Ereignissen in digitalen Spielen ist ein komplexes Thema. Da Spiele sowohl inhaltlich als auch in ihrer Bandbreite zunehmend aufwendiger geworden sind, wird dies auch von der Geschichtsdarstellung in ihnen erwartet. In diesem Essay wird die Entwicklung von Geschichtsspielen untersucht, insbesondere geht es um die bisweilen kontrovers diskutierte Darstellung historischer Ereignisse darin. Bei der Geschichtsvermittlung an ein meist nicht aus Historikern bestehendes Publikum schöpfen digitale Spiele nicht immer ihr volles transmediales Potential aus. Die Entwickler von Geschichtsspielen bewegen sich auf schwierigem Terrain, weil von den Spielen erwartet wird, dass sie informativ, genau und spielbar zugleich sind, was sich nur selten miteinander in Einklang bringen lässt. Dennoch kann man nicht behaupten, dass Spiele generell nicht dazu geeignet sind, Geschichte detailliert und zuweilen auch kontrovers darzustellen, nur weil nicht alle Geschichtsspiele den gleichen Grad an Bildungspotential bieten (oder bieten wollen).

Geschichtsdarstellungen sind kein isoliertes Element kultureller Produktion. Unser Verständnis der Vergangenheit ändert sich mit dem Wandel der sozialen, politischen und kulturellen Werte. Das Konzept einer homogenen Vergangenheit ist schon lange überholt.[1] So wie unser Verständnis von Geschichte kontinuierlich im Wandel begriffen ist, ist es auch ein Fehler anzunehmen, dass Geschichte aus einer Abfolge feststehender Wahrheiten besteht. Dieser Komplexität von Geschichte wird in Spielen, die oft einer linearen Chronologie der Ereignisse folgen müssen, nur selten Rechnung getragen. Es stellt sich also die Frage, ob die Darstellung von Geschichte in digitalen Spielen an sich problematisch ist, oder ob es Möglichkeiten gibt, Geschichte in Spielen nicht nur als Sujet anzusehen, sondern auch als wichtigen Beitrag zur Vermittlung von Geschichte an ein breites Publikum.

Geschichte ist häufig ein integraler Bestandteil des Narrativs (oder »Horizonts«) eines Spiels. Eine breit angelegte Darstellung mythologischer Zusammenhänge dient oft als Folie für die Entwicklung von Charakteristika, die häufig eindeutig historischen Zeitaltern entstammen. Das gilt auch für Spiele, deren Narrativ scheinbar ausschließlich im Bereich von Fantasy oder Science Fiction angesiedelt ist. Beispielsweise ist der Einfluss der Geschichte und Kultur des mittelalterlichen Japan auf die Figur des Star Wars »Jedi« schon lange etabliert, und wird in der Serie Star Wars Galaxies (2003) noch deutlicher. Hinzu kommt die Dominanz von typisierten Geschichtsbildern, z.B. des Mittelalters oder der Wikinger, in vielen Fantasy- Spielen. Die geschichtliche Referenz muss dabei nicht spezifisch sein, worauf es ankommt ist die metonymische Vorstellung des Spielers darüber, wie Helden oder Völker vergangener Zeiten gelebt haben. In World of Warcraft (2004–heute) zum Beispiel wird das Volk der Tauren durch typisierte Indianer verkörpert. Hierbei stehen kulturelle Anspielungen wie Tipis, die Affinität zum Land, sowie linguistische Andeutungen in Ausdrücken wie »Winde« und »Ewige Sonne« im Vordergrund, detaillierte Darstellungen von Stammeskämpfen oder des Verhaltens der Indianer spielen kaum eine Rolle[2]. Geschichte ist also an vielen Stellen in digitalen Spielen als Motiv vorhanden, aber im Ergebnis ist die Darstellung selten historisch korrekt. Was also zeichnet ein Geschichts-Computerspiel aus?

FRÜHE GESCHICHTSSPIELE Geschichtsspiele werden oft für ihren Mangel an Genauigkeit und ihre lineare Darstellung historischer Ereignisse kritisiert. Außerdem beinhalten sie oft Spielweisen, die »wirkliche« Ereignisse abwandeln oder die Spieler dazu ermutigen, verschiedene Wege in der Geschichte einzuschlagen und alternative Enden zu erfinden. Beides ist problematisch. Im ersten Fall wird die reale Geschichte ignoriert, im zweiten abgewandelt.

Für den Gesamtzusammenhang ist es nötig, sich den ersten digitalen Geschichtsspielen zuzuwenden, da mit ihnen die Grundlage für die Geschichtsdarstellung in Computerspielen gelegt wurde. Darüber hinaus hat ihre Aufmachung einen entscheidenden Makel nach sich gezogen, sind Spiele doch im

Kontext von Speicherkapazität und technischer Qualität der Darstellung zu bewerten.

Chris Crawfords Eastern Front, 1941 (1981) war eines der ersten Kriegsspiele, das sich direkt auf eine historische Schlacht bezieht. In dem Spiel wird eine 2-D Karte Europas im Zweiten Weltkrieg dargestellt, und es geht um strategische Kämpfe zwischen gegnerischen Truppen. Die Einheiten haben militärische Namen und eine unterschiedliche Schlagkraft. Die Spielstruktur gibt pro Runde einen Tag im Jahr 1941 wieder. Von diesen Elementen abgesehen hat das Spiel allerdings wenig mit den Ereignissen von 1941 gemeinsam. Graphisch wird eine rudimentäre militärische Karte mit quadratischen Formationen angedeutet, Pfeile zeigen die Bewegungen an. Von einer detaillierten Darstellung kann keine Rede sein. Die geringe Speicherkapazität des Atari 8 Bit verhinderte die Darstellung zusätzlicher Hintergrunddetails und die Umsetzung komplexer Strategien. Das Spiel bietet vielleicht eine vage Ansicht der Ostfront 1941, nicht aber eine Wiedergabe der historischen Ereignisse. Dennoch aber war Eastern Front: 1941 unter Berücksichtigung seiner limitierten Kapazität so exakt wie nur möglich.

Mit der zunehmenden Komplexität der Spiele war die Linearität, mit der frühe Beispiele Geschichte eher als Werkzeug denn als Ereignis gebrauchten, nicht mehr adäquat. Die aufwendigere Ausstattung machte die Bereitstellung zusätzlicher historischer Erläuterungen möglich, was allerdings von Designern oft für unnötig befunden wurde. Stattdessen galten Strategie oder Spielerlebnis als ausreichend, fast als ob durch sie die Aufmerksamkeit des Spielers von jeglichem unterlegten Inhalt abgelenkt würde.

Wird einem Spieler eine vereinfachte Version historischer Ereignisse geboten, geschehen zwei Dinge: Es gibt Auslassungen, die häufig sowohl von Kritikern als auch Spielern registriert werden, und die Geschichtsdarstellung ist linear, wodurch sie unplausibel wird. Es wird häufig versucht, diese Probleme auf zweierlei Art zu umgehen. Zunächst wird der historische Rahmen beschränkt. Gettysburg! (1998), die Medal of Honor Spiele (2002–2004) und Brothers in Arms: Road to Hill 30 (2005) konzentrieren sich auf bestimmte Schlachten oder historische Ereignisse und liefern keine vielschichtigere Wiedergabe von Geschichte. Wie indessen die Diskussionen um Gettysburg zeigen, in denen es um die politischen, militärischen, sozialen und kulturellen Unterschiede geht, führt diese Herangehensweise jedoch nicht immer zum Erfolg. Die andere Taktik besteht darin, sich die in Geschichtsspielen inhärente Kontrafaktizität bewusst zu Nutze zu machen. Kontrafaktizität lässt sich am einfachsten als eine rhetorische Analyse des »Was wäre wenn?« beschreiben. Geschichtsspiele müssen sogar, um die Spielbarkeit zu gewährleisten, standardmäßig zu Teilen kontrafaktisch sein. Das Kontrafaktizitäts-Argument geht den Spielherstellern leicht über die Lippen. Es ist die beste Ausrede für eine falsche, oder zumindest kontroverse Geschichtsdarstellung, und ermöglicht die Modifizierung der Zeitläufe zu Gunsten eines gesteigerten Spielgenusses. Bruce Shelley, der verantwortliche Designer von Age of Empires – ironischer Weise eines der detailreichsten historischen Computerspiele auf dem Markt – macht aus dem Mangel einen Vorzug: »Eines der Schlüsselelemente in jedem Age of Empires-Spiel ist Plausibilität – ein Spiel muss nicht vollständig historisch exakt sein, es muss aber ausreichend akkurat dargestellte Details aufweisen, um die Atmosphäre einer Epoche zu vermitteln. Wir produzieren hier ein kommerzielles Produkt, ein Spiel das vielen Leuten gefallen soll. Die Entwicklung eines durch und durch historisch genauen Videospiels würde nicht nur außerhalb unseres Metiers liegen, letztlich würde es einfach keinen Spaß machen.«[3]

DER GRAD AN GESCHICHTLICHKEIT Seit den frühen 1990ern haben sich Geschichtsspiele in zwei unterschiedliche Richtungen entwickelt: Auf der einen Seite stehen die Weltmanagement-Spiele und Ego-Shooters, auf der anderen die Echtzeit-Strategie-Kriegsspiele. Diese Aufspaltung führte auch zu einer unterschiedlichen Geschichtsdarstellung. Spiele, in denen Geschichte ein Schlüsselelement ist, wollen Wissen vermitteln und sind sorgfältig recherchiert. Auf der anderen Seite gibt es die Spiele, in denen Geschichte zwar vorkommt, aber eher als Marketinginstrument gilt, oder als etwas, dass zwar dargestellt aber genauso schnell als für die Ausrichtung relativ unwichtig verworfen werden kann. In einem Artikel für The New York Magazine bezog Niall Fergusson gegen Spiele als historische Hilfsmittel Position: »Fairer Weise gesagt haben Spiele wie Medal of Honor, Call of Duty, und Soldiers meinen Söhnen beeindruckend viel über die harten Fakten des Zweiten Weltkriegs beigebracht. Aber im Grunde genommen spielen sie nur Space Invaders – von mir aus auch Beach Invaders – mit schicker Graphik.«[4]

Fergusson macht jedoch den Fehler anzunehmen, die Ego-Shooter stünden für »alle« Spiele. Damit setzt er jedes Geschichtsspiel sowohl als überflüssig als auch kulturell anstößig herab. Tatsächlich haben seine Söhne »nur« etwas über die harten Fakten des Zweiten Weltkriegs gelernt, weil damit (fast) der Horizont der genannten Spiele als zusätzliches Lernmittel erreicht ist. Ebenso wie Niall Fergusson verkennen auch andere Kritiker die ausgewiesene Eigenschaft von Spielen als Lernmittel, oder sie verstehen nicht, dass Geschichte nicht der primäre Gegenstand des Spiels ist. Dieser Gegensatz würde noch weiter verschärft, wenn Kritiker Spiele mit eindeutig linearen Texten wie Geschichtsbüchern oder mit Geschichtsstunden verglichen. Sie bedienen sich theoretischer Methoden, die außerhalb des Spiele- und Spielspektrums liegen. Ego-Shooter können nicht mit wissensvermittelnden Texten konkurrieren, und sie versuchen es auch gar nicht erst. Sogar in anspruchsvolleren Spielen führt die unvermeidbare Kontrafaktizität dazu, dass eine genaue, chronologische Geschichtsdarstellung nie möglich sein wird.

Indessen können die Macher von Geschichtsspielen die Erwartungen der Gesellschaft an sie nicht mehr ignorieren. Man könnte es als ihre Verpflichtung verstehen, Geschichte »richtig« darzustellen. Diese Verpflichtung beginnt mit dem Bewusstsein für die Wichtigkeit einer detailgenauen Aufmachung, was aber selten das Kernmotiv des Designers ist, dem es um das Spielerlebnis, den Narrativ, den Spielfluss, den Aktionsspielraum und so weiter, geht. Der Hauptgrundsatz der Call of Duty Serie besteht deshalb beispielsweise nicht darin, eine historisch genaue Darstellung des Zweiten Weltkriegs zu liefern. Stattdessen ist es ein aufregender, temporeicher Ego-Shooter, in dem der Spieler viele »bad guys« tötet. Demnach ist das Kernmotiv des Spiels nicht der Zweite Weltkrieg – es geht um das möglichst schnelle und effiziente Töten. Daraus ergibt sich ein moralisches Dilemma. Die Darstellung von Mord und Totschlag, insbesondere an menschlich gestalteten Figuren, ist der Grund für unzählige Klagen bezüglich »Gewalt in Videospielen«. Im Großen und Ganzen werden Feinde in den Spielen recht simpel dargestellt, man soll auf sie schießen, wenn sie eine Bedrohung darstellen, oder sie verspotten – gewöhnlich mittels Non-Player-Character (NPC) – wenn sie Verräter, Informanten oder Spione sind. Durch die Einarbeitung und Ausstattung mit historischem Kontext und genauen Darstellungen oder sogar Informationen können die Spieldesigner Beschuldigungen bezüglich der Gewalt in den Spielen mit dem Argument abwehren, dass die Ereignisse wirklich passiert sind. Die Geschichtsdarstellung – unter Umständen in Form von ausgereifter Waffentechnik oder »Easter-Egg«-Boni, die Dokumente, Fotografien und den Ich-Erzähler-Narrativ entschlüsseln – ist nicht übermäßig sozial oder moralisch konnotiert. Punkte oder Boni werden im Falle unehrenhaften Verhaltens im Kampf – für gewöhnlich gilt als solches das Erschießen von Zivilisten oder Verrätern – einbehalten, doch selten wird moralischen Fragen weiter auf den Grund gegangen[5]. Sogar die Strategie als Spielelement erfährt einen Bedeutungsverlust (da es im Ermessen des Spielers liegt, diese zu bestimmen) und wird teilweise nur im Nachhinein oder in »walkthrough guides« bzw. Lösungsbüchern (die sich nicht auf die Geschichte beziehen, auch wenn die Strategie sich aus ihr ableitet) erklärt. Diese Spiele erheben nicht den Anspruch, eine vollkommen durchdachte Darstellung der Ereignisse zu präsentieren. Hierdurch wird ihre Bedeutung nicht entwertet – in der Tat ist das militärische Detail häufig exzellent, aber da es nicht das Hauptziel des Spielerlebnisses ist, sollte es auch nicht mehr als ein nützlicher Subtext für die Hauptausrichtung des Spieles behandelt werden.

Die Wirkung von Geschichtsspielen – sogar derer, die eine »Lightversion« von Geschichte anbieten, wird kontinuierlich unterschätzt. Bekannter sind die Spiele am anderen Ende der Skala, in denen die historische Entwicklung für das Spielerlebnis zentral ist. Diese Spiele sind sehr aufwendige historische Managementspiele oder militärische Strategiespiele wie die Total War Serie (2000–heute). Civilisation III (2001) hatte großen Erfolg bei Erziehern und in Schulen. Gleichzeitig kann man diese Spiele aber nicht als eindeutige Lernwerkzeuge klassifizieren. Simon Egenfeldt-Nielsen verzeichnete seine leidvollen Erfahrungen bei der Verwendung von Europa Universalis II (2001) als Lernhilfe in der Sekundarschulausbildung. Er hält fest, dass die Schüler nicht wirklich begriffen, warum ihnen Kontrafaktizität etwas über »richtige« Geschichte beibringen könne, die sie eher als »Fakten und Ereignisse der Vergangenheit« verstanden[6]. In diesem Fall erkannten die Spieler, dass die Kontrafaktizität im Spiel – zu dessen Ausstattung es gehört, verschiedene Handlungsmöglichkeiten einzuführen – problematisch sein kann.

Letztlich haben die Spielentwickler eine kulturelle Verantwortung bezüglich der Darstellung von Geschichte in ihren Spielen. Sie spiegelt ein Bewusstsein über die Außenwelt wieder. Geschichtsspiele, bzw. ihre Macher, müssen sich für die Darstellung ihrer Geschichtsversion verantworten können. Je aufwendiger die Einbindung von Geschichte in das Spiel, desto größer wird auch die Gefahr, der

Verantwortung nicht gerecht zu werden. Einige Spiele beziehen quasi einen neutralen Standpunkt – die Total War Spiele bieten Szenarien als Auswahlmöglichkeiten an und überlassen dem Spieler die Wahl. Geräusche und Klänge werden zu gewöhnlichen Kriegsschreien abgedämpft, die auf beiden Seiten identisch sind. Die Vielzahl an Truppen führt dazu, dass die Spielerbeteiligung auf die Rolle eines omnipotenten Generals reduziert wird. Die Truppen mögen realistisch aussehen, aber es gibt so viele von ihnen, dass es schwierig ist, einen persönlichen Kontext zu ihnen herzustellen.

Derweil erfordert die Art und Weise der Darstellung von Entwicklung und Forschung in diesen Spielen eine genauere Betrachtung. Wie gezeigt werden soll, ist die Entscheidung der Auslassung oder Einbeziehung in die Geschichte in diesen Fällen umstritten. »Development trees« bzw. Entwicklungsstufen sind häufig wichtige Komponenten von breit angelegten Managementspielen. Je nach Stufe und Forschungsfortschritt des Spielers werden ihm im Spielverlauf weiterführende »tools« freigegeben. Der erzielte Fortschritt gewährt dem Spieler einen Punkte-Bonus und wirkt sich auf seine Auswahlmöglichkeiten während späterer Stufen des Spiels aus. In den Augen der Designer mögen diese Auswahlmöglichkeiten relativ simpel erscheinen, sie können aber von politischen Prämissen auf Seiten der Entwickler herrühren.

ABGEWANDELTE GESCHICHTE In der Vergangenheit hat die vergleichsweise einfache Ausstattung der Spiele dazu geführt, dass in ihnen wegen der Komponenten Platz, Grafik und Größe keine ausgereiften Darstellungen von Geschichte möglich waren. Dies hat unausweichlich zu Problemen geführt.

Colonisation (1994) von Sid Meier war ein Planspiel, das die Erkundung und darauf folgende Kolonisierung des amerikanischen Kontinents zum Inhalt hatte. Der Spieler übernahm die Rolle von englischen, spanischen, französischen oder holländischen Seefahrern. Die Kolonisatoren mussten überlebensfähige Siedlungen errichten, indem sie Städte gründeten, ihre Ressourcen ausbalancierten, das Land bestellten und mit den lokalen Urbewohnern über Güteraustausch und die Ausmaße ihrer Ländereien verhandelten. Die Spieler mussten Schlüsselentscheidungen treffen, z.B. ob sie in das Land der Einheimischen eindringen, oder ob sie die Indianer mit Pferden und später mit Waffen versorgen sollten. Das Hauptziel des Spiels war es, die Invasion einer Armee des Herkunftslandes abzuwehren, und schließlich die Unabhängigkeit zu erlangen. Die Kolonisatoren-Spieler entschieden sich meist dafür, Krieg gegen die Urbevölkerung zu führen und sie im Spielverlauf zu vernichten. Wie Rob Foreman anmerkt: »[Colonisation] ist von Natur aus problematisch. Sein Ziel ist es, Saaten anzubauen, Geld zu verdienen, einen kolonialen Posten in der Neuen Welt zu errichten und – am wichtigsten – Völkermord zu begehen, d.h. die durch den Spieler getroffene Auswahl an indianischen Völkern, die bereits die Kontinente bewohnen, auszulöschen. Sie geraten unausweichlich der Entwaldung, dem Straßenbau und der Landnahme in die Quere. Sämtliche Spieler-Aktivität spiegelt die historische Kolonisierung wieder, und jede trug zur Ausrottung der Existenz der amerikanischen Urbevölkerung bei.«[7]

Foreman fasst seinen Einwand diesbezüglich weit, da er deutlich auf den Aspekt der Leugnung von Geschichte in Colonisation hinweisen will. Tatsächlich ist es möglich, Colonisation zu gewinnen ohne die indianischen Stämme auszurotten, aber es ist extrem schwierig und verlangt ein sehr detailliertes Wissen über die Dynamik des Spiels, sowie die bewusste Entscheidung, Kolonien auf kleine, unterentwickelte Siedlungen zu beschränken. Foreman unterlässt es, dieses zu erwähnen, ebenso wie die Tatsache, dass der Spieler im »Endpunktestand« für jede zerstörte indianische Siedlung Punkte verliert (aufgelistet, wenn die Unabhängigkeit erreicht ist). Indes bleibt der Kernpunkt, dass Colonisation eine Wegmarke darstellt, an der die Designer plötzlich für ihre Einbeziehungen oder Auslassungen historischer Ereignisse verantwortlich werden.

Das Fehlen von kontrafaktischem Handlungsspielraum in Colonisation – der deutlich wird durch den Zwiespalt, dass es nur eine effiziente Möglichkeit gibt, das Spiel zu gewinnen und die Alternativen besonders schwierig zu erreichen sind – macht das Spiel bedenklich. Dennoch folgt Colonisation genau dem Verlauf der Kolonisierung Amerikas. Die Kolonisatoren haben die Urbevölkerung ausgelöscht, um Forschritt zu erzielen. Folglich wird Colonisation durch die realen Dilemmata des Spielerlebnisses problematisch: die Zerstörung der einheimischen amerikanischen Völker, sowie die Tatsache, dass die Indianer mit der Ausrüstung versorgt wurden, die ihrem Untergang Vorschub leistete[8].

Möglicher Weise hätte diese Art Einbeziehung des Themas noch akzeptabel sein können, gäbe es im Spiel nicht gleichzeitig beträchtliche Auslassungen. Wollte man in Colonisation darauf hinweisen, dass es schwierig war, Frieden mit den Indianern zu erreichen, so wird argumentiert, dass man dann auch nicht vor anderen schmählichen Aspekten des Kolonisierungsprozesses zurückscheuen sollte. Aber in keinem Teil des Spiels wird die Sklaverei erwähnt. Die Theorie von Pierre Macherey, dass Auslassungen aus Texten – bzw. dass »der Text sagt was er nicht sagt«[9], kommt hier besonders zum Tragen, ebenso wie die Theorien zum Post-Kolonialismus und zur Entscheidungswahl. Mit der Entscheidung, das Thema Sklaverei zu vermeiden, präsentiert Colonisation eine gespaltene Version der amerikanischen Geschichte. Die Zerstörung der Stämme der amerikanischen Urbevölkerung wird einbezogen, während die Sklaverei ignoriert wird. Beide Methoden des Neuschreibens der Geschichte – Thematisierung des Völkermordes und Auslassung der Sklaverei – rechtfertigen scheinbar die Taten der europäischen Kolonisatoren. Foreman zieht die zynische Schlussfolgerung, dass einige Elemente der Geschichte natürlich einfach keinen passenden Gegenstand für Spiele abgeben, allerdings wird diese Position durch die Zwiespältigkeit (Duldung Völkermord, Vermeidung Sklaverei) unhaltbar: »Man würde eine bedeutende Grenze überschreiten, wenn der Spieler von Colonization aufgefordert würde, afrikanische Sklaven mittels Auswahlmausklick quer über die Overhead-Karte zu verschieben und sie zur Arbeit auf Feldern und in Silberminen zu platzieren. Die Niederträchtigkeit hierin wäre kaum zu übersehen. Die Eroberung der Indianer hingegen unterläuft das ethische Radar eines Spielers leichter, da Krieg ein gängiges Element in Computerspielen ist und der Spieler es erwartet. Es ist nicht ungehörig, die Entwickler des Spieles dafür zu entlasten, dass sie sich innerhalb der Grenzen von zumutbarer Computerspiel-Grausamkeit bewegen wollen.«[10]

Die Themen Sklaverei und Kolonisation tauchen erneut in Age of Empires III (2005) auf. In dem Planspiel geht es ebenfalls um die Besiedelung Amerikas durch europäische Mächte. Um der Kritik vorzubeugen, dass die Urbewohner Amerikas in diesem Spiel marginalisiert würden (nun wurden sie als »mutige Stämme amerikanischer Urbewohner« und »stolze Zivilisation der Urbewohner Amerikas« beschrieben)[11], konsultierte Microsoft eine Fokusgruppe der »Native Americans«. Als Ergebnis gab es im Spiel unzerstörbare Dörfer der Urbevölkerung, und die Spieler konnten die Stammesangehörigen zu ihrer Unterstützung heranziehen, indem sie Einheiten aus ihnen bildeten und sich ihrer Techniken bedienten.

Die Fokusgruppe empfahl, die amerikanischen Urbewohner in dieser Version des Spiels nicht als Ethnie auf der Spielerseite einzusetzen, da die Möglichkeit jede Gruppe vollständig auszulöschen als zu nah an der hässlichen Realität der Geschichte selbst empfunden wurde. Dagegen wurde das Erweiterungspaket für das Spiel, Age of Empires III, WarChiefs! (2006)[12], welches nahezu direkt nach der Hauptversion auf den Markt gebracht wurde, diesem pazifistischen Gedanken bewusst entgegengestellt. Dieses Mal konnten die Spieler drei indigene Völker auswählen, um »gegen die Eroberung Amerikas anzukämpfen.« Während in Besprechungen der Ausdruck des sich an den Unterdrückern Rächens vielfach bemüht wurde, vermied Microsoft bewusst derartige Statements im eigenen Werbematerial.

Die beiden Spiele Colonisation und Age of Empires III bieten sehr unterschiedliche Antworten auf ein kontroverses Thema. Der ursprünglich vorsichtigen Behandlung in Age of Empires wurde bewusst ein Gegengewicht gesetzt, und während der Gedanke an Rache oder Vergeltung zwar vermieden wurde, war er doch eine eindeutige, der Erweiterung WarChiefs! unterliegende Komponente. Microsofts wissentliches Zunutze machen möglicher Streitpunkte hat auf vielerlei Weise der Kritik, dass sie in der ersten Version des Spieles nicht genug getan hätten, vorgebeugt – es war eindeutig, dass sie sich die eher passive Darstellung der amerikanischen Urbewohner zwecks eines großen Effektes für später aufhoben. Gleichzeitig war Microsoft bemüht, dies von der Hand zu weisen, indem das Unternehmen deutlich machte, warum die Sklaverei nicht einbezogen wurde: weil die damit verbundenen Themen einfach keine angenehmen waren. Während das Spiel zwar Geschichte beinhaltete, so geschah dies mittels einer eindeutig kontrafaktischen Methode: indem eher ein Flair als eine wirklich historische Perspektive geboten wurde.

»GERECHTFERTIGTE« GESCHICHTE – S.T.A.L.K.E.R: SHADOW OF CHERNOBYL. S.T.A.L.K.E.R: Shadow of Chernobyl (2007) ist ein Ego-Shooter. Die Hauptfigur steuert ihren Weg durch die geographisch exakt wiedergegebenen Ruinen von Tschernobyl, und deckt »die Wahrheit« hinter einer zweiten Explosion im Atomkraftwerk auf. Die Handlung schwenkt von menschlichem Versagen auf schattenhafte Organisationen und Veränderungen und enthüllt, »was wirklich passierte.«

Um 01:23 Uhr am 26. April 1986 explodierte Reaktor Nummer 4 im Atomkraftwerk von Tschernobyl in der Ukraine (damalige UdSSR), nachdem eine Reihe von
Sicherheitsvorkehrungen missachtet worden war. 31 Menschen starben, zumeist
waren es Feuerwehrleute und Notfallpersonal, die sich bei ihrer Arbeit der Risiken nicht bewusst waren. Eine radioaktive Wolke breitete sich über die angrenzen-
den Landstriche aus, etwa 50 Prozent daraus entfiel auf Weißrussland, die Ukraine und Russland. Der Rest verteilte sich um die Welt, die erst alarmiert wurde, als
bei Arbeitern eines Atomkraftwerkes in Schweden, 1.100 Kilometer entfernt
von Tschernobyl, radioaktive Partikel in der Kleidung festgestellt wurden. Es ist
schwer zu schätzen, wie viele Menschen der Folge der Explosion ausgesetzt
waren, insbesondere da die damalige Sowjetregierung – in der Atmosphäre des
Argwohns nach dem Kalten Krieg – verhinderte, dass Ärzte Verstrahlung als
Todesursache angaben. 336.000 Menschen mussten permanent evakuiert, und
ab einem Radius von 32 Kilometern um die Explosion wieder angesiedelt werden.
Die genaue Anzahl an Opfern wird wohl niemals bekannt werden. Zurzeit ist der
Reaktor von einem Sarkophag aus Beton umschlossen, von dessen Zustand
angenommen wird, dass ein kleineres Erdbeben oder ein schwerer Sturm seinen
Einsturz zur Folge hätte. GSC Gameworld, die Macher von S.T.A.L.K.E.R Shadow
of Chernobyl, sind sich des kontroversen Potentials ihres Spieles bewusst, tatsächlich ist es ein zentraler Teil ihrer Marketingstrategie: »Obwohl die Spiel-Tests
noch nicht begonnen haben, war es uns unmöglich, das Anliegen eines bestimmten Spielers zurückzuweisen. Er wollte anreisen und das Spiel im Einsatz sehen.
Unser besonderer Gast beim Austesten von S.T.A.L.K.E.R war der Generaldi-
rektor des Atomkraftwerks Tschernobyl Igor Gramotkin in Begleitung des stellvertretenden technischen Direktors für Sicherheit Alexander Novikov. Die Be-
amten des Atomkraftwerks waren davon, was sie auf dem Bildschirm sahen, sehr
angetan. »Ich hatte vorher von dem Spiel gehört, es aber nie live gesehen. Und
was ich heute gesehen habe, hat mich in der Tat durch den Grad an Authenzität,
den man beim Spielen erfährt, beeindruckt«, sagte Herr Gramotkin.«[13]

In einer Vorschau auf das Spiel in GamesTM tritt die Zeitschrift vehement für
das Spiel als eine moralisch einwandfreie Darstellung von Tschernobyl ein, und
führt seinen Gebrauch des »einfachen Rollenspiels« an, um sieben mögliche
Enden vorzuführen: vier »falsche« und drei »wahre«. Die Besprechung fährt fort,
die Ausstattung zu rechtfertigen: »Warum jemand an dem in S.T.A.L.K.E.R
empfundenen moralischen Schlamassel und nicht dem Sumpf von, sagen wir
2WK-Spielen Anstoß nehmen sollte, irritiert uns«.[14] Es werden Bewohner der
Stadt, die kein Problem mit dem Spiel haben zitiert, sowie die regelmäßig
stattfindenden Touren in die verlassene und bestrahlte Stadt Pripyat als Beweis
dafür angeführt, dass das Spiel nicht kontroverser als ein durchschnittlicher
Ego-Shooter ist. Die Besprechung endet mit der Auflistung von Ereignissen nach
der Katastrophe (Plünderungen, die kontinuierliche Anwesenheit von Arbeitern
beim Kraftwerk)[15], und fügt hinzu: »Auf diese Weise hat S.T.A.L.K.E.R schon seinen
Respekt vor der Katastrophe bewiesen. Also sollte vielleicht jeder, der moralisie-
rend auf die Angelegenheit herab blickt, seine Vorbehalte bei Seite schieben, und
sich auf einen der aufregendsten PC Ego-Shooter seit Half-Life 2 gefasst machen.«[16]

Diese Argumente sind offensichtlich simpel, aber die Besprechung ist auf einer Linie mit den Entwicklern des Spiels, die anscheinend sehr darum bemüht sind zu demonstrieren, dass das Spiel nicht kontroverser ist als jeder andere Ego-Shooter, und dass die Bewohner Tschernobyls damit einverstanden sind. Also, lautet ihre Argumentation, muss es in Ordnung sein, dass Spiel zu produzieren. Dagegen ist die Aussage über die »wahren« Enden seltsam, insbesondere da in der Besprechung auch erwähnt wird, dass diese Enden nur durch »das Verfolgen von raffinierten Hinweisen, die zu zusätzlichen Aufgaben führen« erreicht werden können.[17] Vom Ausgangspunkt des einfachen Spielerlebnisses her gesehen heißt das, dass die »wahren« Enden nicht nur versteckt, sondern auch »raffiniert«, also kompliziert zu erreichen sind, was letztendlich darauf hindeutet, dass Geschichte eher verdunkelt, als aufgedeckt wird.

FAZIT Die Designer von Geschichtsspielen müssen die Welt um sie herum mehr in Betracht ziehen, als dies bei anderen Spielen der Fall ist. Sie sprechen Dinge, Ereignisse und Themen an, die nach wie vor in einem viel weiteren Kontext als in Bezug zum simplen Spielerlebnis diskutiert werden. Das bedeutet, dass diese Spiele eher als andere einer Überprüfung unterzogen werden. Da sie sich die Designer allerdings auf ein traditionelles Genreverständnis stützen können, und die Spiele auf ein weites Spektrum von Spieltypen verteilt sind, gibt es Geschichtsspiele von sehr unterschiedlichem Niveau. Einige befassen sich sehr detailliert mit Geschichte, und die Entwickler müssen sich der sich daraus ergebenden Konsequenzen bewusst sein. Andere sind einfacher und neigen dazu, der Stufe von Geschichte verhaftet zu bleiben, die Heldensagen und hurrapatriotische Rhetorik befördert. Auf diese Weise reflektieren beide der hier vorgestellten Kategorien der Geschichtsspiele direkt die Art und Weise der Geschichtsdarstellung außerhalb der Spielwelt. Dieser Faktor sollte stärker als bisher bedacht werden, insbesondere wenn Geschichtsspiele entweder zur Wissensvermittlung oder als Gegenstand einer kritischen Untersuchung herangezogen werden.

Übersetzung: Nicola Nymalm

1 White, Hayden, The Content of the Form: Narrative Discourse and Historical Representation, Baltimore, 1987.
2 Siehe das Kapitel von Jessica Langer in Digital Culture, Play and Identity; A World of Warcraft Reader (2008) zu einer genaueren Diskussion ethnischer und historischer Merkmale der in World of Warcraft dargestellten Völker.
3 Shelley, Bruce, in: Rausch, Allen ›Delsyn‹, Art & Design, The Alternate History of Age of Empires III (PC), in: Gamespy, 14. Oktober 2005, www.uk.pc.gamespy.com/pc/age-of-empires-iii/658725p1.html.
4 Fergusson, Niall, How to Win a War, in: New York Magazine, 13. Oktober 2006.
5 Man könnte eventuell Spiele wie Battlefield: Bad Company (2008) anführen, um eine absichtliche Umkehrung dieser Handlungsmoral aufzuzeigen. Trotz der Anwesenheit von Nicht-Spieler-Charakteren, die der Spieler als moralisch anstößig empfindet, wird durch die Rahmen-

handlung deutlich gemacht, dass die NSCs entweder aus Unachtsamkeit handeln, oder dass sie eigentlich nach dem »Ehrenhaften« streben (den Herrscher des fiktionalen Landes Serdaristan zu retten), und das trotz ihrer Obsession für Gold, durch die die Haupthandlung des Spiels befördert wird. In diesem Fall wird der Spieler bewusst ermutigt, die Handlungen der NSCs als »falsch« einzustufen, wodurch trotz des augenscheinlich umstürzlerischen Spielinhalts klare moralische Normen aufgezeigt werden.

6 Egenfeldt-Nielsen räumt gleichzeitig ein, dass die Auswahl des Spiels nicht unproblematisch ist: der Lernprozess in Europa Universalis ist für einen Spielanfänger bekanntlich nicht einfach, insbesondere für jemanden mit wenig Erfahrung mit Strategiespielen. Die Fixierung auf Details führt dazu, dass es sehr lange dauert bis man wirkliche Effekte sieht, ein anderer Grund welcher den Gebrauch des Spiels problematisch gemacht haben mag. Wie in der Geschichte sind die Konsequenzen einiger Ereignisse nicht wirklich wahrnehmbar, sie manifestieren sich erst viel später in der Zukunft.

7 Foreman, Rob, Sid Meier's Colonization, Video Games and the Alien/Other, in: Gameology, 21. Juni 2006, www.gameology.org/alien_other/colonization.

8 An dieser Stelle sollte erneut angemerkt werden, dass wenn die Unabhängigkeit mit relativ glücklichen Indianern erreicht wurde, deren aufständische Aktivitäten dem Kolonisator halfen – da die einfallenden Flotten sich plötzlich dem Schrecken großer Zahlen von berittenen indianischen Stämmen mit Waffen ausgesetzt sahen!

9 Macherey, Pierre, in: Walder, Dennis, Literature in the Modern World, Oxford, 2003, S. 215–223.

10 Foreman, Rob, Sid Meier's Colonization, Video Games and the Alien/Other, in: Gameology, 21. Juni 2006, www.gameology.org/alien_other/colonization.

11 Age of Empires III, www.microsoft.com/games/pc/age3.aspx.

12 Age of Empires III, Warchiefs!, www.microsoft.com/games/pc/age3warchiefs.aspx.

13 S.T.A.L.K.E.R Shadow of Chernobyl, Vorabansicht, www.stalker-game.com/index_eng.html.

14 Vorabansicht S.T.A.L.K.E.R Shadow of Chernobyl, in: GamesTM, 51 (2006), S. 38–41.

15 Die Besprechung erwähnt es nicht, aber es sollte darauf hingewiesen werden, dass das Atomkraftwerk Tschernobyl bis 1996 in Betrieb blieb. Ebenso wie der Beton-Sarkophag wurde eine Ausschluss-Zone von 200 Metern Beton um den Reaktor 4 gelegt. 1991 beendete ein Feuer in Reaktor 1 seinen Betrieb, die letzten beiden Reaktoren wurden 1996 abgeschaltet.

16 Vorabansicht S.T.A.L.K.E.R Shadow of Chernobyl, in: GamesTM, 51 (2006), S. 38–41.

17 Vorabansicht S.T.A.L.K.E.R Shadow of Chernobyl, in: GamesTM, 51 (2006), S. 38–41.

WENN GESCHICHTE KEINE ROLLE SPIELT

»Historische« Computerspiele[1] RAINER PÖPPINGHEGE

Die Relevanz einer historischen Auseinandersetzung kann sich auch an der Markt-
gängigkeit des Themas bemessen. Im Falle von Computerspielen beeindruckt vor
allem die Zahl von fast 50 Millionen allein in Deutschland im Jahr 2007 verkauften Exemplaren.[2] Ein großer Teil davon entfällt auf sogenannte historische Computerspiele. Besonders beliebt sind dabei Epochen wie die Antike und das
Mittelalter. In der Neuesten Geschichte ist in den USA der Bürgerkrieg zwischen
Union und Konföderierten von 1861 bis 1865 stark vertreten. Ansonsten ist der
Zweite Weltkrieg sowohl in Deutschland als auch international das für die Hersteller attraktivste Ereignis. Weltweit erschienen zu diesem Thema zwischen 1980
und 2007 insgesamt 424 Spiele (inklusive Erweiterungen und Varianten).[3] Dabei
zeigt sich, dass die steigenden technischen Standards und Speicherkapazitäten
die Verbreitung der Spiele begünstigten. Mögen auch viele Spieler, insbesondere

aber die Redakteure einschlägiger Spiele-Fachmagazine den Zweiten Weltkrieg in ihrem Genre für »ausgelutscht« und wenig innovativ halten, so zeigen die Zahlen der Neuerscheinungen doch einen anderen Trend. Besonders in den ersten fünf Jahren des neuen Jahrtausends boomten die Weltkriegs-Spiele. Auch zum Ende der laufenden Dekade dürfte dieser Trend anhalten und den Zweiten Weltkrieg zum beliebtesten geschichtlichen Hintergrundthema überhaupt machen.

Computerspiele: Neuerscheinungen zum Zweiten Weltkrieg

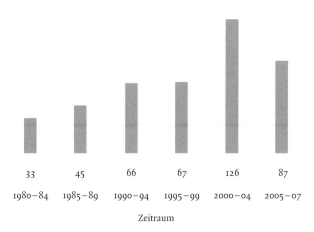

| 33 | 45 | 66 | 67 | 126 | 87 |
| 1980–84 | 1985–89 | 1990–94 | 1995–99 | 2000–04 | 2005–07 |

Zeitraum

In diesem Artikel sollen all jene Spiele unter dem Genre-Begriff »historische Computerspiele« subsumiert werden, die sich vor einem mehr oder minder konkreten historischen Hintergrund bzw. in einer historisch fassbaren Epoche abspielen und auf Fantasy-Elemente verzichten. Dabei kann es sich sowohl um Spiele für Personalcomputer als auch für Spielekonsolen handeln. Ausdrücklich nicht berücksichtigt sind historische Lernspiele wie »Die Stadt im Mittelalter«[4] oder »Historion«.

Gibt es überhaupt »historische Computerspiele«? Und wenn ja: Wodurch zeichnen sie sich aus? Liest man die Ankündigungen der Hersteller und deren Booklets, dann ist das Genre breit aufgestellt. »History sells« – so scheint es angesichts des immerwährenden Booms jener Strategie-, Aufbau- und Shooter-Spiele, die vorgeben, den Spieler in eine historische Epoche eintauchen zu lassen. Da kann man dann »in der historischen Kampagne die größten Schlachten Napoléons«[5] nachspielen oder »grandiose historische Massenschlachten«[6] erleben. Ein anderes Spiel verspricht gar, den Spieler zum »Feldherren über die gewaltigsten Armeen der Zeitgeschichte« zu machen – und zwar im nicht eben zeitgeschichtlichen Kontext des antiken Roms.[7] Und wer es universalhistorisch mag, der fühlt sich gut aufgehoben, wenn er liest: »Erleben Sie über 500.000 Jahre Menschheitsgeschichte mit dieser einzigartigen Strategie-Sammlung.«[8] Wir stellen fest: Historische Ereignisse und Epochen finden sich in zahlreichen Computerspielen und bilden den Hintergrund, vor dem die Spiele ablaufen. Doch inwieweit hat das alles mit tatsächlicher Geschichte zu tun? Kurz gefragt: Ist Geschichte drin, wo Geschichte draufsteht?

DER HISTORIKER ALS SPIEL(E)VERDERBER? Sowohl Geschichtswissenschaft als auch -didaktik haben das Genre der Computerspiele bisher nur am Rande untersucht. Groschs Beobachtung, dass sich die Historikerzunft »bei Konzeption und Gestaltung von Computerspielen«[9] auffällig zurückgehalten hat, kann auf die wissenschaftliche Beschäftigung übertragen werden. Während die Entwickler – vermutlich mit dem Motiv eines überschaubaren Produktionsaufwands – in der Regel auf die fachliche Beratung von Historikern verzichten, ist die Zurückhaltung auf dem Feld der wissenschaftlichen Analyse nicht nachvollziehbar. Denn das Genre des Computerspiels hat sich längst zu einem Massenmedium entwickelt. Die Verkaufszahlen einzelner Spiele gehen leicht in die Hunderttausende. Diese Medien mit historischen Bezügen entfalten daher eine Breitenwirkung, die ansonsten nur von TV-Produktionen und den erfolgreichsten historischen Romanen erreicht werden. Anders als Psychologen, Pädagogen und Medienwissenschaftler[10] hat sich aber nur eine kleine Zahl von Historikern mit der Geschichte auf dem Computer-Monitor befasst – und dies auch nur sporadisch. In den wenigen Fällen, in denen dies geschehen ist, waren kritische Bewertungen das Resultat.[11] Demnach spielte die Richtigkeit und Stimmigkeit des vermittelten Geschichtsbildes nur eine untergeordnete Bedeutung. Folglich ist es nicht überraschend, dass viele der vermittelen Bilder schief oder völlig verfälscht sind. Die These, dass Entwickler die geschichtliche Wahrheit zugunsten des Spielspaßes opfern, dürfte demnach nicht überraschen. Sie tun dies mit ökonomischer Logik, denn geschichtliche Hintergründe fördern offenbar die Kauflust des Publikums. Ihre korrekte Umsetzung funktioniert aber offenbar nur auf Kosten des Spielspaßes und macht zusätzliche Mühe, die das Entwicklungsbudget sowohl zeitlich als auch monetär zu sehr strapazieren würde.

Daher erscheint es auch nicht angebracht, mit erhobenem Zeigefinger solche Spiele kritisieren zu wollen. Dennoch: Wenn man Medien allgemein und Spiele im Besonderen als »heimliche Miterzieher« betrachtet, was angesichts ihrer Verbreitung und Attraktivität plausibel erscheint,[12] dann verdienen sie auch eine Betrachtung unter genau diesem Aspekt. Was daher sehr wohl seine Berechtigung hat, ist der Hinweis, dass in den Spielen bewusst oder unbewusst bestimmte Vorstellungen von Geschichte transportiert werden und dass diese Geschichtsbilder nichts mit dem zu tun haben, was die Forschung bis heute über historische Epochen rekonstruiert hat. Das gilt selbst für solche Spiele, die sich ihrer historischen Genauigkeit, man kann sagen: Detailversessenheit, verpflichtet fühlen.[13] Die einschlägige Fachpresse geht kommentarlos davon aus, dass das Spiel ›Company of Heroes – Opposing Fronts‹ »historisch Verbrieftes aus dem Zweiten Weltkrieg in den Mittelpunkt« rückt.[14] Der Exaktheitsanspruch der Spiele bezieht sich jedoch nie auf strukturelle Fragen oder politische Gegebenheiten, sondern ausschließlich auf militärtaktische und waffentechnische Elemente. Kein Wunder also, dass die Spiele bei einer jüngeren Generation von Militaria-Liebhabern populär sind, denen die alten Landser-Hefte unzeitgemäß erscheinen mögen.

DIE GENESE VON GESCHICHTSBILDERN Geschichtsbilder entstehen nicht grundlos, sondern werden entweder gezielt vermittelt oder eher unbewusst transportiert und aufgenommen.

Historisches Lernen findet also nicht allein als bewusster Aneignungsprozess statt, sondern im Dialog mit anderen Menschen oder auch über Medien. Das heißt: Der Geschichtskultur kommt in den letzten Jahren aus guten Gründen ein erhöhter Stellenwert bei der Betrachtung dieser Lernprozesse zu. Es gilt inzwischen als Binsenweisheit, dass sich das, was im Allgemeinen als »historische Bildung« oder »historisches Bewusstsein« aus verschiedenen Quellen speist, also keineswegs ausschließlich – wenn überhaupt – aus dem Geschichtsunterricht in der Schule herleitet. Mindestens ebenso sehr tragen Medien der Alltagskultur wie historische Romane, Spielfilme und Dokumentationen zum Geschichtsbewusstsein bei. Diesem Mix sind Computerspiele zuzuordnen.

Da es sich bei den Spielentwicklern in der Regel um Nichthistoriker handelt, ist zu fragen, aus welchen Quellen sie ihr geschichtliches (Halb-)Wissen schöpfen. Angesichts der Tatsache, dass sich die Produzenten mit näheren Informationen bedeckt halten, kann man zunächst nur vermuten, dass sie über solides Lexikonwissen zur jeweiligen Epoche verfügen. Zwar wird hier und da mit falschen Fakten und Jahreszahlen operiert,[15] doch sind dies nicht die eigentlichen Probleme. Kritisch wird es, wenn vermeintliches historisches Wissen aus medialen Zusammenhängen stammt, die selbst Fiktion und Realität mischen. Die Entwickler von ›Codename Panzers‹ bekennen auf ihrer Internet-Seite freimütig:

»Wir sind schon seit unserer Kindheit Fans von Militärfahrzeugen aus dem Zweiten Weltkrieg. Außerdem haben uns Filme wie ›Stoßtrupp Gold‹, ›Das dreckige Dutzend‹, ›Die Kanonen von Navarone‹, ›Das Boot‹ und ›Stalingrad‹ stark beeindruckt. Später kamen ›Duell – Enemy at the Gates‹ und ›Der Soldat James Ryan‹ hinzu. Neben diesen Filmen besitzen wir auch unzählige Bücher über Panzer, Flugzeuge und die unterschiedlichen Streitkräfte: die Luftwaffe, Fallschirmjäger, SAS, die Rangers ... Und zu guter Letzt benutzen wir das Internet. Im Netz kann man Veteranenberichte lesen und mit nur wenigen Ausnahmen Informationen über alle benötigten Einheiten finden.«[16]

Man mag bedauern, dass im Fundus der Entwickler keine anspruchsvolleren historiografischen Darstellungen des Zweiten Weltkriegs vorhanden zu sein scheinen. Die Stoßrichtung der Spiele erklärt dies aber allemal. Ihr medial verankertes oder bestenfalls populärwissenschaftlich fundiertes Faktenwissen[17] nutzen die Spielentwickler, um Geschichte als Hintergrundfolie und Aufhänger der Handlung zu etablieren.

Welche Geschichtsbilder lassen sich demnach beobachten? In den meisten Spielen ist von großen Taten großer Männer und technischen Superlativen die Rede, was angesichts der Steuerungsallmacht des Spielers auch nicht verwundern muss. Ein Bewusstsein für strukturgeschichtliche Entwicklungen kommt in den Spielen nicht zum Ausdruck. Kurzum: Es handelt sich vorrangig um das, was Christian Noack als konkret-narrative und konventionell-affirmative Ebenen des Geschichtsbewusstseins identifiziert hat.[18]

STAMOKAP PER MAUSKLICK Bei näherer Betrachtung entpuppen sich die meisten Simulations- und Aufbauspiele als Paradebeispiele kapitalistischen Wirtschaftens. Die wirtschaftliche Entwicklung kann zentral vom Spieler gesteuert werden. Er bestimmt über die Höhe von Reinvestitionen ebenso wie über die Art der Produktion und generiert so etwas wie einen staatsmonopolistischen Kapitalismus. Eine starke Zentralinstitution lenkt die Geschicke des Volkes in einem strikt hierarchischen Sinne. Dabei lässt sich durchaus komplexes wirtschaftliches Handeln innerhalb verzweigter Produktionsketten simulieren – und vermutlich auch in groben Zügen lernen, wie Fritz dies für ›Civilization IV‹ feststellt.[19] Doch ist das alles nicht historisch, sondern epochenunspezifisch. Korrekter wäre es, römische Bauern eben nicht ausschließlich marktwirtschaftlich handeln zu lassen, sondern zu berücksichtigen, dass es sich um eine Wirtschaftsform handelte, die ganz entscheidend auf Sklavenhaltung beruhte. Gleiches gilt für die feudale Sozialordnung im Mittelalter und der Frühen Neuzeit: Am Bildschirm gewinnt derjenige Spieler, der am besten die marktwirtschaftlichen Mechanismen anwendet und nicht derjenige, der die Macht von Papst und Fürsten berücksichtigt. Religion besitzt – so sie denn vorkommt – keinen Eigenwert, sondern lediglich instrumentelle Funktion: Der Spieler kann mit entsprechenden Geldinvestitionen in religiöse Riten die Zufriedenheit »seiner« Bevölkerung steigern und Unruhen vorbeugen. Der Bau einer Kirche dient in diesem Sinne der Bedürfnisbefriedigung der virtuellen Untertanen – ebenso wie beispielsweise ein Gasthaus (z. B. in der ›Anno-Reihe‹).

Krieg ist eine zentrale Kategorie von PC-Spielen. Das verwundert nicht, da der Spielspaß im Vordergrund steht – und der ergibt sich aus Sicht der Nutzer wohl eher bei konfliktträchtigen Handlungen als bei der Durchführung von Friedenskonferenzen. Gleichwohl ist der Umgang mit dem Thema aus verschiedenen Perspektiven kritisch zu betrachten. Angesprochen wird ein atavistischer Jagdinstinkt des Spielers und eine unreflektierte Technikgläubigkeit, wie sie nicht selten in den Handbüchern, Herstellerbeschreibungen oder einschlägigen Foren zu finden ist.[20] In diesem Punkt treffen sich PC-Spiele mit ihren nicht virtuellen Vorläufern: Kannenberg hat für verschiedene »geschichtliche« Gesellschaftsspiele ebenfalls eine Bevorzugung agonaler Ansätze registriert.[21] Zunächst fällt ins Auge, wie naiv, ja ehrfürchtig sich die Spiele vor militärischem Heldentum und Technik verbeugen. Die Herstellerbeschreibung zu ›World War 2 – Tank Battles‹ dokumentiert das unbedarfte Interesse für Superlative: »Die Panzer im Zweiten Weltkrieg galten als furchteinflößende und beängstigende Vorboten des Todes. Die Stahlriesen verfügten über enorme Stärke und vernichtende Feuerkraft.«[22] Da verwundert es nicht, dass in den Nutzerforen diskutiert wird, welches der »beste Panzer« des Zweiten Weltkriegs gewesen sein mag. Besonders findige Nutzer ästhetisieren den Krieg und nehmen eigene Spielszenen in kurzen Videosequenzen auf. Anschließend stellen sie diese Kunstwerke im Internet zur Schau – teilweise unterlegt mit martialischen Klängen der Deutschen Wochenschau aus der NS-Zeit![23]

Besonders problematisch ist die Darstellung des Zweiten Weltkriegs. Dies liegt nicht nur daran, dass die Hersteller Nazi-Symbole nicht verwenden dürfen, wollen sie in Deutschland die Beschlagnahmung durch den Staatsanwalt vermeiden. Es findet sich auch hier staatszentriertes Denken, so dass fast ausschließlich reguläre Armeen, also keine Partisanen oder SS-Einheiten vorkommen. Pöhlmanns Verdikt, bei den militärstrategischen Spielen habe man es mit einer »Neigung zur unreflektierten Ansammlung von Detailinformationen« zu tun, trifft auch heute für die meisten Spiele noch zu.[24] Neben traditionellen operativen Grundannahmen finden sich auch moderne Vernichtungsgedanken, die durchaus der Praxis des Zweiten Weltkriegs entsprechen. Insgesamt kommt der Zweite Weltkrieg aber als ein Krieg wie jeder andere daher, der mit veränderter technischer Ausstattung auch im 19. Jahrhundert hätte stattfinden können. Das liegt daran, dass Krieg als rein militärische Angelegenheit betrachtet und die politische Ebene ausgeblendet wird. Der Zweite Weltkrieg erscheint nicht als der die gesamte Gesellschaft involvierende »totale Krieg«, sondern ist reduziert auf militärische Operationen. Dies gilt auch für Spiele, die in anderen Epochen angesiedelt sind, wobei die Abgrenzung der militärischen Operationen von der Gesellschaft und Wirtschaft der Staaten noch am ehesten berechtigt erscheint. Und was passiert? Der Hersteller Sega nennt seine Produkte Rome: ›Total War‹ oder ›Medieval: Total War‹ – er verwendet den Begriff genau dort, wo er völlig fehl am Platze ist.

Im Konkreten zeigen sich sachliche Fehler, die eine eigene Publikation füllen würden. Zum Beispiel: Die Kleidung der mittelalterlichen Pixel-Protagonisten erscheint wie ein Abklatsch historischer Darstellungen des 19. Jahrhunderts.[25] Bei der Verwendung einheitlicher Uniformen für mittelalterliche Armeen zeigt sich die Vorstellung der Entwickler vom modernen zentralistischen Einheitsstaat, der seine Militärangehörigen mit einer Uniform ausstattet. Das PC-Spiel ›Ancient Wars: Sparta‹ verspricht »packende Geschichte basierend auf historischen Ereignissen« und gibt es auf seiner Homepage als »historisch korrekt«[26] aus, dass Spartaner, Perser und Ägypter um die Vorherrschaft in Kleinasien und Nordafrika kämpften. Zumindest die Spartaner hatten diesen Anspruch nicht, abgesehen davon, dass die Ägypter in den Jahren zwischen 500 und 450 v. Chr. ihre beste Zeit als »Hochkultur« weit hinter sich hatten. Ferner treten mitunter falsche Jahreszahlen auf. Doch die eigentliche Problematik liegt nicht in der mangelnden Faktizität – da bieten einige Spiele in ihrer technizistischen Detailversessenheit eher zu viel des Guten. Es sind eher die strukturellen Defizite, die man sich als Spieler ins Gedächtnis rufen muss, um nicht einem eindimensionalen Geschichtsbild aufzusitzen, das stark fortschrittsoptimistisch geprägt ist und kaum Raum für alternative Modelle lässt. Dieses Geschichtsbild ist vulgär-darwinistisch aufgeladen, indem es die Koexistenz von Interessengruppen weitgehend ausschließt. Allein die strikte Abgrenzung und Rückprojektion nationalstaatlicher Kategorien in frühere Jahrhunderte, in denen Deutsche gegen Franzosen kämpften, ist in den meisten Fällen unhistorisch.

KONTRAFAKTISCHE GESCHICHTE Welchen Anspruch verfolgen die Spiele? Sie wollen legitimerweise unterhalten und nicht belehren. So ganz nebenbei liefern sie aber Geschichtsbilder, denen sich der Spieler nur entziehen kann, wenn er das Dargebotene reflektiert. Es erscheint dabei noch am wenigsten problematisch, dass der Spielspaß durch Kontrafaktizität erzeugt wird. Liefen die Spiele nämlich wie die reale Geschichte ab, so stünden Gewinner und Verlierer ja bereits zu Beginn fest. Es hat also durchaus seinen Reiz, einmal das Ungeschehene nachzuvollziehen und alternative Modelle zu testen. Das gilt übrigens auch für die Geschichtswissenschaft selbst, die mitunter erst aus der kontrafaktischen Geschichte lernt, alternatives Geschehen zu beurteilen. Erst der Blick auf Alternativen erlaubt die Bewertung des Realen.[27]

Demgegenüber sind historische Computerspiele ein Hort des Eindeutigen. Wo der Historiker vermutet, programmiert der Entwickler. Die Geschichtswissenschaft muss mit Uneindeutigem leben, der Entwickler kann sich dies nicht leisten: In jedem Mausklick muss eine innere Logik wohnen, muss eine planmäßige Aktion folgen. Die Spiele bieten das Modell einer regelhaft organisierten Welt, die keinen Platz für Fragen lässt. Diese Gesetzmäßigkeiten sind es, die einerseits den Reiz der Spiele ausmachen, sie aber auch unhistorisch werden lassen. »Es wird der Eindruck erweckt, als wüssten wir mehr über das Mittelalter, als wir wissen, und als hätten die Menschen des 14. Jahrhunderts ebenso gedacht und gehandelt wie wir heute.«[28] Es ist wohl die größte Schwäche dieser Spiele, dass sie vorgeben, die geschichtlichen Abläufe ließen sich in einem Ausmaß planen, das selbst Planungsfetischisten Freudentränen in die Augen treiben würde. Denn die »Überraschungen« durch Angriffe feindlicher Völker halten sich in Grenzen. Wer gezielt und einigermaßen intelligent in seine Produktionsabläufe investiert, erhält am Ende seine »Entwicklungsrendite«. Wer bestimmte operative Taktiken anwendet – die Umgehung des Gegners und den Flankenangriff – wird ein erfolgreicher Befehlshaber. Kommunikationshindernisse spielen – anders als in der Realität – keine Rolle. Und auch der Gegner verhält sich meistenteils einigermaßen berechenbar. Computerspiele haben daher ebenso wenig mit Geschichte zu tun, wie »King-Kong« ein Film über die Zoologie ist.

Muss man sich als Historiker Sorgen um die Historie machen? Oder um die politische Kultur? Es ist sicherlich prinzipiell unerwünscht, aber dennoch weitgehend unproblematisch, wenn Computerspiele schiefe Geschichtsbilder vermitteln. Schwierig wird es, wenn diese entstellten, verharmlosenden oder irreführenden Geschichtsbilder unreflektiert übernommen werden. Diese Gefahr besteht bei allen Massenmedien wie Filmen, Romanen und dem sogenannten ›Histotainment‹. In allen diesen Medien erhält die Geschichte – oder was dafür gehalten wird – einen neuen und an sich begrüßenswert hohen Stellenwert. Es scheint jedoch, dass diese Popularisierung mit einem Weniger an Wahrheitssuche erkauft wird.

1 Für Hinweise danke ich den Mitgliedern meiner studentischen Arbeitsgruppe, insbesondere Daniel Pickert und Alexander Schmeding sowie zu Sparta Prof. Dr. Stefan Link, alle Universität Paderborn.

2 Angaben des Bundesverbands interaktiver Unterhaltungssoftware auf der Website www.biu-online.de [01.09.2008].

3 Eigene Berechnungen aufgrund der Seite: www.mobygames.com/game-group/world-war-ii-games [02.09.2008].

4 Vgl. Wunderer, Hartmann, »Die Stadt im Mittelalter«. Chancen und Grenzen von historischen Computerlernprogrammen, in: Geschichte, Politik und ihre Didaktik 24 (1996), S. 274f.

5 So die Aufforderung auf der Verpackung des Spiels »Napoléon« in Anlehnung an die gleichnamige ZDF-Serie.

6 Best of Strategy: American Conquest.

7 Rome: Total War. Gold Edition.

8 Empire Earth Collection.

9 Grosch, Waldemar, Computerspiele im Geschichtsunterricht, Schwalbach 2002, S. 69.

10 Diese Disziplinen haben sich vor allem intensiv mit der Gewaltthematik sowie lerntheoretischen Überlegungen befasst.

11 Vgl. Pöhlmann, Markus/Walter, Dierk, Guderian fürs Kinderzimmer? Historische Konfliktsimulationen im Computerspiel, in: ZfG 46 (1998), S. 1087–1109; Thieme, Hans, Historische Computerspiele. Geschichtliches Lernpotential oder politisch-ethische Desorientierung?, in: Geschichte, Politik und ihre Didaktik 23 (1995), S. 97–108; Wolf, Peter, Der Traum von der Zeitreise. Spielerische Simulationen mit Hilfe des Computers, in: GWU 47 (1996), S. 535–548; Ders., Freibeuter der Chronologie. Geschichtsbilder des Historismus im Computerspiel »Der Patrizier«, in: GWU 44 (1993), S. 665–670.

12 Vgl. Kannenberg, Dieter, Spiel mit der Geschichte – Geschichte im Spiel. Geschichte als Hintergrund und Inhalt von aktuellen Gesellschaftsspielen, in: Sabine Mecking/Stefan Schröder (Hg.), Kontrapunkt. Vergangenheitsdiskurse und Gegenwartsverständnis, Essen 2005, S. 389–404.

13 Beim Spiel »Codename Panzers« drücken die Hersteller dies so aus: »Terrain, Einheiten, Bauwerke, Wetter, Sound, Bewegung, Effekte – realistisch bis ins kleinste Detail.« www.panzers.de/index.php?page=faq.de.panzers [18.08.2008]. Das Spiel »Blitzkrieg« verspricht gar einen »realistischen Weltkrieg«. www.blitzkrieg2.de [18.08.2008].

14 PC PowerPlay, August 2007, S. 43.

15 In Stronghold – Crusader ist die Eroberung Jerusalems nicht 1099, sondern fälschlich 1150.

16 www.panzers.de/index.php?page=faq.de.panzers [22.08.2008].

17 Vgl. Pöhlmann/Walter, Guderian, S. 1092.

18 Vgl. Noack, Christian, Stufen der Ich-Entwicklung und Geschichtsbewusstsein, in: Bodo v. Borries/Hans-Jürgen Pandel (Hg.): Zur Genese historischer Denkformen, Pfaffenweiler 1994, S. 9–46.

19 Vgl. Fritz, Jürgen, »Civilization IV« – ein Impuls für die politische Bildung?, in: ders. (Hg.), Computerspiele(r) verstehen. Zugänge zu virtuellen Spielwelten für Eltern und Pädagogen, Bonn 2008, S. 289–305.

20 Thieme, Computerspiele, S. 101.

21 Kannenberg, Spiel, S. 398.

22 www.ciao.de/World_War_2_Tank_Battles_PS2__2587569#productdetail [29.08.2008].

23 forum.the-games-company.com/showthread.php?t=20278 [10.09.2008].

24 Pöhlmann, S. 1103. Dort auch eine Kritik der operativen Strategien aus militärischer Sicht.

25 Wolf, Freibeuter, S. 669.

26 www.ancientwarssparta.com/de/index.html [09.09.2008].

27 Demandt, Alexander, Ungeschehene Geschichte. Ein Traktat über die Frage: Was wäre geschehen, wenn...?, 2. Aufl., Göttingen 1986, S. 38f.

28 Wolf, Freibeuter, S. 670.

»BRIDGING THE GAP«

Unternehmensgeschichte als anwendungsorientierte Wissenschaft an Universitäten
SUSANNE HILGER

Das gesteigerte öffentliche Interesse an Public History, das zugleich weitere berufliche Perspektiven für Historiker_innen eröffnet, stellt die Historischen Seminare
an den Universitäten vor die Herausforderung, Methodenkompetenz und Praxis-
bezug gleichermaßen zu vermitteln. Als Erste richtete darum die Freie Universität
Berlin in Zusammenarbeit mit dem Zentrum für Zeithistorische Forschung Potsdam zum Wintersemester 2008/09 einen anwendungsorientierten Masterstudiengang ein. Dieser soll »dem hohen medialen Interesse an Geschichte sowie der
gewachsenen gesellschaftlichen Bedeutung von Museen, Gedenkstätten und anderen historischen Lernorten« Rechnung tragen, indem er »die Absolventinnen
und Absolventen insbesondere für solche Tätigkeiten qualifiziert, die die Aufbereitung und Vermittlung fachwissenschaftlicher Erkenntnisse in einem breiten
öffentlichen Kontext« erfordern.[1]

Wie die Eröffnung unternehmenseigener »Erlebniswelten«, etwa die »Auto-Stadt« in Wolfsburg oder die »Dr. Oetker Welt« in Bielefeld, unterstreicht, bildet die Vermarktung von Unternehmens-, Marken- oder Produktgeschichten einen herausragenden Teilbereich von Public History.[2] Dies ist wenig verwunderlich, denn »als Basiseinheiten moderner arbeitsteilig organisierter Gesellschaften« (Berghoff) prägen Unternehmen die gesellschaftliche Realität in einem hohen Maße. Aus diesem Grunde wird in Zukunft gerade die Diskussion um die ökonomischen und soziokulturellen Transformationsprozesse in einer globalisierten Gesellschaft zu einer verstärkten Sensibilisierung gegenüber unternehmerischen Belangen sowohl im wissenschaftlichen Kontext als auch in Wirtschaft und Öffentlichkeit beitragen. Das dazu notwendige Know-how und »human capital«, etwa für die historische Aufarbeitung, Bewertung und Aufbereitung für Kommunikation, Öffentlichkeitsarbeit sowie für die gesellschaftspolitische Expertise, bereitzustellen, ist nicht zuletzt eine Aufgabe der Hochschulen.

Angesichts dieser Herausforderungen kommt der Unternehmensgeschichte im Kanon der historischen Subdisziplinen die Aufgabe zu, eine Brücke zu schlagen zwischen der fachwissenschaftlichen Methodik auf der einen Seite und vielfältigen Vermarktungspotentialen auf der anderen. Dies macht aus dem Fach ein praxisorientiertes Lehr- und Forschungsgebiet an den Universitäten, das insbesondere seit der Einführung der konsekutiven Bachelor- und Master-Studiengänge interdisziplinäre wissenschaftliche Fragestellungen mit einer starken Praxisorientierung verbindet. Es bildet damit einen wichtigen anwendungsorientierten Zweig in der geschichtswissenschaftlichen Ausbildung.

Der Beitrag fragt am Beispiel der Unternehmensgeschichte nach den Chancen für die Umsetzung einer anwendungsorientierten Geschichtswissenschaft im Hochschulbereich. Dazu soll zunächst das Unternehmen als wissenschaftlicher Betrachtungsgegenstand in den Fokus genommen werden und kurz auf die Entwicklung der Unternehmensgeschichte als wissenschaftliche Disziplin im internationalen Vergleich eingegangen werden, um sodann am Beispiel der Düsseldorfer Heinrich-Heine-Universität Möglichkeiten der praxisorientierten Wissensvermittlung im Geschichtsstudium zu erläutern, die auf die Bedürfnisse des spezifischen Marktes der unternehmerischen Kommunikation und Öffentlichkeitsarbeit abgestellt sind und historische Expertise mit der zielgruppenorientierten Vermarktung von Unternehmens-, Marken- und Produktgeschichte, etwa durch Publikationen, Ausstellungen, Museen und Jubiläums-Events bis hin zum Merchandising, verbinden will.

DAS UNTERNEHMEN ALS WISSENSCHAFTLICHER BETRACHTUNGSGEGENSTAND Seit dem Aufstieg der liberalen Konkurrenzwirtschaft, die die merkantile Wirtschaftsordnung an der Wende zum 19. Jahrhundert ablöste, entstanden schon in der Take-off-Phase der Industrialisierung, insbesondere im Zusammenhang mit dem Eisenbahnbau und im schwerindustriellen Bereich, industrielle »Großunternehmen«. Einige ihrer Produktionseinrichtungen, wie die Völklinger Hütte oder die Zeche Zollverein in Essen, gehören mittlerweile zum Weltkulturerbe. Unternehmerische Leistungen können als kulturelles Erbe angesehen werden. So hat Joseph Schumpeter dem »dynamischen Unternehmer« in seiner Theorie des gesamtwirtschaftlichen Wachstums ein Denkmal gesetzt und ihn zum »Motor der wirtschaftlichen Entwicklung« erklärt.[3]

Vor diesem Hintergrund zählt die Unternehmensentwicklung des 19. und 20. Jahrhunderts zu den spannendsten Kapiteln der jüngeren und jüngsten Kulturgeschichte. Dennoch traf die Unternehmensforschung als »Erfahrungswissenschaft« in Deutschland traditionell auf latente Vorbehalte. Ihr wissenschaftlicher Status wurde bis weit in die zweite Hälfte des 20. Jahrhunderts hinein in Zweifel gezogen.[4] Aus diesem Grunde entwickelte sich das Fach Betriebswirtschaftslehre als akademische Disziplin in Deutschland daher wesentlich später als z.B. in den angelsächsischen Staaten.[5]

Darüber hinaus lässt sich bis heute für die deutsche Gesellschaft ein erhebliches Imageproblem von privatwirtschaftlichen Unternehmen wie dem marktwirtschaftlichen System gleichermaßen konstatieren, das Stefan Theil jüngst in der FAZ auf eine latent antikapitalistische Haltung zurückführte.[6] Bereits vor dem Ersten Weltkrieg stellten zeitgenössische Beobachter wie der Verbandsfunktionär Paul Steller fest, dass Unternehmen »in keinem Lande der Welt [...] so wenig angesehen und beliebt (seien) wie in Deutschland«. Er führte dies darauf zurück, dass den Deutschen »vielfach der Geschäftssinn und Geschäftsgeist [fehle], die es verstehen lassen, dass der Unternehmer eine große Bedeutung für das Wohlergehen eines ganzen Volkes hat«.[7] Diese kritische Distanz gegenüber der unternehmerischen Wirtschaft, die sich erheblich von der Wahrnehmung in den USA und anderen Staaten der Welt unterscheidet, ist bis heute spürbar. Nach Einschätzung von Gabriele Teichmann ist in Deutschland das Bewusstsein, »daß sich ein großer Teil gesellschaftlicher Realität und Entscheidungsfindung in den Unternehmen abspielt und daß dieser Bereich für die gesamte Gesellschaft nicht weniger wichtig ist als der staatlich dominierte«, bis weit in die zweite Hälfte des 20. Jahrhunderts nur gering entwickelt.[8]

UNTERNEHMENSGESCHICHTE ALS WISSENSCHAFTLICHE DISZIPLIN All dies trug dazu bei, dass auch die historische Unternehmensforschung in Deutschland, im Gegensatz etwa zu den angelsächsischen Ländern, lange ein Schattendasein an den Universitäten einnahm.[9] Ihre Brückenfunktion zwischen akademischer Ausbildung und dem empirischen Bedarf des Arbeitsmarktes nahm die Unternehmensgeschichtsforschung in den USA dagegen bereits frühzeitig ein. An der Harvard School of Business Administration wird die Unternehmensgeschichte als unverzichtbar für die Ausbildung des wirtschaftlichen Führungsnachwuchses angesehen. Die Kunst des Managements, so die Überzeugung, könne am besten durch die Analyse und den Vergleich von historischen und aktuellen »case studies« vermittelt werden.[10]

In Deutschland dagegen konzentrierte sich die Geschichtsforschung lange überwiegend auf die politische Geschichte, während die wirtschaftlichen Entwicklungen und ihre Akteure vernachlässigt wurden. Zudem war die Akzeptanz der Unternehmensgeschichte als wissenschaftliche Disziplin in der deutschen Hochschullandschaft eingeschränkt, weil der Vorwurf der »Hofberichterstattung«, der der Unternehmensgeschichte lange anhing, sich hartnäckig »in der Zunft« hielt. Die Diskreditierung der Unternehmensgeschichte als »apologetische Wissenschaft« resultierte aus der mangelnden Distanz der Autoren – häufig Journalisten oder ehemalige Betriebsangehörige – und ihrer Abhängigkeit von den Auftraggebern.[11]

Dies änderte sich erst, als infolge tiefgreifender wirtschaftlicher Strukturumbrüche nach dem Zweiten Weltkrieg lange dominierende Wirtschaftssektoren innerhalb weniger Jahre massiv schrumpften. Das Ende großer Traditionsfirmen schuf das Bedürfnis nach Erklärung sowie Sicherung und Aufrechterhaltung. Es ist Wirtschaftshistorikern wie Wilhelm Treue aus Göttingen oder Hans Pohl aus Bonn zu verdanken, dass sie sich seit den 1950er Jahren um eine Integration des Fachgebiets in den akademischen Fächerkanon bemühten. 1977 wurde die Gesellschaft für Unternehmensgeschichte (GUG) als erste deutsche wissenschaftliche Institution gegründet, die einerseits für eine steigende Wahrnehmung des Faches sowohl innerhalb der Wissenschaft als auch in der Öffentlichkeit sorgte und andererseits den Dialog zwischen Wissenschaft und unternehmerischer Wirtschaft förderte.

Seit den 1980er Jahren profitiert die Unternehmensgeschichtsforschung erheblich von dem internationalen Druck zur Aufarbeitung der NS-Vergangenheit, was zu einem regelrechten Boom an Studien führte. Bereits Anfang der 1980er Jahre wurde eine Studie zur Zwangsarbeit bei Mercedes-Benz in Auftrag gegeben, der weitere folgten.[12] Dabei zeigte sich, dass ein kritischer und offener Umgang mit der eigenen Geschichte keineswegs negative Auswirkungen für das Unternehmen haben muss. Gerade die Aufarbeitung der NS-Vergangenheit hat das Ansehen der wissenschaftlichen Unternehmensgeschichte in der Öffentlichkeit und in den Unternehmen erheblich gestärkt, obgleich sich auch heute noch, wie zuletzt das Beispiel der Ausstellung »Zug der Erinnerung« zeigt, Versäumnisse der historischen Unternehmenskommunikation Imageeinbußen zur Folge haben können.[13]

VOM PRAKTISCHEN »MEHRWERT« DER UNTERNEHMENSGESCHICHTE »Unternehmungen« seien, wie Erich Gutenberg formulierte, »nicht nur die Summe ökonomischer, sozialer und technischer Einzelheiten. Sie sind als Typen vielmehr geformt aus den geistigen Grundlagen ihrer Zeit«.[14] Sie sind somit über den engeren ökonomischen Kontext hinaus eng der jeweiligen institutionellen, politischen und sozialen Umgebung verbunden, so dass nach Mark Granovetter jede ökonomische Transaktion eingebettet ist in soziale Kontakte (»Embeddedness«).[15]

Als ökonomische Akteure besitzen Unternehmen sowohl aus der Makro- als auch aus der Mikroperspektive eine besondere historische Bedeutung. Sie determinieren die Leistungsfähigkeit ganzer Volkswirtschaften und somit nicht zuletzt auch deren politische Stabilität. Die wirtschaftliche Entwicklung eines Landes kann ohne Verständnis für das unternehmerische Verhalten nicht adäquat nachvollzogen werden.[16] Deshalb kann die Beschäftigung mit der Geschichte von Unternehmen nicht nur helfen, politische und ökonomische Prozesse besser nachzuvollziehen. Vielmehr besitzt sie auch auf sozialer Ebene, auf den Feldern der sozialen Interaktion und Sozialisation, eine identitätsstiftende Funktion für die Unternehmensangehörigen, die unmittelbaren Anwohner, die Kommunen sowie für die gesamte Region oder die Volkswirtschaft, wie der Begriff »National Champion« suggeriert. Unternehmen gehören damit zu den entscheidenden außerschulischen Institutionen, in denen neben der fachlichen Qualifikation auch Normen und Werte vermittelt werden. Sie verleihen somit Status und Identität.[17]

Mit Blick auf dieses gewachsene Beziehungsgeflecht lässt sich die Geschichte von Unternehmen als »kulturelles Kapital« bezeichnen, das als Wertekanon und Bildungspotential zur Ansprache an Shareholder- und Stakeholder-Kreise gleichermaßen dienen kann.[18] Eigentümern, Angehörigen der Unternehmensführung, Mitarbeitern, Kunden und Kooperationspartnern kommuniziert kann Unternehmensgeschichte sowohl für das externe unternehmerische Umfeld als auch im innerbetrieblichen Kontext für die Image- und Profilbildung eingesetzt werden. Sie übernimmt damit wertvolle integrative Aufgaben.

Diesen Mehrwert der eigenen Geschichte nutzen alteingesessene Unternehmen wie Krupp seit Jahrhunderten. Eine Vielzahl deutscher Traditionsunternehmen kann aus einem Pool von Einrichtungen wie historischen Sammlungen oder Archiven schöpfen, die wie bei Bayer oder Siemens vor Kurzem ihr hundertjähriges Bestehen feiern konnten.[19] Doch auch jüngere Unternehmen setzen in der Kommunikation und Öffentlichkeitsarbeit auf »History Marketing«.[20] So finden sich Abteilungen für historische Kommunikation oder »Corporate History Management« mittlerweile in zahlreichen Unternehmen der unterschiedlichsten Eigentümerstruktur, Rechtsform und Branchenzugehörigkeit als Querschnittsfunktionen. Geschichtsarbeit im Unternehmen kann Aufgaben der Öffentlichkeitsarbeit, des Absatzmarketing, der Personalführung wie auch der gesellschaftspolitischen Profilbildung übernehmen. Geschichte signalisiert hier, häufig auch auf einer emotionalisierenden Ebene, je nach Zielgruppen- und Produktorientierung, Vertrauen, Verlässlichkeit und Verantwortung. Als Alleinstellungsmerkmal steht sie für eine besondere Wertigkeit und für Kernkompetenzen wie Qualitätsorientierung und Langlebigkeit und soll auf diese Weise insbesondere auf die Mitarbeiter- und Kundenbindung einwirken.[21] Dabei erfordert der Spagat zwischen »Zukunft« und »Herkunft«, Innovationsorientierung und Tradition, vielfach frische und kreative Konzepte im Umgang mit Geschichte. Schließlich kann es sich kein Unternehmen leisten, »verstaubt« und »rückwärtsgewandt« zu wirken.

Doch geht das ›Corporate History Management‹ mittlerweile längst über konventionelles Absatzmarketing und auch die Ausrichtung von Firmen- oder Produktjubiläen hinaus. Vielmehr wird Geschichte sowohl nach innen wie auch nach außen bewusst vertrauens-, profil- und identitätsstiftend eingesetzt, schließlich bildet die Geschichte die Kultur eines Unternehmens und damit ein Alleinstellungsmerkmal, das auch über die Werksgrenzen hinausstrahlt. Sie steht für »Kontinuität im Wandel«, die es gilt, auch im internen und externen Umfeld des Unternehmens, an Kunden und Mitarbeiter, Zulieferer, Anleger und Eigentümer sowie Anlieger zu kommunizieren. »Unternehmensgeschichte erlebbar zu machen« ist nach Uta-Micaela Dürig daher auch eine zentrale Zielsetzung des Bosch-Archivs.[22]

Diese erschöpft sich keineswegs in der Vermarktung einer bloßen ›Erfolgsstory‹, sondern kann vielmehr dazu genutzt werden, Attribute wie eine gewachsene Kultur, die auch Krisenerfahrungen und Brüche in der Entwicklung umfasst, nach innen wie nach außen Mitarbeitern, Kunden und Lieferanten wie auch einer breiteren Öffentlichkeit zu kommunizieren. Damit stärkt Corporate History Management das Unternehmen als sozialen Organismus und als ›corporate citizen‹. Der »ganzheitliche Blick« des Historikers ist im Bereich der Unternehmenskommunikation etwa dann gefragt, wenn es um Ausbildung einer Corporate Identity geht, oder bei der Entwicklung gesellschaftspolitischer Grundsatz-Strategien. Historische Expertise und historisches Reflexions- und Kommunikationsvermögen können so zu einem gewichtigen Pfund der Unternehmenskommunikation werden, das zu lange ungenutzt brachlag.

MÖGLICHKEITEN EINER ANWENDUNGSORIENTIERTEN AUSBILDUNG IM GESCHICHTSSTUDIUM AN UNIVERSITÄTEN Vor diesem Hintergrund kann Unternehmensgeschichte in der universitären Lehre den Zugang zu einer angewandten Geschichtswissenschaft eröffnen, indem sie den »Gap« zwischen Theorie und Praxis zu überwinden sucht. Welche Möglichkeiten für eine anwendungsorientierte Ausbildung durch die Unternehmensgeschichte bestehen, soll im Folgenden anhand einiger Beispiele aus der universitären Praxis erläutert werden.

Die Relevanz einer praxisorientierten Ausbildung im Geschichtsstudium wird bereits seit den 1980er Jahren diskutiert.[23] Doch erst durch die Einführung von Praxismodulen in den konsekutiven Studiengängen erhielt sie wichtige Impulse. Mit ihren vielfältigen praxisnahen Angeboten, die von projektbezogenen Seminaren und Übungen über Exkursionen und Vortragsreihen bis hin zu Praktika reichen, spielen diese Module eine zentrale Rolle. Sie eröffnen den Studierenden neben der Bearbeitung fachspezifischer Fragestellungen den Einstieg in berufsspezifische Arbeitsfelder, die neben der fachlichen Kenntnis ebenso praktische Qualifikationen wie Schreibfertigkeiten und Präsentationstechniken, Organisationsplanung und Projektmanagement sowie »soft skills« wie etwa Teamfähigkeit, Disziplin und organisatorische Fähigkeiten schulen sollen.

Als Veranstaltungsformate, die wissenschaftliche Methode und unternehmerische Praxis verbinden, eignen sich Projektseminare. Thematisch sind diese Veranstaltungen, die in Kooperation mit einem oder mehreren außeruniversitären Partnern durchgeführt werden können, in aller Regel auf einen spezifischen Gegenstand zugeschnitten. Diese Seminare ermöglichen den Studierenden Einblicke in bestimmte Berufsfelder, Arbeitsmethoden und können zudem Kontakt zu potentiellen Arbeitgebern eröffnen. Sie ermöglichen es, die Kluft zwischen der wissenschaftlichen Lehre und den Anforderungen der Praxis zu überwinden und mit den Studierenden über die Kommerzialisierung von historischem Wissen zu diskutieren. So hat sich ein Projektseminar der Abteilung für Wirtschaftsgeschichte an der Düsseldorfer Heinrich-Heine-Universität mit der Vermittlung und Umsetzung von grundlegenden Kenntnissen im Bereich der Ausstellungskonzeption und -organisation im Museumsbereich beschäftigt. In Zusammenarbeit mit dem Stadtmuseum der Landeshauptstadt Düsseldorf und einer Auswahl von

Unternehmensarchiven bereiteten die Teilnehmer_innen des Projektseminars die Sonderausstellung »Überschreitungen. Das Wechselspiel von Kunst und Wirtschaft im 19. Jahrhundert« vor, die das Stadtmuseum im Frühjahr 2006 zeigte.[24] Dabei standen Objektrecherchen zu Düsseldorfer Unternehmergestalten und die Umsetzung derselben in das Ausstellungskonzept, die Mitarbeit bei der Presse- und Öffentlichkeitsarbeit sowie bei der Besucherbetreuung im Vordergrund.

Im Sommer 2007 konzentrierte sich ein weiteres Projektseminar auf die Geschichte von Familienunternehmen im 19. und 20. Jahrhundert, um die spezifischen Unternehmensformen, -strukturen und -kulturen innerhalb einer Region herauszuarbeiten. Dieses Seminar lieferte durch intensive Quellenrecherche und -auswertung sowie durch theoretische Diskussionen die Grundlagen für eine wissenschaftliche Tagung über Familienunternehmen, die im Juni 2008 in Düsseldorf stattfand und deren organisatorische, mediale sowie redaktionelle Betreuung des Tagungsbandes durch Seminarteilnehmer_innen übernommen werden konnte.[25]

Das Projektseminar »History Marketing« rückte im Sommersemester 2008 das Verhältnis von Unternehmensgeschichtsschreibung und unternehmerische Praxis in den Mittelpunkt. Die Studierenden erstellten in diesem Seminar zunächst auf der Basis unternehmenshistorischer Theoriekonzepte und Fragestellungen ein Untersuchungsraster im Hinblick auf Motive und Zielsetzungen, Konzepte, Organisation und Rezeption von History Marketing-Ansätzen in Unternehmen. Auf dieser Grundlage sollten ausgewählte Unternehmen im Hinblick auf den Umgang mit ihrer eigenen Geschichte, mögliche Zielgruppen und Vermarktungsfelder, aber auch auf den Umgang mit »Schatten der Vergangenheit«, also Unternehmenskrisen jedweder Art, untersucht werden. Auf diese Weise werden Kenntnisse vermittelt, die methodisch, inhaltlich und strategisch in den Dienst des Corporate History Managements in Unternehmen gestellt werden können und so eine Nutzung von historischen Ressourcen im Unternehmen ermöglichen.

Derartige Lehrveranstaltungsformate, die in Kooperation mit Unternehmensvertretern, öffentlichen Einrichtungen und freischaffenden Historikern stattfinden, versuchen, die Bedürfnisse des unternehmerischen Tagesgeschäfts in die geisteswissenschaftliche Ausbildung an Universitäten einfließen zu lassen. Möglich wäre auf dieser Grundlage etwa auch die Durchführung von sogenannten Planspielen, der Simulation bestimmter Situationen, die in den historischen Fächern bislang noch keine Rolle spielen. Durch die fachgerechte Beschäftigung mit der Geschichte von Unternehmen lernen Studierende dabei, die Beweggründe, Motivationen und Verhaltensweisen von Unternehmen nachzuvollziehen. Die Vermittlung von organisatorischen Zusammenhängen und strategischer »Denke« eröffnet wertvolle berufsvorbereitende Einblicke und Erfahrungen, die z.B. das Berufsfeld »Unternehmenskommunikation« stärker in den Fokus treten lässt.

FAZIT Die Diskussion um die ökonomischen und soziokulturellen Transformationsprozesse in einer globalisierten Gesellschaft wird in Zukunft zu einer verstärkten Sensibilisierung gegenüber unternehmenshistorischen Fragestellungen in der Geschichtswissenschaft, in Unternehmen und in der Öffentlichkeit führen. Damit stellen sie als »Basiseinheiten der modernen Gesellschaften« nicht nur einen wichtigen Untersuchungsgegenstand für die historische Forschung dar, sondern bilden auch ein attraktives Berufsfeld für Historiker_innen. Allerdings gibt es nach wie vor keine festen Einstiegsmöglichkeiten, die Geisteswissenschaftlern den Weg in die »freie Wirtschaft« ebnen. Dies ist bedauerlich. Denn für Unternehmen stellt Geschichte kulturelles Kapital dar, das sich gewinnbringend in die interne wie externe Kommunikation einsetzen lässt. Daraus ergeben sich attraktive berufliche Möglichkeiten für Historiker_innen und zugleich Herausforderungen für die universitäre Lehre.

Im Gegenzug sehen sich Unternehmen, auch mit Blick auf die gegenwärtig stark diskutierte »Krise des Kapitalismus«, verstärkt dazu angehalten, ihre Maßnahmen zu kommunizieren und Vertrauen bzw. Verständnis für unternehmerische Belange in der Öffentlichkeit zu schaffen. Hier kann insbesondere die historische Unternehmenskommunikation eine vermittelnde Position einnehmen und dazu beitragen, den Dialog aufrechtzuerhalten. Das dazu notwendige Knowhow und Personal bereitzustellen, wird nicht zuletzt auch Aufgabe der Universitäten und der wirtschafts- und unternehmenshistorischen Lehrstühle sein.

Ich danke Elena Brenk für wertvolle Unterstützung bei der Erstellung dieses Beitrages.

1 Siehe die Ankündigung unter
www.geschkult.fu-berlin.de/e/fmi/studium/masterstudium/public_history/ [23.06.2008].
Zu der aktuellen Diskussion siehe Rauthe, Simone, Public history in den USA und der Bundesrepublik Deutschland, Essen 2001, zugl. Diss. Düsseldorf 2001. Dies., Geschichtsdidaktik – ein Auslaufmodell? Neue Impulse der amerikanischen Public History,
in: Zeithistorische Forschungen/Studies in Contemporary History, Online-Ausgabe, 2 (2005),
H. 2 www.zeithistorische-forschungen.de/16126041-Rauthe-2-2005 [25.05.2008].
2 Vgl. Mikus, Anne u. a., Firmenmuseen in Deutschland. Von Automobilen bis Zuckerdosen,
Bremen 1996.
3 Siehe zuletzt McCraw, Thomas, Prophet of Innovation. Joseph Schumpeter and Creative Destruction, Cambridge/Mass. 2007. Schäfer, Annette, Die Kraft der schöpferischen Zerstörung. Joseph A. Schumpeter. Die Biografie, Frankfurt a. M. 2007.
4 Albach, Horst, Betriebswirtschaftslehre als Wissenschaft, in: Brockhoff, Klaus/Albach, Horst (Hg.), Die Zukunft der Betriebswirtschaftslehre in Deutschland,
Wiesbaden 1993, S. 7–25, hier S. 7.
5 Brockhoff, Klaus, Geschichte der Betriebswirtschaftslehre. Kommentierte Meilensteine und Originaltext, 2. Aufl., Wiesbaden 2002, S. 3–5. Siehe auch Pförtner, André, Amerikanische »Business Administration« und deutsche Betriebswirtschaftslehre. Eine Analyse der ursprünglich entscheidenden Unterschiede, in: Alice Teichova u. a. (Hg.), Business History. Wissenschaftliche Entwicklungstrends und Studien aus Zentraleuropa, Wien 1999, S. 211–226.
6 Siehe zuletzt z. B. Stefan Theil, Von Raffgier und Ausbeutung.
Wie unsere Schulen Wirtschaft vermitteln, in: FAZ, 20.1.2008.
7 Steller, Paul, Das Unternehmertum und die öffentlichen Zustände in Deutschland.
Eine Zeitbetrachtung, Berlin 1911, S. 1, 3.

8 Teichmann, Gabriele, Unternehmensgeschichte – Versuch einer Bestandsaufnahme und Typologie, in: Archiv und Wirtschaft, 28, 1995, S. 159–171, hier S. 169.

9 Zur weiteren Übersicht über die Institutionen und Organe der Unternehmensgeschichte in Deutschland siehe Berghoff, Hartmut, Moderne Unternehmensgeschichte. Eine themen- und theorieorientierte Einführung, München 2004, S. 362f. Siehe zuletzt auch Schneider, Andrea H., Deutsche Unternehmensgeschichte und die Entwicklung ihrer Institutionen, in: Wilfried Feldenkirchen/Susanne Hilger/Kornelia Rennert (Hg.), Geschichte – Unternehmen – Archive. Festschrift für Horst A. Wessel, Essen 2008, S. 147–168.

10 Über die Fallstudien-Methodik siehe zuletzt »Was ist eine Case Study?«, in: Handelsblatt, 16.09.2005, S. 8.

11 Dass derartige Vorwürfe nach wie vor im Raum stehen, belegt eine Äußerung von Götz Aly in der Berliner Zeitung vom 27.02.2006, S. 27. Darin bezeichnet er unternehmenshistorische Auftragsforschung als »modernen Ablasshandel«.

12 Zu nennen sind hier insbesondere Herbert, Ulrich, Fremdarbeiter. Politik und Praxis des »Ausländer-Einsatzes« in der Kriegswirtschaft des Dritten Reiches, Berlin/Bonn 1985. Mommsen, Hans/Grieger, Manfred, Das Volkswagenwerk und seine Arbeiter im Dritten Reich, Düsseldorf 1996.

13 www.zug-der-erinnerung.eu/ausstellung.html [29.06.2008].

14 Gutenberg, Erich, Betriebswirtschaftslehre als Wissenschaft, wiederabgedruckt in: Brockhoff, Geschichte, S. 11–28, hier S. 12.

15 Granovetter, Mark, Economic and Social Structure. The Problem of Embeddedness, in: American Journal of Sociology 91, 1985, S. 481–510.

16 Vgl. Berghoff, Unternehmensgeschichte, S. 22.

17 Siehe dazu ebd., S. 136f.

18 Siehe dazu die Definition in: Bourdieu, Pierre, Ökonomisches Kapital, kulturelles Kapital, soziales Kapital, in: Kreckel, Reinhard (Hg.), Soziale Ungleichheiten (Soziale Welt Sonderband 2), Göttingen 1983, S. 183–199, hier S. 185–190.

19 Siehe zur Geschichte der Öffentlichkeitsarbeit bei Krupp: Wolbring, Barbara, Krupp und die Öffentlichkeit im 19. Jahrhundert, München 2000. Siehe zuletzt Feldenkirchen, Wilfried, 100 Jahre Siemens-Archiv – 100 Jahre erfolgreiches History Marketing, in: Archiv und Wirtschaft 40, 2007, S. 177–184, sowie Pfnür, Elke, Corporate History, Corporate Identity und Corporate Behaviour in der HypoVereinsbank, in: ebd., S. 184.

20 Siehe dazu Schug, Alexander, History Marketing. Ein Leitfaden zum Umgang mit Geschichte in Unternehmen, Bielefeld 2003.

21 Siehe etwa Wixforth, Harald, Welche Bedeutung haben Geschichte und Tradition für die interne Kommunikation eines Unternehmens?, in: Archiv und Wirtschaft 3, 2007, S. 131–136, hier S. 135. Buß, Eugen, Geschichte und Tradition, in: Archiv und Wirtschaft 40, 2007, S. 72–85. Schug, Alexander, Erinnerungskultur, Vergangenheitsbewältigung und History Marketing als nachhaltige Faktoren der Identitätsbildung und Selbstdarstellung von Unternehmen, in: Archiv und Wirtschaft. Zeitschrift für das Archivwesen der Wirtschaft 37 (2004) Nr. 2, S. 86–93. Ebenso Herbrand, Nicolai O. und Röhrig, Stefan (Hg.), Die Bedeutung der Tradition für die Markenkommunikation – Konzepte und Instrumente zur ganzheitlichen Ausschöpfung des Erfolgspotenzials Markenhistorie, Stuttgart 2006.

22 Düring, Uta-Micaela, Welche Bedeutung haben Geschichte und Tradition für die interne Kommunikation eines Unternehmens?, in: Archiv und Wirtschaft 40, 2007, S. 136–138, hier S. 138. Schneider, Unternehmensgeschichte, S. 160, verweist zu Recht auf den Corporate Heritage-Ansatz, der das unternehmenshistorische Engagement etwa der Daimler AG legitimiert.

23 Vgl. dazu Rüsen, Jörn, Geschichtsstudium und außerschulische Berufspraxis von Historikern – zu jüngsten Empfehlung der Kultusministerkonferenz, in: Gd 10 (1985), S. 241–243.

24 Siehe dazu die Informationen des Stadtmuseums Düsseldorf
   www.duesseldorf.de/stadtmuseum/ausstellung/archiv/05_ueberschreitungen/index.shtml
   [25.05.08].
25 Zu dieser Tagung siehe die Informationen auf der Homepage der Abteilung für Wirtschaftsgeschichte an der Heinrich-Heine-Universität
   www.phil-fak.uni-duesseldorf.de/fileadmin/Redaktion/Materialien/Tagung_DINlang.pdf
   [25.05.08].

BANG, BOOM, GRHHHH

Geschichtsvermittlung per Comic JANIS NALBADIDACIS

Stellt man die Frage nach den Anwendungsgebieten von Geschichte, so kommt man nicht umhin, sich mit dem breit gefächerten Bereich der Medien auseinanderzusetzen. Innerhalb der Medienlandschaft ist auch das Genre der Comics zu verorten, die – das zeigen Weltbestseller der jüngsten Zeit – Geschichte erfolgreich zum Thema bunter Zeichenwelten machen und damit Vorstellungen von der zwangsläufig textschriftlichen Darstellung von Geschichte in Frage stellen. Comics und ihre Möglichkeiten Geschichtsbilder zu vermitteln, sind jedoch lange Zeit in der Wissenschaft trotz – oder gerade wegen ihrer Publikumserfolge – nicht näher betrachtet oder überhaupt wahrgenommen worden. Der Begriff der Comics löst bis heute kritische Reflexe bildungsbürgerlicher Eliten aus. Diese Haltung speist sich aus einer langen Tradition eines kulturellen Konsenses darüber, was Literatur ausmacht und wie Geschichte als angenommenes Bildungsgut dargestellt werden kann. Schriftlichkeit spielt bei diesem Konsens im Gegensatz zur Bildlichkeit eine wichtige Rolle bei der Definition von Qualitätsmaßstaben der Wissensvermittlung. Der »visual turn« scheint sich nur zaghaft auch auf das Genre der Comics zu beziehen. Diese gelten nach wie vor als wenig ernstzunehmende Literatur.[1]

Erst in jüngerer Vergangenheit wurde ansatzweise die Bedeutung des Comics als Mittler historischen Wissens erkannt und untersucht. Der vorliegende Essay beschäftigt sich mit dieser Entwicklung und thematisiert Comics mit historischem Inhalt als Fallbeispiel einer Angewandten Geschichte, in der die Gesetze der medialen Aufmerksamkeitsökonomie voll zum Tragen kommen und Geschichte einem breiten Publikum vermittelt wird. Kulturkritische Voreingenommenheiten werden dabei zunächst einmal ignoriert. Der Artikel orientiert sich vielmehr an der Definition McClouds, der zufolge Comics »zu räumlichen Sequenzen angeordnete, bildliche oder andere Zeichen [sind], die Informationen vermitteln und/oder eine ästhetische Wirkung beim Betrachter erzeugen sollen.«[2] Unter Geschichtscomics werden Werke verstanden, deren Narrativ sich entweder an historischen Verläufen, Ereignissen oder Personen orientiert oder deren erklärtes Ziel es ist, den Geist einer Zeit zu vermitteln, so dass Handlung und Zeitumstände eng miteinander verzahnt sind.[3]

Der vorliegende Artikel reißt kurz die Entwicklungsgeschichte der Comics an, um sich anschließend auf die geschichtsdidaktischen Debatten in der Bundesrepublik zu konzentrieren.

ETABLIERUNG DES COMICS Den Weg für die Etablierung von Comic-Alben ebneten kurze Streifen oder Einseiter in Zeitschriften und Zeitungen, so genannte Comicstrips.[4] Erste große Erfolge von eigenständigen Comic-Alben sind in den 1930er und 1940er Jahren mit »Superman« sowie den Comics »Batman« und »Walt Disney's Comics and Stories« zu verzeichnen. Jedoch beschränkte sich der Erfolg dieser Comics zunächst hauptsächlich auf die USA.[5] In Europa fand der Comic eine verhaltene Resonanz.[6]

Eine Ausnahme stellt der frankobelgische Raum dar, in dem sich seit den 1920er Jahren, parallel zur Etablierung des Comics in den USA, eine eigene Comic-Kultur entwickelte.[7] Erste Comic-Alben wurden jedoch erst nach dem Ende des Zweiten Weltkriegs in größerem Stil publiziert.[8] Frühe Versuche historische Ereignisse und Personen in Comics zu integrieren, sind in den 1950er Jahren in der Bundesrepublik mit den Reihen »Abenteuer der Weltgeschichte«[9] und »Illustrierte Klassiker«[10] auszumachen. Ihnen fehlen jedoch oftmals gut recherchierte historische Bezüge.[11] Während bereits in den 1950er Jahren vor allem amerikanische Comics in der westlichen Welt Bestandteil der Alltagskultur wurden, fand in der Forschung eine Auseinandersetzung mit Comics erstmals in den 1970er Jahren statt.[12] Der Fokus der Diskussionen richtete sich auf die Anwendung von Comics im Unterricht.[13] Eine Professionalisierungstendenz und wachsende Vernetzung der Comicforschung, die nach wie vor ein interdisziplinäres Nischendasein im Wissenschaftsbetrieb führt, ist seit einigen Jahren auszumachen.[14] Exemplarisch für die Intensivierung und die zunehmende Organisation der Comicforschung ist die Gründung der Gesellschaft für Comicforschung im Februar 2005.[15] Die Ansicht des Comics als Quelle gesellschaftlicher Informationen gewinnt gegenwärtig wachsenden Zuspruch.[16] Davon zeugt nicht zuletzt das Engagement des Jüdischen Museums in München, das Comics als maßgeblichen Bestandteil in sein Ausstellungskonzept integriert hat.[17] Mit der Frage nach der Darstellung von Geschichte im Comic haben sich explizit Munier[18], Gundermann[19] und Näpel[20] befasst. Deren Annahme von Comics als ernstzunehmendes Literaturgenre steht im krassen Gegensatz zu Ansätzen aus der ersten Hälfte des 20. Jahrhunderts, als Comics ausschließlich als Medium für Kinder und Jugendliche wahrgenommen und im Kontext der »Schmutz und Schund«-Debatte diskutiert wurden.[21] Jedoch stellen die zu dieser Zeit entstandenen Aufsätze und Monographien über Comics ideologische Verurteilungen des neuen Mediums dar, deren Basis eine spezifische Auffassung von Bildung war. Propagiert wurde ein »Kampf der Schule gegen die Schmutz- und Schundliteratur«[22]. Das Bild einer »Lesepest«[23] durch den Comic bestimmte auch die Nachkriegsdebatte in den 1950er Jahren.[24] Unter Berufung auf den »leidenschaftlichste[n] Vorkämpfer für eine Säuberung der Kinderliteratur«[25], den amerikanischen Psychologen Fredric Wertham, wurde vor allem nach den Schäden gefragt, die das Medium bei den Kindern anrichte.[26] So bescheinigte 1955 die Wochenzeitung »Die Zeit« dem Comic eine »geisttötende Wirkung«[27].

GESCHICHTSDIDAKTISCHE DEBATTEN: »MAUS« UND »HITLER« Von einer Auseinandersetzung mit Comics im Schulunterricht lässt sich seit den 1970er Jahren sprechen. Die damalige Geschichtsdidaktik musste schlichtweg feststellen, dass Comics bei Jugendlichen weit verbreitet waren. »Als Massenliteratur wandern sie in die Hände der Jugendlichen und richten dort einen Schaden an, den die Schule nicht wiedergutmachen kann«[28], konstatierte in alter Diktion der Didaktiker Döhn. Aber die Einsicht in die Macht des Faktischen, das heißt, dass Comics Massenliteratur der Jugendlichen waren, führte nach der kategorisch ablehnenden Haltung allmählich zu einer ernsthafteren Auseinandersetzung mit dem Medium.[29] Erstmals wurden Thesen einer positiven Einwirkung von ausgewählten Comics auf Jugendliche aufgestellt.[30] Auch alte Kritiken wurden umgedeutet und relativiert, indem der Geschichtscomic in eine Reihe mit vielen Jugendbüchern gestellt wurde, die ebenfalls ein personalistisch geprägtes Geschichtsbild im Kontext von kriegsgeschichtlichen Ereignissen vermittelten.[31]

Erst in den späten 1980er Jahren schafften zwei populäre und viel diskutierte Comicveröffentlichungen die Grundlage für eine breitere akademische Auseinandersetzung. Vor allem ist hier der Comic »Maus«[32] von Art Spiegelman zu nennen, der 1988 in deutscher Übersetzung erschien. Die Verlagerung der Diskussion um Comics von den Gefahren hin zu den Möglichkeiten dieses Mediums ist wesentlich auf »Maus« zurückzuführen.[33]

Der Comic stellt ein autobiographisches Zeugnis der von Art Spiegelman geführten Interviews mit seinem Vater Wladek dar. Hauptgegenstand dieser Gespräche bilden die Erlebnisse des jüdischen Vaters während der NS-Zeit in Polen und dessen Aufenthalt im Konzentrationslager von Auschwitz. Diese werden in Form von Rückblenden dargestellt. Dass Spiegelman die Juden als Mäuse und die Deutschen als Katzen zeichnete, stellte zudem einen brisanten und viel diskutierten Punkt dar.[34] Hervorzuheben sind der häufige Wechsel der Erzählperspektiven, die damit einhergehenden Zeitsprünge und Metaebenen, sowie die daraus resultierende vielschichtige Darstellung Wladeks. In diesem Kontext sind besonders die impliziten Anregungen zur Reflexion des Mediums und der eingenommenen Perspektive zu betonen.[35] Hier wird eine bildschriftliche Konstruktion einer Wirklichkeit angeboten, die sich gerade für den Schulunterricht als Angebot zur Auseinandersetzung mit NS-Geschichte eignet. Diese Verarbeitung von NS-Geschichte erregte viel Aufmerksamkeit. Der Großteil der Kritiker war sich darin einig, dass Maus eine herausragende Leistung war und dass Spiegelman für sein Thema eine neue Sprache erfunden habe.[36] Die Begeisterung in den Feuilletons zeugte jedoch auch von der Verwunderung, die »Maus« bei seinen Kritikern bezüglich des Mediums Comic hervorrief. Ob »Maus« überhaupt in dem Genre Comic zu verorten sei, war die aus dieser Verwunderung resultierende Frage.[37]

Mit dem vom Comiczeichner Will Eisner eingebrachten Begriff der »Graphic Novel« einigte man sich auf eine Kategorie, die viele andere Comics ausschloss.[38] Dennoch ist die Erkenntnis, dass die »Ineinssetzung der Begriffe Comic und Trivialität«[39] nicht funktioniere, als großes Verdienst von »Maus« festzuhalten. Die Geschichtsdidaktik zitiert »Maus« gerne als Beispiel eines gelungenen Geschichtscomics.[40]

Im Gegensatz dazu erwies sich der 1989 erschienene Comic »Hitler«[41] von Bedürftig für einen Einsatz im Unterricht als ungeeignet. Die Grenzen des Mediums Comic werden hierbei vor allem in der Erzählperspektive, dem Umfang der Handlung und dem Fokus auf eine negativ behaftete historische Person deutlich. »Hitler« stellt den Versuch dar, mit der Biographie Hitlers auch die Geschichte des Faschismus in Deutschland zu erzählen. Gestalterisch setzten sich Bedürftig/Kalenbach das Ziel, die »Bilder hinter den Bildern der geschönten Überlieferung sichtbar«[42] zu machen.In der Umsetzung hat dieses zur Folge, dass es sich bei »Hitler« eher um illustrierte Bilderbögen als um eine zusammenhängende Comicgeschichte handelt. In den Fokus der Geschichtsdidaktik rückte »Hitler« 1992 durch das Vorhaben der Bundeszentrale für Politische Bildung (bpb) und der Stiftung Lesen, den Comic in ein Medienpaket zum Thema Nationalsozialismus zu integrieren. Maßgebliche Motivation war die Absicht mit dem Comic als spracharmes Medium die Leseunlust der Jugend zu überwinden.[43] Zu diesem Zweck testete die bpb die Tauglichkeit des Comics und holte dazu Gutachten zu »Hitler« von verschiedenen Fachexperten ein.[44] »Hitler« bekam somit zwangsläufig eine hohe Bedeutung für die Geschichtsdidaktik und wurde heftig diskutiert. Zwar hat Munier Recht, wenn er davon ausgeht, dass auch Ressentiments gegenüber dem Medium Comic die Diskussion prägten.[45] Dennoch sind die vorgebrachten Argumente gegen den Einsatz von »Hitler« im Unterricht nicht mit diesem Verweis einfach abzulehnen.[46] So beklagt Bergman vor allem den »Schein von Authentizität«[47] des Comics, den dieser durch den übermäßigen Einsatz von Originalvorlagen und Zitaten erwecke. Verstärkt wird dieser »Schein« von

Authentizität durch das Fehlen einer selbstreflexiven Ebene, die auf den Konstruktionscharakter des Comics aufmerksam macht. Mit dem Anliegen der Verfasser die Bilder hinter den Bildern deutlich zu machen, indem auf authentisches Material zurückgegriffen wird, und der Betonung einer subjektiven Darstellung im Vorwort beansprucht der Comic eine Art »Super-Authentizität«[48]. Den Vorwurf einer Fiktionalisierung des Dokumentarischen und einer mangelhaften Trennschärfe versucht Munier durch die Anlage des Mediums in Schutz zu nehmen.[49] Im Hinblick auf einen Einsatz in der Schule ist dieser Punkt jedoch zentral und kann nicht einfach durch das gewählte Medium erklärt werden. Hinzu kommen das Problem der Personalisierung, die mangelnde Positionierung der Verfasser, sowie die starke, unhinterfragte Stereotypisierung und die Einnahme der Sicht der Verfolger_innen durch die Leserschaft.[50] So empfehlen auch die Gutachter_innen einen Einsatz des Mediums erst ab 18 Jahren und »unter der methodischen Anleitung eines Lehrers.«[51] Nach wenigen Wochen wurde die Auslieferung des Medienpakets, das den Comic »Hitler« beinhaltete, wieder eingestellt, da er »stark mit der Ästhetik des 3. Reiches«[52] arbeite und die Tendenz hätte »Hitler als Held darzustellen«[53].

Die Annäherung auf empathischer Ebene an die Figuren ist die eigentliche Stärke des Mediums Comic.[54] Ein empathischer Zugang zur Täterschaft wie bei »Hitler« kann und sollte allerdings nicht die Intention des Geschichtsunterrichts sein. Birgt es in diesem Fall doch zu viele Gefahren dem Faszinosium Hitler zu erliegen, zu versuchen ihn zu verstehen und die Rolle der Opfer dabei aus dem Blick zu verlieren.[55]

DER COMIC WIRD REALISTISCH: »AUSCHWITZ« UND »DIE SUCHE« Unter den Comic-Publikationen zum Nationalsozialismus, die nach dem Erfolg von »Maus« erschienen, ragt die 2002 erschienene Graphic Novel »Auschwitz«[56] von Pascal Croci heraus. Schließlich unternimmt Croci den ambitionierten Versuch mit »Auschwitz« einen realistischen Comic über die Shoah zu zeichnen. Hervorzuheben ist vor allem der Anhang, in dem der Zeichner seine Arbeitsweise transparent zu machen versucht. In dem Comic geht es um ein Ehepaar, das sich Anfang der 1990er Jahre an seine Haft in Auschwitz und den damit verbundenen Verlust ihrer Tochter erinnert. Die Geschichte wird hauptsächlich aus der Perspektive des Vaters erzählt. Als Leitfaden der Geschichte dient die Ankunft tschechischer Häftlinge aus Theresienstadt, die 1944 in Auschwitz inhaftiert waren. Ein Schwerpunkt des Comics liegt auf der präzisen Fokussierung dieser drei Tage im Lager Auschwitz. Das Anliegen Crocis ist es, »Alltagsbegebenheiten [zu zeigen], für die sich Geschichtswissenschaftler nicht so interessieren.«[57] Croci zufolge gingen dem Comic umfangreiche Recherchearbeiten voraus. Für alle gezeichneten Details habe er Vorlagen in Form historischer Fotografien gesammelt. Das ausgewählte Literatur- und Quellenverzeichnis verweist auch auf wissenschaftliche Werke wie Bernadac[58]. Seine Hauptquelle stellen indessen selbst durchgeführte Interviews mit Zeitzeug_innen dar. Aus geschichtswissenschaftlicher Perspektive ist an dieser Vorgehensweise die mangelhafte Dokumentation der Zeitzeugengespräche kritisch zu hinterfragen. Sowohl Transparenz als auch Nachweisbarkeit sind in

dieser Hinsicht nicht gewährleistet. Daran ändert auch das im Anhang abge-
druckte Schreiben des Zeitzeugen Charles Baron nichts, das der Leserschaft einen
Einblick in die Kontroverse um eine angemessene Zeichnung der Mützen der
Lagerinsassen ermöglichen soll.[59]

Die realistische und drastische Darstellungsform und Erzählweise disqualifi-
zieren den Comic für einen Unterrichtseinsatz. Im Gegensatz zu »Maus« führt
der dokumentarische Anspruch Crocis bei »Auschwitz« dazu, dass die Leser als
beschämte Voyeure zurückbleiben. Dieses liegt an der Fokussierung auf die
ungeschönte Darstellung von Gewalt. So reiht sich »ein Moment des Grauens an
das andere«[60]. Ein wesentlicher Unterschied zu den anderen behandelten Comics
besteht zudem in den seltenen Zeitsprüngen. Der Eindruck der schrecklichen
Bilder wird auf diese Weise noch unmittelbarer erfahren. Im Sinne der Geschichtsvermittlung ist ein solcher Effekt zu vermeiden. »Schock und Abwehr
führen zu keiner wertvollen Lernerfahrung«[61], so die »Task Force for International
Cooperation on Holocaust Education, Remembrance, and Research« in ihren
didaktischen Empfehlungen zum Thema Holocaust. Vielmehr könne eine zu starke Konfrontation mit schrecklichen Bildern »sogar einen entmenschlichenden
Effekt haben und das Bild von Juden als bloße[...] Opfer[...] verstärken.«[62]

Einen gänzlich anderen Anspruch besitzt der Comic »Die Suche«[63] des niederländischen Zeichners Eric Heuvel, der die Berichterstattung über Comics in der
jüngsten Vergangenheit prägte.[64] Der Comic, dessen Initiator und Träger die
Anne-Frank-Stiftung ist, lässt sich als didaktisches Projekt beschreiben. Zielgruppe von »Die Suche« sind 13 bis 15-Jährige. Die Anne-Frank-Stiftung hatte in
den Niederlanden bereits 2003 mit dem Comic »Die Entdeckung«[65] erfolgreich
den Einsatz dieses Mediums im Schulunterricht erprobt. »Die Suche« ist ein
ungleich ambitionierteres Projekt, stellt es doch den Versuch eines international
im Schulunterricht einsetzbaren Comics zum Thema Holocaust dar.[66] Bei dem
Comic handelt es sich um eine deutsch-holländische Geschichte, die aus der
Perspektive der Enkel vom Schicksal einer jüdischen Familie erzählt, die in das
Konzentrations- und Vernichtungslager Auschwitz deportiert wurde. Im Gegensatz zu »Hitler« wird von Beginn an deutlich gemacht, dass es sich um eine fiktive
Geschichte handelt.

Zur Vorbereitung und Gewährleistung der historischen Richtigkeit lud die
Anne-Frank-Stiftung im Vorhinein Historiker_innen aus den Teilnehmerländern
ein.[67] Bei dem ersten Treffen wurde die Schwerpunktsetzung des Comics sowie
die Einbeziehung von Originalvorlagen für die Zeichnungen diskutiert.[68] Das
zweite Treffen widmete sich der Überprüfung der historischen Korrektheit einerseits und der Frage der Verwendbarkeit des Comics in den unterschiedlichen
Ländern andererseits. Gerade das Vorhaben, die gesamteuropäische Dimension
des Holocausts zu berücksichtigen, entpuppte sich als schwierig.[69] Daher wurde der Entschluss gefasst, dieses Defizit durch länderspezifische Arbeitsmateri-
alen zu kompensieren. Erklärtes Ziel des Comics ist dementsprechend die »Entwicklung von Empathie für die Betroffenen«[70], nicht die Vermittlung von Faktenwissen. Die Absicht, den Comic für einen Unterricht zu verwenden, der auf

»individualisierendes Erzählen ausgerichtet ist«[71], spricht für eine angemessene Reflexion des Mediums und seiner Möglichkeiten.

Für eine Verwendung des Mediums Comic in der Schule spreche vor allem seine Positionierung zwischen diskursivem Text und Film. Der Vorteil sei, so der didaktische Berater Wolfgang Kaiser, dass man einerseits wie bei der Arbeit mit einem Text anhalten, Fragen stellen und diskutieren könnte, andererseits aber auch visuelle Eindrücke hätte.[72]

Die spezifische Hoffnung bei dem Einsatz eines Comics sei es, damit auch lesefaule Schülerschaft zu erreichen.[73] Insofern steht das Projekt unter einem ähnlichen Diktum wie das 1992 gescheiterte Medienpaket »Hitler«. Mag das Ziel ein ähnliches sein, so ist die konkrete Umsetzung grundverschieden. Differenzen lassen sich vor allem in der Eingrenzung des Erzählgegenstands und der Erzählweise, sowie in der Berücksichtigung des emphatischen Aspekts feststellen. Auch der Anspruch, Fakten zu vermitteln ist bei »Die Suche« im Vergleich zu »Hitler« stark gesunken. Der informative Charakter rückt deutlich in den Hintergrund.[74] »Die Suche« ist somit weniger als Quelle der Informationsentnahme, denn als Ausgangspunkt für eine Weiterbeschäftigung mit dem Thema Nationalsozialismus gedacht.

PRINZIPIEN UND ZWÄNGE DER DARSTELLUNG VON GESCHICHTE IN COMICS – DIE PERSPEKTIVE DER ZEICHNER_INNEN Nach welchen Prinzipien Geschichtscomics gezeichnet werden, sollen abschließend zwei Beispiele zeigen.[75] Die Comiczeichnerinnen Ingrid Sabisch und Elke Steiner sind im Rahmen ihrer Projekte eine Kooperation mit Museen eingegangen.[76] Diese Zusammenarbeit erwies sich als fruchtbar. So sprechen beide davon, dass sich für sie durch die Anbindung an die bereits bestehenden Strukturen der Bildungsinstitutionen einerseits neue Märkte[77] und andererseits bessere Recherchemöglichkeiten eröffneten.[78] Zu möglichen Ansätzen einer wissenschaftlichen Arbeitsweise grenzen sich die Comiczeichnerinnen indessen stark ab. Sie betonen übereinstimmend die eigene Form des Comics und ihr Selbstverständnis als Comiczeichnerin und nicht etwa als Historikerin. Insbesondere Steiner weist im Kontext ihres Comics »Rendsburg« auf die Notwendigkeit hin, »dass jemand für mich da ist, der oder die Ahnung hat und mich begleitet.«[79] Als mediumspezifischen Faktor erachten Sabisch und Steiner vor allem die Einhaltung eines Erzählstrangs. »Geschichte muss man erzählen«[80], so die Herangehensweise von Steiner. Die impliziten Spannungsfelder zwischen Vergangenheitsrekonstruktion und Erzählung, zwischen Unterhaltung und Bildung müssten immer wieder neu hinterfragt und austariert werden.[81] In manchen Fällen biete der Comic die Möglichkeit, Probleme der Darstellung durch Auslassungen zu umgehen. Der konkrete Ablauf wird auf diese Weise der Interpretation der Leserschaft überlassen.

Ein weiteres wesentliches Merkmal eines Comics ist das Zusammenspiel von Text und Bild. Diese Eigenschaft zieht eine Reduktion der Sprache zugunsten des Leseflusses nach sich.[82] Dieser Maßgabe folgt beispielsweise Sabisch, wenn sie davon spricht, dass ihr Versuch, die Briefe von Dürer »in dieser [mittelalterlichen] Sprache zu schreiben [...], maniriert klingen würde und des Guten zu viel wäre.«[83]

Im Gegensatz dazu stehen die Zeichnungen von Orten, Kleidung und Gegenständen aus der jeweiligen Zeit, die sich häufig an Originalvorlagen orientieren. Auch hier warnt Sabisch jedoch davor, dass sich der Zeichner »in die Details verliebt.«[84] Mit Kaiser ließe sich somit konstatieren, dass historische Korrektheit in Bezug auf Comics »nicht unbedingt im Sinne von Vollständigkeit«[85] aufgefasst werden dürfte, sondern lediglich bedeute, dass »nichts falsch dargestellt«[86] wird. Ambitionen, eine Vielfalt von Interpretationsmöglichkeiten aufzuzeigen, ordnen sich somit eindeutig der Entwicklung eines Erzählstrangs und der Einhaltung eines Spannungsbogens unter. Dieser Ansicht entsprechend kommt Sabisch zu dem Schluss, dass »gar nicht so das Detailwissen«[87], sondern vielmehr »ein Gefühl, wie das Leben war, eine Atmosphäre«[88] das sei, was ein Comic vermitteln könnte.

FAZIT Als zentrales Spannungsfeld geschichtsvermittelnder Comics stellt sich die Positionierung zwischen Unterhaltungs- und Informationsanspruch heraus. Inwiefern der historische Gegenstand übernommen oder zugunsten des Erzählstrangs abgeändert wird, muss stets neu entschieden werden. Positiv fallen in diesem Zusammenhang Geschichtscomics auf, die zum einen von Beginn an betonen, dass sie eine für die behandelte Zeit zwar beispielhafte aber fiktive Geschichte/Biographie erzählen oder die zum anderen Sequenzen in die Handlung integrieren, die zu einer Reflexion des Mediums und der eingenommenen Perspektive anregen. Um dem Eindruck einer Fiktionalisierung des Dokumentarischen vorzubeugen, erweist sich ferner die Erzählperspektive als maßgebend. So ist zu akzeptieren, dass der Comic ein stark verkürzendes Medium ist, das sich nicht dafür eignet, lange Zeitspannen mit komplexen Ereignissen aus einer Perspektive von oben zu erzählen. Vielmehr stellt der häufig gewählte biographische Erzählansatz einen viel versprechenden und dem Medium angemessenen Zugang zur Geschichte dar.

Im Hinblick auf die Vermittlung von Geschichte liegt die Leistung von Comics meiner Ansicht nach in ihrem einführenden Charakter, der sich auf emphatischer Ebene vollzieht. Die Darstellung der Zeit ist im Sinne der Recherche und der Aufbereitung zwar sehr wichtig, jedoch für den Großteil der Leser_innen sekundär. Es sind die vordergründigen Handlungsstränge und Figuren, die ein weiterführendes Interesse an einer Zeit wecken, Auseinandersetzungen mit dem Thema befördern und für verschiedene Aspekte der Zeit sensibilisieren können.

Das Verdienst geschichtsvermittelnder Comics liegt somit nicht in der Vermittlung von Information, sondern in ihrem Interesse weckenden Charakter. Ein Comic zu Zwecken der Geschichtsvermittlung in der Schule muss somit in ein Paket anderer auf Information ausgerichteter Materialien eingebettet sein. Die Neugierde, die ein Geschichtscomic zu wecken vermag, kann er nicht erschöpfend befriedigen. Ein solcher Versuch sprengt unweigerlich den Rahmen des Mediums.

1 Vgl. Gundermann, Christine, Jenseits von Asterix. Comics im Geschichtsunterricht (Methoden historischen Lernens), Schwalbach 2007, S. 20f.; Dolle-Weinkauf, Bernd, Comics. Geschichte einer populären Literaturform in Deutschland seit 1945, Weinheim/Basel 1990, S. 21.

2 McCloud, Scott, Comics richtig lesen, 4. Aufl., Hamburg 1997, S. 17. Sowohl die Frage nach der Integration des Textes in das Bild als Kriterium, als auch nach dem Geburtsdatum des Comics stehen nicht im Vordergrund dieses Artikels. Vgl. zur Definitionsdiskussion www.comicforschung.de/dtcom/dtcom08/7-16.pdf [11.06.2008]; Grünewald, Dietrich, Comics, Tübingen 2000, S. 10–15.

3 Unter Berücksichtigung der von Gundermann aufgestellten Comictypologie bezieht sich die vorliegende Definition auf die Typen Comic-Epochalepos, realgeschichtliche Comic-Nacherzählung und Comic-Autobiographie. Vgl. Gundermann, Comics, S. 92–95.

4 Vgl. weiterführend Lefèvre, Pascal/Dierick, Charles (Hg.), Forging a New Medium. The Comic Strip in the Nineteenth Century, 2. Aufl., Brüssel 2000; vgl. zu Datierungen eines ersten Comics Knigge, Andreas, Comics. Vom Massenblatt ins multimediale Abenteuer, Hamburg 1996, S. 17; Dolle-Weinkauff, Bernd, Comics made in Germany: 60 Jahre Comics aus Deutschland, Leipzig/ Frankfurt a.M. 2008, S. 21.

5 Erste Comic-Hefte wurden zwar Ende der 30er Jahre nach Deutschland importiert. Ihr Vertrieb wurde jedoch von der NSDAP verboten.

6 Vgl. Dolle-Weinkauf, Comics, S. 21.

7 Vgl. Metken, Günter, Comics, Hamburg 1970, S. 113; Paillarse, Dominique (Hg.), Der Französische Comic – Eine Grafische Kunst, Berlin 1988.

8 Maßgeblich ist der von Hergé gezeichnete Comic »Tintin«, der erstmals 1946 in Form eines Albums erschien.

9 »Abenteuer der Weltgeschichte« wurde 1953 vom Regentverlag initiiert und 1958 eingestellt. Unter der Redaktion des Historikers Hans Jürgen Linden wurden historische Ereignisse und Personen mit dem Anspruch Bildungsstoffe zu vermitteln in das Comicformat übertragen. Vgl. Dolle-Weinkauff, Comics, S. 137f.; Mounajed, René, Zeithistorisches Lernen mit Geschichtscomics, Erste Befunde einer empirischen Studie, in: Barricelli, Michele/Hornig, Julia (Hg.), Aufklärung, Bildung, »Histotainment«? – Zeitgeschichte in Unterricht und Gesellschaft heute, Berlin 2008, i. E.

10 Das Themenspektrum von »Illustrierte Klassiker« (seit 1956) und »Illustrierte Klassiker – Doppelband« (seit 1958) reichte von »Julius Cäsar« bis zu den Weltkriegen. Vgl. Dolle-Weinkauff, Comics, S. 142.

11 Vgl. Gundermann, Comics, S. 29.

12 Vgl. Fuchs, Wolfgang/Reitberger, Reinhold, Comics. Anatomie eines Massenmediums, Hamburg 1971; Metken, Comics; Reitberger, Reinhold (Hg.), Comics, München 1974.

13 Einen sehr guten Einblick in die damalige Diskussion bietet Riesenberger, Dieter, Geschichte in Comics, in: Geschichte in Wissenschaft und Unterricht 3 (1974), S. 162–173.

14 So beschweren sich Hausmanninger/Kagelmann »als Marginale oder gar Abstrusität« abgetan zu werden. Hausmanninger, Thomas/Kagelmann, Hans-Jürgen (Hg.), Comics zwischen Zeitgeschehen und Politik, München/Wien 1994, S. 7; vgl. www.comicforschung.de/tagungen/06nov/06nov.html [16.01.2008].

15 Dieser Zusammenschluss aus Comic-Experten und interessierten Laien ist vor allem unter dem Gesichtspunkt einer Vernetzung der Comic-Forschung als Innovation zu werten. So finden sich auf der Website der Forschungsgesellschaft interdisziplinäre Literaturlisten, die auch unveröffentlichte Abschlussarbeiten aufführen. Jährlich durchgeführte Tagungen und Publikationen sorgen außerdem für eine zunehmende Transparenz und Vernetzung der Comicforschung. www.comicforschung.de/gesellschaft.html [16.01.2008].

16 Vgl. Hausmanninger/Kagelmann, Comics; Frankfurter Rundschau, Panzerknacker als nicht erwünschte Ausländer, 17.07.2007, S. 12.

17 Vgl. www.juedisches-museum-muenchen.de/cms/index.php?id=41&L=0 [04.07.2008].

18 Munier, Gerald, Geschichte im Comic. Aufklärung durch Fiktion? Über Möglichkeiten und Grenzen des historisierenden Autorencomic der Gegenwart, Hannover 2001.

19 Vgl. Gundermann, Comics.

20 Vgl. Näpel, Oliver, Auschwitz im Comic – Die Abbildung unvorstellbarer Zeitgeschichte (Zeitgeschichte – Zeitverständnis 4), Münster 1998.

21 Vgl. Rösseler, Josef, Der Kampf der Schule gegen die Schund- und Schmutzliteratur. Ein Konferenzvortrag, Düren 1909; Kiesgen, Laurenz, Die Lesepest. Ein Büchlein gegen das Schundgift, Kevelaer 1909.

22 Rösseler, Schund- und Schmutzliteratur, S. 1.

23 Kiesgen, Lesepest, S. 7.

24 Vgl. Bauer, der in Anlehnung an den belasteten Begriff »Schmutz und Schund« die nur leicht abgeänderte Bezeichnung »Schund und Plund« verwendet. Bauer, Hans, Die moderne Schule im Kampf gegen Schmöker, Plund und Plüsch, Kulmbach 1957, S. 14; Rest, Walter, Die Pest der Comic Books, in: Die Kirche in der Welt. Wegweisung für die katholische Arbeit am Menschen der Gegenwart 7 (1954), S. 313–316.

25 Die Zeit, Opium für das Kind, 03.03.1955, S. 1f.

26 Vgl. Vähling, Christian, Bildidiotismus und Jugendnot, Wie deutsche Pädagogen Kinderseelen retteten, in: Ihme, Burkhard (Hg.), Comic!-Jahrbuch 2004, Stuttgart 2004, S. 12–13.

27 Die Zeit, Opium, S. 1.

28 Döhn, Hans, Der Geschichtsunterricht in Volks- und Realschule, Hannover 1967, S. 178.

29 Vgl. Riesenberger, Geschichte, S. 164–165.

30 Vgl. Drechsel, Wiltrud / Funhoff, Jörg / Hoffmann, Michael, Massenzeichenware. Die ideologische Funktion der Comics, Frankfurt a. M. 1975, S. 14f.

31 Vgl. Riesenberger, Geschichte, S. 165.

32 Spiegelman, Art, Maus. Die Geschichte eines Überlebenden, Bd. 1, Mein Vater kotzt Geschichte aus, 3. Aufl., Hamburg 2002; Ders., Maus. Die Geschichte eines Überlebenden, Bd. 2, Und hier begann mein Unglück, Hamburg 1992.

33 Vgl. Näpel, Auschwitz, S. 42; Frenzel, Martin, Holocaust und NS-Verbrechen im Comic. Von Krigsteins »Master Race« bis Crocis »Auschwitz«. Ein vergleichender Überblick, in: Ihme, Burkhard (Hg.), Comic!-Jahrbuch 2004, Stuttgart 2004, S. 28.

34 Vgl. zu Vorläufern in der Verwendung der Tiermetapher Frahm, Ole, Das weiße M, Zur Genealogie von Mauschwitz, in: Fritz-Bauer-Institut (Hg.), Überlebt und unterwegs : Jüdische Displaced Persons im Nachkriegsdeutschland, Frankfurt am Main 1997, S. 303–323; vgl. zur Verwendung der Masken Ders., Genealogie des Holocaust. Art Spiegelmans MAUS – A Survivor's Tale, München 2006, S. 19–82; Näpel, Auschwitz, S. 73.

35 Vgl. Klappert, Annina, Comics und Kulturpolitik, Der Hitler-Comic als Hitler-Denkmal, in: Düwell, Susanne / Schmidt, Matthias (Hg.), Narrative der Shoah. Repräsentationen der Vergangenheit in Historiographie, Kunst und Politik, Paderborn 2002, S. 166.

36 Vgl. Scheel, Kurt, Mauschwitz?, in: Merkur. Deutsche Zeitschrift für europäisches Denken 5 (1989), S. 437.

37 Vgl. Frankfurter Allgemeine Zeitung, Von Mäusen und Katzen, Art Spiegelmans grandioser Comic über den Nazi-Terror, 29.12.1992, S. 22.

38 Ein Großteil historischer Comics erscheint im Format der Graphic Novel, was mit der Nähe zum Medium Buch und dem damit verbundenen seriöseren Image zusammenhängen könnte. Vgl. Eisner, Will, La bande dessinée & art sequentiel, 2. Aufl., Paris 1997, S. 143f.

39 Klappert, Comic, S. 144; vgl. Frahm, der davon spricht, dass Maus eher »als Ausnahme unter den Comics verstanden [wurde], denn als Comic par excellence.« Frankfurter Rundschau, Lauter Stereotypen, 28.01.05, S. 2.

40 Vgl. Gundermann, Comics, S. 128–137.

41 Bedürftig, Friedemann/Kalenbach, Dieter, Hitler, 2. Aufl., Hamburg 1993. Bereits 1979 hatte Bedürftig einen Comic zu Hitler geplant, der am Widerstand des Verbandes Deutscher Schriftsteller und der Deutschen Journalisten-Union scheiterte. Vgl. Klappert, Comic, S. 146.

42 Bedürftig/Kalenbach, Hitler, S. 11; vgl. zur Kritik an der Gestaltung Klappert, die davon ausgeht, dass Bedürftig »das Medium [Comic] nur zeitweise als nützliches Übel« heranzieht. Klappert, Comic, S. 146; vgl. Munier, Geschichte, S. 206.

43 Vgl. Hofmann, Hilmar/Reichert Günther, Vorwort, in: bpb/Stiftung Lesen (Hg.), Hitlers Gewaltherrschaft – Lernfeld Nationalsozialismus. Arbeitshilfen für Schule und Jugendbildung, Bd. 1, Mainz 1994, S. 5; vgl. Kuby, Erich, Was soll das? – eine Art Gebrauchsanweisung. Vorwort, in: Bedürftig, Friedemann/Kalenbach, Dieter, Hitler, Die Machtergreifung, Hamburg 1989, o. S.; Der Spiegel, Hitler in Scheiben, 25.09.1989, S. 79; Munier merkt an, dass »HITLER zu den textlastigsten Comics [gehört], die je auf dem deutschen Markt erschienen sind.« Munier, Geschichte, S. 204.

44 Vgl. bpb/Stiftung Lesen (Hg.), Hitlers Gewaltherrschaft – Lernfeld Nationalsozialismus. Arbeitshilfen für Schule und Jugendbildung, Bd. 1, Mainz 1994, S. 27–38.

45 Vgl. Munier, Geschichte, S. 205; vgl. zur undifferenzierten Diskussion von Hitler Husemann, Friedrich, Hitler im Comic – geht das?, in: Tribüne, Zeitschrift zum Verständnis des Judentums 129 (1994), S. 98.

46 Vgl. die wesentlich differenziertere Darstellung bei Klappert, Comic, S. 145.

47 Bergman, Klaus, Hitler im Comic – Bedenken und ein Ratschlag, in: Geschichte lernen 37 (1994), S. 8.

48 Klappert, Comic, S. 154.

49 Vgl. Munier, Geschichte, S. 204f.

50 Vgl. zur Kritik Ortmeyer, Benjamin, Hitler-Comic im Streit, in: Tribüne, Zeitschrift zum Verständnis des Judentums 130 (1994), S. 79–83; Näpel, Auschwitz, S. 38.

51 Hantsche, Irmgard, Didaktische Überlegungen zur Bildergeschichte Hitler, in: bpb/Stiftung Lesen (Hg.), Hitlers Gewaltherrschaft – Lernfeld Nationalsozialismus. Arbeitshilfen für Schule und Jugendbildung, Bd. 1, Mainz 1994, S. 32.

52 Damaliger stellvertretender Leiter der bpb Wolfgang Arnold zit. nach Munier, Geschichte, S. 208.

53 Ebd., S. 208

54 Vgl. Pandel, Hans-Jürgen, Comics. Gezeichnete Narrativität und gedeutete Geschichte, in: Ders./Schneider, Gerhard (Hg.), Handbuch Medien im Geschichtsunterricht, Schwalbach 2007, S. 354; Semel, Stefan, Comics im Problemorientierten Geschichtsunterricht: Die spinnen, die Comicer, in: Uffelmann, Uwe (Hg.), Neue Beiträge zum Problemorientierten Geschichtsunterricht, Idstein 1999, S. 205–220.

55 Vgl. Klappert, Comic, S. 155.

56 Croci, Pascal, Auschwitz. Eine Graphic Novel, Köln 2005.

57 Croci, Auschwitz, S. 78.

58 Vgl. Bernadac, Christian, Les Mannequins nus, Bd. 1 Auschwitz, Paris 1979.

59 Vgl. Croci, Auschwitz, S. 78.

60 Frankfurter Allgemeine Zeitung, Linientreue reicht nicht aus, 23.06.2005, S. 40.

61 www.erinnern.at/e_bibliothek/methodik-didaktik-1/achten-sie-darauf-geeignete-schrift-liche-und-visuelle-materialien-zu-verwenden-und-setzen-sie-keine-schrecklichen-bilder-als-mittel-ein-um-ihre-schuler-innen-fur-das-studium-des-holocaust-zu-interessieren [05.11.08].

62 Ebd.; vgl. Näpel, Auschwitz, S. 99.

63 Heuvel, Eric/van der Rol, Ruud/Schippers, Lies, Die Suche, Amsterdam 2007.

64 Vgl. www.spiegel.de/schulspiegel/wissen/0,1518,532561,00.html [05.11.08].

65 Heuvel, Eric, Die Entdeckung, Amsterdam 2003.

66 Es beteiligten sich Polen, Ungarn, Niederlande und Deutschland. In Deutschland erprobte die Anne-Frank-Stiftung den Unterrichtseinsatz von »Die Suche« von Februar bis Mai 2008 mit 18 Klassen und 1390 Schülern. www.annefrank.de/fileadmin/user_upload/downloads/comic/Die_Suche_Abschlussbericht.pdf [05.11.08].

67 Herr Dr. Kaiser, stellvertretender Leiter der Gedenkstätte Haus der Wannsee-Konferenz, war der didaktische Berater von deutscher Seite bei den Treffen.

68 Vgl. zur Kritik an der künstlerischen Gestaltung Hilscher, Thomas, Der Holocaust als Comicstrip Das Berliner Anne-Frank-Zentrum vermittelt Schülern Vergangenheit als gezeichnete Bildgeschichte, www.ad-hoc-news.de/Politik-News/15220420 [15.06.2008].

69 So bleiben die Gettos in Polen im Comic unerwähnt, wenngleich dieses in Polen ein zentraler Punkt bei der Behandlung dieses Themas im Geschichtsunterricht ist. Vgl. Interview mit Herrn Dr. Kaiser am 17.03.2008.

70 Kaiser, Interview.

71 Vgl. Ebd.

72 Vgl. Ebd.

73 Ebd.

74 Vgl. www.spiegel.de/schulspiegel/wissen/0,1518,532561,00.html [11.06.2008].

75 Zu diesem Zweck wurden Interviews mit zwei Zeichnerinnen von Geschichtscomics durchgeführt: Interview mit Frau Steiner am 04.03.2008; Interview mit Frau Sabisch am 29.02.2008.

76 Vgl. Steiner, Elke, Rendsburg Prinzessinnenstraße. Die Geschichte einer jüdischen Kleinstadtgemeinde, Bremen 2001; Sabisch, Ingrid, Albrecht Dürer. Vom Handwerker zum Künstler und Gelehrten, Heroldsberg 2003.

77 Vgl. Sabisch, Interview: »Dadurch, dass das Dürer Haus kein Comicladen ist, sondern ein Ort ist an dem man als Tourist oder mit Besuch an einem Sonntagnachmittag hingeht, wurde eine andere Klientel angesprochen.«

78 So spricht Steiner von einem »Arm voll Bücher«, den sie von der Museumsleiterin Dr. Dettmer bekam. Beide Zeichnerinnen betonen die ständige Möglichkeit der Rücksprache. Sabisch, Interview; Steiner, Interview.

79 Steiner, Interview.

80 Ebd.

81 So wurde an Sabisch, Dürer, die unterlassene Thematisierung der Frage, ob Dürer schwul war, kritisiert. Hingegen erachtet Sabisch ihren Comic im Rückblick als teilweise zu informationslastig. Vgl. Sabisch, Interview.

82 Gerade dieser mediumspezifische Aspekt führte zur Ansicht des Comics als Medium der »lesefaulen« Jugend.

83 Sabisch, Interview.

84 Ebd.

85 Kaiser, Interview.

86 Ebd.

87 Sabisch, Interview.

88 Ebd.

ZWISCHEN RITTERSPIEL UND MUSEUMSTHEATER

Performative Aneignung von Geschichte WOLFGANG HOCHBRUCK

Die Prämisse eines Sammelbandes wie des vorliegenden macht stutzig: Fühlt sich die universitäre Geschichtswissenschaft unter Druck gesetzt von den divergierenden, in der Mehrzahl performativen Aneignungsformen von Geschichtswissen, die meistens als Living History oder Reenactments durch die Medien geistern und unter den Sammelbegriff Geschichtstheater[1] gefasst werden können? Eigentlich sollte sie nicht viel zu befürchten haben – zumindest nicht, was ihre Alleinstellung als Wissenschaftsbetrieb oder ihren Status als Rechercheinstitution beträfe. Zwar gibt es ein in der Praxis wie in der Theorie eher unbefriedigendes Verhältnis zum im angloamerikanischen Sprachraum viel weiter akzeptierten Citizen Scholar, der mit dem oft verwendeten Epithet »Hobbyhistoriker« eben nicht adäquat beschrieben ist; immerhin verwendet dieser aber dieselben Quellen und Techniken. Im Sinne S. J. Schmidts bewegen sich Fachwissenschaftler und

Hobbyhistoriker zudem in ihrer großen Mehrheit auf dem Boden desselben Wirklichkeitsmodells,[2] das heißt, ihre kognitiven Systeme arbeiten prinzipiell vergleichbar und auf der Basis derselben Prämissen.

Sprechen wir allerdings über den Status der universitären Geschichtswissenschaft als Vermittlungsinstanz, dann trübt sich das Bild ein. Ist doch einigermaßen ausdiskutiert, dass im Vergleich der Lerneffekte das nur Angelesene gegenüber dem Gesehenen und erst recht gegenüber dem selbst (Mit-)Gemachten ziemlich schlecht abschneidet. Genau damit ist man dann beim potentiellen Problem, denn »jede Diffusion von ›Wissen‹ [...] ist als politischer ebenso wie als ökonomisch und kulturell bedeutsamer Akt zu lesen«,[3] und der Hauptvermittlungsmodus der universitär gestützten Fachwissenschaften ist immer noch das geschriebene Wort. Es gibt zwar einen raumgreifend populären und stellenweise populistischen Zweig angewandter Geschichtswissenschaft, der den Schritt vom Gelesenen zum Anschaulich-Sichtbaren vollzogen zu haben scheint: Gibt es doch, wie ein Blick auf einen beliebigen Tag des TV-Programms belegt, zahlreiche historische Dokumentationen und Wissenschaftssendungen, die zwar manchmal von hochkarätigen Wissenschaftlern wie dem Freiburger Historiker Heinrich Schwendemann oder dem neuen Leiter des Deutschen Archäologischen Instituts, Joachim Gehrke, als Talking Heads begleitet werden. Die Anschaulichkeit ist dabei leider allzu häufig Teil des Problems und nicht einer Lösung, denn während der Wissensgehalt sichtbar und hörbar unter Kontrolle der Fachleute steht (oder wenigstens zu stehen scheint – Skript und Schnitt machen letztlich die Redaktion), wird ein großer Teil der Sichtbarkeit aus leider häufig nur oberflächlich kostümierten und inszenierten Spielszenen bestritten.

Genau diese Kostüm-Geschichte aber boomt. Das Bedürfnis, angesichts einer immer weniger verstandenen und vielfach nur noch unzureichend gemeisterten Gegenwart in den Rückzugsraum einer bereits narrativ aufbereiteten und damit erfassbaren Vergangenheit auszuweichen, ist anscheinend groß. Nicht genug damit: Den traditionellen Formen der Geschichtsaneignung haben sich auf der Basis von Geschichte-als-Theater zum Teil merkwürdige Variablen beigesellt. So nehmen Tausende Reenactors als Laiendarsteller an selbst gemachten Geschichten-als-Spiel teil, die sogenannten Mittelaltermärkte ziehen jährlich und bundesweit Hunderttausende von Besuchern an. 103 Millionen Museumsbesucher wurden 2006 gleichzeitig nur noch von den Kinobesuchern zahlenmäßig übertroffen.[4]

Geschichtsdokumentationen bedienen sich für die eingeschnittenen Spielszenen gerne aus der Reenactment-Szene, mit – wie oben angedeutet – zwiespältigen Effekten. Parallel dazu sabotieren (Freilicht-)Museen ihre publikumswirksam »historische« Selbstbevölkerung mit Museumstheater-Programmen dadurch, dass bzw. wenn sie sich auftretende Personen und Gruppen nach rein ökonomischen Kriterien – möglichst billig und mit viel Show – einkaufen.[5] »Histotainment«, ein Begriff, den sich der im Aufbau befindliche Geschichts-Themenpark Adventon bei Osterburken hat gesetzlich schützen lassen, überlagert rezeptionsseitig für viele Zuschauer das noch aus dem Geschichtsunterricht Gewusste. Damit nicht genug: In dem Maß, in dem die wie auch immer prekär auf historische Datenlagen rückführbaren Reenactments vom individualistischeren und Fantasy-induzierten LARP abgelöst werden,[6] scheint auch die prinzipielle Analogie der ohnehin schon nach S. J. Schmidt nicht zwingend verbindlichen Wirklichkeitsmodelle gefährdet.

Die aufgezählten Vermittlungsdefizite der traditionellen Geschichtswissenschaft bzw. ihrer Didaktik beschwören trotzdem nicht zwingend eine allgemeine Krise herauf; die Situation kann prinzipiell auch als Chance begriffen werden. Im Folgenden soll deshalb versucht werden, ausgehend von theoretischen Überlegungen und von Observationen aus der Praxis eine Perspektive für eine Angewandte Geschichte (angelehnt an den amerikanischen Begriff der Public History) diesseits von Fantasy und Disneylandisierung zu entwickeln. Die Basis dafür sind Arbeiten der von der Deutschen Forschungsgemeinschaft geförderten FOR 875 Historische Lebenswelten in populären Wissenskulturen der Gegenwart bzw. des Teilprojekts »Geschichtstheater: (Re-) Konstruktionen nordamerikanischer historischer Lebenswelten« dieser Forschergruppe.

QUELLENLAGE Die Dominanz der Unterhaltungskultur in der Geschichtsvermittlung scheint am deutlichsten sichtbar in den historischen Sammelsurien der »Mittelalter«-Märkte mit ihrem an die Schriftform des Spätbarock angelehnten Marktsprech-Deutsch und im Schlachtfeld-Karaoke der sogenannten Reenactments.[7] Tatsächlich sind aber zumindest diejenigen Darstellungen von Geschichte, die in den qualitativ höherwertigen Amateur-Reenactments ebenso wie im historisch und museumspädagogisch begleiteten und reflektierten Museumstheater[8] zur Aufführung kommen, der traditionellen geschichtswissenschaftlichen Forschung in aller Regel sehr direkt verbunden. Zumal, wenn sich die Wiedergaben, Ausstellungen und Vorführungen auf älteres Quellenmaterial stützen, werden in der Regel nicht diese Quellen studiert, sondern deren edierte Ausgaben oder deren in wissenschaftliche Abhandlungen umgegossene Aussagen und Gehalte. Es handelt sich damit bei Museumstheater und sogenanntem Hardcore Reenactment sozusagen um zweite Ableitungen der historischen Ereignisse insofern, als Ablauf und Zusammenhang dieser Ereignisse bereits von etablierten Geschichtswissenschaftlern auf der Basis der Datenlage zu einem sinnstiftenden Narrativ zusammengefügt worden sind.[9] Dieses Narrativ ist es, was von Hobbyisten wie von Museumstheater-Gruppen spielerisch-szenisch umgesetzt wird. Dass dabei dem erzählerisch Eingängigeren der Vorzug gegeben wird vor der verklausulierten Abhandlung, liegt auf der Hand und richtet im anglo-amerikanischen Sprachraum mit seiner langen Tradition der angestrebten Verständlichkeit in den Wissenschaften[10] weniger Schaden an als hierzulande. Problematischer wird es, wo im Training der Darsteller museumstheatraler Aufführungen schon wiederum medialisierte Vorbearbeitungen eingesetzt werden, es sich beim Resultat also letztlich schon um eine dritte Ableitung von den Ereignissen handelt und außerdem in sich bereits geschlossene Referenzsysteme entstehen können.[11]

Fest steht gleichwohl, dass alle besseren Museumseinrichtungen in Europa wie in Nordamerika, die mit Museumstheater arbeiten, ebenso wie alle qualitativ höherwertigen Hobbyisten-Gruppen, erheblichen Aufwand auf historische

Recherche verwenden und sich dabei im Wesentlichen auf die Ergebnisse fachwissenschaftlicher Analyse und Interpretation historischen Datenmaterials
stützen. In dieser Hinsicht gibt es, wie eingangs festgestellt, keine Instanz, die
die historische Fachwissenschaft absehbar ablösen oder auch nur nachhaltig
abwerten könnte.

QUALIFIKATION Dass trotzdem die im vergangenen Jahrzehnt und absehbar weiterhin meistgestellte
Frage nach der historischen Authentizität der geschichtstheatralen Darstellung
nach wie vor zu Abstoßungsverhalten zwischen Fachwissenschaftlern und
Hobbyisten ebenso wie zwischen Hobbyisten und Museen unter- und gegeneinander führt, liegt an der grundsätzlichen Ironie des Verhältnisses zwischen
Vergangenheit, historischer Aufarbeitung und performativer Aneignung.[12] So,
wie die historiografische Rekonstruktion letztlich den Vorbehalt des Zweifels und
des möglichen Irrtums, der Fehlinterpretation und der schlicht fehlenden Daten
nie ganz ausschließen kann, kann auch die bestrecherchierte historische
Darstellung nie über die Konstruktion einer ›Erlebnis‹weltlichkeit hinaus wirklich
in die Rekonstruktion einer echten ›Lebens‹weltlichkeit vordringen.[13] Geschichtstheater ist eben zunächst einmal Theater, und in beiden Bereichen gibt es keine
absoluten Grenzen zwischen dem »Faktischen« und dem »Fiktionalen« sondern
nur wechselnde Anteiligkeiten; beide sind Teil desselben Kulturprogramms.
Insofern ist die bisher oft entlang einer wechselseitigen Vorwurfs-Kampflinie geführte Diskussion um laienspielerisch heroisiertes Biertrinken vs. den Citoyen
als Wissenschaftler und Archäotechniker für keine Seite zu gewinnen, da nur über
relative Verhältnisse verhandelt wird: Dem spielenden Kind reichen Papphelm
und Holzschwert zum Ritterspiel, während der Anspruchsgrad an die historische
Verazität einer rekonstruierten Erlebniswelt des Spätmittelalters wie zum Beispiel
im Freilichtmuseum in Bad Windsheim jeden Sommer das andere Ende der Skala markiert. Was den Fernsehzuschauern der Pro-Sieben-Unsäglichkeit »Die Burg«
(Untertitel der Webseite: »Prominent im Kettenhemd«)[14] zugemutet wurde, lag
irgendwo dazwischen. Prinzipiell verbindet alle drei Formen ein zu deutlich unterschiedlichen Graden mit historischem Wissen unterfüttertes ludisches Element.

   An diesem Punkt stellt sich z. B. für ein Freilichtmuseum die Frage nach dem
für notwendig erachteten Standard: Im Moment der Aufführung im Museum wird
das räumlich unabhängige und freizügige Geschichtstheater zum ortsbestimm-
ten und dem Volksbildungsauftrag verpflichteten Museumstheater. Genau an
diesem wichtigen Punkt aber sind Fachwissenschaftler bisher weitgehend absent:
Standards werden nach Gutdünken festgelegt, eine Qualitätssicherung und
Qualifikationskontrolle finden nicht statt. Hier zeigen sich deutlich Auswirkungen der Tatsache, dass das Vertretungsmonopol der Geschichts- und Museums-
wissenschaften in den 1960er und 70er Jahren im Gefolge skandinavischer und
angloamerikanischer Entwicklungen wie der sogenannten Barfußhistoriker und
Geschichtswerkstätten in Kritik geriet bzw. in der Praxis gelegentlich umgangen
wurde. Geschichtstheater und Reenactments waren ebenfalls von Anfang an
zumindest potentiell alternative Diskurse im Sinne einer Selbstermächtigung
zum Revisionismus. Dieser ist durchaus nicht immer progressiv, sondern speziell

im Bereich der Reenactments politisch tendenziell oft eher reaktionär. Es gibt aber auch Tendenzen, Reenactments und auch Mittelaltermärkte in einer Art zu verwenden, die der traditionellen Festkultur und dem situationistischen Kulturbegriff angelehnt ist und Teilnehmer wie Zuschauer aus der Lethargie und Vereinzelung des nur konsumistischen Entertainment befreien soll.[15] Unsere Forschungslage ist in diesem Punkt noch uneindeutig, aber es sieht so aus, als gäbe es direkte Verbindungen zwischen der Folk-Szene der 1970er Jahre und den jetzt in ein weitgehend fiktionalisiertes Mittelalter abgewanderten Musik- und Marktanbietern. Die karnevaleske Atmosphäre gerade dieser Märkte und teilweise auch von Reenactments lässt Versuche dirigistischer Einflussnahme durch Fachhistoriker auch bei offensichtlicher Inauthentizität der Darstellung nicht ratsam erscheinen, vielmehr wäre zu untersuchen, inwieweit hier überhaupt »Mittelalter« verhandelt wird.

In der Reenactment-Szene entsorgen sich Probleme bei den darstellerischen und materiellen Qualitätsstandards erfahrungsgemäß auf dem Weg des Peer Review und der Selbstkontrolle: Gruppen mit hohen Authentizitätsstandards, wie z. B. die »5th Virginia«-Gruppe der Historischen Darstellungsgruppe München (HDGM[16]) in der deutschen American Civil War-Reenactmentscene, wirken als Maßstab für andere, an dem diese sich zwangsläufig positiv oder negativ orientieren.

Mittelaltermärkte und Sprossformen des Reenactments wie Fantasy Larp (sogenanntes Live-Rollenspiel mit wechselndem Fantasy-Anteil) hingegen dienen nicht fokal und primär der Geschichtsvermittlung, sondern verkörpern als (noch) nicht kulturindustriell vorgefertigte Formen im Unterschied etwa zum Bezahlamüsement der Themenparks fantasierte »historische« Vorstellungen von Festtag, Spektakel und Karneval bis hin zur grotesken Umkehr der »Wahrheiten« im Bachtinschen Sinne:

»Den Karneval bestimmt er [Bachtin] grundsätzlich als festliche Befreiung von den offiziellen, herrschenden, ernsten Wahrheiten, Zwängen und Tabus der feudal-klerikalen Gesellschaftsordnung, er bestimmt (und preist) ihn als eine zeitweise Aufhebung der hierarchischen Verhältnisse, die alles Bestehende und vorgeblich Vollendete [...] verkehrt, bricht und auflöst.«[17]

In der fachwissenschaftlichen Praxis werden Abweichungen und alternative Ansätze sowie Revisionismusversuche an der normativen Kraft des Faktischen gemessen: Es gibt unhintergehbare Daten und Fakten der Geschichte, aus denen sich mehr oder weniger sinnstiftende Interpretationen ableiten lassen. Im Zweifelsfall können Revisionsversuche für zu leicht befunden werden, ohne dass dies in der Öffentlichkeit groß wahrgenommen werden müsste (wiewohl dies vorkommt, siehe die Kämpfe um Troja vor einigen Jahren).

Für das Museum stellt sich wie gesagt die Sachlage gegenüber dem Geschichtstheater-Angebot anders dar; hier ist ein Volksbildungsauftrag zu erfüllen. Zentrales Problem der Angewandten Geschichte im Hinblick auf den Umgang mit Geschichtstheater ist insofern, dass beim Einkauf von Geschichtstheater durch Museen und in der ludisch überformten Geschichtsvermittlung als Museumsthater-

Anwendung wegen fehlender Instrumente zur Qualitätssicherung die Flanke zum Missbrauch hin weit offen ist.

QUALITÄTSSICHERUNG Es ist nicht so, dass aus einem alternativen Geschichtsdiskurs zwangsläufig Missbräuchliches entsteht. Eine Gruppe wie etwa die Agentur Facing the Past zeigt, dass gutes Museumstheater nicht einmal zwingend auf die Räumlichkeiten eines Museums angewiesen ist, solange die eigenen historischen Objekte in zwei Koffer passen.[18] Frank Andraschkos Büro für Angewandte Archäologie AGIL ist stärker experimentalarchäologisch bzw. archäotechnisch ausgerichtet und verbindet den Lernwillen und das Bedürfnis aller Altersgruppen, Geschichte handgreiflich erleben zu können, zu hochwertigen »Selbsterfahrungsgruppen« im besten Sinne.[19] Als drittes Beispiel seien die schon angesprochenen jährlichen Programme der Gruppe 1476 Städtisches Aufgebot in Bad Windsheim genannt, die zusätzlich belegen, wie Museen und freie Gruppen vertrauensvoll zusammenarbeiten können.[20]

Selbst da, wo die Geschichtsdarstellung als performativer Akt weniger historisch-materielles Museum aus dem Koffer oder Erlebnisarchäologie als politisches Theater ist, müssen historische Qualität und Geschichtlichkeit keinen Schaden nehmen. Meine eigene Gruppe, die Geschichtstheatergesellschaft, hatte und hat als eines ihrer Ziele die Erforschung der Fortsetzungsgeschichte der Revolutionen von 1848/49 in den amerikanischen Bürgerkrieg hinein und die Umsetzung und Verbreitung des vorhandenen und gewonnenen Wissens unter anderem mit den Mitteln des Geschichtstheaters. Zur Gruppe gehören Studierte wie Nichtstudierte, Historiker und Nichthistoriker, zwei Buchbinder, ein Arzt und ein General. Als wir unsere Arbeit vor zwölf Jahren anfingen, gab es zum Thema eine Handvoll völlig veralteter amerikanischer Publikationen, und die museale Repräsentation der nach Nordamerika geflohenen deutschen Achtundvierziger in ihrer Rolle auf Seiten der Union und im Einsatz für die Sklavenemanzipation war auf ein einzelnes Heimatmuseum im nördlichen Baden-Württemberg begrenzt. Mittlerweile sind ein Buch,[21] eine Reihe Artikel und drei wichtige Museumsstandorte hinzugekommen – an einem davon, dem Haus der Geschichte Baden-Württemberg, ist dank des Einsatzes von Dr. Reiner Schimpf als Leihgabe aus Jefferson City die Fahne eines der vielen komplett aus deutschen Einwanderern und Flüchtlingen zusammengesetzten Unionsregimenter zu sehen.[22] Forschung wie Repräsentation der Forschungsergebnisse haben sich weit über die ursprüngliche Gruppe hinausbewegt und verselbständigt, und es gibt Hoffnung, dass sich auch die Traditionsstiftung unserer deutschen Bürgerarmee das Thema aneignen könnte.[23] Zumindest ein Teil dieser Bewegung ist wenigstens mittelbar auf die Arbeit der Gruppe zurückzuführen.

Ansatz dieser Arbeit war durchgehend eine methodisch wie didaktisch reflektierte Kombination aus wissenschaftlicher Recherche, Vorträgen, Publikationen in fach- wie populärwissenschaftlichen Medien und wissenschaftlicher Lehre mit Auftrittsformen des Geschichtstheaters in Schulen, Museen und auch bei Reenactments. Daran, dass die auf der Basis der wissenschaftlichen Forschungsergebnisse betriebene Vermittlungsarbeit sich als Teil des großen republikanischdemokratischen Projekts in diesem Land verstand, haben wir nie einen Zweifel gelassen.

Insofern eine unpolitische historische Vermittlung ebenso wenig möglich ist wie methodenfreie literarische Analyse, sind ähnliche oder auch entgegengesetzte Agenden bei anderen Gruppen oder Individuen natürlich ebenfalls anzunehmen oder sogar nachweisbar. Dies bewusst zu machen bzw. im Auge zu behalten ist ein Teil der Qualitätssicherung. Die heftige Diskussion des Sommers 2008 um die disproportionale Verwendung von NS-Abzeichen durch die »Germanen«-Gruppe Ulfhednar hat die Notwendigkeit einer solchen, fachwissenschaftlich gestützten Qualitätssicherung deutlich gezeigt: Ohne die Expertise von Fachwissenschaftlern wie Doreen Mölders und Ralf Hoppadietz, die in einem Rundbrief der Arbeitsgemeinschaft »Theorie in der Archäologie« 2007 bereits auf das Problem aufmerksam machten, hätte hier weiterhin gut getarnt rechtsradikales Gedankengut in Museen und Fernsehen transportiert werden können.[24] Im Falle der Ulfhednar und in anderen, ähnlich gelagerten Fällen hatten die bisherigen Qualitätssicherungssysteme weniger versagt als schlicht nicht greifen können, da es sie gar nicht gab: Während es in Großbritannien und den USA mit British Heritage und NAI-CILH[25] Institutionen gibt, die Qualitätsstandards für Museen sichern, ist eine entsprechende Diskussion in Deutschland erst angelaufen.[26]

Sie wird durch die zögerliche Zurkenntnisnahme des Problems durch die Fachwissenschaft ebenso behindert wie durch mangelnde Einsicht seitens der Betroffenen. Viele Reenactors sind primär politisch unverdächtige Abenteuerurlauber – diese Seite des Hobbys, wie auch die Parallelführung der körperlichen Einsatzpraxis zu anderen Kampfsportarten, ist noch völlig unterrecherchiert. Gleichzeitig sind das Angebot wie auch die Ausrichtung vieler Gruppen weniger in der eigenen didaktischen Konzeption als in der öffentlichen Wirkung keineswegs unpolitisch. Spätestens dann, wenn Einzelpersonen oder Gruppen in Museen, für Spielfilme oder Fernsehdokumentationen angeheuert worden sind, befinden sie sich in einem von »außen« einsehbaren Themed Environment, in dem sich Konföderierte und Unionisten, Römer und Germanen, Frundsberger Landsknechte und napoleonische Landwehr in einem Ideologierahmen bewegen, der unhintergehbar ist. Das im relativ geschlossenen Raum des Reenactments verhältnismäßig harmlose Kampfspiel wird vor Zuschauern zur politisch polarisierten Geschichte; auch die oblike Interpretation von Feldherren und Königen durch deren Kammerdiener, Zofen, Köche etc. läuft Gefahr, ein in Herrscher und Kriege gegliedertes und dominiertes Geschichtsbild zu unterstützen. Noch deutlicher: Wer die ewig gleichen »Ritter« und »Burgfräulein« für museumspädagogisch wünschenswert hält, darf sich über mangelndes Demokratieverständnis bei Kindern und Jugendlichen nicht wundern.

SCHLUSS: PERFORMATIVITÄT UND GESCHICHTSDIDAKTIK Wenn das Geschichtstheater als Hobbyszene bleibt und wenn sich in Zeiten knapper Budgetierungen auch in Zukunft deutsche Museen und andere Ausrichter für ihre Museumstheaterprogramme auf Reenactors und die wenigen Professionellen stützen, die es schaffen werden, ihr

Hobby zum Beruf zu machen, dann muss der Dialog zwischen Fachwissenschaft und Museumspädagogik auf eine neue Basis gestellt und dann müssen auch die anderen Beteiligten – Fachleute und Interessengruppen – einbezogen werden. Die materielle Qualität der historischen Darstellung ist nämlich letztlich nur einer von vier Punkten, die für die Qualitätssicherung ausschlaggebend sind. Es handelt sich in der Gesamtschau um:

1. Fachwissen
2. materielle Qualität
3. pädagogisches Konzept/didaktische Ausrichtung
4. darstellerische Befähigung.

Zunächst scheint es angesichts dieser Aufstellung, dass die Fachwissenschaft nur an einem dieser Punkte einhaken könnte, eben beim historischen Fachwissen. Gerade in diesem Bereich trifft sie aber auf den privatgelehrten Citizen Scholar, der oder die sich oft in mühseliger Kleinarbeit ein fundiertes Tiefenwissen zum Einzelfall angeeignet hat. Hier kann der fachwissenschaftliche Austausch tatsächlich zum Dialog werden. Manche Gruppen haben zudem wie oben bereits erwähnt ausgesprochen hohe materielle Qualitätsstufen erreicht; hier kann ein Austausch- und Lernprozess ggf. sogar die umgekehrte Laufrichtung einnehmen, während pädagogische und didaktische Konzepte und Anliegen gemeinsam erarbeitet werden können. Das Geschichts- und Museumstheater als Formatierung der Angewandten Geschichte ist schließlich, damit sich das bis hierher Gesagte nicht allzu sehr nach C. P. Snows zwei Kulturen anhört, legitimes Einsatz- und Betätigungsfeld für Fachhistoriker überhaupt: Auch wenn dies bisher eher von Archäologen verstanden worden und ein im doppelten Wortsinne Vorreiter wie Markus Junkelmann für seinen Einsatz auf ein leider ausgesprochen zwiespältiges Echo gestoßen ist.

Museums- und Geschichtstheater sind, man mag das mögen oder nicht, in der Praxis längst praktikable[27] und praktizierte sowie rezeptionsseitig akzeptierte und damit hinreichend relevante Aneignungs- und Distributionsformen historischen Wissens. Das der performativen Verarbeitung in aller Regel vorausgehende fachwissenschaftliche Studium belässt der Wissenschaft ihren Status; ob man sich jedoch seitens der Geschichtswissenschaft mit einer wie auch immer »unentbehrliche[n] Servicefunktion für alle anderen Bereiche«[28] zufriedengeben möchte? Die Möglichkeit und Zugriffsfähigkeit ideologisch einseitig ausgerichteter Aneignungen sollte eine Aufforderung und Herausforderung an die Fachwissenschaft zum ›sortie‹ aus dem Elfenbeinturm darstellen. Eine Ablehnung des Geschichtstheaters als »unwissenschaftlich« hieße zuzulassen, dass sich bereits manifest vorhandene alternative Strukturen weiter solidifizieren, und zwar unter Umgehung der Fachwissenschaft. Ob die Alternative eine aggressive Besetzung von Schlüsselpositionen im Bereich der Museums- und Geschichtstheaterszene sein muss, sei dahingestellt; klar ist, dass es keine Möglichkeit geben wird, nicht zu reagieren. Ein wichtiger Schritt bei der Verteidigung einer freiheitlichen Forschungslandschaft wird die aktive Auseinandersetzung und mögliche Verbündung mit dem Citizen Scholar sein. Ziel einer Auseinandersetzung mit dem Geschichtstheater ist nicht eine neue Hegemonie, sondern eine kritische

Auseinandersetzung mit allen vorhandenen Geschichtsnarrativen und Verhandlungen über die konstruktivsten Transmissionsformen im Sinne einer republikanischen Geschichtsdidaktik.

1 Hochbruck, Wolfgang, Geschichtstheater. Formen der Präsentation historischer Lebenswelten, Remseck 2005. Wird zzt. im Rahmen der Forschergruppe Historische Lebenswelten in populären Wissenskulturen der Gegenwart erweitert und überarbeitet.

2 Schmidt, Siegfried J., Medienkulturwissenschaft, in: Nünning, Ansgar/Nünning, Vera (Hg.), Konzepte der Kulturwissenschaften, Stuttgart 2003, S. 351–369, hier S. 357.

3 Ganz-Blättler, Ursula. »Knowledge Oblige: Genrewissen als Statussymbol und Shareware. Politik des Vergnügens. Zur Diskussion der Populärkultur in den Cultural Studies.« Hg. Udo Göttlich, Rainer Winter. Köln, 2000, S. 195–214, hier S. 196.

4 Süddeutsche Zeitung 176 [30.07.2008], S. 13.

5 Siehe hierzu die Klage von Sturm, Andreas/Beyer, Angharad, Die Qualität von living history in Deutschland – eine kritische Standortbestimmung, in: Duisberg, Heike (Hg.), Living History in Freilichtmuseen. Neue Wege der Geschichtsvermittlung, Ehestorf: Schriften des Freilichtmuseums am Kiekeberg Bd. 59, S. 151–160, bes. S. 152.

6 Live Action Role Play. Siehe z. B. Montola, Markus,/Stenros, Jaakko, Beyond Role and Play, Helsinki 2004; Gade, Morten/Thorup, Line/Sander, Mikkel, As Larp Grows Up, Frederiksberg 2003.

7 Thompson, Jenny, War Games. Inside the World of Twentieth-Century War Reenactors, Washington, 2004.

8 Hochbruck, Wolfgang. Living History, Geschichtstheater und Museumstheater: Übergänge und Spannungsfelder, in: Duisberg, Living History, S. 23–35.

9 Hochbruck, Wolfgang., Between »Living History« and Pageantry: Historical Reenactments in American Culture, in: Schnierer, Peter Paul (Hg.), Beyond the Mainstream. Contemporary Theatre and Drama in English. Trier, 1996, S. 93–105.

10 Siehe hierzu Foote, Shelby. »The Novelist's View of History«, in: Jahrbuch Krieg und Literatur/War and Literature Yearbook 2 (1996), S. 11–16.

11 So werden im Colonial Williamsburg Freilichtmuseum in Virginia zur Schulung der Mitarbeiter vor ihrem Einsatz als Living History Interpreters etwa die Videos der Twin Cities Productions Liberty! Fernsehserie von 1997 eingesetzt, die wiederum für ihre Ausstattung und Charakterisierungstechniken auf Vorgaben der Living History-Darstellungspraxis aus Williamsburg zurückgegriffen hatte.

12 Schindler, Sabine, Authentizität und Inszenierung. Die Vermittlung von Geschichte in amerikanischen historic sites, Heidelberg 2003; Magelssen, Scott, Living History Museums: Undoing History Through Performance New York 2007.

13 Schörken, Rolf, Begegnungen mit Geschichte: vom außerwissenschaftlichen Umgang mit der Historie in Literatur und Medien, Stuttgart 1995, S. 11.

14 SevenOne Intermedia. Die Burg www.prosieben.de/show_comedy/die_burg/ (23.06.2008).

15 Vgl. Debord, Guy, »Rapport zur Konstruktion von Situationen und die Organisations- und Aktionsbedingungen der Internationalen Situationistischen Tendenz.« Rapport zur Konstruktion von Situationen und die Organisations- und Aktionsbedingungen der Internationalen Situationistischen Tendenz und andere Schriften Hamburg 1980, S. 5–58, hier S. 43 ff.

16 [Bräunling, Andy] »Der Amerikanische Sezessionskrieg (Civil War) in der HDGM.« Historische Darstellungsgruppe München e. V., www.hdgmb.ellvis.de/index.php?LOC=AmBuergerkrieg&LID, [28.07.2008].

17 Hecken, Thomas, Theorien der Populärkultur, Bielefeld 2007, S. 138.

18 Vgl. Brand-Schwarz, Ullrich/Klöffler, Martin/Körver, Kristian, Gelebte Geschichte – Historische Interpretation. Ein Erfahrungsbericht, in: Duisberg, Heike (Hg.), Living History in Freilichtmuseen. Neue Wege der Geschichtsvermittlung, Ehestorf: Freilichtmuseum am Kiekeberg, 2008, S. 69–78.

19 AGIL Programm + Materialliste 2008. Creativ-Kurse – Archäo-Reisen – Funktions-Repliken, Reppenstedt, 2008.

20 Rauschenbach, Ute, Mittelaltertage im Fränkischen Freilandmuseum Bad Windsheim: Eine Woche ohne Armbanduhr und Streichholz, in: Duisburg (Hg.), Living History in Freilichtmuseen. Neue Wege der Geschichtsvermittlung, Ehestorf 2008, S. 123–134.

21 Hochbruck, Wolfgang/Bachteler, Ulrich/Zimmermann, Henning (Hg.) Achtundvierziger/Forty-Eighters: Die deutsche Revolution von 1848/49, die Vereinigten Staaten und der amerikanische Bürgerkrieg. Mit einem Geleitwort von Stefan Heym, Münster 2000.

22 Schimpf, Rainer, »Die Revolution und ihre Folgen, 1848–1866« und »Ein-Wandererland« Landesgeschichten. Der deutsche Südwesten von 1790 bis heute. Hg. Haus der Geschichte Baden-Württemberg, Stuttgart 2002, S. 80–97, hier S. 97 und S. 439–467, hier S. 446f. Leider steht zu befürchten, dass Missouri bis zum Erscheinen dieses Buchs im Zusammenhang mit den heraufziehenden 150-Jahrfeiern des Civil War die vom Land Baden-Württemberg restaurierte Fahne des 17. Missouri »Westliches Turner-Regiment« zurückgefordert haben wird.

23 Dick, Jürgen Für Einigkeit, Recht und Freiheit. Bürgersoldaten 1848/49, in: IFDT 3 (2004), S. 2–3; Böhm, Uwe-Peter/Hank, Peter, Die Idee vom Bürgersoldaten, IFDT 3 (200), S. 62–72.

24 Mölders, Doreen/Hoppadietz, Ralf, »»Odin statt Jesus!‹ Europäische Ur- und Frühgeschichte als Fundgrube für religiöse Mythen neugermanischen Heidentums?«, Rundbrief Arbeitsgemeinschaft Theorie www.theorieag.de/index.php?option=com_content&task=view&id=16&Itemid=30 [06.08.2008]. Beim 6. Deutschen Archäologiekongress 2008 in Mannheim wurden »Reenactment-Gruppen und rechtsradikales Gedankengut« thematisiert und eine »Mannheimer Erklärung« verfasst (Dank an Albrecht Jockenhövel/Univ. Münster für die Übersendung).

25 NAI-CILH National Association for Interpretation – Cultural Interpretation and Living History Section, www.geocities.com/nai_cilh/ [12.12.2007].

26 Siehe die entsprechenden Diskussionsstränge auf www.Chronico.de, (Hg. Marcel Schwarzenberger).

27 Einen praxisorientierten Überblick über eine Reihe von erprobten und funktionierenden Methoden vermittelt der Band: Keefer, Erwin (Hg.), Lebendige Vergangenheit. Vom archäologischen Experiment zur Zeitreise, Stuttgart 2006.

28 Hockerts, Hans Günter, »Zugänge zur Zeitgeschichte: Primärerfahrung, Erinnerungskultur, Geschichtswissenschaft«, in: Aus Politik und Zeitgeschichte 28 (2001), S. 15–30, hier S. 30. Für den Hinweis auf diesen Artikel und für Korrekturanmerkungen zu diesem Artikel danke ich Carolyn Oesterle. Ebenso geht Dank für kritische Lektüre und Anmerkungen an Rüdiger Heinze.

QUALITÄTS-
SICHERUNG IN DER
ANGEWANDTEN
GESCHICHTE

Der Schulbuch- und Lernhilfenmarkt als Beispiel[1] KERSTIN BRÜCKWEH

»Das erschreckte Politbüro stürzte am 18. September den reformunwilligen Erich Honecker, doch konnte auch dessen Nachfolger Egon Krenz die Lage nicht wenden.«[2] Ob das Politbüro 1989 erschrocken war – wie in einem Schulbuch für die 10. Klasse niedersächsischer Gymnasien behauptet – und deshalb Erich Honecker stürzte oder ob dafür nicht andere Gründe maßgeblicher waren, darüber lässt sich streiten.[3] Dass Honecker am 18. September abgesetzt wurde, ist mit Sicherheit falsch. Nun könnte geschichtsphilosophisch erörtert werden, was wahr oder falsch, relevant oder irrelevant ist.[4] Aber auch ohne in theoretische Diskurse und geschichtswissenschaftliche Debatten einzusteigen, ist offensichtlich, dass der eingangs zitierte Schulbuchsatz den Qualitätsstandards der Geschichtswissenschaft nicht Stand hält. Aber muss er das überhaupt? Oder gelten im Schulbuch- und Lernhilfenmarkt mit Prinzipien wie Schülerorientierung oder

Veranschaulichung grundlegend andere Qualitätsvorstellungen bzw. -hierarchien als in der Geschichtswissenschaft? Verändern sich Geschichtsdarstellungen, wenn sie »angewandt« werden und verschiedenen Akteuren gerecht werden wollen?

Diese Frage am Beispiel des Schulbuch- und Lernhilfemarktes zu erörtern lohnt sich umso mehr, wenn man bedenkt, dass dieser in all seinen Facetten und Produkten, die an Schüler und Schülerinnen bzw. ihre Eltern verkauft werden, einen Teilbereich der Angewandten Geschichte darstellt, der einerseits auf eine lange Tradition mit etablierten Strukturen zurückblicken kann, der aber andererseits in den letzten Jahren und Jahrzehnten großen Veränderungen unterlag. Neben diesem zeitlichen Aspekt ist der Schulbuch- und Lernhilfenmarkt besonders deshalb interessant, weil er unter unternehmerischen Rahmenbedingungen funktionieren muss. Einerseits beinhaltet er von Wirtschaftsunternehmen produzierte, von staatlicher Stelle zum Gebrauch an Schulen genehmigte Bücher und andere Lernmittel. Andererseits werden Gewinnanteile über den Absatzmarkt jenseits der staatlichen Genehmigungsverfahren erzielt, nämlich über den seit einigen Jahren steigenden Bedarf an Lernhilfen. Sie vermitteln Lehrplaninhalte in komprimierter Form zum selbständigen Wiederholen des Unterrichtsstoffes oder bereiten gezielt mit Aufgaben auf Abschlussprüfungen wie das Abitur vor. Der zuletzt genannte Bereich wird auch als Nachmittagsmarkt bezeichnet, da er über die schulische Pflichtlektüre hinausgehende Lernmöglichkeiten zum Kauf anbietet. Diese sind angesichts von durch PISA-Studien verunsicherten Eltern durchaus lukrativ und einige Verlage haben sich sogar ausschließlich darauf spezialisiert.

Im Folgenden wird diskutiert, welchen Anforderungen und Kontrollmechanismen Geschichtsdarstellungen unterliegen, wenn sie sich nach dem Markt richten und den Ansprüchen verschiedener Kunden gerecht werden wollen.[5] Dafür werden erstens grundlegende Begriffe wie Markt und Qualität erläutert. Zweitens soll mithilfe eines einfachen Marktmodells danach gefragt werden, welche Akteure in welcher Art und Weise auf den Schulbuch- und Lernhilfenmarkt einwirken und welche Interessen dabei vertreten werden. Drittens wird es um Vorgaben und Kontrollmechanismen gehen, durch die die gefundenen Qualitätsstandards gesichert werden sollen. Im Anschluss daran wird, viertens, nach den Grenzen dieser Mechanismen gefragt.

MARKT UND QUALITÄT Marktgerichtetheit verstehen die Herausgeber dieses Bandes als ein Definitionsmerkmal der Angewandten Geschichte. Als Markt wird allgemein der Ort bezeichnet, an dem Produzent und Konsument, Anbieter und Nachfrager, zum Tausch von handelbaren Gütern oder Dienstleistungen wirtschaftlicher, politischer oder sozialer Art zusammenkommen; Markt bezeichnet zugleich den Vorgang des Tausches und seine institutionellen Rahmenbedingungen, einschließlich der Transaktionskosten – er ist eine grundlegende Form der Koordination gesellschaftlichen, wirtschaftlichen und politischen Handelns.[6] Um auf dem Markt bestehen zu können, muss das angebotene Produkt bestimmten Qualitätsstandards gerecht werden. Während im alltagssprachlichen Gebrauch

Qualität häufig ein Synonym für Güte ist und mit näheren Bestimmungen wie »gut« oder »schlecht« kombiniert wird, wird im allgemeinen wirtschaftlichen Kontext Qualität als Grad der Übereinstimmung zwischen Ansprüchen an ein Produkt und dessen Eigenschaften angesehen. Auf einen einfachen Nenner gebracht ist Qualität das, was der Kunde bzw. die Kundin will. Zu fragen ist also erstens danach, welche Kunden es gibt, und zweitens, was diese als Qualität definieren und als Qualitätskriterien festlegen. Qualitätssicherung (oder synonym gebraucht: Qualitätskontrolle) ist dann ein Sammelbegriff für unterschiedliche Ansätze und Maßnahmen zur Sicherung der festgelegten Qualitätsanforderungen.

VERSCHIEDENE KUNDEN UND IHRE QUALITÄTSFORDERUNGEN Mit welchen Kunden haben wir es im Schul- und Lernhilfenmarkt überhaupt zu tun und welche Qualitätsanforderun-gen stellen diese unterschiedlichen Akteure? Mit dieser Frage schließen die folgenden Ausführungen zugleich an aktuelle Forschungsansätze an, die untersuchen, wie soziale Akteure Normen, Standards und Konventionen der Qualität von Produkten konstruieren und wie diese wiederum die Mechanismen des Marktes strukturieren.[7]

Die Kunden, die im Zentrum der Konzeption der Schulbücher und Lernhilfen stehen, sind die Schüler und Schülerinnen. Ihnen soll mithilfe von Büchern, CDs, Landkarten etc. Wissen für ihr späteres Leben und ihre Berufstätigkeit vermittelt werden. Schüler und Schülerinnen sind an einer Aufbereitung des Lernstoffs interessiert, die an ihre Alltagserfahrungen anknüpft, verschiedene Sinne anspricht, zum Lernen motiviert und die sich verändernden Rezeptionsgewohnheiten beachtet. Da die Schüler und Schülerinnen aufgrund ihres Lebensalters, ihrer Entwicklung und ihrer Finanzkraft noch nicht als vollständig autonome Kunden betrachtet werden, treten ihnen die Eltern zur Seite. Je nach eigenem Bildungshintergrund und sozialer Herkunft formulieren Eltern unterschiedliche Qualitätsansprüche, die von inhaltlichen Aspekten bis zu pädagogischen Vorstellungen reichen können. Gemeinsam ist ihnen zumeist die Forderung, dass – wenn keine Lernmittelfreiheit besteht – das Preisleistungsverhältnis des Bildungsmediums stimmen muss. Eltern sind zumeist mehr an Fehlerfreiheit denn an pädagogischen Innovationen interessiert, zumal steigender Leistungsdruck auch Eltern vermehrt in die Pflicht nimmt, ihren Kindern bei Hausaufgaben oder Prüfungsvorbereitungen zu helfen. Dann wird auch schon einmal der Vorwurf laut, dass sie die Art und Weise, wie ihren Kindern heute Wissen vermittelt wird, nicht verstehen (beste Beispiele: Schriftspracherwerb und Rechtschreibreform). Die Macht der Eltern ist einerseits begrenzt, da sie keinen signifikanten Einfluss auf die Auswahl des Schulbuchs haben, andererseits haben sie sehr große Macht hinsichtlich des Kaufs von Lernhilfen.

Als weitere wichtige Gruppe treten die Lehrkräfte neben die bisher genannten Endverbraucher. Für sie soll das Schulbuch ein Hilfsmittel für den Unterricht darstellen, das ihnen sowohl schüleradäquate Darstellungen historischer Sachverhalte als auch eine Auswahl multiperspektivischer Quellen an die Hand gibt. Ein Schulbuch, das Fehler enthält, würde dieser Entlastungsfunktion entgegenstehen. Zugleich stehen Lehrer als Staatsdiener im Kontext einer weiteren Kundengruppe, die im Interesse des Staates zukünftige verantwortungsbewusste Bürger und Bürgerinnen heranbilden will. Dementsprechend werden Qualitätsanforderungen schon früh auch von staatlicher und politischer Seite, nämlich von den Kultusministerien auf Länderebene und ihren Zusammenschlüssen auf Bundesebene, formuliert, in Vorgaben und Richtlinien für Schulbücher fixiert und über Zulassungsverfahren kontrolliert.

So wie Lehrer als Praktiker ihr Wissen und ihre Qualitätsforderungen in die Schulbuchproduktion einbringen, tun dies auch in der Wissenschaft tätige Geschichtsdidaktiker. Ebenso können Geschichtswissenschaftler zum Beispiel als Autoren, Berater oder Gutachter in den Produktionsprozess eingebunden werden. Sie sind zuständig für die Forschungsnähe der Darstellungen und fordern sie auch als Qualitätsmerkmal ein.

Anforderungen werden ebenso vonseiten der Gesellschaft oder verschiedener gesellschaftlicher Gruppen vorgebracht und zum Beispiel in den Medien diskutiert. Aus dieser Perspektive kommen Zukunftsvisionen der Gesellschaft in den Blick, die sich an verantwortungsbewussten, für die zukünftigen Bedürfnisse der Gesellschaft ausgebildeten Bürgern und Bürgerinnen orientieren. Ob das bestehende Schulsystem und damit auch seine Lernmaterialien diesen Anforderungen standhält, wird mittlerweile nicht nur auf Schul-, Bezirks-, Landes- oder Bundesebene evaluiert, sondern muss sich in den letzten Jahren auch zunehmend international vergleichenden Überprüfungen stellen, womit wir beim dritten Punkt, den Kontrollmechanismen, angekommen sind.

MECHANISMEN ZUR SICHERUNG DER QUALITÄT Die Rahmenbedingungen für die Produktion von Schulbüchern und Lernhilfen bilden die Lehrpläne für die einzelnen Fächer, die für jedes Bundesland getrennt festgelegt sind und bei den jeweiligen Kultusministerien angefragt bzw. über das Internet abgerufen werden können.[8] Zudem gibt es auf Bundesebene die Kultusministerkonferenz, die im Oktober 1997 beschlossen hat, das Schulsystem international vergleichen zu lassen (sog. Konstanzer Beschluss). Die Ergebnisse von Vergleichen wie PISA, TIMSS oder IGLU haben laut Kultusministerkonferenz verdeutlicht, dass das deutsche Bildungssystem für »die Entwicklung und die Sicherung von Qualität, externe und interne Evaluation [...] klarer Maßstäbe« bedarf.[9] Deshalb hat die Kultusministerkonferenz einen besonderen Schwerpunkt auf die Entwicklung und Einführung von bundesweit geltenden sog. Bildungsstandards gelegt, die ebenfalls grundlegende Eckdaten für die Schul- und Lernhilfenproduktion vorgeben.[10]

Die Bücher, die als Klassensätze verbindlich für den Unterricht in der Schule gedacht sind, müssen zudem – anders als die Lernhilfen des Nachmittagsmarktes – ein Zulassungsverfahren durchlaufen, für das auf Landesebene jeweils feste Kriterien definiert sind. Nehmen wir ein Beispiel aus der Verordnung des Kultusministeriums über die Zulassung von Schulbüchern in Baden-Württemberg vom 11. Januar 2007:

»Zulassungsvoraussetzungen sind:

1. Übereinstimmung mit den durch Grundgesetz, Landesverfassung und Schulgesetz vorgegebenen Erziehungszielen;
2. Übereinstimmung mit den Zielen, Kompetenzen und Inhalten des jeweiligen Bildungsstandards oder Lehrplans sowie angemessene didaktische Aufbereitung der Stoffe;
3. altersgemäße und dem Prinzip des Gender Mainstreaming Rechnung tragende Aufbereitung der Inhalte sowie Gestaltung der äußeren Form;
4. Einbindung von Druckbild, graphischer Gestaltung und Ausstattung in die jeweilige didaktische Zielsetzung;
5. Orientierung an gesicherten Erkenntnissen der Fachwissenschaft.«[11]

Ob es sich bei dieser Auflistung um einer Hierarchisierung handelt, die Fachwissenschaft bewusst an letzter Stelle erscheint und vielleicht sogar als nachrangig in ihrer Bedeutung eingestuft wird, bleibt offen. In den verschiedenen Verordnungen ist auch geregelt, welche Unterrichts- und Lernmaterialien nicht vom Zulassungsverfahren betroffen sind. Dies sind zum Beispiel die eingangs genannten Produkte des Nachmittagsmarktes, die sich zwar auch an den erwähnten Vorgaben orientieren, die aber nicht die Instanz der Qualitätssicherung durch das Zulassungsverfahren durchlaufen müssen. Die einzelnen Länder geben den Verlagen auch Kriterien für die Bewertung von Lernmitteln an die Hand. So hat zum Beispiel das bayerische Kultusministerium für das Fach Geschichte an Gymnasien einen Anforderungskatalog zusammengestellt. Darin finden sich Forderungen, denen Vertreter der Angewandten Geschichte und Geschichtswissenschaftler vermutlich gleichermaßen zustimmen würden, so etwa der nach der »Vermittlung historischen Bewusstseins« anstelle einer »Anhäufung umfänglichen Faktenwissens« oder der nach der Vermeidung von »verzerrenden Vereinfachungen« und »Indoktrination (z.B. durch eine einseitige historische Perspektive«.[12] Über andere Vorgaben würden Vertreter beider Berufsgruppen vermutlich in hitzige Diskussionen geraten, wenn etwa gefragt wird, ob das Lernmittel geeignet sei, »das Bewusstsein vom gemeinsamen geschichtlichen Erbe im vereinten Deutschland zu fördern« und »den Anteil der Deutschen an Geschichte und Kultur der Flucht- und Vertreibungsgebiete zu würdigen und auf die Existenz deutscher Volksgruppen in diesen Gebieten sowie in Ostmittel-, Ost- und Südosteuropa hinzuweisen«.[13] Einige der genannten Punkte verdeutlichen die politische Zielsetzung des Kultusministeriums, der sich Geschichtswissenschaftler nicht ohne Weiteres unterordnen würden. Die Plausibilität der Darstellung und die Nachvollziehbarkeit der Argumentation bzw. die Erläuterung der zugrunde liegenden Erkenntnis leitenden Fragestellung und der Nachweis der Quellen über einen Anmerkungsapparat. Wären z.B. Kriterien, an denen Geschichtswissenschaftler_innen sich orientieren würden. Schon die Themenauswahl im Lehrplan und die Wahl der Quellen im Geschichtsbuch geben eine bestimmte Richtung vor. Unabhängig von fachwissenschaftlichen Diskussionen bilden Lehrpläne und Vorgaben z.B. der Kultusministerien neben den bereits genannten Kundenanforderungen die fachlichen, didaktischen und gesellschaftlichen Bedingungen für die Produktherstellung.

In diesem Rahmen arbeiten im Verlag Autoren, die idealiter selbst Lehrer sind, mit wissenschaftlich ausgebildeten Redakteuren und Beratern ebenso wie mit Graphikern zusammen. Durch die Kombination aus Akteuren verschiedenster Herkunft und Ausbildung sollen die unterschiedlichen Qualitätsanforderungen der oben skizzierten Kunden Berücksichtigung finden. Die Qualitätssicherung im Verlag fängt dabei idealerweise mit der Personalauswahl an. Fachwissenschaftlich ausgebildete Redakteure, möglichst mit eigener Unterrichtserfahrung, werden durch Volontariate in den Bereichen Herstellung, Satz, Werbung und Lektorat zu Redakteuren ausgebildet. Auch Arbeitsteilung etwa in Grafik, Lektorat oder Satz sowie Teamarbeit oder Autorenkonferenzen können zur Verbesserung der Qualität beigetragen.

Ist das Schulbuch dann unter diesen Vorgaben und Bedingungen hergestellt, so wird es zur Zulassung eingereicht. Das anschließende Verfahren kann sich in den einzelnen Bundesländern durchaus unterscheiden und scheint in der Praxis von einem bloß formalen Akt bis zur genauen Überprüfung zu reichen. Das Genehmigungsverfahren wird zum Beispiel in Baden-Württemberg über das Institut für Schulentwicklung abgewickelt. Dort wird ein Buch entweder angenommen, abgelehnt oder zur Überarbeitung zurückgegeben. Bedenkt man die Kosten, die bis zu diesem Zeitpunkt bereits für den Verlag angefallen sind, so würde ein nicht zugelassenes Buch erhebliche finanzielle Einbußen bedeuten. Den Weg zu den Schülern schafft das zugelassene Buch aber letztlich erst über die Fach- oder Schulkonferenzen, auf denen vor allem Lehrer aus der genehmig-ten Liste auswählen. Auch hier werden die Schulbuchverlage im Vorfeld aktiv: über die Information durch Schulbuchzentren in größeren Städten und über Außendienstmitarbeiter, die die Schulen bereisen und ihre Produkte vorstellen. Erst jetzt kommt es zum Verkauf an den Endkonsumenten: an Lehrkräfte und Schülerschaft. Bei Lernmittelfreiheit werden die Bücher von der Schule bereitgestellt und an die Schüler ausgeliehen. Beschließt eine Schule ein bestimmtes Buch einzuführen, so ist der Markt für den Verlag relativ gut kalkulierbar, wobei dann auch Lehrerprodukte, Arbeitshefte und weitere multimediale Zusatzmaterialien hergestellt werden müssen. Zudem ist im Schnitt alle fünf Jahre eine Neuauflage fällig.

Lernhilfen für den Nachmittagsmarkt hingegen unterliegen einem anderen Wettbewerb. Sie können zwar von Lehrern empfohlen werden, sind aber nie verpflichtend und müssen deshalb in besonderem Maße um ihre Kunden werben, was durch die Präsenz im Buchhandel, Direktmarketing (Telefonaktionen etc.), Büchertische auf Elternabenden, durch Prospektversand an die Schulen oder an Multiplikatoren (z.B. Referendarsausbilder) und anderes mehr geschehen kann. Da hier vor allem Eltern als Kunden hervortreten, die an preisleistungsstarken Produkten interessiert sind, spielt in diesem Marktsegment der Preis eine wichtige Rolle. Gemeinsam ist den verschiedenen Produkten dann wieder, dass sie sich in der Praxis beweisen müssen. Eventuelle Beanstandungen werden häufig von den verschiedenen Kunden gegenüber den Verlagen geäußert und gegebenenfalls korrigiert.

Die Mechanismen der offiziellen Qualitätskontrolle gehen allerdings noch weiter, da insbesondere im Zuge der bereits erwähnten internationalen Vergleiche, die von der OECD initiiert wurden, erhebliche Bewegung in etablierte Strukturen und Denkweisen gekommen ist. Die auf Bundesebene eingeführten Bildungsstandards geben einen wichtigen Kriterienkatalog vor. Sie wurden in Arbeitsgruppen, die aus Fachdidaktikern und Schulpraktikern der Bundesländer zusammengesetzt waren, erarbeitet und von einer Steuerungsgruppe unter wissenschaftlicher Beteiligung aus den Bereichen Unterrichtsforschung und Fachdidaktik koordiniert. Vor der Beschlussfassung wurden die Bildungsstandards der Kultusministerkonferenz auf verschiedenen Fachtagungen einer breiteren Fachöffentlichkeit, bestehend aus Vertretern der Wirtschaft, der Wissenschaft, Fachdidaktik, Lehrkräfte, Eltern und der Schülerschaft diskutiert.[14] Auch hier wurde also versucht, alle Kunden und ihre Anforderungen einzubeziehen. Diese Bildungsstandards unterliegen wiederum einer Überprüfung und sollen zudem normiert werden. Dafür ist erstmals in der Geschichte der Kultusministerkonferenz im Jahr 2004 ein bundesweit tätiges, von den Ländern gemeinsam getragenes »Institut zur Qualitätsentwicklung im Bildungswesen« (IQB) an der Humboldt-Universität zu Berlin gegründet worden. Zu seinen Aufgaben gehört auch die Durchführung eines nationalen Bildungsmonitorings.[15]

Aus diesen neuen Entwicklungen der letzten Jahre hat sich ein großer Markt auch für Lernhilfen ergeben. So werden beispielsweise Vorbereitungsbücher für länderweit eingeführte Vergleichsarbeiten, zentrale Abiturprüfungen etc. produziert, die Schülern und Eltern ebenso wie Lehrern helfen sollen, mit neuen Anforderungen zurechtzukommen. Ebenso sollen Lernhilfen Schülern und Schülerinnen darin unterstützen, Unterrichtswissen selbständig zu wiederholen. Der daraus folgende Wettbewerb zwischen den verschiedenen Verlagen und ihren Produkten könnte dabei auch als ein Mittel zur Sicherung von Qualität fungieren. Demnach werden nur diejenigen Produkte von den Konsumenten erworben, die deren Qualitätsanforderungen zu einem akzeptablen Preis am besten gerecht werden, und nur diese Produkte können auf lange Sicht am Markt bestehen. Aufgrund der bisher skizzierten vielfältigen etablierten und der sich neu entwickelnden Verfahren und Mechanismen könnte vermutet werden, dass im Bereich der Schule Qualität in hohem Maße gesichert ist. Soweit das Idealbild, aber wie sieht die Praxis aus?

GRENZEN DER QUALITÄTSSICHERUNGSMECHANISMEN Wie kommt es trotz all dieser Vorgaben und Mechanismen zu den eingangs angeführten Fehlern, etwa der um einen Monat zu früh datierten Absetzung Erich Honeckers, und wie werden sie bekannt? Zur Beantwortung dieser Frage lohnt sich der Blick auf eine weitere Kontrolleinheit. Denn die Kombination aus staatlichen Vorgaben, die durch ein allgemeines Interesse an der Zukunft einer funktionierenden Gesellschaft geprägt sind, und Marktmechanismen, denen die Verlage als Wirtschaftsunternehmen unterworfen sind, hat einen weiteren Kontrollmechanismus in Gang gesetzt: den Warentest und seine Publikation. Beides gehört zu den Errungenschaften der modernen Konsumgesellschaft. Zwar hielt im Jahr 1957 der Wirtschaftsverband Eisen, Blech und Metallverarbeitende Industrie die Anstrengungen von Bundeskanzler Konrad Adenauer und Wirtschaftsminister Ludwig Erhard zur Einrichtung eines Testinstituts für unnötig, da es »die vornehmste Pflicht eines jeden Unternehmens« sei, »nur Qualitätsware zu produzieren.«[16] Doch wollte die Politik die Qualitätssicherung nicht allein dem produzierenden Gewerbe überlassen und die 1964 vom Parlament beschlossene »Stiftung Warentest« ist eine mächtige Instanz geworden, die in der Bundesrepublik für die Belange der Verbraucher spricht. Zunächst als Stiftung aus Bundesmitteln finanziert, macht dieser Finanzzuschuss für die Stiftung mittlerweile nur noch einen geringen Prozentsatz aus, der Löwenanteil wird durch den Verkauf der Publikationen erzielt. Die Stiftung Warentest ist somit ein wichtiger Akteur der Qualitätskontrolle, der objektive Tests durchzuführen beansprucht und dabei selbst auch Meinungen äußert und Empfehlungen gibt – dazu später.

Eben dieser Warentest bescheinigte Schulbüchern im Oktober 2007 schlechte Noten. »Nicht ohne Tadel« betitelte die Stiftung die Veröffentlichung ihrer Ergebnisse aus der Untersuchung von 17 Biologie- und Geschichtslehrbüchern. »Trotz komplizierter Zulassungsverfahren enthalten alle Bücher Fehler, einige sogar auf jeder Seite. Auch didaktisch sind viele schwach«, so das Fazit der Stiftung.[17] Getestet wurden zehn Geschichtsbücher, die für den Unterricht an Gymnasien der Klassen 7 bis 10 in Baden-Württemberg, Niedersachsen und Nordrhein-Westfalen zugelassen sind. Im Fach Geschichte wurden vor allem die Themen Alltagsgeschichte der DDR und Entwicklung der Europäischen Union sowie teilweise das Thema Weimarer Republik exemplarisch unter vier Rubriken ausgewertet: Fehlerfreiheit, fachliche Eignung, Didaktik und Urteil der Schüler. Die ersten beiden wurden von einem nicht näher definierten »Experten«[18] untersucht, der Texte, Abbildungen, Zeichnungen, Beschriftungen, Tabellen etc. hinsichtlich ihrer Fehler und Ungenauigkeiten analysierte. Zudem wurde die fachliche Eignung, das Niveau und die Art und Aktualität der Darstellung beurteilt. Den Aspekt der Didaktik prüften zwei Hochschuldidaktikern unter den Kriterien Gestaltung und Layout, Nutzerfreundlichkeit und Gliederung, Textverständlichkeit und Methoden. Schließlich wurde das Urteil von 328 Schülern der Klassen 8 und 9 an Berliner Gymnasien durch Fragebogen und von 55 Schülern durch vergleichende Einzelauswertung erhoben. Die eingangs benannten Kunden, die Qualitätsanforderungen an das Produkt Schulbuch stellen, sind also hier weitgehend berücksichtigt worden. Keines der getesteten Bücher erzielte ein sehr gutes Ergebnis. Zwar wird ein Buch empfohlen, aber einen »Verlagssieger« krönte die Stiftung Warentest nicht. Dafür seien die Resultate pro Fachgebiet zu verschieden.[19]

Abgesehen von diesen Befunden ist die Veröffentlichung im Testheft aus zwei weiteren Gründen aufschlussreich: denn die angeblich objektive Testzeitschrift gibt ein politisches Statement ab. Am Ende ihres Artikels macht sie die föderale Schulpolitik für die Fehler verantwortlich, die alles in allem an die 3000 Lehrpläne produziert habe, was wiederum für die Verlage zur Folge habe, dass sie unter großem Zeitdruck bis zu 16 Länderausgaben eines Titels produzieren müssen. Daraus könnten leicht Fehlern entstehen. Der Artikel unterstreicht daher den

Vorschlag der Bundesbildungsministerin Annette Schavan für ein einheitliches Schulbuch für alle Bundesländer. Darüber entscheidungsberechtigt – so der Test – seien allein die Kultusminister der Länder.[20] Die hatten in den Debatten um die Qualitätssicherung aber die Meinung vertreten, dass der Wettbewerb zwischen den Ländern wesentliche Voraussetzung für die Qualitätsentwicklung sei.[21] Eine Lösung zwischen wirtschaftlichen und staatlichen bzw. bildungspolitischen Interessen ist hier also nicht in Sicht. Zweitens lohnt der Blick auf die Ergebnisse in Bezug auf mögliche Fehlerquellen als Indikatoren für die Grenzen der bestehenden Qualitätssicherungssysteme. Denn der Test regte weitere Diskussionen an: Schulen und Verlage debattierten ebenso wie die Gewerkschaften der beteiligten Berufsgruppen und Tageszeitungen.[22] Das Testheft selbst druckte zudem ein Interview mit einer Lehrerin ab, die gleichzeitig wissenschaftliche Mitarbeiterin in der Geschichtsdidaktik der Freien Universität in Berlin ist. Ihr zufolge entstehen Fehler vor allem durch den hohen Zeitdruck in der Produktion des Buches, bei dem oft in letzter Minute vor dem Druck noch etwas geändert werde.[23] Weiterhin würden Verlage oft aus Kostengründen auf Materialien aus alten Auflagen zurückgreifen, sodass sich Fehler vererbten. Zudem hätten neue Medien die Rezeptionsgewohnheiten von Schülern verändert. Diese reagierten stärker auf Animiertes, was die Kosten der Verlage erhöhe, wenn sie auf diese Veränderungen eingingen. In der Tat nennen auch die Verlage Zeitdruck und Kostengründe als die Hauptgründe für sich einschleichende Fehler. Durch PISA und andere Tests sei man gezwungen, schnell viele Lernmittel zu produzieren. Und im Zweifelsfall sei es wichtiger, das Buch rechtzeitig auf den Markt zu bringen als eine höchstmögliche Fehlerfreiheit zu erreichen. Häufig melden die Schüler, Lehrer oder Eltern die Fehler und eine Neuauflage bessert dann nach.[24] Die Warenprüfung wird also letztlich durch den Endkonsumenten vorgenommen. Das kann man positiv beurteilen, da es den Sinn und die Kritikfähigkeit der Konsumenten schult,[25] oder negativ, da trotz zahlreicher beteiligter Akteure nicht die geforderte Qualität erreicht wird. Die Verbesserung eines mit Mängeln behaf-teten Produkts durch Endverbraucher hilft allerdings nicht bei der Qualitätssicherung der ersten Generation eines Produktes und ist somit höchstens ein nachgeordneter Mechanismus der Qualitätssicherung. Ebenso wenig verlässlich ist ein Maßstab, der sich rein an Verkaufszahlen und Marktbeobachtung orientiert, denn ein Produkt an sich ist nicht schon hochwertig, weil es eine Marktlücke füllt und sich gut verkauft. Sobald andere Wettbewerber mit ähnlichen Produkten auf den Markt kommen, werden auch andere Kriterien wichtig: Ein Verlag, der nachhaltig Produkte liefert, die den Qualitätsanforderungen seiner Kunden gerecht wird, wird immer ein Anbieter und Arbeitgeber sein, der im Sinne eines umfassenden Qualitätsverständnisses auch seine Mitarbeiter und Mitarbeiterinnen motiviert, schult und ihnen einen attraktiven Arbeitsplatz bietet.

FAZIT Selbst ein derart ausgefeiltes Qualitätssicherungssystem, wie es für den Schulbuch- und Lernhilfenmarkt existiert,[26] hat also seine Tücken. Trotz aller Mängel ist in diesem Beitrag deutlich geworden, dass Qualität in der Angewandten Geschichte gesichert werden muss und dass der ökonomische Markt allein als Richtwert nicht ausreicht. Fraglich ist, ob die formalisierten Mechanismen dieses Feldes der Angewandten Geschichte auch für andere Bereiche sinnvoll sein können. Dabei ist im Anschluss an die Frage des Beitrags – welchen Anforderungen und Kontrollmechanismen Geschichtsdarstellungen im Schul- und Lernhilfemarkt unterliegen – die weiterführende Frage sinnvoll oder gar notwendig, ob die verschiedenen Akteure von divergierenden Geschichtsbildern ausgehen und, wenn ja, welchen Einfluss dies hat. Ein Indiz dafür, dass Unterschiede zwischen dem Schulbuch- und Lernhilfemarkt und der Geschichtswissenschaft bestehen, sind die von Vertretern Angewandter Geschichte und Fachwissenschaftlern vermutlich unterschiedlich bewerteten oben genannten Kriterienkataloge der bayerischen und der badenwürttembergischen Kultusministerien (vgl. S. 175). Der Begriff »Geschichtsbild« ist dabei als Metapher für gefestigte Vorstellungen und Deutungen der Vergangenheit zu verstehen, denen eine Gruppe von Menschen Gültigkeit zuschreibt.[27] In modernen komplexen Gesellschaften, so die Annahme des Geschichtsdidaktikers Karl-Ernst Jeismann, bringt die Unterschiedlichkeit der Gruppen, Klassen, Parteien, Religionen und Generationen eine Vielzahl verschiedener Erfahrungen und Erwartungen hervor, sodass quasi als Begleiterscheinung pluralistischer Verhältnisse konkurrierende Geschichtsbilder bestehen.[28] Er fordert deshalb, dass Akteure der Geschichtsvermittlung Rechenschaft über Perspektiven der kommenden Geschichte ablegen müssen.[29] Betrachtet man die Angewandte Geschichte als einen Bereich der Geschichtsvermittlung, der sich – zumindest teilweise – noch in der Professionalisierung befindet und seine eigenen Qualitätskriterien abseits der Fachwissenschaft entwickeln muss, so sollte auch der Austausch über zugrunde liegende Geschichtsbilder ein Teil dieser Professionalisierung sein. Mein Betrag möchte zur Diskussion darüber anregen, ob die Mechanismen und Verfahren der Qualitätssicherung im Schulbuch- und Lernhilfenmarkt dabei hilfreich sein können.

1 Sehr herzlich danke ich Barbara Holzwarth dafür, dass sie diesen Artikel vorab mit mir diskutiert hat und dabei ihr mehrjähriges Verlagswissen ebenso wie ihre Erfahrungen als freie Redakteurin eingebracht hat.

2 Horizonte 4, Ausgabe Niedersachsen, Braunschweig 2007, S. 299.

3 Der zitierte Schulbuchsatz ist der letzte im Abschnitt »Der Zusammenbruch der SED-Herrschaft«. Zuvor werden gefälschte Kommunalwahlergebnisse, steigender Unmut der Bevölkerung, Ausreisen über Ungarn und die Demonstrationen innerhalb der DDR als Ursachenbündel für das Erschrecken des Politbüros genannt. Auf die Regierungskrise des Politbüros, das veränderte Verhältnis zur Sowjetunion, die sich institutionalisierenden Oppositionsbewegungen wie das »Neue Forum« geht der Absatz nicht ein. Das Wort »erschreckte« lässt vielmehr den Eindruck entstehen, als habe das Politbüro emotional motiviert ad hoc reagiert. Zur Bewertung des Oktobers 1989 aus geschichtswissenschaftlicher Sicht siehe aus der Vielzahl der Untersuchungen zum Beispiel: Maier, Charles S., Dissolution. The Crisis of Communism and the End of East Germany Princeton University Press, Princeton, New Jersey 1997 (dt.: Das Verschwinden der DDR und der Untergang des Kommunismus, Frankfurt a. M. 1999). Jarausch, Konrad H./Sabrow, Martin (Hg.), Weg in den Untergang.

Der innere Zerfall der DDR, Göttingen 1999. Siehe auch die zahlreichen Quellen in Hertle, Hans-Hermann/Stephan, Gerd-Rüdiger (Hg.), Das Ende der SED. Die letzten Tage des Zentralkomitees, Berlin 1997.

4 Als Einstieg in diese Diskussionen siehe z. B. Daniel, Ute, Kompendium Kulturgeschichte. Theorien, Praxis, Schlüsselwörter, Frankfurt a. M. 2001, insb. das Kapitel »Tatsache/Objekt/ Wahrheit«, S. 381–389.

5 Es wird mitnichten davon ausgegangen, dass wissenschaftliche Forschung völlig ohne Marktmechanismen auskommt oder sich nicht auch von Zeit zu Zeit in besonderem Maße in die Dienste bestimmter Parteien stellt, aber dieser Aspekt steht hier nicht im Vordergrund.

6 Vgl. die Definition in Schmidt, Manfred G., s.v. Markt, in: Wörterbuch zur Politik, 2. überarb. u. erw. Aufl., Stuttgart 2004, S. 430.

7 Zu diesem Thema siehe z.B. den Bericht zu der von Jakob Vogel und Robert Salais organisierten Tagung, die im Juli 2007 am Centre Marc Bloch in Berlin stattfand: Streng, Marcel, Tagungsbericht »Die Produkte und ihre Qualitätsnormen. Berlin, 06.07.2007«, in: Hsozkult vom 25.09.2007, www.hsozkult.geschichte.hu-berlin.de/tagungsberichte/id=1716 [23.6.2008].

8 Einen Zugang bietet die Landkarte auf dem Deutschen Bildungsserver, über die per Mausklick Lehrpläne der einzelnen Bundesländer abrufbar sind, www.bildungsserver.de/zeigen.html?seite=400, [29.06.2008].

9 Vgl. die Formulierung auf der offiziellen Webpage der Kultusministerkonferenz, www.kmk.org/schul/home1.htm, [25.6.2008].

10 Bildungsstandards können ebenfalls über die Webpage der Kultusministerkonferenz abgefragt werden.

11 Verordnung des Kultusministeriums über die Zulassung von Schulbüchern (Schulbuchzulassungsverordnung) vom 11. Januar 2007. Online-Fassung unter www.landesrecht-bw.de/jportal/;jsessionid=AD3DD4B34AF7617CA6ECB56AF5E19BF2.jpb5?quelle=purl&psml=bsbawueprod.psml&max=true&docId=jlr-SchulBZulVBW2007rahmen&doc.part=X#jlr-SchulBZulVBW2007rahmen, [30.6.2008].

12 Für alle 20 Fragen siehe: Kriterienkataloge zur Begutachtung von Lernmitteln. Hinweise für einzelne Fächer im Gymnasium (Stand: 5/2006), S. 14–15. Online-Version: www.km.bayern.de/imperia/md/content/pdf/lernmittel/13.pdf, [25.06.2008].

13 Ebd.

14 Sekretariat der Ständigen Konferenz der Kultusminister der Länder in der Bundesrepublik Deutschland (Hg.), Bildungsstandards der Kultusministerkonferenz. Erläuterungen zur Konzeption und Entwicklung (Veröffentlichungen der Kultusministerkonferenz), München/ Neuwied 2005. Auch diese Veröffentlichung ist online einsehbar: www.kmk.org/schul/Bildungsstandards/Argumentationspapier308KMK.pdf, [25.06.2008].

15 Vgl. zum Beispiel die Selbstdarstellung des IQB: www.iqb.hu-berlin.de/institut, [13.12.2008].

16 Zitiert nach Stiftung Warentest (Hg.), 40 Jahre Stiftung Warentest, Berlin 2004, S. 81.

17 Stiftung Warentest, Nicht ohne Tadel, in: test 10/2007, S. 74–80, hier S. 74.

18 Ebd., S. 80.

19 Ebd., S. 74.

20 Ebd., S. 79–80.

21 Siehe den offiziellen Webauftritt der Kultusministerkonferenz (KMK) und dort die Rubrik »Schulleistungsvergleiche«: www.kmk.org/schul/home1.htm#, [26.06.2008].

22 Siehe beispielsweise die offiziellen Stellungnahmen des Philologenverbandes und der Gewerkschaft Erziehung und Wissenschaft: Gewerkschaft Erziehung und Wissenschaft, Pressemitteilung »GEW: Fachliche und didaktische Mängel nicht akzeptabel« vom 27.09.2007, online veröffentlicht, www.gew.de/GEW_Fachliche_und_didaktische_Maengel_nicht_akzeptabel.html, [27.06.2008]. Pressemitteilung des Philologenverbands: »Philologenverband hält Schulkritik

für überzogen!« vom 28.09.2007.
www.dphv.de/index.php?id=news-archivliste&tx_ttnews[arc]=1&tx_ttnews[pL]=31535999&t
x_ttnews[pS]=1167606000&tx_ttnews[tt_news]=103&tx_ttnews[backPid]=103&cHash=bb92
46ae61, [27.06.2008].

23 Hier und im Folgenden siehe: Stiftung Warentest, test 10/2007, S. 80: »Fehler ›vererben‹ sich.
Über Probleme des Geschichtsbuchs«. Interview mit Birgit Wenzel.

24 In diesem Sinne wird auch der Programm-Geschäftsführer der Verlagsgruppe Westermann/
Schroedel/Diesterweg in der Zeitung »taz« zitiert. Demnach würden sich immer wieder Fehler
einschleichen, auf die die Verlage von Eltern und Lehrern hingewiesen würden, woraufhin die
Verlage diese im Nachdruck korrigieren würden. taz.de (Anne Meyer), Stiftung Warentest.
Umstrittene Schulbuchstudie, [29.09.2007],
www.taz.de/index.php?id=start&art=5361&id=wissen-artikel&src=AR&cHash=b85ca98692,
[27.6.2008]. Und der Vorsitzende des Deutschen Lehrerverbandes, Josef Kraus, nahm in der
»Welt« die Verlage mit dem Argument in Schutz, dass es schließlich qualifizierte Lehrer geben
würde. Welt Online (Jade-Yasmin Tänzler), Stiftung Warentest. Schulbücher stecken voller
peinlicher Fehler, [27.09.2007], www.welt.de/politik/article1216643/Schulbuecher_stecken_
voller_peinlicher_Fehler.html?page=2#article_readcomments, [26.06.2008].

25 So endet die »taz« ihren Bericht über die Schulbuchstudie sarkastisch mit dem folgenden
Abschnitt: »Frei nach dem Motto: Aus Fehlern lernt man. Und was sollen erst die Streber tun,
wenn sie sich nicht mehr über ein falsches Datum im Geschichtsbuch erregen können?«
www.taz.de/index.php?id=start&art=5361&id=wissen-artikel&src=AR&cHash=b85ca98692,
[27.06.2008].

26 Als Mechanismus der Qualitätssicherung kann zudem der Service des Braunschweiger
Georg-Eckert-Instituts für internationale Schulbuchforschung angesehen werden, das Schul-
buchrezensionen aus Lehrer-, Schüler- oder/und fachwissenschaftlichen bzw. fachdidak-
tischen Perspektive besprechen lässt.

27 Jeismann, Karl Ernst, Geschichtsbilder. Zeitdeutung und Zukunftsperspektive,
in: Aus Politik und Zeitgeschichte B 51–52 (2002), S. 13–22, hier S. 13.

28 Ebd., S. 14.

29 Ebd., S. 22.

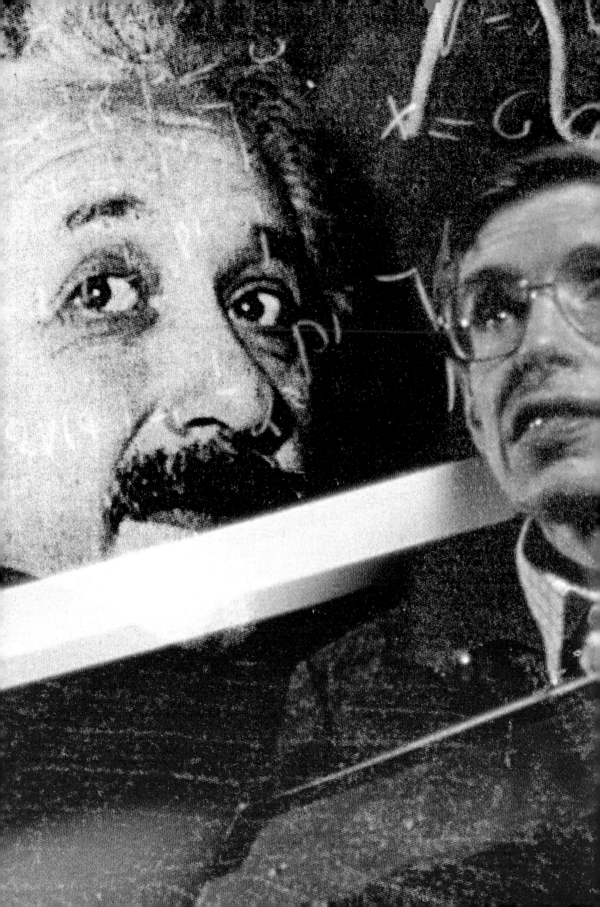

2. KAPITEL

»POPULARITÄT IM BESSERN SINN DES WORTES«

Wissenschaftlichkeit und Allgemeinverständlichkeit in historiografischen Werken des 19. Jahrhunderts MARTIN NISSEN

Die Frage nach der gesellschaftlichen Relevanz der historischen Forschung geht der Frage nach ihrem marktwirtschaftlichen Nutzen voraus. Ob historisches Wissen ein Gut sei, das sich wie jedes andere kapitalistischen Marktgesetzmäßigkeiten zu unterwerfen habe, bleibt innerhalb der Fachöffentlichkeit umstritten. Aufgrund des idealistischen Bildungsideals, das trotz entschiedener gegenläufiger Tendenzen innen noch weiterwirkt, und aufgrund der ebenfalls weiterwirkenden Staatsnähe stehen die meisten deutschen Universitätshistoriker der Kommerzialisierung ihrer Forschungsergebnisse skeptisch gegenüber. Der Forderung nach deren marktwirtschaftlicher Verwertbarkeit begegnen sie unter Verweis auf die Freiheit von Forschung und Lehre zurückhaltend – was aber nicht heißt, dass sie nicht vielfach ihr Schreiben auf die Erfordernisse des Marktes einstellen und hohe Auflagenzahlen anstreben. Zumindest hat es sich bei den deutschen Universitätshistorikern – anders als bei ihren amerikanischen und britischen Kollegen noch nicht durchgesetzt, den eigenen Marktwert mithilfe eines Literaturagenten zu steigern, um sich auf dem Buch- und Fernsehmarkt als Marke zu etablieren. Dabei mögen allerdings auch längerfristige unterschiedliche Traditionen des literarischen Marktes eine Rolle spielen.

Gegen die Unterwerfung unter rein marktwirtschaftliche Nützlichkeiterwägungen gibt es gute Argumente, die zum einen von konservativ-idealistischen Bildungsvorstellungen herrühren, zum anderen einer kritisch-emanzipatorischen Aufklärungsidee entspringen. Die scheinbar antagonistischen Argumentationsmuster, in denen sich Traditionen des deutschen Idealismus und des historischen Materialismus fortsetzen, finden in der Zurückweisung utilitaristischer Verwertungsansprüche zueinander. Der Frage nach der gesellschaftlichen Relevanz der historischen Forschung oder – weiter gefasst – nach ihrem »Nutzen für das Leben« (Nietzsche), können sie sich jedoch nicht entziehen, da sich historisches Wissen erst in der selbständigen Aneignung durch den Rezipienten erschließt und ohne diese Aneignung irrelevant bleiben muss.

Die Beliebtheit der angewandten Geschichte erklärt sich durch die Sehnsucht der Konsumenten nach konkretem Erleben, zudem durch die Durchsetzung eines Konsumverhaltens, das den Wert eines Guts nach seiner unmittelbaren Nützlichkeit bemisst. Im Gegensatz zum technologischen Wissen lässt sich historisches Wissen jedoch nur zu einem Bruchteil anwenden und tatsächlich erlebbar machen. Die historische Forschung ist dadurch in mehrfacher Hinsicht in ein Dilemma geraten. Erstens erweist sich die immer kürzere Konsumtaktung für die Rezeption umfassender Geschichtsdarstellungen als ungünstig. Die ausführliche Erläuterung des historischen Kontexts aktueller politischer und gesellschaftlicher Probleme, wie sie in Tageszeitungen und Kulturzeitschriften des 19. Jahrhunderts üblich war, ließe sich dem heutigen Lesepublikum in vergleichbarem Umfang nicht mehr vermitteln. Zweitens ist das historische Wissen explodiert. Methodisch wird es innerhalb der Fachwissenschaft auf immer komplexere Weise erschlossen. Über ein begrenztes Spezialpublikum hinaus ist der größte Teil der Forschungsergebnisse nicht mehr vermittelbar und lässt sich auch in einem daran anschließenden Schritt nicht mehr für einen größeren Rezipientenkreis popularisieren. Drittens hat es die geschichtswissenschaftliche Forschung aufgrund der historischen Erfahrungen vielfach aufgegeben, Geschichte zu deuten und Sinnstiftungsangebote bereitzustellen. Die historische Forschung konzentriert sich vielmehr, und dies häufig zu Recht, auf die Dekonstruktion überkommener Deutungsangebote, seien es biografische Heldengeschichten, regionale oder nationale Emanzipationsgeschichten oder technisch-naturwissenschaftliche Fortschrittsgeschichten. Ohne ambitionierte Deutungsangebote, das zeigt die Geschichte der populären Geschichtsschreibung seit dem 19. Jahrhundert, kann die historische Forschung jedoch die notwendige gesellschaftliche Relevanz nicht erreichen. Es gilt also nicht lediglich zu fragen, welchen marktwirtschaftlichen Nutzen die historische Forschung in der postindustriellen Wissensgesellschaft haben kann, sondern wie sich die gesellschaftliche Rolle, die den Fachhistorikern heute zufällt, historisch erklärt.

WISSENSCHAFTLICHKEIT UND ALLGEMEINVERSTÄNDLICHKEIT ALS IDEAL Die universitäre Geschichtswissenschaft des 19. Jahrhunderts ist aufgrund ihres idealistisch-elitären Staats- und Bildungsbegriffs, ihrer Gesellschafts- und Geschlechtervorstellungen und ihrer Intoleranz gegenüber abweichenden Forschungsansätzen für die heutige Fachwissenschaft sicherlich kein Vorbild mehr. Die gesellschaftliche Rolle, die sie sich im Spannungsfeld von Wissenschaft, Politik und Öffentlichkeit aneignete, ist für uns jedoch noch immer von großem Interesse. Im Zeitraum zwischen den 1850er und 1880er Jahren gelang es ihr, durch die Verbindung von Wissenschaftlichkeit und Allgemeinverständlichkeit die Elitendiskurse maßgeblich zu prägen und den gesamten Markt der Geschichtsvermittlung zu dominieren.[1] Auch Populärhistoriker wie Gustav Freytag und Johannes Scherr, die mit ihren farbig geschriebenen kulturhistorischen Werken einen weit größeren Leserkreis als die führenden Fachhistoriker an den Universitäten erreichten, ordneten sich der Fachhistorie unter, auch um ihren Werken dadurch zu mehr Legitimation zu verhelfen.

Zum entscheidenden thematischen, methodischen und medialen Antrieb für die Breitenwirksamkeit der fachwissenschaftlichen Forschung wurde die Durchsetzung der deutschen Nationalgeschichtsschreibung seit den 1840er Jahren, die die ältere Orientierung an der Geschichte der Einzelstaaten ablöste.[2] Den Universitätshistorikern ging es um die Einflussnahme auf grundlegende politische Entscheidungen – Politikwissenschaft und professionalisierte Politikberatung entstanden erst im 20. Jahrhundert –, darüber hinaus um die historische Bildung der deutschen Nation, die diese zu nationaler Einheit auf wissenschaftlicher Grundlage führen sollte. Dieses Selbstverständnis zeigt sich über verschiedene methodische, konfessionelle und politische Lager hinweg. Deutlich kommt es beispielsweise in dem programmatischen Vorwort von Rudolf Haym zum dritten Band der ›Preußischen Jahrbücher‹ zum Ausdruck, einem wichtigen Sprachrohr der kleindeutschen Bewegung:

»Nicht diejenige Wissenschaft, die ihren Zusammenhang mit dem Leben in dem Nutzen für die alltäglichen Bedürfnisse sucht: die andre vielmehr wollten wir vertreten, die in der sittlichen Bedeutung des Lebens ihr Selbstgefühl hat und darum in's Leben hinüberwirkt. Nicht jenem frivolen Aufklärungs- und Popularisierungsstreben, das Vorurtheile durch Vorurtheile und Unwissenheit durch Dünkelwissen ersetzt, – nicht diesem wollten wir dienen, wohl aber den schlichten Verstand und das gesunde Gefühl in Waffen rufen für das, was das Gewissen und die Achtung einer Nation vor ihren heiligsten Interessen angeht.«[3]

Wissenschaftlicher Fortschritt, die Nationalisierung des historischen Denkens und die Vermittlung historischer Bildung an ein breiteres Lesepublikum fielen, verstärkt durch die katalysierende Wirkung der 1848er Revolution, seit den 1850er Jahren zusammen und bildeten bis in die 1880er Jahre hinein eine Einheit, vor deren Hintergrund die öffentliche Wirkung der universitären und außeruniversitären Geschichtsschreibung gesehen werden muss. Wissensproduktion und Wissensvermittlung schlossen sich dabei keineswegs aus. Vielmehr wurde die Popularität der geschichtswissenschaftlichen Literatur durch den Erfolg der Erzählung als wichtigster Darstellungsform gesteigert. Für einen breiteren Leserkreis war die historische Erzählung um die Mitte des 19. Jahrhunderts leichter verständlich als ein Jahrhundert zuvor. Die »Verwissenschaftlichung« der geschichtswissenschaftlichen Forschung stellte daher auch kein Hindernis für ihre Popularität dar. Vielmehr fing die literarisch bewusst gestaltete Erzählung von »Geschichten« diese Verwissenschaftlichung auf und stellte sie in gelungenen Fällen sogar förmlich selbst dar. Erst die beschleunigte Spezialisierung des Faches gegen Ende des 19. Jahrhunderts erschwerte solche Syntheseleistungen erheblich oder erlaubte sie nur mehr um den Preis einer aus heutiger Sicht inakzeptablen Unterkomplexität.

Der Begriff populär selbst entfaltete dabei in der zeitgenössischen Rezeption ein sehr breites Bedeutungsspektrum, das sich mit der Bedeutung des Begriffs im 20. Jahrhundert nicht vergleichen lässt.[4] So sprach etwa der Rezensent der Leipziger Kulturzeitschrift ›Die Grenzboten‹ dem Standardwerk ›Geschichte des Alterthums‹ (1852–1882) von Max Duncker »Popularität im bessern Sinn des Wortes zu«[5]. Georg Gottfried Gervinus' ›Geschichte des neunzehnten Jahrhunderts‹ wurde in den ›Grenzboten‹ von 1867 als »Nationalwerk«, »populäres Geschichtswerk« und »bleibendes Denkmal unserer Zeit« gefeiert.[6] Popularität war somit auch für ein wissenschaftlich anspruchsvolles Werk eher eine Auszeichnung als ein Makel. Hierin ist ein grundlegender Unterschied zwischen der Vermittlung historischer Bildung und der Popularisierung der Naturwissenschaften zu sehen.[7]

Die These von der gesellschaftlichen Relevanz der wissenschaftlichen Geschichtsschreibung lässt sich anhand von vier Beispielen veranschaulichen. Im Jahrzehnt nach der 1848er Revolution entstand eine Reihe historischer Meisterwerke, die sich trotz ihres hohen Anspruchs bis ins 20. Jahrhundert als Longseller auf dem Buchmarkt etablieren konnten. Sie unterschieden sich in der ideologischen Grundausrichtung, der methodischen Herangehensweise und der Darstellungsform grundlegend, zeichneten sich jedoch alle durch ihre innovativen, stark zugespitzten und sinnlich erlebbaren Deutungsangebote aus. So erzählte Theodor Mommsen in seiner ›Römischen Geschichte‹ den Aufstieg der römischen Republik aus dem Geist von Tatkraft, Vernunft und gesellschaftlichem Gemeinsinn und entwarf vor dem Hintergrund der gescheiterten 1848er Revolution eine klassische liberale Fortschrittsgeschichte.[8] Wilhelm Heinrich Riehl zeichnete in seiner ›Naturgeschichte des deutschen Volkes‹ ein konservatives Gegenbild. Die abgeschlagenen Wurzeln eines versöhnten Lebens entdeckte er in der traditionellen Lebensweise der ländlichen Bevölkerung.[9] Rückwärtsgewandt, wenn auch unter gänzlich anderen Vorzeichen, war auch Jacob Burckhardts ›Cultur der Renaissance in Italien‹.[10] Burckhardt beschrieb darin vor der Kulisse eines enthemmten und teilweise geradezu mörderischen politischen Machtbetriebs die Kultur in den Staaten Italiens am Ausgang des Mittelalters als einen Höhepunkt der Menschheitskultur überhaupt. Stark zugespitzt ist auch die Deutung der Ereignisse in Heinrich von Sybels ›Geschichte der Revolutionszeit von 1789 bis 1795‹.[11] Sybel führt darin dem Leser die Ereignisse im revolutionären Frankreich als abschreckendes Beispiel vor Augen und weist der deutschen Nation den Weg zu einer harmonischen Aussöhnung zwischen Monarchen und

Volk. Auch Sybels Werk, das wegen seines Umfangs und Detailreichtums in Fachkreisen als wissenschaftliches Werk par excellence angesehen wurde und nicht dieselbe Verbreitung wie die anderen erwähnten Werke fand, bezeichnete Gustav Freytag in einer Rezension für die ›Grenzboten‹ von 1856 als Musterbeispiel »edle[r] populäre[r] Geschichtsschreibung«[12]. Der große Spielraum, der sich bei der Verbindung von Wissenschaftlichkeit und populärer Darstellung bot, kommt in diesem ausdrücklich als Lob zu verstehenden Kommentar Freytags deutlich zum Ausdruck.

An heutigen Maßstäben gemessen blieben die Verkaufszahlen der Werke bei einer geschätzten Auflagenhöhe von durchschnittlich 1.000 Exemplaren begrenzt.[13] Sybels fünfbändige ›Geschichte der Revolutionszeit‹ erreichte bis 1900 je nach Band drei bis fünf Auflagen, Burckhardts ›Cultur der Renaissance in Italien‹ wurde bis 1908 zehnmal aufgelegt. Ebenso oft erschienen die ersten drei Bände von Mommsens ›Römischer Geschichte‹. Riehls dreibändige ›Naturgeschichte des deutschen Volkes‹ lag mit 10 bis 13 Auflagen bis 1910 knapp darüber.

Die Wirkung, die diese Werke damit erreichten, übertraf die Wirkung, die man von den Veröffentlichungszahlen ableiten könnte, jedoch bei Weitem. Riehls ›Naturgeschichte des deutschen Volkes‹ wurde bis in die 1930er Jahre hinein zu einer der beliebtesten Fundgruben für sozialwissenschaftliche und volkskundliche Studien. Burckhardts ›Cultur der Renaissance in Italien‹ prägte das Bild von der italienischen Renaissance in Deutschland wie kaum ein anderes Werk. Sybel trug mit seiner Geschichte der Revolutionszeit zur Polarisierung eines vermeintlichen deutsch-französischen Kulturantagonismus bei, und Mommsen revolutionierte mit seiner Römischen Geschichte die Darstellungskunst in der alten Geschichte, wofür er ein halbes Jahrhundert später den Nobelpreis für Literatur erhielt.

Auf dem Buchmarkt konkurrierten Fachhistoriker wie Mommsen, Burckhardt, Sybel und Riehl mit einer Vielzahl von Angeboten, die von historischen Romanen über populäre kulturgeschichtliche Werke bis hin zu kürzeren Beiträgen in Kultur- und Unterhaltungszeitschriften reichten. Trotz des hohen gesellschaftlichen Prestiges konnten sie sich beim breiteren Lesepublikum gegenüber den erfolgreichsten Populärhistorikern nicht immer durchsetzen. Wichtig ist jedoch, dass bis zum späten 19. Jahrhundert die Grenzen zwischen populärer und fachwissenschaftlicher Literatur aufgrund dieser Konkurrenz fließend blieben. Der Aufstieg des Fachmenschentums wurde nicht nur von Kritikern wie Friedrich Nietzsche bekämpft, sondern auch von führenden Fachvertretern wie Heinrich von Sybel abgelehnt. Zu stark wirkte noch immer das ältere Rollenverständnis nach, das vom Universalhistoriker über den politischen Professor und den sozialistischen Volksaufklärer bis zum nationalen Propheten reichte, sich jedoch insgesamt durch seine umfassenden politischen und ideologischen Zielsetzungen auszeichnete.[14] Mit Treitschkes ›Deutscher Geschichte im 19. Jahrhundert‹ erreichte dieses Selbstverständnis einen Höhepunkt, der zugleich jedoch einen Abschluss darstellte.[15]

FACHWISSENSCHAFT UND ÖFFENTLICHKEIT SEIT DEN 1880ER JAHREN Solange das Lesepublikum historischer Literatur überwiegend bildungsbürgerlich geprägt blieb und sich die Geschichtswissenschaft an den Universitäten ihrerseits erst im institutionellen Aufbau befand, ergab sich kaum die Notwendigkeit, sich über die bestehenden konfessionellen Segmentierungen hinaus an spezifische Zielpublika zu wenden. Bis in die Zeit des frühen Kaiserreichs hinein blieb das Bildungsbürgertum in Deutschland eine zwar einflussreiche, jedoch vergleichsweise kleine soziale Gruppe.[16] Unterbürgerliche Schichten griffen bei dem wachsenden Leseangebot auf die unterhaltsameren Lesestoffe zurück, die von Kolporteuren vertrieben und von Leihbibliotheken nahezu flächendeckend angeboten wurden.[17] Zwar weist die historische Literatur zur Mitte des 19. Jahrhunderts bereits eine starke Differenzierung auf, die von hoch spezialisierten Zeitschriftenaufsätzen über die genannten Gesamtdarstellungen bis zu populären Kurzbeiträgen in Unterhaltungszeitschriften reicht. Eine klare Unterscheidung in populäre und stärker spezialisierte Lesestoffe lässt sich im mittleren Segment des Buchmarktes jedoch noch nicht feststellen. Eine vergleichsweise große Homogenität des Bildungsstandes und der Bildungsideale zwischen Produzenten und Rezipienten historischer Literatur verhinderte eine frühere und stärkere Ausdifferenzierung dieses literarischen Feldes. Katholische und sozialistisch ausgerichtete Leserschichten wiederum waren quantitativ zu klein, um einen Massenbuchmarkt für alternative Darstellungsformen entstehen zu lassen. Im internationalen Vergleich erwiesen sich gerade in Deutschland die Beharrungskräfte im bürgerlichen Lesepublikum, die wiederum auf die Geschichte der historiografi-schen Darstellungsformen zurückwirkte, als besonders hoch. Solange die Fachhistoriker sich mit ihren wissenschaftlichen Hauptwerken an die gebildeten bürgerlichen Eliten wandten und diese auch erreichten, blieb interessanterweise das Bedürfnis bei den weit erfolgreicheren außeruniversitären Historikern klein, sich aktiv und kritisch von der universitären Geschichtswissenschaft abzugrenzen. Die Unterwerfung unter die wissenschaftlichen Ansprüche der Fachhistorie diente ihren Werken im Gegenteil als zusätzliche Legitimation. Etwas von dem Glanz der universitären Geschichtswissenschaft strahlte so auch auf ihre Werke ab.

Seit den 1880er Jahren jedoch ließ sich der auch in ihrem politischen und publizistischen Engagement sichtbare Anspruch der führenden Fachhistoriker, das historisch-politische Bewusstsein der gesamten Leserschaft zu prägen, kaum noch aufrechterhalten. Das vom Glauben an einen möglichen homogenen nationalen Rezeptionsraum getragene Ideal, Wissenschaftlichkeit und Allgemeinverständlichkeit zu verbinden, konnte kaum noch eingelöst werden.[18] Als der deutsch-österreichische Historiker Hans von Zwiedineck-Südenhorst, der vom J. G. Cotta Verlag als Herausgeber einer mehrbändigen ›Bibliothek deutscher Geschichte‹ vorgesehen war, im Jahr 1884 eine Sondierungsreise nach Wien, Prag, Leipzig, Halle, Berlin und Dresden unternahm, berichtete er dem Verlag, die meisten Historiker hätten ihm entgegengehalten, es wäre »[a]m schönsten [...], wenn ein einziger ›großer Mann‹ die deutsche Geschichte so recht aus einem Gusse schreiben würde.«[19] Man sei sich jedoch darüber bewusst, dass die Zukunft den »wissenschaftliche[n] Produktiv-Associationen« gehöre und ein einheitlicher

Darstellungsstil aufgrund der zunehmenden Spezialisierung der Fachwissenschaft nicht mehr zu erreichen sei.[20]

Populäre und stärker spezialisierte Formen der Geschichtsschreibung entwickelten sich in der Folge zunehmend auseinander. Erneut griffen dabei technische, gesellschaftliche und innerwissenschaftliche Veränderungen ineinander. Von großer Bedeutung waren die Entwicklung neuer drucktechnischer Verfahren, die verbesserte Bildung der unterbürgerlichen Leserschichten und die rasante Spezialisierung der geschichtswissenschaftlichen Forschung, die sich wie andere Wissenschaften zum »Großbetrieb« (Theodor Mommsen) erweiterte.[21] Zwar beanspruchten führende Fachvertreter wie Hermann Oncken oder Hans Delbrück an der Wende vom 19. zum 20. Jahrhundert weiterhin die nationale Meinungsführerschaft für sich und mischten sich in alle wichtigen Streitfragen der Zeit ein. Ihre Werke erreichten jedoch nicht mehr die gesellschaftliche Wirkung der Longseller der 1850er Jahre. Bei der Sammlung, Bearbeitung und Herausgabe von Inschriften, Monumenten, Urkunden, Handschriften und Akten stieß der einzelne Forscher an seine Grenzen. Der Typus des »Nur-Spezialisten« wurde jetzt zum Normalfall.[22]

Mit der zunehmenden Komplexität der Welt stieg jedoch das Bedürfnis nach gesellschaftlicher Orientierung, das eine spezialisierte Fachwissenschaft nicht mehr befriedigen konnte. In diese Lücke sprang die populäre Geschichtsschreibung, die sich an der Wende vom 19. zum 20. Jahrhundert endgültig von der fachwissenschaftlichen Forschung ablöste. Die Populärhistoriker ordneten sich den Universitätshistorikern nicht weiter unter, sondern beanspruchten ihrerseits, die innovativere, »bessere« Geschichte zu schreiben.[23] Zu Erfolgsmodellen wurden interdisziplinäre Großprojekte, wie die von Franz Ferdinand Helmolt herausgegebene ›Weltgeschichte‹ des Bibliographischen Instituts Leipzig und Wien, sowie universalgeschichtliche Deutungsansätze im Stile von Houston Stewart Chamberlains ›Grundlagen des neunzehnten Jahrhunderts‹.[24]

Der entscheidende Bruch zwischen einer spezialisierten Fachwissenschaft, die sich vorrangig an ein Fachpublikum wandte, und der populären Geschichtsliteratur, die nun der Erinnerungskultur die Richtung vorgab, vollzog sich in der Folge des Ersten Weltkriegs. Die Krise der historistischen Geschichtsauffassung, die Erweiterung des Lesepublikums und die öffentlichen Auseinandersetzungen um die Deutung der jüngsten Vergangenheit ließen die populäre Geschichtsschreibung aus dem Schatten der Fachwissenschaft treten. Seinen diskursiven Ausdruck fand diese Entwicklung in den späten 1920er Jahren im Streit um die »Historische Belletristik«, in dem die preußenkritischen Biografien von Emil Ludwig, Herbert Eulenberg, Werner Hegemann und Paul Wiegler auf den erbitterten Widerstand universitär führender Historiker wie Wilhelm Schüßler, Heinrich von Srbik und Wilhelm Mommsen stießen.[25] Zum ersten Mal wurde der Unterschied zwischen populären und stärker spezialisierten Darstellungsformen nun selbst zum Thema gemacht. Die Heftigkeit der Vorwürfe von Seiten der Fachhistorie lässt sich nur dadurch erklären, dass sich in der historischen Biografik neue demokratische, kritische und revisionistische Geschichtsbilder mit neuen literarischen Darstellungsformen und psychologisierenden Erklärungsmodellen verbanden und damit enorme Erfolge beim Lesepublikum erzielten. Die Konkurrenz durch außeruniversitäre Darstellungen, die sich durch den Erfolg der neuen Medien Film und Rundfunk weiter verstärkte, löste bei den Fachhistorikern eine nicht unberechtigte Vorahnung vom Verlust der Bildungshoheit im Verlauf des 20. Jahrhunderts aus.

Stärker als in Frankreich, Großbritannien und den USA blieb die Trennung zwischen populärer und fachwissenschaftlicher Geschichtsschreibung in der deutschen Historiografiegeschichte im 20. Jahrhundert bestehen. Die historische Forschung an den Universitäten produzierte hoch differenzierte Spezialergebnisse, die sich einem breiteren Leserkreis nicht mehr erschlossen. Der Erfolg des sozialgeschichtlichen Paradigmas seit den 1960er Jahren trug zur Vertiefung dieser Kluft bei. Aufgrund der fortbestehenden Staatsorientierung waren die Universitätshistoriker im Gegensatz zu ihren angelsächsischen Kollegen lange nicht auf den Erfolg beim Lesepublikum angewiesen. Er konnte sich im Gegenteil auf die universitären Karrierechancen sogar negativ auswirken.

Die postindustrielle Wissensgesellschaft verlangt jedoch jetzt auf der einen Seite Spezialisten, die das neue Wissen produzieren, auf der anderen Seite Generalisten, die das Wissen allgemeinverständlich vermitteln.[26] Da die Geschichtswissenschaft ihr Wissen nur zu einem Bruchteil in Anwendungskontexte einbringen kann und sich zudem gegen eine rein marktwirtschaftliche Verwertung stellt, ist sie in besonderer Weise auf diesen Brückenschlag angewiesen. Ohne die Vermittlung, Diskursivierung und Anwendung des Wissens kann sie die beanspruchte Relevanz nicht erreichen. Die Vermittlung wird heute allerdings überwiegend von Journalisten geleistet; die Anwendung vollzieht sich fast ausschließlich in außeruniversitären Kontexten, wobei die Universitätshistoriker zwar auf den Prozess der Wissensrezeption als Berater Einfluss nehmen können, den speziellen Forderungen der medialen Präsentation allerdings keinerlei Vetorecht entgegenzusetzen haben. Damit verlieren die Fachhistoriker auch vielfach die Dominanz in neueren historisch-politischen Kontroversen, wie das Beispiel der Goldhagen-Debatte gezeigt hat.[27]

Einige Neuerungen seit den 1980er Jahren weisen jedoch darauf hin, dass die Entwicklung nicht gradlinig auf den Verlust an öffentlichem Einfluss hinauslaufen muss. Durch die Synthesewelle der 1980er Jahre sind gerade in der deutschen Historiografiegeschichte einige Standardwerke entstanden, die das Wissen aus jahrzehntelanger Forschung bündeln und es einem breiteren, gebildeten Lesepublikum verfügbar machen. Zudem hat die kulturgeschichtliche Wende das Interesse an Themenfeldern jenseits der Staaten-, Politik- und Diplomatiegeschichte belebt und dabei auch die Erzählung als Darstellungsform neu entdeckt. Darüber hinaus zeigten sich zuletzt Ansätze einer global history universalgeschichtlicher Provenienz, die nicht nur ein Weg dazu sein könnte, tradierte Überlieferungsformen zu sprengen, sondern dies auch auf eine allgemeinverständliche Weise zu tun.

Abschließend lässt sich jedoch die entscheidende Frage nicht umgehen, ob sich eine größere gesellschaftliche Relevanz nur um den Preis allzu vereinfachter Deutungsangebote erreichen lässt. Können und sollen neue Darstellungen, die eine europäische oder globale Perspektive einnehmen und sich für eine gelebte demokratische Kultur einsetzen, die Kraft älterer konfessioneller und nationaler Meistererzählungen erreichen? Die Geschichte ist mehr als eine Hilfswissenschaft für Anwendungskontexte. In der Gesellschaft fällt ihr eine Rolle zu, die über die Bereitstellung von Expertenwissen hinausgeht. Hier darf sich die Geschichtswissenschaft nicht vermeintlichen Gesetzmäßigkeiten einer zunehmend spezialisierten Wissensgesellschaft ergeben.

FAZIT Die Geschichte populärer Geschichtsschreibung weist nicht nur auf außeruniversitäre Entstehungskontexte zurück, die in diesem Beitrag nur am Rande behandelt wurden. Sie führt unmittelbar in die Geschichte der Institutionalisierung der Geschichtswissenschaften und die Entwicklung ihrer wissenschaftlichen Methodik hinein. Durch die idealistische Bildungstradition und das starke Orientierungsbedürfnis der Öffentlichkeit in einer sich rasch verändernden Welt fiel den Fachvertretern eine Rolle zu, die sie in den Jahrzehnten zwischen 1850 und 1880 zu Lehrmeistern des deutschen Bildungsbürgertums werden ließ. Aufgrund der zunehmenden Spezialisierung der fachwissenschaftlichen Forschung und der Pluralisierung des Lesepublikums geriet die deutsche Geschichtswissenschaft am Ende des 19. Jahrhunderts in ein Dilemma, das allerdings Räume für alternative, vielfach nicht durch die akademische Disziplin geprägte Darstellungen eröffnete.

Das Wissen um die Bedeutung, die den Universitätshistorikern des 19. Jahrhunderts für die kulturelle, soziale und politische Orientierung der nationalen Gesellschaften zukam, ist nicht neu. Angesichts des Relevanzverlusts der Fachwissenschaft im 20. Jahrhundert lohnt es sich aber, trotz der Problematik der vermittelten Geschichtsbilder die gesellschaftlich-politische Funktion dieser einflussreichen akademischen Elite weiter zu untersuchen.

1 Zum Verhältnis von populärer und stärker spezialisierter Geschichtsschreibung zwischen 1848 und 1900 erschien zuletzt meine Dissertation: Populäre Geschichtsschreibung. Historiker, Verleger und die deutsche Öffentlichkeit (1848–1900), Köln, Weimar 2009.

2 Vgl. Weber, Wolfgang, Geschichte und Nation. Das ›nationale Princip‹ als Determinante der deutschen Historiographie 1840–1880, in: Fulda, Daniel/Tschopp, Silvia Serena (Hg.), Literatur und Geschichte. Ein Kompendium zu ihrem Verhältnis von der Aufklärung bis zur Gegenwart, Berlin u. a. 2002, S. 343–365.

3 Haym, Rudolf, Vorwort, in: Preußische Jahrbücher 3 (1859), S. 1–15, hier S. 3.

4 Vgl. Hügel, Hans-Otto, Populär, in: Ders. (Hg.), Handbuch Populäre Kultur. Begriffe, Theorien und Diskussionen, Stuttgart u. a. 2003, S. 342–348.

5 Anonym, Geschichte des Alterthums von Max Duncker. 2. Bd., 2. verbesserte Auflage. Berlin, Duncker und Humblot, in: Die Grenzboten 1855/4, S. 514–516, hier S. 515.

6 Anonym, Gervinus über die der Julirevolution vorausgehende Bewegung in der europäischen Dichtung und Wahrheit, in: Westermanns Jahrbuch der illustrirten deutschen Monatshefte 21 (1867), S. 516–526.

7 Vgl. Schwarz, Angela, Bilden, überzeugen, unterhalten: Wissenschaftspopularisierung und Wissenskultur im 19. Jahrhundert, in: Kretschmann, Carsten (Hg.), Wissenspopularisierung: Konzepte der Wissensverbreitung im Wandel, Berlin 2003, S. 221–234, hier S. 226.

8 Mommsen, Theodor, Römische Geschichte, Bd. 1–3, 5, Berlin 1854–1885.

9 Riehl, Wilhelm Heinrich, Die Naturgeschichte des deutschen Volkes, Bd. 1–3, Stuttgart 1851–1855.

10 Burckhardt, Jacob, Die Cultur der Renaissance in Italien. Ein Versuch, Basel 1860.

11 Sybel, Heinrich von, Geschichte der Revolutionszeit von 1789 bis 1795, Bd. 1–5, Düsseldorf 1853–1879.

12 Freytag, Gustav, Die deutsche Nation und das Kaiserreich von Heinrich von Sybel. Eine historisch-politische Abhandlung. Düsseldorf, Buddeus, 1862, in: Die Grenzboten 1862/1, S. 229–234, hier S. 229.

13 Die folgenden Auflagenzahlen beruhen auf der Auswertung des Gesamtverzeichnisses des deutschsprachigen Schrifttums (GV) 1700–1910, die ich im Rahmen meines Dissertationsprojektes durchgeführt habe. Siehe dazu: Nissen, Populäre Geschichtsschreibung (2009), S. 113–116. Zu den Auflagenhöhen im wissenschaftlichen Verlag vgl.: Engelsing, Rolf, Analphabetentum und Lektüre, Stuttgart 1973, S. 117; Wittmann, Reinhard, Das literarische Leben, 1848–1880, in: Ders. (Hg.), Buchmarkt und Lektüre im 18. und 19. Jahrhundert, Tübingen 1982, S. 111–231, hier S. 146f.

14 Vgl. Hardtwig, Wolfgang, Von Preußens Aufgabe in Deutschland zu Deutschlands Aufgabe in der Welt. Liberalismus und borussianisches Geschichtsbild zwischen Revolution und Imperialismus, in: Ders., Geschichtskultur und Wissenschaft, München 1990, S. 103–160.

15 Treitschke, Heinrich von, Deutsche Geschichte im 19. Jahrhundert, Bd. 1–5, Leipzig 1879–1894. Trotz des wissenschaftlichen Anspruchs und des vielbändigen Umfangs hielt Treitschke selbst eine Popularisierung seiner ›Deutschen Geschichte‹ nicht für notwendig. Erst im 20. Jahrhundert wurde das Werk bearbeitet und in populären Neuausgaben auf den Markt gebracht.

16 Vgl. Wehler, Hans-Ulrich, Deutsche Gesellschaftsgeschichte, Bd. 3: Von der Deutschen Doppelrevolution bis zum Beginn des Ersten Weltkrieges: 1849–1914, München 1995, S. 732.

17 Vgl. Schenda, Rudolf, Die Lesestoffe der kleinen Leute. Studien zur populären Literatur im 19. und 20. Jahrhundert, München 1976; Ders., Volk ohne Buch. Studien zur Sozialgeschichte der populären Lesestoffe 1770–1910, Frankfurt a. M. 1970.

18 Am Beispiel der Historischen Zeitschrift: Nissen, Martin, Wissenschaft für gebildete Kreise. Zum Entstehungskontext der Historischen Zeitschrift, in: Stöckel, Sigrid (Hg.), Verwissenschaftlichung der Gesellschaft – Vergesellschaftung der Wissenschaft. Wissenschaftszeitschriften im 19. und 20. Jahrhundert, Stuttgart 2009 [im Druck].

19 Hans von Zwiedineck-Südenhorst an die J. G. Cotta'sche Verlagsbuchhandlung, 7. Juli 1884, Cotta Br., Cottaarchiv.

20 Ebd.

21 Vgl. Brocke, Bernhard vom, Einleitung, in: Ders. (Hg.), Das Harnack-Prinzip, Berlin 1996, S. 8f.; Nipperdey, Thomas, Deutsche Geschichte 1866–1918. Bd. I: Arbeitswelt und Bürgergeist, München 1990, S. 633f.; Walther, Gerrit, ›Vergegenwärtigung‹. Forschung und Darstellung in der deutschen Historiographie des 19. Jahrhunderts, in: Freitag, Werner (Hg.), Halle und die deutsche Geschichtswissenschaft um 1900, Halle/S., 2. Aufl. 2004, S. 78–92.

22 Nipperdey, Deutsche Geschichte (1990), S. 635.

23 Vgl. Hardtwig, Wolfgang, »Geschichte für Leser«, in: Ders./Schütz, Erhard (Hg.), Geschichte für Leser. Populäre Geschichtsschreibung in Deutschland im 20. Jahrhundert, Stuttgart 2005, S. 11–32, hier 20.

24 Helmolt, Hans F./Tille, Armin (Hg.), Weltgeschichte, Bd. 1–9, Leipzig/Wien 1899–1907; Chamberlain, Houston Stewart, Die Grundlagen des neunzehnten Jahrhunderts, Bd. 1–2, München 1899.

25 Vgl. Gradmann, Christoph, Historische Belletristik. Populäre historische Biographien in der Weimarer Republik, Frankfurt a. M. 1993; Schumann, Peter, Die deutschen Historikertage von 1893–1937. Die Geschichte einer fachhistorischen Institution im Spiegel der Presse, Göttingen 1975, S. 288f.

26 Vgl. Böhme, Gernot/Stehr, Nico, The knowledge society. The growing impact of scientific knowledge on social relations, Dodrecht u. a. 1986; Stehr, Nico, Arbeit, Eigentum und Wissen. Zur Theorie von Wissensgesellschaften, Frankfurt a. M. 1994; Weingart, Peter, Die Stunde der Wahrheit? Zum Verhältnis der Wissenschaft zu Politik, Wirtschaft und Medien in der Wissensgesellschaft, Weilerswist 2001.

27 Kött, Martin, Goldhagen in der Qualitätspresse. Eine Debatte über Kollektivschuld und Nationalcharakter der Deutschen, Konstanz 1999.

IM SPIEGEL DER GESCHICHTE

Geschichtspopularisierung in der historischen Unterhaltungsliteratur der 1850er Jahre*
LISA NIEMEYER

»Wo die Geschichte in meine Erzählung hineingreift, bin ich so gewissenhaft gewesen, als selbst der Geschichtsforscher es nur sein kann«, versicherte Adolf
Mützelburg, Autor von Trivialliteratur mit einer Vorliebe für historische Helden,
1866 in einem Vorwort seinem Leser.[1] Geradezu floskelhaft betonten Schriftsteller
historischer Populärliteratur im 19. Jahrhundert die Treue zur historischen
Wahrheit, bezogen sie sich auf Redlichkeit und Quellentreue, versahen die eigenen Ausführungen mit – häufig ebenso fiktiven – Fußnoten und listeten obskure
Augenzeugen oder Aktenbestände auf. Immer wieder bedienten sie sich dabei
des schillernden Begriffs des Popularisierens – doch wie setzten sie ihn um? Anhand einer Auswahl populärer historischer Romane der 1850er Jahre, einer
quantitativen Auswertung des Genres sowie der Korrespondenz von Autoren und

Verlegern werden im Folgenden die angewandten Methoden und Absichten der Emotionalisierung und Demokratisierung von Geschichte untersucht.[2]

Historische Romane boomten in der Zeit nach den deutschen Revolutionen 1848/49.[3] Eine neue Generation von Autoren – Brotschreiber, gescheiterte Revolutionäre und Historiker selbst – schrieb die Geschichte ihrer Zeit, nachdem die Geschichte selbst so stürmisch in die eigene Gegenwart eingebrochen war. Allein in den folgenden zehn Jahren wurden rund 300 deutschsprachige Romane mit historischem Inhalt veröffentlicht, die den breiten Markt der übersetzten Geschichtserzählungen eines Alexandre Dumas und Walter Scott ergänzten. Namhafte Autoren sind dabei ebenso zu nennen wie die brotschriftstellernden Kollegen der Kolportageromane und hitzige literarische Eintagsfliegen.[4] Natürlich war nicht alle Populärliteratur populär, doch ein Abgleich mit den beliebtesten Autoren der Leihbibliotheken beweist: Geschichte hatte einen stetig wachsenden Markt. »Der historische Roman also ist es, nach welchem die Zeit verlangt«[5], jubelte ein Rezensent des Cotta'schen Morgenblattes 1854. Tatsächlich wurde der historische Roman in den 1850er Jahren zum »litterarischen Modeartikel«.[6] Rund ein Drittel aller publizierten deutschsprachigen Romane widmete sich 1850 historischen Themen, 1860 lag die Zahl schon bei annähernd 50 Prozent.[7] Eine Auswertung der beliebtesten Romane des Jahres in Fernbach's Journal für Leihbibliothekare, Buchhändler und Antiquare zwischen 1854 und 1860 ergibt, dass 27 der 42 am häufigsten genannten Autoren historische Romane schrieben.

Die Kataloge der Leihbibliotheken zeigen insgesamt erstaunlich homogene Lesepräferenzen. Dessen waren sich die Erfolgsautoren des Genres wohl bewusst. Als es 1866 um die Titelwahl ihres neuesten Romans ging, gab etwa Louise Mühlbach, die »gefeiertste Schriftstellerin ihrer Zeit«[8], zu bedenken, dass politische Parteinahmen durchaus ungünstige Auswirkungen auf ihren Erfolg haben könnten: »Preußen ist, dank unserer unglückseligen Politik, im übrigen Deutschland immer unbeliebter geworden«, schrieb sie an ihren Verleger Hermann Costenoble und fuhr fort, »u. wenn ich jetzt ein Werk schriebe: Friedrich Wilhelm III. u. seine Zeit so hieße das, ein Werk für Norddeutschland schreiben, u. damit alle Sympathien für Süddeutschland verlieren für mich: Unpopularität, für Sie: schlechter Absatz.«[9] Dennoch wurden Romane der preußischen Mühlbach ebenso in Berlin wie in München und Wien gelesen.

Der Markt für Geschichtswissen war umkämpft. In der Konkurrenz um die Aufmerksamkeit des Lesers bewegten sich Autoren und ihre Verleger im Dreieck zwischen wissenschaftlichen Fachpublikationen, populären Geschichtsdarstellungen[10] und historischen Romanen. Es wäre falsch, hier von einer strikten Trennung der Genres auszugehen. Häufig waren sie durch eine Personalunion ihrer Produzenten verbunden. So veröffentlichte der angesehene Universitätsprofessor eine populäre Weltgeschichte, schrieben Romanciers historische Reiseberichte und bunt illustrierte Geschichtsdarstellungen und etablierten sich studierte Historiker als historische Literaten.[11] Die »Salonhistoriker und Tagesliteraten«[12], auf die die Akademiker schimpften, standen auch untereinander in Konkurrenz, und es ist auch die Abgrenzung zu anderen, sehr erfolgreichen

populären Genres, die es zu ziehen galt. Im Gegensatz zu den Naturwissenschaften, in denen die Popularisierung zum großen Teil eine Übersetzung und Auswahl von Fachwissen und Jargon leistete, unterlag die Geschichtsschreibung im 19. Jahrhundert noch immer den rhetorischen Regeln der Literatur und bediente sich einer Sprache, die weitgehend frei von Fachbegriffen war.[13] Als neu etablierte akademische Disziplin blieb sie angesiedelt zwischen Kunst und Wissenschaft. »Die Historie unterscheidet sich dadurch von anderen Wissenschaften, daß sie zugleich Kunst ist«, reflektierte Leopold Ranke diesen Doppelcharakter, »Wissenschaft ist sie: indem sie sammelt, findet, durchdringt; Kunst, indem sie das Gefundene, Erkannte wieder gestaltet, darstellt.«[14]

War das Schreiben von Geschichte nun auch an akademische Qualifikationen gebunden, so zeigt das zeitgleiche Aufkommen des historischen Romans zu Beginn des 19. Jahrhunderts doch, wie eine Geschichtsschreibung durch den Laien diese wissenschaftliche Autorität stets herausforderte. »Keine andere Wissenschaft [hat] mehr von dem Dilettantismus zu leiden als die Geschichte«, schimpfte der Historiker Georg Waitz in der ersten Ausgabe der Historischen Zeitschrift 1859.[15] De facto, so kann man zusammenfassen, teilte man sich Material, Form und zum großen Teil wohl auch das Publikum[16], und so wurde der Kampf um Grenzen von einer lebhaften Diskussion in literarischen Zeitschriften und Vorworten begleitet.

In diesen Debatten befanden sich die historischen Romanschriftsteller im Niemandsland zwischen Poesie und akademischem Objektivitätspostulat und sahen sich Anfeindungen aus beiden Lagern ausgesetzt. Eine »verwerfliche« Mischung einander ganz »entgegengesetzter Elemente«,[17] schimpfte die Literaturkritik und zweifelte die poetische Legitimität des Genres per se an. »Mit der Willkür wetteifert die Unwissenheit«, wetterte die andere Seite und bezichtigte die Autoren geradeheraus der Geschichtsfälschung.[18]

Die Autoren selbst heizten die Diskussion an, indem sie auf Wahrheitsliebe und Faktentreue beharrten. Mit schriftstellerischer Autonomie argumentierten die wenigsten, und wenn Gustav Freytag im Vorwort seiner »Ahnen« betont, sie seien ein Werk der Poesie und nicht der Geschichte, dann stellt er die Ausnahme und nicht die Regel dar.[19] Zu ähnlich war die Form des Erzählens der akademischen Großmeister, als dass sie als Unterscheidungsmerkmal überzeugt hätte. Fakten verbinden, Startpunkte definieren, Wandel erklären, Ursachen und Wirkungen darstellen – für den Schriftsteller wie für den Geschichtsprofessor war der narrative Akt entscheidend, um historische Ereignisse in eine sinnvolle und kohärente Darstellung einzubetten.[20] Die Ästhetik der literarischen Erzählung beschäftigte schon Wilhelm von Humboldt, der die Parallele zwischen dem Historiker und dem Literaten selbst zog: »Auf verschiedene Weise, aber ebensowohl, als der Dichter, muss er [der Geschichtsschreiber] das zerstreut Gesammelte in sich zu einem Ganzen verarbeiten.«[21] Gerade Johann Gustav Droysens spätere Kritik, Leopold von Rankes Erzählstil nähere sich so »der Anschaulichkeit eines historischen Romans«[22], macht einmal mehr deutlich, dass es in der Mitte des 19. Jahrhunderts keine klaren formalen Grenzen der Genres gab.

Das galt auch für die populären Sachbücher, die keineswegs verstaubt langweilige Texte für eine kleine Zielgruppe waren, sondern mitreißend geschrieben und bunt illustriert Einblicke in die Vergangenheit öffneten und ein großes Publikum ansprechen konnten.[23] 1842 begrüßte die Augsburger Allgemeine Zeitung begeistert den Plan für Schlossers Weltgeschichte.[24] Endlich, so schrieb Karl Hagen, würde hier die Lücke zwischen der »gelehrten Welt« und dem »Volk« geschlossen.[25] Tatsächlich aber veränderte die Anpassung des Textes an vermeintliche Leserwünsche, die »berechnete Popularisierung« und die »Speculation auf den Zeitgeist«, wie Schlosser das wütend nannte, die Darstellung erheblich.[26] Der Verleger strich konsequent den Zweifel, das Hypothetische, kurz alles »Raesonnierende, Gelehrte« heraus.[27] Das Mehrdeutige eignete sich nicht für eine populäre Darstellung. Was blieb, war ein statisches Ergebnisreferat. Gerade gegen diese populäre Konkurrenz mit ihrer lexikalischen Version des Geschehens suchten sich die Romanautoren abzugrenzen, indem sie versprachen, eben jene Vielschichtigkeit zurück in die Geschichte zu bringen.

Immer wieder betonten die Autoren ihre Absicht, die Geschichte »zum Gemeingut Aller« zu machen.[28] Bei genauem Hinsehen ergibt sich aber ein anderes Bild. Die Auswertung einer Auswahl von historischen Romanen zum populärsten Thema der 1850er Jahre, dem österreichisch-preußischen Konflikt[29], zeigt nämlich, dass die Romane gerade kein historisches Faktenwissen popularisierten. Bei der Stoffauswahl bediente man sich in der Regel bekannter Themen und Ereignisse, und das, was man gemeinhin als Geschichte klassifizieren würde, das Wissensdepot der Schul- und Handbücher etwa, die politische Ereignisgeschichte, war in den Erzählungen selten mehr als eine farbig schillernde Kulisse und ein chronologischer Rahmen. In der Regel nehmen historische Fakten nicht mehr als ein paar Zeilen, selten Seiten ein, und meist bezieht man sich auf sie als allgemeines Wissen (»wie wir alle wissen«). Sie fungieren als eine Erinnerungshilfe für den gebildeten Leser, nicht mehr. Doch selbst die wenigen Beschreibungen historischer Daten und Fakten wurden in den Rezensionen wiederholt beklagt. »Was soll z. B. im Friedemann Bach der ganze siebenjährige Krieg mit seinen Ursachen, Details und Folgen. Der Mehrzahl unserer Zeitgenossen sitzt das Alles bis in's Kleinste im Kopf«, schreibt ein Rezensent in Westermanns Monatsheften über den Roman von A. E. Brachvogel, der der Beschreibung des Krieges wohlgemerkt nur einige wenige Seiten gewidmet hatte.[30] Ähnlichen Anschuldigungen sah sich Louise Mühlbach ausgesetzt, als sie Friedrich den Großen, sicherlich der am häufigsten verwandte Charakter in den historischen Romanen der Zeit, zum Helden ihres Buches machte: »Der Held, den sie sich gewählt hat, steht dem gesamten Volke bis in die kleinsten Aeußerlichkeiten seiner Persönlichkeit [...] lebhaft vor Augen.«[31]

Tatsächlich rekurrierten die Autoren in der Regel nicht auf Originalquellen, sondern auf Handbuchwissen. Im Licht der ungeheuren Produktivität der meisten Unterhaltungsautoren erscheint originäre, zeitintensive Forschung auch unwahrscheinlich. Statt staubiger Akten wurden die aktuelle historische Literatur, Anekdotensammlungen und Memoiren intensiv genutzt. »Was habe ich nicht studirt u. gelesen, wie viele Bücher mir nicht von der Bibliothek kommen lassen, wie rastlos und unaufhaltsam gelesen, excerpirt, studirt«, illustrierte Louise Mühlbach ihrem Verleger Hermann Costenoble ihren Arbeitseifer.[32] Wiederholt konsultierte sie die Arbeiten von Ludwig Häusser, Johann D. E. Preuß und Joseph von Hormayr für ihre Bücher.[33] Die Werke bekannter Historiker füllten auch die Bücherregale der Levin Schücking'schen Privatbibliothek.[34] Eine Reihe von Zeitungsausschnitten und Notizen in seinem Nachlass legen zudem eine pragmatischere Herangehensweise an historische Stoffe nahe. Ideen fand der beliebte Autor in Journalen und Zeitungen, die Konsultation des »Historischen Taschenbuches« versorgte ihn dann mit dem notwendigen historischen Hintergrundwissen. Die populären Romanschriftsteller waren weniger Quellenarbeiter und Forscher als vielmehr historisch interessierte Leser, die das Gefundene, Gehörte und Gelesene in unterhaltsamer Weise verarbeiten und aufbereiten konnten.

Romanautoren beriefen sich also nicht auf ihre literarische Autonomie, ebenso wenig übersetzten sie akademische Forschung in eine allgemeinverständliche Form, popularisierten auch kein Fach- oder Faktenwissen. Was statt dessen meinten Romanautoren, wenn sie vom Popularisieren sprachen? 1857 beschrieb J. F. Faber, Literaturkritiker des Morgenblatts für Gebildete Leser, die Aufgabe des historischen Romans und äußerte hier ein Verständnis von Wissenspopularisierung, das für das Genre insgesamt charakteristisch war.[35] Der historische Roman, so Faber, solle Wissen bekannt machen, »das sonst nur das Privileg ›Weniger‹ bliebe« und so eine wertvolle Ergänzung zur Geschichtswissenschaft leisten. Soweit beruft er sich auf unsere traditionelle Vorstellung von Wissenspopularisierung. Er entwickelt allerdings noch eine andere, parallele Legitimation der historischen Belletristik. Sie könne nämlich Quellen privater Natur untersuchen – Anekdotensammlungen, Briefeditionen, Memoiren – und so die »eigentlichen Triebfedern« der Geschichte offenlegen, die »in gewöhnlichen historischen Darstellungen« keinen Niederschlag fänden. Die Idee vom historischen Roman als Ergänzung zur Geschichtswissenschaft war weit verbreitet. Der Schriftsteller und der Historiker seien »nothwendige Genossen«[36], beschrieb Hermann Kurz das schwierige Verhältnis der beiden und Joseph Victor von Scheffel forderte, der Roman dürfe »wohl verlangen, als ebenbürtiger Bruder der Geschichte anerkannt zu werden.«[37] Man betreibe Nachlese nach der Ernte durch den Wissenschaftler und puzzle die vorgefundenen, verschmähten Fragmente der Wahrheit zu einer neuen Wahrheit zusammen.[38] Der Schriftsteller versprach Geheimnisse aufzudecken und die Seite der berühmten historischen Figur zu zeigen, die die Geschichtswissenschaft verschwieg. In erster Linie bediente man die Neugier des Lesers nach Affären, Intrigen und Skandalen. Tatsächlich aber hatte die Abbildung einer »chronique scandaleuse«[39], wie ein Kritiker das abwertend nannte, einen bedeutenden Einfluss auf die Interpretation historischer Begebenheiten. Während die akademische Geschichtswissenschaft historische Figuren anhand ihrer Rolle im politischen Geschehen beurteilte, die politische Tat also in den Mittelpunkt stellte, zählten für den Romanautoren und seinen Leser in erster Linie das Privatleben, Tugenden und Laster. Der Autor konnte entscheiden, wie ein historischer Charakter dargestellt wurde, konnte ihn domestizieren, vermenschlichen, konnte seine historische Größe infrage stellen, indem sie ihr charakterliche Verkommenheit gegenüberstellte. Das Privatleben der historischen Figuren rückte folgerichtig in den Vordergrund.[40] Während etwa der Historiker Leopold von Ranke den Jugendjahren Friedrichs des Großen in seiner Biographie 1878 nur einige Seiten widmete, füllte die Romanautorin Mühlbach 1853 damit fast ein ganzes Buch.[41] Sie wolle nicht den »kühnen Helden« noch den »weisen Gesetzgeber« darstellen, sondern die innere Charakterentwicklung dieses großen Menschen nachzeichnen. »Aus seiner Seele und seinem Herzen heraus sein Leben entwickeln«, war ihre erklärte Absicht, um so den Menschen zu zeigen, »der er wirklich war«.[42] Die moralische Messlatte, an der der historische Charakter gemessen wurde, war die des Schriftstellers, seines gesellschaftlichen Milieus und seiner Zeit: Warmherzigkeit war wichtiger als staatsmännische Klugheit, Treue und Bescheidenheit wichtiger als politisches Taktieren. Sympathie wurde zum Maßstab des historischen Urteils.

Die Schaffung von Nähe und von Empathie, in anderen Worten die Emotionalisierung der Geschichte war sicherlich der größte Unterschied zur akademischen Geschichte. Während der Akademiker Distanz schuf sowohl zwischen Gegenwart und Vergangenheit als auch zwischen sich und dem Leser, versuchte der belletristische Autor eben jene zu verringern. Die literarische Beschreibung erlaubte es dem Leser, als unmittelbarer Zeuge am historischen Geschehen teilzuhaben, und zwar in einer privilegierten Position, die näher an den Herrschenden war, als es dem bürgerlichen Leser im wahren Leben jemals möglich gewesen wäre. Wenn Levin Schücking beschreibt, wie Karl VI. jeden Morgen nackt in seinem Ankleidezimmer wartet, bis sein Hemd in einer komplizierten Zeremonie pflichtbewusst von Höfling zu Höfling weitergereicht wird, so hebt er damit nicht nur die räumliche und zeitliche Distanz auf – wir sehen den König, wie einer seiner Höflinge ihn gesehen hätte – sondern bietet uns auch Zugang zu den Gedanken und Empfindungen des Monarchen: Er langweilt sich und friert.[43]

Einblicke in Kopf und Seele der fiktionalen historischen Charaktere wurden ergänzt durch detaillierte Beschreibungen der Kleidung und des Aussehens. Karls hohe Stirn der Habsburger, die Hakennase, die hängende Unterlippe, seine Gesichtszüge[44] wurden lebendig vor dem geistigen Auge des Lesers. Man konnte förmlich den groben Stoff von Friedrichs Reiteruniform fühlen. Was der Leser erfuhr, war das Sinnliche, das Physische der Epoche, wie sie roch, wie sie aussah, wie sie sich anfühlte – Geschichte wurde hier zum sinnlichen Erlebnis. All das half, die physische und zeitliche Distanz zu dekonstruieren und die historischen Figuren der Schulbücher wieder zu vermenschlichen, dem Leser ganz wörtlich nahe zu bringen. Man belauschte private Gespräche und geflüsterte Geheimnisse, las Briefe und geheime Notizen, nahm teil an Gefühlen und Nöten. Neben der dichten Beschreibung der historischen Details ermöglichten narrative Techniken wie Dialoge, Monologe und innere Rede die Gleichsetzung von erzählter Zeit und Erzählzeit und damit eine direkte Partizipation am historischen Geschehen, eine Teilhabe am Hier und Jetzt der fiktionalen Charaktere.[45]

Natürlich waren private Gespräche nicht in den Akten der Archive dokumentiert und fiktionale Dialoge waren das am eindeutigsten erfundene Element in den

Romanen – und damit eine beliebte Angriffsfläche der Literaturkritiker. Louise Mühlbach sah sich in den Grenzboten harscher Kritik ausgesetzt. Ihr Friedrich II., so der Kritiker, spreche »wie ein jungdeutscher Literat.«[46] In ihrer Antwort auf diesen Vorwurf nennt sie das Dilemma der erfundenen Dialoge beim Namen, rechtfertigt aber ihre Strategie. Es sei unwichtig, so Mühlbach, »ob die [...] handelnden historischen Personen dieses oder jenes Wort gesprochen, diese oder jene nebensächliche Handlung so gethan; es kommt nur darauf an, daß diese Worte und Handlungen in dem Geist und Charakter jener historischen Person gehalten sind, und daß man ihnen nichts andichtet, was sie nicht gesprochen oder gethan haben könnten.«[47] Dem Schriftsteller oblag traditionellerweise jenes Einfühlen in Charakter, Denken und Fühlen vergangener Zeiten.[48]

Neben der Charakterzeichnung und Detailmalerei, bot sich das Medium aber auch für die Abbildung »der Vergangenheit in ihrer Gesamtheit« an, so Julian Schmidt, prominenter Literaturkritiker und Mitherausgeber der Grenzboten 1867.[49] Bereits 1852 hatte er bemängelt, dass »für das Festhalten der Vergangenheit die Geschichtsschreibung nicht vollständig ausreicht.«[50] Der Schriftsteller habe die notwendige Intuition, den Zeitgeist zu erfassen und lebendig werden zu lassen, und das künstlerische Talent, mithilfe seiner Vorstellungskraft die Lücken der Forschung zu schließen. Der Roman als Genre schließlich böte die passende Form, solch ein Gesamtbild literarisch zu fassen. Die Verbindung von Besonderem und Allgemeinem, von Einzelschicksal und historischen Strukturen, spiegele sich wider in der Erzählstruktur des Romans.[51] Die populären Romane der 1850er Jahre führten zahlreiche Charaktere auf und umspannten nicht selten mehrere Jahrzehnte; sie waren das Genre der Vielen, charakteristisch von Gutzkow definiert als »Roman des Nebeneinander«.[52] Die Darstellung verschiedener Handlungsstränge beleuchtet ein wichtiges Potential für das populäre Erzählen von Geschichte: Die Autoren konnten anschaulich die Auswirkungen politischer, mithin historischer, Ereignisse auf verschiedene gesellschaftliche Lebensbereiche nachzeichnen. Konflikte einer Gesellschaft – soziale und konfessionelle, regionale und politische – konnten im Kleinen wie im Großen abgebildet und verwoben werden zu einem gesellschaftlichen Panorama der Vergangenheit. Der Literaturwissenschaftler Richard Humphrey hat treffend formuliert, die Zeit sei im Roman so lang wie breit.[53] Geschichte im Roman konnte so komplexer dargestellt werden als im Geschichtsbuch, indem sie die Gleichzeitigkeiten des Ungleichzeitigen narrativ ausgestaltete und die vergangenen Realitäten mit all ihren Widersprüchen abbildete.

Indem der Roman den Einzelnen mit seinen Erfahrungen in die große Geschichte einschrieb, präsentierte er ein demokratischeres Geschichtsbild. So konnten zum einen lokale Lebensumstände und Erfahrungen sinngebend in eine breitere zeitliche Struktur eingebunden werden. Einzelereignisse wurden in eine Kette von Ursachen und Wirkungen eingegliedert, scheinbar unbedeutende Erfahrungen des kleinen Mannes mit den Ereignissen der politischen Geschichte verknüpft. Dabei blieb es in der Macht des Autors kraft Auswahl oder Auslassung, Erlebnisse für den Verlauf der politischen Geschichte bedeutsam oder nebensächlich erscheinen zu lassen.

Zum anderen konnten im Roman zahlreiche soziale Erfahrungsebenen miteinander verbunden werden. Der Romanautor interessierte sich nicht nur für die Darstellung der Intentionen für eine politische Entscheidung, sondern vor allem für ihre Konsequenzen für die, die in den Geschichtsbüchern namenlos blieben. Der preußische Schriftsteller Willibald Alexis mahnte den ausschließlichen Blick des Historikers auf die Herrschenden: »Es ist eitle Arbeit, wenn sie von den Königen und Helden sich abwenden will, um nur das Volk zu schildern; wie tief und tiefer sie in die Schichten und Kreise dringt, sie conterfeit nur die, welche auch da Führer und Fürsten waren.«[54] Das einfache Volk, allen voran die Bevölkerung außerhalb der großen Städte, komme in den Geschichtsbüchern nicht vor, dabei habe »jeder Flecken und jeder Winkel [...] davon zu tragen und zu klagen.«[55] Auch diese Klagen wollte der populäre Geschichtsroman zu Gehör bringen und schrieb damit auch die Menschen zurück in die Geschichte, die in den großen Werken der Akademiker nicht vorkamen: Bürger und Kleinbürger, Bauern und Arbeiter, Kinder und Frauen. Vertreter aller Konfessionen und sozialen Schichten betraten die Bühne des historischen Romans.

Die Demokratisierung der historischen Darstellung ging einher mit einer klaren Präferenz für bürgerliche Werte und Normen. In der Produktion wie der Rezeption blieb der populäre historische Roman in der Mitte des 19. Jahrhunderts ein bürgerliches, zu Teilen kleinbürgerliches Unterfangen. Das allerdings führte zu einer merkwürdig ahistorischen Komponente der Erzählungen: der Einschreibung des zeitgenössischen bürgerlichen Wertehimmels in die Vergangenheit. Die erfolgreichen historischen Romane der 1850er Jahre wandten sich mit besonderer Vorliebe der Zeit Maria Theresias und Friedrichs des Großen zu. Auch eine kleine Auswahl dieser Romane ist naturgemäß divers, dennoch lässt sich, in Humphreys Worten, eine gewisse Familienähnlichkeit feststellen.[56] Erstaunlich verlässlich erfolgte nämlich die Gegenüberstellung zwischen Bürgergesellschaft und traditionellen Eliten. Der österreichisch-preußische Konflikt wurde stets eingebettet in eine Struktur binärer Ordnungen, die als einfache Aufteilung in Gut und Böse diente. Bürgerlichkeit wurde positiv konnotiert: die Wertschätzung von Leistung über Herkunft, ein spezifisch bürgerliches Konzept von Familie und Freundschaft, die Wichtigkeit von Bildung, eine Bindung zu Kunst, Musik und Literatur.[57] Moralische Tugenden wurden betont, Helden waren stets bescheiden und ehrlich, rational, fleißig und loyal. Soziale Abgrenzung funktionierte in den Romanen ex negativo, der Bürger war in erster Linie kein Aristokrat. Interaktionen zwischen allen sozialen Schichten waren dennoch möglich. Die Handwerker und Musiker, Wirtsleute, Studenten und Doktoren agierten mit dem Adel ebenso wie mit sozialen Randgruppen. Stereotype Charaktere wie die warmherzige Wirtsfrau, der anständige Handwerker, der energetische Student treten in fast jedem Roman auf, ungeachtet des regionalen Settings. Ihr einfacher und ehrlicher Lebensstil, ihre bescheidene Einrichtung, ihre Hoffnungen und Wünsche konnten in Berlin wie in Wien, in Dresden wie in Frankfurt verstanden werden.[58] Die abgebildete Gesellschaft der gemeinsamen Werte bot so nicht nur eine soziale Brücke zwischen den verschiedenen Gesellschaftsschichten, sondern sie bot eine geographische und konfessionelle Einheit an, die in den Jahren nach den gescheiterten Revolutionen 1848/49 auch als Lösung für die zersplitterte deutsche Nation selbst gelesen werden konnte. Diese Wertegemeinschaft mit ihren undefinierten sozialen und regionalen Grenzen hatte aber auch den Vorteil, dass sie eine große Zahl von Lesern ansprechen, ihnen Identifikationspunkte ermöglichen und so vor allem den überregionalen Erfolg des Buches sichern konnte.

Diese ideale Bürgergesellschaft stand den traditionellen Machteliten gegenüber, dem Adel und der Geistlichkeit. Aristokratische Minister wie Kaunitz in Österreich oder Heinrich von Brühl in Sachsen wurden als Gefahr für die politische Ordnung und Sicherheit dargestellt. Getrieben von übermäßigem Ehrgeiz und blindem Machtstreben, führten ihre Intrigen und ihre Fehlurteile zu politischen Katastrophen und begründeten das Unglück der Helden – im historischen Roman der sicherste Weg, die Sympathien des Lesers zu verlieren.[59] Höflinge wurden grundsätzlich als eitel, dekadent und unmoralisch beschrieben, stets mit einem Hang zur Lächerlichkeit mit ihren »Puderstübeln«[60] und ihren übertriebenen Unterwerfungsgesten. Ihr Lebensstil und ihre mangelnde Bildung, ihre korrupten Moralvorstellungen, ihre aufwendigen Kostüme und ihre pompöse Einrichtung, ihre falschen Freundschaften und arrangierten Ehen, all das stand in einem direkten Gegensatz zu bürgerlicher Bescheidenheit und Ehrlichkeit.

Wie der Autor das historische Urteil seiner Leser lenken konnte, zeigt das Beispiel einer Figur eindringlich. Friedrich der Große erscheint in nahezu allen Romanen in vorteilhaftem Licht und wurde zu diesem Zweck als besonders bürgerlicher Charakter gezeichnet. Das war kein leichtes Unterfangen. Die historische Wirklichkeit, gegen die die Autoren anschreiben mussten, zeichnete das Bild eines gefühlskalten, kinderlosen Mannes, der sein Leben umgeben von Männern und Soldaten verbrachte; ein absoluter Monarch mit einer Vorliebe für französische Philosophie und Sprache, der gegen nahezu alle deutschen Staaten Krieg geführt hatte. Kurz, Friedrich eignete sich nur sehr begrenzt als volkstümliche Identifikationsfigur. Wieder war es Mühlbach, die dieses Dilemma offen aussprach. »Die idealen und realen Seiten«, schreibt sie, bildeten »oft einen unvereinbaren Widerspruch.«[61] Der Ausweg, den sie und ihre Schriftstellerkollegen fanden, war die schon beschriebene private Perspektive auf den Monarchen. Während man also versprach, den wahren Friedrich zu zeigen, passte man ihn de facto an ein Schema bürgerlicher Werte und Normen an. Der absolute Monarch des 18. wurde zum Bürger des 19. Jahrhunderts.

Der fiktionale Friedrich der 1850er war nicht der Alte Fritz mit Dreispitz und Gehstock, den man aus den Schulbüchern kannte, sondern ein energetischer Mann in den besten Jahren.[62] Er erschien als warm und mitfühlend, als Mann mit Familiensinn. Dabei bediente man sich eines einfachen Kunstgriffes, indem man eine Trennung von Amt und Person suggerierte. Diese Trennlinie zwischen Privatsphäre und Öffentlichkeit war für den bürgerlichen Leser 1850 leicht nachzuvollziehen, für einen absoluten Monarchen des 18. Jahrhunderts war sie nicht nur anachronistisch, sondern geradezu lächerlich. Oft sehen wir den König nach Hause kommen nach einem schweren Arbeitstag auf dem Schlachtfeld, wie der Bürger seinen Aktenkoffer legt er sein Schwert beiseite und greift nach seiner Flöte. Im Freundes- und Familienkreis verbringt er den Abend mit seinem Orchester, hier wird der König zu einem Spieler neben anderen, und seine private Unterordnung wird komplett, wenn er Johann Sebastian Bach zuerkennt: »Er ist doch der wahre König unter uns!« Der Autor A. E. Brachvogel suggeriert, dass er in der Darstellung des Privaten imstande sei, den wahren Charakter Friedrichs abzubilden, und leitet den Leser an, dies als Grundlage für die Beurteilung der historischen Figur insgesamt zu nehmen und das herkömmliche historische Urteil zu revidieren: »Ja, die Musik war noch das einzige, worin er ganz mit Herz und Geist aufging, und wer den königlichen Philosophen für kalt und gemütlos halten konnte, mußte ihn sehen, wenn er im Konzertsaal stand, um seiner Meinung sich tiefinnerlichst zu schämen.«[63]

Die Trennung von Staatsmann und Privatmann half den Romanautoren auch, unbeliebte Entscheidungen des Königs zu erklären. Als Mühlbachs Friedrich seiner Schwester aus politischen Erwägungen heraus eine Liebesheirat verbot, erwartete er zwar als Staatsmann, dass sie seinen Anweisungen Folge leistete, als Privatmann aber teilte er ihren Schmerz: »Der König hat Dir gezürnt, der Bruder will mit Dir weinen. Komm, Amelia, komm an ein treues Bruderherz!«[64]

Gerade die Verwandlung des gefühlskalten Monarchen in einen liebenswerten und liebenden Mann stellte die Autoren vor eine Herausforderung. Liebesabenteuer waren zum einen entscheidend, um einen fiktionalen Charakter interessant zu machen. Zum anderen war das bürgerliche Ideal von Liebe und Ehe ein entscheidender Unterschied zur Aristokratie und musste vom literarischen Sympathieträger mindestens Wertschätzung erfahren, wenn er selbst es schon nicht erfüllen konnte.[65] In den Romanen begegnen wir zahlreichen Versuchen, Friedrich als Liebhaber oder gar liebenden Ehemann darzustellen.[66] Die Quellen hierfür waren mager, eine zarte Jugendliebe, die über schüchterne Blicke nicht hinauskam und das Bild einer Tänzerin in seinem Palast reichten aus, die Fantasie der Schriftsteller anzuheizen. Schlussendlich herrschte in fast allen Romanen das Bild des pflichtbewussten Mannes vor, der sein privates Glück dem des Staates unterwarf. Um Familiensinn zu beweisen, ließen die Autoren ihn dann wenigstens mit den Kindern des sächsischen Kronprinzen spielen.[67]

Diese Domestizierung des Monarchen entlang einer Reihe zeitgenössischer Moralvorstellungen beleuchtet einen wichtigen Punkt: Nicht die historische Person selbst war der Ausgangspunkt der Interpretation und Darstellung, sondern ihre Anpassung an ein vorgefertigtes, anachronistisches Set bürgerlicher Tugenden. Der Preußenkönig war nicht die einzige historische Figur, bei der die Autoren so vorgingen. Joseph II. etwa, selbst ein vielfach verwandter literarischer Charakter, war ein weiteres prominentes Beispiel dafür.[68] Popularisierung im historischen Roman konnte deshalb auf zwei Ebenen funktionieren. So konnten historische Figuren als Sympathieträger generiert werden, um politische Ideen oder Loyalitäten zu festigen. Vor allem aber stimmte der Umkehrschluss: Bürgerliche Tugenden wurden selbst popularisiert, indem sie einer etablierten und beliebten historischen Person zugeschrieben wurden. Das Bürgertum projizierte die eigenen Vorstellungen und Ansprüche in die Geschichte. Die bürgerlichen Autoren bedienten sich des wachsenden historischen Interesses zur Popularisierung eigener Wertvorstellungen, gleichzeitig begründeten sie den

Boom historischer Unterhaltungsliteratur mit ihren Romanen und profitierten ökonomisch von ihm. Was wir in der historischen Populärliteratur in der Mitte des 19. Jahrhunderts vorfinden, ist der Triumph einer potentiell für alle offenen, stetig wachsenden und harmonischen Bürgergesellschaft.

Die historische Belletristik hatte ihr ganz eigenes Verständnis von einer Popularisierung von Geschichte. Sie wollte den Leser unterhalten, Geheimnisse aufdecken und die Seite der berühmten historischen Figur zeigen, die die Geschichtswissenschaft verschwieg. Hier zeigten sich soziale und politische Implikationen einer popularisierten Interpretation der Geschichte. Moralische Standards fanden Eingang in die Darstellung und damit in die Meinung des Lesers. Doch die Anekdoten, die Darstellungen einer »chronique scandaleuse«, waren eingebunden in ein reiches Panorama sozialer Wirklichkeit, das mit bemerkenswerter Genauigkeit nachgezeichnet wurde. Popularisierung von Geschichte war keine Vermittlung von Faktenwissen, sondern bedeutete die Einführung einer demokratischeren Perspektive und bürgerlicher Standards – und damit umgekehrt die Popularisierung des sozialen Wissens der Zeitgenossen durch die Geschichte. Wenn der bürgerliche Leser 1850 in den literarischen Spiegel der historischen Romane sah, sah er vor allem sich selbst.

* Dieser Beitrag entstand im Rahmen meines Dissertationsprojekts zur Popularisierung historischen Wissens in der Unterhaltungsliteratur des neunzehnten Jahrhunderts.

1 Mützelburg, Adolf, Eisen und Blut, Berlin 1866, S. 6.

2 Folgende Datenbestände wurden verknüpft und ausgewertet: Die Datenbank »Projekt Historischer Roman« der Universität Innsbruck www.germanistik.uibk.ac.at/hr/; Listen erfolgreicher Autoren in Leihbibliotheken in Albert Martino, Die deutsche Leihbibliothek. Geschichte einer literarischen Institution 1756–1914, Wiesbaden 1990; Listen der beliebtesten Autoren in Friedrich Winterscheidt, Deutsche Unterhaltungsliteratur der Jahre 1850–1860. Die geistesgeschichtlichen Grundlagen der unterhaltenden Literatur an der Schwelle zum Industriezeitalter, Bonn 1970.

3 1848 wird von den Zeitgenossen selbst als literarische Epochenschwelle wahrgenommen, vgl. etwa Prutz, Robert, Die deutsche Literatur der Gegenwart 1848 bis 1858, 2 Bde., 2. Aufl., Leipzig 1860, insbes. Bd. 1, S. 28. Noch immer das Standardwerk zum nachrevolutionären historischen Roman ist: Eggert, Hartmut, Studien zur Wirkungsgeschichte des deutschen historischen Romans 1850–1875, Frankfurt a. M. 1971; neuere kulturwissenschaftliche Herangehensweisen bei: Sohns, Jan-Arne, An der Kette der Ahnen. Geschichtsreflexion im deutschsprachigen historischen Roman 1870–1880, Berlin, New York 2004; Peterson, Brent O., History, Fiction, and Germany. Writing the Nineteenth-Century Nation, Detroit 2005; zu 1848 als Epochenwende vgl. zudem: Göttsche, Dirk, Zeit im Roman. Literarische Zeitreflexion und die Geschichte des Zeitromans im späten 18. und 19. Jahrhundert, München 2001, zugl. Habil.-Schr. Münster (Westfalen) 1998, und Amann, Klaus/Lengauer, Hubert/Wagner, Karl, Literarisches Leben in Österreich 1848–1890, Wien, Köln, Weimar 2000.

4 Bekannte Autoren der Zeit waren Willibald Alexis, Gustav Freytag, Louise Mühlbach, Franz Lubojatzky, Max Ring, Levin Schücking, Karl Gutzkow, George Hesekiel, Moritz Hartmann, Hermann Kurz, Heinrich König, H. E. R. Belani, Ludwig Rellstab u. a.

5 Faber, J. F., Rezension Sammlung auserlesener Originalromane,
   in: Cotta'sches Morgenblatt für gebildete Leser 48 (1854), S. 1196.

6 Gottschall, Rudolf von, Studien zur neueren deutschen Literatur, 2. Aufl., Berlin 1892, S. 156.

7 Eggert, Studien zur Wirkungsgeschichte, Appendix, S. 205–212.

8 Janke, Otto, Mein Wirken als Deutscher Verleger 1843–1868. Beilage zum Verlagskatalog, Berlin
   1868, S. 6.

9 Mühlbach an Costenoble, 18.3.1866, abgedruckt in McClain, William H./Kurth-Voigt, Lieselotte
   E., Clara Mundts Briefe an Hermann Costenoble. Zu L. Mühlbachs historischen Romanen, in:
   Archiv für Geschichte des Buchwesens 22 (1981), Sp. 1030.

10 Vgl. Nissen, Martin, Populäre Geschichtsschreibung. Historiker, Verleger und die deutsche
   Öffentlichkeit, Köln, Weimar, 2008; sowie: Ders., Popularität im bessern Sinne des Wortes. Wissenschaftlichkeit und Allgemeinverständlichkeit in historiografischen Werken des 19. Jahrhunderts, in diesem Band.

11 Viele Autoren waren historisch versiert, hatten zum Teil Geschichte studiert oder geschichtswissenschaftliche Vorlesungen während ihres Studiums besucht. Ausgebildete Historiker
   waren z. B. George Hesekiel, Karl Frenzel und Leopold von Sacher-Masoch; mit Felix Dahn
   schrieb auch ein Geschichtsprofessor historische Romane.

12 Waitz, Georg, Falsche Richtungen, in: Historische Zeitschrift 1 (1859), S. 18.

13 Einen Forschungsüberblick zum Konzept Wissenspopularisierung bietet Kretschmann, Carsten,
   Wissenspopularisierung – ein altes, neues Forschungsfeld, in: Ders. (Hg.), Wissenspopularisierung. Konzepte der Wissensverbreitung im Wandel, Berlin 2003, S. 7–26.

14 Ranke, Leopold, Idee der Universalgeschichte in Vorlesungseinheiten, in: ders., Aus Werk und
   Nachlass, hg. v. Volker Dotterweich und Walter Peter Fuchs, Bd. 4, München 1975, S. 72; dazu
   ausführlicher: Hardtwig, Wolfgang, Konzeption und Begriff der Forschung in der deutschen
   Historie des 19. Jahrhunderts, in: Diemer, Alwin (Hg.), Konzeption und Begriff der Forschung in
   den Wissenschaften des 19. Jahrhunderts, Meisenheim 1978, S. 11–26.

15 Waitz, Georg, Falsche Richtungen, S. 18f.

16 Die Ergebnisse der Leserforschung attestieren dem Roman eine größere soziale Reichweite und
   eine vermehrt weibliche Leserschaft, während die Zeitgenossen den akademischen Werken die
   treuere Leserschaft zuerkennen; noch immer wegweisend ist Engelsing, Rolf, Zur Sozialgeschichte deutscher Mittel- und Unterschichten, Göttingen 1973 und ders., Analphabetentum
   und Lektüre. Zur Sozialgeschichte des Lesens in Deutschland zwischen feudaler und
   industrieller Gesellschaft, Stuttgart 1973; siehe auch Wittmann, Reinhard, Buchmarkt und
   Lektüre im 18. und 19. Jahrhundert. Beiträge zum literarischen Leben 1750–1880, Tübingen
   1982.

17 Morgenstern, Karl, Ueber das Wesen des Bildungsromans (1820/21), zit. n. Lämmert, Eberhard,
   Romantheorie. Dokumentation ihrer Geschichte in Deutschland 1620–1880, Berlin 1971,
   S. 256; vgl. Limlei, Michael, Geschichte als Ort der Bewährung. Menschenbild und Gesell-
   schaftsverständnis in den deutschen historischen Romanen 1820–1890, Frankfurt a. M. 1988,
   der im ersten Kapitel die Auseinandersetzung um die Gattung eindringlich nachzeichnet.

18 Frenzel, Karl, Der historische Roman, in: Deutsches Museum 16/1 (1866), S. 3–12, abgedruckt in:
   Bucher, Max u. a. (Hg.), Realismus und Gründerzeit. Manifeste und Dokumente zur deutschen
   Literatur 1848–1880, 2 Bde., Stuttgart 1975, Bd. 2, S. 299.

19 Freytag, Gustav, Die Ahnen, in: Gesammelte Werke Bd. 8–13, Leipzig 1887; Bd. 8, VIII. Zu
   Freytags Verständnis des historischen Romans Lonner, Alyssa A., Mediating the Past. Gustav
   Freytag, Progress, and German Historical Identity 1848–71, Oxford 2005, S. 46–83.

20 Die Forschung zum Verhältnis von Literatur und Geschichte entwickelte sich in den letzten
   15 Jahren geradezu explosionsartig. Einen guten Überblick gibt Daniel Fulda, Erschrieben oder
   Aufgeschrieben? Zu einigen Problemen der aktuellen Historiographieforschung,
   in: Historisches Jahrbuch 120 (2000), S. 301–316. Vgl. außerdem White, Hayden, Metahistory.
   Die historische Einbildungskraft im 19. Jahrhundert, Frankfurt am Main 1990; Fulda,

Daniel/Tschopp, Silvia Serena (Hg.), Literatur und Geschichte. Ein Kompendium zu ihrem Verhältnis von der Aufklärung bis zur Gegenwart, Berlin, New York 2002; Brude-Firnau, Gisela/MacHardy, Karin J. (Hg.), Fact and Fiction. German History and Literature 1848–1924, Tübingen 1990; Bruner, Jerome S., Vergangenheit und Gegenwart als narrative Konstruktionen, in: Straub, Jürgen (Hg.), Erzählung, Identität und historisches Bewusstsein. Die psychologische Konstruktion von Zeit und Geschichte, Frankfurt a. M. 1998, S. 46–80; anschaulich Gossmann, Lionel, Between History and Literature, Cambridge/Mass. 1990; siehe dazu auch: Hardtwig, Wolfgang/Schütz, Erhard (Hg.), Geschichte für Leser. Populäre Geschichtsschreibung in Deutschland im 20. Jahrhundert, Stuttgart 2005; Hardtwig, Wolfgang, Fiktive Zeitgeschichte? Literarische Erzählung, Geschichtswissenschaft und Erinnerungskultur in Deutschland, in: Ders., Hochkultur des bürgerlichen Zeitalters, Göttingen 2005, S. 114–135.

21 Humboldt, Wilhelm von, Ueber die Aufgabe des Geschichtsschreibers (Vorlesung gehalten am 12.04.1821), in: ders., Werke in fünf Bänden, hg. v. Andreas Flitner und Klaus Gibl, 3. Aufl., Darmstadt 1980, S. 586.

22 Droysen, Johann Gustav, Historik. Historische kritische Ausgabe, hg. v. Peter Leyh, Stuttgart 1977, S. 239.

23 Zwischen 1813 und 1868 wurden etwa 100.000 Kopien von Rottecks Allgemeiner Geschichte verkauft. 1833 betrug allein die erste Auflage der günstigeren Taschenbuchauflage 20.000 Ausgaben. Ähnlich großer Beliebtheit erfreuten sich die Werke französischer Autoren wie Mignet, Ségur oder Chauber. Belletristische Reihen wie Saccos Novellen-Sammlungen fanden ein populärwissenschaftliches Pendant in der Historischen Hausbibliothek. In den 1840er und 1850er Jahren brachte der Westermann Verlag seine Illustrirte Weltgeschichte auf den Markt.

24 Eine hervorragende Analyse zu Schlossers Arbeit leistet Dagmar Stegmüller, Popularisierungsstrategien in Friedrich Christoph Schlossers »Weltgeschichte für das deutsche Volk«, in: Kretschmann, Carsten (Hg.), Wissenspopularisierung. Konzepte der Wissensverbreitung im Wandel, Berlin 2003, S. 197–210.

25 Hagen, Karl, Schlosser und seine neue Weltgeschichte, in: Beilage Nr. 150 zur Augsburger Allgemeinen Zeitung (30.05.1842), S. 1193.

26 Schlosser an Georg Ludwig Kriegk, 19.11.1845 und 08.01.1850, zit. n. Stegmüller, Popularisierungsstrategien, S. 200.

27 Ebd., S. 202f.

28 Vgl. Mühlbach, Louise, Der alte Fritz und die neue Zeit oder Deutschland im Sturm und Drang, Berlin 1867, Bd. 1, III–XV; ganz ähnlich in einem Brief an Hermann von Pückler-Muskau vom 26.2.1864: »Ich habe mir in allen meinen historischen Arbeiten ein und dasselbe Ziel gesteckt: beim deutschen Volk die Kenntnis deutscher Geschichte und das patriotische Bewußtsein zu wecken und zu begeistern für deutsche Ehre, und es vertraut zu machen mit seinen Helden.« Abgedruckt in: Tönnesen, Cornelia, Die Vormärz-Autorin Luise Mühlbach. Vom sozialkritischen Frühwerk zum historischen Roman, Neuss 1997, S. 212.

29 Eine Auswertung der unter Fußnote 2 angeführten Daten ergab, dass 1850–1859 das 18. Jahrhundert mit 29 Prozent das am meisten dargestellte Jahrhundert war; betrachtet man nur die 88 historischen Romane der 24 beliebtesten Autoren, so fungierte in 23 Prozent der Romane der österreichisch-preußische Konflikt als historisches Setting, gefolgt von den Napoleonischen Kriegen mit 19 Prozent.

30 Anonyme Rezension zu A. E. Brachvogels Friedemann Bach, in: Westermanns Monatshefte, 3 (1857), S. 91.

31 Anonyme Rezension zu Louise Mühlbachs Berlin oder Sanssouci oder Friedrich der Große und seine Freunde, in: Die Grenzboten 13/1 (1854), S. 406.

32 Mühlbach an Hermann Costenoble, 18.03.1866, abgedruckt in: McClain, William H./Kurth-Voigt, Lieselotte E., Clara Mundts Briefe an Hermann Costenoble, Sp. 1031f.

33 Vgl. Kurth-Voigt, Lieselotte E./McClain, William H., Louise Mühlbach's Historical Novels: The American Reception, in: Internationales Archiv für Sozialgeschichte der deutschen Literatur 6, 1981, S. 54.

34 Im Nachlass Levin Schückings, der im Westfälischen Landesmuseum in Münster aufbewahrt wird, befindet sich eine Liste seiner Privatbibliothek, aufgenommen 1883 (Mappe 76, Korrespondenzen). Die Geschichtswerke der bekannten zeitgenössischen Historiker wie Ranke, Niebuhr, Häusser, Schlosser u.a. befanden sich in seinem Besitz.

35 Faber, J. F., Rezension zu Mühlbachs Napoleon in Deutschland, in: Cotta'sches Morgenblatt für Gebildete Leser 51 (1857), S. 1242–1245.

36 Kurz, Hermann, Schillers Heimatjahre, in: Ders., Sämtliche Werke, hg. von H. Fischer, 12 Bde. Leipzig o. J., Bd. 4, S. 184.

37 Scheffel, Joseph Victor von, Vorwort zu Ekkehard. Eine Geschichte aus dem zehnten Jahrhundert, Frankfurt a. M. 1855, I–VII, abgedruckt in: Bucher, Max u. a. (Hg.), Realismus und Gründerzeit, Bd. 2, S. 295.

38 So der österreichische Erfolgsautor Eduard Breier in seinem Vorwort zu: Die beiden Grasel, Wien 1861, S. 5; ähnlich Lord Macaulay über Walter Scott: »he has used those fragments of truths which historians have scornfully thrown behind them in a manner which may well excite their envy.«, in: Ders., History. The Miscellaneous Writings of Lord Macaulay, 2 Bde., London 1860, Bd. 1, S. 278.

39 Frenzel, Karl, Der historische Roman, in: Deutsches Museum 16/1 (1866), S. 3–12, abgedruckt in: Bucher, Max u. a. (Hg.), Realismus und Gründerzeit, Bd. 2, S. 300.

40 Zur Privatisierung der Geschichte siehe auch Lukács, Georg, Der historische Roman, Berlin 1955, S. 194–219.

41 Für einen Vergleich zwischen Ranke und Mühlbach siehe Peterson, History, S. 29–67.

42 Mühlbach, Louise, Friedrich der Große und seine Geschwister, Dritte Folge, 2. Abt., Bd. 1, S. IX.

43 Schücking, Levin, Aus den Tagen der großen Kaiserin, Reiseausgabe »Der blinde Passagier«, Bd. 11, Hamburg o. J., S. 14.

44 Ebd., S. 7.

45 Zu narrativen Strategien im Roman siehe Hamburger, Käte, Die Logik der Dichtung, 2. überarb. Aufl., Stuttgart 1968, S. 84 und Lützeler, Paul Michael, Zeitgeschichte in Geschichten der Zeit. Deutschsprachige Romane im 20. Jahrhundert, Bonn 1986, S. 3.

46 Anonyme Rezension zu Louise Mühlbachs »Berlin oder Sanssouci oder Friedrich der Große und seine Freunde«, in: Die Grenzboten 13/1 (1854), S. 406.

47 Mühlbach, Louise, Vorwort zu Deutschland im Sturm und Drang, Bd. 1: Der alte Fritz und die neue Zeit, S. III–XV.

48 Zum prekären Verhältnis von Historikern und Dichtern im 19. Jahrhundert Bunyan, Anita, Notwendige Genossenschaft. Perceptions of the Boundary between Fiction and Historical Writing in Nineteenth-Century Germany, in: Barkhoff, Jürgen u. a. (Hg.), Das schwierige neunzehnte Jahrhundert, Tübingen 2000, S. 41–51.

49 Zit. n. Sottong, Hermann J., Transformation und Reaktion. Historisches Erzählen von der Goethezeit zum Realismus, München 1992, S. 323.

50 Schmidt, Julian, Der vaterländische Roman, in: Die Grenzboten 11/2,3 (1852), S. 481–489, abgedruckt in: Bucher, Max u. a. (Hg.), Realismus und Gründerzeit, Bd. 2, S. 278.

51 Zu literarischer Form und historischer Erzählung siehe Döblin, Alfred, Der historische Roman und wir (1936), in: Steinecke, Hartmut, Aufsätze in Theorie und Technik des Romans im 20. Jahrhundert, Tübingen 1972, S. 31–34; Mann, Thomas, Die Kunst des Romans (1939), in: Steinecke, Aufsätze, S. 7–12; aktueller: Sottong, Hermann J., Transformation und Reaktion. Historisches Erzählen von der Goethezeit zum Realismus, München 1992.

52 Das Konzept führt Gutzkow im Vorwort seines Romans »Die Ritter vom Geiste«, 1850, aus.

53 Zeitkonzepte im historischen Roman beleuchtet Humphrey, Richard, The Historical Novel as Philosophy of History. Three German Contributions: Alexis, Fontane, Döblin, London 1986, hier insbesondere S. 20.

54 Alexis, Willibald, Isegrimm. Vaterländischer Roman, 2. Aufl., Berlin 1871, Bd. 1, S. 1.

55 Ebd., S. 2.

56 Humphrey, Richard, The Historical Novel as Philosophy of History. Three German Contributions: Alexis, Fontane, Döblin, London 1986, S. 23. Er bezieht sich hier auf Ludwig Wittgenstein, The Blue and Brown Books, Oxford 1964, S. 17.

57 Zum Konzept von Bürgerlichkeit vgl. z.B. Kocka, Jürgen, Obrigkeitsstaat und Bürgerlichkeit. Zur Geschichte des deutschen Bürgertums im 19. Jahrhundert, in: Hardtwig, Wolfgang/Brandt, Harm-Hinrich (Hg.), Deutschlands Weg in die Moderne. Politik, Gesellschaft und Kultur im 19. Jahrhundert, München 1993, S. 107–121.

58 Zur Beschreibung bürgerlicher Einrichtung vgl. Lubojatzky, Franz, Maria Theresia und ihre Zeit. Historischer Roman von Franz Carion in drei Theilen, Leipzig 1857, Bd. 1, S. 66; allgemein dazu: Belgum, Kirsten, Interior Meaning. Design of the Bourgeois Home in the Realist Novel, New York, Berlin 1991, S. 3–11.

59 Zum Beispiel in Brachvogels Roman »Friedemann Bach« und in Lubojatzkys Roman »Maria Theresia und ihre Zeit«.

60 Lubojatzky, Maria Theresia, Bd. 1, S. 276.

61 Mühlbach, Friedrich der Große und seine Geschwister, S. VII.

62 Mühlbach, Louise, Berlin und Sanssouci oder Friedrich der Große und seine Freunde, S. II: »wo weder sein Antlitz noch sein Herz voll Runzeln war«.

63 Brachvogel, Albert Emil, Friedemann Bach, Aufl. ohne Angabe, Leipzig 1909, S. 302.

64 Mühlbach, Berlin und Sanssouci, Bd. 3, S. 165. Zur Tendenz der Verbürgerlichung des Königtums in der Mitte des 19. Jahrhunderts siehe Stamm-Kuhlmann, Thomas, War Friedrich Wilhelm III. ein Bürgerkönig?, in: Zeitschrift für Historische Forschung 16 (1989), S. 441–460.

65 Vgl. Trepp, Anne-Charlott, Emotion und bürgerliche Sinnstiftung oder die Metaphysik des Gefühls: Liebe am Beginn des bürgerlichen Zeitalters, in: Hettling, Manfred/Hoffmann, Stefan-Ludwig (Hg.), Der bürgerliche Wertehimmel. Innenansichten des 19. Jahrhunderts, Göttingen 2000, S. 23–55.

66 Vgl. hierzu auch Peterson, History, S. 119–125.

67 Lubojatzky, Vor hundert Jahren, Bd. 1, S. 23ff.

68 Siehe die oben aufgeführten Romane Lubojatzkys und Brachvogels; Otto Janke zufolge war Mühlbachs Roman »Kaiser Joseph und sein Hof« »wohl der am Meisten verbreitete und bekannt gewordene Roman der letzten 25 Jahre«. Janke, Otto, Wirken, S. 6.

KOMMERZIALISIE-RUNG NATIONALER GEDÄCHTNISKULTUR

Panoramabilder im 19. Jahrhundert SILKE EILERS

Im 19. Jahrhundert entwickelte sich ein neues Bewusstsein für Natur und Geschichte. Bereits mit der Französischen Revolution begann eine »Dynamisierung des Geschichtlichen«[1], die auch den Bezugsrahmen der Historienmalerei bestimmte, während sich die Bildwürdigkeit von Geschichte bislang an der Vor-bild- und Sinnstiftungsfunktion vergangener Begebenheiten orientierte.[2] Nun veränderten sich die Darstellungsmodi des Ereignisbildes. Aktuelles Tagesgeschehen hielt Einzug, und zeitgleich nahm der Geschichtsenthusiasmus ein neues Medium der Zeit für sich in Anspruch: das Panorama. »Allsicht« verhieß der klangvolle Begriff. Er bezeichnete ein Rundgemälde, ausgestellt in einer Rotunde.[3] Der Betrachter stand auf einer Plattform oder einer Galerie innerhalb des Gebäudes. Er betrat den Ausstellungsbereich über einen abgedunkelten Gang, der die Außenwelt abschirmte. Oberer und unterer Bildrand sowie

Lichtquelle waren verdeckt. Bild und Raumarchitektur sollten eine perfekte Illusion erzielen. Die »gigantische Maschine Panorama«[4] nahm das komplette Sichtfeld des Betrachters ein. Spezialisten wie Architektur-, Landschafts- und Personenmaler wirkten gemeinsam an der Produktion des Gemäldes. Für Realisierung und Vermarktung des Gesamtkunstwerks entstanden zum Teil international tätige Unternehmen. Panoramen waren damit eine Symbiose aus Kunst, Kommerz sowie technischem Know-how, aber im Hinblick auf ihre künstlerischen Qualitäten in der zeitgenössischen Diskussion umstritten.[5] Ihre Intention schwankte zwischen vergnüglichem Zeitvertreib, Bildungsambitionen und politischer Propaganda. Sie lieferten eine frühe Form von Infotainment. Dabei wurde Geschichte häufig mit Blick auf Besucherzahlen und möglichen Profit aufbereitet. Die Panoramabetreiber erkannten bereits im 19. Jahrhundert: History sells.

DEMOKRATISIERUNG DER WAHRNEHMUNG – DAS PUBLIKUM Die Geburtsstunde des visuellen Mediums mit Breitenwirkung lag in der Zeit der Industriellen Revolution. Die Geschichte der Panoramaproduktion teilte sich in zwei Hauptphasen. Die erste endete um die Mitte des 19. Jahrhunderts. Die zweite Welle setzte mit dem Ende des Deutsch-Französischen Krieges ein und riss zu Beginn des 20. Jahrhunderts ab.[6] Die Basis für den Aufschwung des Panoramas bildete die rasche Zunahme der städtischen Bevölkerung im ausgehenden 18. Jahrhundert. Diese ermöglichte mit ihren Eintrittsgeldern Herstellung und Verbreitung der Panoramen. Die Erfolgsgeschichte begann, als Robert Barker den Blick über die Stadt Edinburgh als »all embracing view« ins Bild bannte. 1787 meldete er ein Patent für seine Erfindung an.[7] Nach zunächst noch mäßiger Resonanz entwickelten sich Panoramen zu einer gefragten Attraktion. Barker blieb nur für kurze Zeit der einzige Produzent, und Konkurrenzunternehmen ließen nicht lange auf sich warten. Rundbilder wurden in Europa und Übersee als Wandermedien gezeigt und genossen vor allem in England und Frankreich Popularität.[8] Paris galt im 19. Jahrhundert als Hauptstadt des Panoramas. Im deutschen Sprachgebiet hingegen wurden derartige visuelle Großformen zunächst kaum rezipiert, wohl auch aufgrund der besonderen ökonomischen Situation des in Territorien zersplitterten Deutschlands und der Existenz von nur wenigen Ballungszentren.[9] Das Panorama war ein Phänomen der Großstadt. Es antwortete auf die Vergnügungslust des urbanen Bürgertums und dessen Hunger nach Visuellem. Einerseits reagierte es dabei auf die Anliegen des Publikums, andererseits trug es zur Ausformung eines ebensolchen bei.

Das neue Medium stand für eine Liberalisierung des Bildkonsums. Während sich die Kunst bisher an einen elitären Rezipientenkreis gewandt hatte, richteten sich Panoramen an ein breites Publikum und beeindruckten mit illusionistischer Magie wie emotionaler Ansprache. Sie schufen mit ihrer besonderen Form des Anschauungsunterrichts neue Seherlebnisse. Die Panoramen eigneten sich als Reiseführer und Enzyklopädie für jedermann. Sie ermöglichten dank ihrer manipulativen Wirkung auf Sehen und körperliches Empfinden nahezu eine »Zeitreise auf das historische Schlachtfeld«[10].

Das Panorama war kein Mittel isolierter Kontemplation, sondern erlaubte eine simultane Kollektivrezeption als Gemeinschaftserlebnis. Damit stellte es ein »frühes Symptom der Krise der Malerei«[11] dar. Im Zeitalter der technischen Reproduzierbarkeit von Kunstwerken ging ihr Privilegiencharakter verloren. Die Eroberung von Raum und Zeit charakterisierte das Industriezeitalter. Mediale Beschleunigung und verkehrstechnische Innovationen veränderten Distanzen.[12] Das Bedürfnis nach visueller Information und Unterhaltung stieg. Hier boten Multiplikation und Monumentalisierung von Bildmedien eine Lösung.[13] Wenngleich Panoramen noch per Hand gefertigt wurden, waren sie doch Indiz fortschreitender Industrialisierung der Kunst. Dafür sprechen Mechanisierung der Abbildung mittels Projektionsapparaten, immer raschere, arbeitsteilige Fertigstellung der Gemälde und Konstruktion der Rotunden.

Zu Beginn des 19. Jahrhunderts wurden Panoramen zwar noch in erster Linie von begüterten Schichten rezipiert. Zwischen 1840 und 1870 gestatteten niedrigere Eintrittspreise jedoch zunehmend Kleinbürgern den Besuch. Ab 1870 strömte dann die Masse zu den Panoramen. Zu den Gesamtbesucherzahlen gibt es aufgrund der heterogenen Quellenlage nur wenige konkrete Angaben.[14] Robichon hat folgende Einschätzung für Paris gegeben: Im Zeitraum von 1800 bis 1820 frequentierten jährlich durchschnittlich zwischen 30.000 und 50.000 Menschen das Medium Panorama. Nach 1820 reduzierten sich die Zahlen im Jahresdurchschnitt bis auf 15.000. Zwischen 1860 und 1865 kamen durchschnittlich 90.000 Zuschauer jährlich, 110.000 pro Jahr zwischen 1865 und 1870, 150.000 bis 200.000 per anno zwischen 1872 und 1885 sowie 150.000 pro Jahr im Zeitraum 1885 bis 1890.[15] Für den Zeitraum von 1870 bis 1900 nimmt Oettermann auf der Grundlage von Bilanzen und Eintrittsgeldern an, dass mindestens 10 Millionen Menschen in Deutschland eine Eintrittskarte für ein Panorama gekauft haben dürften. Hinzu kämen die Besucher in Österreich, der Schweiz, Frankreich, Holland, Belgien, England, Nordamerika, in den skandinavischen Ländern, Spanien, Polen und Russland. »Wie alle Zahlen in diesem Abschnitt dürfte die Gesamtzahl der Panoramenbesuche mit 100 Millionen in den Jahren von 1870 bis 1900 zu niedrig geschätzt sein.«[16]

KASSENSCHLAGER PANORAMA – AUFTRAGGEBER UND VERMARKTUNG Das Massenmedium Panorama kann als ein Pionier moderner Kulturindustrie betrachtet werden. Für die riesigen Panoramagemälde mit bis zu 2000 Quadratmeter Leinwand wurden spezielle Ausstellungsgebäude errichtet.[17] Die Architektur reichte von einfachen Holzbauten über repräsentative steinerne Gebäude bis hin zu Eisenfachwerk-Glaskonstruktionen. Die zum Teil immensen Herstellungskosten erforderten entsprechende Einnahmen. Verschiedene Rotunden staffelten ihre Eintrittsgelder nach Öffnungstagen. Einige Bauten verfügten über zwei Plattformen, von denen die untere mit schlechterer Sicht weniger betuchten Rezipienten vorbehalten war.[18]

Im Hinblick auf die jeweiligen Auftraggeber und ihren Einfluss auf die künstlerische Ausführung der Panoramen ist der Sachverhalt recht diffizil, da die Zusammenhänge vielfach nicht ausreichend dokumentiert sind. Insgesamt agierten unterschiedliche Interessengruppen: einerseits die gewinnorientierten Panoramagesellschaften, andererseits »bei einigen Kriegsmalern zusätzlich die adeligen Protegés im Hintergrund – das gilt außer für Camphausen z.B. für den unter der Protektion des Leopold von Hohenzollern stehenden Emil Hünten, der 1881–1883 sein Panorama ›Sturm auf St. Privat‹ in Berlin ausstellte – deren Intention sich weniger auf den Kommerz als auf die nationale und vor allem persönliche Repräsentanz richtete. Das Historienpanorama als Kompromiß?«[19]

Panoramen wurden als privatwirtschaftliche Unternehmen geführt. In der ersten Phase konstituierten sie sich noch aus einer überschaubaren Zahl an Anteilseignern, darunter »Geschäftsleute, Geldgeber, Architekten, leitende Künstler, Arbeitsteams und Koordinatoren«[20]. Nach 1850 gründeten sich dann erste Aktiengesellschaften, die sich ein lukratives Geschäft von den Panoramen versprachen.

Mitunter erhielten die Panoramaunternehmen staatliche Unterstützung. Der Künstler Charles Langlois verlangte mit Erfolg staatliche Hilfestellung beim Bau einer neuen Rotunde auf den Champs-Élysées, die zuerst 1860 die Belagerung von Sewastopol und in der Folge die Schlacht bei Solferino zeigte. Im Gegenzug für die Subventionierung seiner »Société des Panoramas« mit einem jährlichen Zuschuss für die Begleichung der Mietkosten unterlag die Themenwahl staatlicher Aufsicht. Napoleon III. war wie bereits Napoleon I. an Schlachtenpanoramen als Propagandainstrument interessiert.[21]

In der zweiten Phase des Panoramabooms schossen Aktiengesellschaften wie Pilze aus dem Boden. Die Betreibergesellschaften ließen ihre Anteilseigner gerne im Dunkeln. Nicht umsonst bezeichneten sie sich häufig als »Société anonyme«. Zur Popularisierung trug insbesondere die Weltausstellung von 1878 bei. Philippoteaux' Panorama der Belagerung von Paris entpuppte sich hier als Publikumsmagnet, und die Aktien der Betreibergesellschaft legten rasant zu. Rasch gründeten sich zahlreiche weitere Panorama-Aktiengesellschaften in Belgien und Frankreich. Diese waren neben einigen kleineren unabhängigen Unternehmen zum überwiegenden Teil Tochtergesellschaften zweier rivalisierender Unternehmen, welche sich einen regelrechten Wettstreit leisteten.[22] Dabei handelte es sich um die Interessengruppe Jourdain um den Brüsseler Börsenmakler Victor Jourdain und seinen Bruder Louis, einen Ingenieur. Demgegenüber stand das Finanzkonsortium um Duwez und Marlier. Sie sahen in der gewerblich nutzbaren Kunstform ein Instrument schnellen Profits und setzten große Summen für Werbezwecke ein. Um den Erfolg eines Panoramas sicherzustellen, legten die Finanziers Wert auf einen geeigneten Standort, namhafte Künstler und adäquate Themen. Zudem prüften sie eine alternative Nutzung der Rotunde, falls die Präsentation nicht den gewünschten Gewinn erzielen sollte.[23]

»In dieser Vergnügungsindustrie waren die Maler, die regelmäßig über ihre Arbeitsbedingungen klagten, nichts anderes als ein Mittel zum Zweck. [...] Alle Künstler haben sich dem kapitalistischen Rentabilitätsgesetz unterworfen.«[24] Bei der Sujetwahl setzten die Panoramagesellschaften unterschiedliche Prämissen. Der Militärmaler Charles Castellani, der für das Konsortium der Brüder Jourdain arbeitete, lehnte es ab, seine patriotische Gesinnung zu verleugnen und für deutsche Rotunden zu malen. Aus wirtschaftlicher Perspektive war diese mangelnde Flexibilität sicherlich keine glückliche Strategie. Die Gruppe Duwez/Marlier verfolgte demgegenüber eine ökonomischere Politik. Sie hatte keine Skrupel, sich dem internationalen Markt anzupassen und engagierte nach Möglichkeit auch einheimische Werkstattleiter, welche das jeweilige offizielle Geschichtsbild umzusetzen verstanden. Auf Initiative belgischer Panoramagesellschaften entwickelte sich ein Grenzen überspannendes Netzwerk. Um die reibungslose Abwicklung von Bildtourneen zu gewährleisten, wurden Standardmaße der Leinwände eingeführt. De facto gestaltete sich eine internationale Rundreise der Panoramen durch verschiedene Länder jedoch schwierig, da viele Bilder mit ihren Sujets und ihrer Interpretation der historischen Ereignisse auf nationale Publika zugeschnitten waren.[25]

Die franko-belgischen Unternehmen betätigten sich auch in Deutschland. Die meisten hier neu gebauten Rotunden wurden von ausländischen Gesellschaften finanziert. Die Öffentlichkeit sollte davon jedoch aus Sorge um die Gewinnerwartung keine Kenntnis erlangen. Die Offenbarung, dass franko-belgische Geschäftsleute an Gemälden über deutsche Siege verdienen, hätte national gesinnte Besucher sicherlich befremdet. Deshalb bedienten sich die international ausgerichteten Gesellschaften lokaler Tochtergesellschaften als Tarnung.[26]

Zeit ist Geld – deshalb sollte auch die Produktion der Rundbilder möglichst zügig erfolgen. Zum Zweck der Rationalisierung arbeiteten die Maler nicht mehr in den Ausstellungsrotunden an ihren Werken, sondern in speziellen Ateliers. Denn Leerstand bedeutete auch fehlende Einnahmen. Eine erste derartige »Panoramafabrik« in Deutschland ließ eine belgische Gesellschaft in Berlin errichten. Die Produktion wurde bald nach München Schwabing verlegt, da hier namhafte Professoren und studentischer Nachwuchs aus der Münchner Akademie zur Verfügung standen. Im Team arbeitete ein ganzer Tross von spezialisierten Malern mit einer großen Zahl an Gehilfen und Handwerkern. In den Münchner Ateliers entstanden viele Panoramen für den inländischen Markt, aber auch ausschließlich für die Präsentation im Ausland vorgesehene Exemplare, die aufgrund ihrer Themenwahl gar nicht in Deutschland gezeigt wurden.

MULTIPLIKATION VON GESCHICHTSBILDERN - FRÜHE PANORAMEN Die Auswahl der Bildthemen orientierte sich am herrschenden Zeitgeist. Erste Großpanoramen thematisierten in erster Linie Topographisches, überwiegend Landschafts- und Stadtansichten.[27] Das traf vor allem auf das zersplitterte Deutschland zu, dem es im Gegensatz zu den Nationalstaaten Großbritannien und Frankreich an zugkräftigen zeitgeschichtlichen Sujets mangelte. Hier endete die erste Konjunktur in den 1840er Jahren.[28] Britische und französische Panoramen visualisierten demgegenüber gern Historisches, vor allem Schlachtendarstellungen. Das Publikum ordnete diese nicht so sehr als Kunst, sondern vielmehr als Berichterstattung ein. Schlachtenbilder, ehemals Repräsentationsinstrument des Herrschers, wandelten sich im 19. Jahrhundert zu einem Werkzeug der Massenbeeinflussung.[29] Sie vergegenwärtigten das Geschehen und machten den Betrachter zum Beteiligten.

Britische Schlachtenpanoramen propagierten unter dem Anschein objektiver Reportage die Verteidigung der Machtsphäre des Empires. Sie verherrlichten vor allem die Seemacht, aber auch kolonialpolitische Bestrebungen.[30] Mit dem Feldzug in Ägypten, der auch aufgrund der exotischen Kulisse beliebt war, hielten die militärischen Aktionen Napoleons Einzug in die Panoramamalerei. Dabei würdigten die Londoner Panoramen selbstredend die britischen Ruhmestage. Wohl zu den häufigsten Sujets in der Panoramengeschichte gehörte die Schlacht von Waterloo.[31]

Napoleons Schlachten waren ein populäres Panoramamotiv in Frankreich. Die Kulturpolitik unter Napoleon I. postulierte eine wirklichkeitsnahe Darstellung realer Begebenheiten im Dienste der Propaganda ohne erkennbar manipulativen Charakter.[32] Napoleon zeigte sich nach einem Panoramabesuch derart fasziniert von den Möglichkeiten des Mediums, dass er einen Architekten mit dem Bau mehrerer Rotunden auf dem Karree der Champs-Élysées in Paris beauftragte, um die größten Schlachten der Revolutions- und Kaiserzeit darzustellen. Im Anschluss an ihre Präsentation sollten die Gemälde ihren Werbefeldzug durch ganz Frankreich und die eroberten Staaten antreten. Die militärischen Ereignisse der folgenden Jahre vereitelten jedoch die Durchführung des ehrgeizigen Plans.[33] Napoleons Sturz und Verbannung führten zu einem Rückgang des öffentlichen Interesses an Schlachtenpanoramen.[34] Nach der Julirevolution fanden sie dann erneut Gefallen und förderten nun mit dem Wohlwollen König Louis-Philippes das Nationalbewusstsein. Während in London seit den 1860er Jahren keine eigenen Panoramen mehr entstanden,[35] würdigten französische Werke auch die Kriege der 1850er Jahre.

ERINNERUNGSKULTUR ALS MASSENUNTERHALTUNG – PANORAMABOOM NACH 1870 Eine zweite Welle der Popularität setzte seit den 1870er Jahren ein und brach zu Beginn des 20. Jahrhunderts ab. In dieser Phase dominierte Schlachtengeschehen. Panoramen waren zugleich Vergnügungsstätte und nationaler Erinnerungsort.[36] Der Impuls ging von Frankreich aus. Nicht nur in Europa, sondern auch in Amerika erlebte das Medium einen Aufschwung. Dort bot der Bürgerkrieg eine breite Materialgrundlage.[37]

Der Deutsch-Französische Krieg lieferte für visuelle Medien einen reichen Motivfundus. Krieg erhielt die Bedeutung eines politischen Mythos im Sinne des »Nation-building«. »Geschichte dient als politisches Argument, politischer Kampf wird zum Geschichtskampf.«[38] Panoramen und Schlachtengemälde ähnelten sich in ihrem dokumentarischen Anspruch, detaillierter Landschaftsgestaltung, Propagierung nationaler Empfindungen und ihrem Episodencharakter. Charakteristisch war häufig die Illustration der Aktivitäten unterer Dienstgrade. Die Bilder veranschaulichten die Vorstellung einer »Nation in Waffen«, die sich ohne Rücksicht auf soziale Unterschiede als Einheit wahrnahm. Panoramen gingen überdies auf das Bedürfnis nach arrangierten, sentimentalen Szenen ein. So flossen Genrebilder in die Kampfdarstellungen mit ein. Häufig stammten Militärbild und Panorama aus dem Farbkasten derselben prominenten Maler.

Szenen aus dem Deutsch-Französischen Krieg zählten trotz der Traumata der Kapitulation zu den häufigsten Bildsujets der jährlichen Salons in Frankreich. Die Niederlage bei Sedan war zugleich Geburtsstunde der Dritten Republik, die

Bilder des verlorenen Krieges als Instrument zur Beförderung eines geeinten Frankreichs und letztlich auch des Revanchegedankens verstand. Französische Schlachtenpanoramen bedienten sich nicht mehr der gängigen Bildschemata des Helden, sondern der Devise »gloria victis«.[39] »Wahre Heldenhaftigkeit der Soldaten besteht in der Bewältigung oft ausweglosser Situationen und des Kriegsalltags [...].«[40] Dafür ist Philippoteaux' »La Défense de Paris« ein Beispiel. Die Szenerie bot statt heldenmutiger Attacken das Alltägliche einer Belagerung. Der Feind blieb unsichtbar. Die Darstellungsweise ist zum einen den historischen Tatsachen geschuldet und ein Tribut an die modernisierte Kriegsführung.[41] Zum anderen lag sie in der Struktur der Auftraggeberschaft begründet, die aus beteiligten Militärangehörigen bestand.[42]

Das Medium Panorama erfuhr im »verspäteten Nationalstaat« Deutschland mit zeitlicher Verzögerung in den 1880er Jahren einen Boom. Dieser Rückstand lag wohl auch in der Wirtschaftskrise 1873 und ihren Folgen begründet.[43] Im Vergleich zu den unkonventionelleren französischen Panoramen erscheinen die Rundbilder in Stilistik und Stoßrichtung eher traditionell. Insgesamt schätzt Oettermann die Zahl der Panoramen für die Jahre 1880 bis 1910 auf etwa 50 bis 60, die in rund 30 Rotunden im Deutschen Reich ausgestellt worden sein sollen.[44] Auch hier zeigten die Gemälde Schauplätze des Deutsch-Französischen Krieges.[45] Indem Panoramen das Gedenken stilisierten, formten sie die nationale Selbstwahrnehmung mit und machten das abstrakte Konstrukt der Nation sinnlich fassbar und wirtschaftlich nutzbar.[46] Nicht allein optisch korrespondierten die zum Teil prachtvollen Rotunden mit dem Architekturprogramm öffentlicher Gebäude. Sie erschienen in Ausstattung und Intention als »kleine, nationale Ruhmeshallen«.[47] Neben zeitgenössischen wandten sich die Panoramamaler historischen Kämpfen sowie kolonialpolitischen und auch religiösen Themen zu.

»OBJEKTIVE« HISTORISCHE DARSTELLUNG? Die ständige Bezugnahme der Maler und der zu den Rundbildern erscheinenden Hefte auf Zeitzeugen und Quellen ließ in der Einordnung des Mediums wenig differenzierende Begriffe wie »Naturalismus« oder »Fotografismus« aufkommen. Ihm wurde historischer Dokumentcharakter zugesprochen.[48] Um ihren Gemälden die Aura der Authentizität zu verleihen, verschafften sich die Maler durch Studien vor Ort einen Eindruck des Schauplatzes und verwerteten Aussagen von Augenzeugen.[49] Personen standen Modell oder wurden auf der Grundlage von Fotografien ins Bild gebannt. Staffageobjekte, wie militärische Ausrüstungsgegenstände, ergänzten das Gemälde und erweiterten es in die dritte Dimension. Letztlich zeigten Panoramen jedoch nicht ›die‹ Geschichte, sondern Modelle vergangener Geschehnisse. Dabei bewegten sich die Maler im Rahmen des offiziellen Geschichtsbilds. Im Zuge von Hurrapatriotismus und siegreichem Krieg standen die deutschen Panoramen des Kaiserreichs ganz im Zeichen des Nationalpathos. Das monumentale Großpanorama lieferte ein Inventar deutscher Gedächtniskulturen. Es reproduzierte die Vergegenwärtigung jüngster Ereignisse und war ungeachtet seines kommerziellen Hintergrunds nationales Symbolbild.

Bei seiner Gestaltung wurde mitunter die historische Treue zugunsten der Publikumsorientierung vernachlässigt. Ein Beispiel bot das von Louis Braun gefertigte Panorama der Schlacht bei Sedan, das 1880 in Frankfurt am Main eröffnete. Die Finanzierung leistete der Brüsseler Unternehmer Diemont. Wenngleich das Panorama in Frankfurt auf Zuspruch stieß und die Nation entzückt war, »endlich einmal die Siege in einer ihrer Größe besser als bisher angepassten Form zu sehen [...]«[50], gab es auch Widerspruch. Entgegen der historischen Tatsachen ließ das Panorama die Sedansschlacht hauptsächlich von bayerischen Truppen schlagen. Den Preußen erschienen die militärischen Leistungen der bayerischen Regimenter zu dominant ins Bild gerückt. Daraufhin wurde unter Federführung des Hofmalers Anton von Werner eine neue Ansicht gefertigt. Betrieben wurde das »bedeutendste und berühmteste Panorama der Epoche des neu errichteten deutschen Kaisertums«[51] von der Berliner Panoramagesellschaft, die jedoch nur als Strohmann für den tatsächlichen Auftraggeber, die belgische »Sociéte Anonyme des Panoramas de Berlin«, fungierte.

Zur Rekonstruktion der Ereignisse dienten Terrainerkundungen, Generalstabskarten, Darlegungen von Augenzeugen und offizielle Heeresberichte.[52] Werner besuchte Manöver des Heeres und studierte Waffen sowie Uniformen. Die führenden Generäle stellten sich dem Künstler als Modell zur Verfügung. Dennoch ist zu konstatieren, »dass auch die bei ihm vorgegebene Realität eine vermeintliche ist, durchaus zeitliche und räumliche Elemente synthetisiert werden können als künstlerische Korrektur von Geschichte.«[53] Werner berücksichtigte die Realitäten nur, sofern sie nicht den Koventionen eines Schlachtenbildes oder der panoramatischen Struktur zuwiderliefen. So verzichtete er auf die Abbildung der Kriegsgräuel, wie es auch im Genre der Schlachtengemälde Usus war. Im Zuge der Ausführung des Gemäldes kam es zu Differenzen mit Kronprinz Friedrich, der in der ausgewählten Sequenz seine Person nicht berücksichtigt fand und ein anderes Sujet bevorzugte. Die Panoramagesellschaft ließ Werner jedoch freie Hand, der das ursprüngliche Thema beibehielt. Das »ein Stück politische Reichsikonographie«[54] repräsentierende Panorama wurde am 1. September 1883 feierlich in Anwesenheit von Staats- und Militärrepräsentanten eröffnet. Der Kaiser selbst soll Werner mit den Worten gedankt haben: »Daß Sie durch Ihr Meisterwerk dem Volke die Erinnerung und das Verständnis für den Tag von Sedan nahe gerückt haben und meine vollste Anerkennung dafür mag Ihnen der schönste Lohn für Ihre Arbeit sein.«[55] Das Panorama stieß auf reges Interesse. Schulklassen und Veteranenvereine gehörten zum Stammpublikum. Während diese Form der Erinnerung mit ihren gemalten Topoi einen nationalen Diskurs bediente, waren die produzierenden Unternehmen ironischerweise längst supranational organisiert. Die Nation und die darauf projizierten Erwartungen waren aus dieser Perspektive bloßer Vermarktungsgegenstand, der auf die jeweiligen Zielpublika ausgerichtet wurde.

Die nationalen Gedächtniskulturen – sofern sie von den Panoramen beeinflusst werden konnten – wurden also von profitorientierten Anbietern finanziert. Bei der inhaltlichen Umsetzung der von ihnen in Auftrag gegebenen Gemälde war offensichtlich die Anpassung an den Geschmack der verschiedenen Publika entscheidend. Das Engagement eines renommierten Malers galt gleichsam als Erfolgsgarant. Interessanterweise führten die unterschiedlichen Motivationen – Gewinnstreben, politische Propaganda und künstlerischer Anspruch – im Endeffekt zum gleichen Ergebnis, nämlich der Präsentation der Ruhmestage der Völker.

Die Darstellung von Geschichte verdichtete sich dabei auf einen Ausschnitt. Bereits in dieser Festlegung auf einen historischen Zeitpunkt nahmen die Panoramen eine Auswahl und damit auch eine Interpretation vor. Ziel war eine Momentaufnahme einer als bedeutsam betrachteten Situation. Eine Vermittlung historischer Abläufe und Zusammenhänge konnte das Medium nicht leisten. Begleitbroschüren sollten die Geschichtsrezeption kontrollieren und regulieren.[56] Ihre didaktische Wirkung bleibt allerdings gegenüber dem visuellen Eindruck des bombastischen Gemäldes eher fraglich. Panoramen boten ein Hochglanzbild von Geschichte, das durch die enge Fokussierung auf Schlachtenszenarien ein sehr begrenztes Themenspektrum abdeckte. Geschichte schien in erster Linie auf dem Schlachtfeld stattzufinden. Durch eine geradezu ritualisierte Darstellung von Geschichte im Panorama bestand die Gefahr, dass sich durch die ständige Wiederkehr bestimmter Elemente ein Geschichtsbild etablierte, das mit der Realität nur bedingt vereinbar war. Komplexe Sachverhalte wurden publikumsfreundlich aufbereitet, das heißt stilistisch und inhaltlich vereinfacht. Durch die spezifische Wahrnehmungssituation in der Rotunde wurde Geschichtsvermittlung zum Event. Geschichte erschien durch das spezifische Raumerlebnis scheinbar sinnlich fassbar, denn Panoramen boten eine Form der Ersatzerfahrung für jene, die bei den Ereignissen nicht dabei waren.[57] Augenzeugen konnten Geschehnisse nochmals nacherleben. In dieser Umgebung vollzog sich Rezeption emotionaler und undifferenzierter als beispielsweise bei der Lektüre eines Fachbuchs.

SCHLUSSBETRACHTUNG Auf der Pariser Weltausstellung 1900 erlebten die Großpanoramen eine letzte Blüte, wenngleich auch im 20. Jahrhundert einige wenige Exemplare gefertigt wurden. Neben gängigen Panoramen standen auf der Weltausstellung jedoch bereits Attraktionen, welche die neue Zeit ankündigten. Die eingefrorenen Szenerien der Panoramen weckten den Wunsch nach Darstellung von Bewegung – eine Erwartungshaltung, die letztendlich erst das Kino befriedigen sollte.[58] Der Niedergang der Panoramamalerei um die Jahrhundertwende basierte nicht zuletzt auf dem nachlassenden Publikumsinteresse. Die Verbesserung der Reisemöglichkeiten sowie neue Medien trugen wohl entscheidend zu einer Entwertung des Panoramas bei. Diverse Neuauflagen des Krieges von 1870/71 im Panoramabild lockten die Kundschaft nicht mehr. Panoramagebäude wurden umgenutzt oder abgerissen.

In einer Zeit, als es noch keine bewegten Bilder gab, stellte das Panorama eine ungeheure visuelle Innovation dar. Es bot eine neue Form optischer Information und kommerzieller Unterhaltung. In europäischen Großstädten des 19. Jahrhunderts war das Panorama ein beliebtes Massenmedium und lukratives wirtschaftliches Unternehmen. Es vermittelte als Vorläufer von Fotografie und Film Weltbilder, generierte historische Bildwelten und Landschaften in einem hermetischen Raum. Der Rezipient erlebte sich als Augenzeuge. Die Rundbilder popularisierten Geschichte und Kultur. Die privatwirtschaftliche Inszenierung von Geschichte bereitete historische Themen als eine Form öffentlicher Unterhaltung auf. Insbesondere in der zweiten Phase der Panoramabegeisterung, als Aktiengesellschaften Herstellung und Vertrieb finanzierten, wurden Rundgemälde zum Anlageobjekt und Geschichtsvermittlung zum Geschäft. Kommerzielle Verwertung nationaler Gefühle sowie Erinnerungs- und Unterhaltungsbedürfnis gingen Hand in Hand. Panoramen kreierten kollektive Erinnerungslandschaften und wurden nicht nur vom breiten Publikum als eine Mischung aus Unterhaltungs- und Bildungsmedium, sondern auch von militärischer und politischer Prominenz als Erinnerungsort geschätzt. Das Panorama fügte sich in ein Konglomerat konkurrierender Medien ein, die miteinander im Wechselspiel standen. Es war in Herrschaftsstrukturen eingebunden und wurde auch als Propagandainstrument genutzt. Panorama und Kriegsgemälde huldigten in ihrem Imaginarium dem gemeinsamen militärischen Kraftakt als Basis für die Konstituierung der Nation.[59] Das Panorama hatte jedoch dem traditionellen Schlachtenbild etwas voraus. Mit seiner körperlichen und emotionalen Involvierung des Betrachters verfügte es über Qualitäten im Stil eines Erinnerungstheaters.[60]

1 Germer, Stefan, Taken on the Spot. Zur Inszenierung des Zeitgenössischen in der Malerei des 19. Jahrhunderts, in: Ders. Zimmermann, Michael F. (Hg.), Bilder der Macht. Macht der Bilder. Zeitgeschichte in Darstellungen des 19. Jahrhunderts, München, Berlin 1997, S. 17–36, hier S. 28.

2 Koselleck, Reinhart, Historia Magistra Vitae. Über die Auflösung des Topos im Horizont neuzeitlich bewegter Geschichte, in: Ders., Vergangene Zukunft. Zur Semantik geschichtlicher Zeiten, Frankfurt a. M. 1979, S. 38–66.

3 Vgl. Buddemeier, Heinz, Panorama, Diorama, Photographie. Entstehung und Wirkung neuer Medien im 19. Jahrhundert, München 1970; Kunst- und Ausstellungshalle der Bundesrepublik Deutschland (Hg.), Sehsucht. Das Panorama als Massenunterhaltung des 19. Jahrhunderts, Basel, Frankfurt a. M. 1993; Oettermann, Stephan, Das Panorama. Die Geschichte eines Massenmediums, Frankfurt a. M. 1980.

4 Marrinan, Michael, Schauer der Eroberung. Strukturen des Zuschauens und der Simulation in den Nordafrika-Gallerien von Versailles, in: Germer/Zimmermann (Hg.), Bilder der Macht, S. 267–296, hier S. 288.

5 Vgl. Sternberger, Dolf, Panorama oder Ansichten vom 19. Jahrhundert, Frankfurt a. M. 1981, S. 283.

6 Oettermann, Panorama, S. 187.

7 Vgl. Wilcox, Scott, The Early History of the Panorama, in: Petzet, Michael (Hg.), Das Panorama in Altötting: Beiträge zu Geschichte und Restaurierung, München 1990, S. 9–16.

8 Comment, Bernard, Das Panorama. Geschichte einer vergessenen Kunst, Berlin 2000, S. 52.

9 Oettermann, Die Reise mit den Augen, in: Sehsucht, S. 42–51, hier S. 47.

10 Becker, Frank, Bilder von Krieg und Nation. Die Einigungskriege in der bürgerlichen Öffentlichkeit Deutschlands 1864–1913, München 2001, zugl. Habil.-Schr. Univ. Münster 1998, S. 473.

11 Benjamin, Walter, Das Kunstwerk im Zeitalter seiner technischen Reproduzierbarkeit. Drei Studien zur Kunstsoziologie, Frankfurt a. M. 1977, S. 33.

12 Großklaus, Götz, Medien-Zeit. Medien-Raum. Zum Wandel der raumzeitlichen Wahrnehmung in der Moderne, Frankfurt a. M. 1995, S. 7.

13 Giersch, Ulrich, Im fensterlosen Raum – das Medium als Weltbildapparat, in: Sehsucht, S. 94–104, hier S. 94.

14 Dazu auch Becker, Bilder, S. 473.

15 Comment, Panorama, S. 115; Robichon, François, Die Illusion eines Jahrhunderts – Panoramen in Frankreich, in: Sehsucht, S. 52–63, hier S. 56f.

16 Oettermann, Panorama, S. 192.

17 Vgl. Meyer, André, Das Panoramagebäude: Zweckbau und Monument. Formen und Funktionen einer Baugattung des 19. Jahrhunderts, in: Zeitschrift für Schweizerische Archäologie und Kunstgeschichte 42 (1985), S. 274–280; Plessen, Marie-Louise von, Der gebannte Augenblick. Die Abbildung von Realität im Panorama des 19. Jahrhunderts, in: Sehsucht, S. 12–19, hier S. 14.

18 Comment, Panorama, S. 115.

19 Baldus, Alexandra, Das Sedanpanorama von Anton von Werner. Ein wilhelmisches Schlachten-panorama im Kontext der Historienmalerei, Bonn 2001, zugl. Phil. Diss. Univ. Bonn, S. 52.

20 Comment, Panorama, S. 18.

21 Robichon, Illusion, S. 53f.

22 Oettermann, Reise, S. 48.

23 Leroy, Isabelle, Belgische Panoramagesellschaften 1879–1889. Modelle des internationalen Kapitalismus, in: Sehsucht, S. 74–83, hier S. 75–77.

24 Robichon, Illusion, S. 56.

25 Comment, Panorama, S. 66.

26 Oettermann, Reise, S. 49.

27 Vanja, Konrad, Artikel Panoramabilder, in: Museum Europäischer Kulturen (Hg.), Faszination Bild. Kultur, Kontakte, Europa, Berlin 1999, Katalogteil, S. 255.

28 Oettermann, Panorama, S. 187; Ders., Reise, S. 46.

29 Germer, Taken on the Spot, S. 28.

30 Wilcox, Scott, Erfindung und Entwicklung des Panoramas in Großbritannien, in: Sehsucht, S. 28–35, hier S. 32.

31 Comment, Panorama, S. 241; Plessen, Augenblick, S. 14.

32 Hansmann, Martina, Zum Verhältnis von Innovation und Tradition in Gros' ›Napoleon auf dem Schlachtfeld bei Preußisch-Eylau‹. Schilderung und Interpretation historischer Realität im Auftrag Napoleons, in: Germer/Zimmermann (Hg.), Bilder der Macht, S. 157–175, hier S. 157, 162.

33 Comment, Panorama, S. 45; Robichon, Illusion, S. 53.

34 Robichon, François, Le panorama, spectacle de l'histoire, in: Le Mouvement social, Nr. 131 (1985), S. 65–86, hier S. 71.

35 Comment, Panorama, S. 28, 50.

36 Vgl. Pieske, Christa, Vermittlung von Geschichte in den Medien der Zeit Anton von Werners, in: Bartmann, Dominik (Hg.), Anton von Werner. Geschichte in Bildern, München 1993, S. 163–173, hier S. 165.

37 Hyde, Ralph, Panoramania! The Art and Entertainment of the ›all-embracing‹ View, London 1988, S. 171f.

38 Langewiesche, Dieter, Nation, Nationalismus, Nationalstaat in Deutschland und Europa, München 2000, S. 82.

39 Esner, Rachel, Gloria victis. Französische Malerei des Deutsch-Französischen Krieges, in: Germer/Zimmermann (Hg.), Bilder der Macht, S. 390–402, hier S. 390f.; Levin, Miriam, Republican Art and Ideology in Late Nineteenth-Century France, Ann Arbor 1986, S. 9–13.

40 Baldus, Sedanpanorama, S. 151.

41 Robichon, Kat.-Nr. II.70, in: Sehsucht, Katalogteil, S. 154f.; Vgl. Esner, Gloria victis, S. 397.

42 Sehsucht, Katalogteil, Kat.-Nr. II.70, S. 155.

43 Oettermann, Panorama, S. 188.

44 Oettermann, Reise, S. 50.

45 Bordini, Silvia, Storia del Panorama. La visione totale nella pittura del XIX secolo, Rom 1984, S. 229.

46 Langewiesche, Nation, S. 26; Vgl. Link, Jürgen/Wülfing, Wulf (Hg.), Nationale Mythen und Symbole in der zweiten Hälfte des 19. Jahrhunderts. Strukturen und Funktionen von Konzepten nationaler Identität, Stuttgart 1991.

47 Baldus, Sedanpanorama, S. 52.

48 Dazu ebd., S. 16 f., 21.

49 Vgl. Davis, Theodore R., How a Great Battle Panorama is made, in: St. Nicholas. An Illustrated Magazine for Young Folks 14 (Dezember 1886), S. 99–112.

50 Pecht, Friedrich, Geschichte der Münchner Kunst im neunzehnten Jahrhundert, München 1888, S. 416.

51 Sternberger, Panorama, S. 13.

52 Theilmann, Rudolf (Hg.), Die Lebenserinnerungen von Eugen Bracht, Karlsruhe 1973, S. 103; Werner, Anton von, Erlebnisse und Eindrücke 1870–1890, Berlin 1913, S. 337, 395.

53 Baldus, Sedanpanorama, S. 177.

54 Ebd., S. 243.

55 Werner, Erlebnisse, S. 376.

56 Bordini, Silvia, Storia del Panorama, S. 183–209; Galperin, William H., The Return of the Visible in British Romanticism, Baltimore, London 1993, S. 44.

57 Comment, Panorama, S. 132.

58 Buddemeier, Panorama, S. 21.

59 Becker, Bilder, S. 482.

60 Giersch, Raum, hier S. 95; Kaschuba, Wolfgang, Deutsche Bürgerlichkeit nach 1800. Kultur als symbolische Praxis, in: Kocka, Jürgen (Hg.), Bürgertum im 19. Jahrhundert. Deutschland im europäischen Vergleich, Bd. 3, München 1988, S. 9–44, hier S. 34 f.

»ERQUICKLICHE FELDZÜGE FÜR JUNG UND ALT«

Lichtbilder und frühe Filme über den deutsch-französischen Krieg 1870/71
BRIGITTE BRAUN und LUDWIG VOGL-BIENEK

Unter dem Titel »Aufführung des patriotischen Oratoriums: Der glorreiche Krieg 1870/71« kündigte am 14. August 1895 eine Annonce in der Malstatt-Burbacher Zeitung für den darauffolgenden Sonntag eine Veranstaltung mit dem »fürstl. Hof-Rezitator Neander unter gütiger Mitwirkung eines Extra-Posaunen- und Concert-Quartetts der Kapelle des 70. Inf.-Reg.« an, sie war »verbunden mit der Darstellung von 65 meisterhaft kolorirten Schlachtenlichtbildern.« Auch von redaktioneller Seite wurde die Präsentation empfohlen: »Herr Neander ist uns bereits bekannt durch seine trefflichen Vorführungen. Nach denselben läßt sich auf eine ebenso gute Vorführung der Kriegsbilder schließen.«[1] Der Berichterstatter des Blattes war von der Aufführung begeistert. Seine Besprechung rühmt in patriotischem Einklang Neanders Oratorium:

»[Es] war gut besucht und es war es auch werth. Recht schöne, theils ganz naturgetreue Bilder vom großen Feldzug 1870/71 wurden uns da gezeigt und Herr Neander erläuterte dieselben durch seinen klarverständlichen kernigen Vortrag. Wir durchleben da die Feldzugsbegebenheiten von Anfang bis zu Ende [...] in Lichtbildern dargestellt, wie sie so leicht nicht wieder zu sehen sein dürften. Die Erläuterungen aber sind nicht nur für Erwachsene, sondern auch für Kinder gerade in der jetzigen Jubiläumszeit recht erhebend, und wirken begeisternd auf die Zuhörer. [...] Für die Knaben dürfte aber auch die Vorführung des Oratoriums nützlich und den patriotischen Geist fördernd sein.«[2]

Die »25. Jubelfeier des deutsch-französischen Krieges« und ihr regionaler Schwerpunkt, die »Gedenktage der Kämpfe um Metz«[3], waren eine willkommene Gelegenheit, dem Publikum die historischen Begebenheiten durch »das schöne Kriegsoratorium« vor Augen zu führen, damit es »sich an demselben erquicken könnte«.[4] Seine effektvolle Präsentation durch das Medium Projektionskunst[5] ließe sich im heutigen Jargon leichthin als Histotainment apostrophieren, dessen unterhaltsame oder wie es heißt »erhebende« Qualität den proklamierten patriotischen Zwecken dienstbar gemacht wurde. Durch das Medium der Projektionskunst waren entsprechende Wirkungen zu erzielen, weil sich das unmittelbare Erlebnis von attraktiven Darbietungen (schöne Lichtbilder, erhebender Vortrag, Musikbegleitung) mit den vermittelten Wirklichkeitsebenen in Text und Bildern gleitend überlagert. Der Kritiker der Malstatt-Burbacher Zeitung geht von der Wirklichkeit im Saal aus und beurteilt Bilder und Erläuterungen, kaum wendet er sich aber dem Erlebnis zu, berichtet er begeistert von den »Feldzugsbegebenheiten«, die »durchlebt« wurden. Fast scheint es, als wäre das Publikum unversehens in die virtuelle Wirklichkeit der Lichtbilder hinübergeglitten und habe sich im »glorreiche[n] Krieg 1870/71« selbst wiedergefunden. Halluzinationen wurden sicher nicht ausgelöst, aber es fiel den Zuschauer_innen offensichtlich nicht schwer, sich den projizierten Illusionen hinzugeben, die aufgeführten Ereignisse als gültigen Ersatz für die wirklichen gelten zu lassen und in der Erinnerung den Eindruck zu behalten, die Kriegsereignisse zu kennen. An sie binden sich die »erhebenden« Gefühle im Nachhinein mehr als an das erlebte Geschehen im Saale, von dem sie tatsächlich erregt wurden. Das Lob der »theils ganz naturgetreu[en]« Bilder macht das illusionäre Erlebnis geschichtlich glaubwürdig. Von Zuschauer_innen, die nicht synchron in die begeisternde mediale Erlebniswelt mit eingetaucht sind, wird nicht berichtet. Da Wirkungen aber keine unmittelbare Eigenschaft des Mediums sind, sondern erst in der Wahrnehmungsbeziehung entstehen, bleibt diese Möglichkeit offen.

Über den »fürstl. Hof-Rezitator« Neander, wie er sich selbst annoncierte, ist wenig bekannt. In der Literatur war nur eine kurze Erwähnung des »redoubtable Hofrezitator Neander (Hervorhebung im Original) and his travelling slide-show« im Zusammenhang des Deutschen Flottenvereins zu finden.[6] Da jedoch die Malstatt-Burbacher Zeitung seinem Gastspielaufenthalt im Saarbrücker Raum große Aufmerksamkeit schenkte, wird deutlich, dass sich der patriotische Schausteller gut auf sein Handwerk verstand. Wesentliche Elemente der Inszenierung seines »Kriegsoratoriums« als Projektionsaufführung lassen sich in den unterschiedlichen Beiträgen nachvollziehen:[7]

1 Das Programm Ein Ankündigungsartikel stellt die Umsetzung der geschichtlichen Ereignisse in den Inszenierungsablauf des Programms vor: »Wie alle volksthümlichen Oratorien Neanders ist auch das patriotische Kriegsoratorium in sechs Abtheilungen geteilt. Die erste Abtheilung behandelt die Ursache des Krieges und die glorreichen Schlachten bei Weißenburg, Wörth und Spichern. Die zweite Abtheilung bezieht sich auf die denkwürdigen Schlachten bei Colombey, Mars-la-Tour und Gravelotte. Die dritte Abtheilung bringt die Gefechte bei Busancy, Beaumont, die Kämpfe und Capitulation von Sedan, die Gefangennahme Napoleons und den Sturz des französischen Kaiserreiches. Die vierte Abtheilung zeigt den Kampf um Straßburg, die Cernirung von Paris, die Capitulation von Metz und die Kämpfe um Orleans. Die fünfte Abtheilung enthält die Vernichtung der französischen Nordarmee bei Amiens und St. Quentin, die Schlachtentage bei Le Mans und die deutsche Kaiserkrönung in Versailles. Die sechste Abtheilung stellt das letzte Ringen des zu Boden geschmetterten Feindes dar. Die Kämpfe Werders um Belfort, sein heldenmüthiger Widerstand gegen die Armee Bourbakis bei Villersexel und Montbéliard, Uebertritt des Restes der bourbakischen Armee in die Schweiz, die letzten Ausfälle und Capitulation von Paris und endlich die Einzüge der siegreichen Truppen in Paris und Berlin.«[8]

Der hier beschriebene Aufbau in verschiedene »Abtheilungen« war auch bei anderen Projektionskünstlern üblich, diese waren jedoch meistens mit verschiedenen Inhalten bzw. Effekten besetzt.[9]

2 Präsentation In unterschiedlichen Besprechungen (siehe Beispiel oben) wird die erhebende und patriotische Wirkung des Vortrags hervorgehoben, in den der Hofrezitator zur Belebung Gedichte einstreute.[10] Seine Wirkung wurde musikalisch von einem Extra-Posaunen- und Concert-Quartett unterstützt.[11] Anders als heutige Kinofilme waren diese Projektionsaufführungen Live-Ereignisse, bei denen Rezitation, Erläuterung, Musik und Bildprojektion eine performative Einheit bildeten.

3 Das Bildmaterial und seine Projektion In einem Zitat aus der Speyerer Zeitung zum Kriegsoratorium heißt es: »Und was das innere Auge im Geiste schaut, es wird unterstützt durch die Vorführung prächtiger Wandelbilder.«[12] Als Wandel- oder Nebelbilder (englisch dissolving views) wurden Projektionsbilder bezeichnet, die in der Vorführung aus zwei oder mehr Projektionseinheiten ineinander überblendet oder eingeblendet wurden. Damit war es möglich, reizvolle Effekte zu erzielen und dem Geschehen auf der Leinwand einen kontinuierlichen Ablauf zu geben.[13] Für die Präsentation wurde ein Nebelbildapparat mit mehreren Projektionseinheiten benötigt, wie er schon aus Kostengründen nur für professionell arbeitende Schausteller zur Verfügung stand und überdies von einem gut ausgebildeten Vorführer bedient werden musste.

Neben dem häufigen Lob für die hohe Qualität von Neanders Bildern heißt es, sie seien »lebensgroß« gezeigt worden[14], was auf eine Leinwandgröße zwischen drei und fünf Metern schließen lässt, dies entspräche den im Handel verfügbaren Standardgrößen.[15]

Um breite Publikumsschichten zu erreichen, wurde Neander von interessierter Seite unterstützt: Der Malstatter Landwehr-Verein bewarb seine Aufführungen durch eigene Anzeigen[16], seinen Mitgliedern sowie denen der Kriegervereine wurde eine Ermäßigung von 20 Pfennig auf den Eintrittspreis von 50 Pfennig gewährt.[17] Derselbe Rabatt galt auch für die evangelischen Arbeiter- und Jünglingsvereine, die Malstatt-Burbacher Zeitung betonte allerdings: »Das Oratorium enthält durchaus keinerlei religiöse Andeutungen, weshalb jeder dasselbe besuchen kann, ohne mit seinem Gewissen in Zwiespalt zu geraten.«[18] Bei der »Schüleraufführung« am Nachmittag war der Eintritt frei.[19] Seinen guten Verbindungen zu militärischen Kreisen[20] verdankte es der Hof-Rezitator wahrscheinlich, dass ihm das Quartett der Kapelle des 70. Infanterie-Regiments zur Verfügung stand und dass er in den verschiedenen Regimentern der Umgegend etliche Vorstellungen geben konnte.[21]

Aufführungen mit projizierten Lichtbildern waren eine sehr beliebte Veranstaltungsform des 19. Jahrhunderts, mit der ein weites Spektrum unterschiedlicher Themen und Motive präsentiert wurde. Allen gemein war die attraktive Wirkung der großen Lichtbilder auf der Leinwand in einem dunklen Saal, die sich mit einer enormen Anschaulichkeit der Darstellungen verband.[22] Das Handbuch »Die Projektionskunst«, herausgegeben vom Düsseldorfer Fabrikanten für Projektionsapparate, Liesegang, beschreibt die Verbindung von Belehrung und Unterhaltung als typisch für das Medium:

»Von den verschiedenen Wegen, unterhaltend zu belehren und belehrend zu unterhalten, ist zweifelsohne derjenige, den die Projektionskunst einschlägt, unter die wirksamsten zu rechnen, ja wenn wir Herrn Abbé Moigno glauben sollen, ist es der sicherste Weg zur Belehrung des grossen Publikums.«[23]

Dementsprechend entwickelten sich in der zweiten Hälfte des 19. Jahrhunderts vielfältige Einsatzgebiete der Projektionskunst, die nicht allein von professionellen Schaustellern bedient wurden. Neander konnte sich hochwertiges, vermutlich eigens hergestelltes Bildmaterial leisten, da er es entsprechend oft zeigte. Demgegenüber waren Vereine, karitative Organisationen, Bildungseinrichtungen oder Pfarreien auf käufliche Bilder oder besser noch geliehene angewiesen, die oft auch mit einem Vortrag und Hinweisen zu seiner Gestaltung geliefert wurden. Der deutsch-französische Krieg nahm auch über die Jubiläumszeit hinaus noch einen Platz in öffentlichen Projektionsaufführungen ein. In Zuschriften an die Firma Liesegang wird z. B. die »Lichtbilderserie No. 72 ›Mit unseren Truppen nach Paris 1870/71‹« mehrfach gelobt, beispielhaft ist das Schreiben eines Pfarrers Enderich: »Die Bilder waren sehr deutlich und schön ausgefallen und haben allgemeinen Beifall gefunden; man glaubt fast, man habe die Wirklichkeit vor sich.«[24]

Patriotisch-militärische Propaganda hatte nach dem Kriegsjubiläum 1895 Konjunktur. Allerdings verlagerte sich der Schwerpunkt um 1900 zunächst weg von den Kriegen des 19. Jahrhunderts hin zur aktiven Unterstützung des Ausbaus der deutschen Flotte. Der Deutsche Flottenverein, zu dem auch Neander Verbindungen unterhielt, betrieb systematisch Flottenpropaganda mit Hilfe von Projektionsbildern und Filmen.[25] Im Katalog des Jahres 1912 der Unger & Hoffmann AG finden sich unter der Rubrik »Militär und Marinebilder« eine Serie zum Krieg 1870/71, zwei zu allgemeinen militärischen und zehn zu Marinethemen.[26]

2. FRÜHER FILM ZWISCHEN PATRIOTISCHER BILDUNG UND PROPAGANDA

Der Deutsche Flottenverein entdeckte Schulkinder als eine zentrale Zielgruppe, bei der die »visuelle Überwältigungsstrategie«[27] in Verbund mit Vorträgen und Liedern besonders erfolgreich war. Über die Schulkinder konnten fast alle Schichten der Bevölkerung erreicht werden. Es ist anzunehmen, dass die Erfahrungen mit Filmprogrammen des Deutschen Flottenvereins Rückwirkungen auch auf patriotische Bildungsarbeit in Zusammenhang mit dem Krieg 1870/71 hatten.

In Magdeburg wurden anlässlich der Sedansfeiern 1911 von der kinematographischen Kommission des Magdeburger Lehrervereins Sedansfeiern im Kino arrangiert, die mangels passender Filme noch Lichtbilder nutzten, um den Krieg von 1870/71 visuell veranschaulichen zu können. Freitagnachmittag und Samstagvormittag fanden vier Vorstellungen für sechs Schulen statt, der Kinosaal fasste 700 Personen. Das Kino war zu diesem Anlass mit Flaggen geschmückt, im Vestibül war eine Kaiserbüste aufgestellt. »Die Programme der einzelnen Feiern waren von den einzelnen Schulen nach eigenem Belieben zusammengestellt, nur die dargebotenen Bilder [...] waren für alle die gleichen. Das allgemeine Programm zerfiel in drei Hauptteile. Unter den Klängen eines Militärmarsches wurden Lichtbilder aus Deutschlands Ruhmestagen von 1870/71 nach Werken hervorragender Künstler gezeigt.« Nach einer kurzen Aussprache folgte als zweiter Teil eine kinematographische »Reise durch das deutsche Vaterland vom Fels zum Meer«. Diese »sollte den Kindern zeigen, um welches hehre Gut die Väter gekämpft, wofür sie auf dem Felde der Ehre gefallen waren. [...] Nach diesen Vorführungen, die von passenden Gesängen und Deklamationen unterbrochen waren, durchbrauste das mit Begeisterung gesungene Lied ›Deutschland, Deutschland über alles‹ den weiten Festraum. Das deutsche Vaterland aber, dem immer wieder seitens neiderfüllter Nachbarn Gefahren drohen, steht unter gutem Schutze. Das zeigten die Bilder des dritten Teiles, die Deutschland in Waffen, Szenen aus Heer und Flotte zeigten.«[28]

Nach einem erneuten Wortbeitrag wurden Bilder vom Kaiser gezeigt und zum Schluss das Lied »Heil dir im Siegerkranz« angestimmt. Als Fazit resümierte der Berichterstatter:

»Jedenfalls sind diese Feiern von besonderer Bedeutung auch für die Kinder gewesen und wohl dazu angetan, die Verehrung für die Heldentaten der Vorfahren, die Liebe zum Vaterland und den Stolz auf unser Heer und unsere Flotte zu erzeugen und wachzuhalten.«

Lichtbilder, Filme und Rezitationen konstruierten in den geschilderten Schülervorstellungen die Geschichte eines aus den Kämpfen 1870/71 geeint und militärisch stark hervorgegangenen Deutschen Reiches. Die »Lichtbilder vom Krieg« 1870/71 zeigten den heroischen Kampf gegen den französischen Feind, Ausgangspunkt und Voraussetzungen für die Einheit der Nation. Die Filmaufnahmen von allen Gegenden des Deutschen Reiches, für sich genommen nur Naturaufnahmen, repräsentierten in diesem Kontext die gegenwärtige nationale Einheit und Größe des Reiches, unterstützt durch das gemeinsame Singen des Liedes »Deutschland, Deutschland über alles«. Bilder von Heer und Flotte dienten der Demonstration militärischer Stärke und Wachsamkeit gegenüber den Feinden, die noch immer das Reich bedrohten. Das Absingen des Liedes »Heil Dir im Siegerkranz« angesichts der Bilder vom Kaiser auf der Leinwand feierte die deutsche Monarchie als Garant der gezeigten Einheit und Größe des Vaterlandes.[29]

Den Schulkindern wurde mittels der geschickten Programmgestaltung von Lichtbildern und Filmen eine Art Teilhabe an der Geschichte des Deutschen Reiches geboten, doch erst Reden, Rezitationen und das Absingen patriotischer Lieder schafften die emotionalen Voraussetzungen für das angestrebte erhebende gemeinschaftliche Erlebnis. Das gezeigte Material beanspruchte dabei dokumentarischen Charakter.

3. KRIEGSDRAMEN Im deutschen Spielfilm wurde der deutsch-französische Krieg anlässlich seines 40-jährigen Jubiläums 1910/1911 verstärkt thematisiert.[30] In der zweiten Jahreshälfte 1911 kamen die ersten vier Filme in die Kinos, die die »glorreichen Kriegsjahre 70–71« behandelten: »Mutterfreuden eines Landwehrmannes«[31], »Edelmut unter Feinden«[32], »Franctireur«[33] sowie »Aus Deutschlands Ruhmestagen. Kriegserinnerungen 1870–71«.[34] Die beiden erstgenannten Filme handeln auf zwischenmenschlicher Basis von deutsch-französischen Begegnungen im Krieg und zeigen trotz der damaligen politischen Auseinandersetzungen, die im Sommer 1911 in der Marokko-Krise gipfelten, eher eine versöhnliche Seite des Krieges. Die Grausamkeiten werden ausgeblendet, auch im dritten Film, der die Franctireurs thematisierte, laut Ankündigung einen »der grössten und gefährlichsten Gegner« im deutsch-französischen Krieg: »Hinterrücks und gut versteckt haben sie manchen unserer tapferen Krieger meuchlings gemordet.«[35]

Dagegen nutzte der für den 30. September 1911 von der Deutschen Mutoskop- und Biograph-Gesellschaft angekündigte Film »Aus Deutschlands Ruhmestagen. Kriegserinnerungen 1870–71« den Krieg nicht nur als Folie zur Präsentation allgemein menschlicher Tugenden, sondern zeigte »treu Historisch! [...] nach Gemälden berühmter Künstler« gestellte Bilder von den »großen« Augenblicken des Krieges.[36] »Aus Deutschlands Ruhmestagen« versuchte eine Art Reenactment des Kriegsverlaufs und bediente sich dabei der im kollektiven Gedächtnis fest verankerten Historienmalerei des 19. Jahrhunderts, die auch als Vorlage für Lichtbilder gedient hatte. Ein Kino bewarb den Film mit dem Hinweis, dass es noch nie gelungen sei, Bismarck so genau zu kopieren: »Man kann sich den grossen Helden nicht naturgetreuer denken!«[37]

Ab 1912 veränderte sich der deutsche Filmmarkt, der lange Spielfilm und mit ihm erste deutsche Stars wurden eingeführt. Den Zuschauern wurde im Kino nicht mehr ein buntes Kurzfilmprogramm geboten sondern es entwickelte sich zunehmend eine feste Programmstruktur mit Hauptfilm und Beiprogramm. Beide Programmteile waren ungefähr gleich lang. Das Beiprogramm bestand auch weiterhin aus mehreren fiktionalen und nicht-fiktionalen Kurzfilmen, doch beworben wurden nun hauptsächlich der Langfilm und sein Star.[38]

Kinematographische Darstellungen der »vaterländischen« deutschen Geschichte hatten angesichts des 100-jährigen Jubiläums der Befreiungskriege gegen Napoleon weiterhin Hochkonjunktur.[39] Auch wenn tatsächlich Episoden aus den Befreiungskriegen die patriotischen Titel dominierten, spielte der Krieg von 1870/71 keine unerhebliche Rolle bei den Bestrebungen, das bürgerliche Publikum für das Kino zu gewinnen und es von seinen Werten zu überzeugen. Das sich als patriotische Bildungsanstalt etablierende Kino bot gerade auch für die Frauen Identifikationsangebote und sanktionierte unerwünschte Handlungsmuster im Film.

Anfang 1912 erschien »Die Verräterin. Kriegsdrama aus dem Jahr 1870/71« mit Asta Nielsen.[40] Yvonne de Bougival (Asta Nielsen) verrät darin aus enttäuschter Liebe einen in ihrem väterlichen Schloss einquartierten preußischen Leutnant an die Franktireurs. Als sie feststellt, dass diese den geliebten Mann nach dessen Festnahme erschießen wollen, unternimmt sie alles zu seiner Rettung und verrät ihre Landsleute schließlich an die preußische Kompanie des Leutnants, die ihm zu Hilfe eilt. Bei der Befreiungsaktion stirbt sie durch die Kugel des Anführers der Franktireurs in den Armen des Leutnants.[41] Der Film war in Trier ein großer Erfolg, das vorführende Trierische Lichtspielhaus wurde als ausverkauft gemeldet, was wohl nicht vorrangig am Thema, sondern an Asta Nielsen lag, deren Filme regelmäßig für ein volles Haus sorgten.[42] Einige Monate später kam »Madeleine oder der Überfall auf Schloss Boncourt« mit ähnlicher Thematik in die Kinos. Hier steht ein deutscher Ingenieur kurz vor der Hochzeit mit der französischen Fabrikantentochter Madeleine. Bei Kriegsausbruch wird er von seiner Braut vor die Wahl gestellt zwischen Liebe und Pflichterfüllung als Reserveoffizier für das Vaterland. Er entscheidet sich für das Vaterland. Inzwischen diskreditiert Madeleines Cousin den Ingenieur als Verräter, der die Kenntnis der Gegend nutze, um das Land an Deutschland zu verraten. Madeleine, ihrerseits eine Patriotin, verspricht ihrem Cousin ihre Hand, wenn dieser den deutschen Spion fasse. Als ihm dies gelingt, erkennt Madeleine jedoch, dass sie den Ingenieur noch immer liebt und ihm Unrecht getan hat. Sie rettet ihn vor der Exekution aus dem Kerker. Nachdem die Flucht entdeckt wird, will der Cousin Madeleine erschießen, als deutsche Soldaten das Schloss stürmen. Die Liebenden fallen sich in die Arme. Doch ein flüchtender französischer Soldat richtet die Waffe auf den Ingenieur, woraufhin sich Madeleine vor ihren Geliebten stellt, von der Kugel getroffen wird und stirbt.[43] Wie zuvor in »Die Verräterin« dient die Kriegsthematik als Folie für melodramatische Verwicklungen und »packende Kampfszenen«.[44] Ganz offensichtlich endet jedoch der Wankelmut der Frauen, die sich gegen die Pflichterfüllung der deutschen Offiziere stellen, zwangsläufig mit dem Tod.

Im Jahr 1913 folgten weitere Filme: »Kein schön'rer Tod/Der Franktireurkrieg, eine Episode aus 1870/71« schildert den Krieg »nach den hinterlassenen Aufzeichnungen eines Kriegsveteranen«.[45] Für August 1913 wurde der Henny Porten-Schlager »Der Feind im Land« angekündigt: »Wir geben mit unserer Henny Porten-Serie 1913/14 die stärkste Waffe in die Hand! [...] Schliessen Sie rechtzeitig mit uns ab und Sie sind Sieger auf ganzer Linie!«[46] Der deutsche Star Henny Porten spielt hier die Frau eines französischen Telegrafisten, der im Krieg fällt.

Bevor er jedoch stirbt, gibt er dem deutschen Offizier, der ihn getötet hat, eine Nachricht an seine Frau. Die Deutschen rücken vor, und als der Offizier verwundet wird, übergibt man ihn der Obhut der Frau des Telegrafisten. Diese findet die Nachricht, erkennt den Mörder ihres Mannes und beschließt sich zu rächen, jedoch nicht am im Grunde unschuldigen Offizier sondern an der deutschen Armee. Schließlich wird sie als Spionin überführt und zum Tode verurteilt. Ein deutscher Telegrafist schickt ihre kleine Tochter zum deutschen Kronprinzen, um noch um Gnade zu bitten, doch die Nachricht der Begnadigung kommt zu spät, die Frau wird erschossen. Diese Rolle hat Henny Porten den Vorwurf der antideutschen Propaganda eingebracht, der Film wurde 1914 für die Dauer des Krieges verboten und noch in der Zeit der Ruhrbesetzung kritisiert.[47]

Bereits im Juni 1913 erschien anlässlich des 25-jährigen Jubiläums Kaiser Wilhelms II. »Aus Deutschlands Ruhmestagen 1870–1871«, »das große vaterländische Film-Schauspiel«.[48] Tatsächlich lief der Film in Leipzig zwei Wochen lang in verschiedenen Kinos, teilweise zusammen im Programm mit »Filmmemoiren aus dem Leben S.M. Kaiser Wilhelm II«. In Würzburg hieß es gar: »Jeder gute Deutsche soll und muss das sehen!«[49] Im August wurde der Film den »klugen Theaterbesitzern« für »Sedan 1913« ans Herz gelegt. Begleitend wurden »Patriotische Pracht-Broschüren« angeboten.[50] Eine Besprechung des Films meinte »im Bilde zu durchkosten, was an Großtaten des Volkes in Waffen damals geleistet worden. Den Kindern und Enkelkindern jener kraftvollen Männer der blutigen Zeit- und Ruhmepoche soll die Reihenfolge der bildlich wiedergegebenen Hauptmomente das neu beleben, was die Schule ihrem Gedächtnis eingeprägt. Das Auge will ebenfalls seinen Teil!«[51]

Karl Bleibtreu dagegen kritisierte den Film als schlecht und billig gemacht: »Das ganze wirkt wie eine Fibel für die unreife Jugend und das sogenannte Volk, ›patriotische Geschichtsklitterung‹ im schlimmsten Sinne.«[52]

Während Bleibtreu den vorgenannten Film »Der Feind im Land« ob der Anschaulichkeit, Lebendigkeit und Kraft der Bilder vom Krieg 1870 und dem »tadelfreien Darstellen des Militärischen« dank der Beratung durch Militärs lobte, beobachtete das Schweizer Branchenblatt Kinema kritisch die Entwicklung der »Kinematographie im Dienste des Patriotismus« im Deutschen Reich, gerade auch wegen der Beteiligung des Militärs.

»In allen Orten werden diese Filme gezeigt und die Schulbehörden sind mit besonderem Eifer bemüht, den Kindern diese Bilder vorführen zu lassen. Was man im Schulzimmer an vaterländischer Geschichte den Kindern nicht einzuimpfen vermag, wird ihnen hier in gewünschter Form im Bilde veranschaulicht, und es hat zweifellos eine größere Wirkung auf Geist und Gemüt wie der trockene Buchstabe im Lesebuch.«[53]

Die Wiederaufführung von »Der Feind im Land« wurde 1925 zunächst wegen der befürchteten Gefährdung der Beziehungen zu Frankreich, das den Film als verhetzend empfinden könnte, sowie aufgrund der verrohenden Wirkung der Darstellung von Kriegshandlungen, »die eingehend in Einzelkämpfen und Gefechten gezeigt werden«, verboten. Zwei Tage später wurde diese Entscheidung von der Film-Oberprüfstelle jedoch widerrufen, da es auch dem deutschen Volk nicht verwehrt sein könne, sich seiner großen Vergangenheit zu erinnern.[54]

Nachdem Ende 1913 »Bismarck« uraufgeführt worden war, kam im September 1914, also bereits nach Kriegsausbruch, der letzte Film zu 1870/71 in die Kinos: »Ein Überfall im Feindesland – Erinnerungen an die Heldenkämpfe 1870/71« mit Henny Porten.[55] Henny Porten spielt hier die französische Braut eines deutschen Offiziers, der durch den Feind fällt. Sie muss der Mutter, die sie nicht kennt, die Nachricht vom Tod ihres Sohnes überbringen.

Nach Ausbruch des Krieges 1914 wurden in den ersten Kriegsmonaten patriotische Filme der vergangenen Jahre wieder aufgeführt: Neben den Helden der Befreiungskriege, »Königin Luise« und »Theodor Körner«[56], wurden auch die Erinnerungen an den deutsch-französischen Krieg von 1870/71 im Kino erneut wachgerufen. Die Kinder und Jugendlichen von 1895 und 1911 – nun Erwachsene – hatten im September 1914 diese Bilder im Kopf, als sie in den Krieg zogen.[57]

Der Erste Weltkrieg verdrängte als Sujet den Krieg von 1870/71, während die Befreiungskriege angesichts der besetzten Gebiete Deutschlands auch weiterhin ein beliebtes Filmthema waren. Der Sedantag wurde ab 1919 nicht mehr gefeiert, er entsprach nicht mehr den neuen Zeitverhältnissen, der Film griff in den zwanziger Jahren nur ein einziges Mal 1870/1871 als Thema auf: »Der Fahnenträger von Sedan« im Jahr 1927.

4. FAZIT »Der Krieg hat die überragende Macht des Bildes und Films als Aufklärungs- und Beeinflussungsmittel gezeigt.«[58] General Ludendorff (1917).

Projektionsaufführungen mit Lichtbildern und Filmen hatten sich bereits lange vor ihrem Kriegseinsatz durch das Militär im Dienste patriotischer und militärischer Propaganda bewährt. Diese zielte auf alle Bevölkerungsschichten und Altersgruppen, legte jedoch besonderes Augenmerk auf die Schulkinder. Die ausgewählten Darstellungen des deutsch-französischen Kriegs 1870/71 zeigen exemplarisch, wie historische Ereignisse schon in der Zeit um 1900 durch Projektionsmedien popularisiert wurden. Durch ihre Inszenierung wurde am Mythos dieses Krieges gearbeitet, sie erzeugte eine bewegende mediale Erlebniswelt, durch die intensive Eindrücke und Emotionen in der Aufführung an das vermittelte Geschehen geknüpft wurden. Die von patriotisch gesinnten Rezensenten oft betonte naturgetreue Übereinstimmung der Bilder mit der Wirklichkeit sollte diese Erfahrung mit Glaubwürdigkeit unterlegen. Gleichartige Aufführungen an vielen Orten verallgemeinerten Form und Inhalt der Darstellungen und machten sie zu einem strategischen Mittel im Kampf um die politische Deutungshoheit der historischen Realität. Durch das populäre Medium der Projektionskunst (Lichtbilder und frühe Filme) sollte dem deutschen Publikum – selbst schon den Kindern – ein glorifizierendes Geschichtsbild des Deutschen Reiches vermittelt werden, um patriotische Empfindungen und die nationale Identifikation zu stärken. Kriegsdramen zementierten zudem die Rollenbilder von Mann und Frau im Krieg. Die erquicklichen Feldzüge auf der Leinwand hinterließen bei empfänglichen Zuschauer_innen Vorstellungen von der Unbesiegbarkeit des Reiches und der Heldenhaftigkeit seiner Soldaten, verbunden mit zustimmenden

Gefühlen für militärische Aufrüstung (insbesondere der Flotte) und Kriegfüh-
rung – Vorstellungen, die im August 1914 mobilisiert werden konnten.

1 Malstatt-Burbacher Zeitung, Annonce für das Kriegsoratorium, 14.08.1895, S. 4.

2 Ebd., 19.08.1895, S. 2.

3 Ebd., 14.08.1895, S. 4.

4 Ebd., 19.08.1895, S. 2.

5 Die in der zweiten Hälfte des 19. Jahrhunderts geläufige Bezeichnung Projektionskunst umfasst
die Gestaltung von Lichtbildern und -effekten, die Handhabung von Projektionsapparaten
und die Inszenierung von Projektionsaufführungen. Sie erscheint hier angebrachter als die von
Neander offenkundig vermiedene Bezeichnung »Laterna magica«, die zudem als Teil des teleo-
logischen Konstrukts einer »Vorgeschichte des Films« eine unbefangene medienhistorische
Betrachtung konterkarieren würde.

6 Vgl. Eley, Geoff, Reshaping the German Right. Radical Nationalism and Political Change after
Bismarck, New Haven/London 1980, S. 217.

7 Vgl. zum Gestaltungsprinzip von Projektionsaufführungen: Vogl-Bienek, Ludwig, Eine Szene
der Phantasmagorie. Idealtyp einer Projektionsaufführung, in KINtop. Jahrbuch zur Erforschung des frühen Films, Band 14/15: Quellen und Perspektiven. Sources and Perspectives,
Frankfurt am Main/Basel 2006, S. 12–20.

8 Malstatt-Burbacher Zeitung, Locales und Provincielles (Kriegsoratorium), 14.08.1895, S. 2.

9 Vgl. die Programmgestaltungen des Projektionskünstlers Paul Hoffmann, in: Hoffmann,
Detlev/Junker, Almut: Malerische Wissenschaft, in: Dies. (Hg.), Laterna Magica. Lichtbilder aus
Menschenwelt und Götterwelt, Berlin 1982, S. 55–123.

10 Vgl. Malstatt-Burbacher Zeitung, 15.08.1895, S. 2.

11 Vgl. ebd., Annonce für das Kriegsoratorium, 14.08.1895, S. 4.

12 Ebd., 16.08.1895, S. 2.

13 Es ist nicht bekannt, welche Effekte Neander eingesetzt hat. Üblich waren Übergänge wie der
Wechsel von Tag und Nacht oder die Verknüpfung von zeitlich oder räumlich auseinander
liegenden Ereignissen (vorstellbar ist z. B. Schlacht und Siegesparade). Ein sehr bekannter Ein-
blendeffekt war z. B. »Des Kriegers Traum«, dem seine Familie erscheint. Oft wurden auch
mechanisch bewegte Bilder wie drehende Mühlräder oder brennende Schiffe in die Programmgestaltung einbezogen.

14 Malstatt-Burbacher Zeitung, (Kriegsoratorium)
Auszug aus der pfälzischen Zeitung, 17.08.1895, S. 2.

15 Vgl. Catalog der Firma Liesegang, Düsseldorf 1898, S. 64.
Größere Maße wurden auf Wunsch angefertigt.

16 Vgl. Malstatt-Burbacher Zeitung, 17.08.1895, S. 4.

17 Vgl. ebd., Annonce für das Kriegsoratorium, 14.08.1895, S. 4.

18 Ebd., S. 2.

19 Vgl. ebd., S. 4.

20 Vgl. Ely, Reshaping the German Right, S. 217.

21 Vgl. Malstatt-Burbacher Zeitung, 23.08.1895, S. 2.

22 Neben den professionellen Aufführungen, für die das Beispiel Neanders steht, war der
deutsch-französische Krieg auch ein verbreitetes Thema auf Laterna magica-Bildstreifen für
die Vorführung mit Spielzeuglaternen aus Blech, die die historischen Kriegsereignisse auf die
Leinwände in Wohn- und Kinderzimmern brachte.

23 [Liesegang, Paul Eduard], Die Projektionskunst für Schulen, Familien und öffentliche Vorstellungen, Düsseldorf 1876, S. 5 [Autorenangabe nur in der 12. Auflage von 1909 mit der

Anmerkung bearb. von Franz Paul Liesegang, in 11. Auflage.] Der Verweis bezieht sich auf Moigno, Abbé, L' art des projections, Paris 1872.

24 Liesegang, Eduard, Lichtbilder-Projektions-Apparate. Hauptkatalog No. 291, Düsseldorf 1906 – 1907, S. 17; siehe auch: Loiperdinger, Martin, Der Naturalismus der ›lebenden Photographien‹. Bildhafte Natürlichkeit als Faszinosum, in: Jung, Uli/ders. (Hg.): Geschichte des dokumentarischen Films in Deutschland. Bd. 1: Kaiserreich 1895–1918, Stuttgart 2005, S. 51–54.

25 Vgl. Loiperdinger, Martin, Filmpropaganda des deutschen Flottenvereins, in: Jung, Uli/ders. (Hg.), Geschichte des dokumentarischen Films in Deutschland. Bd. 1: Kaiserreich 1895–1918, Stuttgart 2005, S. 120–147.

26 Vgl. Projektionsbilder. Katalog der Unger & Hoffmann AG, Dresden 1912, S. 165–174.

27 Loiperdinger, Filmpropaganda, S. 128.

28 Der Kinematograph, Die Lichtbildbühne im Dienste der Schule, 06.09.1911, o. S. In derselben Ausgabe des Kinematographen wurde für Diapositive vom Krieg 1870/71 als »Schlager für Kinos« geworben. Von weiteren Feiern wird berichtet in: Schulfeiern im Kinematographen, in: Bild und Film 2 (1912/1913), S. 34–37, auch unter: www.bbf.dipf.de/cgi-shl/digibert.pl?id=BBF0736315&c=59.

29 Vgl. Garncarz, Joseph, Filmprogramm im Varieté. Die ›optische Berichterstattung‹, in: Jung, Uli/Loiperdinger, Martin (Hg.), Geschichte des dokumentarischen Films in Deutschland, Bd. 1: Kaiserreich 1895–1918, Stuttgart 2005, S. 86–97; Hinweise zur Verwendung von Lichtbildern zur vaterländischen Bildung auch bei Volksunterhaltungsabenden bei Dyroff, Stefan, Erinnerungskultur im deutsch-polnischen Kontaktbereich, Osnabrück 2007, S. 151ff.

30 Ersten Eingang in das neue Medium Film fand der Krieg von 1870/71 in einer kurzen Produktion für Edisons Kinetoscope, Birt Acres drehte in Berlin am 2. September die Parade anlässlich der Feier des Sedantages. Vgl. Lange-Fuchs, Hauke, Der Kaiser, der Kanal und die Kinematographie, Schleswig 1995, S. 67–68.

31 Lichtbild-Theater, 24.08.1911, Produktion: Paulus & Unger, Länge 165 Meter.

32 Lichtbild-Theater, 03.08.1911, Produktion: Messter, Regie: Adolf Gärtner, Länge 424 Meter.

33 Der Kinematograph, o. Titel, 15.11.1911 und 22.11.1911, o. S., 176 Meter.

34 Der Kinematograph, Anzeige, 27.09.1911, 440 Meter; Becker, Frank, Bilder von Krieg und Nation. Die Einigungskriege in der bürgerlichen Öffentlichkeit Deutschlands 1864–1913, München 2001.

35 Der Kinematograph, 15.11.1911 und 22.11.1911.

36 Der Kinematograph, Anzeige, 27.09.1911, o. S., 440 Meter; Becker, Frank, Bilder.

37 Trierischer Volksfreund, Anzeige des Central-Theaters, 20.10.1911, o. S.

38 Vgl. Müller, Corinna, Frühe deutsche Kinematographie. Formale, wirtschaftliche und kulturelle Entwicklungen, Stuttgart 1994.

39 Vgl. Jung, Uli, Fiktionale Historienfilme als patriotische ›Dokumente‹, in: Ders./Loiperdinger, Martin, Geschichte des dokumentarischen Films in Deutschland, Bd. 1: Kaiserreich 1895–1918, Stuttgart 2005, S. 360; Schoenberner, Gerhard, Das Preußenbild im deutschen Film. Geschichte und Ideologie, in: Marquardt, Axel/Rathsack, Heinz (Hg.), Preußen im Film, Berlin 1981, S. 9–38; Rother, Rainer, Vom Kaiserreich bis in die fünfziger Jahre. Der deutsche Film, in: Ders. (Hg.), Mythen der Nationen. Völker im Film, Berlin 1998, S. 63–81; Braun, Brigitte, Patriotisches Kino im Krieg. Beobachtungen aus der Garnisonstadt Trier, in KINtop 11: Kinematographenprogramme (2002), S. 101–121.

40 Produktion: Deutsche Bioscop, Regie: Urban Gad, Länge: 1000 Meter, Filmkopie im Nederlands Filmmuseum.

41 Vgl. Sannwald, Daniela, Rot für Gefahr, Feuer und Liebe. Frühe deutsche Stummfilme, Berlin 1995, S. 22. Der Film dauert ca. 45 Minuten. Kopien haben sich erhalten im Nederlands Filmmuseum Amsterdam und bei der Deutschen Kinemathek Berlin.

42 Vgl. Trierischer Volksfreund, 28.02.1913.

43 Vgl. Erste Internationale Filmzeitung, 11.05.1912, S. 1 und S. 41–44, Produktion: Deutsche Bioscop, Regie: Emil Albes, Länge: 925 Meter, Filmkopie im Nederlands Filmmuseum.

44 Würzburger Generalanzeiger, Annonce des Central-Theaters in Würzburg, 28.06.1912, zitiert nach der Siegener Kino-Datenbank: www.fk615.uni-siegen.de/earlycinema/index.htm.

45 Erste Internationale Filmzeitung, 15.03.1913, S. 2. Produktion: Deutsche Bioscop, Regie: Emil Albes, Länge: 770 Meter.

46 Der Kinematograph, Werbeanzeige für Kinobesitzer, 09.07.1913.

47 Vgl. Müller, Corinna, Der Weg zum Star. Versuch einer Rekonstruktion, in: Belach, Helga, Henny Porten. Der erste deutsche Filmstar 1890–1960, Berlin 1986, S. 32–75, hier S. 40–42 und Filmographie, ebd., S. 185.

48 Regie: Franz Porten, Länge: 778 Meter. Es ist nicht ganz klar, ob die gleichnamigen Filme von 1911 und 1913 identisch sind oder es sich 1913 um eine erweiterte Version handelt, worauf die Längenangaben schließen lassen.

49 Würzburger General-Anzeiger, 08.07.1913, zitiert nach Eintrag in der Siegener Kino-Datenbank.

50 Der Kinematograph, 14.05.1913 und 06.08.1913, Der Film wird in Trier als Extra-Einlage nur am Sonntag, den 4.10.1913, gezeigt. Vgl. Trierischer Volksfreund, Kinoanzeige, 03.10.1913.

51 Lichtbild-Theater, 29.05.1913.

52 Die Ähre, Filmkritik von Karl Bleibtreu, 21.09.1913, zitiert nach Müller, Weg zum Star, S. 42.

53 Kinema, Die Kinematographie im Dienste des Patriotismus, 05.07.1913, o. S., zitiert nach Jung, Historienfilme, S. 361. Der Film »Aus Deutschlands Ruhmestagen« hatte jedoch zumindest in Berlin Jugendverbot erhalten. Siehe Zensurangaben des Deutschen Film-Instituts: www.deutsches-filminstitut.de/filme/f014272.htm.

54 Zensurprotokoll der Filmprüfstelle Berlin B.10324, 20.04.1925, verfügbar unter: www.deutsches-filminstitut.de/zengut/df2tb205zb.pdf; Zensurprotokoll der Film-Oberprüf-stelle, 22.04.1925, verfügbar unter: www.deutsches-filminstitut.de/zengut/df2tb205z.pdf. Das Beispiel »Der Feind im Land« zeigt, wie unterschiedlich die Deutung eines Films – je nach historischem Kontext – ausfallen kann.

55 Produktion: Messter, Regie Curt A. Stark, in: Belach, Helga, S. 189.

56 »Der Film von der Königin Luise«, Deutschland 1913, Regie: Franz Porten; »Theodor Körner«, Deutschland 1912, Regie: Franz Porten.

57 Vgl. Braun, Patriotisches Kino.

58 Zitiert nach: Bock, Hans-Michael/Töteberg, Michael (Hg.), Das Ufa-Buch. Kunst und Krisen. Stars und Regisseure. Die internationale Geschichte von Deutschlands größtem Filmkonzern, Frankfurt/Main 1992, S. 34.

GESCHICHTS-WERKSTÄTTEN UND ALTERNATIVE GESCHICHTSPRAXIS IN DEN ACHTZIGERN

ETTA GROTRIAN

In den 1980er Jahren haben sich in der Bundesrepublik zahlreiche Geschichtsini-tiativen mit dem Anspruch gegründet, eine alternative Geschichtspraxis zu eta-blieren, die sich nicht nur in Arbeitsweise und Organisation von der universitären Geschichtswissenschaft abheben sollte, sondern deren methodische Ansprüche auch eine Kritik an der akademischen Fachdisziplin enthielten. Im Folgenden soll untersucht werden, inwieweit diese Entwicklung eine Ausdifferenzierung der Angebote an historischem Wissen jenseits der Universität beeinflusst hat und ob die Geschichtswerkstätten und ihre Erfahrungen schließlich Auswirkungen auf die Geschichtswissenschaft gehabt haben.

Auch heute noch stößt man in Städten, Stadtteilen oder Regionen, in Ost- wie in Westdeutschland auf eine große Vielfalt von Initiativen, die sich Geschichts-werkstatt nennen. Einige von ihnen wurden erst vor wenigen Jahren gegründet, andere bestehen seit den 1980er Jahren oder sogar etwas länger. Viele von ihnen berufen sich auf eine Idee, die in den 1980er Jahren als »Grabe, wo du stehst« oder »Geschichte von unten« das Motto ihrer Aktivitäten wurde.[1]

Ziel dieser Geschichtsinitiativen war es, die Geschichte der von der akademischen Geschichtsforschung bislang vernachlässigten gesellschaftlichen Gruppen – ihren Alltag und ihre alltägliche Lebensweise in einem lokal oder regional begrenzten Kontext – zu erforschen und so der Makroperspektive auf die Geschichte eine Mikroperspektive hinzuzufügen. Geschichtspraxis sollte auch heißen, die herkömmliche Arbeitsteilung von Geschichtsforschung und -vermittlung zugunsten eines Kommunikationsprozesses aufzulösen, an dem alle historisch Interessierten mitarbeiten und mitlernen können.[2]

Mit diesen Zielen schlossen sich seit 1983 einige Initiativen und Einzelpersonen im Bundesverband »Geschichtswerkstatt e. V.« zusammen. Über den Bundesverband sollten die lokalen und regionalen Aktivitäten vernetzt werden. Mit einer Mitgliederzeitschrift, die verschiedene Initiativen im wechselnden Turnus betreuten, und mit überregionalen Geschichtsfesten gab man sich ein Forum für Diskussion und Erfahrungsaustausch.

Der SPIEGEL hat im Juni 1983 über einige dieser lokal- und alltagsgeschichtlichen Gruppen berichtet und damit zur Popularität der Initiativen beigetragen. Dort war die Rede von einer »neuen Geschichtsbewegung« als Beispiel für »ein überall in der Bundesrepublik keimendes Interesse, das sich unversehens und quer zur noch immer landläufigen Politikerklage von der Geschichtslosigkeit der jüngeren Generation entwickelt.«[3]

Die Bezeichnung »neue Geschichtsbewegung« wurde aufgegriffen, um diese neue Art von Geschichtsinteresse und den Versuch einer neuen Perspektive auf die Geschichte und die damit verbundenen Projekte zu charakterisieren.[4] Die institutionellen Bedingungen der einzelnen Initiativen, ihre Zusammensetzung und auch ihre Ziele und Themen waren unterschiedlich.[5] Der Begriff Bewegung macht vor allem deutlich, dass die regionalen Ansätze in ihrer Gesamtheit als ein überregionaler Trend wahrgenommen wurden.[6]

»JAHRZEHNT DER IDENTITÄTSSUCHE« Das Geschichtsinteresse, von dem im SPIEGEL-Artikel die Rede ist, war in den 1980er Jahren ein auf breiter Ebene thematisiertes Phänomen, das weit über die Aktivitäten der Geschichtswerkstätten hinausging. Große historische Ausstellungen seit Ende der 1970er Jahre, die wachsende Beteiligung am »Schülerwettbewerb Deutsche Geschichte«, kleinere Museumsgründungen sowie auch die beiden großen Museumsgründungsprojekte der 1980er Jahre, das Haus der Geschichte der Bundesrepublik Deutschland in Bonn und das Deutsche Historische Museum in Berlin, belegen das gewachsene Geschichtsinteresse.[7]

Kritiker der Museumspläne der Bundesregierung unter Helmut Kohl interpretierten diese auch als Ausdruck eines gezielten politischen Bemühens, Geschichtsdeutung zu instrumentalisieren und bestimmte Geschichtsbilder zu prägen – Geschichtsbilder, die das nationale Bewusstseins und die Identität der geteilten Nation stärken sollten.[8] Und wenngleich das Interesse an der Geschichte nicht erst mit der Regierung Kohl erwacht war, so bot doch die Art und

Weise, wie in den 1980er Jahren Kohl Geschichtsdeutung zum Bestandteil seiner politischen Reden und Handlungen machte, Anlass für zahlreiche Kontroversen.[9]

Der Historiker Andreas Wirsching bezeichnet in seiner umfassenden Darstellung der 1980er Jahre der Bundesrepublik diese Periode als »Jahrzehnt der Identitätssuche«.[10] Identitätsstiftung und Geschichte verbanden sich dabei häufig zu einem Begriffspaar. Für Jürgen Habermas war das unter anderem der Anlass für seine scharfe Kritik an einer Handvoll bundesdeutscher Zeithistoriker, die den Auftakt für den »Historikerstreit« darstellt. Habermas warnte vor einer Geschichtsschreibung, die im Dienst nationaler Identitätsstiftung die nationalsozialistische deutsche Geschichte abzuschütteln versuche.[11]

Das öffentliche Interesse an Geschichte ging einher mit einer öffentlichen Diskussion über die deutsche Geschichte und die Gefahr einer Vereinnahmung der Geschichtsdeutung für die jeweiligen politischen Ziele. Auch Geschichtswerkstätten waren Teil dieser Diskussion, denn obwohl sie sich als Gegenentwurf zu einer nationalgeschichtlichen Perspektive oder den traditionellen Heimat- und Geschichtsvereinen verstanden, stand auch die Suche nach den »eigenen Wurzeln« im lokalen und regionalen Kontext in der Kritik, die Geschichte »zu identifikatorischen Zwecken« zu vereinnahmen.[12]

Identität wurde zum Schlüsselbegriff einer Verständigung über den Standort der Bundesrepublik, die einerseits in ihrer politischen Situation wurzelte, andererseits Ausdruck einer Krisenempfindung war, die über die Gesellschaft der Bundesrepublik hinausging.[13] Die »Grenzen des Wachstums«, wie sie schon 1973 der Club of Rome formuliert hatte, schärften das Bewusstsein für die Endlichkeit der Ressourcen und verursachten Skepsis gegenüber den unbegrenzten Möglichkeiten des Fortschritts; die fundamentale Bedrohung der Lebensgrundlage durch Umweltzerstörung und atomare Rüstung veränderten den Blick auf die moderne Zivilisation.[14]

Der Zweifel an bislang erfolgreichen Erklärungsmodellen und theoretischen Perspektiven verursachte eine Orientierungslosigkeit, die in vielen Wissenschaften, auch in den Geschichtswissenschaften, Anlass zum Umdenken gab.[15] Die alltagsgeschichtliche Orientierung an der Lebenswelt und die Abkehr von der Betrachtung überindividueller Kategorien und Prozesse war eine der möglichen Reaktionen.[16] Anstöße dazu aus dem internationalen Forschungskontext griff die bundesdeutsche Geschichtsforschung z. T. erst verspätet auf.[17]

Für die Geschichtswerkstätten bot die Alltagsgeschichte eine Gegenperspektive zu einem Geschichtsbild, bei der die historische Analyse von Strukturen den Blick auf die Betrachtung des Einzelnen verstellt. Sie wollten den Alltag und die Nöte der »kleinen Leute« im lokalen und regionalen Umfeld erforschen und verbanden damit z. T. den Anspruch, eine Art Binnenperspektive einzunehmen und die »Betroffenen« in die Geschichtsforschung einzubeziehen. Diese historische Spurensuche sollte dazu dienen, Handlungsperspektiven für die gegenwärtige Gesellschaft zu entwickeln, und zur Demokratisierung beitragen, indem jeder Einzelne zum Experten seiner eigenen Geschichte werden sollte.[18] Diese Ideen stehen auch im Kontext der neuen sozialen Bewegungen der 1970er und 1980er Jahre, die zur Lösung politischer, sozialer und ökologischer Probleme ebenfalls

Ansatzpunkte in der Region suchten.[19] Ein neu verstandener Begriff von Heimat sollte Orientierung bieten – und fügt dem »Jahrzehnt der Identitätssuche« damit einen weiteren Aspekt hinzu.[20]

DIE »ZÜNFTIGEN GRENZEN DER GESCHICHTSWISSENSCHAFT« Der Anlass für die Gründung vieler Geschichtsinitiativen war neben den konkreten lokalhistorischen Anknüpfungspunkten die Kritik am akademischen Wissenschaftsbetrieb. Damit ist nicht gemeint, dass der kritische Blick auf die universitäre Geschichtsforschung für die Initiativen der Dreh- und Angelpunkt ihrer Aktivitäten war, sondern vielmehr, dass viele der Ansprüche, die in den programmatischen Texten formuliert waren, in Abgrenzung zur akademischen Geschichtswissenschaft zu verstehen sind und eine Kritik an der herrschenden Geschichtsschreibung enthalten, für die die akademische Geschichtsforschung die Deutungshoheit beanspruchte. [21]

Von den eher akademisch orientierten Akteuren innerhalb der Geschichtswerkstätten wie auch von akademisch etablierten Historikern, die den Zielen der Geschichtswerkstätten positiv gegenüberstanden, wurden mikrohistorische und mentalitätsgeschichtliche Ansätze verstanden als eine notwendige Erweiterung der vorherrschenden sozialgeschichtlichen Perspektive in der bundesdeutschen Geschichtswissenschaft.[22] Insofern kam aus dieser Richtung, insbesondere von den Protagonisten der sozialhistorischen Bielefelder Schule, Jürgen Kocka und Hans-Ulrich Wehler, auch die deutlichste Kritik, aber auch die intensivste Auseinandersetzung mit den Geschichtswerkstätten.

Die fachliche Kontroverse zu verschiedenen Aspekten alltagsgeschichtlicher Forschung hatte viele Facetten. Sie fand einen ihrer Höhepunkte auf dem 35. Historikertag in Berlin 1984 in einer kontroversen Podiumsdiskussion, die acht Jahre später – auf dem 39. Historikertag – unter dem Titel »Was kommt nach der Alltagsgeschichte?« bilanziert wurde.[23] Dabei wurde deutlich, dass die Kontroverse letztlich zu einer Pluralisierung der sozialhistorischen Methoden beigetragen und zu einer Öffnung gegenüber internationalen Forschungsentwicklungen geführt hatte. [24] Verschiedene Forschungsperspektiven, deren Berechtigungen von keiner Seite grundsätzlich bezweifelt wurden und zu denen inzwischen noch weitere hinzugekommen waren, könnten und müssten sich auch künftig gegenseitig befruchten.[25] Der Münchner Zeithistoriker Martin Broszat hat den Streit über die Alltagsgeschichte daher auch als einen »Familienstreit« innerhalb der Sozialgeschichte bezeichnet.[26]

Dieser Streit hat aber noch eine andere Dimension, die auf einen Streit »um die zünftigen Grenzen der Geschichtswissenschaft« hinausläuft, wie Thomas Lindenberger, Zeithistoriker in Potsdam und Gründungsmitglied der Berliner Geschichtswerkstatt, pointiert feststellte.[27] Vor diesem Hintergrund warnte ein prominenter scharfzüngiger Kritiker wie Hans-Ulrich Wehler in Bezug auf die alltagshistorische Forschung vor den »alternativkulturellen Barfußhistorikern« und ihrem Einfluss.[28] Ein Blick auf die fachliche Kontroverse ist daher interessant, um zu klären, inwieweit die »neue Geschichtsbewegung« ein außer- oder ein innerakademisches Phänomen war und inwieweit von den Geschichtswerkstätten Einfluss auf die Geschichtswissenschaft ausging.

Denn einerseits hatte die alltagsgeschichtliche Richtung ihre akademischen Für-
sprecher und löste eine fachliche Kontroverse aus, die auf Fachpodien und in
Fachpublikationen ausgetragen wurde, andererseits gab es aber in den Geschichtsinitiativen neben den fachlichen Laien auch einen Kreis akademisch ausgerichteter bzw. ausgebildeter Akteure.[29]

Viele derjenigen, die sich in den programmatischen Publikationen der Geschichtsinitiativen äußerten und Aktivitäten in den Initiativen entfalteten, waren
akademisch geschulte Historiker, denen der akademische Arbeitsmarkt in den
1980er Jahren geringe berufliche Chancen bot und die hier Publikationsmöglich-
keiten und Möglichkeiten zur historischen Forschung auch außerhalb der
Universität und ihrer Ausgrenzungsmechanismen suchten.[30] Thomas Lindenberger stellt daher rückblickend fest, dass die Institutionalisierung vieler Initiativen
und schließlich die Werdegänge zahlreicher Akteure als erfolgreiche Selbstpro-
fessionalisierung beschrieben werden können.[31] Insofern sind viele der Einflüsse
der Geschichtswerkstättenarbeit auf die Geschichtswissenschaft sowohl auf eine
Zusammenarbeit von Universitätshistorikern mit den Initiativen zurückzuführen
als auch in nicht unerheblichem Maße darauf, dass Mitglieder von Geschichtswerkstätten Stellen in Universitäten oder außeruniversitären Forschungseinrichtungen innehatten oder schließlich erhielten.

»AKADEMISIERUNG« UND STADTTEILARBEIT Innerhalb der Geschichtsinitiativen selbst bzw. im Rahmen ihres bundesweiten Netzwerks bot das, was als drohende »Akademisierung«
der Geschichtswerkstätten diskutiert wurde, allerdings ein Konfliktpotential, in
dem auch die unterschiedlichen Interessen der einzelnen Akteure und Initiativen
zum Ausdruck kommen. [32] Diskussionen darüber, inwieweit die wissenschafts-
kritische Stoßrichtung die praktische Arbeit der Geschichtsinitiativen beeinflusse,
zeigen, dass mit der Arbeit der Geschichtswerkstätten ganz unterschiedliche
Ziele verbunden werden konnten.

Zu Beginn der 1990er Jahre zogen die Vertreter unterschiedlicher Positionen auf
der Jahresversammlung der Geschichtswerkstätten Bilanz. Das Beispiel erfolgreicher, von Bürgern getragener Stadtteilforschung wie in der Geschichtswerkstatt Barmbek (Hamburg) stand dem Anspruch gegenüber, Einfluss auf die akademische Geschichtswissenschaft zu nehmen und so einen Beitrag zur Demokratisierung der Geschichtsforschung zu leisten.[33]

Dabei kam heraus, dass sich mit der Verwirklichung der unterschiedlichen
Ziele auch die Protagonisten auseinandergelebt hatten. Während die kritischen
Akademiker in die »Zunft« aufgenommen worden seien, hätten sich die Geschichtswerkstätten zu fest etablierten Dienstleistern im kommunalen Kulturan-
gebot entwickelt und seien mit dieser Aufgabe hinreichend beschäftigt.[34]

Der hier angesprochene Konflikt existierte allerdings wohl auch schon zum
Zeitpunkt der Gründung des Bundesverbandes. Der in Paris und Berlin forschende und lehrende Historiker Peter Schöttler, Gründungsmitglied des bundesweiten Netzwerks, berichtete 1984 von der Planung des ersten Geschichtsfests und
beobachtete zwei unterschiedliche Standpunkte: »hier der Primat emotionaler

Betroffenheit und dort der Primat wissenschaftlicher Rationalität«, die für ihn ein grundsätzliches Problem der Geschichtsbewegung veranschaulichten.[35]

Aus den Zielen der Initiativen ergab sich für ihn ein weiterer Konflikt: Einerseits sei zwar eine »Demokratisierung der Darstellungsweisen« geboten und müssten neue Wege der Geschichtsvermittlung beschritten werden, um ein breites Publikum erreichen zu können, andererseits könnten diese aber auf einen »Vorlauf an Forschungen, die sich einer medienwirksamen Präsentation in der Regel entziehen«, nicht verzichten.[36] Und in der Tat wurde diese Arbeitsteilung von Forschung und Vermittlung in vielen praktischen Ansätzen durch eine Verknüpfung von didaktischen mit erkenntnistheoretischen Argumenten infrage gestellt.[37]

Ein Beispiel hierfür ist die Anwendung der Oral History, die für die Geschichtswerkstätten auch durch ihre Nähe zu Zeitzeugen ein wichtiges Betätigungsfeld bot. Für die bundesdeutsche Geschichtswissenschaft war diese Methode vor allem durch die Arbeitsgruppe um Lutz Niethammer im Zusammenhang mit dem großen Ruhrgebiet-Interviewprojekt (LUSIR) erschlossen worden. Niethammer sah in dieser Methode eine Chance, Geschichte als Kommunikationsprozess zu gestalten, bei dem sich aber die Rollen des Forschers, des Befragten und des Rezipienten sehr wohl voneinander unterschieden. Der Historiker tritt demnach in eine Kommunikation mit den Befragten ein, hat aber trotzdem eine methodische Verantwortung für die Interpretation des Ergebnisses.[38] Niethammer warnte davor, die Oral History als »instant history« misszuverstehen, die einen direkten Zugang in die Geschichte verspreche.[39] In den Initiativen war die Bereitschaft, die Interpretationserfordernisse von Zeitzeugeninterviews methodisch zu reflektieren, unterschiedlich groß.

Der Konflikt um die Professionalisierung – in den Augen mancher die entscheidende Bedrohung für die Ansprüche der »neuen Geschichtsbewegung« – trat bei den Auseinandersetzungen um die Mitgliederzeitschrift und die Organisation ihrer Redaktion besonders deutlich hervor.[40] Als 1990 der Versuch gestartet wurde, einige redaktionelle Bereiche sowie die Endredaktion der Mitgliederzeitschrift, die bislang die verschiedenen heftverantwortlichen Initiativen übernommen hatten, einer festen Redaktion zuzuweisen, um das Profil der Zeitschrift zu schärfen, wurde dies heftig kritisiert, weil man so den Kontakt zur »Basis« verliere.[41] Diese Auseinandersetzungen führten 1992 zur Gründung der Zeitschrift »WerkstattGeschichte« und verdeutlichen, wie sich schließlich die Geschichtsinitiativen und die eher wissenschaftlich orientierten Akteure in den 1990er Jahren voneinander entfernten.[42]

VERMARKTUNG VON GESCHICHTE? Wie fällt eine Bilanz aus, die versucht, die Geschichtswerkstättenbewegung der 1980er und ihre Erfahrungen in Hinblick auf einen Geschichtsmarkt und seine Angebote zu bewerten? Die Mitglieder der Geschichtswerkstätten selbst schätzten die eigene Positionierung auf diesem Markt unterschiedlich ein. Einige Akteure sahen sowohl die öffentliche als auch die private Förderung als Gefahr einer inhaltlichen Vereinnahmung der Geschichtswerkstättenarbeit an.[43] Darüber hinaus traten auch Widersprüche zwischen Selbstverständnis und

Praxis hervor. Während die öffentliche Förderung auf der einen Seite eine Professionalisierung der eigenen Arbeit ermöglichte, warf sie auf der anderen Seite die Frage auf, wie der Anspruch einer gleichberechtigten Zusammenarbeit zwischen »Akademikern und Laien« auf allen Ebenen wirklich realisiert werden konnte.[44]

Ein bemerkenswertes Beispiel ist Hamburg. Hier hat die Kulturbehörde der Stadt Kriterien für die finanzielle Unterstützung von Geschichtswerkstätten und Stadtteilarchiven aufgestellt und fördert derzeit 13 von ihnen. Viele davon sind schon in den 1980er Jahren gegründet worden. Sie mussten und müssen um diese Förderung immer wieder kämpfen, und ihre Arbeit wird von vielen ehrenamtlichen Mitarbeitern getragen. Auch das 1997 eröffnete Hamburger Museum der Arbeit ist das Ergebnis einer Geschichtsinitiative aus Museumsexperten auf der einen und Praxisexperten mit Berufserfahrung aus den zu musealisierenden Arbeitsbereichen auf der anderen Seite.[45]

Für das Fortbestehen der Geschichtswerkstätten wurde die Frage der Finanzierung durch öffentliche und private Mittel zunehmend Teil ihrer praktischen Arbeit. Inzwischen sind viele Initiativen fester Bestandteil des kommunalen kulturellen Angebots, das sie mit Vorträgen, Publikationen oder Stadtrundgängen bereichern.[46] Damit haben sie oft auch Pionierarbeit geleistet bei der Entwicklung neuer Darstellungs- und Vermittlungsformen von Geschichte jenseits der Vermittlung in Textform.[47] Trotz der Beispiele für erfolgreiche Institutionalisierung, öffentliche Förderung oder private Spenden, die z. B. die konkrete Finanzierung von Publikationen und Projekten ermöglichen, lässt sich feststellen, dass Mitarbeiterstellen selten kontinuierlich und in angemessenem Umfang finanziert werden können und ein Großteil der Aktivitäten durch ehrenamtliche Arbeit bestritten wird.[48]

Dass der Erfolg der Geschichtswerkstätten letztlich mit einer Relativierung ihrer anfangs noch gepflegten Feindbilder einhergegangen sei, zu denen auch die Geschichtswissenschaft gehörte, der man jedoch in vielerlei Hinsicht verbunden sei, stellte der Historiker Michael Zimmermann 2003 anlässlich einer Hamburger Tagung zu Geschichte und Zukunft der Geschichtswerkstätten fest.[49] Für die Geschichtswerkstätten zeigte Zimmermann mögliche neue Themen auf, die aber voraussetzten, dass sie ihren Blick für globale Perspektiven weiten und lokale Phänomene in größere Prozesse wie z. B. Migration und Mobilität einordnen.[50]

DAS »WISSENSCHAFTLICHKEITSVERSTÄNDNIS DER GESCHICHTSWISSENSCHAFT« Insgesamt hat sich gezeigt, dass es nicht ausreicht, die Konfliktlinien einzig anhand des Innen und Außen des Universitätsbetriebs bestimmen zu wollen. Für die Betrachtung der Kontroverse und ihre Auswirkungen auf die Geschichtswissenschaften sind diese Grenzlinien dennoch von Bedeutung. Gerade in der öffentlichen Auseinandersetzung um die Deutungshoheit spielt die Abgrenzung zwischen inner- und außerdisziplinären Äußerungen eine wichtige Rolle, und auch innerhalb einer Disziplin dienen die fachlichen Standards häufig als Argument, um Skepsis gegenüber Neuansätzen zu begründen.[51]

Ute Daniel hat in ihrer Bilanz der Kontroverse um die Alltagsgeschichte auf das »Wissenschafts- und Wissenschaftlichkeitsverständnis der Geschichtswissenschaft« hingewiesen, das alternative Ansätze unter einen erhöhten Legitimationsdruck stelle und andererseits eben die Wissenschaft für Laien unzugänglich und langweilig machen könne.[52] Wenngleich die Wissenschaftlichkeit auch eine Abgrenzung der Wissenschaft bewirke, so habe doch Verwissenschaftlichung in allen Disziplinen »zu einem Mehr an methodologischem Problembewußtsein, an intersubjektiver Transparenz des Forschungsprozesses und an Überprüfbarkeit bzw. Diskutierbarkeit seiner Ergebnisse geführt; dahinter darf man nicht mehr zurückfallen.«[53]

Um schließlich aber die Autorität einer Wissenschaft für ihren Gegenstand auch behaupten zu können, müsse sie sich mit den Anforderungen, die von außen an sie herangetragen werden, auseinandersetzen und sich auch ihres Vermittlungsauftrags bewusst werden. Dazu gehört auch eine Selbstreflexion der eigenen Fragestellungen und der ihnen zugrunde liegenden Werthaltungen.[54] In Bezug auf die Geschichtswissenschaft bedeutet das, dass sie sich auch mit den gesellschaftlichen Fragen auseinandersetzen muss, die an die Geschichte gerichtet werden. Insofern kann eine Ausdifferenzierung des Angebots an historischem Wissen jenseits von Universität und Schule dazu führen, dass die Notwendigkeit einer auch innerwissenschaftlichen Auseinandersetzung umso deutlicher wird.

1 Vgl. Lindqvist, Sven, Grabe wo du stehst. Handbuch zur Erforschung der eigenen Geschichte, Bonn 1989 (die schwedische Originalausgabe erschien 1978); Ders., Grabe, wo du stehst. Die »Barfußhistoriker« in Schweden, in: Franz Mehring Gesellschaft (Hg.), Demokratie- & Arbeitergeschichte, Jahrbuch 3 (1983), S. 9–13; Ders., »Grabe, wo du stehst«. Das schwedische Beispiel, in: Heer, Hannes/Ullrich, Volker (Hg.), Geschichte entdecken. Erfahrungen und Projekte der neuen Geschichtsbewegung, Reinbek 1985, S. 72ff.

2 Vgl. Selbstverständnispapier der Geschichtswerkstatt, beschlossen auf der Gründungsveranstaltung am 28.05.1983 in Bochum, in: Gd 2 (1984), S.193.

3 Vgl. »Ein kräftiger Schub für die Vergangenheit«, in: DER SPIEGEL vom 06.06.1983, S. 36.

4 Vgl. Heer, Hannes/Ullrich, Volker, Die »neue Geschichtsbewegung« in der Bundesrepublik. Antriebskräfte, Selbstverständnis, Perspektiven, in: Heer/Ullrich, Geschichte entdecken, S. 9–36.

5 Eine Erhebung von Projekten, die Zeitzeugeninterviews durchführten, von 1983 zeigt die Vielfalt der Initiativen, auch wenn nicht alle der aufgenommenen Projekte einer »neuen Geschichtsbewegung« zuzuordnen sind: Brüggemeier, Franz-Josef u. a. (Hg.), Ergebnisse einer Erhebung über Bestände und laufende Projekte zur Oral History in der Bundesrepublik Deutschland, Hagen 1983. Für Hamburg entstand 1985 eine Erhebung, vgl. Kinter, Jürgen, Erzählte Geschichte in Wort und Bild. Eine Bestandsaufnahme von Oral-History-Projekten, Materialien in Hamburg, Hamburg 1985. Einen zeitgenössischen Überblick über die institutionelle Vielfalt der Initiativen bietet auch Sperner, Eva, Die neue Geschichtsbewegung. Geschichtswerkstätten und Geschichtsprojekte in der Bundesrepublik, Bielefeld 1985.

6 Zang, Gert, Gibt es eine neue Geschichtsbewegung in der Bundesrepublik? 12 Thesen, in: Geschichtswerkstatt 10 (1986), S.16ff.; Fletcher, Roger, History from Below Comes to Germany: The New History Movement in the Federal Republic of Germany, in: The Journal of Modern

History 60 (1988), S. 558; François, Etienne, L'Allemagne Fédérale se penche sur son passé, in: Vingtième Siècle, 7 (1985), S. 160f.

7 Vgl. Frevert, Ute, Annäherung wider Willen: Der Kampf um die deutsche Geschichte, in: Dies./ Assmann, Aleida (Hg.), Geschichtsvergessenheit – Geschichtsversessenheit. Vom Umgang mit deutschen Vergangenheiten nach 1945, Stuttgart 1999, S. 251 und S. 254ff.; Assmann, Aleida, Konstruktion von Geschichte in Museen, in: APuZ 49 (2007), S. 7f.

8 Vgl. Mommsen, Hans, Verordnete Geschichtsbilder? Historische Museumspläne der Bundesregierung, in: Gewerkschaftliche Monatshefte 37 (1986), S. 13–24; über die Debatte: Maier, Charles S., Die Gegenwart der Vergangenheit. Geschichte und die nationale Identität der Deutschen, Frankfurt a. M., New York 1992, S. 153ff. und Wolfrum, Edgar, Geschichtspolitik in der Bundesrepublik Deutschland. Der Weg zur bundesrepublikanischen Erinnerung 1948–1990, Darmstadt 1999, S. 337.

9 Vgl. Wirsching, Andreas, Abschied vom Provisorium. Geschichte der Bundesrepublik Deutschland 1982–1990, München 2006, S. 473ff.; Wolfrum, Geschichtspolitik, S. 338–342.

10 Vgl. Wirsching, Abschied, S. 467.

11 Habermas, Jürgen, Eine Art Schadensabwicklung. Die apologetischen Tendenzen in der deutschen Zeitgeschichtsschreibung, in: DIE ZEIT vom 11.07.1986. Die meisten Texte der Kontroverse finden sich in: »Historikerstreit«. Die Dokumentation der Kontroverse um die Einzigartigkeit der nationalsozialistischen Judenvernichtung, München, Zürich 1987; vgl. dazu auch Große Kracht, Klaus, Die zankende Zunft. Historische Kontroversen in Deutschland nach 1945, Göttingen 2005, S. 91–114.

12 Vgl. Kocka, Jürgen, Hitler sollte nicht durch Stalin und Pol Pot verdrängt werden. Über Versuche deutscher Historiker, die Ungeheuerlichkeit von NS-Verbrechen zu relativieren, in: »Historikerstreit«, S. 136f. [Originalveröffentlichung: FR vom 23.09.1986].

13 Vgl. Wirsching, Abschied, S. 466ff. und Wolfrum, Edgar, Die geglückte Demokratie. Geschichte der Bundesrepublik Deutschland von ihren Anfängen bis zur Gegenwart, Stuttgart 2006, S. 391f. und S. 395.

14 Metzler, Gabriele, Krisenbewusstsein, Krisendiskurse und Krisenbewältigung. Die Frage der »Unregierbarkeit« in Ost und West nach 1972/73, in: Zeitgeschichte 3 (2007), S. 151f.; Maier, Hans, Fortschrittsoptimismus oder Kulturpessimismus? Die Bundesrepublik Deutschland in den 70er und 80er Jahren, in: VfZ 56 (2008), S. 2ff.

15 Hardtwig, Wolfgang, Geschichtsstudium, Geschichtswissenschaft und Geschichtstheorie in Deutschland von der Aufklärung bis zur Gegenwart, in: Ders. (Hg.), Geschichtskultur und Wissenschaft, München 1990, S. 51f.; Conrad, Christoph/Kessel, Martina, Geschichte ohne Zentrum, in: Dies. (Hg.), Geschichte schreiben in der Postmoderne. Beiträge zur aktuellen Diskussion, Stuttgart 1994, S. 15ff.

16 Vgl. Ginzburg, Carlo/Poni, Carlo, Was ist Mikrogeschichte?, in: Geschichtswerkstatt 6 (1985), S. 48, [gekürzt, Originalveröffentlichung: Le Débat, 17 (1981), S. 133–136]; Niethammer, Lutz, Anmerkungen zur Alltagsgeschichte, in: Bergmann, Klaus/Schörken, Rolf (Hg.), Geschichte im Alltag – Alltag in der Geschichte, Düsseldorf 1982, S. 20f. [Originalveröffentlichung: Gd 5 (1980), S. 231–242]; Medick, Hans, »Missionare im Ruderboot«? Ethnologische Erkenntnisweisen als Herausforderung an die Sozialgeschichte, in: GG 10 (1984), S. 302f.

17 Vgl. Fletcher, History, S. 561, Hardtwig, Wolfgang, Alltagsgeschichte heute. Eine kritische Bilanz, in: Schulze, Winfried (Hg.), Sozialgeschichte, Alltagsgeschichte, Mikro-Historie. Eine Diskussion, Göttingen 1994, S. 20; Heer/Ullrich, Die »neue Geschichtsbewegung«, S. 18f.

18 Zang, Gert, Die unaufhaltsame Annäherung an das Einzelne. Reflexion über den theoretischen und praktischen Nutzen der Regional- und Alltagsgeschichte, Konstanz 1985, S. 18f. und S. 55f.

19 Vgl. Weigand, Stefan, Geschichtswerkstätten in der BRD, in: Wissenschaftsbereich Kultur der Sektion Ästhetik und Kunstwissenschaften der Humboldt-Universität zu Berlin (Hg.), Aus- und Weiterbildung von Kulturarbeitern und Geschichtswerkstätten in der BRD, Berlin 1989, S. 44;

Frei, Alfred G., Die Zukunft beginnt in der Vergangenheit. Geschichtswerkstätten, Tendenz-
wende und demokratische Alternativen, in: Geschichtswerkstatt 3 (1984), S. 5.

20 Vgl. Paul, Gerhard/Schoßig, Bernhard, Geschichte und Heimat, in: Dies. (Hg.), Die andere
Geschichte. Geschichte von unten, Spurensicherung, ökologische Geschichte, Geschichts-
werkstätten, Köln 1986, S. 16ff. und 23; Trittel, Dorothea, Geschichtswerkstätten – auch eine
›Heimatbewegung‹?, in: Geschichtswerkstatt 6 (1985), S. 25.

21 Vgl. Frei, Alfred G./Wildt, Michael, Hirsebrei und Seifenblasen. Die Geschichtswerkstätten
und ihre Kritiker, in: L 80. Zeitschrift für Literatur und Politik 39 (1986), S. 69; Heer/Ullrich,
Die »neue Geschichtsbewegung«, S. 27f.; vgl. auch Wirsching, Abschied, S. 470.

22 Vgl. Niethammer, Lutz, Fragen – Antworten – Fragen. Methodische Erfahrungen und
Erwägungen der Oral History, in: Ders./Plato, Alexander von (Hg.), »Wir kriegen jetzt andere
Zeiten«. Auf der Suche nach der Erfahrung des Volkes in nachfaschistischen Ländern, Berlin,
Bonn 1985, S. 427f.; Zang, Annäherung, S. 16ff.; Broszat, Martin, Plädoyer für die Alltagsge-
schichte. Eine Replik auf Jürgen Kocka, in: Merkur 36 (1982), S. 1245; Medick, »Missionare im
Ruderboot«, S. 309 und 312.

23 Vgl. »Geschichte von unten – Geschichte von innen« – Kontroversen um Alltagsgeschichte.
Podiumsdiskussion (Bericht: Jürgen Kocka), in: Bericht über die 35. Versammlung deutscher
Historiker in Berlin 03. bis 07. Oktober 1984, Stuttgart 1985, S. 249–250 und Schulze,
Sozialgeschichte.

24 Vgl. Hardtwig, Alltagsgeschichte, S. 25ff.

25 Kocka, Jürgen, Perspektiven für die Sozialgeschichte der neunziger Jahre,
in: Schulze, Sozialgeschichte, S. 34f.

26 Vgl. Referat Martin Broszat, in: Institut für Zeitgeschichte (Hg.), Alltagsgeschichte der NS-Zeit.
Neue Perspektive oder Trivialisierung, München, Wien 1984, S. 11.

27 Vgl. Lindenberger, Thomas, »Alltagsgeschichte« oder: Als um die zünftigen Grenzen der
Geschichtswissenschaft noch gestritten wurde, in: Sabrow, Martin/Jessen, Ralph/Große
Kracht, Klaus, Zeitgeschichte als Streitgeschichte. Große Kontroversen seit 1945, München
2003, S. 74–91.

28 Vgl. Wehler, Hans-Ulrich, Geschichte – von unten gesehen. Wie bei der Suche nach dem
Authentischen Engagement mit Methodik verwechselt wird, in: DIE ZEIT vom 03.05.1985, S. 64.

29 Vgl. Fletcher, History, S. 562; Lindenberger (wie Anm. 26), S. 77f.

30 Vgl. Fletcher, History, S. 560; Zilling, Bernhard, Wo bitte geht's zur Mitte? Nachgedanken zum
Verlauf eines Workshops auf dem Geschichtsfest, in: Geschichtswerkstatt 7 (1985), S. 28; Paul/
Schoßig, Geschichte, S. 18.; Frei, Alfred G., Die Geschichtswerkstätten in der Krise, in: Berliner
Geschichtswerkstatt (Hg.), Alltagskultur, Subjektivität und Geschichte. Zur Theorie und Praxis
von Alltagsgeschichte, Münster 1994, S. 319.

31 Vgl. Lindenberger, »Alltagsgeschichte«, S. 87.

32 Vgl. Ulmer, Martin/Weber, Andreas, Auf dem Weg in die »Andere Geschichtswerkstatt«?!
Professionalisierung und Akademisierung in der Geschichtsbewegung, in: Geschichtswerkstatt
18 (1989), S. 50f.; dazu: Szodzynski, Jürgen, Auf der Suche nach dem goldenen Zeitalter der
Geschichtswerkstätten?, ebd., S. 51–54.

33 Vgl. »Die Rückkehr der Gartenzwerge?« Sieben Jahre Institutionalisierung: Kritik und
Perspektiven der Geschichtswerkstätten. Ein Forumsgespräch auf dem Jahrestreffen
der Geschichtswerkstätten in Hamburg (Bericht: Michael Zimmermann),
in: Geschichtswerkstatt 21 (1990), S. 81.

34 Ebd.

35 Vgl. Schöttler, Peter, Die Geschichtswerkstatt e.V. Zu einem Versuch, basisdemokratische
Geschichtsinitiativen und -forschungen zu »vernetzen«, in: GG 10 (1984), S. 423.

36 Ebd., S. 424.

37 Wenzel, Gisela, Lokalhistorische Projekte zum Alltag im Faschismus, in: Geschichtswerkstatt 3
(1984), S. 31; Lorinser, Margarete/Zang, Gert, Beim Flicken der Löcher in den Netzen der

kollektiven Erinnerung. Ein Werktag der Konstanzer Regionalhistoriker:
in: Demokratie- & Arbeitergeschichte (wie Anm. 1), S. 17; Zang, Annäherung, S. 18f.;
Trittel, Geschichtswerkstätten, S. 29.

38 Vgl. Niethammer, Fragen, S. 417ff.

39 Ebd., S. 420.

40 Ilgen, Volker, Dig where you stand: Zehn Jahre »Geschichtswerkstatt«, in: Comparativ 5 (1993),
S. 138 und 141; Frei, Geschichtswerkstätten, S. 320f.

41 Protokoll der Jahreshauptversammlung der Geschichtswerkstatt e. V., Samstag, 26.05.1990
(Protokoll: Michael Zimmermann), in: Geschichtswerkstatt 21 (1990), S. 71ff. und Protokoll der
Geschichtswerkstätten-Zusammenkunft am Samstag, dem 07. Juli 1990, in der Alten Synagoge
zu Essen (Protokoll: Andreas Werber) ebd., S. 77.

42 Vgl. Wildt, Michael, WerkstattGeschichte – ein Zeitschriftenprojekt, in: Forschungsstelle für
Zeitgeschichte in Hamburg; Galerie Morgenland/Geschichtswerkstatt Eimsbüttel (Hg.),
Geschichtswerkstätten gestern – heute – morgen. Bewegung! Stillstand. Aufbruch?, Hamburg
2004, S. 35.

43 Vgl. Zang, Gert, Die äußere und innere Vermarktung der Geschichte ist schon weit fortgeschrit-
ten ..., Geschichtswerkstatt 21 (1990), S. 65; Schönberger, Klaus/Beck, Stefan, Geschichtssüch-
tigkeit und High Mat. Geschichte als Opium des Volkes – Geschichtswerkstätten als Dealer
oder »Barfuß«-Historiker im Schuhdiscount, ebd., S. 59; Haug, Joachim, Kultursponsoring:
Zwischen Ideal und Kapital, ebd., S. 68.

44 Vgl. Müller, Bernhard, Festmenü mit leichten Verdauungsbeschwerden. Die Beteiligung der
Berliner Geschichtswerkstatt an der 750-Jahr-Feier – Eine vorläufige Bilanz, in: Geschichts-
werkstatt 14 (1988), S. 13; Lorinser, Margarete/Stender, Detlef, Stadtjubiläum zwischen
Rummel und Aufklärung. 1200 Jahre Singen am Hohentwiel, ebd., S. 33.

45 Vgl. Bornholdt, Rolf, Geschichte von unten. Das Engagement für ein anderes Museum,
in: Freunde des Museums der Arbeit e. V. (Hg.), Mitarbeit. 25 Jahre Verein Museum der Arbeit,
Hamburg 2005, S. 44.

46 Vgl. Wildt, WerkstattGeschichte, S. 36f.;

47 Vgl. Lindenberger, »Alltagsgeschichte«, S. 89; Zimmermann, Michael, Haben Geschichtswerkstätten Zukunft?, in: Geschichtswerkstätten gestern – heute – morgen, S. 82.

48 Das legen zahlreiche Selbstdarstellungen und eine von mir durchgeführte Umfrage unter
57 Geschichtswerkstätten bundesweit nahe, an der sich 19 der angeschriebenen Geschichtswerkstätten beteiligt haben.

49 Vgl. Zimmermann, Geschichtswerkstätten, S. 85f.

50 Ebd.

51 Vgl. Große Kracht, Zunft, S. 20f.

52 Vgl. Daniel, Ute, Quo vadis, Sozialgeschichte? Kleines Plädoyer für eine hermeneutische Wende,
in: Schulze, Sozialgeschichte, S. 55.

53 Ebd., S. 56.

54 Ebd., S. 60ff.

3. KAPITEL

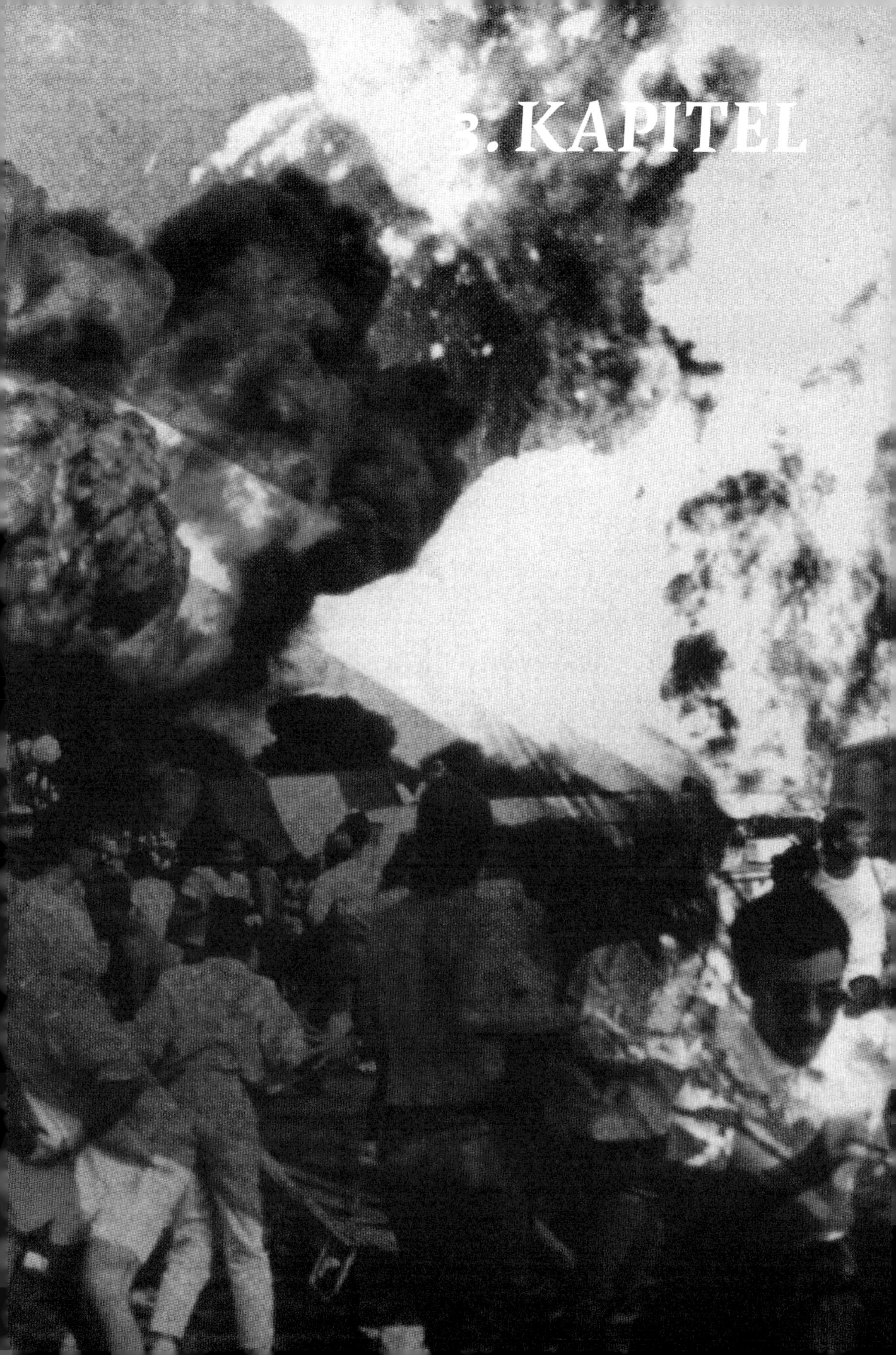

USER
GENERATED
HISTORY

Wikipedia als digitales Geschichtsschreibungsprojekt MARCUS CYRON

Geschichte wird von Männern gemacht – und von Experten aufgeschrieben ...
Die erste Behauptung ist schon lange widerlegt, bei der zweiten bahnt sich gerade
zumindest etwas Ähnliches an. Das ›digitale Zeitalter‹ wird unser Wissen sowie
die Art und Weise, wie wir Wissen produzieren und rezipieren, grundlegend
revolutionieren. Die Geschichtsschreibung und das Tradieren von wirkungsmäch-
tigen populären Geschichtsbildern werden davon profitieren, auch wenn die
Parameter der klassischen Geschichtsschreibung und ihrer Wissensproduktions-
instanzen weitgehend verschoben werden müssen. In Zeiten des interaktiven
Web 2.0, wachsender usability und accessability des Internets tragen Projekte wie
Wikipedia maßgeblich zu diesem Paradigmenwechsel bei, der – zugegebenerma-
ßen – nicht ohne Hürden und der noch ausstehenden Klärung einiger Fragen
herbeizuführen ist.

DER ANFANG DES WIKIPEDIA-PROJEKTS Die Wikipedia entstand im Januar 2001 als Nebenprodukt der Nupedia, einem Enzyklopädie-Projekt. Zunächst war sie nur als kollaborative Publikations-Plattform der späteren Wikipedia-Gründer Jimbo Wales und Larry Sanger gedacht. Binnen kürzester Zeit entwickelte sich jedoch die Wikipedia zum eigentlichen Projekt. Dabei profitierte sie von der leichten online-basierten, dezentralen Bearbeitbarkeit der Artikel. Natürlich gehörten seit Anbeginn auch Artikel zu historischen Themen zum Artikelbestand. Vor allem in der Anfangszeit arbeiteten am Projekt Autoren mit, die meist nicht aus dem Bereich der Gesell-schaftswissenschaften, sondern eher aus der IT-Branche kamen oder deren eigentliche Interessen dem Internet oder dem Computerwesen galten. Speziell zu dieser Zeit entstanden Artikel zu historischen Themen, die wissenschaftlichem Anspruch nicht gerecht werden konnten. Im Lauf der Zeit veränderte sich jedoch die berufliche Struktur der Projektmitarbeiter und auch die Arbeitsweise des Projektes. ›Altlasten‹ finden sich jedoch an vielen Stellen auch heute noch.

In den frühen Wikipedia-Jahren entstand nicht zu unrecht der Eindruck, dass beim Verfassen von Artikeln nicht unbedingt Expertentum und das Fachwissen entscheidend seien. Seitdem ich bei der Wikipedia mitarbeite, kann ich eine fort-während Verbesserung der Qualität, höhere Ansprüche innerhalb des Projekts und eine Professionalisierung der internen Arbeit beobachten. Zwar kann grundsätzlich jeder Teilnehmer, egal welche Vorbildung er hat, auch anonym und ohne Registrierung zu historischen Themen schreiben. Doch kann ein Autor nicht einfach das schreiben, was er möchte, und damit rechnen, dass, wenn dieses falsch oder verfälschend ist, auch Bestand hat. Von Beginn an war die Wiki-pedia ein Projekt zur Erstellung einer Enzyklopädie, kein fertiges Werk. Wenn-gleich die Initiatoren mittelfristig einen Grundstock an Artikeln anstrebten, waren sie sich doch stets bewusst, dass das Projekt immer work in progress sein würde. Jede_r Internetteilnehmer_in kann jeden Artikel jederzeit verändern. Aus-genommen sind einige wenige Artikel, denen entweder temporär oder längerfri-stig durch Administratoren Schutz zugestanden wird.

Dieses System birgt Chancen und Risiken gleichermaßen. Die Chancen besteh-en u. a. darin, dass jede Person mit Zugang zum Internet weltweit in den Artikeln Veränderungen und Erweiterungen, im Idealfall Verbesserungen, vornehmen kann. So findet in der Wikipedia Wissen eine Plattform, das anders vielleicht nicht einer größeren Öffentlichkeit zugänglich gemacht wird oder werden kann. Das dargestellte Wissen reicht von gängigen Themen bis hin zu Nischenbe-reichen; die Mitarbeiter achten zum Teil streng darauf, dass die Themen nicht zu speziell werden. Natürlich ist es höchst problematisch, wenn Veränderungen vorgenommen werden, die vorsätzlich oder auch nur versehentlich falsch oder ungenau sind, oder einen Artikel in ein Ungleichgewicht bringen. Die Gemein-schaft der Teilnehmer hat jedoch ein System verschiedener recht gut funktionie-render Instanzen geschaffen, um solche Fälle zu vermeiden und zu bearbeiten.

GESCHICHTSDARSTELLUNG AUF WIKIPEDIA Neben einigen anderen Themenfeldern der Wikipedia, etwa Biologie, Informatik, Medizin und Philosophie, ist der Bereich der Geschichtswissenschaft einer der Vorzeigebereiche des Projektes – ungeachtet

aller Probleme. Intern werden meist auch die unmittelbaren Hilfswissenschaften sowie Schwesterdisziplinen um die Archäologie, die Altertumswissenschaften oder die Kunstgeschichte einbezogen. Dabei stehen besonders gut ausgearbeitete Bereiche, etwa die Technikgeschichte des Zweiten Weltkrieges oder die Geschichte der römischen und deutschen Kaiser, neben schlechter ausgearbeiteten Gebieten. Aber auch in den besseren Bereichen gibt es zum Teil Artikel von sehr schlechter Qualität. Als besonders problematisch haben sich Themenfelder erwiesen, bei denen Versuche politischer Einflussnahme naheliegen und immer wieder vorkommen, etwa beim Nationalsozialismus, dem Balkankonflikt, der deutschen Nachkriegsgeschichte oder dem Völkermord an den Armeniern.

Herkunft, Bildungs- und Wissensstand, Alter etc. der Mitarbeiter im geschichtswissenschaftlichen Bereich sind heterogen. Der Kreis reicht vom Schüler, der sein im Unterricht gelerntes Wissen zum Besten gibt, über den interessierten Laien, Autodidakten, Studierende, Universitätsabsolventen bis hin zum Doktoranden, zum Promovierten und Professor. Grundsätzlich herrscht Gleichheit. In der Wikipedia erwirbt man sich die Reputation durch die Arbeit innerhalb des Projekts. Der Meinung eines Mitarbeiters, von dem bekannt ist, dass er ein Fachmann ist, wird im Allgemeinen allerdings eine hohe Bedeutung beigemessen. Gleichwohl muss einem neuen Mitarbeiter bewusst sein, dass er zunächst immer »inter pares« beginnt und nie mehr als die Stellung eines »primus inter pares« erreichen kann. In jedem Fall tritt der einzelne Autor, ganz gleich mit welchen Voraussetzungen er im Projekt mitarbeitet, hinter dem Gesamtkonzept zurück. Von Bedeutung ist letztlich allein die Arbeit, die innerhalb des Projektes geleistet wird. Die Anerkennung und Reputation, die sich dabei erwerben lässt, kommt allenfalls einer Selbstbestätigung zugute. Da die Arbeit meist kollaborativ erfolgt, zeichnet offiziell kein eigentlicher Autor verantwortlich, obwohl fast alle Artikel der Wikipedia von einem oder sehr wenigen Hauptautoren verfasst worden sind – besonders in Bereichen, denen sich nur wenige Interessierte und Experten zuwenden. Nicht selten sehen diese Hauptautoren solche Artikel durchaus auch als ihr eigentliches ›Werk‹ an und betreuen sie daher auch über einen längeren Zeitraum. In der Regel wachen sie dabei nicht mit Argwohn darüber, dass nichts mehr geändert wird, sondern haben ein Auge darauf, dass Änderungen auch – aus ihrer Sicht – fachlich richtig sind und sich in Form und Wertigkeit in den bisherigen Artikel einpassen. Obgleich kein Artikel namentlich gezeichnet wird, lässt sich doch durch ein Protokoll und die IP-Adresse nachvollziehen, wer welche Änderungen vorgenommen hat. Jede Änderung bringt es mit sich, dass der Artikel noch einmal komplett neu abgespeichert werden muss – unabhängig davon, ob etwa nur ein Leerzeichen verändert oder die Textsubstanz verdoppelt wurde. Der Nutzer kann sich die verschiedenen Versionen dann über die Seite mit den Versionsgeschichten ansehen, die zu jedem Artikel gehört. Jede einzelne dieser Versionsgeschichten ist aufruf- und zitierbar. Somit können am Ende die Artikel dann doch Einzelautoren zugeordnet werden.

DIE REDAKTION GESCHICHTE BEI WIKIPEDIA Zur Koordination der Arbeiten im Geschichtsbereich der deutschsprachigen Wikipedia wurde im März 2006 die Redaktion Geschichte gegründet. Ziel war es, einen Ort zu schaffen, an dem grundsätzliche Probleme und organisatorische Fragen aufgeworfen und diskutiert werden können. Zudem sammelt die Redaktion alle neuen Artikel des Bereiches und unterwirft sie einer zumindest oberflächlichen Durchsicht. Der Redaktion sind mehrere andere Projekte angeschlossen. Zum einen gibt es eine eigene Qualitätssicherung, in deren Rahmen mit Hilfe der versammelten historisch interessierten Mitarbeiter Artikel mit Mängeln überarbeitet werden. Die Praxis hat gezeigt, dass dieses Verfahren vor allem bei kleineren und mittelgroßen Artikeln recht gut funktioniert, bei größeren Artikeln und Übersichtsartikeln hingegen nicht. Hier ist der Zeit- und Energieaufwand meist so groß, dass eine schnelle Überarbeitung weder möglich ist, noch ratsam erscheint. Zum Portal gehören außerdem ein Haupt- und ein gutes Dutzend Unterportale. Portale sind Projektseiten, auf denen dem Leser Einstiegsmöglichkeiten in einen bestimmten Bereich geboten werden. Es werden hier die Strukturen des Bereiches abgebildet und auf die Hauptartikel verwiesen. Kleinere Projektseiten der Redaktion enthalten etwa Hinweise und Richtlinien zum Verfassen guter Geschichtsartikel, eine Seite für Artikelwünsche, auf der noch fehlende Artikel eingetragen werden können, sowie Projektseiten kleinerer aktueller Projekte. Die Etablierung eines monatlichen Chats hat sich derzeit als nicht machbar erwiesen.

Ein grundsätzliches Problem der Redaktion Geschichte stellt die Zahl der Mitarbeiter dar. Wie auch bei den meisten anderen Bereichen des Projektes gibt es viel zu wenige Mitarbeiter, um alle Artikel überwachen zu können. Schwachstellen können oft nur oberflächlich behoben werden. Für genauere Reviews fehlen dem Projekt die Kapazitäten. Schon eine genaue Zahl an Mitarbeitern zu nennen ist vor allem wegen der starken Fluktuation nicht möglich. Man kann einen harten Kern von Autoren unterscheiden, der sicher kaum zwei Dutzend Personen überschreitet, und dem sich vielleicht noch einmal zwei Dutzend zugesellen, die nur eine lockere Verbindung zur Geschichtswissenschaft haben. Daneben gibt es aber immer wieder neue Zuarbeiter. Manche von ihnen tragen nur sporadisch bei, vielleicht nur ein oder zwei Mal, manche bleiben nur für einen kürzeren Zeitraum dabei. Es gibt bislang keine Untersuchungen darüber, warum es Wikipedia in vielen Fällen nicht gelingt, solche Mitarbeiter längerfristig zu binden. Allerdings lassen sich plausible Vermutungen anstellen. Manche Autoren wollten ihr Wissen nur zu einem bestimmten Thema beisteuern oder das vorhandene verbessern. Andere verlieren mit der Zeit die Lust am Projekt oder werden vom manchmal auch rauen Klima innerhalb der Wikipedia abgeschreckt. Wieder andere merken, dass ihnen die enzyklopädische Art nicht liegt – unterscheidet sich ein enzyklopädischer Text doch oft erheblich von wissenschaftlichen Fachtexten. Auch dass der Autor hinter dem Gegenstand zurücktritt und dass persönliche Sichtweisen und Wertungen nicht gefragt sind, widerstrebt nicht selten den Fachleuten, die es gewohnt sind, Urteile abzugeben.

Gelegentliche Versuche, Neuautoren aus Akademikerkreisen zu gewinnen, sind bislang meist gescheitert. So wurde 2006 eine jährliche Veranstaltungsreihe, die Wikipedia Academy, begründet, über die Wikipedia mit verschiedenen wissenschaftlichen Institutionen in Kontakt treten wollte. 2006 fand die erste

Wikipedia Academy in Göttingen in Verbindung mit der Universitäts- und Landesbibliothek statt, 2007, zum Jahr der Geisteswissenschaften folgten in Mainz (in Zusammenarbeit mit der Akademie der Wissenschaften und der Literatur) und 2008, zum Jahr der Mathematik, in Berlin (in Zusammenarbeit mit der Berlin-Brandenburgischen Akademie der Wissenschaften) weitere Veranstaltungen. Obwohl die Wikipedia dabei in Fachkreisen durchaus positiv aufgenommen wurde, brachten die Veranstaltungen für das Projekt nur einen geringen Zulauf an Autoren oder Revisoren.

Mittlerweile haben die Macher anerkannt, dass häufig schon vorhandene Texte durch Fachpersonal auf ihre Mängel geprüft werden müssen. Nicht zuletzt deswegen hat sich die Autorenwerbung mittlerweile auch eher dahin verschoben, die »Generation 50+« anzusprechen, von der angenommen wird, dass sie mehr Zeit und Lebenserfahrung einbringen können, als die Jüngeren. Der Versuch, Autoren über einen externen Schreibwettbewerb mit beachtlicher Dotierung zu werben, schlug bisher fehl. Der Preis, der seit 2007 vom Verein Wikimedia Deutschland und der Akademie der Wissenschaften und Literatur in Mainz in Verbindung mit der Spektrum der Wissenschaft Verlagsgesellschaft vergeben wird, trägt im übrigen im Namen eine historische Anspielung, er heißt nach der vielbändigen Enzyklopädie aus dem 18. Jahrhundert ›Zedler-Medaille‹. Zunächst wurde sie nur für die Geisteswissenschaften vergeben, seit 2008 auch für die Rubrik Naturwissenschaften. Immerhin funktionierte hier die Zusammenarbeit mit der Mainzer Akademie recht gut, die die Jury stellt.

KRITISCHE BEREICHE DER ONLINE-GESCHICHTSSCHREIBUNG Das Fehlen kompetenter Autoren fällt vor allem dort schmerzlich auf, wo es um vieldiskutierte und weltanschaulich umkämpfte Themen geht, so etwa bei Artikeln, die die Zeit der nationalsozialistischen Herrschaft in Deutschland behandeln. Das Problem liegt dabei gar nicht unbedingt bei den Artikeln, für die sich die Öffentlichkeit am meisten interessiert. Zwar gab es auch immer wieder plumpe Versuche, Artikel wie ›Adolf Hitler‹ oder ›NSDAP‹ umzuschreiben, doch werden solche Artikel von vielen Personen beobachtet und derartige Änderungen schnell rückgängig gemacht. Die Gefahr besteht viel mehr darin, dass sich vor allem in Artikeln über weniger prominente Vertreter des ›Dritten Reichs‹ zum Teil eklatante Schwächen finden. Sie reichen von der vorsätzlichen Schönung und Fälschung von Biografien bis zu massiven Mängeln in der Beurteilung von Wertigkeiten und bei der Herstellung der notwendigen Zusammenhänge. Gerne werden z. B. alle Auszeichnungen und Orden eines Generals angegeben, aber nichts über die Verstrickungen in die Ausübung der Unrechts- und Gewaltherrschaft gesagt. Solche Schwächen der Enzyklopädie beschränken sich aber nicht nur auf den Bereich der NS-Zeit. Sie finden sich z. B. auch in den Artikeln zur deutschen und internationalen Kolonialgeschichte, zur Geschichte beider deutschen Staaten, sowie zu vielen anderen Bereichen der Geschichtswissenschaft. Sie machen auch nicht halt vor früheren Abschnitten der Geschichte, vor allem dann, wenn Bezüge zur Neuesten Geschichte und zur Politik bestehen. Manche Interessenten versuchen es z. B., direkte Bezüge zwischen Alt- und Neuassyrern herzustellen, von Angehörigen von Turkvölkern umstandslos zu Türken und die heutigen Mazedonen je nach Sichtweise zu Albanern, Griechen oder einem eigenständigen Volk zu machen. Bei solchen Konstruktionen werden immer wieder Rückgriffe auf eine Vorvergangenheit heutiger Nationalitäten gemacht, die historisch völlig unhaltbar sind. Wikipedia dient in solchen Fällen eben auch als ideologische Propagandaplattform für aktuelle Konflikte.

Die Methoden solcher Beeinflussungsversuche sind unterschiedlich. So versuchen rechte Kreise ihren Einfluss eher durch vermeintlich unwichtigere Artikel zur Geltung zu bringen, während von linker Seite beispielsweise schon auf rechtlichem Wege versucht wurde, die Wikipedia zu beeinflussen. Anfang Dezember 2008 stellte etwa die damalige stellvertretende Vorsitzende der Partei ›Die Linke‹, Katina Schubert, Strafanzeige gegen Wikipedia, »wegen der Verwendung verfassungsfeindlicher Symbole«. Allerdings gibt es keine Institution Wikipedia, die man verklagen könnte, sondern nur die Betreiberorganisation Wikimedia Foundation in San Francisco. Auch der Vorwurf selbst war in dieser Form nicht haltbar. Es ging um die Verwendung von Abbildungen im Artikel ›Hitler-Jugend‹, die Schuberts Meinung zufolge als verfassungsfeindliche Symbole anzusehen seien. Doch ist das Zeigen solcher Symbole in einem erzieherischen, aufklärerischen Zusammenhang auch in Deutschland zulässig. Bei der öffentlichen Debatte um diese Intervention ging allerdings fast unter, dass die Art und Weise der Darstellung im Artikel wirklich nicht optimal war. Der Publizist Günter Schuler kritisierte die in einer Diskussion von Mitarbeitern der Wikipedia vertretene Meinung, dass NS-Zeitungen wie »Der Stürmer« oder »Der Völkische Beobachter« als historische Artikelquelle Aufnahme finden könnten und warf mehreren Autoren vor, rechtes Gedankengut zu verteidigen. Dass ein wissenschaftlich arbeitender Historiker solche Quellen nutzen kann und soll steht außer Frage. Entscheidend ist, wie mit solchen Quellen umgegangen wird. Zweifellos besteht dabei auch die Gefahr einer aus mangelnder Sachkenntnis oder propagandistischer Absicht missbräuchlichen Verwendung.

In jüngster Zeit findet die Wikipedia auch zunehmend Eingang in die Universitäten. Immer häufiger werden Seminare mit und zu Wikipedia durchgeführt. Mir sind Veranstaltungen zu historischen Themen aus der Schweiz/Basel (Peter Haber), an der Universität Köln (Nicola Kowski) und der Humboldt-Universität zu Berlin (Alexander Schug) bekannt. Dabei kann es um die Nutzung des Projektes gehen, oder auch um das Verfassen geschichtswissenschaftlicher Wikipedia-Artikel.

Großes Interesse zeigen vor allem Historiker auch immer wieder für das Schwesterprojekt Wikisource. Hierbei handelt es sich um eine freie Quellensammlung. Die Editionsrichtlinien des Projektes halten höheren Ansprüchen durchaus Stand. Ende 2008 hatte das Projekt mehr als 10.000 Werke in deutscher Sprache im Bestand, darunter Gedichte und Romane, aber auch Gesetzestexte, Anordnungen, Erlasse, Flugschriften, Inkunabeln, Fachbücher und Teile des Pauly-Wissowa. Prunkstücke im Repertoire sind die Zimmerische Chronik, die Schedel'sche Weltchronik und die Allgemeine Deutsche Biographie.

USER GENERATED HISTORY UND MEDIENKOMPETENZ Generell ist in der Gemeinschaft der Wikipe-
dia-Mitarbeiter vor allem in den letzten zwei bis drei Jahren ein verstärktes
Bewusstsein für die bildungsproblematischen Fragen entstanden, die das Wiki-
pedia-Projekt mit sich bringt. Es wächst die Einsicht, dass es nicht genügt,
Wissen einfach nur bereit zu stellen, sondern dass daneben auch gelehrt werden
muss, wie dieses Wissen zu nutzen ist. Ansätze an Schulen und Universitäten,
die diese Probleme besonders angehen, werden aus dem Projekt heraus gerne
unterstützt. Ich selbst fördere als Wikipedia-Autor und zeitweiliger Administrator
im historischen Bereich, der selbst Geschichte studiert hat, universitäre Projekte
in der Geschichtswissenschaften oder in den Archäologien.

Die Wikipedia ist sicher auf Jahre hinaus eines der wichtigsten Werkzeuge für
Schüler, Studierende und akademisch Gebildete geworden. Vieler Probleme
ist man sich innerhalb des Projektes inzwischen stärker bewusst und arbeitet an
deren Lösung. Unterstützung aus den Universitäten und Akademien, von Lehrern
und Wissenschaftlern ist dabei essentiell. Wir haben die Möglichkeit und die Verantwortung, einige Weichen für die Zukunft zu stellen.

DER GESCHICHTS-WETTBEWERB DES BUNDESPRÄSIDENTEN

Ein Projekt im Spannungsfeld von Politik, Öffentlichkeit und Schule SVEN TETZLAFF

Der Geschichtswettbewerb des Bundespräsidenten gehört zu den ältesten Schüler-wettbewerben in Deutschland. Auch wenn er als Wettbewerb konzipiert wurde, zielten die Initiatoren nicht darauf ab, mit ihm eine Leistungsauslese historischer Hochbegabungen von Schüler_innen zu betreiben. Vielmehr sollte der Geschichts-wettbewerb als pädagogisches Reformprojekt und mit eigenem geschichtspoli-tischen Anliegen in der bundesrepublikanischen Erinnerungskultur zu Beginn der 1970er Jahre platziert werden.

Zum einen ging es den Wettbewerbsgründern darum, einen Teilbereich der deutschen Geschichte – die Freiheits- und Demokratiebestrebungen – im öffent-lichen Geschichtsbewusstsein stärker zu verankern. Zum anderen wurde der Wettbewerb als Möglichkeit gesehen, historische Fragen und Themen jenseits der in engen Grenzen geführten fachwissenschaftlichen Diskurse publikumsnah und öffentlichkeitswirksam zu vermitteln. Und zum Dritten bot der Wettbewerb die Chance, neue pädagogische Ansätze in die Schulen zu tragen und mit der Methodik des forschenden Lernens die schulische Lernkultur in demokratischer Absicht zu verändern.

GESCHICHTSPOLITIK Die Gründung des Geschichtswettbewerbs im Jahr 1973 fiel in die Zeit eines politischen Umbruchs, der durch die Wahl von Gustav Heinemann als erstem Sozialdemokraten zum Bundespräsidenten im Mai 1969 und die Bildung der sozialliberalen Koalition unter Willy Brandt und Walter Scheel im September 1969 eingeläutet worden war. In einer Zeit, in der Geschichte in der Öffentlichkeit nicht hoch im Kurs stand, nahm sich mit Heinemann »der höchste Repräsentant der Republik der Geschichte auf eine Weise an, die alle bisherigen Initiativen in den Schatten stellte«.[1] Anlässlich verschiedener öffentlicher Auftritte zu Anfang der 1970er Jahre bekräftigte er seinen Wunsch, die demokratischen Traditionen der deutschen Geschichte stärker ins öffentliche Bewusstsein zu rücken. Die von Heinemann geforderte Rückbesinnung auf die deutschen Freiheitsbewegungen stand dabei in engem Zusammenhang mit dem sich gegenüber der DDR herausbildenden konkurrierenden Selbstverständnis um die freiheitlich-demokratische Traditionsstiftung der beiden deutschen Staaten.

»In dem Maße, wie man die DDR in ihrer Eigenstaatlichkeit anerkannte, wertete man auch das bundesrepublikanische Staatsbewußtsein auf. Das vorwiegend defensive, durch Abgrenzung gegenüber dem anderen Teil erlangte Selbstbild musste nun offensiv und positiv begründet werden. Dazu bot sich die Geschichte an, allerdings nicht in ihrer Totalität, sondern in ausgewählten Segmenten: Von 1848 spann Heinemann eine gerade Linie über die Weimarer Verfassung zur Verabschiedung des Grundgesetzes.«[2]

Heinemann wollte sich nicht auf präsidiale Reden beschränken. Da er als Bundespräsident auf die Inhalte von Schulbüchern und Curricula keinen Einfluss nehmen konnte, ergriff er die Chance, zusammen mit dem Hamburger Unternehmer und Stifter Kurt A. Körber einen Schülerwettbewerb – den Gustav-Heinemann-Preis für die Schuljugend[3] – ins Leben zu rufen, um auf diese Weise Jugendliche zur Auseinandersetzung mit Spuren demokratischer Traditionen im regionalen Umfeld anzuregen.[4] Körber seinerseits sah dabei »die Chance, seine noch junge Stiftung mit Macht und Reputation des Staatsoberhauptes in Verbindung zu bringen«[5], und war bereit, sich finanziell und organisatorisch bei der Einrichtung einer Geschäftsstelle und der Durchführung eines solchen Wettbewerbs zu engagieren.

Bereits während der ersten Ausschreibungsreihe zu dem von Heinemann gewünschten Thema »Freiheitsbewegungen in der deutschen Geschichte« (1973 bis 1976) wählten die Wettbewerbsorganisatoren mit einem für den Westdeutschen Rundfunk produzierten und 1975 ausgestrahlten Film zur Erforschung von Geschichte durch Jugendliche eine öffentlichkeitswirksame Form, um für den Wettbewerb zu werben.[6] Auch wenn das Grundkonzept des Wettbewerbs von Geschichtsdidaktikern und jungen Soziologen entwickelt worden war,[7] versuchten die Wettbewerbsmacher Geschichte nach außen möglichst einfach, verständlich und jugendgemäß zu transportieren, fachwissenschaftliche Bezüge fanden sich nur indirekt.[8]

Mit der bereits in dem Film wie auch in den Ausschreibungsmaterialien 1975 propagierten Methode des »Augenzeugengespräches« setzte der Wettbewerb bewusst auf eine Kommunikationsform, bei der Jugendliche und die Generation ihrer Großeltern in eine Gesprächssituation über Geschichte gebracht wurden. Die zweite Reihe zur Sozialgeschichte des Alltags von (1977 bis 1979) führte diesen Ansatz weiter und bezog auch die Forschungsperspektive auf die Lebenswelt der Schüler_innen.

»Grundlage war ein Konzept von Reinhard Rürup, das die Heinemannsche Zielsetzung einer Demokratisierung des Geschichtsbildes von ihrem engen thematischen Zuschnitt befreite und statt dessen die eigenständige Auseinandersetzung der Jugendlichen mit der Geschichte ihres alltäglichen Nahbereichs als Demokratisierungsimpuls begriff.«[9]

Die Methode der Oral History und die Orientierung auf die Alltags- und Sozialgeschichte waren in den 1970er Jahren für die historische Fachwissenschaft noch weitgehend Neuland. Der Wettbewerb bot hier einer jüngeren Historikergeneration, die in seinem wissenschaftlichen Umfeld an den Konzepten und Themen mitwirkte, eine attraktive Plattform zur Erprobung und öffentlichkeitswirksamen Kommunikation neuer geschichtlicher Ansätze und Forschungsperspektiven. Für Lutz Niethammer war der Wettbewerb in der Rückschau »wohl [...] der stärkste Rückhalt der Potentiale einer Geschichte ›von unten‹«.[10] Zu der sozialdemokratischen Gründeridee und dem Umsetzungswillen einer privaten Stiftung kam in den Erinnerungen von Niethammer »eine Gruppe historischer Berater, die im wesentlichen eine etwas pluralistischere Ausgabe unseres alternativen Netzwerks repräsentierte, in der Reinhard Rürup die Scharnierstelle zwischen dem brainstorming unseres Beirats und dem politischen Kontrollgremium, dem Kuratorium, umsichtig wahrnahm. Diese Kombination verbreitete unsere Mischung aus entdeckendem Lernen, wiederentdeckten verdrängten Alternativen und der Erweiterung des historischen Interesses auf sozio-kulturelle, antifaschistische und lokalistische Ansätze zu einer ›Geschichte von unten‹ nachgerade in fast jede deutsche Schule. Alle zwei Jahre brachte sie Tausende jugendlicher Projekte hervor und verwandelte – durch die Eigenaktivität der Schüler – das Verständnis und die Nutzung lokaler Archive, die Akzeptanz von Oral History und die Resonanz unserer Ansätze in den Medien.«[11]

So innovativ die Methodik des Wettbewerbs war, die öffentliche Resonanz blieb bei den ersten Wettbewerbsreigen zu den Freiheitsbewegungen und auch zur Sozialgeschichte des Alltags in den 1970er Jahren noch begrenzt. Das änderte sich Anfang der 1980er Jahre mit den Ausschreibungen zum »Alltag im Nationalsozialismus« unter Bundespräsident Carl Carstens.[12] Der Wettbewerb erhielt sprunghaft einen bis dahin nicht da gewesenen Zulauf sowohl von Schüler_innen (ihre Zahl verdreifachte sich 1981 beim Wettbewerb »Alltag im Nationalsozialismus«) wie auch unter den betreuenden Lehrenden. Die bereits in der Wettbewerbsreihe zuvor konzeptionell entfaltete Alltagsperspektive kam nun voll zum

Tragen und stützte damit eine Betrachtungsweise, die sich grundsätzlich von der schulischen Behandlung des Themas unterschied.

»Befragenswert war für die Schüler weniger, wie das Regime ›oben‹ funktionierte, wer an welchen Schaltstellen der Macht saß und wie er sich gegen Konkurrenten durchsetzte. Vielmehr richtete sich die Aufmerksamkeit, sicherlich auch durch die Themenstellung angeregt, auf die alltäglichen Prozesse des Mitmachens. Wie funktionierte der NS ›unten‹, vor Ort? Wer waren seine Träger, wer erhoffte sich was? Gab es Zweifler, Widersacher, und was passierte mit ihnen? Wie wurden Ausgrenzungen, Repressionen bis hin zu gewalttätigen Aktionen vorgenommen, wer beteiligte sich daran, wer opponierte aus welchen Gründen und mit welchen Folgen?«[13]

Die Reaktion auf die fast flächendeckende Spurensuche der jungen Forscher blieb nicht aus. In Zeitungsartikeln, Leserbriefen und empörten Schreiben an die Geschäftsstelle des Wettbewerbs und an den Bundespräsidenten meldeten sich Menschen mit ihrem Namen oder auch anonym zu Wort, um gegen den Wettbewerb zu protestieren.[14] Der Vorwurf, ein einseitiges Geschichtsbild zu vermitteln, stammte dabei nicht nur aus rechtsnationalistischen Kreisen. In der FAZ erhoben Konservative wie Konrad Adam und der Münchner Historiker Manfred Hellmann die Klage, dass der Geschichtswettbewerb von links das NS-Thema instrumentalisiere, eine Nähe zu kommunistischen Autoren habe und einem »Tendenzunterricht« Vorschub leiste.[15] Es folgten Stellungnahmen aus dem Beraterkreis des Wettbewerbs; spätestens nach Vorliegen der Wettbewerbsergebnisse und dem Abschluss durch die Preisverleihung, so Ulrich Herbert, »war selbst die FAZ beruhigt, dass in den Wettbewerbsbeiträgen ›Zwischentöne‹ deutlich geworden seien, und von ›linkslastig‹ war keine Rede mehr«.[16] Überregionales Medieninteresse löste während der Wettbewerbe zum Nationalsozialismus der Beitrag der Passauerin Anna Rosmus aus. Ihre Auseinandersetzung mit dem Nationalsozialismus in ihrer Heimatstadt und den darin verstrickten Personen zog eine ganze Kette von Kontroversen bis zu juristisch ausgetragenen Streitigkeiten nach sich, die später den Stoff für den Film »Das schreckliche Mädchen« von Michael Verhoeven hergaben.[17]

ÖFFENTLICHE RESONANZ Trotz seiner unbestrittenen öffentlichen Kommunikationsfunktion vermochte der Wettbewerb allerdings nur gelegentlich, geschichtspolitische Auseinandersetzungen in die überregionalen Medien zu transportieren. Öffentliche Resonanz erzeugte er dafür umso intensiver im regionalen Raum. In Hunderten regionaler Zeitungsartikel wurde während der Wettbewerbe zum Nationalsozialismus über die Recherchen der Jugendlichen berichtet. Viele der von ihnen durchgeführten Projekte haben über den Wettbewerb hinaus Spuren in der lokalen Erinnerungskultur hinterlassen – in Form von Denkmalssetzungen, Straßenumbenennungen und lokalhistorischen Veröffentlichungen.[18] Mit diesen regionalen Initiativen machte der Wettbewerb immer wieder Kommunikationsangebote an die Öffentlichkeit und »stärkte dadurch die von der historischen Zunft in den 1970er Jahren vernachlässigte Kommunikationsfunktion der Geschichtswissenschaft.«[19]

Die Intensität der Berichterstattung, die mediale Aufmerksamkeit für die Forschungsleistungen von Kindern und Jugendlichen und das Interesse an ihren Fragen zur historischen Verantwortung waren Anfang der 1980er Jahre außerordentlich groß. Ein vergleichbares Echo dieser Dichte und Reichweite fanden die späteren Wettbewerbe ab 1986 zu Themen wie Umwelt, Verkehr, Denkmal, Ost/West, Protest, Tiere, Migration, Arbeit oder Jung/Alt allerdings nicht mehr. Gleichwohl regte der Wettbewerb mitunter frühzeitiger eine breite Erforschung historischer Themen an, als es die Fachwissenschaft vermochte. So wurden im Wettbewerb zum Alltag im Nationalsozialismus von 1982 durch die Jugendlichen Hunderte Studien zu Zwangsarbeitern angefertigt, zu einem Zeitpunkt, zu dem die großen historischen Untersuchungen der Fachhistoriker noch ausstanden. Auch der zahlenmäßig überaus erfolgreiche Denkmal-Wettbewerb von 1991 wurde zu einem Zeitpunkt durchgeführt, zu dem die einschlägigen Darstellungen noch fehlten.[20] Zu Themen wie der Umweltgeschichte oder auch zur Geschichte des Mensch-Tier-Verhältnisses betrat der Wettbewerb im Jahr 1986 bzw. 2000/2001 ein wissenschaftlich noch wenig bearbeitetes Feld, stieß mit eigenen Materialien wie dem Lexikon zur Umweltgeschichte[21] in fachwissenschaftliche Lücken oder regte Nachforschungen im Grenzgebiet von Biologie und Geschichte an, die von den Fachdidaktikern dankbar genutzt wurden.[22] Den Freiraum, auch unabhängig von den Konjunkturen fachhistorischer Aufmerksamkeit bestimmte Themen ins Blickfeld zu nehmen, hat der Geschichtswettbewerb immer wieder genutzt.

Mit seinen regelmäßigen Ausschreibungen konnte er zudem an manchen Orten die lokale Erinnerungskultur beeinflussen.[23] Das beeindruckendste Beispiel ist in dieser Hinsicht Münster. Der Wettbewerb mobilisiert dort regelmäßig einige Hundert Schüler_innen, die mit ihren Nachforschungen die Wettbewerbsthemen in die Familien und die von ihnen in die Recherche eingebundenen Institutionen, Museen, Behörden, Vereine etc. tragen.

»Dadurch entsteht ein Rezeptions- und Diskussionsklima, das durch Vorträge und Ausstellungen in dieser Breiten- und Tiefenwirkung kaum erreicht werden kann: Viele Menschen begeben sich durch die Kinder und Jugendlichen angeregt selbst auf Spurensuche, entdecken vergessene geschichtliche Unterlagen aus ihrem Nah- und Erfahrungsbereich neu und stellen sie den Spurensuchern und dem Archiv zur Verfügung.«[24]

Hier angesprochen und als wichtiger Kommunikationseffekt des Wettbewerbs nicht zu unterschätzen ist der durch ihn angestoßene innerfamiliäre und intragenerationelle Dialog. Themen wie Alltag im Nationalsozialismus, Flucht und Vertreibung, Ost/West-Geschichten oder das Verhältnis von Jung und Alt haben bei den Kindern und Jugendlichen in verschiedenen Wettbewerben immer wieder Fragen der eigenen Familiengeschichte aktualisiert und Anlässe für zielgerichtete Nachfragen und Gespräche zwischen den Generationen geboten.[25] Gleichwohl hat sich von Beginn an der erfahrungsgeschichtliche Ansatz im Wettbewerb als zwar für Schüler_innen äußerst attraktive, aber in der Anwendung auch als durchaus schwierige Methode herausgestellt. Die Unmittelbarkeit des Zugriffs auf die Vergangenheit und das Gefühl, Geschichte »live« zu erleben, bestärkten die Wettbewerbsteilnehmer darin, mittels Zeitzeugenbefragung vermeintlich schnell und unkompliziert Informationen zu ihren Forschungsthemen zu erheben. Die Interviewergebnisse wurden aber zumeist eher zur Faktenrekonstruktion genutzt als zur methodisch kontrollierten Erforschung lebensgeschichtlicher Erfahrungen. Oral History als anspruchsvolles Forschungskonzept ist im Wettbewerb eher Postulat geblieben, zu methodisch reflektierten Erträgen ist nur ein kleiner Teil der Projekte vorgestoßen.[26]

FORSCHENDES LERNEN IN DER SCHULE Mit Blick auf die Schule war der Geschichtswettbewerb in den 1970er Jahren angetreten, das Lernen zu verändern.[27] Vorherrschend war zu diesem Zeitpunkt der lehrerzentrierte Unterricht, der für die Schüler die Rolle von Rezipienten vorsah, die Wissen reproduzieren sollten. Impulse für ein neues Verständnis von Lernen kamen von der Hochschule, genauer von der Bundesassistentenkonferenz von 1970, die in einer Denkschrift das Forschende Lernen als Selber-Lernen, als aktive Aneignung von Wissen propagierte. Als zentral für das Forschende Lernen galt »die Erfahrung – kognitiv, emotional und sozial – des ganzen Bogens, der sich vom Ausgangsinteresse, den Fragen und Strukturierungsaufgaben des Anfangs über die Höhen und Tiefen des Prozesses, Glücksgefühle und Ungewissheiten, bis zur selbst gefundenen Erkenntnis oder Problemlösung spannt.«[28] Bezogen auf Geschichte sollten die Schüler_innen ihre eigenen Fragen und Problemstellungen entwickeln, selbst nach geeigneten Quellen suchen und schließlich eigene Urteile bilden – Lernen als Ernstaufgabe in einer realen Forschungssituation, nicht als Spiel mit vorgefertigten Wissensbeständen.

Mit der Methode des Forschenden Lernens war bereits ein anspruchsvolles Programm formuliert. Ein weiteres kam hinzu: Vor dem Hintergrund der pädagogischen Debatten Ende der 1960er und Anfang der 1970er Jahre wurde in der ersten Ausschreibung des Wettbewerbs Gruppenarbeit verbindlich gemacht. Mit großem Elan wurden die Wettbewerbsgrundlagen nach bildungspolitischen Gesichtspunkten so definiert, dass mit einer einheitlichen Ausschreibung alle Schularten und -stufen angesprochen und auf diese Weise Barrieren zwischen den Schulformen überwunden werden sollten, mit der Sozialform der Gruppenarbeit die Schwächeren von den Stärkeren profitieren und mit dem Forschenden Lernen die Trennung von Kopf- und Handarbeit überwunden werden sollte. Alles zusammen genommen wurde der Geschichtswettbewerb in mancherlei Hinsicht als »methodische Gesamtschule«[29] auf den Weg gebracht.

Die große Euphorie, die diesem Konzept zugrunde lag, ließ sich jedoch nicht lange aufrechterhalten. Ganz praktisch mussten Schüler lernen, Formen der schriftlichen Überlieferung zu erschließen, die im Fach Geschichte bis dahin nicht erarbeitet worden waren. Quellen wie Briefe, Tagebücher, Behördenschriftgut etc. waren für Schüler unleserlich und vielfach schwer einzuordnen. Die Archive öffneten sich nur langsam den jungen Spurensuchern, nicht überall stieß die neue Nutzergruppe auf ungeteilte Begeisterung und Unterstützung. Für die jungen Forscher erforderte die Entschlüsselung der Quellen bis zu ihrer Auswertung aufwendige Zwischenschritte, die mit der gewohnten schulischen Arbeit und dem Lehrbuch nichts mehr zu tun hatte. Die Schüler_innen mussten über Irrwege und Sackgassen hinweg eigene Lösungswege finden und entlockten ihren Lehrern nicht immer Antworten auf ihre Probleme, sondern häufig die gleichen Fragen, die sie selber hatten.[30]

Lehrer ihrerseits, die sich am Wettbewerb beteiligten, stießen bei ihren Kollegen mitunter auf Argwohn oder Unverständnis.[31] Die Anleitung kleiner Projektgruppen oder freiwilliger Arbeitsgemeinschaften außerhalb der Schule wurde als exklusive Förderung einiger weniger Schüler wahrgenommen. Skeptisch distanzierte Lehrer warnten vor der fachlichen Überforderung der Schüler ebenso wie vor der Verlockung durch das vermeintliche Sonderangebot einer Wettbewerbsteilnahme. Andere wiederum fürchteten einen unfairen Konkurrenzdruck für ihren gewohnten traditionellen Unterricht. Trotz mancher offener oder verdeckter Anfeindungen fand der Wettbewerb eine ganze Reihe unterstützender Tutoren, die sich neben dem Normalunterricht auf das Abenteuer forschendes Lernen einließen.

»Von Beginn an zeigt sich, dass beide Formen des Umgangs mit Geschichte komplementär aufeinander bezogen waren. So verdarb der Geschichtswettbewerb, anders als befürchtet, dem Fachunterricht keineswegs das Spiel, indem er mit Spezialangeboten lockte und den Schüler_innen den Unterrichtsalltag verleidete. Stattdessen erwies er sich in vielfältiger Weise als Anreger und Ideengeber und trug so in einem längerfristigen Prozess dazu bei, den Geschichtsunterricht für neue didaktische Ansätze zu öffnen und seine Qualität insgesamt zu verbessern.«[32]

Der Wettbewerb hat sich zwischen den Befürwortern, die in ihm einen methodischen »Königsweg« zu entdecken glaubten, und denjenigen, die ihn als »Größenwahn« ablehnten[33], über die dreieinhalb Jahrzehnte seines Bestehens mit relativ stabilen Teilnehmerzahlen etablieren können. Regelmäßig nehmen alle zwei Jahre rund 500 Schüler an ihm teil, unterstützt von durchschnittlich 800 Lehrern. Mittlerweile haben über 120.000 Kinder und Jugendliche rund 22.000 Projekte durchgeführt. Die wohl wichtigste Funktion des Wettbewerbes liegt heute weniger darin, historische Themen auf die Agenda der großen bundesweiten geschichtspolitischen Debatten zu setzen, und auch eine nachhaltige Beeinflussung des öffentlichen Geschichtsbewusstseins kann – trotz seiner wichtigen Impulse für die regionale Erinnerungskultur – nicht seine Aufgabe sein. Vielmehr bietet er ein methodisches Experimentierfeld für das Forschende Lernen und die historische Projektarbeit in Schule und Unterricht.[34] Dieses Potential gilt es auszureizen und weiter zu entwickeln.[35] Auf diese Weise wird auch die Kommunikation über Geschichte in Zukunft Impulse durch die Forschungen von Schüler_innen erhalten. Und das mit einer europäischen Perspektive. Denn seit 2001 ist der Geschichtswettbewerb Teil des von der Körber-Stiftung initiierten EUSTORY– Netzwerks [36], das als eigenständiger Verein Gechichtswettbewerbe in 22 Ländern umfasst. Preisträger aus allen Wettbewerben nehmen dort regelmäßig an politisch-historischen Seminaren teil und tragen so zu einer europäischen Auseinandersetzung mit Geschichte bei.

1 Vgl. Assmann, Aleida/Frevert, Ute, Geschichtsvergessenheit – Geschichtsversessenheit: vom Umgang mit deutschen Vergangenheiten nach 1945, Stuttgart 1999, S. 234.

2 Assmann/Frevert, Geschichtsvergessenheit, S. 235–236.

3 Der Wettbewerb wurde 1974 in »Schülerwettbewerb Deutsche Geschichte um den Preis des Bundespräsidenten« und 2002 in »Geschichtswettbewerb des Bundespräsidenten – Jugendliche forschen vor Ort« umbenannt.

4 Schmidt, Wolf, Geschichtspolitik als demokratische Aufgabe. Reflexionen am Beispiel des Geschichtswettbewerbs des Bundespräsidenten, in: Andreas Körber (Hg.), Geschichte – Leben – Lernen. Bodo von Borries zum 60. Geburtstag, Schwalbach/Ts. 2003, S. 205.

5 Ebd., S. 205f.

6 Kenkmann, Alfons, Der Schülerwettbewerb Deutsche Geschichte um den Preis des Bundespräsidenten und sein Beitrag zur Vitalisierung der Kommunikation von Geschichte, in: Schönemann, Bernd/Uffelmann, Uwe/Voit, Hartmut (Hg.), Geschichtsbewusstsein und Methoden historischen Lernens. Schriften zur Geschichtsdidaktik Bd. 8, Weinheim 1998, S. 250–275.

7 Schmidt, Geschichtspolitik, S. 206.

8 Kenkmann, Schülerwettbewerb, S. 267.

9 Siegfried, Detlef, Der Reiz des Unmittelbaren. Oral-History-Erfahrungen im Schülerwettbewerb Deutsche Geschichte, in: Bios. Zeitschrift für Biographieforschung und Oral History, Heft 1/1995 (8. Jahrgang), S. 107–128, hier S. 111.

10 Niethammer, Lutz, Ego-Histoire? Und andere Erinnerungs-Versuche, Wien 2002, S. 136.

11 Ebd., S. 137.

12 Dittmer, Lothar, NS-Geschichte zwischen Wissenschaft, Pädagogik und Politik. Kontroversen um den Geschichtswettbewerb, in: Albrecht, Henning u. a. (Hg.), Politische Gesellschaftsgeschichte im 19. und 20. Jahrhundert. Festgabe für Barbara Vogel, Hamburg 2006, S. 63–76, hier S. 67f.

13 Assmann/Frevert, Geschichtsvergessenheit, S. 264–265.

14 Dittmer, NS-Geschichte, S. 64

15 Ebd., S. 45

16 Herbert, Ulrich, Vor der eigenen Tür – Bemerkungen zur Erforschung der Alltagsgeschichte des Nationalsozialismus, in: Galinksi, Dieter/Herbert, Ulrich/Lachauer, Ulla (Hg.), Nazis und Nachbarn. Schüler erforschen den Alltag im Nationalsozialismus, Hamburg 1981, S. 9–33, hier S. 9.

17 Hornung, Claus, Nestbeschmutzung –Vergangenheit als Provokation: Passau und »das schreckliche Mädchen«, in: Frevert, Ute (Hg.), Geschichte bewegt. Über Spurensucher und die Macht der Vergangenheit, Hamburg 2006, S. 109–121.

18 Ute Frevert (Hg.), Geschichte bewegt. Über Spurensucher und die Macht der Vergangenheit, Hamburg 2006; Fausser, Katja, Gesellschaftliche Folgen. Einmischen, Aufdecken, Verändern, in: Dittmer, Lothar/Siegfried, Detlef (Hg.), Spurensucher. Ein Praxisbuch für die historische Projektarbeit, Hamburg 2005, S. 351–363.

19 Kenkmann, 1998, S. 274f.

20 Kenkmann, Alfons, Ein Phänomen in der bundesdeutschen Geschichtslandschaft: Der Schülerwettbewerb Deutsche Geschichte um den Preis des Bundespräsidenten, in: Kenkmann, Alfons (Hg.): Jugendliche erforschen die Vergangenheit. Annotierte Bibliographie zum Schülerwettbewerb Deutsche Geschichte um den Preis des Bundespräsidenten, Hamburg 1997, S. 7–25, hier S. 18.

21 Körber-Stiftung (Hg.), Von »Abwasser« bis »Wandern«. Ein Wegweiser zur Umweltgeschichte, Hamburg 1986.

22 Hesse, Manfred/Ewig, Michael, Biologie, Geschichte und die Zeit. Zum »Schülerwettbewerb Deutsche Geschichte um den Preis des Bundespräsidenten« 2000/01 Tiere in unserer Geschichte, in: Dies./Link, Roswitha (Hg.), Berichte des Institutes für Didaktik der Biologie der Westfälischen Wilhelms-Universität Münster, IDB Münster Supplement 1 und 2, Münster 2001.

23 Kenkmann, Phänomen, S. 7–25.

24 Jacobi, Franz-Josef, Die Geschichtswettbewerbe und die Städtische Erinnerungskultur. Das Beispiel Münster, in: Der Archivar, Beiband 8, o. O. 2003, S. 377–386, hier S. 386.

25 Dittmer, Lothar/Tetzlaff, Sven, »Treibgut der Geschichte«. Flucht und Vertreibung im Blick von Jugendlichen. Erfahrungen aus dem Geschichtswettbewerb des Bundespräsidenten, in: Mecking, Sabine/Schröder, Stefan (Hg.), Kontrapunkt. Vergangenheitsdiskurse und Gegenwartsverständnis, Essen 2005, S. 245–257; Tetzlaff, Sven, Chancen zum forschenden Lernen. Projektarbeit im Geschichtswettbewerb des Bundespräsidenten, in: Geschichte für heute 4 (2008), S. 107–128; Siegfried, Reiz.

26 Siegfried, Reiz.

27 Siegfried, Detlef, Lernziel Irritation. Möglichkeiten und Grenzen der Projektarbeit im Schülerwettbewerb Deutsche Geschichte, in: Hill, Thomas/Pohl, Karl Heinrich (Hg.), Projekte in Schule und Hochschule: Das Beispiel Geschichte, Bielefeld 2002, S. 34–52, S. 34.

28 Huber, Ludwig, Forschendes Lernen. Wie man Schüler fordern und fördern kann, in: Körber-Stiftung (Hg.), Reflexion und Initiative Band V, Hamburg 2005, S. 75–81, S. 79.

29 Kenkmann, Schülerwettbewerb, S. 273.

30 Eggert, Heinz-Ulrich, Vom Störenfried zum Ideengeber. Zu den Wirkungen des Geschichtswettbewerbs des Bundespräsidenten auf Geschichtslehrer und Geschichtsunterricht – Ein Praxisbericht, in: Mecking, Sabine/Schröder, Stefan (Hg.), Kontrapunkt. Vergangenheitsdiskurse und Gegenwartsverständnis, Essen 2005, S. 233–243, hier: S. 236 ff.

31 Ebd., S. 233.

32 Ebd., S. 234.

33 Borries, Bodo von, Historische Projektarbeit. »Größenwahn oder Königsweg«?, in: Dittmer, Lothar/Siegfried, Detlef (Hg.), Spurensucher. Ein Praxisbuch für die historische Projektarbeit, Hamburg 2005, S. 333–350.

34 Tetzlaff, Chancen, S. 108–123.

35 Borries, Bodo von, »Forschendes historisches Lernen« ist mehr als »Geschichtswettbewerb des Bundespräsidenten«. Rückblick und Ausblick, in: Christian Heuer und Christine Pflüger (Hg.), ›Ein weites Feld …‹ Geschichte in Unterricht, Wissenschaft und Alltagswelt. Gerhard Schneider zum 65. Geburtstag. Schwalbach i. Ts. 2008. (im Erscheinen).

36 www.eustory.org

GESCHICHTE IN DER POLITISCHEN BILDUNG

Konzept und Fallbeispiele der Bundeszentrale für politische Bildung THOMAS KRÜGER

»WER NICHT VON 3000 JAHREN SICH WEISS RECHENSCHAFT ZU GEBEN ... bleibt im Dunkeln unerfahren, mag von Tag zu Tage leben.« – Ohne eine Einordnung des Vergangenen bleibt der Mensch orientierungslos, das formulierte schon Johann Wolfgang von Goethe. Grundlage der Arbeit der Bundeszentrale für politische Bildung/bpb ist die Auffassung, dass ein Wissen um die Geschichte notwendige Voraussetzung für eine angemessene Einschätzung der Gegenwart ist, dass es die Grundlage bildet für eine politische Meinung und damit für die Befähigung zum politischen Handeln. Mit Hilfe eines Durchdringens der Vergangenheit kann die Gegenwart verständlich werden, können informierte Entscheidungen über die Zukunft getroffen werden. Das Ziel der Arbeit der bpb ist in ihrem Leitbild formuliert: »das demokratische Bewusstsein in der Bevölkerung zu fördern und die Menschen in der Bundesrepublik Deutschland zu motivieren und zu befähigen, mündig, kritisch und aktiv am politischen Leben teilzunehmen.« Aufgabe der bpb ist es nicht etwa, Bürger_innen zu einer bestimmten politischen Meinung zu erziehen, sondern sie besteht darin, Zugänge zu Informationen zu eröffnen, mit deren Hilfe jede/r Bürger/in dann eigenständig eine reflektierte politische Haltung entwickeln oder verfeinern kann. Um diese Funktion zu erfüllen, beleuchten die Produkte der bpb die Hintergründe des gesellschaftlichen Zusammenlebens; die bpb greift gesellschaftliche Diskussionen auf und präsentiert unterschiedliche Standpunkte im öffentlichen Diskurs ausgewogen und anschaulich. Wenn sie Themen ausmacht, die von hoher gesellschaftlicher Relevanz sind, aber von der Öffentlichkeit unzureichend diskutiert werden, bemüht sich die bpb zudem darum, selbst Debatten anzustoßen. Die bpb stellt kostengünstig Publikationen bereit, sie initiiert Foren, Diskussionen und Ausstellungen, sie fördert die Bildungsarbeit unabhängiger Trägereinrichtungen und engagiert sich im Bereich der neuen Medien. Ihre Vermittlungsfunktion erfüllt die bpb somit über sehr unterschiedliche Kanäle gesellschaftlicher Kommunikation.

ANGEWANDTE GESCHICHTE BEI DER BPB Geschichte ist in der Arbeit der bpb immer schon »angewandt«, da die Beschäftigung mit Geschichte immer auch dem Zweck der Befähigung zur demokratischen Teilhabe dient. Der Blick auf die Geschichte kann in diesem Zusammenhang vor allem in zweierlei Hinsicht förderlich sein:

1 Politik existiert nicht in einem abstrakten, luftleeren Raum der gesellschaftlichen Gegenwart, sondern setzt sich aus zahlreichen Prozessen zusammen, deren jeweilige Ursprünge in der Vergangenheit liegen. Ein Wissen um die in einer konkreten politischen Frage bereits erfolgten Entwicklungen ermöglicht eine genauere Einschätzung politischer Handlungsspielräume in der Gegenwart und Zukunft – was wurde schon probiert, wer sind die wichtigen Akteure, welche Fragen müssen noch beantwortet werden.

2 Politik setzt sich zu einem großen Teil aus ritualisierten Abläufen zusammen; in der Politik werden unter immer neuen Vorzeichen immer wieder ähnliche Fragen gestellt. Um politische Entscheidungsspielräume in der Gegenwart abzuschätzen, kann es hilfreich sein, die Konsequenzen ähnlicher Entscheidungen in der Vergangenheit zu betrachten. Zwar kann keine politische Entscheidung in der Gegenwart exakt die gleichen Folgen zeitigen wie eine vergleichbare in der Vergangenheit, aber ein Wissen um die Gefahren und Versprechen verschiedener politischer Optionen ist notwendige Bedingung für die Ausbildung einer bewussten eigenen Position in einem politischen Gefüge.

In Deutschland erfolgt die Auseinandersetzung mit der Vergangenheit mit einer besonderen Gravität; von der Geschichte zu lernen heißt in Deutschland in der Regel, zu lernen, es anders zu machen als in der Vergangenheit. Auch die Gründung der bpb erfolgte 1953 aus der Absicht heraus, durch staatliche Strukturen zu verhindern, dass in Zukunft Ähnliches geschehen könnte wie in der gerade durchlebten Vergangenheit. Im Leitbild der bpb heißt es: »Staat und Gesellschaft der Bundesrepublik Deutschland haben auf Grund der Erfahrungen mit der nationalsozialistischen Diktatur und der DDR eine besondere Verpflichtung, die Entwicklung eines sich auf Demokratie, Toleranz und Pluralismus gründenden politischen Bewusstseins zu fördern.« Die Existenz und Arbeit der bpb legitimiert sich explizit aus der Geschichte, spezifischer aus der Geschichte der beiden deutschen Diktaturen. Der größte Teil der Angebote der bpb zu historischen Themen widmet sich denn auch dem Nationalsozialismus und der DDR. Um dafür sorgen zu können, dass alle menschenwürdig in Demokratie und Freiheit leben, muss jede/r Einzelne verstehen, wie es kommen konnte und was es bedeutet hat, ohne diese Qualitäten zu leben – so könnte man diese zirkuläre Konstruktion von Absicht und Objekt der historisch-politischen Bildungsarbeit der bpb umschreiben.

DIE VERMITTLUNG VON GESCHICHTE DURCH DIE BPB Neben Angeboten für institutionelle Multiplikatoren – Unterrichtshilfen für Lehrer, finanzielle Förderung für Bildungseinrichtungen etc. – hat die bpb in den letzten Jahren jene Bildungsangebote ausgeweitet, die sich unmittelbar an Bürger_innen wenden und zur eigenständigen Beschäftigung mit politischen und historischen Fragestellungen anregen. Durch eine verstärkte Konzentration auf interaktive Medien und partizipative Veranstaltungsformate unterstützt die bpb eine Beschäftigung mit gesellschaftlichen und geschichtlichen Themen auch außerhalb des Klassenzimmers oder Seminarraumes. Besondere Aufmerksamkeit kommt hierbei jungen Erwachsenen zu, die sich noch im Prozess der politischen Meinungsbildung befinden und deren Mediennutzungsverhalten eine offene Einladung darstellt, ihnen über die klassischen Vermittlungswege hinaus Zugänge zu politischen und geschichtlichen Themen zu erschließen. Eine Liedzeile der Rap-Gruppe Freundeskreis bezeichnet eine grundlegende Schwierigkeit einer Geschichtsvermittlung, die vor allem in Klassenzimmern erfolgt: »Viele Menschen schrecken zurück, wenn sie Geschichte hören. Vier langweilige Stunden pro Woche in der Schule, über was, was lange her ist oder immer ohne einen passiert.« (Leg dein Ohr auf die Schiene der Geschichte, 1997) Schüler_innen wird im Unterricht oftmals nicht deutlich, warum Geschichte wichtig ist und weshalb sich die Beschäftigung mit ihr lohnt; Geschichte wird von Schüler_innen häufig als trocken und unpersönlich empfunden. Damit die Geschichte nicht als sinnentleerte Folge von Daten und Zahlen begriffen wird, muss Geschichte so vermittelt werden, dass dem oder der Einzelnen die Relevanz der Vergangenheit augenscheinlich wird. Verschiedene Bildungsangebote der bpb sind deshalb darauf ausgerichtet, den Nutzer da zu suchen, wo er sich aufhält – im Internet – und ihm von dort aus ein Tor zu öffnen zur Beschäftigung mit Geschichte. Da die bpb auf einem Markt der Informationen und Positionen mit unzähligen anderen Anbietern um die Aufmerksamkeit der Nutzer konkurriert, muss das Angebot an den Nutzer ein attraktives sein – es muss verständlich und anregend präsentiert werden, und es sollte den Nutzer dort abholen, wo er sich gedanklich ohnehin befindet, also einen Bezug zu seiner Lebensrealität erlauben. Für historische Themen lässt sich ein solcher Bezug beispielsweise herstellen, indem man geschichtliche Entwicklungen an den Beispielen konkreter, den Nutzern vergleichbarer Personen und deren alltäglicher Herausforderungen, Erfahrungen und Entscheidungen anschaulich werden lässt. Beispiele aus der Praxis der bpb sind die Webseite www.jugendopposition.de (s.u.) oder www.chotzen.de, wo die Geschichte der jüdischen Familie Chotzen vor, während und nach dem Nationalsozialismus im Detail und mit Hilfe zahlreicher Dokumente verfolgt werden kann. Eine solche personenbezogene Darstellung erlaubt es der Nutzerin, die kleinen und alltäglichen Schritte, aus denen sich die Geschichte irgendwann zusammensetzt, unter die Lupe zu nehmen und intellektuell wie emotional zu durchdringen – so gut wie möglich nachzuvollziehen. Auch in Präsentationsformen, die nicht mit biografischen Narrativen arbeiten, sind persönliche Bezüge denkbar, so zum Beispiel auf der bpb-Webseite www.chronik-der-mauer.de (s. u.), die gegenwärtige Bilder vertrauter Orte neben Bilder dieser Orte aus der Vergangenheit stellt, somit deren Geschichtlichkeit unterstreicht und Interesse am dazwischen liegenden Wandlungsprozess weckt. Beide Ansätze finden in der bpb Anwendung und besitzen jeweils spezielle Stärken und Schwächen, die in der späteren Darstellung der Webseiten deutlich gemacht werden sollen.

Neben solchen Versuchen der Aktivierung, primär von jungen Menschen, zur erstmaligen Beschäftigung mit geschichtlichen Fragestellungen, richtet sich die bpb natürlich auch an Gruppen, deren Interesse an Geschichte bereits vorhanden oder ausgeprägt ist. Insbesondere das Periodikum »Aus Politik und Zeitgeschichte«, Beilage zur Wochenzeitung »Das Parlament«, aber auch die Bände der Schriftenreihe der bpb liefern komplexe und teils kontroverse Interpretationen der jüngeren Geschichte. Unter allen Angeboten der bpb sind die Publikationen wohl diejenigen, in denen Geschichte am ehesten in ihrer klassischen, am wenigsten »angewandten« Form auftaucht, als Objekt von Studium, Deutung, Auseinandersetzung. In allen Produkten ist allerdings dem Gedanken Rechnung getragen, dass Meinungsbildungsprozesse der Präsentation unterschiedlicher Sichtweisen bedürfen – »Aus Politik und Zeitgeschichte« versammelt beispielsweise immer mindestens vier Perspektiven auf ein bestimmtes Thema. Die Veranstaltungen der bpb tragen darüber hinaus dem Gedanken Rechnung, dass nicht nur das stille Studium unterschiedlicher Positionen zur Meinungsbildung beiträgt, sondern dass insbesondere der Austausch mit anderen Bürgern, Standpunkten und Weltanschauungen dabei helfen kann, eine eigene Meinung zu entwickeln und immer wieder zu justieren. Im Bereich der politischen Bildung Jugendlicher und junger Erwachsener haben die Mit-Mach-Festivals berlin05 und berlin08 diesem Gedanken sehr erfolgreich Rechnung getragen. Für Geschichtsinteressierte wird ein ähnliches Festival im Jahr 2009 Gelegenheit bieten, die eigene Position zu erweitern und zu hinterfragen. Die Festivalform des sogenannten Geschichtsforums schafft einen Anreiz, fremde Perspektiven auf historische Sachverhalte kennenzulernen und mit der eigenen in einen lebendigen Austausch zu bringen.

Im Folgenden sollen drei Beispiele aus der Arbeit der bpb vorgestellt werden, die für unterschiedliche didaktische Herangehensweisen an historische Themen stehen: die Webseite www.jugendopposition.de, die Webseite www.chronik-der-mauer.de sowie das Geschichtsforum.

WWW.JUGENDOPPOSITION.DE Diese Internetseite, ein gemeinsames Angebot der bpb und der Robert-Havemann-Gesellschaft, richtet sich an Jugendliche und behandelt die

Geschichte der Opposition in der DDR durch die Darstellung der Biografien verschiedener jugendlicher Oppositioneller. Weit über das erklärte Ziel einer Darstellung der Jugendopposition hinaus, liefert die Seite der interessierten Nutzerin auf spielerische Weise eine Einführung in die gesamte Bandbreite der DDR-Geschichte. Verschiedene Darstellungsformen dienen der Beschäftigung mit einzelnen Ereignissen und größeren Entwicklungen, so zum Beispiel eine Zeitleiste, die permanent abrufbar am Ende der Fließtexte steht, ein Lexikon, auf welches die Leserin im Laufe der Lektüre zugreifen kann, sowie die Texte über die Oppositionellen, die persönliche Schicksale mit den in Zeitleiste und Lexikon erwähnten Ereignissen verbinden. Auf der Startseite kann die Nutzerin zwischen bedeutenden Ereignissen aus den vierzig Jahren DDR-Geschichte wählen, von wahl 50, prag 68, demo 83 bis revolution 89. Die grafische Aufmachung der Einstiegsseite ist darauf angelegt, Jugendliche anzusprechen – hier sind grelle Farben und das Bild eines Punks zu finden, der sich von einem Polizisten in Uniform abwendet. Wählt die Nutzerin nun eines der Daten, so erscheint ein kürzerer, verständlich formulierter Artikel mit einem einleitenden Überblick über die Geschehnisse. Von diesem Punkt aus können verschiedene Einzelerzählungen angewählt werden, die sich zu großen Teilen auf Schicksale Betroffener beziehen. Die Berichte sind mitreißend erzählt und machen Geschichte durch ihren Bezug zu einer konkreten Person greifbar. Dass das schaurige Gefühl entsteht, man selbst hätte auch leicht an der Stelle des oder der Betroffenen sein können, ist durchaus intendiert.

www.jugendopposition.de verflicht zwei Arten der Vermittlung von Geschichte, nämlich die einer zusammenhängenden und chronologischen Darstellung von Ereignissen einerseits und die Erzählung des Schicksals einzelner Personen andererseits. Geschichte wird durch die Präsentation zu einem greifbaren Geschehen, denn die Darstellung ist dazu geeignet, in der Leserin oder dem Leser Betroffenheitsgefühle zu wecken und somit zur persönlichen Auseinandersetzung mit dem Thema anzuregen. Geschichte wird daher im besten Fall zu einem Medium der Auseinandersetzung mit der Frage, wie man selbst sich verhalten würde, abzugleichen daran, wie man selbst sich täglich verhält. In der Geschichte spiegeln sich persönliche Erfahrungen und Lebensrealitäten, die eine Brücke schlagen zwischen der Gegenwart und einer Vergangenheit, die nur noch zeitlich verschoben, jedoch nicht mehr fremd erscheint. Dem Reflex »Damit habe ich doch nichts mehr zu tun«, der oftmals in der schulischen Auseinandersetzung mit Geschichte aufkommt, kann mit einer solchen Form der gegenwartsnahen Präsentation begegnet werden. Neben ihrer primären Zielgruppe von Menschen, die vormals kein vertieftes Interesse an Geschichte hatten, weist die Seite aber auch genügend Tiefe und Komplexität auf, um für Studenten und andere Personen, die sich intensiver mit Zeitgeschichte beschäftigen, von Interesse zu sein.

WWW.CHRONIK-DER-MAUER.DE Die Seite www.chronik-der-mauer.de unterscheidet sich auf den ersten Blick deutlich von www.jugendopposition.de, wirkt weitaus sachlicher, seriöser. Die Seite, die in Zusammenarbeit mit dem Zentrum für Zeithistorische Forschung und dem DeutschlandRadio Kultur entwickelt wurde, bietet für verschiedene Zielgruppen Informationen rund um die Berliner Mauer. Hier geht es nicht ausdrücklich darum, die Beschäftigung mit Geschichte für Schüler attraktiv zu machen; das Internet als Präsentationsort bietet sich hier nicht primär deshalb an, weil es vielen Jugendlichen ein Aufenthaltsort ist, sondern weil es ein Raum ist, an dem Schüler, Erwachsene, etc. nach anschaulich aufbereiteten Informationen suchen. Wie die verschiedenen Kategorien belegen – Chronik, Grenze, Opfer der Mauer, Material und Lernen – wird auch hier eine didaktische Absicht verfolgt; grundsätzlich könnte die Seite aber auch jemanden ansprechen, der schlicht nach Daten sucht.

Der Chronikteil präsentiert eine fortlaufende Liste von Jahreszahlen und liefert, durch einen sich füllenden Mittelstreifen mit den Ereignissen des markierten Jahres, eine Übersicht über den Gang der Geschichte. Links, die auf mediale Zeugnisse der Zeit verweisen, lassen Geschichte auch in dieser datenorientierten Darstellung sinnlich erfahrbar werden. Unter dem Stichwort Grenze öffnet sich der Betrachterin eine Darstellung West-Berlins. An den Rändern der Karte erscheinen 21 Stationen, die den Grenzverlauf der Mauer darstellen. Jede Station ist mit Fotos verlinkt, die ein Bild zu Zeiten der Teilung einer Aufnahme aus der Gegenwart gegenüberstellen. Unterschiede werden so offensichtlich, wie zum Beispiel bei den Fotos der East Side Gallery, wo die Beobachterin die gegenwärtige, farbenfrohe Gestaltung des Grenzstreifens mit dem abgeriegelten und grauen vergangenen Zustand vergleichen kann. Eine bildliche Darstellung der 21 Stationen im heutigen Berlin erlaubt es der Betrachterin, einen Eindruck der heutigen Situation entlang des Mauerstreifens zu gewinnen. Die Geschichte wird dadurch erfasst, dass ein Gegensatz zum Heute behauptet und bildlich vorgeführt wird. Ziel ist nicht die emotionale Verbindung des Vergangenen mit der subjektiven Gegenwart des Betrachters, sondern das Aufzeigen von Unterschieden im Zustand derselben räumlichen Umwelt. Die Gegensätzlichkeit zwischen Gestern und Heute wird durch Bilder von der Veränderung der Stadt anschaulich protokolliert – grüne Pflanzen erobern sich langsam die Betonflächen, und wo früher ödes Land war, erheben sich heute die Gebäude des Potsdamer Platzes. In zwei erklärenden Hintergrundtexten kommentieren ein Historiker und ein Zeitzeuge die Veränderungen, die sich seit dem Mauerfall ergeben haben. Unter »Material« wie auch unter »Lernen« finden sich reiche Materialsammlungen, die auf audiovisuelle Zeugnisse der Zeit ebenso verweisen wie auf Filme und Bücher. Lehrer können unter »Lernen« Lehrmaterialien für den Schulunterricht abrufen. Die Seite erfüllt eine Doppelfunktion, nämlich einerseits jene Nutzer mit Informationen zu versorgen, die gezielt danach suchen, und andererseits der Beobachterin ein Gefühl für den Stellenwert von Geschichte für die Gestaltung von gegenwärtigen Räumen zu vermitteln. Dies wird allerdings auf andere Weise erreicht als bei der Seite www.jugendopposition.de. Die Darstellung orientiert sich eher an einer bildlichen Gegenüberstellung von Vergangenheit und Gegenwart, was weniger eine Einbindung der Betrachterin bedeutet, sondern die Imagination anregt. Orte des täglichen Lebens werden auf diese Weise aus einer ganz anderen Perspektive betrachtet, so dass auf einmal ein Besuch an einer der Strandbars der East Side

Gallery oder eine Shoppingtour über den Potsdamer Platz die Geschichte der Mauer ins Gedächtnis rufen kann.

GESCHICHTSFORUM Wenn die Auseinandersetzung mit der Geschichte für die politische Gegenwart fruchtbar sein soll, dann muss es Teil einer solchen Auseinandersetzung sein, die eigene Perspektive immer wieder zu hinterfragen und an fremden Positionen zu schärfen. Eine konkrete Gelegenheit für einen solchen lebendigen Austausch über mögliche Deutungen der Geschichte schafft die bpb durch eine Veranstaltung im Jahr 2009, das sogenannte »Geschichtsforum 1998/2009: Europa zwischen Teilung und Aufbruch«. 1999, zum zehnten Jubiläum des Wendejahres 1989, hatte die bpb zum ersten Mal ein solches Geschichtsfestival in Berlin ausgerichtet; das erste Geschichtsforum versammelte Akteure und Perspektiven aus der Forschung, aus Bildungseinrichtungen, bürgerschaftlichen Initiativen und aus dem Bereich der Aufarbeitungs- und Gedenkstätten, damals unter dem Titel »Getrennte Vergangenheit – gemeinsame Geschichte?«.

Ein Jahrzehnt später greift das »Geschichtsforum 1998/2009« das Festivalformat auf, erweitert aber den Kreis der beteiligten gesellschaftlichen Akteure und die Bandbreite der zu verhandelnden Themen. 2009 werden sich neben Forschungs-, Bildungs-, Aufarbeitungs- und bürgerschaftlichen Einrichtungen auch Institutionen aus dem Kunst- und Kulturbereich an dem Forum beteiligen. Damit einhergehend sollen auch kulturhistorische Themen und Fragestellungen verstärkt aufgegriffen werden. Zudem werden das Wendejahr 1989 und seine Vor- und Nachgeschichte(n) nicht als primär deutsches Thema behandelt; die europäische Dimension des Umbruchs und seiner Folgen rückt in den Vordergrund.

Hier eine kurze Skizze der doch ziemlich komplexen Veranstaltung: Am letzten Mai-Wochenende 2009 verbinden sich das Maxim Gorki Theater, das Deutsche Historische Museum und die Humboldt-Universität Berlin für vier Tage zum Campus des Geschichtsforums. Die bpb bietet – gemeinsam mit einer Reihe von Koveranstaltern, darunter die Kulturstiftung des Bundes und die Stiftung zur Aufarbeitung der SED-Diktatur – eine Serie hochkarätiger Plenarveranstaltungen an, außerdem ein kuratiertes Kunst- und Kulturprogramm. Auf diesem Campus und zusätzlich zu diesen wenigen zentralen Programmpunkten sollen dann andere Einrichtungen zu einem bunten Forumsprogramm Eigenes beitragen – Diskussionen, Vorträge, Workshops, Ausstellungen, Theateraufführungen, Musik, künstlerische Installationen, Spiele, Filme. Die Programminhalte und -formen, seien es Lecture Performances zur Auseinandersetzung mit Geschichte in der Familie oder Panels zur Außenpolitik der DDR, wählen die eingeladenen und teilnehmenden Institutionen selbst. Die bpb und ihre Mitveranstalter setzen somit formelle und thematische Akzente und regen ausdrücklich andere Institutionen dazu an, die für sie relevanten Themen zu beleuchten und ihre Deutungen der Geschichte zur Debatte zu stellen. Mit dieser Veranstaltungsstruktur ist die Hoffnung verbunden, dass die Mehrzahl der Teilnehmenden sich auf dem Forum in gleich zwei Rollen begibt, nämlich einerseits als Anbieter von Veranstaltungen, Themen, Deutungen auftritt und andererseits als Zuhörer, Zuschauer oder Mitdiskutant die Veranstaltungen vieler anderer Anbieter besucht. Eine intensive

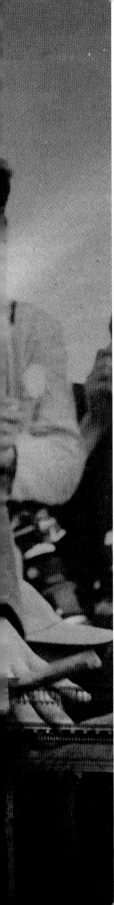

und möglichst kontroverse Auseinandersetzung mit der Zeitgeschichte soll das befördern; die Besucher sollen nicht passive Konsumenten sein, sondern ihre Perspektiven auf die Geschichte in einen aktiven Dialog mit denen anderer Besucher stellen. Und – das liegt in der Natur eines Festivals – dieser Dialog soll Spaß machen, anregen, auch emotional bewegen. Geschichte findet nicht nur im Hörsaal statt, sondern erregt die Gemüter auch im Garten, in der Mensa, im Theater, im Konzert.

Dass das Forum 2009 erstmals und ausdrücklich auch Kunst- und Kulturschaffende einlädt und dass eine der wenigen von den Veranstaltern vorgegebenen Komponenten ein kuratiertes Kunstprogramm ist, ist Ausdruck des Anliegens, sehr unterschiedliche Arten des Umgangs mit Geschichte nebeneinanderzustellen, miteinander zu verzahnen. Geschichte ist ein Stoff, mit dem sich nicht nur die Wissenschaft intensiv auseinandersetzt, sondern auch die Gesellschaft, und durch diese Auseinandersetzung verändert sich die Konstitution dieses Stoffes selbst – das kann und soll einer Besucherin des Geschichtsforums plastisch vorgeführt werden. Woher ihre Bilder von konkreten geschichtlichen Ereignissen oder Phasen stammen – aus Geschichtsfilmen, aus Medientexten, aus wissenschaftlichen Abhandlungen – und was ihr eigener Beitrag zur Produktion von Geschichtsbildern sein könnte, wird sich diese Besucherin fragen. In der Antwort werden sich auch Indizien finden, welche Relevanz die Zeitgeschichte für die gesellschaftliche Gegenwart hat, an welchen Punkten Teilnehmer des öffentlichen Diskurses Geschichte für politische oder ökonomische Zwecke nutzen, welche ehemals relevanten Themen auch für ihr Leben noch von Bedeutung sind. Die Beschäftigung mit Zeitgeschichte ist hier, auf dem Geschichtsforum, gleichzeitig Selbstzweck und Mittel zum (pädagogischen) Zweck: Die Besucherin kann entscheiden, welche formellen Ansätze an abstrakte Themen sie auch für andere Inhalte attraktiv findet, und sie kann, ausgehend von einem Blick auf die Vergangenheit, ihren Blick auf die gesellschaftliche Gegenwart und Zukunft schärfen. Dass nicht alle Einstellungen gegenüber der Vergangenheit und der Gegenwart rationalisierbar und verbalisierbar sein müssen, sondern auch Bauchgefühle oder Ahnungen ernst genommen werden können und müssen, wie es die Kunst tut und kann, wird sie sich vielleicht sagen. Andererseits wird sie präzise und scharf formulierte Thesen gehört haben und feststellen, erstmals oder erneut, dass man sich über Geschichte durchaus streiten kann und muss, dass in Deutungen der Vergangenheit immer auch eine Verhandlung der Gegenwart und der eigenen politischen Position steckt.

Eine solche Forumsveranstaltung eignet sich in besonderem Maße für ein Jubiläumsjahr. In einer gesellschaftlichen und medialen Atmosphäre, in der viel Energie für Gedenkveranstaltungen aufgewendet wird, liegt es der bpb daran, zur kritischen und dynamischen Beschäftigung mit der Vergangenheit anzuregen. Welche Ereignisse sich 1989 in Deutschland und Europa genau zugetragen haben, kann man auch in jedem anderen Jahr nachvollziehen. Welche kurz- und langfristige Bedeutung diese Ereignisse hatten, wie sich unsere Welt seitdem verändert hat, was von 1989 noch wichtig ist, wer es sich warum aneignet, fragen wir uns allerdings nicht alle Tage. Das Forum nimmt den 20. Jahrestag zum

Anlass, solche Fragen zu stellen, alle relevanten gesellschaftlichen Akteure und Stimmen zu versammeln, um sich auch unbequemen Deutungen auszusetzen – wir wollen uns über unsere Vergangenheit, unsere damit zusammenhängende Identität und unsere gemeinsame Zukunft streiten.

RESÜMEE Eingangs wurde behauptet, dass Geschichte für die Bundeszentrale für politische Bildung immer schon angewandt ist – da das Grundanliegen der bpb darin besteht, zum Nachdenken über die gesellschaftliche Gegenwart und über persönliche Handlungsoptionen anzuregen. Ein Bewusstwerden über die eigene Geschichte ist, wie bereits ausgeführt wurde, Voraussetzung für das Erkennen der eigenen Möglichkeiten sowie für ein Abschätzen der Konsequenzen, die aus gewissen Entscheidungen erwachsen können. Dabei wäre es allerdings illusorisch zu meinen, jede Bürgerin, die sich mit Hilfe von Angeboten der bpb der Zeitgeschichte nähert, würde dies immer mit bewusstem Blick auf ihre möglichen Handlungen heute und morgen tun. Selbstverständlich wird eine Besucherin des Geschichtsforums oder eine Nutzerin von www.jugendopposition.de zunächst einmal die dort behandelten Themen an sich interessant finden. Irgendwann später oder irgendwann währenddessen, wird ihr dann einfallen, was sie selbst irgendwo irgendwann tun könnte, anders als oder ähnlich wie es die damaligen Akteure getan haben. Bei der »Anwendung« von Geschichte seitens der bpb geht es daher keineswegs darum, eigentlich unwichtige Sachverhalte dazu zu instrumentalisieren, ein Reflektieren über die Gegenwart herbeizuführen. Stattdessen ist es der bpb daran gelegen, die abstrakte Beschäftigung mit anderen Situationen als der eigenen zu unterstützen und zu unterfüttern, um im Bürger oder der Bürgerin Fantasien darüber entstehen zu lassen, wie Gesellschaft und Zusammenleben funktioniert hat, funktionieren kann, auch von ihm oder ihr gestaltet werden kann. Notwendig für eine solche Beschäftigung ist immer auch ein Interesse am Gegenstand, ein Hineinfühlen, ein Enthusiasmus – der die Geschichte eben nicht angewandt auftreten lässt, sondern als menschliche Erlebniswelt, als zu durchdringender Kosmos. Im Versuch, solche geistigen Ausflüge für die unterschiedlichsten Menschen attraktiv zu machen, besteht natürlich immer auch die Gefahr, inhaltliche Komplexität einzubüßen. Wenn es Angeboten wie den hier vorgestellten allerdings gelingt, Bürger_innen dazu zu bewegen, Geschichte in einem ersten Schritt interessant und in einem zweiten vielleicht auch noch für die Gegenwart lehrreich zu finden, dann hat sich diese Abkehr von der rein wissenschaftlichen Auseinandersetzung mit der Geschichte gelohnt.

WEGE MODERNER GESCHICHTS- VERMITTLUNG IM ANNE FRANK ZENTRUM

THOMAS HEPPENER und SANDRA FANROTH

Darf Geschichte als Event inszeniert werden? Schließt eine solche Art der Präsentation eine ernsthafte Auseinandersetzung automatisch aus? Erreicht man Menschen, vor allem junge Menschen, nur noch, wenn historische Themen in Fernsehproduktionen oder Computerspielen serviert werden? Nur in Deutschland wird Kunst so streng in eine U- und eine E-Kategorie (Unterhaltend versus Ernsthaft) unterteilt, nirgendwo sonst beäugen sich beide gegenseitig mit so viel Neid und Missgunst, statt einander zu befruchten und zu inspirieren. Das Anne Frank Zentrum versucht, nicht in diese Kategorisierungsfalle zu tappen und bemüht sich stattdessen fortwährend um eine lebendige und unverkrampfte Darstellung historischer Ereignisse, um neue Formen und Wege. Anschaulich und lebendig, statt sensationsheischend und reißerisch, lautet die Devise.

Das Anne Frank Zentrum in Berlin ist eine anerkannte Institution der Präventivarbeit gegen Rechtsextremismus, Diskriminierung und Antisemitismus. Es engagiert sich seit vielen Jahren für eine vielfältige, demokratisch lebendige Gesellschaft und fördert einen respektvollen Umgang mit Anderssein. In der Arbeit des Anne Frank Zentrums, der deutschen Partnerorganisation des Anne Frank Hauses in Amsterdam, geht es um eine Verbindung von Geschichte und Gegenwart und um die Fragen nach dem Zusammenleben heute. Dazu entwickelt das Anne Frank Zentrum eine Vielzahl von pädagogischen Projekten und führt bundesweit Fortbildungen und Trainings zu historisch-politischen Themen und zur Vermittlung interkultureller Kompetenz durch. Schwerpunkte sind die Arbeit im Ausstellungszentrum in Berlin und die vielfältigen Projekte mit Wanderausstellungen rund um die Lebensgeschichte von Anne Frank an jährlich über 20 Orten in ganz Deutschland.Der Besuch der Anne Frank-Ausstellungen soll zwar zu einem besonderen Erlebnis werden, aber gleichzeitig steht klar die Auseinandersetzung mit Werten und Themen wie Identität, Diskriminierung, Krieg, Zivilcourage und Zukunft im Mittelpunkt der pädagogischen Begleitungen. Diese werden ganz bewusst nicht ›Führungen‹ genannt, denn sie setzen auf Partizipation. Ziel der Ausstellungsmacher_innen war es, einen aktiven Lernort zu gestalten, an dem die Inhalte multimedial präsentiert werden. Dazu wurde eine Fülle von Bildern, Dokumenten, Objekten, Computer- und Hörstationen ausgewählt.

Millionen von Menschen in aller Welt kennen das Tagebuch der Anne Frank. Anne Frank wurde 1929 als Kind jüdischer Eltern in Frankfurt am Main geboren. Ihre Familie flüchtete 1933 vor dem Terror der Nationalsozialisten nach Amsterdam. Nach dem Einmarsch der deutschen Truppen in die Niederlande versteckten sich Anne Frank und ihre Familie in einem Amsterdamer Hinterhaus. Dort schrieb sie ihr weltberühmtes Tagebuch. Nach dem Verrat ihres Verstecks 1944 wurden Anne Frank und ihre Familie deportiert. Sie starb 1945 im Konzentrationslager Bergen-Belsen im Alter von 15 Jahren. Anne Frank ist durch die Veröffentlichung ihres Tagebuchs zum Symbol für Millionen von Juden geworden, die der rassistischen Vernichtungspolitik der Nationalsozialisten zum Opfer fielen. Das Tagebuch ist aber gleichzeitig auch das Dokument eines jungen Mädchens, das gerne Schriftstellerin werden wollte.

Im nächsten Jahr wäre Anne Frank 80 Jahre alt geworden. So weit zurück liegende Ereignisse erscheinen für Jugendliche heute häufig so fern wie das Mittelalter, darum arbeitet das Anne Frank Zentrum gerne mit Filmen und Zeitzeug_innen. So lebt beispielsweise noch eine enge Freundin von Anne Frank, Hannah Pick-Goslar. Sie folgt immer noch Einladungen nach Deutschland – sie lebt heute in Israel – und erzählt gerne vor Jugendlichen von ihren Erinnerungen an Anne Frank und die gemeinsame Zeit vor 70 Jahren.

Außerdem wird in der pädagogischen Arbeit immer wieder großer Wert darauf gelegt, Entscheidungsspielräume aufzuzeigen. So soll den Jugendlichen bewusst gemacht werden, dass es auch in schwierigen Situationen wie Ausgrenzung oder Gruppenzwang verschiedene Handlungsoptionen gibt. Zudem gehören zum Repertoire des Anne Frank Zentrums vielfältige aktivierende Methoden wie Standbilder, Rollenspiele, Planspiele, Thesendiskussionen, Meinungsbarometer, Assoziationsübungen, kreatives Schreiben u.v.m.

ARBEIT MIT AUSSTELLUNGEN UND AKTIVES EINBEZIEHEN VON JUGENDLICHEN Viele der von Anne Frank in ihrem Tagebuch gestellten Fragen bewegen auch heute noch zahlreiche Jugendliche und prägen ihr Denken in der Gegenwart. Drei persönliche Fragen, mit denen sich Anne Frank in ihrem Tagebuch beschäftigt hat, werden zu Leitfragen in der aktuellen Multimedia-Ausstellung »Anne Frank. Ein Mädchen aus Deutschland«:

– Der Themenkreis Wer bin ich? beleuchtet die Themen: Herkunft, Heimat und Zugehörigkeit zu einer Minderheit.

– Was geschieht mit mir? zeigt Überlegungen des Mädchens, die im Tagebuch einen besonderen Stellenwert haben: Krieg, den Holocaust und die Verfolgung der Juden.

– Die Frage Was ist mir wichtig? stellt zentrale Themen dar, die Anne Frank bewegten: Gewissen, Liebe und Schreiben.

Die Ausstellung erzählt keine chronologische Geschichte des Nationalsozialismus. Vielmehr macht sie »Schichten der Geschichte« zugänglich, die eng mit Anne Franks Fragen verbunden sind:

– Anne Franks Leben im Hinterhaus (persönliches Umfeld)

– die geschichtliche Umwelt während der NS-Zeit (historischer Hintergrund)

– die gegenwärtige Bedeutung der Gedanken Anne Franks (Bezug zur Gegenwart).

Damit wird neben der Geschichte Anne Franks ein von Krieg, von Verfolgung und Ermordung der Juden bestimmter Alltag dargestellt. Die Perspektive der Verfolgten wird ergänzt durch die Sichtweisen von Zuschauer_innen, Mitläufer_innen sowie Täter_innen (Multiperspektivität). Die Frage nach persönlichen Entscheidungen und Wertvorstellungen stellt sich dabei immer wieder neu: Sind die Helfer_innen von damals Vorbilder für die Gegenwart? Was bedeutet es heute in Deutschland, zu einer Minderheit zu gehören? Warum werden auch heute noch Menschen verfolgt? Gibt es einen gerechten Krieg? Hierzu bietet die Ausstellung keine einfachen Antworten, sondern eröffnet Perspektiven, regt Diskussionen an und liefert Impulse für eine eigene Auseinandersetzung.

Im Rahmen des dialogischen Konzeptes »Jugendliche begleiten Jugendliche« werden Jugendliche und junge Erwachsene in Berlin zu Ausstellungsbegleiter_innen ausgebildet und erfahren auf diese Weise einen direkten Zugang zur Geschichte des Nationalsozialismus. Auch in jedem Ausstellungsort bildet das Anne Frank Zentrum rund 25 Jugendliche ab 16 Jahren zu Begleiter_innen aus. Sie nehmen an einem zweitägigen Trainingsseminar teil, das vor Ort gleich nach dem Aufbau der Ausstellung stattfindet. Hier lernen sie die Ausstellung kennen und erlernen Methoden, mit denen sie Gruppen und Schulklassen begleiten können. Der Vorteil: die jungen Begleiter_innen kommen mit den etwa gleichaltrigen Besucher_innen besser ins Gespräch (Peer-education-Konzept), da sie meist authentischer auf ihre Altersgenoss_innen wirken. Sie sind im Besitz von Primärwissen über Themen, Fragen und Gedanken ihrer Altersgruppe. Gleichzeitig erhöht ihre Vertrautheit mit dem sprachlichen Code ihrer Generation ihre

Glaubwürdigkeit. Hinzu kommt, dass die Begleiter_innen in dieser Zeit eine unvergessliche Erfahrung machen. Am Ende des Anne Frank-Projekts findet ein Auswertungsseminar mit den Trainer_innen des Anne Frank Zentrums statt.

INTERKULTURELLE AUSRICHTUNG Das Anne Frank Zentrum hat mittlerweile seine gesamte Arbeit interkulturell akzentuiert. Es operiert mit einem weiten und dynamischen Kulturbegriff, der in kultureller Verschiedenheit nicht nur nationale Unterschiede sieht. Vielmehr geht es darum wahrzunehmen, dass jeder Mensch vielfältig geprägt ist, durch sein Leben in der Stadt oder auf dem Land, als Mann oder Frau, durch sexuelle Orientierung, durch Religion, durch Behinderung, durch Hautfarbe und vieles mehr. Viele solcher Merkmale und Prägungen sind häufig Anlass für Diskriminierung. Ziel des Anne Frank Zentrums ist es, Kinder, Jugendliche und Erwachsene für jede Form der Ausgrenzung zu sensibilisieren und somit diskriminierende Denk- und Verhaltensweisen zu verändern. Dadurch wird ein Miteinander gefördert, das sich durch Vielfalt, Respekt und Gleichberechtigung auszeichnet.

Im Frühjahr 2007 entwickelte das Anne Frank Zentrum ein Material- und Methodenset zur Geschichtsvermittlung in der Einwanderungsgesellschaft unter dem Titel »Mehrheit, Macht, Geschichte« – 7 Biografien zwischen Diskriminierung, Verfolgung und Selbstbehauptung (erschienen im Verlag an der Ruhr)[1]. Es richtet sich an Jugendliche im Alter von 14 bis 19 Jahren und regt zur Auseinandersetzung an mit Geschichte, Demokratie und Menschenrechten, Diskriminierung und Rassismus, Interkulturalität und Partizipation von Minderheiten. Es werden Ansätze und Themen aus der interkulturellen Jugendbildung mit denen der historisch-politischen Bildung verknüpft. So wird ein Beitrag zur historisch orientierten Menschenrechtsbildung geleistet.

Das Material- und Methodenset basiert auf dem biografischen Ansatz als zentralem methodischen Element. Im Mittelpunkt stehen sieben Lebensgeschichten konkreter Personen und die Themenfelder Nationalismus, Kolonialismus, NS-Zeit, Homophobie sowie Sinti und Roma. Die Jugendlichen setzen sich anhand der Biografien mit den Mechanismen von Ausgrenzung und Diskriminierung auseinander.

»Mehrheit, Macht, Geschichte« besteht aus einem umfangreichen pädagogischen Methodenbuch mit beiliegender DVD und einem Jugendlesebuch. Zu sechs der sieben Lebensgeschichten gibt es auf der DVD Interviews mit der porträtierten Person oder einem Verwandten. Diese Interviews bilden den Ausgangspunkt für viele der Übungen in dem Methodenbuch. Die Methoden sind erfahrungs- und handlungsorientiert, die Jugendlichen stellen persönliche Bezüge zu der vorgestellten Biografie her und bekommen Ideen für das eigene Engagement. Das Methodenbuch und die DVD sind multimedial, sie beinhalten Videointerviews, Texte und Fotos sowie Musik, Gedichte, Bilder, Lieder und Comics. In bundesweiten Einführungsseminaren wird das Material- und Methodenset vorgestellt und die Chance genutzt, mit Multiplikator_innen aus Schule und Jugendarbeit die Chancen und Grenzen des interkulturellen Geschichtslernens zu diskutieren.

DEUTSCHLANDWEITE ARBEIT MIT WANDERAUSSTELLUNGEN Eine zentrale Idee der Arbeit mit Wanderausstellungen ist es, lokale Trägerkreise bilden zu lassen. In diesen Trägerkreisen soll jedes Mitglied eine andere Ressource einbringen: Raum, Geld, Personal, Erfahrung, Büroplatz, Ideen, eine gute Veranstaltung u.v.m. So wird das große Projekt auf viele Schultern verteilt. Eine Person oder Einrichtung behält im Trägerkreis den Hut auf und koordiniert die verschiedenen Aufgaben. Sie beruft regelmäßige Treffen ein und achtet auf den Zeitplan. Der erste Schritt ist es, in Ruhe zu überlegen, wer an diesem Projekt aus verschiedenen Gründen interessiert sein könnte und ein Einladungsschreiben an einen breiten Kreis zu verschicken. Mögliche Partner_innen sind alle, die ebenfalls Interesse an einem interessanten, erfolgreichen Ausstellungsprojekt haben oder entwickeln können: Anne-Frank-Schule, Antifagruppe, Ausländerbeauftragte, Bank, Bibliothek, Bildungsstätte, Bürgermeister_in, Deutsch-israelische Gesellschaft, Deutsch-niederländische Gesellschaft, Firmen, Flüchtlingsinitiative, Gedenkstätte, Geschichtswerkstatt, Hochschule, Jüdische Gemeinde, Jugendamt, Jugendclub, Kino, Kirche, Kulturamt, Kulturzentrum, Museum, Musikschule, Parteien, Schulamt, alle Schulen, Theater, Volkshochschule, Zeitung, Zeitzeug_innen, etc. So werden die Akteur_innen vor Ort angeregt, eingebunden und vernetzt. Insbesondere in kleinen Orten in Ostdeutschland fehlt oft eine bunte Landschaft an Initiativen, Vereinen und Projekten. Nicht selten entstehen auf diesem Weg tragfähige Strukturen für weitere Aktivitäten zur Stärkung zivilgesellschaftlichen Engagements in der Kommune.

Viele Trägerkreise organisieren auch thematisch passende Lesungen, Filmvorführungen, Konzerte, Vorträge, Stadtrundgänge, Studienfahrten. Dabei wird auf schon bestehende Angebote und Expert_innen zurückgegriffen sowie eine Reihe neuer Aktivitäten gestartet. Oft werden Menschen zu Engagement angeregt und eingeladen, die sich bisher gar nicht oder wenig eingebracht haben und auf der Suche nach einem spannenden Projekt waren. Besonders schön ist es, wenn das Rahmenprogramm eine jugendliche Note hat, zum Beispiel durch Schülerwettbewerbe, lokale Spurensuche-Projekte oder besondere Aktivitäten der Schulen. Auch die Begegnung der Generationen kann gezielt gefördert werden, etwa durch ein Erzählcafé oder einen Familiennachmittag.

ÖFFENTLICHE WIRKUNG NEUER PROJEKTE Mit dem neu entwickelten Comic »Die Suche« landete das Anne Frank Zentrum zum ersten Mal in seiner Geschichte in der Bild-Zeitung (»Hitler-Comic«) und erregte auch darüber hinaus große öffentliche Aufmerksamkeit. Die Fragen, die der Comic aufwirft, lassen sich bündeln unter dem Titel eines Fachartikels: »Holocaust im Comic – Tabubruch oder Chance?«[2]. Der Comic »Die Suche« erzählt rückblickend die fiktive Geschichte der jüdischen Familie Hecht während der Zeit des Nationalsozialismus. Die Geschichte lässt die Handlungsspielräume von Täter_innen, Zuschauer_innen, von Verfolgten und ihren Helfer_innen anschaulich werden: Die Figuren der Geschichte befinden sich in Dilemmasituationen und müssen sich entscheiden.

Der Comic durchlief eine Testphase an verschiedenen Schulen: Insgesamt 18 Klassen (7. bis 10.) waren an dem Pilotprojekt beteiligt und testeten die

Graphic Novel im Geschichtsunterricht. Vertreten waren Gymnasien, Real- und Hauptschulen sowie Gesamt- und Sonderschulen aus Berlin und Nordrhein-Westfalen. Ziel des Projekts war es zu ermitteln, ob in Deutschland Bedarf, Interesse und Offenheit für die Graphic Novel »Die Suche« und das ergänzende Unterrichtsmaterial bestehen. Gleichzeitig wurden Anregungen und Kritik gesammelt, um die Arbeitsmaterialien an die Rahmenbedingungen und Besonderheiten des Unterrichts zum Nationalsozialismus und Holocaust in Deutschland adaptieren zu können. Für den Praxistest wurden Fragebögen an die Schüler_innen verteilt und ausgewertet sowie Interviews mit Lehrer_innen geführt. Hinzu kamen Unterrichtshospitationen und Experteninterviews. Dies machte es möglich, Chancen und Grenzen der Arbeit mit der Graphic Novel und dem Arbeitsheft auf einer breiten Datenbasis einzuschätzen.

Deutlich wurde, dass Schüler_innen in Auseinandersetzung mit der Graphic Novel neben Faktenwissen auch ein vertiefendes emotional-reflexives Wissen erwerben können. So ermöglicht die Arbeit, Empathie mit den verschiedenen Charakteren und einen individuellen und multiperspektivischen Bezug zur Geschichte des Holocaust zu entwickeln. Der Schwerpunkt der Arbeitsmaterialien auf soziale Rollen erwies sich vor allem dann als produktiv, wenn ein emotionaler Zugang gelang. Eine solche emotionale Öffnung erfolgte umso weniger, je stärker sie von den Lehrkräften erwartet und eingefordert wurde. Viele Arbeitsaufträge fordern die Jugendlichen auf, sich zu bestimmten Fragen zu positionieren und bieten damit eine Grundlage für vertiefende Diskussionen. Gerade diese Aufgaben wurden von einigen Jugendlichen als schwierig bewertet, zugleich aber auch als spannend und wichtig. Als ausgesprochen problematisch erwies sich die Auseinandersetzung mit Täterschaft. Lehrkräfte wie Jugendliche zeigten sich oft sehr verunsichert. Vermutlich liegt es daran, dass sowohl Lehrkräfte als auch Jugendliche in Deutschland beim Sprechen über NS-Täter in eine prekäre Situation geraten, weil sie wissen oder vermuten, dass Mitglieder der eigenen Familie darunter waren. Zudem fiel auf, dass den Mitläufer_innen und Zuschauer_innen ein hohes Maß an Verständnis entgegengebracht wurde. Gleichzeitig beurteilten viele Jugendliche das Verhalten der Helfer_innen zwar als positiv, sagten aber auch, dass Hilfe aufgrund der drohenden Bestrafung von niemandem erwartet werden könne.

Diese Punkte gilt es bei der Adaption des Materials zu berücksichtigen und eine quellenkritische Perspektive im Arbeitsheft zu verankern. Die Fähigkeit, Quellen und Begriffe zu hinterfragen, ist eine wesentliche Voraussetzung für den kritischen und reflektierten Umgang mit Geschichte. Zudem lässt sich so auch die Widersprüchlichkeit unterschiedlicher Perspektiven und somit die Komplexität des historischen Geschehens nachvollziehen und die Tradierung von Geschichte als Deutung von Quellen thematisieren. Die Graphic Novel »Die Suche« hat dabei ein besonderes Potenzial: Fragen nach Darstellung, Darstellbarkeit und Perspektivität lassen sich hier im wahrsten Sinne des Wortes anschaulich bearbeiten.[1] Das ungewohnte Medium schafft diese Fragestellungen erst.

Die Ergebnisse wurden auf einer Fachtagung vor rund 150 Teilnehmenden präsentiert. Dazu wurden in Vorträgen, einer Podiumsdiskussion und in verschiedenen Workshops Fragen der pädagogischen Arbeit mit Graphic Novels zum Thema Holocaust intensiv diskutiert.

In Zukunft muss die Vermittlung von Geschichte vor dem Hintergrund der Globalisierung gedacht werden. Im so genannten ›global village‹ ist die Welt enger zusammengerückt, dadurch treten die Unterschiede zwischen Arm und Reich, Jung und Alt, Mehrheit und Minderheit klarer ans Licht. Besonders Jugendliche werden so deutlich und so früh wie nie mit globalen Fragestellungen konfrontiert. Das birgt große Chancen, erhöht aber gleichzeitig auch das Bedürfnis nach Orientierung und erfordert starke Diskurs – und Meinungsbildungskompetenzen. Die bisherigen Ansätze von Interkulturalität, Multiperspektivität und Diskursivität müssen also ausgedehnt und vertieft werden.

1 Anne Frank Zentrum Berlin (Hg.), Mehrheit, Macht, Geschichte: 7 Biografien zwischen Verfolgung, Diskrimimierung und Selbstbehauptung; interkulturelles Geschichtslernen: Interviews, Übungen, Projektideen, Mülheim an der Ruhr 2007.
2 Vgl. Holocaust im Comic – Tabubruch oder Chance?, in: Gegen Vergessen, für Demokratie: Informationen für Mitglieder, Freunde und Förderer des Vereins Gegen Vergessen – Für Demokratie e.V., 58 (2008), S. 4-9.

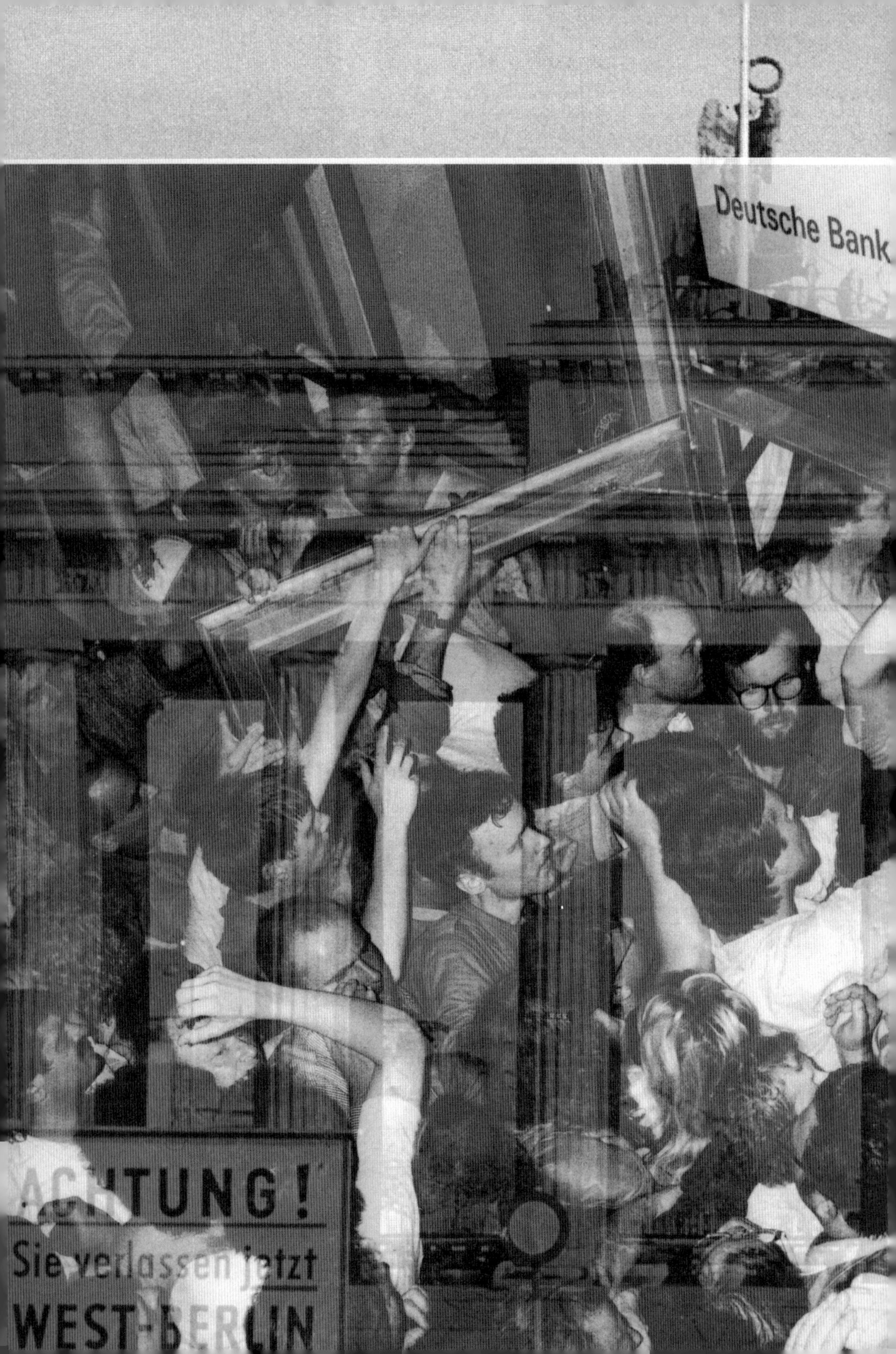
Deutsche Bank
ACHTUNG!
Sie verlassen jetzt
WEST-BERLIN

MUSEUM BEWEGT GESCHICHTE

Dimensionen der Vermittlung: Das Jüdische Museum Berlin[1] THORSTEN BECK

Man denke sich ein Museum, das vollkommen leer eröffnet wird. Keine Ausstellung, keine Vitrinen, keine Objekte, keine Texte. Nichts, das durch oder von Objekten erzählt würde – reine, sauber gefegte Räume. Licht, Wände und Fenster. Käme es nicht einer Überraschung gleich, sollte ein solches Museum dann schließlich auch noch einen Besucheransturm erleben, sollten Tausende Menschen in eben diesen leeren Räumen auf Erkundung gehen? Was würden sie suchen, was vorfinden, was würde sie bewegen?

Eben diese Situation ist bekanntlich im Jüdischen Museum Berlin eingetreten. Oder genauer, sie ist im leeren, noch nicht als Museum eingerichteten Libeskind-Bau eingetreten. Lange vor der eigentlichen Eröffnung der Dauerausstellung zu »Zwei Jahrtausenden deutsch-jüdischer Geschichte« war es dem Publikum möglich, die weiß getünchten Flure zu begehen, sich ein Bild von der symbolträchtigen

Architektur des us-amerikanischen Architekten Daniel Libeskind zu machen. Rund 350.000 Besucher nahmen das Angebot an und folgten den gewundenen Gängen, wurden beim Blick durch die Fensterbänder, die sich wie Narben über das Gebäude ziehen, nachdenklich – und manche erlebten den Besuch in der unbewohnten Architektur vielleicht auch als den Besuch eines Mahnmals. Es ist nicht selten, dass Gäste, die das Haus im »leeren Zustand« kennengelernt haben, über ein ergreifendes Erlebnis berichten.

Ganz bewusst hat der Architekt den Entwurf als Chance begriffen, nicht nur einen funktionstüchtigen Museumsbau zu konzipieren, sondern die Dimensionen der deutsch-jüdischen Geschichte gestalterisch festzuschreiben. Geschichte übersetzt in Stahl, Glas und Beton. Die Leerstellen, das Unwiederbringliche, die vielen ausgelöschten Leben – wie ein Schnitt zieht es sich durch den Bau. Es wundert kaum, dass auch Jahre nach der Eröffnung des Museums viele Besucher das Haus nicht zuletzt aufgrund der Architektur besuchen.

Ob der Gast, der den Exil-Garten und seine Betonstelen durchschreitet, mit dem Gefühl der Heimatlosigkeit und Entwurzelung konfrontiert wird, ob er im beklemmenden Dunkel des Holocaust-Turms Klaustrophobie und Ausweglosigkeit spürt, oder ob er in die Voids blickt – das Gebäude selbst macht den Museumsbesuch an vielen Stellen zu einem emotionalen und für manchen Besucher verstörenden Erlebnis.

Noch bevor also die Aneignung und Präsentation von Geschichte im Museum im Sinne einer Reflexion seiner Zwecke und Ziele überhaupt gedacht wird, ist ein erstes, materielles Statement zur Auffassung von Geschichte als unumgängliche Tatsache implementiert.

Mit der Errichtung des Jüdischen Museums Berlin und der Eröffnung der Dauerausstellung wurde eine zentrale Institution ins Leben gerufen, die sich der deutsch-jüdischen Geschichte von ihren Anfängen bis in die Gegenwart widmet. Grundsätzliches Ziel der Museumsarbeit ist es, den Blick auf die lange Tradition und die Vielfalt jüdischen Lebens in Deutschland im Laufe der Zeit zu öffnen. Neben der chronologisch-historischen Verortung und der Erläuterung kultureller Grundbegriffe des Judentums konzentriert sich das Museum vor allem auf persönliche Lebenserinnerungen und zeigt anhand zahlreicher Biografien und Objekte, was es früher bedeutete und was es heute bedeutet, als Jude in einer mehrheitlich nichtjüdischen Gesellschaft zu leben. Darüber hinaus versteht sich das Jüdische Museum Berlin als Institution, die Demokratie und Toleranz in Deutschland, aber auch über die Grenzen des Landes hinaus fördern und entwickeln helfen will.[2] »Die Planung der Inhalte und Programme des Museums und die Strukturierung und Gewichtung seiner Abteilungen waren ganz wesentlich von dem Ziel bestimmt, ein Museum zu schaffen, das sich an ein breites Publikum richtet.«[3]

Der Blick in die Geschichte ist dabei nicht Selbstzweck, die Vergangenheit wird nicht nur dokumentiert und verwaltet, sondern für den Besucher stellt sich – zwischen den Zeilen – die Frage nach den Lehren, welche sich aus der Vergangenheit ableiten lassen. Um es mit den Worten Werner Michael Blumenthals, des Gründungsdirektors des Jüdischen Museums Berlin zu fassen:

»The Museums raison dêtre arises from the past – a past which gives it its political significance, which I believe to be very great. But it is to the world of today that the museum must contribute, and it is upon this measure that I ask you to consider [...] the Museums presence on the German cultural landscape.«[4]

Um dieses Ziel zu erreichen, bemüht sich das Museum stets um neue Impulse und Wege, sein Publikum anzusprechen. Im Folgenden möchte ich mich anhand von zwei ausgewählten Beispielen der Vermittlung von Geschichte im Museum nähern.

GEHÖRTE GESCHICHTE »Ein Baum steht am Anfang unseres Rundgangs – ein Granatapfelbaum. Im Mittelmeerraum wird er seit Jahrhunderten kultiviert, in unseren Breiten könnte er nicht überleben. Seine aromatische Frucht ist als Delikatesse beliebt und spielt in antiken Mythen, aber auch in der Tora, der jüdischen heiligen Schrift, eine wichtige Rolle. Als Zeichen für den Reichtum des Landes zierte der Granatapfel im alten Israel den Tempel von Jerusalem. Am jüdischen Neujahrsfest wünscht man sich ein süßes Jahr und erhofft von jedem so viele gute Taten, wie die Frucht des Granatapfels Kerne hat.«

Mit diesen Worten werden jene Besucher, die sich dafür entschieden haben, das Museum mittels eines Audioguide zu erschließen, zu Beginn der Dauerausstellung begrüßt. Der Granatapfelbaum als positiv konnotiertes Symbol, welches den Gast willkommen heißt und ihm die Möglichkeit gibt, gute Wünsche auf papierne Granatäpfel zu schreiben und in den Baum zu hängen – ein erstes interaktives Element in einer Ausstellung, die sich auf vielfältige Weise um die direkte Ansprache der Besucher bemüht. Die etwa dreieinhalbstündige Hörführung[5], welche die Gäste durch die Ausstellung begleitet, ist gleichzeitig ein sprechendes Beispiel für den Versuch, Zusammenhänge allgemeinverständlich und kompakt abzubilden. Die Art und Weise, in der eine Audioführung Geschichte vermittelt, ihre Möglichkeiten und Grenzen sollen daher etwas näher betrachtet werden.

Als kulturhistorische Institution präsentiert das Jüdische Museum Berlin Themen, welche für einen Großteil der Besucher nicht zur alltäglichen Erfahrungswelt zählen. Dies hat für die Vermittlung von Inhalten weitreichende Konsequenzen. Ziel ist es, dass auch Gäste ohne Vorkenntnisse das Dargestellte gut verstehen können. So wichtig Vereinfachung für die museale Vermittlung sein mag, so sehr stellt sich die Frage, welche Auswirkungen dies etwa für den Text oder für die wissenschaftliche Genauigkeit und den Gehalt dargestellter Geschichte haben kann?

Dabei – und das ist für Mitarbeiter von Museen eine besondere Herausforderung – hat sich die Erkenntnis durchgesetzt, dass Hörstücke in der Regel die Dauer von 90 Sekunden für eine Erwachsenenführung und 60 Sekunden für eine Kinder- und Jugendlichenführung nicht überschreiten sollten. Längere Beiträge können dazu führen, dass das Hörstück unterbrochen, bzw. die Führung abgebrochen wird. Dies wiederum begrenzt die Menge dessen, was über ein Objekt, einen historischen Abschnitt oder eine Biografie gesagt werden kann, deutlich. Hinzu kommt, dass der benutzerfreundliche Hörtext auf manche Details, wie Zahlen oder Fremdworte, weitgehend verzichtet. Bei der Fülle der möglichen

Informationen, die über ein Museumsobjekt in der Regel bekannt sind, wird bald deutlich, dass sich ein Hörtext so auf wenige aussagekräftige, dafür aber pointierte Aussagen zu beschränken hat. Ein weiteres Spezifikum ist, dass es neben dem inhaltlichen Drehbuch einer Rhythmisierung des gesprochenen Wortes bedarf. Dazu gehören zum Beispiel angemessene Pausen, die ein angenehmes Hörerlebnis erst ermöglichen und den Raum schaffen, das Gehörte zu verinnerlichen. Im Rahmen einer Audioführung können Pausen indes nur in Form alternativer akustischer Signale angeboten werden, wie zum Beispiel durch Musik oder Klang-Collagen. Darüber hinaus empfiehlt sich der Wechsel zwischen weiblicher und männlicher Stimme. Ziel dieser Bemühungen ist es, den Nutzer für das Angebot zu öffnen und ihn konstant neugierig zu halten, ihn anregend zu informieren. Daher braucht es für jeden einzelnen Text einen individuellen inhaltlichen Zugang, ein eigenes Drehbuch, einen unerwarteten »Wow-Effekt« oder überraschende Originaltöne, unterhaltsame Interviews, effektvolle Sounds. Auf einer Strecke von über hundert Hörstücken, so wie im Jüdischen Museum, wird darüber hinaus konstant mit der Textlänge experimentiert, um einen Gewöhnungseffekt beim Besucher von vornherein auszuschließen. Je weniger der Hörer ahnt, was ihn als Nächstes erwartet, je öfter er überrascht wird, desto wahrscheinlicher wird er weitere Beiträge hören wollen. Der Hörer darf aber weder über- noch unterfordert werden. Auch ein Zuviel an Medien und Unterhaltung kann zu einem disparaten Eindruck führen.

Geschichte, so wie sie im Jüdischen Museum Berlin im Rahmen der Hörführung erzählt wird, basiert auf den wissenschaftlichen Erkenntnissen, die über Epochen, Orte oder Objekte zugänglich sind, kann aber, wie gerade gehört, manche für die Wissenschaft relevante Daten nicht eins zu eins auf das Medium übertragen. Dies schon allein deshalb nicht, weil ein Hörtext sich fundamental von jedem geschriebenen Text unterscheidet und weil die Aufnahmefähigkeit von nur gehörten Texten begrenzt ist. Hier ist es die Aufgabe des Museums, eine Auswahl zu treffen und Übersetzungsarbeit zu leisten, um ein möglichst breites Publikum zu erreichen.

BEWEGTES MUSEUM Instrumente, um den Besucher anzusprechen, um das Interesse zu wecken und um die Bedürfnisse des potentiellen Klientels zu evaluieren, hat das Jüdische Museum Berlin reichlich entwickelt. Mit etwa 700.000 Besuchern im Jahr gehört es zu den erfolgreichsten in Deutschland. Für eine nachhaltige Museumsarbeit ist es relevant zu wissen, wer die Besucher eigentlich sind.[6] Aus der Besucherforschung gewinnt die Institution wertvolle Hinweise für die strategische Ausrichtung in der Zukunft, auch wenn die Orientierung an den Besuchern klare Grenzen hat:

»Besucherorientierung bedeutet Differenzierung des Profils eines Museums nach seinen eigenen Stärken und seiner Angebote nach Interessenschwerpunkten der Adressaten, aber nicht das Plebiszit durch die Besucher.«[7]

Das Ziel, neue Besuchergruppen zu erschließen, führt manchmal auch zu neuartigen, ungewöhnlichen Maßnahmen. So ist das Jüdische Museum Berlin im Jahr 2007 als eines der ersten Museen in Deutschland unter dem Titel »on.tour – Das JMB macht Schule« mit einem mobilen Angebot aufgebrochen, um Schüler in allen Bundesländern in das Gespräch über jüdische Kultur, deutsch-jüdische Geschichte und jüdisches Leben im Allgemeinen einzubeziehen. Der Initiative lag zunächst der Wunsch zugrunde, die ohnehin schon hohe Zahl der Schüler, welche das Jüdische Museum Berlin besuchen, weiter zu erhöhen bzw., wo möglich, jedem Schüler einmal in seiner Schulzeit die Gelegenheit zu geben, das Museum zu besuchen. So wurde im nächsten Schritt ein ambitioniertes Projekt in Angriff genommen, eine kleine Ausstellung konzipiert und produziert, durch welche Schüler_innen in ganz Deutschland unter Anleitung fachkundiger Museumsmitarbeiter angesprochen werden. Mit diesem Angebot unternimmt das Museum einen entschiedenen Schritt in Richtung seiner potentiellen Besucher. Es kann dabei nicht ausgeschlossen werden, dass dies für manche der Jugendlichen der erste und letzte Einblick in die Arbeit des Hauses bleiben wird. Dennoch können auf diesem Weg viele Menschen erreicht werden, die anders vielleicht nicht in Berührung mit dem Museum und seinen Botschaften kommen würden.

Wo neues Klientel erschlossen wird, müssen neue Wege und eine neue Sprache entwickelt werden. Es entspricht dem Selbstverständnis des Jüdischen Museums, dass vor allem die persönliche, pädagogische Ansprache, die Face-to-Face-Situation, Vorrang hat. Angewandte Geschichte bedeutet in diesem Fall also vermittelte Geschichte. Egal, ob bei der Szenografie einer Wechselausstellung, der Erstellung eines pädagogischen Workshops oder dem Programmieren eines digitalen Angebots: Eine angemessene, verständliche Synchronisation von Inhalt und Form muss das Ziel sein. Immer mehr ins Blickfeld rückt dabei die Bedeutung emotionaler Identifikationsprozesse und das weite Feld des spielerischen, affektiven Lernens[8].

DIE ZUKUNFT DES ERINNERNS Am Ende steht die Frage, was aus Sachverhalten wird, wenn sie einen Übersetzungsprozess durchlaufen, auf ihr Zielpublikum hin zugeschnitten werden? Wie viel Vereinfachung verträgt ein Thema, wo lassen sich Medien sinnvoll in den Dienst der Vermittlung von Geschichte und Kultur integrieren und wie werden die geschichtlichen Zusammenhänge eigentlich vom Publikum aufgenommen? Oder noch allgemeiner gefragt: »Was kann, was soll ein Museum in Bezug auf die Vermittlung von Geschichte eigentlich leisten?«

Muss sich das Geschichtsmuseum tatsächlich, wie Günther R. Mittler meint, daran messen lassen, »ob historische Ausstellungen heute überhaupt noch ein zeitgemäßes und damit auch wirksames Instrument zur Erschaffung und Erhaltung nationaler Identität sind [...]«[9]? Die vorwiegende Aufgabe des historischen Museums wäre es somit, Bewusstsein auf nationaler Ebene zu formen? Müsste man angesichts solch weitreichender Aspirationen nicht mit Rosmarie Beier-de Haan fragen: »Wie sicher kann man sein, dass sich das Subjekt noch im klassischen Sinne eines gefestigten, stabilen Selbst konstituiert? Wie soll ferner Erinnerung handlungsleitend für die Zukunft sein, wenn diese selbst immer mehr als kontingent betrachtet wird? Ist es womöglich gar nicht die konstruktive Kraft der Erinnerung, die der Identitätsbildung dient, sondern die Inszenierung von Geschichte, die der Identitätsbildung und -stabilisierung dient?«[10] Wäre auf diesem Umwege das Verhältnis musealer und akademischer Geschichtsaneignung annähernd charakterisiert? Das Museum wäre also ein Akteur, der über Inszenierungen Identitäten prägt? Oder liegt der Unterschied, wie Borsdorf konstatiert, »[...] im bewahrenden Gestus [des historischen Museums], verallgemeinernd gesagt in modo nostalgico [...]«[11], während die Geschichtswissenschaft analytisch und kritisch forschend sich verhält? Ob das Bewahren die wichtigste unter den musealen Kerndisziplinen ist, sei dahingestellt, in jedem Fall wird auf das Forschen, Vermitteln und Ausstellen in vielen Museen ebenso Wert gelegt.

Die Erwartungen an die pädagogische Wirkungsmacht der Institution sind, so viel darf man festhalten, ungebrochen groß, auch wenn die Konkurrenz und der wachsende Einfluss anderer Medien gern zitiert wird. Wo Szenografie, Inszenierung und Einsatz innovativer Techniken seit Jahren zum guten Ton gehören, kann inzwischen vielleicht auch der Unterhaltungswert der Institution Museum im weitesten Sinne zu einem Instrument im Dienste der Vermittlung gezählt werden. Dass die zitierten Formen der Popularisierung von musealen Inhalten für die Institution Museum, je nachdem, wie sich der einzelne Akteur versteht, auch eine Gratwanderung darstellen kann zwischen Seriosität und Ausverkauf des eigenen Anspruchs, hat Philipp Blohm in der »Zeit« reichlich sarkastisch umschrieben:

»Touristen und andere Verbraucher wollen unterhalten werden. Je einfacher und antiseptischer die Präsentation, desto größer die Einnahmen. So haben viele Museen ein Gutteil ihrer alten, prall gefüllten Glaskästen weggepackt und präsentieren jetzt eine konsumfreundliche Story-Version ihrer Exponate, auf ein Minimum zusammengeschrumpft und optimal aufbereitet durch Computeranimationen, Audio und Video. Didaktik-Entertainment mit echten Requisiten.«[12]

Mit etwas weniger schrillen Farben gemalt, muss die Öffnung hin zu neuen Medien und Vermittlungsformen vielleicht auch nicht unbedingt als das Ende des Abendlandes beklagt werden, sondern kann als Chance begriffen werden, im geeigneten Moment ein Publikum gezielt und verständlich anzusprechen. »Eine museale Auseinandersetzung mit Geschichte kann nämlich nur dann erfolgreich sein, wenn über den wissenschaftlichen Rahmen hinaus die Chancen und Risiken des Mediums reflektiert und in die Arbeit einbezogen werden.«[13], so Kristiane Janeke.

Für das Jüdische Museum Berlin sind die vielen sehr persönlichen Geschichten, die es erforscht und bewahrt, ein wichtiges Anliegen und gesellschaftliches Erinnern heißt zugleich, sich Gehör zu verschaffen und Stellung zu beziehen zu einer Auffassung von Gesellschaft, zu ihren Werten. Um noch einmal Michael Blumenthal zu zitieren:

»Will the memory evolve in ways that will allow future generations of Germans and Jews to come to terms with their own particular trauma of inherited historical experience in a positive and constructive manner? Or will memory be reduced to slogans and empty rituals to escape its transcendental meaning, rather than faced and learnt from? [...] As James Young has put it in reference to the debate over the Mahnmal: Will the memory merely embalm the past, or keep it alive and responsive to contemporary issues?«[14]

Die Vergegenwärtigung von Geschichte – im Sinne eines aktiven Beitrages zur Gestaltung einer lebenswerten Gesellschaft – sollte das Interesse derjenigen bleiben, die sich ihrer bemächtigen.

1 Die folgenden Ausführungen stellen nicht die offizielle Meinung des Jüdischen Museums Berlin dar, sondern reflektieren ausschließlich die Position des Autors.

2 So hat das Jüdische Museum Berlin im März 2007 in Kooperation mit Human Rights Watch aufgrund der anhaltenden Morde und Menschenrechtsverletzungen in Darfur eine internationale Konferenz und zwei Ausstellungen nebst pädagogischem Begleitprogramm ins Leben gerufen. Siehe: www.juedisches-museum-berlin.de/darfur/.

3 Krüger, Maren, Das Jüdische Museum Berlin – Zwischen Wissenschaft und Besucherorientierung, in: Kühberger, Christoph/Lübke, Christian/Terberger, Thomas (Hg.), Wahre Geschichte – Geschichte als Ware. Die Verantwortung der historischen Forschung für Wissenschaft und Gesellschaft. Beiträge einer Internationalen Tagung vom 12. bis 14. Januar im Alfried Krupp Wissenschaftskolleg Greifswald, Rahden/Westf., 2007, S. 155.

4 Blumenthal, Werner Michael, in: Jahresbericht des Jüdischen Museums Berlin, 2001/2002, S. 20.

5 Die dreieinhalb Stunden Laufzeit beziehen sich auf eine Sprache. Neben Deutsch ist das Angebot zusätzlich auf Englisch, Französisch, Spanisch, Italienisch, Russisch, Japanisch und Hebräisch vorhanden.

6 Diese Erkenntnisse gewinnt im Jüdischen Museum Berlin die Abteilung für Besucherforschung, durch die zu planende Projekte auf ihr Potential geprüft und vollendete Projekte auf ihre Ergebnisse befragt werden. Als ein Beispiel: Durch eine Herkunftsanalyse der Besucher konnte bestimmt werden, welche Sprachangebote sich im Rahmen eines Museumsinformationssystems am ehesten anbieten.

7 Graf, Bernhard, Ausstellungen als Instrument der Wissensvermittlung? Grundlagen und Bedingungen, in: Museumskunde 68, H1, 2003, S. 75.

8 Vgl. Ludwig J. Issing, Paul Kinsa (Hg.), Online-Lernen. Handbuch für Wissenschaft und Praxis, München 2009, welches einen guten interdisziplinären Einblick in den Bereich des interaktiven Lernens gibt.

9 Mittler, Günther R., Neue Museen – neue Geschichte?, in: »Das Parlament« mit der Beilage »Aus Politik und Zeitgeschichte«, siehe: www.das-parlament.de/2007/49/Beilage/003.html

10 Beier-de Haan, Rosmarie, Erinnerte Geschichte – Inszenierte Geschichte. Ausstellungen und Museen in der Zweiten Moderne, Frankfurt a. M., 2005, S. 39.

11 Borsdorf, Ulrich/Grütter, Heinrich Theodor/Rüsen, Jörn (Hg.), Die Aneignung der Vergangenheit. Musealisierung und Geschichte, Bielefeld, 2005, Einleitung S. 8.

12 Blom, Philipp, Schafft die Museen ab, in: Die Zeit, 03.01.2008, Nr. 02.

13 Janeke, Kristiane, »Nicht gelehrter sollen die Besucher eine Ausstellung verlassen, sondern gewitzter«. Historiker zwischen Theorie und Praxis, in: Zeithistorische Forschungen/Studies in Contemporary History, Online-Ausgabe, 4 (2007), H. 1+2, www.zeithistorische-forschungen.de/16126041-Janeke-2-2007, Abschnitt 2.

14 Blumenthal, Werner Michael in: Dornseifer, Gerhard/Schallenberg, Angelika, Art Projects. Synagoge Stommeln, Kunstprojekte, Ostfildern-Ruit, 2000, S. 34.

GESCHICHTE UND GESCHICHTS-LERNEN IN ZEITEN DES WEB 2.0

Das Webportal *www.lernen-aus-der-geschichte.de* THOMAS SPAHN

Das mehrsprachige Webportal www.lernen-aus-der-geschichte.de ist eine Informations- und Kommunikationsplattform für Geschichtslehrer_innen, Pädagogen und Multiplikatoren der außerschulischen Bildungsarbeit in Deutschland und Europa. Das Projekt hat seinen Sitz am Institut für Gesellschaftswissenschaften und historisch-politische Bildung an der Technischen Universität Berlin und befindet sich in Trägerschaft des Vereins Lernen aus der Geschichte e. V.

Die Entwicklung des Internets zu einem »Web 2.0«[1] bringt vielfältige Potenziale und Herausforderungen für die Darstellung von Geschichte im World Wide Web, das Geschichtslernen im Internet und die (zukünftige) Geschichtsforschung mit sich. In diesem Zusammenhang sieht sich auch »Lernen aus der Geschichte« vor neue Herausforderungen gestellt. Das Webportal reagiert auf die Entwicklungslinien zum »Netz der Nutzer«, indem die bewährten Inhalte um neue thematische

Schwerpunkte und Angebote erweitert und ab Sommer 2009 in einem neuen Webportal www.lernen-aus-der-geschichte.de zusammengeführt werden.

WWW.LERNEN-AUS-DER-GESCHICHTE.DE – HINTERGRUND, ZIELE, INHALTE Das Webportal basiert auf der im Jahr 2000 veröffentlichten deutsch- und englischsprachigen CD-ROM »Lernen aus der Geschichte. Projekte zu Nationalsozialismus und Holocaust in Schule und Jugendarbeit«.[2] Im zeitlichen Umfeld der Eröffnung des US Holocaust Memorial Museums in Washington/D. C. sowie des öffentlichen Diskurses über die Erinnerung an den Holocaust in den 1990er Jahren zielte das u. a. vom Goethe-Institut und Presse- und Informationsamt der Bundesregierung geförderte Projekt darauf ab, die Praxis historisch-politischer Bildung zum Nationalsozialismus und Holocaust in Deutschland zu dokumentieren. Die CD-ROM veranschaulichte anhand von 50 multimedial aufbereiteten Projektbeispielen aus allen Bundesländern, mit welchen Methoden und Themenschwerpunkten sich Kinder, Jugendliche und junge Erwachsene in Schulen, Gedenkstätten und anderen Lernorten mit der Zeit des Nationalsozialismus und des Holocaust auseinandersetzen. Dabei wurde besonderer Wert darauf gelegt, die Unterschiede zum Konzept der »Holocaust Education« und dessen Curricula in den USA herauszustellen.[3]

Die Inhalte der Publikation wurden ab 2001 in das gleichnamige Webportal übertragen. Nachdem dieses zunächst um eine spanische und eine polnische Sprachversion erweitert werden konnte, ging im Jahr 2004 eine eigenständige polnische Website online.[4] Das von der KARTA Stiftung in Warschau betreute Webportal dokumentiert historisch-politische Bildung in Polen zum Themenkomplex »Krieg: Okkupationen, Widerstand, Völkermord und Aussiedlungen«. Es wird, wie auch das deutsche Partnerportal, seit 2004 von der Stiftung »Erinnerung, Verantwortung und Zukunft« gefördert.

Analog zur CD-ROM setzt sich das Webportal »Lernen aus der Geschichte« zum Ziel, die Praxis projektorientierter historisch-politischer Bildung in Form von ausführlich und multimedial dokumentierten Good bzw. Best Practice Beispielen darzustellen. Darüber hinaus verfolgt das Webportal einen Ansatz, der in Bezug auf die Zielgruppe stark anwendungsorientiert ist. Die Praktiker_innen der Geschichtsvermittlung werden in ihrer Arbeit unterstützt, indem sie zum einen auf erfolgreiche Projektbeispiele, umfangreiche Arbeitsmaterialien sowie weitere, teils interaktive, Informations- und Beratungsangebote zurückgreifen können. Zum anderen haben sie die Möglichkeit, in einen Dialog mit (inter) national tätigen Kolleg_innen einzutreten. Die mehrsprachige Anlage des Webportals sowie der hohe Anteil vorgestellter bi- und multinationaler Projekte unterstreichen den Stellenwert des internationalen Austauschs über Fragen und Methoden der Geschichtsvermittlung für »Lernen aus der Geschichte«. Wie sehen nun die konkreten Inhalte des Webportals aus, um die genannten Ziele zu erreichen?

Im Bereich der Projektdarstellungen haben die Nutzer_innen die Möglichkeit, Hinweise auf eigene Projekte zu veröffentlichen, Projektpartner zu suchen und mit den Verantwortlichen der rund 90 ausführlich dargestellten Projekte in Kontakt zu treten. Ein News-Bereich informiert über aktuelle Veranstaltungen,

Publikationen sowie relevante Medienangebote im Internet, TV und Radio. Thematisch liegt der Schwerpunkt bei Fragen der Geschichtsvermittlung, insbesondere zu den Themen Nationalsozialismus und Holocaust, aber auch anderen Themenfeldern der Geschichte des 20. Jahrhunderts. Aus einem umfänglichen Angebot weiterer Informationen, z.B. zu Rahmenlehrplänen oder dem Geschichtsunterricht in anderen Ländern Europas, ist im Hinblick auf die unmittelbare Anwendung für Geschichtslehrer_innen zuvorderst ein Glossar mit Kurzeinträgen zu inhaltlichen Fachbegriffen und diversen methodischen Zugängen zu nennen.

Ein Beratungsangebot in Form einer Datenbank unterstützt Pädagogen bei einer nicht unwesentlichen Aufgabe im Rahmen historischer Projektarbeit – der Suche nach Fördermitteln.[5] Die Datenbank umfasst die öffentlichen und privaten Einrichtungen, die für die Förderung von Projekten im Bereich der historisch-politischen Bildung relevant sind, und ermöglicht eine detaillierte Suche nach Fördermitteln im nationalen wie internationalen Kontext. Bei einem weiteren Beratungsangebot wird der derzeit höchste Grad an Interaktivität des Webportals erreicht. In einem Online-Beratungsmodul können sich die Nutzer_innen mit methodisch-didaktischen Fragen an die bei »Lernen aus der Geschichte« tätigen Expert_innen wenden. Seit Start des Moduls Ende 2007 gehen jede Woche mehrere Beratungsanfragen ein. Da viele der Anfragen von wiederkehrender Natur sind – etwa die Frage nach den Vermittlungsmöglichkeiten der Geschichte des Holocaust im Grundschulalter – und zusammen mit den Expertenantworten einen hohen Informationswert besitzen, sollen diese Fragen und Antworten in Zukunft online veröffentlicht werden.

Eine Zusammenstellung von Unterrichtsmaterialien schließlich stellt gerade in Zeiten des Web 2.0 einen sinnvollen Service für Geschichtslehrer_innen dar. In Form eines Linkkatalogs verweist »Lernen aus der Geschichte« auf Arbeitsmaterialien und Quellen, die im Internet verfügbar sind. So können die Nutzer_innen auf sorgfältig recherchierte, verlässliche Materialien zurückgreifen, statt diese selbst in den Weiten des World Wide Web recherchieren zu müssen. Diese Vorauswahl stellt angesichts der stetig ansteigenden Informationsmenge des WWW und der Problematik, die Verlässlichkeit von Inhalten zu bewerten, einen großen Mehrwert dar. Beide Faktoren werden durch das Hauptprinzip des Web 2.0 – die Generierung von Inhalten durch die Nutzer selbst – noch verstärkt.

Wie wirkt sich diese Entwicklung auf Geschichtsdarstellungen und das Geschichtslernen im Internet aus? Entwickeln sich aus der anwachsenden Datenmenge des Internets gar neue Potentiale für die alltagsgeschichtliche Forschung zukünftiger Generationen? Diesen Fragen soll im Folgenden in kursorischer Form nachgegangen werden, bevor daran anschließend skizziert wird, wie das Webportal »Lernen aus der Geschichte« diese Veränderungen des Internets und der Internetnutzung nach einem vollständigen Relaunch aufgreifen wird.

GESCHICHTE UND GESCHICHTSLERNEN IM WEB 2.0 Nie war es so einfach wie heute, Inhalte im World Wide Web zu veröffentlichen. Ohne jegliche Programmierkenntnisse lassen sich Blogs[6] anlegen, Zeitungsartikel kommentieren, Einträge in der Online-Enzy-

klopädie Wikipedia vornehmen und verändern oder Videos und Fotos in soziale
Netzwerke wie www.youtube.com, aber auch die Online Community des US-Prä-
sidenten Barack Obama, www.my.barackobama.com, hochladen. Diese Tätigkeiten lassen sich unter dem bereits genannten Hauptprinzip des Web 2.0, »user-
generated content«, subsumieren. Diese Entwicklung wirkt sich auf die Art und
Weise aus, wie historische Inhalte im Internet dargestellt werden. Die vielfältigen
und zahlreichen neuen Internetangebote zur Geschichte und zur Geschichtsvermittlung belegen, dass das World Wide Web einen immer größer werdenden
Platz in der öffentlichen Geschichtskultur einnimmt.

Historische Internetangebote wie »klassische« Webauftritte von Museen, virtuelle Museen älterer und neuerer Provenienz[7], virtuelle Lernumgebungen[8] und
Geschichtsdossiers öffentlich-rechtlicher Fernsehsender werden derzeit durch
solche Webangebote ergänzt, die die Generierung von Inhalten durch die Nutzer_
innen in den Mittelpunkt stellen. Websites wie www.deinegeschichte.de (deutsch-
deutsche Geschichte), www.zeitzeugengeschichte.de (Geschichte des Nationalsozialismus) und www.einestages.de (Zeitgeschichte) haben gemein, dass
die zentralen Inhalte von den Nutzer_innen erstellt und online publiziert werden.
Dies sind zumeist Zeitzeugenberichte und Zeitzeugeninterviews in Gestalt
von Text-, Audio- oder Videobeiträgen. Während sich die beiden erstgenannten
Webportale explizit an eine jugendliche Zielgruppe wenden und auf die Schulung
fachspezifischer historischer Kompetenzen und Medienkompetenzen abzielen,
will »einestages«, das »Zeitgeschichte(n)-Portal von Spiegel Online«, »ein kollektives Gedächtnis unserer Gesellschaft aufbauen«.[9] Dieses ambitionierte Ziel
soll erreicht werden, indem die Nutzer_innen selbst »Geschichte schreiben«.[10] Im
Rahmen dieses Beitrags können weder die Erfolgsaussichten noch die Sinnhaf-
tigkeit dieser Unternehmung erörtert werden. Mit Blick auf das Potential des
Web 2.0 »für alltagsgeschichtliche Zugriffe der Zukunft«[11] erscheint es jedenfalls
problematisch, dass die Nutzer_innen ihre »Zeitgeschichten« – seien es Augen-
zeugenberichte vom Public Viewing während der Fußballweltmeisterschaft
2006 oder dem letzten Konzert der Kultband Nirvana 1994 – eigens für den Zweck
der Veröffentlichung verfasst haben. Die Chancen des »Netz der Nutzer« für die
zukünftige alltagsgeschichtliche Forschung sind eher in den nicht-historischen
Webinhalten der Nutzer_innen zu sehen. Einträge in Blogs, öffentliche Fotoalben
und Kommentare zu Zeitungsartikeln etwa führen dazu, »dass ein wesentlich größerer und breiter gestreuter Teil der Gesellschaft auswertbare Informationen zur
Analyse ihrer Zeit bereitstellt«.[12]

Welche Konsequenzen hat die Entwicklung zum Web 2.0 für das Geschichtslernen von Schüler_innen im Internet? An erster Stelle muss eine Forderung stehen,
die bereits im »Web 1.0« gültig war und durch das Prinzip nutzergenerierten
Wissens an Bedeutung zunimmt: Kinder und Jugendliche müssen in der Schule
die notwendigen Kompetenzen erwerben, im stetig wachsenden World Wide Web
Inhalte zu recherchieren, diese zu strukturieren und deren Zuverlässigkeit und
Relevanz für die eigene Fragestellung zu bewerten. Diese Forderung stellt eine allgemeine Herausforderung für schulische Bildung in der Informationsgesell-
schaft dar und ist zugleich Kern des historischen Arbeitens. Ein zeitgemäßer

Geschichtsunterricht, der sich notwendigerweise am Kompetenzerwerb der Lernenden orientiert,[13] kann und muss an dieser Stelle wichtige Funktionen übernehmen.

So erscheint es etwa sinnvoll, historische Wikipedia-Artikel als eine spezifische Erscheinungsform von Geschichte im Web 2.0 im Geschichtsunterricht zu thematisieren. Indem die Schüler_innen beispielsweise mit solchen Artikeln konfrontiert werden, die falsche, vielleicht sogar rassistische oder demokratiefeindliche Informationen enthalten, oder erfahren, dass von ihnen vorsätzlich verfälschte Artikel oft binnen Minuten wieder korrigiert werden, werden sie für die Probleme, aber auch die Vorzüge nutzergenerierten Wissens sensibilisiert. Zugleich können sie ihr Bewusstsein für den Konstruktcharakter historischer Darstellungen stärken. Darüber hinaus lassen sich Wikis[14] im Geschichtsunterricht einsetzen, um die Lernenden in den Kompetenzen zu fördern, ihre fachbezogenen, kooperativen Lernprozesse organisieren, reflektieren und deren Ergebnisse zu präsentieren und dokumentieren zu können.[15] Blogs können im Sinne eines Lernportfolios im Unterricht eingesetzt werden und ähnliche Funktionen für die individuellen Arbeits- und Lernprozesse der Schüler_innen übernehmen.

COMMUNITY & BLENDED LEARNING – ERWEITERUNG DES BEWÄHRTEN

Wie greift nun »Lernen aus der Geschichte« die geschilderten Entwicklungen des World Wide Web bei der Konzeption und Ausgestaltung des neuen Webportals www.lernen-aus-der-geschichte.de auf? Inwieweit werden Web 2.0 Elemente in die Website integriert? Im Folgenden werden abschließend die wichtigsten Erweiterungen des Webangebots skizziert. Diese lassen sich in zwei großen Bereichen zusammenfassen. Zum einen wird eine Lernplattform in das Webportal integriert, über die zielgruppen-orientierte Blended Learning Fortbildungen angeboten werden sollen. Zum anderen sollen die Nutzer_innen stärker an der Generierung der Portalinhalte beteiligt und der Austausch zwischen den Nutzer_innen gefördert werden. »Lernen aus der Geschichte« wird zu einer Online Community für Geschichtslehrer_innen und anderen im Feld der historisch-politischen Bildung tätigen Pädagogen. Die Inhalte der Nutzer_innen sollen dabei nicht für sich stehen, sondern in die redaktionellen Inhalte, deren hohe fachliche Qualität und Verlässlichkeit bisher den besonderen Ausweis des Webportals bilden, eingebunden werden.

Das Geschichtslernen im Internet wird einen der neuen thematischen Schwerpunkte des Webportals bilden. Im Blended Learning Modus – also in einer Kombination von Präsenzveranstaltungen und über eine Lernplattform organisierten Online-Phasen – werden Fortbildungen für Geschichtslehrer_innen zum Einsatz des Internets im kompetenzorientierten Geschichtsunterricht angeboten. Die Fortbildungsseminare folgen dem Prinzip der doppelten Vermittlungspraxis. Die Lehrer_innen wenden im Seminar Tools und Methoden des kooperativen Arbeitens im Internet an, reflektieren deren Anwendbarkeit im Geschichtsunterricht und erarbeiten sich erste denkbare Szenarien für die Einbindung in die eigene Unterrichtspraxis. Ein weiteres Ziel des Seminars besteht darin, eine über das Seminar hinausgehende Vernetzung der Teilnehmenden zu erreichen. Das kooperative Lernen in der Online-Phase kann eine Grundlage dafür schaffen, dass die Seminarteilnehmer sich durch webbasierten Erfahrungsaustausch in ihren weiteren »Gehversuchen« beim Interneteinsatz im Geschichtsunterricht unterstützen.

Kooperatives Arbeiten der Nutzer_innen ist auch Bestandteil des Community-Bereichs des Webportals. Die bewährten redaktionellen Angebote des Portals werden dort, wo es sinnvoll erscheint, um nutzergenerierte Inhalte ergänzt. So werden die Nutzer_innen dazu eingeladen, in der Community auf geeignete Unterrichtsmaterialien im WWW hinzuweisen und eigene Materialien zu veröffentlichen. Darüber hinaus erhalten sie die Möglichkeit, selbst Publikationshinweise zu verfassen und in einem offenen Terminkalender auf Veranstaltungen hinzuweisen. Die Beratungsanfragen an die Redaktion, die zumeist genereller Natur und somit auch für andere Praktiker_innen der historisch-politischen Bildung relevant sind, werden zusammen mit den Experten-Antworten online veröffentlicht. Zudem ist es denkbar, zunächst nur die Fragen zu veröffentlichen und deren Beantwortung den Nutzer_innen selbst zu überlassen. Im zentralen Bereich »Projekte« sollen die Nutzer_innen in einer Art »Marktplatz« in Form eines integrierten Blogs auf die Projekte ihrer Lerngruppen hinweisen, Projektergebnisse veröffentlichen (z. B. in Form von Videos, Links zu Schüler-/Projektblogs, der Schulwebsite etc.) und insgesamt in einen Austausch mit Kolleg_innen über projektorientiertes Geschichtslernen treten. Hier gilt es, eine ansprechende und leicht zu handhabende Oberfläche zu kreieren, damit das Webportal interessant wird gegenüber anderen Webangeboten oder der Alternative, sich für die Präsentation der Projektarbeit auf eigene Blogs oder die Schulwebsite zu begrenzen.

FAZIT UND AUSBLICK Neben der Anpassung an aktuelle Webstandards, insbesondere in Bezug auf die Multimedialität der Inhalte, macht die Entwicklung des Internets zum Web 2.0 einen Relaunch des Webportals www.lernen-aus-der-geschichte.de notwendig. Das bestimmende Prinzip dieser Entwicklung – die Generierung von Inhalten durch die Nutzer_innen des Internets selbst – wirkt sich u. a. auch auf die Darstellungen von Geschichte im World Wide Web und das Geschichtslernen im Internet aus. Darüber hinaus scheint die breitere Quellenbasis aufgrund des wachsenden Anteils nutzergenerierten Wissens an den Inhalten im WWW im begrenzten Maße auch die Geschichtsforschung zu beeinflussen. »Lernen aus der Geschichte« steht der Web 2.0 Bewegung nicht unkritisch gegenüber. So werden zwar eine Fülle von Web 2.0 Funktionalitäten in das 2009 online gehende Webportal integriert. Diese ersetzen jedoch nicht die redaktionellen Inhalte des aktuellen Portals, sondern ergänzen sie stattdessen. Dadurch kann »Lernen aus der Geschichte« das Alleinstellungsmerkmal eines Expertenportals für die historisch-politische Bildung in Deutschland und Europa, insbesondere für zeitgemäße didaktisch-methodische Konzepte zu den Themen Nationalsozialismus und Holocaust, bewahren, ohne auf sinnvolle Möglichkeiten von Web 2.0 – v. a. das kooperative Arbeiten und die Vernetzung der Zielgruppe – verzichten zu müssen. Abschließend sei auf den Experimentcharakter dieses Unterfangens hingewiesen: Den Mitarbeitenden des Webportals sind mit der Ausnahme des etablierten

Webangebots von www.lehrer-online.de keine weiteren Online-Communitys für Lehrer_innen mit einem großen Anteil an Web 2.0 Funktionalitäten bekannt. Ebenso gibt es bisher in Deutschland nur sehr wenige Blended Learning Angebote in der Lehrerfortbildung. Es gibt also hinreichenden Grund, auf die weitere Entwicklung von »Lernen aus der Geschichte« gespannt zu sein.

1   Der Begriff des »Web 2.0« wurde erstmals von Tim O'Reilley in seinem 2005 veröffentlichen Essay »What is web 2.0?« geprägt. Vgl. www.oreillynet.com/pub/a/oreilly/tim/news/2005/09/30/what-is-web-20.html, [27.11.2008]. Siehe unten für die wichtigsten Merkmale des Web 2.0.

2   Brinkmann, Annette u.a. (Hg.), Lernen aus der Geschichte: Projekte zu Nationalsozialismus und Holocaust in Schule und Jugendarbeit, Bonn 2000.

3   Vgl. zur Kritik der »Holocaust Education« Ehmann, Annegret, Holocaust in Politik und Bildung, in: Meinl, Susanne/Wojak, Irmtrud (Hg.), Grenzenlose Vorurteile. Antisemitismus, Nationalismus und ethnische Konflikte in verschiedenen Kulturen, Frankfurt/Main u.a. 2002, S. 41–67.

4   Vgl. www.uczyc-sie-z-historii.pl, www.aprender-de-la-historia.de und www.learning-from-history.de. Diese und alle weiteren in diesem Beitrag genannten Websites waren am 28.11.2008 online erreichbar.

5   Die Datenbank ist bisher aus technischen Gründen unter der Domain www.foerderung-geschichtsprojekte.de erreichbar. Im Zuge des Relaunchs 2009 wird die Datenbank in das neue Webportal integriert.

6   Blogs (eigentliche Langform: Weblogs) bezeichnen im WWW veröffentlichte Tagebücher. Sie können auch zur Strukturierung und zum Austausch von Informationen dienen und ersetzen zunehmend aufwändiger zu erstellende Websites. Auch ist ein Trend zu verzeichnen, dass sich Websites dem Aufbau von Blogs annähern.

7   Vgl. z. B. das Lebendige virtuelle Museum Online (www.dhm.de/lemo) oder das Virtuelle Museum Karlsruher Türkenbeute, www.tuerkenbeute.de.

8   Vgl. z. B. den Anne Frank Webguide www.annefrankguide.com.

9   www.einestages.spiegel.de/page/Home.html [Text unter der Hilfefunktion].

10 www.einestages.spiegel.de/page/aboutEinesTages.html.

11 Grabowski, Jürgen, »Das Reich des Internets« – Gefahr oder Gewinn für die historische Forschung und Bildung? Bestandsaufnahme und Überlegungen zu unterrichtspraktischen Möglichkeiten, in: Martin, Judith/Hamann, Christoph (Hg.), Geschichte – Friedensgeschichte – Lebensgeschichte, Herbolzheim 2007, S. 221–233, hier S. 229.

12 Ebd.

13 Auf das als Reaktion auf die mäßigen PISA-Ergebnisse deutscher Schüler_innen eingeführte Paradigma der Kompetenzorientierung schulischen Unterrichts kann hier nicht eingegangen werden. Für ein praxisorientiertes Kompetenzmodell historischen Lernens vgl. Sauer, Michael, Kompetenzen für den Geschichtsunterricht – ein pragmatisches Modell als Basis für die Bildungsstandards des Verbandes der Geschichtslehrer, in: Informationen für den Geschichts- und Gemeinschaftskundelehrer 72 (2006), S. 7–20.

14 Der Begriff »Wiki« bezeichnet ein Hypertextsystem aus leicht zu editierenden Webseiten. Wikis werden vorwiegend zum kooperativen Arbeiten, v. a. Verfassen gemeinsamer Texte verwendet. Die Online-Enzyklopädie ist das bekannteste Wiki im Internet. Zum Einsatz von Wikis im Geschichtsunterricht vgl. König, Alexander, Wikis im Geschichtsunterricht, 2007 www.lehrer-online.de/wiki-geschichte.php.

15 Sauer bezeichnet die genannten Kompetenzen als Teilkompetenzen einer historischen »Medien-Methoden-Kompetenz«, vgl. Sauer, Kompetenzen, S. 16.

ANGEWANDTE GESCHICHTE IM DDR-MUSEUM

ROBERT RÜCKEL

ANGEWANDTE GESCHICHTE IM MUSEUM Da Museen zwar Bildungsinstitutionen sind, aber in hohem Maße von Universitäten und akademischer Geschichtswissenschaft differieren, halte ich Museen generell für einen Teil der Angewandten Geschichte: Museen richten sich an die gesamte Öffentlichkeit, sie erbringen eine Dienstleistung, müssen zur Vermittlung erheblich mehr Wert auf die Präsentation legen und können nicht alle Themen der Geschichtswissenschaft vermitteln.

GRÜNDE FÜR DIE GRÜNDUNG DES DDR-MUSEUM Dritter Baustein der Aufarbeitung
Die Idee zur Gründung eines DDR-Museums entstand im Jahr 2004, eröffnet wurde das Haus im Jahr 2006. Der Ethnologe Peter Kenzelmann suchte auf einer Berlin-Reise ein DDR-Museum. Kenzelmann wurde nicht fündig, weil zu diesem

Zeitpunkt kein Museum das Leben in der DDR ausstellte. Die Zeit der deutschen Teilung wurde in Berlin durch sechs Institutionen der Öffentlichkeit dargestellt:
– Deutsch-Russisches Museum Berlin-Karlshorst
– Erinnerungsstätte Notaufnahmelager Marienfelde
– Mauermuseum Checkpoint-Charlie
– Gedenkstätte Normannenstraße
– Gedenkstätte Bernauer Straße
– Stasi-Gefängnis Hohenschönhausen

Abgesehen von dem Deutsch-Russischen Museum, das sich mit der Zeit der Sowjetischen Besatzungszone direkt nach dem Zweiten Weltkrieg beschäftigt, widmen sich alle Institutionen einem der zwei Themen »Grenze« und »Staatssicherheit«. Grundlage dieser Fokussierung ist das Prinzip, dass die Aufarbeitung von Diktaturen die Lage der Opfer zeigen soll. Das Leben in der Diktatur besteht aber aus mehr Facetten als Mauer und Staatssicherheit: Die DDR wurde von vielen der 16 Millionen Menschen als Heimat empfunden. Warum diese Diktatur 40 Jahre lang Bestand hatte, lässt sich erst durch die Kenntnis des Lebens in der Diktatur verstehen, nicht nur durch die Kenntnis der Repressionsmethoden der Führung. »Statt lediglich die Überbaufunktion von Kultur zu vermitteln, sollte das Museum vielmehr den Alltag, den Millionen von Menschen über viele [...] Jahre gelebt haben, mit all seinen tristen und unerfreulichen Seiten zeigen.«[1]

Die Darstellung des Lebens in einer Diktatur stellt keineswegs eine Verharmlosung dar, sondern sie ist essenziell für das Verständnis einer Epoche. Joachim Gauck, ehemaliger Beauftragter der Bundesregierung für die Unterlagen des Staatssicherheitsdienstes der ehemaligen DDR, spricht heute vor Schülern nicht mehr von den Methoden der Staatssicherheit, sondern vom Alltag in der DDR wie den Schulen, und »allen läuft es kalt den Rücken herunter!«[2]

KULTUR FÜR ALLE Zweites Motiv für die Gründung des DDR-Museums war die Überzeugung, dass Museen mehr Möglichkeiten haben, als sie bisher ausnutzen. Hochkultur hat zukünftig die Chance, zur Massenkultur zu werden,[3] wenn die Wünsche der Zielgruppe respektiert werden und die Institution besucherorientiert arbeitet.

Diese Zielgruppe hat sich verändert: Spätestens, seitdem Bundespräsident Walter Scheel 1971 ein kulturelles »Angebot für alle« forderte[4] und der Deutsche Städtetag 1973 das Konzept einer »Kultur für alle« verabschiedete,[5] sollten sich Museen an die breite Öffentlichkeit wenden. Betrachtet man die Statistiken, sind die Museen weit von diesem Ziel einer »Kultur für alle« entfernt, zählen doch zu den Stammnutzern von Kulturangeboten nur zehn Prozent der Bevölkerung.[6] 71,6 Prozent davon haben mindestens Abitur, und der Anteil der Hochschulabsolventen ist viermal so hoch wie in der Gesamtbevölkerung.[7]

Grund für diese Diskrepanz ist die Veränderung der Gesellschaft und ihrer Wünsche: »Ansteigen des Lebensstandards, Zunahme der Freizeit, Expansion der Bildungsmöglichkeiten, technischer Fortschritt, Auflösung starrer biographischer Muster«[8] – diese Veränderungen bezeichnet Gerhard Schulze in seinem Standardwerk »Die Erlebnisgesellschaft« als »Vermehrung der Möglichkeiten«[9].

Die Lebenszeit und damit auch die Freizeit steigt immer mehr, der Urlaubsanspruch ist gewachsen, der Wohlstand bewegt sich auf relativ hohem Niveau. Die Bevölkerung hat oft keine existentiellen Probleme mehr, das Leben scheint garantiert: »Nicht das Leben an sich, sondern der Spaß daran ist das Kernproblem, das nun das Alltagshandeln strukturiert.«[10]

Genuss und Spaß stehen für große Teile der Bevölkerung im Vordergrund heutigen Handelns. 91 Prozent der Deutschen wollen in ihrem Leben »etwas selber tun, was Spaß macht«[11]. »Erlebe dein Leben«[12] ist der Leitspruch der Massen. Dies hat für den kulturellen Markt diverse Konsequenzen:

– Der Wunsch nach Differenzierung, Flexibilität und maßgeschneiderten Angeboten wird immer größer.[13]

– Wichtigste Gründe für den Kulturbesuch sind »gute Unterhaltung« und das Live-Erlebnis.[14]

– Die Menschen sehnen sich nach Bequemlichkeit, wie bereits in der ›Maslowschen Bedürfnispyramide‹ vorausgesagt; der Hedonismus wird zum Leitfaden[15], Besucherservice zum Erfolgskriterium.

– Der Schein wird wichtiger: Die Menschen schauen auf das Design, weniger auf die Fakten.[16] Das bedeutet natürlich keine Abkehr von den Fakten, aber die Menschen müssen durch Design neugierig gemacht werden.

– »Das Publikum wählt Kulturangebote vorwiegend danach aus, ob sie Unterhaltung versprechen, ob sie zum eigenen Lebensstil passen, ob sich dort die ›richtigen Leute‹ treffen lassen. Intrinsische Motive wie ›Bildung‹ und ›Erbauung‹ sind zunächst eher sekundär.«[17]

Das DDR-Museum wollte den Versuch machen, obigen Veränderungen Rechnung zu tragen, und ein besucherorientiertes Haus schaffen, das die Wünsche der Besucher beachtet, ohne den Bildungsauftrag aus den Augen zu lassen. Ziel war die Verbindung von Bildung und Unterhaltung – ein Museum, das eine große Zielgruppe erreicht, unterhält und gleichzeitig neugierig auf Geschichte macht und den Besuchern Erkenntnisse bringt.

GESCHICHTSBILD DES DDR-MUSEUMS Grundsätzlich divergiert das Geschichtsbild des DDR-Museums nicht von dem anderer Museen und Institutionen, die eine Aufarbeitung der DDR betreiben:

»Das Urteil der Historiker steht fest und ist im Kern wohl auch nicht revisionsbedürftig. Die DDR war ein Satellitenstaat von Moskaus Gnaden. Der Sicherheitsapparat war die eiserne Klammer, die das System zusammenhielt. [...] Damit könnte man die Akte DDR schließen. Dennoch bleibt ein schwer erklärbarer Rest. Die DDR war mehr als ein Kunstprodukt aus Ideologie und Macht – sie war das Leben von Millionen Menschen. [...] Doch das Leben unter den Bedingungen des Mangels war keineswegs eine Idylle, sondern eine ständige Jagd nach knappen Gütern.«[18]

Einziger Unterschied ist, dass das DDR-Museum den Fokus verbreitert und das Leben in der Diktatur darstellt. Die inhaltliche Intention des Museums beschreibt der wissenschaftliche Leiter, Dr. Stefan Wolle: »Eine der beliebten SED-Parolen lautete: ›Im Mittelpunkt steht der Mensch‹. Das blieb damals eine leere Floskel,

denn im Mittelpunkt stand der Machterhalt der Partei. Doch in der Rückschau auf
die DDR sollte die alte Losung endlich Realität werden. Der Staat, das waren vor
allem die Menschen, die in ihm lebten.«[19]

Auch die private Finanzierung des Museums verändert mitnichten das vermittelte Geschichtsbild, da die inhaltliche Konzeption unabhängig von einem Team
aus Historikern, Kunsthistorikern, Soziologen, Museologen und Ethnologen unter wissenschaftlicher Leitung von Dr. Stefan Wolle erstellt wurde.

GESCHICHTSVERMITTLUNG IM DDR-MUSEUM Das DDR-Museum hat seine Aus-
stellung besucherorientiert konzipiert und sich ergo an den Wünschen der
Zielgruppe orientiert. Es will Unterhaltung und Bildung kombinieren, um die
»Bedürfnisse der Museumsbesucher wie Schaulust, Neugier, Spieltrieb oder
Entdeckerfreude« zu befriedigen.[20]

In diesem Sinne lassen sich folgende Leitlinien der Konzeption herausarbeiten:
a) Strikte Besucherorientierung Der durchschnittliche Museumsbesucher ist kein
Fachmann zum Thema, sondern hat nur rudimentäres Wissen über die Inhalte
einer Ausstellung: Daher sind Besucher in vielen Ausstellungen mit dem voraus-
gesetzten Wissen überfordert. Im DDR-Museum sind alle Informationstexte und
Module so aufgebaut, dass sie ohne Vorwissen verständlich sind und sich jeder
die Information aneignen kann, die ihm fehlt.

Museumsbesucher sind in touristisch erschlossenen Gebieten besonders Touristen: Ca. 75 Prozent der Besucher des DDR-Museums kommen nicht aus Berlin,
sondern aus dem Bundesgebiet und dem Ausland. Als Berlin-Besucher haben sie
nicht nur die historischen Themen: »Berlin zur Zeit des Nationalsozialismus«,
»Berlin zur Zeit der deutschen Teilung« und »Berlin als Bundeshauptstadt«, sondern zahlreiche weitere einmalige Sehenswürdigkeiten auf dem Programm.
Entsprechend ist die Dauerausstellung auf eine durchschnittliche Aufenthalts-
dauer von nur 75 Minuten ausgerichtet.

Die meisten Museen schließen wochentags um 17 Uhr und verwehren damit
der arbeitenden Bevölkerung jegliche Möglichkeit der Besichtigung unter der
Woche. Demgegenüber hat das DDR-Museum jeden Tag von 10 bis 20 Uhr geöffnet. Die Ausstellung ist zudem an 365 Tagen im Jahr der Öffentlichkeit zugänglich, was auch angenommen wird: Gerade an Feiertagen ist die Bevölkerung
besonders kulturinteressiert.

b) Interaktivität Die meisten Ausstellungen sind für die passive Rezeption konzipiert: Der Besucher bestaunt Exponate in Vitrinen und liest Texte dazu. Das DDR-
Museum diktiert dem Besucher dagegen, aktiv zu werden und an der Ausstellung
zu partizipieren. Ein Großteil der Exponate und Informationen wird erst sichtbar,
wenn der Besucher aktiv wird und beispielsweise Schubladen bewegt. Viele
Inszenierungen zeigen auf den zweiten Blick ganz neue Erkenntnisse: Steht der
Fernseher im Plattenbau-Wohnzimmer beim Eintritt des Besuchers noch auf dem
staatstreuen DDR-Rundfunk, lässt er sich mit einem Knopfdruck auf west-
deutsches Fernsehen umstellen – die Normalfrequenz auf ostdeutschen Fernseh-
apparaten außerhalb des »Tals der Ahnungslosen« rund um Dresden.

c) Einbeziehung verschiedener Sinne Anders als beim Rezipieren der meisten anderen Medien befindet sich der Besucher in einer Ausstellung mitten im Medium. Dadurch ist eine Ausstellung nicht an den visuellen Sinn gekoppelt, sondern sie kann grundsätzlich an alle Sinne appellieren. Dies ausnutzend spricht das DDR-Museum den visuellen, den auditiven und den haptischen Sinn an und konzipiert derzeit ein Instrumentarium zur Ansprache des olfaktorischen Sinnes. Der Besucher wird aufgefordert, die Installationen zu benutzen und die Exponate zu berühren: Er kann sich beispielsweise in den Trabant setzen oder am Telefonhörer einem Bericht über familiäre Situationen zuhören.

d) Provokation Provozieren kann mehr bewirken als eine umfassende Erläuterung: Es wird niemals möglich sein, ein umfangreiches Thema in einer Ausstellung erschöpfend darzustellen, und dies würde auch kein Besucher sehen wollen. Der Besucher soll provoziert und angeregt werden, sich näher mit dem Thema zu befassen.» The exhibit experience should be seen as a threshold to learning, not an end point.«[21]

Obwohl Ausstellungen Medien sind, herrscht in den Köpfen vieler Museumsmacher noch der Gedanke vor, dass Ausstellungen immer einen allgemeingültigen Mittelweg zeigen müssen und keine strittigen Thesen aufstellen dürfen: »[...] there are all sorts of topics on which it would be refreshing to see unapologetically opinionated exhibitions, including opinions from outside the mainstream.«[22] Der Besucher sollte sich eine eigene Meinung bilden können und nicht vorgefertigte Meinungen übernehmen müssen.

Das DDR-Museum will den Besucher primär neugierig auf Geschichte machen und gleichzeitig Besuchern eine grundlegende Bildung ermöglichen. Durch die gezielte Applikation von Vorurteilen und die dialektische Darstellung von Fakten wird der Besucher provoziert und dadurch sein Interesse geweckt: Er muss Fakten überdenken und sich eine eigene Meinung bilden. Bereitliegende Bücher fordern zur Diskussion über einzelne Themen auf.

e) Inszenierung Ausstellungen sind ein Zusammenspiel aus Exponat, Präsentation und Information:[23] Auch wenn es oft gefordert wird, sprechen Exponate nun mal nicht immer für sich selbst, und nicht jeder Besucher kann auf den ersten Blick etwas mit einem Exponat anfangen. Es gilt ein »Interface« zwischen Besucher und Objekt zu schaffen, »[...] so that they can relate the content of the exhibition to their lives. By definition an interface is a common point or boundary between two things – in our case the visitors and the content«[24].

Dieses Zusammenspiel beschreibt der Gestalter der Ausstellung, Frank Wittmer: »Das DDR-Museum ist eine [...] Plattenbausiedlung im Maßstab im Kleinen. Die Ausstellungsmöbel sind Wohnblöcke der Wohnungsbauserie 70, dem typischen Plattenbausystem der DDR. Diese begehbare Puppenstube scheint zunächst [...] irritierend, schafft aber einen authentischen Eindruck von der grauen Welt ihrer Vorbilder. Was auf den ersten Blick trist und monoton wirkt, ist bei näherer Betrachtung nur Hülle für eine lebendige Alltagskultur. Die Platten sind Raumteiler und Vitrinenschränke zugleich, die mit der Benutzung durch Besucher Einblick in ihr Inneres und Privates erlauben.«[25]

Durch diese Gestaltung befindet sich der Besucher nach dem Betreten der Ausstellung direkt im Thema und wird nicht erst durch die Texte auf das Thema gelenkt: Die Ausstellung wird zum Erlebnis.

f) Zusatzangebote Ergänzend zum Ausstellungsbesuch bietet das Museum museumspädagogische Zusatzangebote. Dies sind neben klassischen Führungen durch die Dauerausstellung mit wählbaren Themenschwerpunkten auch Außenführungen beispielsweise durch das ehemalige DDR-Regierungsviertel. Zudem haben Schulgruppen die Möglichkeit, gratis einen Seminarraum zur vertieften Arbeit inklusive Bibliothek, Mediathek und Internet zu nutzen. Durch Workshops und ein abendliches Veranstaltungsprogramm werden spezielle Themen beleuchtet. Neben einem Quizangebot für Schüler in verschiedenen Altersgruppen wird derzeit mit Hinblick auf die Ergebnisse der Schülerstudie des Forschungsverbundes SED-Staat der Freien Universität Berlin an weiteren museumspädagogischen Materialien für den Unterricht gearbeitet.

REZEPTION DES DDR-MUSEUM In den drei Jahren seit seiner Eröffnung im Juli 2006 wurde das DDR-Museum von über 720.000 Personen besucht. Für 2008 lag die Zahl bei über 308.000 Besuchern, wodurch das DDR Museum bereits im ersten vollen Jahr seines Bestehens zu den meistbesuchten Museen Berlins gehörte.

a) Besucherstruktur und -zufriedenheit Durch die Kombination von Unterhaltung und Bildung werden nicht nur klassische Museumsgänger, sondern gerade klassische Museumsverweigerer angezogen: Über 60 Prozent der Besucher haben in den letzten zwölf Monaten keine oder nur sehr wenige Museen besucht.[26] Während im Bundesdurchschnitt 71,6 Prozent der Besucher von Museen die Hochschulreife besitzen, sind es im DDR-Museum nur 61,7 Prozent und damit zehn Prozent weniger.[27] Der Unterschied zeigt sich auch in den Altersgruppen: Mit 23,7 Prozent ist der Anteil der unter 22-Jährigen mehr als doppelt so hoch wie im Durchschnitt der bundesdeutschen Museen,[28] der Anteil der über 50-Jährigen dagegen erheblich niedriger.

Die Besucherzufriedenheit ist sehr hoch: 94,5 Prozent der Befragten geben Bestnoten, weniger als ein Prozent ist unzufrieden. Ebenfalls 94,5 Prozent geben an, das Museum weiterempfehlen zu wollen, und über 85 Prozent können sich gut vorstellen, das Haus nochmals zu besuchen.[29] Insbesondere der hohe Anteil junger Leute und klassischer Museumsverweigerer macht deutlich, welche Erfolge erzielt werden können, wenn die Ausstellung besucherorientiert konzipiert ist. Auch die museumspädagogischen Angebote werden überwiegend als sehr positiv gewertet.[30]

b) Wissensvermittlung Die Wissensvermittlung eines Ausstellungskonzeptes lässt sich nur bedingt überprüfen. Das DDR-Museum versucht dies bei Schülern mithilfe von Quizfragebögen zu überprüfen. Die Lehrer sind mit den Ergebnissen in hohem Maße zufrieden, in einer kürzlich gestarteten und daher noch nicht aussagekräftigen Lehrerumfrage geben 95 Prozent der Befragten an, dass die Konzentration und der Lernerfolg durch die Hands-on-Vermittlung deutlich höher ist als in anderen Museen.

Bei der Besucherumfrage meinen 75,4 Prozent der Besucher, durch den Ausstellungsbesuch etwas Neues gelernt zu haben.[31] Da diese Aussage nur eine sub-
jektive Bewertung darstellen kann, wird derzeit an Möglichkeiten zur Untersuchung des Wissensstandes vor und nach der Ausstellung gearbeitet.

c) Internationale Anerkennung Das interaktive Konzept der Dauerausstellung
findet internationale Beachtung in Fach- und Publikumsmedien und wird
als einzigartig bezeichnet. Das DDR-Museum wurde zudem aufgrund seiner
Besucherorientierung für den European Museum of the Year Award 2008 no-
miniert. Zahlreiche internationale Museologen besuchen das Haus auf der Suche
nach Anregungen für ihre eigenen Konzeptionen.

d) Probleme der Konzeption Die Hands-on-Strategie der Ausstellung trägt zwei
signifikante Probleme in sich:

Erstens resultiert aus der Interaktion des Besuchers ein hoher Abnutzungsgrad
bei Exponaten und Installationen. Bestimmte Exponate müssen aus konservato-
rischen Gründen vor dem Besucher geschützt werden und können nur in konventionellen Vitrinen gezeigt werden. Andere Exponate erfordern eine regelmäßige
Kontrolle und Pflege, sowie gegebenenfalls einen Austausch durch Substitute
oder Replikate. Auch die Installationen und Ausstellungsmöbel unterliegen einer
großen Abnutzung und damit einem hohen Reparaturaufwand. Da ein Ausfall
die Qualität der gesamten Ausstellung negativ beeinflussen kann, sind Reparatu-
ren sehr dringend. Auch die Ausstellungsmöbel müssen daher täglich kontrolliert und in vielen Fällen wöchentlich repariert werden.

Zweitens können interaktive Installationen zumeist nur von einem oder wenigen Menschen gleichzeitig benutzt werden, während konventionelle Vitrinen
bei idealer Platzierung von zahlreichen Menschen zeitgleich betrachtet werden
können. Dies ist zum einen gerade bei Gruppenbesuchen und Führungen ein
Nachteil, der die Wissensvermittlung beinträchtigen kann, zum anderen kann
dieser Umstand an außerordentlich besucherstarken Tagen zu Wartezeiten
führen.

FAZIT Museen sind keine Universitäten – und dennoch Bildungsinstitutionen. Sie richten sich an eine
andere Zielgruppe und müssen daher ihr Themengebiet auf andere Art und Weise
vermitteln – auf eine Art und Weise, die den Besucher unterhält und gleichzeitig
bildet.

Andere Vermittlungsmethoden und Orientierung am Besucher bedeuten keine
Aufgaben der wissenschaftlichen Grundsätze. Museen sind keine Geschichtsparks oder Geisterbahnen, aber die Zielgruppen überschneiden sich. Nur durch
konsequente Besucherorientierung kann ergo ein Abwandern der Besucher zu
pseudo-wissenschaftlichen Institutionen vermieden werden.

Während Geschichtsvermittlung in anderen Medien, vor allem im Film, aber
auch in Büchern oder Computerspielen, zu den Quotenbringern gehört (»Die
Luftbrücke«, »Anno 1602«) und private Musicals Kultur zum Massenevent
machen, haben Museen in dieser Hinsicht große Defizite. In zu vielen Museen
wird noch immer die Ausstellung für die Macher gestaltet und der Besucher ver-

gessen: »Ist der Saal ausgebucht, ist die Veranstaltung erfolgreich, ist der Saal leer, war das Niveau eben so hoch, dass es nur etwas für wirkliche Kenner war [...].«[32]

Die Trennung zwischen Ernst- und Unterhaltungskultur ist dabei das Grundproblem der deutschen Kulturlandschaft. Dass sich der Großteil des Publikums in dieser Frage für die Unterhaltungskultur entscheidet, steht in der heutigen Gesellschaft außer Frage, denn »insofern gibt es keinen Unterschied zwischen Theater, Kulturzentrum, Museum auf der einen Seite und Automatensalon, Comic und Fitnessstudio auf der anderen.«[33]

Das DDR-Museum hat in seiner Konzeption diese Trennung von Beginn an aufgehoben, und die Ergebnisse der Besucherbefragungen und die »Abstimmung mit den Füßen« geben dieser Strategie mit aller Deutlichkeit Recht.

1 Hoffmann, Hilmar, Kultur für alle, Frankfurt a. M. 1979, S. 116.
2 Gauck, Joachim in: Sabrow, Martin u. a., Wohin treibt die DDR-Erinnerung, Göttingen 2007, S. 80.
3 Opaschowski, Horst, Deutschland 2010. Wie wir morgen leben – Voraussagen der Wissenschaft zur Zukunft unserer Gesellschaft, Hamburg 1997, S. 167.
4 Hoffmann, Kultur, S. 13.
5 Heinrichs, Werner/Klein, Armin, Kulturmanagement von A–Z, München 2001 S. 190.
6 Vgl. Mandel, Birgit, Kulturvermittlung zwischen kultureller Bildung und Kulturmarketing, Bielefeld 2005, S. 12.
7 Institut für Museumskunde, Eintrittspreise von Museen und Ausgabeverhalten der Museumsbesucher, Berlin 1996
8 Schulze, Gerhard, Die Erlebnisgesellschaft, Kultursoziologie der Gegenwart, Frankfurt/Main 2005, S. 33.
9 Ebd., S. 33.
10 Ebd., S. 60.
11 Opaschowski, Horst, Deutschland 2010, S. 196.
12 Schulze, Erlebnisgesellschaft, S. 59.
13 Vgl. Mandel, Kulturvermittlung, S. 58 und Opaschowski, Deutschland 2010, S. 138.
14 Vgl. Zentrum für Kulturforschung (Hg.), Achtes Kulturbarometer, Köln 2005, S. 7.
15 Vgl. Terlutter, Ralf, Lebensstilorientiertes Kulturmarketing: Besucherorientierung bei Ausstellungen und Museen, Wiesbaden 2000, S. 32 und Herger-Gsell, Nikodemus, Museum und Marketing, Altendorf 1990, S. 8
16 Vgl. Opaschowski, Deutschland 2010, S. 163f.
17 Klein, Armin/Knubben, Thomas, Deutsches Jahrbuch für Kulturmanagement, Baden-Baden 2005, S. 163.
18 Wolle, Stefan, in: Rückel, Robert (Hg.), DDR-Museum. Führer durch die Dauerausstellung, Berlin 2006, S. 11.
19 Ebd.
20 Heinze, Thomas, Kultursponsoring, Museumsmarketing, Kulturtourismus, Wiesbaden 2002, S. 95.
21 Kotler, Neil/Kotler, Philip, Museum Strategy and Marketing, San Francisco 1998, S. 177.
22 Lord, Barry/Lord, Gail, The Manual of Museum Exhibition, Walnut Creek 2002, S. 471

23 Vgl. Dawid, Evelyn/Schlesinger, Robert, Texte in Museen und Ausstellungen. Ein Praxisleitfaden, Bielefeld 2002, S. 10

24 Lord/Lord, Manual, S. 407

25 Wittmer, Frank, in: Rückel, DDR Museum, S. 9

26 Interne Besucherbefragung, Stand 30.05.08, Stichprobe: 11.144 Personen

27 Ebd. und Institut für Museuskunde, Eintrittspreise von Museen und Ausgabeverhalten der Museumsbesucher, Berlin 1996

28 Ebd. (Bundesdurchschnitt nach IfM: 9,5% unter 21 Jahren, DDR-Museum: 23,7 Prozent unter 22 Jahren)

29 Interne Besucherbefragung, Stand 30.05.08, Stichprobe: 11.144 Personen.

30 Ebd.

31 Ebd.

32 Klein, Armin, Kultur-Marketing: das Marketingkonzept für Kulturbetriebe, München 2001, S. 39

33 Schulze, Gerhard, Die Erlebnisgesellschaft. Kultursoziologie der Gegenwart, Frankfurt a. M. 2005, S. 507

ANGEWANDTE GESCHICHTE ALS GESELLSCHAFTLICHES MEDIUM BEIDSEITIG DER ODER

JACQUELINE NIESSER und FELIX ACKERMANN

Anhand von Erfahrungen, die bei der Realisierung von konkreten Seminaren und Projekten im deutsch-polnischen Grenzland, insbesondere in Frankfurt (Oder) und der polnischen Kleinstadt Słubice auf der anderen Seite der Oder, gesammelt wurden, wird reflektiert, wie das dortige Institut für angewandte Geschichte versucht, grenzüberschreitendes, identitätsstiftendes Kapital aus einer schwierigen Vergangenheit zu gewinnen.

UNTERWEGS IN DER TERRA TRANSODERANA Das Institut wurde 2001 von Studierenden der Europa-Universität Viadrina als virtuelle Projektplattform gegründet und residierte über Jahre allein im Internet unter www.instytut.net, wie die polnische Übersetzung von »Institut« lautet. Am Beginn standen Happenings zur Geschichte der geteilten Stadt an der Oder. Wir verkauften Steine der »Brücke der Freundschaft«, welche die deutsche Grenzstadt Frankfurt (Oder) mit der seit 1945 existierenden polnischen Kleinstadt Słubice, – vor dem Zweiten Weltkrieg ein Stadtteil Frankfurts –, verband. Als die Brücke 2002 abgerissen wurde, um durch eine neue ersetzt zu werden, nutzte das Institut die Aktion des Verkaufs der »Steine der Freundschaft«, um auf die Funktion der Brücke als Symbol einer staatlich instrumentalisierten Geschichte der sozialistischen Nachbarschaft hinzuweisen. Auch brachten wir die polnische Diskussion um den Mord von Jedwabne zu einem breiteren Publikum in Frankfurt (Oder). Und wir begannen uns intensiver der doppelten Geschichte der jenseits der Oder gelegenen Kulturlandschaft zu widmen, die auf Polnisch Ziemia Lubuska und auf Deutsch Neumark heißt. Im Zuge dieser Auseinandersetzung mit den Widersprüchen der kulturellen Aneignung von ganzen Landschaften nach der Zäsur des Zweiten Weltkriegs steckten wir für uns ein neues Feld ab: die Beschäftigung mit der Frage nach transnationaler, regionaler Identität angesichts einer geteilt erlebten Gegenwart an der Oder. Angewandte Geschichte wurde damit für uns zu mehr als der praktischen Erschließung von akademisch gewonnenem Wissen. Sie bedeutete, selbst in den identitätsstiftenden Zusammenhang zwischen Gegenwart und Vergangenheit einzugreifen, sich an den aktuellen Diskussionen der Region zu beteiligen und historische Themen für eine breitere Öffentlichkeit beidseitig der Oder aufzubereiten.

Aus dem Seminar »Fremde Nähe« und der daran anschließenden Exkursion durch die heutige Woiwodschaft Lubuskie resultierte 2003 eine Veranstaltungsreihe namens »Terra Transoderana«. Wir verwendeten dafür den historischen Namen für die einst östlich der Oder gelegenen Besitztümer der Brandenburger Markgrafen als Sammelbegriff für die vielen sich hier überlagernden Landschaften, auch um unseren Standpunkt am anderen Oderufer nicht zu verhehlen. »Terra Transoderana« wurde zu einem Experiment, in welchem in verschiedenen Formaten der Umgang mit der geteilten Vergangenheit an der Oder ausprobiert wurde. Neben klassischen Podiumsdiskussionen und Filmpräsentationen fanden öffentliche Zeitzeugengespräche statt. Wir organisierten Konzerte und Lesungen mit Akteuren der Zeitgeschichte. Letztlich entstand aus diesen Suchbewegungen auch die Idee, Studenten zu Reisebegleitern ins heutige Polen auszubilden. In Rahmen von Seminar, Exkursion und praktischen Ausbildungsschritten wie einer Schulung in interkultureller Kommunikation, im konsekutiven Übersetzen sowie organisatorischen Belangen sollten deutsche und polnische Studenten in die Lage versetzt werden, Deutsche in die Heimat ihrer Eltern und Großeltern zu begleiten. Vor allem aber sollten diese jungen Leute die Vermittlung zwischen den Projektionen der deutschen Vergangenheit und der polnischen Gegenwart übernehmen. Das daraus resultierende Projekt »HeimatReise« startete 2004 und wurde auch dank der anhaltenden Diskussionen um das Zentrum gegen Vertreibungen ein medialer Erfolg.

Die durch die praktische Arbeit vor Ort gewonnenen Beobachtungen flossen in einen von Deutschen und Polen erarbeiteten »Almanach Terra Transoderana« ein, der 2008 erschien. Sein Anliegen war eine Erweiterung der bisher dominierenden nationalen Fokusse auf die Region unmittelbar östlich der Oder sowie

eine Aufarbeitung der bisher gewonnenen Erkenntnisse und Erfahrungen für ein breiteres Publikum über das Grenzgebiet hinaus. Und nicht zuletzt soll der »Almanach Terra Transoderana« einladen, ein Stück Europäische Geschichte unmittelbar vor der Haustür in einer Reise zu entdecken.

Das Wirken des Instituts für angewandte Geschichte in Frankfurt an der Oder ist daher das Produkt einer Reihe von Faktoren. An der deutsch-polnischen Grenze gelegen, im Umfeld einer Oder-Universität, die »Europa« im Titel trägt und die einen Studiengang namens »Kulturwissenschaften« führt, hat sich ein Verständnis von Geschichte entwickelt, das sich anhand seiner Umsetzung vermittelt. Heute funktioniert das »Institut für angewandte Geschichte – Gesellschaft und Wissenschaft im Dialog e. V.« nach bürgerlichem deutschen Recht und ist damit kein unproblematisches Konstrukt: es ist ein Institut, das keine öffentlich-rechtliche Institution, sondern ein gemeinnütziger Verein ist; es ist an der Europa-Universität Viadrina entstanden, ist jedoch in eine transnationale Gesellschaft entwachsen. Das Institut bietet pro Semester zwei Seminare im Grenzbereich zwischen historiografischen Fragestellungen und der praktischen Anwendung des gewonnenen Wissens an. Es organisiert in Kooperation mit lokalen und europäischen Partnern eine Reihe von Exkursionen und Diskussionen. Seit 2008 betreut es die Geschichtswerkstatt Europa. Im Rahmen dieses Förderprogramms der Stiftung »Erinnerung, Verantwortung und Zukunft« werden Methoden zur Analyse von europäischen Erinnerungskulturen entwickelt. Der Kerngedanke des Programms geht dabei mit dem Anliegen des Instituts konform: Der Dialog der gemeinsamen Projektarbeit unterschiedlicher Partner zeigt durch die divergierenden Perspektiven und aufkommenden Krisen die Grenzen dessen auf, was an gemeinsamer Substanz aus einer geteilten Vergangenheit zu gewinnen ist. Dabei dennoch die verbindende Substanz herauszuarbeiten und gleichwohl die Differenzen nicht zu tabuisieren, scheint uns europäischer als eine harmonisch verkleisterte Vereinheitlichung unterschiedlicher Standpunkte.

GESCHICHTE ERLEBEN: DIE BEDEUTUNG DER GEGENWART VOR ORT Der wichtigste Ausgangspunkt der Beschäftigung mit Geschichte ist für uns die Gegenwart vor Ort. Welche Fragen ergeben sich bei der aktiven Auseinandersetzung mit unserer Umgebung? Hier werden alle Formen und Produkte menschlicher Aktion einbegriffen: Architektur, Veranstaltungen, lokale Berichterstattung, Sprache, soziale Interaktionen und Leerstellen. Also auch: Was passiert nicht und warum wird hierüber geschwiegen und dieses da thematisiert? Beschäftigung mit Geschichte muss demnach einen erlebbaren Bezug zur Gegenwart haben. Diese Herangehensweise setzt Interesse am uns Gegebenen, setzt Wachheit und Präsenz voraus. Sie ist in ihrem starken Bezug zur Gegenwart vor Ort aber auch hochgradig exklusiv. Wer nicht da ist, nichts erlebt und nichts fragt, kann auch nicht mitreden. Dieses Betroffensein-Postulat kann kritisiert werden, es scheint gleichwohl als ein erfolgreiches Rezept, Menschen für Geschichte zu begeistern. Die Besinnung auf das uns unmittelbar Umgebende kann auch im weiteren Sinne als natürliche Reaktion auf die zunehmende Komplexität der menschlichen

Wahrnehmungs- und Mitwirkungsmöglichkeiten zu Zeiten der Globalisierung betrachtet werden. Dadurch, dass unendlich viele Informationen erhältlich und unendlich breite Aktionsfelder greifbar sind, könnte die Beschäftigung mit dem Geschehen vor der Haustür eine verständliche Umkehrreaktion sein. Auch die Rückbesinnung auf archaische Geschichtstradierungen wie die mündliche, unmittelbar von Angesicht zu Angesicht erzählte Geschichte könnte man als Flucht aus den Unmengen zugänglichen (Geschichts-)Wissens deuten. Die Herausforderung besteht bei diesem mikrohistorischen Geschichtszugang darin, in den lokalen Geschichten Bezüge zu finden, die auf den größeren Kontext, z. B. einen transnationalen oder europäischen, verweisen. Im Idealfall erscheint die Mikrohistorie im Lichte translokaler Zusammenhänge als europäisch.

GESCHICHTEN VERBINDEN: IM GEISTE DER VIADRINA Der Umgang mit Geschichte in der deutsch-polnischen Grenzregion fordert ein historisches Verständnis, welches universitäre Disziplinen und nationale Kategorien überwindet. Denn die Gegenwart vor Ort zeugt oft von einer geteilten Wahrnehmung anhand von Kategorien wie Nation oder Generation, und so teilt sich häufig auch die Geschichtsbetrachtung entlang solcher Grenzen auf. An der Oder sind das die verschiedenen deutschen und polnischen Narrative wie die Geschichte der Umsiedler aus dem Osten auf beiden Seiten der Oder, aber auch die Erzählungen ganz unterschiedlicher Wendegenerationen. Diesem Geschichtsverständnis wollen wir eine Sicht auf die Vergangenheit entgegensetzen, die Widersprüche thematisiert und verschiedene Geschichtsdarstellungen zu neuen Narrativen verbindet. Um derart geteilte Paradigmen zu überwinden, müssen diese klar benannt werden, und erst in der vergleichenden Beschäftigung mit unterschiedlichen Sichten auf bestimmte Punkte der Geschichte kann eine verbindende Vision wie die der »Terra Transoderana« erarbeitet werden. In diesem Sinne ist das Institut für angewandte Geschichte ein Kind der Kulturwissenschaften an der Europa-Universität Viadrina. Insbesondere Gebiete, die durch die Verschiebung von Staatsgrenzen unterschiedlichen kulturellen Prägungen unterlagen, lassen sich am besten durch eine transnationale, interdisziplinäre Geschichtsbetrachtung erschließen. Auf der Suche nach Methoden zur Analyse dieser kulturellen Landschaften sowie der Nutzbarmachung des so gewonnenen Wissens für die Gegenwart haben wir uns auch anderen Grenzgebieten im mittleren und östlichen Europa gewidmet. Zu diesen gehören die heute in Polen liegenden Regionen Ermland, Masuren, Hinterpommern und Schlesien, aber auch das Grenzland zwischen Litauen, Polen und Weißrussland. Für diese aktive Auseinandersetzung mit dem Verhältnis von Geschichte und Raum hat sich in Frankfurt an der Oder über Seminare hinaus eine kulturwissenschaftliche Form der Exkursion etabliert, die vor allem eine Konfrontation des in der Alma Mater in textbasierter Form erarbeiteten Wissens mit dem Hinterfragen desselben vor Ort schafft; eine Form des Exkurses, die lehrt, Kulturlandschaften zu analysieren, zu dechiffrieren und sie dadurch zu verstehen und vor allem zu erleben.

An historisch und kulturell vielschichtige Orte gebunden sind Gesellschaften, die beispielsweise durch Zu- oder Abwanderung starken Veränderungen unter-

worfen waren. Das Verstehen der einstigen Beziehungen zwischen den sozialen Akteuren eines Ortes, von vergangenen Repräsentations- und Machtverhältnissen sowie Arbeits- und Lebensstrukturen bietet viele Erkenntnisse für die gegenwärtige Situation einer lokalen Gesellschaft. Hier bringt die Einbindung von Zeitzeugen und die Technik der Oral History – der erzählten Geschichte – wichtige Impulse. Geschichte durch das Prisma eines menschlichen Lebens erzählt, besitzt eine sinnliche Kraft, die einen individuellen Zugang zu komplexen historischen Zusammenhängen bietet. Die Einbindung von Zeitzeugen gehört deshalb zu unserem Verständnis von Angewandter Geschichte. Selbstverständlich ist dabei eine angemessene Reflexion dieser subjektiven Sicht auf die Ereignisse und ihre Einordnung in ein größeres Ganzes unabdingbar. Ist die Rede von erzählter und erlebter Geschichte, so sollen auch weitere Formen der Geschichtstradierung zusätzlich zu den bewährten historiografischen Abhandlungen benannt werden: Filme, Museen, Zeitschriften, Fotos, Postkarten und Romane sind einem lebendigen Geschichtsbegriff und damit der Angewandten Geschichte sehr dienlich. In der Veranstaltungsreihe »Terra Transoderana« wurde unter Fokussierung dieser lebensweltlichen Formen Geschichte einer breiten Öffentlichkeit zugänglich gemacht. Dementsprechend gehören Interdisziplinarität und Transnationalität in der Auseinandersetzung mit Geschichte und Erinnerung zu den Kernpostulaten der Angewandten Geschichte in Frankfurt an der Oder.

Bisher kommt dieser Beitrag ohne Fußnoten, Zitate, Quellennachweise und Schutzpatrone aus. Denn die Angewandte Geschichte in Frankfurt an der Oder nährt sich aus den Fragen der Gegenwart an die Vergangenheit, aus der Lage an der deutsch-polnischen Grenze und den damit augenscheinlichen Widersprüchen einer geteilten Gesellschaft sowie aus der Vision einer transnationalen, durch die Oder geprägten Landschaft und Identität. Wir könnten Ferdinand Tönnies, Karl Marx, Max Weber oder Niklas Luhmann anführen, wenn wir von Geschichte und Gesellschaft sprechen. Jedoch würde uns das nicht erklären, wie die kaum 60-jährige Kleinstadt Słubice Hansestadt sein kann. Wir könnten den Systemcharakter unseres Wirkens herausstellen und nach der Wahrheit unseres Geschichtsbildes fragen. Die Bürger im heutigen Ostbrandenburg und der Ziemia Lubuska würde das wenig interessieren, und die Frage nach der Wahrheit in der Geschichte sehen wir eher simpel: Sie liegt im Erleben. Dennoch, zwei geistige Väter müssen für unsere Angewandte Geschichte Erwähnung finden: die Professoren Karl Schlögel und Heinz-Dieter Kittsteiner (†), welche die kulturwissenschaftliche Gegenwart der Europa-Universität Viadrina in Frankfurt an der Oder maßgeblich prägen und prägten.

GESCHICHTE VERMITTELN: IM LICHT DER ÖFFENTLICHKEIT Da Angewandte Geschichte ein Bezugssystem ausgehend von Gegenwart, Ort und Gesellschaft darstellt, schafft sie immer auch Öffentlichkeit.

In der öffentlichen Diskussion von Vergangenheit prallen jedoch gelegentlich auch Welten aufeinander, wie uns eine Słubicer Podiumsdiskussion im Rahmen der Reihe »Terra Transoderana« mit einem Vertreter der »Preußischen Treuhand« im Januar 2006 gezeigt hat. Damals misslang eine Mediation zwischen dem deutschen Vertriebenen und den polnischen Eigentümern eines Schlosses im polnischen Mierzęcin (Mehrenthin), und in der anschließenden Podiumsdiskussion verhärteten sich die Standpunkte noch, was unserer Zielsetzung für diese öffentliche Thematisierung des Vertriebenenthemas diametral entgegenlief. Unserer Meinung nach verweisen solche Diskussionen auf neuralgische Punkte, die zeigen, dass es nicht um die Vergangenheit geht, sondern um eine Standortbestimmung in der Gegenwart. Deshalb lohnt es sich, gerade die schwierigen Themen in den Blickpunkt zu nehmen und zu hinterfragen. Dabei besteht natürlich immer auch die Gefahr der öffentlichen Instrumentalisierung von Geschichte. Zeitung und Fernsehen sind sofort zur Stelle, wenn es emotional werden könnte. Eine breite Öffentlichkeit anzusprechen, hat leider oft auch einen Preis: Medien können zwar einerseits die intensivierte Beschäftigung mit einem historischen Thema vorantreiben. Genannt sei hier z. B. die Thematisierung der Vertreibung der Deutschen in Fernsehfilmen wie »Die Flucht«, Anfang 2007, was überwältigende Zuschauerzahlen generierte. Gleichwohl bedienen Medien dabei aber gerne althergebrachte Stereotypen und Kategorien, die eher zum Erstarren herkömmlicher Narrative führen als diese in Frage zu stellen oder gar zu überwinden. Der Schritt in die Öffentlichkeit bietet somit die Chance einen breiteren Kreis von Menschen für Geschichte anzusprechen. Er birgt aber auch die Gefahr, erneut in die Tradition bestehender, trennender Paradigmen gestellt zu werden, da die Öffentlichkeit eher nach tradierten Denkweisen, beispielsweise der nationaler Zuordnungen, zu funktionieren scheint. Noch ambitionierter nimmt sich das Vorhaben aus, Wissen und Austausch über Geschichte in eine auf zwei Länder aufgeteilte Stadt zu transportieren. Denn das bedeutet die Vermittlung von Wissen in eine geteilte Öffentlichkeit. Aber gerade der Austausch über Geschichte kann nicht nur der Öffnung der Lehre in eine nichtakademische Öffentlichkeit dienen, sondern auch der Verständigung zwischen Polen und Deutschen vor Ort. Angewandte Geschichte wird unter diesen Umständen zu einem grenzüberschreitenden Projekt.

GESCHICHTE ALS MEHRWERT? Zusammenfassend lässt sich festhalten, dass Angewandte Geschichte à la Frankfurt (Oder) Lust am Entdecken lehrt und für die Geschichten der Geschichte sensibilisiert. Unser Verständnis der Angewandten Geschichte nuanciert das der »marktorientierten Geschichte« um die Aspekte von Orts-, Gegenwarts- und Erlebnisbezogenheit und erweitert den Aktionsrahmen um den transnationalen Raum. Dass ein solches Geschichtsverständnis auch kommerziell genutzt werden kann, zeigt die kürzlich aus dem Institut ausgegründete Agentur »HeimatReise«, die nach einer gemeinnützigen Startphase nun privatwirtschaftlich betrieben wird.

Entscheidend ist, dass die genannten Punkte in einem engen inneren Verhältnis zueinander stehen, sie bauen gewissermaßen aufeinander auf. Motivierende Lehre und ein kritisches Hinterfragen von Ort und Geschehen bedingen ein fruchtbares Umfeld für die Beschäftigung mit regionalen Geschichten, Identitäten und transnationalen Öffentlichkeiten. Ohne die an der Viadrina praktizierte grenzüberschreitende Forschung und Lehre lassen sich nach diesem Verständnis keine kompetenten Reisebegleiter gewinnen. Eine Verortung der Angewandten Geschichte findet also innerhalb der Geisteswissenschaften statt und geht durch ihren besonderen gesellschaftlichen Nutzen über die Wissenschaft hinaus. Unser Vorschlag lautet, die wissenschaftliche Verortung Angewandter Geschichte in Zukunft weniger auf die Analyse von kommerziellen Aspekten multimedialer Nutzbarmachung und Erweiterung tradierter Historiografien als vielmehr auf die Aushandlungsprozesse historisch verankerter Identitäten und die gesellschaftlichen, auch transnationalen Räume, in denen diese stattfinden, zu richten. Denn Angewandte Geschichte funktioniert nicht nur in Frankfurt (Oder) und Słubice als gesellschaftliches Medium im Hier und Jetzt.

GESCHICHTS-DARSTELLUNG AUF HISTORISCH ORIENTIERTEN EVENTS

JULIAN BLOMANN

Das warme Licht der Kerzen erhellt nur spärlich die gemütlich wirkenden Hütten und Häuser, die sich in einem Halbkreis um den großen Tannenbaum in der Mitte des kleines Platzes gruppieren. Eine junge Frau, gekleidet in einen weiten Rock und ein etwas abgewetztes Mieder, mit einem warmen Schal um die Schultern, um sich gegen die Kälte zu schützen, steht angeregt schwatzend mit einem Herrn in Gehrock und Dreispitz zusammen. Der Duft von Zimtwaffeln und Glühwein liegt in der Luft. Musik von Telemann und Corelli untermalt die festliche Szene.

Wir befinden uns auf dem Homburger Sternenmarkt 2008, einem Weihnachtsmarkt in barockem Ambiente, veranstaltet von der Stadt Homburg, organisiert und umgesetzt von der agentur-erlebnisraum, für die der Verfasser dieses Artikels als Geschäftsführer die Verantwortung trägt.

Der Förderkreis Stadtmarketing der Stadt Homburg hatte es sich zum Ziel gesetzt, einen kleinen, aber qualitätvollen Weihnachtsmarkt zu etablieren, der sich deutlich von existierenden Marktangeboten der Adventszeit unterscheiden sollte. Dieser neue Markt sollte das Thema Weihnachten angemessen, d. h. in die Homburger City passend, darstellen.

Nachdem meine Agentur den Auftrag bekommen hatte, den Markt zu planen und umzusetzen, schlugen wir vor, als »Motto« der Veranstaltung das Thema Barock zu wählen, da diese Epoche in der Stadtgeschichte eine wichtige Rolle spielt. Damit war es unsere Aufgabe, nicht nur einen Weihnachtsmarkt zu organisieren, sondern anlässlich Weihnachten einen barocken Markt zu inszenieren, der ein gutes Beispiel für das Spannungsfeld zwischen Kommerz und historischem Anspruch darstellt: Als Geschäftsführer einer Eventagentur, die am Gewinn des Projekts beteiligt ist, hätte ich die Formulierung »Weihnachtlicher Barockmarkt« bevorzugt, da der Titel »Barockmarkt« ein besseres Verkaufsargument darstellt als die Bezeichnung »Weihnachtsmarkt«. Schließlich verfügt fast jedes Dorf über einen Weihnachtsmarkt. Die Zahl der Barockmärkte ist deutlich geringer.

Als Kulturwissenschaftler, der an der Universität Saarbrücken versucht, Studierenden etwas über Qualität auf historisch orientierten Veranstaltungen beizubringen, hätte ich den Markt am liebsten als »Weihnachtsmarkt in historisierend, barockem Ambiente« bezeichnet. Denn wirklich barock, nach den Richtlinien guter Living-History, ist auf dieser Veranstaltung nicht alles, was in erster Linie am Geld liegt. Trotz einer relativ hohen Investition von Seiten des Förderkreises und einer nicht unerheblichen Beteiligung der Stadt, reichte das Budget nicht aus, den historischen Standard so hoch zu setzen, dass ich dem Markt guten Gewissens die Bezeichnung »Weihnachtlicher Barockmarkt« hätte geben können. Die am Ende benutzte Bezeichnung »Barocker Weihnachtsmarkt« spiegelt somit den immer wieder nötigen Kompromiss zwischen ökonomischen Überlegungen und historischem Anspruch wieder.

Dieser Fall aus meiner täglichen Praxis zeigt deutlich ein allgemein bestehendes Problem von historisch orientierten Veranstaltungen. In aller Regel bewegen sie sich im schwierigen Spannungsfeld zwischen wirtschaftlichen Zwängen und historischem Anspruch.

Der Besucher bekommt also auf historisch orientierten Veranstaltungen nicht unbedingt ein wissenschaftlich überprüftes Geschichtsbild vermittelt, sondern nur das Bild, das die Veranstalter und handelnden Personen von der jeweiligen Geschichtsepoche haben, bzw. welches sie, bedingt durch die ihnen zur Verfügung stehenden Mittel, fähig sind umzusetzen. Die handelnden Personen sind alle an Organisation und Durchführung Beteiligten, gleichgültig ob es sich um Veranstalter, Händler, Darsteller oder Künstler handelt.

Sehr wichtig für die Frage, ob sich die auf historisch orientierten Veranstaltungen dargestellte Geschichte aus der Sicht der historischen Wissenschaften sehen lassen kann, ist somit der handelnde Personenkreis, der »lebendige Geschichtsdarstellung« betreibt und auf diese Weise ein bestimmtes – nämlich das eigene mehr oder weniger wissenschaftlich orientierte – Geschichtsbild darstellt und auf diese Weise eben auch das Geschichtsbild der Konsumenten mitbestimmt.

LIVING HISTORY - WER STECKT DAHINTER? Die Frage ist nun: wer sind diese Personen, die »lebendige Geschichtsdarstellung« betreiben? Was motiviert Menschen, gerade an Veranstaltungen »lebendiger Geschichtsdarstellungen« aktiv teilzunehmen? Schließlich sind diese Leute im wesentlichen das Personal, das mir für meine Veranstaltungen zur Verfügung steht – egal ob es sich dabei um einen Mittelalterevent im Sommer, um die Organisation eines großen Liverollenspiel-Ereignisses mit historischem Hintergrund handelt oder um einen historisch orientierten Weihnachtsmarkt im Winter. All diese Fragen wollte ich mit einer Umfrage (durchgeführt in den Jahren 2005/06) unter 1.500 Gestaltenden und Konsumenten historisch orientierter Veranstaltungen beantworten. Den Kulturwissenschaftler interessiert dabei in erster Linie das Geschichtsbild der Konsumenten, in der Umfrage auch »Nutzer« genannt, den Veranstalter allerdings der Konsument als Kunde.

DIE ERGEBNISSE EINER EMPIRISCHEN STUDIE Handelnde Personen auf historisch orientierten Veranstaltungen sind in erster Linie männliche Erwachsene. Studenten sind deutlich über-, Berufs- bzw. Erwerbstätige leicht unterrepräsentiert. Knapp ein Viertel der befragten aktiven oder ehemaligen Stundenten hat übrigens ein Fach mit historischem Bezug studiert.

Bezogen auf den Professionalisierungsgrad lässt sich die Szene sinnvoll in drei unterschiedliche Gruppen unterteilen:

1 **Profis** Personen, die mit historisch orientierten Veranstaltungen ihren Lebensunterhalt ganz oder zumindest zu einem Teil verdienen.

2 **Semiprofis** Personen, die aufgrund des persönlichen Aufwands und Engagements besonders aktiv an der Gestaltung historischer Events mitwirken.

3 **Hobbyisten/Freizeitnutzer** Personen, die aufgrund ihres Nutzungsverhaltens der Szene rund um historisch orientierte Veranstaltungen zuzurechnen sind; sie sind jedoch aufgrund der fehlenden wirtschaftlichen Zielsetzung und dem Grad ihres Engagements noch nicht als »Semiprofessionelle« zu charakterisieren.

Bei allen genannten Gruppen verfügen ca. 70 Prozent über ein Abitur. Es fällt auf, dass die Profis eher historische Fächer studiert haben oder studieren, woraus zu folgern ist, dass ein historisches Studium einem professionellen Engagement in dieser Szene förderlich ist. Die Beschäftigung mit lebendiger Geschichte scheint eher ein Phänomen der oberen Bildungsschichten zu sein.

Neben der Gruppeneinteilung nach Professionalisierungsgrad ist es sinnvoll, die Szene auch nach ihrem Nutzungsverhalten zu unterscheiden. Drei Nutzertypen lassen sich identifizieren, wovon allerdings nur zwei für die vorliegende Fragestellung relevant waren:

1 **Die Anspruchsvollen-Nutzer** Es handelt sich hierbei um Personen mit einem hohen Grad an kulturellem und wissenschaftlichem Anspruch. Personen dieses Typs besuchen häufig Museen und lesen wissenschaftliche Zeitschriften und Bücher. Sie nutzen alle Medien, die sich zur seriösen Informationsbeschaffung eignen. Wenig seriöse Angebote, die eher dem Spaßbereich zuzuordnen sind, wie

Fantasy-Bücher, Filme, mittelalterliche Spectaculi, Liverollenspiele werden von den Anspruchsvollen-Nutzern eher nicht konsumiert. Die Anspruchsvollen-Nutzer haben sowohl einen Bildungsanspruch als auch ein deutliches Problembewusstsein, was die Gefahr der Bildung falscher Geschichtsbilder durch wenig qualitative Angebote angeht.

2 **Die Spaß-Nutzer** lesen Fantasy- und Historien-Romane und schauen Spielfilme der gleichen Genres. Sie spielen historisch orientierte Computerspiele, hören Historienhörspiele und besuchen Liverollenspiele und mittelalterliche Spectaculi. Im Gegensatz zu den Anspruchsvollen-Nutzern sehen sie eher nicht die Gefahr falscher Geschichtsbilder und sie lesen eher keine wissenschaftlichen Bücher.

Mit zunehmendem Unterhaltungswunsch sinkt der historische Anspruch bzw. mit steigendem historischem Anspruch sinkt das Bedürfnis nach Unterhaltung. Bezogen auf die »Profis« hat das zur Folge, dass der Anspruch auf historische Qualität sinkt je mehr die Befriedigung des Unterhaltungsbedürfnisses in den Vordergrund rückt.

Dass steigende Professionalisierung den historischen Anspruch negativ beeinflusst, liegt nicht so sehr an der mangelnden historischen Bildung, sondern hat in erster Linie mit den ökonomischen Zwängen zu tun, denen sich ein Profi ausgesetzt sieht. Ein Großteil der professionellen Aktiven stellt durchaus an sich selbst den Anspruch, historisch korrekt zu arbeiten, obwohl sie gleichzeitig davon ausgehen, dass der Anspruch, den ihre Kunden an sie stellen, geringer als ihr eigener ist. Allgemein lässt sich aus meinen Daten ablesen, dass die historische Bildung einer Person einen positiven Einfluss auf den eigenen Anspruch ausübt, historisch korrekt zu arbeiten.

BILLIGANBIETER GEFÄHRDEN DIE QUALITÄT Doch was ist historisch korrekt? Wie kann man die Qualität einer historischen Darstellung beurteilen? Innerhalb der Szene, rund um historisch orientierte Veranstaltungen, wird als historische Qualität häufig Authentizität eingefordert, worunter die größtmögliche Annäherung an das historisch/archäologisch gesicherte wissenschaftliche Geschichtsbild verstanden wird. Allerdings gehen die Meinungen, was authentisch ist, häufig weit auseinander. Aus historischer Sicht ist der Begriff der Authentizität ohnehin fragwürdig. Schließlich wissen wir, je weiter wir in der Geschichte zurückgehen, immer weniger Verlässliches über unsere Vorfahren. Gerade was den Bereich der Alltagsgeschichte angeht, gibt es erhebliche Lücken. Zudem ist fast jede Living-History-Darstellung eine Vollrekonstruktion, zumindest wenn es sich um Epochen jenseits der Zeitgeschichte handelt. Eine hundertprozentige Authentizität ist von vornherein nicht zu erreichen. Somit ergibt sich als Forderung an eine qualitätvolle Veranstaltung, dass sie zumindest nicht zur Bildung falscher Geschichtsbilder beim Rezipienten beitragen darf.

Nun scheint die Qualität der Geschichtsdarstellung auf historisch orientierten Veranstaltungen von knapp zwei Drittel meiner Befragten durchaus problematisch beurteilt zu werden.

In Bezug auf die historische Qualität wird bemängelt, dass Geschichte häufig zu klischeehaft, übertrieben romantisiert und zu reißerisch dargestellt wird. Die

historischen Lebensverhältnisse würden idealisiert und gerade das Mittelalter werde als »heile Welt« dargestellt. Da aus ökonomischen Gründen Darsteller-Gruppen immer mehr nach deren Gage als nach der Qualität ihrer Darstellung für Engagements ausgesucht würden, seien die Darsteller oft unprofessionell im Umgang mit den Gästen und glänzten häufig durch historisches Halbwissen und schlechte Ausrüstung. Somit werde allzu oft sehr frei interpretiert, um die eigenen Wissenslücken zu kaschieren. Auch die Veranstalter verfügten nicht über die nötige historische Bildung, um qualitätvolle Veranstaltungen organisieren zu können. Wahrscheinlich ist von daher auch die gelegentliche Forderung zu verstehen, Museen ein Monopol auf historische Veranstaltungen einzuräumen. Allerdings wird bei Museen wiederum bemängelt, dass sie es sich bei der Auswahl ihrer Darsteller häufig zu einfach machten und nicht genügend Wert auf die Qualität der Darstellung legten.

Interessanterweise zeigt sich, dass diejenigen Personen, die aktiv an einer historisch orientierten Veranstaltung mitarbeiten, was ihre historische Bildung angeht, in der allgemeinen Beurteilung kaum besser dastehen als die reinen Spaß-Nutzer, was damit zusammenhängen könnte, dass die Veranstalter zur Vorbereitung eher keinen Kontakt zu Fachwissenschaftlern suchen. Sie erwerben ihr Wissen weniger aus der Fachliteratur als auf fragwürdige Weise durch den Besuch historisch orientierter Veranstaltungen selbst, womit sich die Katze bekanntlich in den eigenen Schwanz beißt.

Trotzdem zeigen die Daten der Untersuchung klar, dass mit steigender historischer Bildung auch der Anspruch an sich selbst zunimmt, historisch korrekt zu arbeiten.

Ein weiterer immer wieder angeführter Kritikpunkt hinsichtlich der Qualität der Geschichtsdarstellung ist die zunehmende Kommerzialisierung historisch orientierter Veranstaltungen. Besonders kommerzielle Veranstaltungen würden den Ruf »guter« Living-History als probates Mittel der Geschichtsdidaktik gefährden. Das heißt, der Aktive, der zu viel »Kommerz« betreibt, wird von den Befragten verdächtigt, die nötige historische Qualität der Gewinnerzielung unterzuordnen. Was gemeinhin in engagierten Szenen als negativ angesehen wird und natürlich auch aus der Warte der historischen Qualitätssicherung nicht positiv beurteilt werden kann. Doch darf man dabei nicht vergessen, dass gerade historische Qualität auf einem hohen Niveau nie »umsonst« zu haben sein wird. Qualitätvolle Rekonstruktionen (Kleidung, Gegenstände, Bauten, etc.) kosten viel Geld, sorgfältige Recherche kostet viel Geld, und so müssen historisch orientierte Veranstaltungen, wenn sie gut sein wollen, auch immer einen handfesten materiellen Aspekt haben. Gerade wer historische Qualität liefern möchte, hat also berechtigterweise seinen Preis. Andernfalls droht die Gefahr, dass »Billig-Anbieter« die Qualitätvollen komplett vom Markt verdrängen. Ein Preiskampf in Bereichen, in denen Qualität eine hohe Priorität eingeräumt werden muss, führt in den seltensten Fällen zu mehr Qualität.

Dementsprechend wurde von Seiten der Befragten häufig kritisiert, dass »schlechte Gruppen« die Qualitätvollen durch »Kampfpreise« von den Veranstaltungen verdrängen, weil Veranstalter, gerade auf Seiten öffentlicher Einrichtungen, mehr auf den Preis einer Leistung bzw. Darstellung, als auf deren Qualität achteten. Es stehen sich also häufig kulturelle und ökonomische Ziele grundsätzlich gegenüber. Diejenigen, die hohe ökonomische Ziele verfolgen, haben eher geringe kulturelle. Das Problem liegt auf der Hand: Zunehmende Kommerzialisierung birgt die Gefahr, dass die Geschichte lediglich als Bühne für gewinnorientierte Veranstaltungen genutzt wird und nicht selbst Gegenstand der Veranstaltung ist. Dem Konsumenten wird so die Möglichkeit genommen, durch gute Living-History Denkanstöße zu erhalten und so zum Lernen angeregt zu werden. Er konsumiert Geschichte als reines Unterhaltungsobjekt und verfestigt oder bildet so Klischees.

Das Argument vieler privatwirtschaftlicher Veranstalter, dass vor allem die für sie nötige Kundenorientierung der wichtigste Grund für fehlende historische Qualität ist, darf keine Geltung haben. Sie wirkt zudem wie ein Scheinargument, das benutzt wird, um beispielsweise Cola und Currywurst auf historisch orientierten Veranstaltungen zu rechtfertigen. Aber diese modernen Auswüchse der Gastronomie sind nicht das Hauptproblem der historischen Qualität. Der Plastikbecher Cola in der Hand einer Besucherin ist nicht Schuld daran, wenn ein falsches Geschichtsbild entsteht, sondern viel mehr die schlecht recherchierte Darstellung eines vermeintlichen Living-History-Darstellers bzw. das als historisch vorgestellte, bestenfalls aber als historisierend zu bezeichnende Warenangebot eines Händlers.

VERANTWORTBARE GESCHICHTSDARSTELLUNG TROTZ GEWINNORIENTIERUNG Grundsätzlich ist wirtschaftliche Gewinnorientierung nicht generell zu verurteilen. Um Qualität bieten zu können, ist es sogar, wie auch am Weihnachtsmarkt zu zeigen war, notwendig, auf ausreichend finanzielle Mittel zurückgreifen zu können, um nicht gezwungenermaßen auf qualitätslose, aber billige Angebote ausweichen zu müssen. Unter Umständen ist eine kommerzielle Orientierung einer Veranstaltung sogar der historischen Qualität förderlich, allerdings nur so lange, wie der Kommerz Mittel zum Zweck der Erreichung einer höheren historischen Qualität ist.

So können Sponsoren ein brauchbares Mittel sein, um das nötige Geld für gute historische Qualität zu beschaffen. Für den Bau der Marktstände des oben vorgestellten Sternenmarkt gelang es uns einen Sponsor zu gewinnen, der es ermöglichte statt üblicher Marktbuden, extra angefertigte Häuschen in Fachwerkoptik anzuschaffen. Wer also auf einen verantwortungsvollen Umgang mit Geschichte Wert legt, sollte bei der Organisation und Durchführung historisch orientierter Veranstaltungen auf folgende Grundsätze achten:

Der wichtigste Grundsatz ist das klare »labeln«. Um Missverständnissen vorzubeugen, ist es unablässig, der eigenen Veranstaltung den richtigen Namen zu geben. Ansonsten besteht die Gefahr eines Etikettenschwindels. Das Problem der historischen Qualität wäre sehr viel weniger dringend, wenn die große Masse der eigentlich unhistorischen Veranstaltungen sich nicht als historische Veranstaltungen in Szene setzten. Attribute wie »mittelalterlich«, »römisch« oder »barock« erwecken beim Besucher eindeutig das Gefühl, sich auf einer historischen

Veranstaltung zu befinden. Auch wenn der Veranstalter eigentlich nur ein historisierendes Stadtfest organisieren wollte.

Ein weiterer wichtiger Grundsatz muss die Treue zur Vorlage sein. Das heißt, es ist darauf zu achten, dass nicht ausschließlich gängige Vorurteile als Grundlage der Darstellung dienen. Eine zu oberflächliche Geschichtsdarstellung ist eines der größten Problemfelder der Darstellung von Geschichte auf historisch orientierten Veranstaltungen.

Generell besteht die Gefahr, dass die Lebensverhältnisse der historischen Menschen idealisiert werden. Durch Verzicht auf Klischees, indem Darstellungen mit den nötigen Erklärungen versehen werden und auf eine möglichst wirklichkeitsnahe Form der Darstellung Wert gelegt wird, lässt sich vermeiden, dass in den Köpfen der Besucher_innen ein zu einseitiges Bild der Geschichte entsteht. Beispielsweise ist darauf zu achten, dass auf einer Veranstaltung die Zusammensetzung der gesellschaftlichen Schichten stimmt. Nur Adlige oder zu viele Adlige und nur wenige Bauern auf einer als mittelalterlicher Markt titulierten Veranstaltung sind genauso wenig historisch plausibel wie ausschließlich keltische Handwerker in einem römischen Militärlager. Gleiches gilt für das optische Erscheinungsbild einer Veranstaltung. Für den historischen Look und das Ambiente gilt, wie für die Geschichtsdarstellung selbst, der Grundsatz, sich so nah wie möglich an historischen Vorlagen zu orientieren. Wo dies aus triftigen Gründen nicht möglich oder vertretbar ist, sollte zumindest der Rahmen der Plausibilität nicht verlassen werden und sauber, für die Besucher deutlich erkennbar, zwischen Historischem und Unhistorischem getrennt werden. Damit ist auch schon der dritte wichtige Grundsatz, nämlich die Einhaltung deutlicher Grenzen, angesprochen, sowohl, was die bereits erwähnte Trennung von Historischem und Unhistorischem angeht, als auch die Einhaltung klar umrissener Zeiten und Räume bei der Darstellung. Um die Besucher_innen nicht zu verwirren und ihnen ein verständliches Exempel zu bieten, ist es nicht ratsam, große Zeiträume und regionale Unterschiede zu mischen. Landsknechte des 17. Jahrhunderts passen nicht zu einer als mittelalterlich bezeichneten Veranstaltung.

Zu den deutlichen Grenzen gehört aber auch die bereits erwähnte strikte Trennung von historischen und unhistorischen Bereichen. Sie kann sogar ein einfaches und finanziell günstiges Mittel sein, um ein einheitliches und qualitativ hochwertiges historisches Ambiente zu schaffen. Wenn beispielsweise der Versorgungsbereich mit Wurstbuden und Bierständen deutlich vom historischen Bereich mit Heerlager und Handwerkerständen getrennt ist, müssen besagte Wurstbuden und Bierstände nicht aufwendig und teuer kaschiert werden. So liegt hierin eine probate und einfache Lösung zur Steigerung der historischen Qualität bei gleichzeitiger Reduktion der Kosten und zusätzlich ist für den Besucher jede Verwechslungsgefahr von Historischem und Unhistorischem ausgeschlossen.

Einen Weihnachtsmarkt in einem barocken Ambiente zu präsentieren, kann zwei Motivationen vorweisen. Die eine ist die des Veranstalters – in diesem Fall die Stadt und der Förderkreis Stadtmarketing, denen es darum geht, einen ganz besonderen aus dem Gewöhnlichen hervorstechenden Weihnachtsmarkt zu präsentieren. Die andere Motivation ist die unserer Agentur, die neben dem

Gewinn das Interesse hat, barockes Leben zu zeigen. Dazu gehört beispielsweise die Musik, die kein moderner Musicalverschnitt sein soll, sondern echte Barockmusik. Die Darsteller, die in barocker Kleidung auf dem Platz flanieren, werden zwar nicht in historischen Stoffen, aber doch historisch korrekt gekleidet und nicht nur historisierend in Erscheinung treten.

Der Kompromiss, zwischen ökonomischer Notwendigkeit und historischem Anspruch, besteht auch darin, dass auch ein »barocker« Weihnachtsmarkt den Interessen heutiger Kundschaft dienen muss. So werden z. B. in den Buden Weihnachtsartikel aus und für unsere Zeit angeboten und am Getränkestand wird Cola verkauft. Allerdings in für jeden erkennbar unhistorischen Colaflaschen. Der Glühwein dagegen wird nicht in Plastikbechern ausgeschenkt und vom Großhandel in zehn Liter Kanistern fertig geliefert, sondern nach Originalrezept unter Verwendung historischer Küchenutensilien auf offenem Feuer im Kupferkessel vor den Augen der Besucher_innen gekocht und in passenden Tonbechern serviert.

GESCHICHTE DARF SPASS MACHEN Fazit: Erlebnisorientierung und »Verlebendigung« der Geschichte darf nicht nur der guten Show oder der wirtschaftlichen Gewinnerzielung dienen und so zu Lasten der historischen Glaubwürdigkeit gehen. Trotzdem darf man nicht vergessen, dass es den Menschen, die sich mit Geschichte befassen, nicht selten darum geht, auszuspannen, Atmosphäre zu erleben, einen Ausflug in die Vergangenheit zu machen, kurz: sich zu unterhalten. Diese Menschen suchen das historische Ambiente und die Show als Event. Deshalb darf die Forderung nach historischer Qualität nicht zu einer Abschreckung der Besucher_innen führen. Es gilt einen ausgewogenen Mittelweg zu finden, der zum einen der Verantwortung gegenüber der Geschichte und zum anderem den Bedürfnissen der Besucher_innen Rechnung trägt. Geschichte darf Spaß machen.

INGOLSTÄDTER ERINNERUNGSORTE

Ein Projekt am Katharinen-Gymnasium Ingolstadt MATTHIAS SCHICKEL

Die Bedeutung und die Wichtigkeit eines handlungs- und produktionsorientierten Geschichtsunterrichts braucht heute nicht mehr gerechtfertigt zu werden, zumal es immer wichtiger wird, unsere Schüler auf ein selbständiges und kompetentes Handeln in zukünftigen beruflichen und/oder universitären Situationen vorzubereiten – die einschlägige Literatur zu diesem zwischenzeitlich zentralen Unterrichtsziel reicht vom praxisnahen Lehrerhandbuch mit zahlreichen Beispielen und Anregungen für den Unterricht über die Lehreraus- und -weiterbildung bis hin zur akademisch-universitären Auseinandersetzung im Rahmen der Geschichtsdidaktik.

Dass Lernen und Handeln untrennbar miteinander verknüpft sind, sie eine tatsächliche Einheit bilden, ist inzwischen unbestritten. Handlungsorientierung ist ein »Unterrichtsprinzip«, das lernpsychologisch und sozialisationstheoretisch begründbar ist und das »möglichst oft realisiert werden sollte.«[1] Die neu gestaltete Oberstufe des Gymnasiums in Bayern mit den beiden Seminaren (Wissenschaftspropädeutisches Seminar und Projekt-Seminar) greift daher auch die Handlungsorientierung schwerpunktmäßig auf[2]: Die Schüler_innen sollen gerade während der Kursphase verstärkt selbständig und wissenschaftspropädeutisch an den verschiedenen Themenfeldern der Geschichte arbeiten und ihre Ergebnisse in den Unterricht einbringen. Der handlungsorientierte Unterricht ist eine längst überfällige Antwort auf die Veränderung in der Aneignung von Kultur – hier genauer von Geschichtskultur und Geschichtsbewusstsein, denn die Schüler sind heute gerade auch außerhalb der Schule einer Vielzahl von Einflüssen ausgesetzt, die mit Geschichte zu tun haben. Das reicht von den zahlreichen populären Fernsehdokumentationen und Spielfilmen, der Installation von Denkmälern im öffentlichen Raum über historische Festivals und Veranstaltungen, Sonderausstellungen und Museumsfeste bis hin zu den Geschichtsspielen auf dem eigenen PC und der Spielekonsole: »So viel Geschichte wie heute war nie!«[3]

Die zuweilen ausfernde Inszenierung von Geschichte, nicht nur im Zusammenhang mit den häufig sehr emotional geführten Debatten um die Aufarbeitung der jüngsten deutschen Vergangenheit sowohl auf nationaler wie auf lokaler Ebene, sondern gerade auch bei historischen Stadtfesten, die sich gerne in verklärend-romantisierender Weise der Vergangenheit nähern, zeigt die Gegenwart und die Bedeutung von Geschichte im Alltag. Und doch – bei vielen Jugendlichen klafft eine tiefe Lücke zwischen tatsächlichem historischem Verstehen und einem diffusen, zumeist unreflektierten Geschichtsbild, das zwischen Freizeitangebot, Unterhaltungskultur und Zufälligkeit oszilliert.

Natürlich gehört auch der schulisch institutionalisierte Geschichtsunterricht zur Geschichtskultur einer Gesellschaft, wobei dieser zielorientiert auf ein differenziertes Geschichtsbild angelegt ist.[4] Zuweilen vermischen sich jedoch – das ist im Geschichtsunterricht durchaus zu beobachten – außerschulisch aufgenommene Eindrücke, familiär tradierte Erzählungen und eigene Erfahrungen zu einem individuellen Geschichtsbild, das dann mehr oder weniger schlüssig in Einklang mit dem schulisch vermittelten Wissen gebracht wird. Das kann vor allem in der Unter- und Mittelstufe durchaus bereichernd für den Unterricht sein, wenn sich beispielsweise Spezialisten für die römische Armee oder für den mittelalterlichen Burgenbau herauskristallisieren, die mit ihrem Spezialwissen neue Aspekte und inhaltliche Impulse ins Unterrichtsgeschehen einbringen können. Andererseits ist aber auch zu beobachten, dass sich bei bestimmten Themen im Geschichtsunterricht parallele Geschichtsbilder und Deutungsmuster entwickeln, die mit der unterrichtlichen Ebene nicht in Einklang zu bringen sind, da sie sich aus Erzählungen im Familien- oder Bekanntenkreis speisen, denen der Charakter einer vermeintlich objektiven, weil aus unmittelbarem Erleben berichtenden Quelle zukommt. Genau hier setzt das Unterrichtsprojekt »Ingolstädter Erinnerungsorte« des Katharinen-Gymnasiums an: Es will in einem handlungs- und produktionsorientierten Unterricht die Jugendlichen zu Selbsttätigkeit, Eigenverantwortung und Methodenkompetenz führen und dabei zugleich das Bewusstsein für die Vielschichtigkeit der Geschichte vertiefen und erweitern.

DIE AUSGANGSLAGE: INGOLSTADT = AUDI? »Ingolstadt?! Ja, das kenn ich! Da kommt doch Audi her?!«
– »Ja, und wir fahren auf dem Weg nach München immer dran vorbei!« Mit nach-
sichtigem Lächeln nehmen eingefleischte oder eingeborene Ingolstädter
Äußerungen wie diese zur Kenntnis – und ärgern sich insgeheim doch darüber,
vor allem dann, wenn ihnen keine passende Erwiderung einfällt. Auch in der
Vorbesprechung für einen Leistungskurs Geschichte am Katharinen-Gymnasium
Ingolstadt wussten viele der Schüler von solchen oder ähnlichen Erfahrungen zu
berichten.

Zwar könnte man es als tröstlich empfinden, dass immerhin ein Kristallisationspunkt der Identität dieser jüngsten bayerischen Großstadt in weiten Teilen
der Bevölkerung präsent ist – der erfolgreiche Automobilkonzern Audi – doch
ärgerlich bleibt, zumal für historisch Interessierte, dass neben dem modernen
Gesicht Ingolstadts viel zu wenig bekannt ist über die mittelalterliche Resi-
denz- und Herzogsstadt, die Universitätsstadt der Neuzeit oder die Militär- und
Festungsstadt des 19. Jahrhunderts. Immerhin kann Ingolstadt auf die erste
bayerische Landesuniversität aus dem Jahr 1472 verweisen, die 1800 erst nach
Landshut und dann nach München – die heutige Ludwig-Maximilians-Universität
– verlegt worden ist.

Das Einstiegsgespräch im Kurs über die eigene Heimatstadt und ihre Geschichte erwies sich als überaus fruchtbar – wurden doch zahlreiche Aspekte und
Facetten der Stadtgeschichte herausgearbeitet: von den rätselhaften Anfängen der
Stadt im 9. Jahrhundert über das Reinheitsgebot für Bier aus dem Jahr 1516 bis
hin zu der Tatsache, dass der Sanitätsrat Dr. Ludwig Liebl, ein angesehener
Ingolstädter Arzt, als Initiator des NS-Ärztebundes eine maßgebliche Rolle bei
der Etablierung der NSDAP in bürgerlichen Kreisen gespielt hat.[5] Plötzlich
konnten sich auch einige Schüler_innen an das sogenannte »Tilly-Haus« erinnern,
in dem der Feldherr 1632 gestorben war, und aus dem Religionsunterricht war
der bedeutende Gegenspieler Luthers, Dr. Johannes Eck, bekannt, der einige Jahre an der Ingolstädter Universität gelehrt hatte.

So merkten die Schüler, dass ihre Heimatstadt eine lange und durchaus beeindruckende Geschichte vorzuweisen hat, die es wert ist, entdeckt und erschlossen
zu werden – die aber allzu häufig von den unbestreitbaren Erfolgen des ansäs-
sigen Automobilbauers und dem Vorteil, schnell in München oder Nürnberg zu
sein, überlagert wird.

Weil aber Schule nicht nur den Gegensatz zwischen Lernen und Leben darstellen soll[6], lag es nahe, diese offensichtliche Diskrepanz in der Wahrnehmung der
eigenen Heimatstadt zu thematisieren und zum Ausgangspunkt weiterer
Überlegungen zu machen. Die Verbalisierung und die damit verbundene Bewusst-
werdung dieses Problems löste ein gewisses Unbehagen bei den Schüler_innen
aus, die doch alle ziemlich stark in ihrer Heimatstadt verwurzelt sind und dies
auch als tatsächlich störende und fortwirkende Unterschätzung der Stadt
Ingolstadt empfanden. Schnell wurde dann der selbstbewusste Ruf laut: »Schreiben wir doch ein Buch!« Ein anspruchsvolles und komplexes Vorhaben, das
dennoch oder vielleicht auch gerade deswegen begeistert von den Kursteilneh-
mern aufgenommen wurde. Obwohl den Schülern natürlich klar war, dass die

Wirkmächtigkeit eines Buches – zumal mit einer sehr kleinen Auflage – entsprechend beschränkt ist, wollten sie doch mit der Entscheidung, die Lücke zwischen traditionellem Stadtführer und historiografischer Spezialliteratur zu besetzen, neue, breitere Schichten ansprechen. Daher wendet sich das Buch nicht nur an Touristen und Besucher der Stadt Ingolstadt, sondern auch an Einheimische sowie Zuwanderer, die »ihre« Stadt näher kennenlernen und Gästen besser präsentieren wollen. Gerade vor dem Hintergrund, dass Ingolstadt als sogenannte »Boom-Town« in den vergangenen Jahren ein großes Bevölkerungswachstum zu verzeichnen hatte, lag es nahe, sich an dieser Zielgruppe in erster Linie zu orientieren. Bestärkt wurde der Kurs dabei durch die Ergebnisse einer kleinen »Marktanalyse« an der Schule, die ergeben hatte, dass es gerade die neu zugezogenen Ingolstädter sind, die sich mit Hilfe des Buches »Erinnerungsorte« die Stadt Ingolstadt intensiver erschließen wollen.

In einem ausführlichen Brainstorming zu Beginn der Arbeit wurden dann die 50 Orte ausgewählt, die dem Kurs insgesamt als wichtig für die Ingolstädter Geschichte erschienen. Daran schloss sich die Aufteilung der einzelnen Arbeitsgebiete an. Jede Schülerin sollte zwei selbst gewählte »Erinnerungsorte« in einem jeweils maximal fünf-seitigen bebilderten Beitrag porträtieren. Die ausgewählten Orte würden von den Anfängen der Stadtgeschichte bis in die jüngste Vergangenheit reichen, um damit einen möglichst facettenreichen, kaleidoskopartigen Zugang zur Geschichte der Stadt Ingolstadt zu bieten. Inspiriert von Schulze/François' »Erinnerungsorte«[7] stand der Kurs im Sommer 2007 am Anfang eines Projektes, von dem damals noch nicht abzusehen war, was damit an Arbeit verbunden sein würde.

VERMARKTETE GESCHICHTE Nach einer intensiven Auseinandersetzung innerhalb des Kurses mit der Stadtgeschichte fand in Zusammenarbeit mit dem stellvertretenden Leiter des Ingolstädter Stadtarchivs eine Überprüfung der ausgewählten Orte statt. Hier musste der Kurs besonders darauf achten, dass die jeweiligen Themen ergiebig und interessant genug waren für das Vorhaben. Die endgültige Auswahl erfolgte einerseits mit Blick auf die Bedeutung des Ortes für die Stadt und ihre Geschichte, andererseits mit dem Blick auf die Zielgruppe und die Vermarktungsmöglichkeiten. Diese Marktgerichtetheit schlug sich auch nieder in der Diskussion um den Stil der Beiträge. Ganz bewusst verzichtete der Kurs auf einen einheitlich wissenschaftlich-nüchternen Schreibstil – wie sich ein Schüler drastisch ausdrückte: »Jahreszahlen interessieren eh keinen!« – vielmehr wollten die Teilnehmer überwiegend essayistisch-anekdotenhaft Geschichte mithilfe von Geschichten vermitteln: Die menschlich-emotionale Seite, die kleineren und größeren Sensationen der Stadtgeschichte sollten dargestellt werden, konkretisiert am jeweiligen Ort des Geschehens. Damit hofften die Autoren auf die Möglichkeit, ihr Werk in Jugendherbergen, Hotels und Gaststätten absetzen bzw. diese als Sponsoren gewinnen zu können und so auch Gruppen anzusprechen, die sich für eine »klassische« Stadtgeschichte in eher geringem Maße interessieren. Im Interesse der Vermarktung des Buches musste daher die Reduzierung des wissenschaftlichen Anspruchs in Kauf genommen werden, doch durch die

Angabe der verwendeten Literatur sind die Leser zu einer weiterführenden Auseinandersetzung eingeladen. Wichtig dabei war, dass die Schüler_innen den korrekten Umgang mit Zitaten und Quellen einhielten und so weit wie möglich eigene Fotos von den verschiedenen Orten anfertigten, die sie selbstständig in ihren Beitrag integrierten.

Während dieser ersten Arbeitsphase fanden Gespräche mit dem Oberbürgermeister der Stadt Ingolstadt und dem Kulturreferenten statt, um die Unterstützung der Stadt für das Projekt zu sichern. Glücklicherweise erwiesen sich die Verantwortlichen als sehr aufgeschlossen und sagten finanzielle Hilfe bei der Verwirklichung zu. Darüber hinaus versprach der Oberbürgermeister die Abnahme einer bestimmten Anzahl von Büchern, die als Geschenke der Stadt auswärtigen Besuchern überreicht werden sollen. Zu diesen Gesprächen wurden vier ausgewählte Schüler der sogenannten »Steuergruppe« hinzugezogen, die sich durch besonderes Engagement innerhalb des Kurses auszeichneten.

Nach vier Monaten lag die erste Artikelserie vor und wurde in den Kooperationskursen präsentiert und diskutiert. Zugleich bemühten sich die Schüler_innen darum, Sponsoren und Förderer aus der Wirtschaft zu gewinnen, wobei sich der Hinweis auf die Unterstützung der Stadt sowie auf den eher unterhaltenden Stil des Buches als sehr hilfreich erwies.

Ein in Ingolstadt ansässiger Verlag, der vergleichbare Titel im Programm hat[8], erklärte sich bereit, das Vorhaben zu unterstützen. Um die hohen Druckkosten abzusichern, kam man mit dem Verlag überein, interessierten Unternehmen auch Anzeigenseiten im Buch einzuräumen und damit ein ungewohntes Erscheinungsbild für ein Geschichtsbuch in Kauf zu nehmen.

In diesem Zusammenhang führte der Kurs auch die oben erwähnte Marktanalyse an der Schule durch: Etwa 700 Fragebögen wurden an die Schüler von der 5. bis zur 11. Klasse ausgegeben, in denen nach dem grundsätzlichen Interesse an einem solchen Buch gefragt wurde, nach der Herkunft der Familie sowie nach Farbigkeit oder Schwarz-Weiß-Gestaltung. Dabei stellte sich ein großes Interesse am Buch heraus – etwa 70 Prozent der Befragten interessierten sich für das Buch, und die überwiegende Mehrheit davon (ca. 85 Prozent) sprach sich für die zwar teurere, aber attraktivere Farbigkeit aus. So konnte ein Subskriptionspreis von 15 Euro und ein regulärer Preis von 19,80 Euro für ein vollständig vierfarbiges Paperback-Buch mit etwa 200 Seiten festgelegt werden.

Am Ende des Schuljahres 2008 mussten die Arbeiten alle in endgültiger Form vorliegen, damit der Verlag das Buch im Oktober in Druck für das Weihnachtsgeschäft nehmen konnte. In dieser zweiten Phase wurden die Kursteilnehmer verstärkt in die Vermarktung des Buches bei Unternehmen, in der Schule, in der Stadt und bei den Buchhandlungen eingebunden.

So gewannen die Schüler_innen auch einen wertvollen Einblick in die Gestaltung und die Entstehung von Büchern, was aufgrund des doch relativ komplexen Vorgangs immer wieder für Erstaunen sorgte: Welche Arbeit und welche Kosten die Herstellung eines Buches erfordert, ist den meisten Schülern gar nicht bewusst. Auch die durchaus schwierige Vermarktung von Büchern, zumal mit geschichtlichem Thema, stellte eine neue Erfahrung dar. Wie muss ein Buch, wie muss schließlich »Geschichte« verkauft werden, damit zumindest die Kosten gedeckt sind? Welche Strategien werden angewandt, um Sponsoren zu überzeugen? Macht man inhaltliche Zugeständnisse an einzelne Firmen, um sie für das Projekt zu gewinnen? Welche Multiplikatoren in der Stadt müssen angesprochen werden, um eine möglichst breite Öffentlichkeit zu erreichen? Wie soll das Buch aufgemacht sein? Wann bringt man das Buch auf den Markt?

Festzuhalten ist, dass die Durchführung eines solchen Projekts nur mit tatkräftiger Hilfe von vielen Seiten möglich geworden ist. Ohne die Unterstützung der Stadt Ingolstadt – und hier sei in besonderem Maße auch der Pressesprecher der Stadt erwähnt, der das Vorhaben immer wohlwollend begleitet hat –, ohne die Unterstützung durch das Stadtarchiv, das den Schüler_innen jederzeit mit Rat und Tat zur Seite stand, und vor allem ohne die Unterstützung durch die Schulleitung wäre das Vorhaben wohl kaum zu bewältigen gewesen. Die Herstellung dieses »Geschichtsbuches« war ein großes Abenteuer für den Kurs, der im Verlauf der Arbeit immer wieder feststellen konnte, dass Geschichte und die Beschäftigung mit ihr – und das war ebenfalls ein wichtiges Anliegen – auch Spaß machen und jenseits von abstrakter Politik- und Strukturgeschichte selbst für Jugendliche begreifbar und anschaulich gemacht werden kann.

KONKRETE GESCHICHTSERFAHRUNG Das Projekt »Erinnerungsorte« führte die Schüler im Sinne eines handlungs- und problemorientierten Geschichtsunterrichts durch die Begegnung mit Zeitzeugen auch an die Problematik der Oral History heran, die für den Unterricht gewinnbringend thematisiert werden konnte: Vielen Zeitzeugen war beispielsweise der oben bereits erwähnte Sanitätsrat Dr. Liebl als persönlich vertrauenswürdiger, aufgeschlossener und hilfsbereiter Zeitgenosse in Erinnerung geblieben.[9] Konfrontiert mit diesen Aussagen und dem Wissen aus dem Geschichtsunterricht konnte – zwar vielleicht nur zeit- und teilweise – die Lücke zwischen persönlichem Erinnern und historischer Einordnung problematisiert werden, zumindest aber bot sich die Möglichkeit, die Schüler_innen auf diese Diskrepanz hinzuweisen.

In der persönlichen Auseinandersetzung mit den Orten, den Personen und den Geschehnissen ihrer Heimatstadt und dem Umgang mit ihnen heute erleben die Schüler »Geschichte« und damit zusammenhängend Geschichtspolitik/-kultur als einen Prozess, der dynamischen, zeitgebundenen Kräften unterliegt und der auch sie unmittelbar berührt und angeht.

An den Individuen eines überschaubaren und bekannten Raumes kann Geschichte sichtbar gemacht werden, kann Geschichte ein Gesicht bekommen und kann deutlich werden, wie die Personen in ihren historischen Rahmenbedingungen eingebunden waren und aus ihnen heraus handelten. Damit ist es auch möglich eine »Mikro-Historie« zu entwickeln und diese in der Schule mit übergeordneten Prozessen zu vergleichen – Übereinstimmungen, lokale Besonderheiten und Überschneidungen herauszuarbeiten.[10] Anhand der Begegnung mit den Erinnerungsorten der Heimatstadt lassen sich allgemeine »makrohistorische Prozesse konkretisieren, differenzieren und nachvollziehbar machen.«[11] Beinahe täglich sind die Autoren der Beiträge mit »ihren« Orten konfrontiert, gehen an ihnen vorbei, sehen sie – und nehmen sie bewusster wahr. Die Stadt kann dann auch Besuchern ganz anders präsentiert werden, wenn geschichtliches Wissen mit der Alltagswelt zusammenfällt. Die Auseinandersetzung mit Geschichte wird somit nicht zur abstrakten Zahlen- und Strukturgeschichte sondern gewinnt durch die eigene Konfrontation mit Personen, mit Quellen, Dokumenten, Denkmälern, Relikten, Museen etc. tatsächlich Leben. Die unterschiedlichen Felder der Historiografie konkretisieren sich in ihren Dimensionen und Zusammenhängen durch die Arbeit an dem gemeinsamen Buch in der Gegenwart und im Alltag der Schüler_innen. Dazu tritt dann die Anforderung, diese Zusammenhänge auf eine lesbare und unterhaltsame Weise zu präsentieren, um den Erwartungen des anvisierten Marktes gerecht zu werden.

VORBEHALTE UND KRITIK Trotz der überwiegend sehr positiven Resonanz auf das Projekt gab es auch Einwände und Vorbehalte: beispielsweise derart, dass die Schüler den Ansprüchen einer differenzierten geschichtlichen Analyse gar nicht gewachsen sein könnten und sie somit zu einer holzschnittartigen Vereinfachung tendieren würden. Zudem fehle ihnen ein echtes Verständnis für die geschichtlichen Zusammenhänge. Das ist natürlich bei 17-jährigen Schüler_innen nicht von der Hand zu weisen, doch andererseits soll genau dieses historische Verstehen, das letztlich ein zentrales Anliegen des Geschichtsunterrichts ist, mit dem Projekt gefördert werden. Die konkret »angewandte« Beschäftigung mit Geschichte trägt dazu bei, das historische Bewusstsein bei den Schülern zu schärfen und sie tätig handelnd an die Geschichtswissenschaft heranzuführen. Auch wenn die Schüler_innen nicht in die sie naturgemäß überfordernde Rolle von Juniorwissenschaftlern gedrängt werden dürfen[12] – neben dem Projekt ist ja zudem auch noch die »alltägliche« Arbeit in der Schule zu bewältigen – sind sie verpflichtet, sich eigenverantwortlich Informationen zu beschaffen, Expertengespräche zu führen und die gewonnenen Erkenntnisse auch auf Stichhaltigkeit und historische Stimmigkeit zu überprüfen. Hatten sich manche Schüler zu Beginn noch eher abfällig über die Wichtigkeit historischer Exaktheit geäußert, nahm diese Einstellung im Verlauf zunehmend ab: Der Forschergeist war geweckt worden, zumal, wenn sich zwei Daten widersprachen. Da wollte man es dann schon genau wissen. Das Bewusstsein, dass ihre Arbeit anschließend der Öffentlichkeit zugänglich sein würde und dass die jeweiligen Beiträge namentlich gezeichnet sein würden, sorgte hier für den notwendigen wissenschaftlichen Ehrgeiz. Die Selbständigkeit und die für viele Schüler_innen neue Erfahrung der Recherche in Archiven, Museen und Bibliotheken sowie die Gespräche mit den verschiedenen Fachleuten – beispielsweise des Historischen Vereins, des Armeemuseums und des Medizinhistorischen Museums oder mit den Stadtheimatpflegern, Architekten, städtischen Referenten, Historikern und Zeitzeugen – führten die Schüler propädeutisch an die Methoden der Geschichtswissenschaft heran.

Das Projekt »Erinnerungsorte« sieht sich jedoch einem Hauptvorwurf ausgesetzt: Einer populären, aber/und damit letztlich ungeschichtlichen »Häppchenkultur« Vorschub zu leisten. Natürlich muss man sich im Vorfeld eines solchen Projekts diesem Einwand stellen und eine ganz bewusste Entscheidung treffen.

Ausschlaggebend war schließlich die Überlegung, auch jenseits des historischen Fachpublikums einen Interessentenkreis zu erschließen, der vielleicht bislang mit Geschichte vor allem einen abschreckenden Unterricht verbunden hat. In dem Bestreben, bewusst das (z.T. berechtigte) Klischee eines jahreszahlverliebten Unterrichtsfachs verschrobener Oberstudienräte aufzubrechen, sollen die Leser Freude am Lesen eines Geschichts- und Geschichtenbuchs haben und nebenbei auch noch geschichtliches Wissen vermittelt bekommen, ohne dass die belehrende Absicht dabei im Vordergrund steht. Damit geht möglicherweise die Entdeckung einher, dass die Geschichtswissenschaft nicht nur im universitären Elfenbeinturm zu Hause ist, in dem Spezialisten für Spezialisten schreiben, sondern dass Geschichte auch die Identität der Menschen bestimmt und im Alltag präsent ist. Diese tatsächlich »etwas andere« Vermittlung von Geschichte will aber gleichwohl im Exemplarischen und Anekdotenhaften das Allgemeine der Geschichte der jeweiligen Orte erkennen lassen und schließlich zu einem Gesamtbild bündeln, in dem die reflektierte und differenzierte Auseinandersetzung mit dem Verhalten der Menschen in den verschiedenen historischen Zusammenhängen möglich wird. Auch die Einsicht, dass jede Zeit mit Geschichte anders umgeht, sie anders betrachtet, sie instrumentalisiert bzw. manipuliert, wird ebenfalls deutlich, da der diachrone und der synchrone Ansatz des Projekts[13] gerade diese Aspekte der Geschichte aufscheinen lässt.

Vor allem die zeitlich und thematisch breit gestreute Auswahl der Erinnerungsorte lässt ein konkretes Bewusstsein für Geschichte entstehen: Vom Frühmittelalter ausgehend führt das Projekt über die Verwerfungen der deutschen Geschichte im 20. Jahrhundert, sichtbar gemacht an den Biografien von Marie Luise Fleißer und Kardinal Joseph Schröffer, bis hin in die jüngste Vergangenheit als aufstrebende Großstadt mit Audi und MediaMarkt.

FAZIT »Angewandte Geschichte« – das gilt für das Projekt des Leistungskurses Geschichte am Katharinen-Gymnasium Ingolstadt in mehrfacher Weise: Die Schüler_innen und Schüler treten mit ihrem Buchprojekt »Ingolstädter Erinnerungsorte« bewusst aus der akademischen Historiografie heraus, um in einer vorwiegend unterhaltsamen Art und Weise die Geschichte ihrer Heimatstadt Einheimischen und Zugezogenen zu vermitteln. Die damit notwendigerweise einhergehende Popularisierung der Stadtgeschichte ist beabsichtigt. Diese Orientierung an einem potentiellen Markt bestimmt natürlich auch die Schreibweise und Aufmachung des Buches insgesamt. Dem kritischen Einwand, dass die nötige Tiefenschärfe und Differenzierung verloren gehen kann, ist entgegenzuhalten, dass die Geschichte der Stadt Ingolstadt eben nicht nur den bereits Interessierten vorbehalten bleiben soll, sondern das Projekt das Wissen um die Stadt tatsächlich »verbreitern« und »verbreiten« will. An dieser Verbreiterung des Wissens um die Geschichte Ingolstadts hat auch die Stadt ein Interesse. Die mit der Kommerzialisierung verbundene »Sensationalisierung« und Reduzierung der Geschichte auf spektakuläre, isolierte Ereignisse trägt dieser Absicht Rechnung, unterliegt aber zugleich der Korrektur durch schulische und außerschulische Experten. Die Geschichte der Stadt Ingolstadt verliert sich damit sowohl für die

Autoren als auch für die Leser des Buches nicht im abstrakten Spezialwissen, sondern reicht in ihrer Farbigkeit bis in die Gegenwart hinein. Historische Inhalte erhalten dadurch eine individuell-biografische Anbindung, in deren Folge »sinnhaftes historisches Lernen möglich wird.«[14]

Der unmittelbare geschichtliche Bezug zur eigenen Heimat lässt die Schüler die Dimensionen der Geschichte in anschaulicher und im wahrsten Sinne des Wortes »begreifbarer« Weise erleben und erfahren.[15] Dadurch erfüllt das Buchprojekt »Ingolstädter Erinnerungsorte« ein wesentliches Ziel des Geschichtsunterrichts: durch die Erweiterung des gegenwärtigen Erfahrungsraumes um die Dimension des Geschichtlichen die Schüler_innen zu einem angemessenen Umgang mit Geschichte anzuhalten.[16]

Die Geschichtswissenschaft im traditionellen Sinne wird somit zum Hilfsmittel, das die unverzichtbaren Daten und Fakten liefert, für eine »Pop-Geschichte«, die sich zwar am wissenschaftlichen Gerüst orientiert, dieses allerdings neu gestaltet. Diese populär konstruierte Geschichte ihrerseits kann jedoch geeignet sein, Interesse am Fach zu wecken und somit auch einer im weiteren Sinne verstandenen Geschichtswissenschaft zu nützen. Letztlich ist mit einem breiteren Interesse an Geschichte auch der universitären Fachdisziplin gedient, die sich der damit bietenden Chance stellen sollte, ihrerseits auf die populäre Geschichtsvermittlung Einfluss zu nehmen. Mit den »Erinnerungsorten« konnte der Kurs eine solche Bindegliedfunktion auf lokaler Ebene wahrnehmen, denn gerade die Zusammenarbeit mit der Universität Eichstätt-Ingolstadt erwies sich als sehr fruchtbar und hilfreich.

Die Schüler werden durch das Projekt zudem an die vielfältigen Methoden der Geschichtswissenschaft herangeführt und lernen in tätig handelnder Auseinandersetzung mit der Vergangenheit und dem gegenwärtigen Umgang mit ihr wichtige Aspekte wissenschaftlichen Arbeitens. Darüber hinaus nehmen sie teil an aktuellen städteplanerischen Debatten um die Zukunft und die Nutzung historischer Bausubstanz. Dabei lernen sie, die unterschiedlichen Positionen zu berücksichtigen und die Diskussion auch aus historischer Perspektive zu beleuchten.

Der Stolz auf das gemeinsame Buch ist dabei ebenso wichtig wie die Erfahrungen, die im Verlauf der Entstehung bei Verhandlungen und Gesprächen mit Schulleitung, Stadt, Sponsoren und Verlag gemacht werden. Wenn man am Schluss »sein« Buch in der Hand halten kann, so sind all die Mühen und Probleme vergessen. Und wie sich ein Schüler am Schluss ausdrückte: »Eigentlich war's im Archiv auch spannend!«

1   Gudjons, Herbert, Handlungsorientiert lehren und lernen, Bad Heilbrunn,
    6. erw. Aufl. 2001, S. 10.
2   »Im Zuge einer fortschreitenden Arbeitsteilung und Spezialisierung muss eine allgemein bil-
    dende Schule dazu anleiten, den Blick über den Tellerrand des einzelnen Fachs zu richten und
    das in den Fächern erworbene Wissen zielgerichtet zu verknüpfen. Interdisziplinäres Denken,
    wie es in der Hochschule und in der Arbeitswelt erwartet wird, hilft fächerübergreifende
    Problemstellungen zu verstehen und zu bewältigen. [...] Dies und die damit verbundene höhe-
    re Verantwortung zeigen sich in der Oberstufe insbesondere bei Einrichtung und Durchführung
    der Seminare, in denen offene Unterrichtsformen und die Öffnung der Schule nach außen zen-
    trale Bestandteile sind.« (offizielles Informationsportal zur neuen Oberstufe in Bayern:
    www.gymnasiale-oberstufe-bayern.de).
3   Bergmann, Klaus, So viel Geschichte wie heute war nie, in: Ders., Geschichtsdidaktik. Beiträge
    zu einer Theorie historischen Lernens, 2. Aufl. Schwalbach/Ts., 2000, S. 13ff
4   Vgl. Gies, Horst, Geschichtsunterricht. Ein Handbuch zur Unterrichtsplanung, Köln, Weimar,
    Wien 2004, S. 53.
5   vgl. Burleigh, Michael, Die Zeit des Nationalsozialismus, Frankfurt a.M. 2000, S. 129f.
6   vgl. Heursen, Gerd, Projektunterricht und Fachdidaktik, in: Bastian, Johannes u. a., (Hg.),
    Theorie des Projektunterrichts, Hamburg 1997, S. 199ff.
7   François, Etienne/Schulze, Hagen (Hg.), Deutsche Erinnerungsorte, München 2001.
8   In Auswahl seien hier genannt: Treffer, Gerd, Als man auf Preußen noch schießen durfte,
    Ingolstadt 2006; Ders.: »Weilst nur grad da bist, Maxl«. Episoden bayerischer Geschichte,
    Ingolstadt 2008; Hofbeck, Franz, Fliegen wollte ich. Erinnerungen eines Schanzer
    Obergefreiten. Ingolstadt o. J.
9   Interview mit Frau K. B. und Frau E. A. vom 08. Februar 2008.
10 »Makro- und Mikrogeschichte aufeinander zu beziehen und miteinander zu verknüpfen, ist das
    eigentlich Spannende an diesem Zugriff.« Sauer, Michael, Geschichte unterrichten, 6. erw.
    Aufl., Seelze 2007, S. 139.
11 Beilner, Helmut, Heimatgeschichte, in: Schreiber, Waltraud (Hg.), Erste Begegnungen mit
    Geschichte. Grundlagen historischen Lernens. Neuried 1999, S. 807.
12 Vgl. Gies, Geschichtsunterricht, S. 179f.
13 Vgl. dazu Michler, Andreas, Längsschnitte – Heilmittel oder Ende des Geschichtsunterrichts?,
    in: Schreiber, Waltraud (Hg.), Vom Imperium Romanum zum Global Village,
    Neuried 2000, S. 349-364.
14 Völkel, Bärbel, Handlungsorientierung im Geschichtsunterricht,
    Schwalbach 2008, a. a. O., S. 22.
15 Vgl. dazu auch Stefan Krimm: Der regionale Bezug im Lehrplan und im Unterricht für das Fach
    Geschichte am Gymnasium. In: Hans-Michael Körner u. Waltraud Schreiber (Hg.): Region als
    Kategorie der Geschichtsvermittlung. München 1997, S. 75-94.
16 Vgl. Völkel, Handlungsorientierung, S. 30.

WENN ES NICHT WAHR IST, IST ES WENIGSTENS EINE GUTE GESCHICHTE

TANJA KINKEL

WAS IST WAHRHEIT? Eine der häufigsten Fragen, die mir als Autorin historischer Romane gestellt werden, ist: »Wie viel ist denn wahr in Ihrem Roman?« Die Frage impliziert zunächst einmal, dass es so etwas wie eine unumstrittene, objektive Wahrheit über eine Person oder eine Epoche gibt und dass diese reine Wahrheit in Quellen wiedergegeben wird, an die sich der Autor eines Romans halten oder von der er abweichen kann. Mein Lieblingsbeispiel dafür, wie fragwürdig bereits diese Prämisse ist, stammt aus der englischen Geschichte. Liest man Biografien über Richard III. aus fünf Jahrhunderten, so stellt man schnell fest, dass sich die Biografen bestenfalls auf eine kleine Reihe von Daten einigen könnten. Alles Wesentliche zwischen Richards Geburt am 2. Oktober 1452 und seinem Tod am 22. August 1485 ist umstritten. Ein Autor kann sich auf die Tudor-Tradition stützen und ihn als neffenmordendes Monstrum schildern oder auf die revisionistische Tradition, die nicht zufällig mit dem Stuart-Historiker Sir George Buck begann, als die letzte Tudor-Monarchin tot war, und Richard als ehrenhaften, loyalen und tapferen Bruder Edwards IV. und später als reformgesinnten Monarchen sieht. Wo also liegt, selbst bei solch widersprüchlichen, kurz nach der entsprechenden Epoche geschriebenen Sachbüchern, die objektive Wahrheit?

Natürlich sind nicht alle historischen Charaktere, die man sich als Romanthema wählen kann, so kontrovers wie Richard III. Thomas Mann nutzte für seinen Roman »Lotte in Weimar« die ihm zugänglichen Goethe-Biografien. Wenn er Goethes Sohn August behaupten lässt »dass nämlich Mutter immer ›Sie‹ sagte zu Vater, er zu ihr aber ›Du‹«[1], dann erfand er dieses Detail nicht, sondern gab die Meinung der Biografen wieder. Inzwischen kann sich allerdings jeder einigermaßen an Goethe und Christiane Vulpius interessierte Leser die Mühe machen, deren erhaltenen Briefwechsel durchzulesen, und er findet dort bis auf zwei Ausnahmen durchweg die »Du«-Form vor, wenn Christiane Goethe anspricht. An der literarischen Größe von Thomas Manns Roman ändert das natürlich nichts. Anders als ein Sachbuchautor, der (ganz gleich, wie subjektiv seine Betrachtungsweise sein mag, oder welcher Tradition er sich verbunden fühlt) seine Quellen für Äußerungen oder Ansichten nennen sollte, ist ein Romanautor zu dergleichen natürlich nicht verpflichtet. Einer der erfolgreichsten Autoren historischer Romane, Lion Feuchtwanger, packte sein persönliches Credo zum Thema Faktentreue und schriftstellerische Freiheit in einen seiner wenigen Gegenwartsromane, »Erfolg«, in dem sein Alter Ego, der Schriftsteller Jacques Tüverlin, reflektiert:

»Ob ein Schicksal für die Art fruchtbar wurde, hing nicht ab von seiner Größe und Bedeutung, auch nicht von seinem Träger, sondern nur von seinem Betrachter, seinem Dichter. Indem das Schicksal Martin Krügers von Jacques Tüverlin Besitz ergriff, bekam das Martyrium dieses toten Mannes Sinn [...] Es trieb ihn an, den Mann Krüger zu dichten. [...] Es kam nicht darauf an, wie Martin Krüger und sein Prozeß wirklich, ja ob er wirklich war. Kam es darauf an, ob Jesus von Nazareth aktenmäßig gelebt hatte? Ein Bild von ihm existierte, das der Welt einleuchtete. Durch dieses Bild war, nur durch dieses Bild, Wahrheit entstanden. Es kam darauf an, dass Jacques Tüverlin ein Bild Martin Krügers erlebte, das er der Welt als wahr aufzwingen konnte.«[2]

Nun erheben wir heutigen Schriftsteller für uns nicht den Anspruch, wie Thomas Mann oder Lion Feuchtwanger zu sein, und durch den literarischen Rang unseres Schreibens oder die Überzeugung, eine höhere historische Wahrheit vermitteln zu wollen, bereits der Frage nach der Fundiertheit unserer Erzählungen, soweit sie historischer Natur sind, entrückt zu sein. Konkret können wir Romanautoren ohnehin immer nur für uns selbst sprechen. Ich möchte daher anhand der Entstehung eines meiner Romane demonstrieren, wie ich diese Fragen handhabe.

PERSON FINDET AUTOR; AUTOR FINDET FIGUREN Mein Roman »Die Schatten von La Rochelle« verdankt seine Existenz ursächlich einem Klassiker des Genres, Alexandre Dumas' »Die Drei Musketiere«, ein Buch, das für die meisten seiner Leser das Bild der Epoche geprägt hat und sich auf seine charmante Art natürlich unendlich viele

Freiheiten nimmt. Ich hatte ursprünglich vor, eine Vorgeschichte der Roman-schurkin, Mylady de Winter, zu schreiben. Da die Figur von Dumas frei erfunden worden war, fing ich bei der Recherche mit den wichtigen historischen Charakteren an, allen anderen voran Richelieu. Ich bestellte mir in Staats – und Stadtbibliothek die Biografien, die ich finden konnte, schaute nach, was die betreffenden Autoren als Quellen benutzt hatten, und versuchte meinerseits, besagte Bücher ebenfalls ausfindig zu machen.

Ziemlich bald gab ich meinen Mylady-Plan auf, weil Richelieu als historische Figur für mich immer interessanter wurde. Ich hatte in zwei vorhergehenden Romanen – »Die Löwin von Aquitanien« und »Die Puppenspieler« – bereits Machtmenschen geschildert, aber die Art, wie ich es getan hatte, stellte mich nicht mehr zufrieden. Oder besser gesagt: Ich wollte diesmal explizit darstellen, welche Folgen das Streben und Ausüben von Macht einerseits beim Ausübenden selbst und andererseits bei den Menschen hat, die Instrumente dieser Machtpolitik werden.

Während ich von den Richelieu-Biografien zu Biografien der Zeitgenossen – Mazarin, Anna von Österreich etc. –, zur Literatur der Zeit, ihren Analysen und zu den relevanten theologischen Streitschriften überging, wurde mir klar, dass ich anders als bei meinem Roman über Eleonore von Aquitanien diesmal keine »Lebensgeschichte« von der Kindheit bis zum Tod erzählen wollte. Am ergiebigsten für die Themen, die mir vorschwebten, schienen mir drei verschiedene Abschnitte im Leben Richelieus zu sein: seine Jugend und seine frühe Amtszeit als Bischof von Lucon, die Belagerung von La Rochelle und seine letzten zwei Lebensjahre, die von der sogenannten Cinq-Mars-Verschwörung überlagert wurden. Statt linear zu erzählen, entschied ich mich für eine »Gegenwartshandlung« – die letzten beiden Lebensjahre – und drei ausführliche Rückblicke, die jeweils aus drei sehr unterschiedlichen Perspektiven erzählt sein sollten, um der Komplexität gerecht zu werden, auf die es mir ankam.

Die mir zur Verfügung stehenden Biografien, die Richelieu zum Teil sehr unterschiedlich bewerteten, waren sich zumindest darin einig, dass die ihm menschlich am nächsten stehende Person seine Lieblingsnichte, Madame de Combalet (die spätere Herzogin Marie d'Aiguillon) gewesen sei. Seine letzten Worte an sie, die ich später in dem Roman verwendete, schienen mir ein guter Beleg für die enge Beziehung zu sein. Anders als für die prominenteren Zeitgenossen wie Mazarin oder Corneille – der Marie den »Cid« widmete – konnte ich keine eigene Biografie über sie finden, aber aus den Quellenmaterialien ließen sich genügend Details entnehmen, um den Grundstein für eine Romanfigur zu haben. Die offensichtlichste Funktion Maries war, die positive Perspektive auf Richelieu zu verkörpern. Aber mir wurde rasch klar, dass es für den Roman sogar besser sein würde, Marie und nicht Richelieu selbst als Zentralfigur zu haben. Dadurch ließ sich die Widersprüchlichkeit in Richelieus Charakter besser ausdrücken und die Innenperspektive von Richelieu länger hinauszögern. Außerdem war Marie in der »Gegenwartshandlung« der letzten beiden Lebensjahre eine erwachsene Frau von Mitte bis Ende 30, und da die Hauptfiguren meiner beiden vorhergehenden Romane, »Die Puppenspieler« und »Mondlaub«, beide in der Entwicklung begriffene Jugendliche gewesen waren, bedeutete das für mich einen angenehmen Kontrast.

Vor ein größeres Problem stellte mich die Frage nach Maries Antipoden; der Figur, welche die negativen Konsequenzen von Richelieus Handeln verkörpern und Maries Ansichten hinterfragen sollte. Nun mangelte es dem Kardinal keineswegs an Feinden, im Gegenteil. Den historischen Persönlichkeiten, die in Frage gekommen wären – vor allen anderen Cinq Mars, der Günstling Louis XIII., wäre als Betreiber der Verschwörung gegen Richelieu eine naheliegende Wahl gewesen –, mangelte es nach allem, was ich über sie las, an dramatischem Gewicht und Glaubwürdigkeit. Außerdem hatte ich zu diesem Zeitpunkt immer noch keine Möglichkeit gefunden, einen Rückblick auf die Belagerung von La Rochelle aus der Sicht der Belagerten in den Roman einzubinden. Schließlich entschied ich mich dafür, eine Figur zu erfinden, einen Überlebenden der Belagerung, der durch sie Frau und Kind verloren hatte. Die Figur sollte außerdem in der Gegenwartshandlung von den Verschwörern dazu vorgesehen sein, die Rolle des Attentäters zu übernehmen.

THEMEN UND IDEEN Nachdem ich mich einmal auf eine erfundene Figur als Dritten im Bunde mit den zwei historischen Charakteren festgelegt hatte, überlegte ich, welche thematisch wichtigen Gebiete ich außerdem mit dieser Figur verbinden konnte. Der Rückblick auf Richelieus Jugend aus Richelieus eigener Perspektive war von Anfang an geplant gewesen. Richelieu war als der dritte und jüngste Sohn seiner Familie ursprünglich nicht für eine Kirchenkarriere vorgesehen, doch da der zweitälteste Bruder, Alphonse, darauf bestand, Mönch zu werden, statt den der Familie zustehenden Bischofssitz von Lucon einzunehmen, der zu diesem Zeitpunkt die Haupteinkunftsquelle der verarmten Familie du Plessis darstellte, änderte sich das. Ursprünglich hatte ich bei dem Rückblick nur im Sinn, der Frage nachzugehen, inwiefern und wann diese familiäre Notwendigkeit einer kirchlichen Laufbahn für ihn eine eigene und, nachdem sie getroffen worden war, mit immer größerem Ehrgeiz verfolgte Entscheidung wurde. Außerdem war Lucon ein frühes Beispiel für Richelieus Organisationstalent. Nun stellte sich bei der Recherche etwas heraus, das meine Fantasie anregte: Die blühende protestantische Stadt La Rochelle befand sich in Reichweite von Lucon. Damit kam mir ein Gedanke, der meine erfundene Figur mit dieser Jugendepisode und der Frage nach Richelieus eigener Verantwortung für sein Leben in Verbindung bringen konnte. Ich beschloss, Richelieu die Stadt (deren Unabhängigkeit später seinem Konzept von absoluter Monarchie in Frankreich so im Weg stehen und ihre Belagerung notwendig machen sollte) als junger Mann anonym besuchen zu lassen und ihm dort eine kurze Affäre anzudichten, deren Ergebnis niemand anderer als meine erfundene Figur sein sollte. Das verstärkte die Funktion besagter Figur als Symbol der Konsequenzen von Richelieus Handeln und Entscheidungen und sprengte nicht den Rahmen historischer Wahrscheinlichkeit. Dem Kardinal wurden später sowohl ein unehelicher Sohn als auch einige Affären nachgesagt, obwohl es sich dabei natürlich auch um den üblichen Hofklatsch gehandelt haben kann.

Nachdem ich somit meine Handlungsstruktur und das Verhältnis der Hauptfiguren zueinander gefunden hatte, stellte sich die Frage, wie und auf welche Weise das epochenrelevante Hintergrundmaterial in den Roman eingebunden werden konnte. Lion Feuchtwanger bezeichnete Passagen in historischen Romanen, denen man nur allzu deutlich anmerkte, dass sie allein der Exposition für seine Leser dienten, als »verkleidete Fußnoten«. Die effektivste Art, um solche verkleideten Fußnoten zu vermeiden und trotzdem Wissen zu vermitteln, das zum Verständnis der Zeit und der Romanthemen wichtig ist, liegt meiner Ansicht nach in Dialogen.

Um ein Beispiel herauszugreifen: Für einen Roman, der nicht nur in einer Zeit voller Religionskriege handelt, sondern in dem religiöse Konflikte eine nicht unerhebliche Rolle spielen, war es wichtig, nicht einfach vorauszusetzen, dass alle Leser über die protestantischen und katholischen Standpunkte und die barocke Rhetorik, in der sie vertreten wurden, informiert waren. Dabei ist die Quellenlage für Interessierte hervorragend; die bayerische Staatsbibliothek besitzt mehrere religiöse Pamphlete und Abhandlungen der Zeit auf Mikrofilm, darunter auch eine von Richelieu selbst verfasste.

Genauso wichtig zum Verständnis der Zeit wie Richelieus Position in ihr war das Konzept des französischen Absolutismus, der die Monarchie alten Stils ablöste, in der die Adligen über ihre eigenen provinziellen Machtbasen verfügt hatten. Eines der grundlegenden zeitgenössischen Werke zu diesem Thema war Jean Bodins »Über den Staat«, ein Werk, das sehr recherchefreundlich immer noch als Reclam-Ausgabe zu haben ist.

Um nun dieses Hintergrundmaterial auf packende Weise einzubauen, dass es eben nicht fußnotenhaft wirkte, ließ ich den jungen Richelieu während seines heimlichen Abstechers nach La Rochelle dort in eine Debatte geraten. Dabei setzte ich auf eine emotionale Spannungssituation: In einer protestantischen Stadt wäre es für ihn mehr als peinlich und möglicherweise fatal, als Katholik, und gar als junger Bischof, entlarvt zu werden. Er hätte also allen Grund gehabt, sich unauffällig zu verhalten, aber er ist jung und von der Monotonie Lucons frustriert genug, um einem Streitgespräch nicht widerstehen zu können. Außerdem ist die junge Frau, mit der er später seine Affäre hat, bei besagter Debatte anwesend, und ihr steigendes Interesse an ihm gehört zu dem Subtext, der bei dem Treffen mit einfließt.

Die Argumente, die ich den Protestanten und Richelieu bei dieser Gelegenheit in den Mund lege, sind zum Teil wörtliche, zum Teil leicht umformulierte Auszüge aus den erwähnten Pamphleten, und später, wenn die Debatte von religiösen zu politischen Inhalten übergeht, dann aus Bodins Werk. Sätze, wie »Die römische Kirche ist wie eine geschminkte Hure, sie will nicht aus der Nähe betrachtet werden, da sie aus Erfahrung weiß, wie schwer es sonst ist, selbst die Unwissenden zu verleiten!«[3], stammen aus einer protestantischen Streitschrift von Pierre du Moulin. »Wenn man ihre Rechte irgendwie beschneidet, verliert die souveräne Majestät ihre Größe. Ein souveräner Fürst kann keinen Untertanen für ebenbürtig erklären, ohne damit seine Macht zu zerstören«[4], ist ein Zitat von Boudin. Dabei hoffe ich als Autorin, dass diese Zitate von einem Erstleser ohne

Weiteres als Teil des Gespräches akzeptiert, statt sofort als Quellenauszüge identifiziert werden; nur dann ist die gesamte Szene als Romanszene erfolgreich und
stellt sich nicht als Abschnitt eines verkappten Sachbuchs dar.

Ähnlich verhält es sich mit der Nutzung von überlieferten Anekdoten oder
Äußerungen für Romanszenen. In jeder Richelieu-Biografie stößt man auf die
Geschichte von einer ungehaltenen Äußerung Louis XIII: »Geht Ihr nur als Erster.
Ihr seid ohnehin der wahre König.« Diese Äußerung, so die Anekdote, stellte ein
Dilemma für Richelieu dar. Sich zu weigern, hätte Ungehorsam bedeutet. Der
Aufforderung des Königs nachzukommen, und den Raum als Erster zu verlassen,
wäre nicht weniger majestätsbeleidigend gewesen. Schließlich hätte das impli-
ziert, dass Richelieu sich in der Tat für den wahren König hielt. Richelieu soll das
Problem dadurch gelöst haben, dass er einen Leuchter ergriff, die Position eines
Kammerdieners einnahm und mit der Antwort »Nur, um Euer Majestät zu
leuchten« den Raum verließ. Die Geschichte ist zu gut, um sie nicht in einem
Roman über Richelieu zu nutzen, aber es kommt auf die richtige Platzierung an.
Das gespannte Verhältnis zwischen Louis und Richelieu ist ein roter Faden, der
sich durch den gesamten Roman zieht; Louis hat Richelieu trotz immenser
Opposition in der eigenen Familie und unter dem Hochadel als Ersten Minister
gehalten, weil ihm das Talent des Mannes bewusst war, nicht aus persönlicher
Sympathie. Die Cinq-Mars-Verschwörung erreicht auf dem Höhepunkt der
Karriere des Kardinals ihren gefährlichsten Punkt, als Cinq Mars Louis XIII dazu
bewegt, sich laut eine Partei gegen den Kardinal zu wünschen. Auf das offene
Angebot, den Kardinal auf einen königlichen Befehl hin umzubringen, entgegnet
Louis, der historischen Überlieferung entsprechend: »Er ist Kardinal und Priester.
Man würde mich exkommunizieren.«[5]

In meinem Roman lasse ich Cinq Mars und seine Mitverschworenen diese
Äußerung nicht als Verbot, sondern als indirektes Einverständnis des Königs für
die Ermordung Richelieus interpretieren. Louis ist sich selbst nicht sicher, wie er
sie gemeint hat, aber er warnt Richelieu während ihrer nächsten Begegnung nicht
vor der Verschwörung. Die extreme gegenseitige Abhängigkeit, die zwischen ihm
und dem Kardinal besteht – Richelieu bezieht seine Machtposition ausschließlich
durch den König, aber der König braucht Richelieu, um den Staat zu lenken –,
fällt in den Bereich der zentralen Frage nach der Auswirkung von Macht auf die
Menschen, und die Szene, in der Louis, mit dem Wissen um Cinq Mars' ominöses
Angebot im Hinterkopf, zwischen Schuldbewusstsein und Ressentiment
schwankt, schließlich explodiert und die »Geht Ihr nur als Erster« Äußerung der
Anekdote macht, fasst das gesamte Verhältnis zwischen den beiden in diesen
wenigen Worten zusammen.

DIE KUNST DES WEGLASSENS Für einen historischen Roman ist allerdings auch die Kunst des Weglassens unentbehrlich. Zuviel Handlungspersonal verwirrt den Leser. Richelieu hatte
eine beträchtliche Anzahl von Sekretären und Mitarbeitern, aber in meinem
Roman kommt nur ein Sekretär, Michel Le Masle, und ein wesentlicher Mitarbeiter vor, Mazarin, den Richelieu zu seinem Nachfolger ausbildet. Der franzö-
sisch-spanische Konflikt ist für das Romangeschehen wesentlich wichtiger als die

Aktionen Frankreichs in der Schweiz, also findet dieser Aspekt von Richelieus Außenpolitik keinen Erzählraum. Ein Sachbuch wäre verpflichtet gewesen, bei der Schilderung der Belagerung von La Rochelle auch auf die Wirren der englischen Politik, die Stellung des Herzogs von Buckingham und die Auswirkungen seiner Ermordung einzugehen; in meinem Roman, wo die Belagerung aus der Sichtweise meines erfundenen Charakters Paul geschildert wird, spielt das alles keine Rolle, weil es für Paul nicht relevant ist. Für Paul – wie auch für die übrigen Bewohner La Rochelles – zählt allein, dass sie ausgehungert werden und dass keine englische Hilfe kommt. Ausführungen, warum das so ist, hätten die emotionale Intensität der Belagerungsschilderung durchbrochen.

Im Roman fließen auch am Ende reale und erfundene Handlungselemente ineinander. Die Cinq-Mars-Verschwörung endet, ihrem historischen Verlauf entsprechend, mit der Entschleierung und der Hinrichtung der (historischen) Verschwörer, wobei der Umstand, dass Richelieu zu diesem Zeitpunkt schon an der Krankheit litt, die bald zu seinem Tod führen sollte, eine zusätzliche bittere Ironie darstellt. Meine erfundene Figur, Paul, hat die Verschwörer jedoch seinerseits benutzt, um Marie von seiner Vertrauenswürdigkeit zu überzeugen, und die (völlig fiktive) Szene, in der es zu der lang erwarteten Konfrontation zwischen ihm, Richelieu und Marie kommt, ist der eigentliche Höhepunkt des Romans. Erfreulicherweise lassen die Seiten diese Dramatik spüren, sonst wäre das Buch als Roman misslungen, und ein verunglücktes Sachbuch dazu.

Ob »Die Schatten von La Rochelle« Richelieu als historischer Figur, als komplexer Romanfigur, der Machtproblematik oder ihrer Epoche gerecht werden, kann letztendlich nur der Leser entscheiden. Als Autorin, um Feuchtwanger zu paraphrasieren und sein Credo leicht umzuformulieren, habe ich ein Bild erlebt, das ich der Welt als überzeugend vermitteln wollte.

1 Mann, Thomas, Lotte in Weimar, Stockholm 1939, S. 262
2 Feuchtwanger, Lion, Erfolg, Amsterdam 1934, S. 835
3 Kinkel, Tanja, Die Schatten von La Rochelle, München 1996, S.183.
4 Ebd., S.185
5 Ebd., S. 315.

MUSE(H)UM: KINDER ERLEBEN KUNST UND GESCHICHTE

Über ein Projekt der Angewandten Geschichte im Museum SABINE MÜLLER

Die ehrenamtliche museumspädagogische Initiative MuSEHum im hessischen Gießen hat in diesem Jahr ihr zwölfjähriges Bestehen gefeiert. Regelmäßig, außer in den Schulferien, finden samstags zwischen 11 und 14 Uhr Workshops für Kinder zwischen 6 bis 8 und 8 bis 12 Jahren mit unterschiedlichen historischen und kunsthistorischen Themen im Alten Schloss statt. Im Folgenden wird thematisiert, wie es den Mitarbeitern gelang, aus dem Projekt eine in der Gießener Stadtlandschaft verankerte kulturelle Einrichtung für Kinder zu gestalten, und wie sie mit der »Gretchenfrage« umgingen, ob eine Hinwendung von der Wissenschafts- zur Kommerz- und Marktorientierung eine Lösung für den langfristigen Erhalt von MuSEHum sei.

DIE ANFÄNGE: VON DER BEDEUTUNG DES SEHENS Im Februar 1996 wurde MuSEHum von zwei Pädagoginnen aus Gießen gegründet. Nathalie Wöll und Manuela Knaut hatten sich im Oberhessischen Museum kennengelernt, als sie dort für ihre Abschlussarbeiten zum Thema Museumspädagogik recherchiert hatten. Dabei hatten sie sich entschlossen, ihre theoretischen Konzepte zur Geschichtsvermittlung im Museum gemeinsam in die Praxis umzusetzen.

Der Titel ihres geplanten Projekts, MuSEHum, setzte bewusst den Akzent auf die seherische Wahrnehmung.[1] Die Intention war, Kinder in Museumsworkshops über die Betrachtung der Exponate für Kunstmuseen zu interessieren und ihnen im nächsten Schritt zu vermitteln, welche Bedeutung Bildern als Geschichtsquellen zukommen.[2] Darüber hinaus sollte es den Workshopteilnehmern ermöglicht werden, den Umgang mit Linien, Formen, Farben, Ausdruck und künstlerischen Techniken zu erlernen.[3]

Im Vordergrund stand die Hinführung zum spezifischen Sehen, wie es Kunsthistoriker und Archäologen durch eine lange Praxis erwerben. Dabei bot der historische Lernort Museum mit seinen Exponaten den enormen Vorteil der Anschaulichkeit.[4] Im Rahmen von MuSEHum sollte Kindern nahegebracht werden, auf Details von Kunstwerken zu achten, ihre Symbolik zu erschließen und ihren einstigen Originalzusammenhang in ihre Überlegungen einzubeziehen. Schrittweise wurde ihnen somit ermöglicht, Erkenntnisse über die Aussage des Werks und seinen historischen Kontext zu gewinnen.[5] Neben dem Beitrag zur Ausbildung des Geschichtsbewusstseins – der eigenen Urteilsfähigkeit von Kindern und Jugendlichen bezüglich historischer Sachverhalte –[6] war es den Pädagoginnen zudem ein Anliegen, das soziale Lernen in der Gruppe sowie den Glauben der Workshopteilnehmer an die eigene Imaginationsfähigkeit zu fördern.

Eine unverzichtbare Starthilfe, um den Plan MuSEHum zu realisieren, gab das Oberhessische Museum unter seinem Direktor Dr. Friedhelm Häring. Er stellte den Pädagoginnen seine drei Museumshäuser als Veranstaltungsorte der Workshops zur Verfügung:[7] das Alte Schloss mit Gemälden und Kunsthandwerk, das Leib'sche Haus, eines der ältesten hessischen Fachwerkhäuser,[8] mit der Abteilung Stadtgeschichte und Volkskunde und das Wallenfels'sche Haus mit der Abteilung Vor- und Frühgeschichte, Archäologie und Volkskunde.[9] Nachdem MuSEHum auf einer Pressekonferenz der Gießener Öffentlichkeit vorgestellt worden war, um auf die neue Möglichkeit der Geschichtsvermittlung für Kinder aufmerksam zu machen, kam das Projekt langsam ins Rollen. Zu Anfang wurden die kreativen Teile der Workshops in die Räume des Gießener Jugendzentrum Jokus ausgelagert, später fanden sie im Festsaal des Museums, dem Netanya-Saal, statt, der üblicherweise Vorträgen, Dichterlesungen oder Konzerten vorbehalten ist.[10] Schließlich wurde ein eigenes Kinderatelier für die Museumspädagogik im Dach des Alten Schlosses eingerichtet, das mit seiner hellen und freundlichen Atmosphäre einen idealen Platz darstellte.[11] Diese Lösung wurde umso dankbarer sowohl von den Veranstalter_innen als auch von den Kindern begrüßt, weil sie stets besorgt gewesen waren, beim Malen könne etwas danebengehen, die bunte Farbe über die Ränder der ausgelegten Zeitungen auf den teuren Parkettboden spritzen und die Hausmeister davon Notiz nehmen. Diese Unsicherheit erzeugte das Gefühl, ein Gast in den Museumshäusern zu sein, der ungebührlich lange blieb und sich bei jedem Schritt und jeder Handbewegung vorsehen musste. Dies war ein belastender Nebenfaktor, der daraus resultierte, dass MuSEHum kein offizieller, von der Stadt verbriefter, inkorporierter Teil des Museums war, sondern eine private Initiative. Deren Erfolg führte zu einer Vergrößerung des Teams durch Pädagogik-, Kunstpädagogik-, Geschichts- und Kunstgeschichts-studierende, die Freude an der Museumsarbeit mit Kindern hatten und zudem Zusatzqualifikationen für ihren Lebenslauf erwerben wollten. Die überschaubare Anzahl betrug zwischen vier und sechs Mitgliedern. Zeitweise gab es mit MuSE-Hum Plus auch ein pädagogisches Programm für Senioren und Fortbildungs-kurse für Lehrer.

DIE DISKREPANZ ZWISCHEN AUSSENSICHT UND SELBSTWAHRNEHMUNG Der Umstand, dass die Mitglieder vom MuSEHum-Team nicht durch Arbeitsverträge in das Museum integrierte Mitarbeiter, sondern ehrenamtlich tätig waren, führte mehrfach zu Konflikten. Probleme entstanden vor allem durch die Schließpflicht der Hausmeister an den Wochenenden, wenn die Veranstaltungen stattfanden. Häufig wurden die Museumspädagoginnen zur Eile angehalten und regelrecht herausgekehrt. Vielfach wurde den Teammitgliedern zu verstehen gegeben, dass man sie als Eindringlinge und Störenfriede empfand, mit denen man sich nicht zur Kooperation verpflichtet fühlte. Auch spielte eine Rolle, dass der Aufenthaltsraum der Hausmeister, der einige Schritte vom Kinderatelier entfernt lag, für MuSEHum freigegeben worden war, um dort Wasser für den kreativen Teil der Veranstaltungen zu holen, Pinsel auszuspülen und Hände zu waschen. Schon ein verschütteter Wasserbecher auf der Treppe, ein übersehener Farbklecks am Waschbeckenrand oder ein nasses Papiertuch, das versehentlich neben dem Mülleimer gelandet war, konnte zum Konflikt führen. Dies verursachte eine gewisse Beklommenheit; nach jeder Veranstaltung folgte daher eine akribische Inspektion des Hausmeisterraums, um Streitsituationen zu vermeiden, was die Freude an dem Projekt mitunter beeinträchtigte. Auch die enge Einbindung des Teams durch Einladungen zu Museumsfeiern und dienstlichen Jubiläen änderte wenig. Erst ein Generationswechsel bei den Hausmeistern brachte einen Wandel.

Hilfsbereit zeigte sich die Riege von Pensionären am Empfang der drei Museumshäuser. Indes trug ihre missverständliche Auffassung von der Museumspädagogik unbeabsichtigt einiges zur verzerrten Außenwahrnehmung bei, da sie sich auch den Museumsbesuchern entsprechend mitteilten. Ihrer Ansicht nach beschränkten sich die Veranstaltungen nur auf gegenständliche Tätigkeiten, was offenbar ihren eigenen Erfahrungen mit der älteren Museumspädagogik entsprach, die ihren Ausgang von Mal- und Bastelschulen genommen hatte.[12] So wurden Eltern, die ihre Kinder zu den Workshops brachten, meist mit dem Hinweis begrüßt, dass sich die »Maltanten« im obersten Stockwerk befänden. Zudem pflegten die Pensionäre die Kinder nach jeder Veranstaltungsphase, auch nach den theoretischen Teilen, stereotyp zu fragen, ob sie denn wieder »schön gemalt« hätten. Dahinter stand die Vorstellung, Museumspädagogik sei eine Kombination aus Mal- und Bastelkreis und erlebnisorientierter Spielrunde, ein auf kindliche Interessen abgestimmtes Happening, das die Ausstellungsstücke nur beiläufig und schlagwortartig als Kuriositäten einbezog, das Potential des historischen Lernorts Museum nicht nutzte und im Grunde auch eher zufällig dort stattfand. Dieser Einschätzung entsprach auch ein Zwischenfall in der ägyptischen Abteilung. Zum Thema »Pyramiden und Pharaonen« wurden einer Gruppe 6 bis 8-Jähriger anhand des Exponats einer Mumie Grundzüge zu Totenkult und Jenseitsvorstellungen im Alten Ägypten vermittelt. Einer der Pensionäre von der Museumspforte kam hinzu und wies die Kinder auf einen Schrumpfkopf hin, obwohl dieser aus einem anderen Kulturbereich stammte. Er bot sich an, ihn aus der Vitrine zu holen, was einige der Kinder verängstigte, und fügte hinzu, das sei einmal »ein echter Neger« gewesen. Nicht nur der terminologische Fehlgriff, der gegenüber den Kindern korrigiert werden musste, und die mangelnde political correctness waren bedenklich, sondern auch, dass es ihm nicht um eine Vermittlung von kulturellen Hintergründen ging, sondern nur um das Vorzeigen eines spektakulären Ausstellungsstücks. Zudem war er offensichtlich der Meinung, dass es sich bei den Workshops von MuSEHum nicht anders verhielt.

KOMMERZ- UND MARKT- ODER WISSENSCHAFTSORIENTIERUNG? Auch innerhalb des Teams waren die Vorstellungen von den Inhalten der Workshops und der Gewichtung von Theorie und Praxis nicht immer homogen. Bei der Programmplanung für das 2. Halbjahr 2001 trat das Problem erstmals in aller Deutlichkeit zutage. Die Kontroverse verschärfte sich aufgrund der unterschiedlichen Einstellungen innerhalb des Teams zum Plan der Kommerzialisierung und Popularisierung der Kursthemen.[13] Mit dem Vorschlag, eine Veranstaltung mit dem Titel »Neues aus der Künstlerwerkstatt: Wir basteln Marionetten« anzubieten, war ein Teil der Mitglieder nicht einverstanden. Sie argumentierten, dass ein solcher Kurs dem besonderen Charakter von MuSEHum, der Verbindung von historischen und kunsthistorischen Inhalten mit praktischen Aspekten, nicht gerecht würde, sondern auch in jeder Volkshochschule angeboten werden könnte. Die Workshops sollten sich auf die thematischen Schwerpunkte des Museums und seine Exponate beziehen und diese nicht nur beiläufig als Aufhänger für marktorientierte Themen benutzen, mit denen sie eigentlich gar nichts zu tun hatten.[14] Ein gravierendes Argument war auch, dass MuSEHum in Gefahr geriet, die gängigen Vorurteile über die Museumspädagogik als Spielwiese der »Mal- und Basteltanten« zu bestätigen, welche die Ausstellungsräume höchstens als Kulisse nutzten.

Noch kontroverser als der Marionettenbastelkurs wurde der Vorschlag diskutiert, passend zu den aktuellen Trends der Jugendkultur Workshops mit Mainstream-Themen anzubieten, um ein größeres Publikum anzuziehen.

Ursprünglich hatte die Leitung von MuSEHum die Perspektive gesehen, mit dem wachsenden Erfolg des Projekts eine Institutionalisierung innerhalb des Museums zu erreichen und den Mitgliedern daran gebundene feste Stellen als Museumspädagoginnen zu ermöglichen. Bislang war ihre Mitarbeit bei MuSEHum, das sich rein aus den Gebühren für die Kursteilnahme finanzierte, ehrenamtlich geblieben und in ihrer Freizeit neben ihrem Studium oder Beruf erfolgt.

MuSEHum hatte sich einer zahlenmäßig kleinen Klientel erfreut, die jedes Halbjahr zu den Veranstaltungen kam. Mit dem steigenden Bekanntheitsgrad in Gießen und Umgebung war eine stetige Zunahme von Teilnehmern zu verbuchen gewesen, bis die Zahl sich durchschnittlich auf acht bis sechzehn Kindern pro Kurs eingependelt hatte.

Als die Bemühungen um eine Verstetigung der Positionen mehrfach an den fehlenden Finanzen für die personale Ausstattung des Museums gescheitert waren, wurde klar, dass eine Dauerbeschäftigung für die Teammitglieder im Rahmen des Projekts nur über die Selbständigkeit von MuSEHum zu erreichen war.[15] Losgelöst vom musealen Rahmen wurde Museumspädagogik in diesem alternativen Konzept als Unternehmen geplant. Von der kleinen Insidereinrichtung für kunstinteressierte Kinder sollte es mittels entsprechender Vermarktungsstrategien zu einem überregional bekannten Kleinunternehmen werden. Um einen breiteren Kreis an potentiell Interessierten anzusprechen und die Durchschnittsteilnehmerzahl anzuheben, sollten die Kursthemen weniger an den Traditionen der Geschichtswissenschaft, sondern an der Unterhaltungskultur orientiert sein. Der Startschuss zu dieser marktgerichteten Popularisierung sollte mit einer Veranstaltung zum Thema »Im Zauberwald mit Harry Potter« fallen.

Der Konflikt entzündete sich nicht an dem allgemein positiv bewerteten Plan, MuSEHum zu einem Unternehmen zu machen, sondern an den unterschiedlichen Auffassungen über die Kursinhalte. Während Einigkeit darüber herrschte, dass Museumspädagogik publikumsnah und unterhaltsam vermittelt werden sollte, drifteten die Vorstellungen, wie weit man sich von rein historischen und kunsthistorischen Themen verabschieden und hauptsächlich auf Trends der Unterhaltungskultur setzen sollte, um Erfolg zu gewährleisten, auseinander. Einige Teammitglieder sahen in der geplanten Neugestaltung von MuSEHum einen Widerspruch zu den ursprünglichen Zielen des Projekts, über den Aspekt der Unterhaltsamkeit das Interesse der jungen Teilnehmer an wissenschaftlicher Beschäftigung mit historischen Quellen zu wecken, ihnen Einblicke in die Arbeit von Forschern zu geben[16] und die Kinder auch in Kunsttheorie, Ikonografie, Ikonologie und Quellenkritik einzuführen. Auch dies könne publikumswirksam vermittelt werden. Das Charakteristische von MuSEHum, auf das die Projektgründerinnen Wert gelegt hatten, drohte mit dem vorgeschlagenen Themenkanon, der nichts mehr mit den Prinzipien des »besonderen Sehens« zu tun hatte, abhanden zu kommen.[17]

Der Konflikt endete in einem Kompromiss: Die Veranstaltungen zum Marionettenbasteln und zu Harry Potter wurden in das Halbjahresprogramm aufgenommen, blieben aber Ausnahmen und standen isoliert zwischen den anderen Workshoptiteln wie »Blumenbilder von Breughel bis van Gogh«, »Gauguins Farbenwelt« und »Nachtbilder in der Kunst«. Es war jedoch absehbar, dass eine grundlegende Entscheidung anstand. Das Problem löste sich partiell, als die vehementeste Verfechterin der Kommerzialisierung des Themenangebots freiwillig ausschied. Nachdem die bisherige Leiterin aus beruflichen Gründen ebenfalls aufgehört hatte, konnte allerdings auch der Plan der Selbständigkeit von MuSEHum von den verbleibenden Mitgliedern neben ihrem Studium nicht mehr realisiert werden. Daher blieb MuSEHum die ehrenamtliche Initiative unter dem Dach des Museums. In Bezug auf die Kursthemen verfolgte die Einrichtung weiterhin die Linie, ebenso unterhaltsame, publikumswirksame wie auch auf die Museumsexponate bezogene Themen anzubieten. »Kunst und Kulturgeschichte für Kinder« lautet seither das Motto, das auf den Flyern, Plakaten und der Homepage von MuSEHum zu sehen ist.

Das neue Logo, das die Programme seit dem ersten Halbjahr 2002 ziert, zeigt ein lachendes Mädchen mit einer Künstlermappe unter dem Arm auf dem Weg zu einer museumspädagogischen Veranstaltung. Hinter ihr hat ein Junge vor dem stilisierten Gebäude des Alten Schlosses seine Staffelei aufgestellt und malt zwei Kamele als Anklang an die Werke der »Tunisreise«, eines der beliebtesten Veranstaltungsthemen. Die Rückseite des Faltblattes wird von einem Ritterhelm und einer Eule, Symbol der Weisheit,[18] geziert, die auf einem Pinsel sitzt. In diesem Logo soll die Verbindung zwischen Kunst und Geschichte, Wissensvermittlung, Kreativität und dem spezifischen Veranstaltungsort gezielt zum Ausdruck kommen.

Die Kindergeburtstage, die von MuSEHum veranstaltet worden waren, wurden aus dem Programm genommen. Die Eltern hatten dabei die Möglichkeit gehabt, ein übergeordnetes (kunst)historisches Thema für die Geburtstagsveranstaltung zu wählen, doch hatten sich diese Nachmittage in der Praxis hauptsächlich zur Kinderbetreuung mit Kuchen und Limonade entwickelt.[19] Die Geschichtsdidaktik kritisiert seit Längerem, dass die Ausrichtung von Kindergeburtstagen nichts mit den spezifischen Aufgaben eines Museums zu tun hat, da es nicht als Serviceunternehmen zur Kinderbetreuung konzipiert ist.[20] Entsprechend versteht MuSEHum sich nicht als Kinderhort mit Animation. Der wichtige Faktor Spaß sollte vielmehr aus der Heranführung an die Exponate und ihren historischen Kontext resultieren.[21]

HINDERNISSE: SCHOSSHUNDE GEGEN DUANE HANSON Der Freiheit der Programmgestaltung von MuSEHum war indes eine von den Finanzen diktierte Grenze gesetzt. Da MuSEHum sich einzig aus den Teilnahmegebühren finanziert, war es unabdingbar, dass sich mindestens fünf Personen für einen Kurs anmeldeten, damit die Materialkosten für die kreativen Teile der Veranstaltungen gedeckt wurden.[22] Blieb die Zahl unter fünf, musste der Kurs ausfallen. Häufig traf dies thematisch anspruchsvolle Veranstaltungen, beispielsweise über den sozialkritischen amerikanischen Bildhauer Duane Hanson, der die Kehrseite des American Dream darstellte,[23] über das komplexe Thema der Karikatur und ihrer Vorläufer, über den Expressionisten Ernst Ludwig Kirchner oder den Lebensfries des norwegischen Malers Edvard Munch. Dagegen erwiesen sich Themen wie »Tiere in der Kunst«, »Die Farbe Blau«, sogar im 2003 erschienenen Kinderkunstführer »Linien, Formen, Farben« von MuSEHum in einem eigenen Kapitel behandelt,[24] oder »Am Seerosenteich mit Claude Monet« als wahre Dauerbrenner. Neue Programmthemen hatten es dagegen meist schwer und wurden erst einmal mit Zurückhaltung aufgenommen. Dies lag nicht daran, dass, wie häufig konstatiert, die Interessen der Kinder und der Erwachsenen generell zu weit auseinandergehen.[25] Eine solche Diskrepanz zeigte sich in den seltensten Fällen. Vielmehr ist als ein Grund zu nennen, dass zum größten Teil nicht die Kinder, sondern ihre Eltern darüber entschieden, zu welchem Kurs sie angemeldet wurden. Häufig ließen sie sie mehrfach für dasselbe Thema eintragen, da es sich in ihren Augen »bewährt« hatte. Als Hauptargument für diese Dauerschleife führten die Eltern meist an, dass das Kreativwerk ihrer Kinder, das im Rahmen des praktischen Parts des Workshops entstanden war, so schön geworden sei, dass man sich ein zweites Exemplar davon wünschte.[26] Entsprechend wurden auch Workshops, die wegen zu häufiger Wiederholung aus dem Programm genommen worden waren, immer wieder nachgefragt. Von dem Lerneffekt, den Informationen zu Künstlern, Stilrichtungen und historischen Hintergründen, die den Kindern vermittelt wurden, war in solchen Fällen keine Rede; für viele, wenn auch keineswegs für alle Eltern scheint dieser Aspekt von MuSEHum eher von untergeordneter Bedeutung zu sein. Oft fand der Lerneffekt indes in einer eher negativen Weise Beachtung: Eltern äußerten mitunter ihre Besorgnis darüber, ob ihr Kind mit den Inhalten der Veranstaltungen überfordert oder mit – in ihren Augen – bedenklichen Informationen konfrontiert werde. So wurde bezüglich einer Veranstaltung über Plakatkunst bei Henri de Toulouse-Lautrec ängstlich nachgefragt, wie genau man denn auf das Moulin Rouge eingehen würde.

Während sich die Kinder meist sehr aufgeschlossen für ihnen unbekannte Künstler und Stilrichtungen zeigen, scheinen ihre Eltern lieber an vertrauten, bereits bewährten Workshopthemen festzuhalten oder solche zu bevorzugen, über die sie selbst etwas wissen. Zu einer Zeit im Jahr sind die Kurse jedoch themenunabhängig stets gut belegt: an den vier Adventssamstagen vor Weihnachten, entsprechend dem häufigen Missverständnis von MuSEHum als einer Kinderbetreuungsstätte.

»WO IST EUER PICASSO?« Die Exponate des Oberhessischen Museums bieten dem Team die Möglichkeit, Veranstaltungen mit einem breiten Themenfeld anzubieten, die chronologisch von der Vor- und Frühgeschichte bis zur Gegenwart rangieren und thematisch Politik-, Kultur-, Sozial-, Stadt- und Wirtschaftsgeschichte abdecken. Im Alten Schloss, dem Hauptveranstaltungsort, befinden sich Kunstgegenstände aus einer Zeitspanne von der Gotik bis zur Gegenwart.[27] Viele Workshops über berühmte Künstler wie etwa Raffael, Caravaggio, Rembrandt, Magritte oder Picasso lassen sich jedoch in Ermangelung der Originale nur anhand von Reproduktionen abhalten. Der Brückenschlag zu den Exponaten in den Gemäldegalerien des Oberhessischen Museums gelingt über mehrere Zugangsweisen: Man kann die vorhandenen Exponate aus der Schaffenszeit des berühmten Künstlers besprechen, Parallelen zu den Werken zeitgleich wirkender Künstler ziehen, Unterschiede finden lassen, die auf seine Innovationen verweisen, oder seine Einflüsse auf die nachfolgende Kunst reflektieren. Bei Künstlern der Moderne hat auch der Ansatz reflexives Potential, ein Gemälde aus einer früheren Epoche in seinem Malstil gestalten zu lassen.[28]

Die Frage der Kursteilnehmer, wo sich denn »unser Picasso« oder »unser Rodin« befinde, kehrt natürlich regelmäßig wieder und eröffnet die Möglichkeit, den Kindern von den Museen zu berichten, in denen ihre Lieblingswerke zu sehen sind, und ihnen darüber hinaus Anregungen zu geben, wie sie sich über den Standort informieren können.

Insofern hat das Team es niemals als Nachteil empfunden, keine Originale etwa von Michelangelo oder August Macke zur Verfügung zu haben und den Kindern nicht die Goldmaske von Tut-Ench-Amun oder die Augustusstatue von Prima Porta präsentieren zu können. Befragt, was sich aktuelle und ehemalige Mitglieder von MuSEHum gewünscht hätten, um ihre Workshops optimal gestalten zu können, wurde in keinem Fall die Erweiterung des Museumsbestands genannt. Die Bedingungen, welche die Dauer- und Sonderausstellungen und die Museumsräumlichkeiten bieten, wurden von den befragten Teammitgliedern als sehr gut empfunden. Was sie sich wünschten, war allgemein eine bessere Zukunftsperspektive im kulturellen Sektor.

DIALOGE MIT KINDERN Es war immer Ziel des Teams gewesen, nicht zu monologisieren, sondern in einen Dialog mit den Kindern zu treten, von dem beide Seiten profitieren konnten. Die Veranstaltungen sollten allen Beteiligten Spaß bringen, aber auch im positiven Sinn nachwirken und Lernen als erfreuliche Entdeckung, nicht als langweilige Last erscheinen lassen. Idealiter ging es darum, gegen das Klischee von Museen als erstarrte Stätten uninteressanter Staubfänger, in denen die Zeit eingefroren zu sein scheint, anzugehen. Den Kindern sollte Museum als ein lebendiger Erlebnis- und Begegnungsort eines »Gesprächs zwischen den Künsten und den Zeiten«[29] verrmittelt werden, als ein Bezugspunkt in der kulturellen Stadtlandschaft, wo sie sich wohl fühlten und zu dem sie gerne zurückkehrten.

FAZIT Die ehrenamtliche Tätigkeit im Rahmen von MuSEHum bedeutete für die Mitarbeiter eine Erweiterung ihrer Perspektive und schärfte ihr Bewusstsein, dass eine im Rahmen der Museumspädagogik vermittelte Geschichte sich zwar in der Art der Vermittlung durch Inszenierung und Popularisierung von der im Rahmen der universitären Geschichtswissenschaft vermittelten Geschichte teils unterscheidet, nicht zwangsläufig jedoch inhaltlich eine andere ist,[30] und dass die Kreativitätstechniken der Museumspädagogik und Orientierung der Kursthemen an Publikumswirksamkeit und Unterhaltsamkeit nicht zu einem »Qualitätsverlust« bei den vermittelten Inhalten führen müssen.

Mein herzlicher Dank für ihre Gesprächsbereitschaft und Unterstützung gelten Nathalie Wöll, Dr. Friedhelm Häring, Regina Nitsch und Céline Mülich. Des Weiteren danke ich Mirjam Schäfer und Tanja Dronka.

1 Vgl. Knaut-Bührmann, Manuela/Wöll, Nathalie, Linien, Formen, Farben. Mit Kindern unterwegs in Kunstmuseen, Gießen 2003, S. 54. Entsprechend den Forderungen der Didaktik vgl. Pandel, Hans-Jürgen, Museumspädagogische Materialien in der Geschichtskultur, in: Zeitschrift für Geschichtsdidaktik 2006, S. 109–118, hier S. 111; Urban, Andreas, Geschichtsvermittlung im Museum, in: Meyer, Ulrich u. a. (Hg.), Handbuch Methoden im Geschichtsunterricht, Schwalbach/Ts. 2004, S. 370–388, hier S. 371.

2 Vgl. Pandel, Hans-Jürgen, Materialien, S. 114–115; Treml, Manfred, Der »Museumskurs«. Ein Werkstattbericht über ein museologisches Propädeutikum für Geschichtsstudenten, Zeitschrift für Geschichtsdidaktik 2006, S. 119–137, hier S. 119; Urban, Geschichtsvermittlung, S. 370. Zum Erkundungslernen vgl. Weschenfelder, Klaus/Zacharias, Wolfgang, Handbuch Museumspädagogik. Orientierungen und Methoden für die Praxis, Düsseldorf 1991, S. 158. Im Geschichtsunterricht werden Sachzeugnisse hingegen vernachlässigt, vgl. Schneider, Gerhard, Gegenständliche Quellen im Geschichtsunterricht, in: Pandel, Hans-Jürgen/Schneider, Gerhard (Hg.), Handbuch Medien im Geschichtsunterricht, 4. Aufl., Schwalbach/Ts. 2007, S. 509–524, hier S. 509–512. Zum Aufkommen der Public History vgl. Schug, Alexander, History Marketing. Ein Leitfaden zum Umgang mit Geschichte in Unternehmen, Bielefeld 2003, S. 163–164.

3 Vgl. Häring, Friedhelm, 125 Jahre Oberhessisches Museum Gießen. Altes Schloss 1980–2005, Gießen 2006, S. 24. Zur Forderung nach Handlungsorientierung, Gegenwartsbezug sowie Erfahrungs- und Erlebnisdimension in der Museumspädagogik vgl. Heese, Thorsten, Museumspädagogik, in: Mayer, Ulrich u. a. (Hg.), Wörterbuch Geschichtsdidaktik, Schwalbach/Ts. 2006, S. 130–131, hier S. 131; Bergmann, Klaus/Rohrbach, Rita, Perspektivisches Denken und Schreiben – Kinder denken, wie Menschen früher gedacht haben, in: Bergmann, Klaus/Rohrbach, Rita (Hg.), Kinder entdecken Geschichte. Theorie und Praxis historischen Lernens in der Grundschule und im frühen Geschichtsunterricht, Schwalbach/Ts. 2001, S. 123–134, hier S. 124; Urban, Geschichtsvermittlung, S. 370; Weschenfelder/Zacharias, Museumspädagogik, S. 42.

4 Vgl. Weschenfelder/Zacharias, Museumspädagogik, S. 73; Pandel, Materialien, S. 115.

5 Vgl. Treml, Museumskurs, S. 126; Czech, Alfred, »Ikonothek – Ikonen des Bildgedächtnisses«. Ein Kooperationsmodell für Geschichts- und Kunstlehrer, Zeitschrift für Geschichtsdidaktik 2006, S. 138–151, hier S. 140–142; Urban, Geschichtsvermittlung, S. 371; Fingerle, Karlheinz, Fragen an die Museumsdidaktik am Beispiel des Deutschen Museums, 4. Aufl., München 1992, S. 27–28; Mayer, Ulrich, Historische Lernorte, in: Mayer (Hg.), Wörterbuch Geschichtsdidaktik, S. 85–86.

6 Entsprechend den Forderungen von Weschenfelder/Zacharias, Museumspädagogik, S. 46, nach »Sensibilisierung für Wirklichkeit, Anstöße zu Kreativität und Phantasietätigkeit …, Ausbildung von Handlungs- und Ausdrucksfähigkeit«. Vgl. Heese, Museumspädagogik, S. 131; Pandel, Materialien, S. 115–116.

7 Vgl. Frankfurter Rundschau, »Damit Kinder begreifen, was sie sehen. Die Gemäldegalerie des Oberhessischen Museums wird zur Spielwiese«, 19.04.1996, S. 32.

8 Vgl. Landkreis Gießen (Hg.), Museen im Gießener Land, Gießen 2007, S. 14. Zur Bedeutung des Museums für die Stadtgeschichte vgl. Pleitner, Berit, »Da kann man so viel lernen, gerade für junge Leute.« Überlegungen zum Verhältnis von Jugendlichen und Museen, Zeitschrift für Geschichtsdidaktik 2006, S. 93–108, hier S. 98.

9 Vgl. Häring, Oberhessisches Museum, S. 14–25.

10 Vgl. ebd., S. 18.

11 Zur Bedeutung des eigenen Raums für die Museumspädagogik vgl. Weschenfelder/Zacharias, Museumspädagogik, S. 192–193. Als besonders Fantasie anregend erwies sich dabei, dass sich neben dem Kinderatelier hinter einer verschlossenen Türe das Museumsarchiv mit Objekten befand, die nicht in der Dauerausstellung zu sehen waren. Der verschlossene Raum mit seinen unsichtbaren Schätzen sorgte regelmäßig für großes Interesse bei den Kindern und erzeugte lebhaftes Rätselraten, was sich dort befinde.

12 Vgl. Weschenfelder/Zacharias, Museumspädagogik, S. 39–40. Diese gegenständlichen Tätigkeiten wurden seit den 1960er Jahren angeboten und basierten auf den Reformbestrebungen der Kunstpädagogen in den 1920er Jahren, die Kinderzeichnungen als kreative Äußerungen betrachtet und gefördert hatten.

13 Zur Problematik der bewusst in Kauf genommenen Geschichtsverzerrung bei museumspädagogischen Kursen vgl. Fingerle, Fragen, S. 30–31.

14 Vgl. Weschenfelder/Zacharias, Museumspädagogik, S. 30.

15 Zum Problem der Geisteswissenschaftler, ein fachnahes Betätigungsfeld zu finden, vgl. Schug, History Marketing, S. 163.

16 Entsprechend den Forderungen von Weschenfelder/Zacharias, Museumspädagogik, S. 64, auf die museumsspezifischen Aufgaben – Sammeln, Bewahren, Ausstellen, Vermitteln – hinzuweisen und das Interesse der Kinder etwa an Testverfahren für Fälschungen, Expertisen, Forschungsfragen oder archäologischen Methoden zu wecken.

17 Zur Kritik der Übertragung der Logik kommerzieller Unternehmen auf die Museumspädagogik, vgl. Pandel, Materialien, S. 117.

18 Vgl. Hünemörder, Christian, s.v. Eulen, in: DNP 4 (1998), S. 246–247; Opelt, Ilona, s.v. Eule (Uhu, Käuzchen), in: RAC 4 (1966), S. 890–900. Als Attribut der klugen Göttin Athena, im römischen Kontext der Minerva, wurde die Eule zum Sinnbild der Klugheit in paganer Vorstellung (vgl. Aesop. Fab. 105).

19 Die kleinen Geburtstagsgäste wollten meist lieber feiern und spielen, anstatt sich mit den Exponaten des Museums auseinanderzusetzen, was angesichts des Anlasses auch verständlich war. Beides ließ sich aber schlecht miteinander vereinbaren.

20 Vgl. Pandel, Materialien, S. 117. Ebenso wenig ist die Museumspädagogik auf der anderen Seite dazu gedacht, zusätzlichen Schulunterricht zu geben. Vgl. Heese, Museumspädagogik, S. 131.

21 Dies steht der Unterhaltungs- und Erholungsfunktion des Museums (vgl. Fingerle, Fragen, S. 15–16) keinesfalls entgegen.

22 Die entstandenen Kreativwerke konnten die Kinder mit nach Hause nehmen.

23 Vgl. Mania, Astrid, Zwischen Mythos und Medienwelt. Rund um das »Quadrum«, in: Becker, Wolfgang/Lagler, Annette (Hg.), Ludwig Forum für Internationale Kunst, Berlin 1996, S. 53–58, hier S. 56; Dorp, Pia vom, Amerikanischer Realismus zwischen Illusion und Wirklichkeit, in: Becker/Lagler (Hg.), Ludwig Forum, S. 29–37, hier S. 34–35.

24 Vgl. Knaut-Bührmann/Wöll, Linien, S. 3–15. Zur Knappheit der Kinderkataloge für die Rezipienten unter 12 Jahren in deutschen Museen vgl. Pandel, Materialien, S. 117. Dies hat sich indes in den vergangenen Jahren geändert. Vgl. auch Pleitner, Überlegungen, S. 94, die wiederum die wenigen museumspädagogischen Angebote für Jugendliche ab 12 Jahren beklagt.

25 Vgl. Weschenfelder/Zacharias, Museumspädagogik, S. 75.

26 Meistens sind diese Kinderarbeiten als Geschenke für Verwandte gedacht. Es kam daher auch vor, dass Eltern wollten, dass ihr Kind trotz eines anderen Kursthemas das gleiche Kreativwerk erstellte wie in einem vorangegangenen Workshop.

27 Vgl. Häring, Oberhessisches Museum, S. 18, S. 82. Ein weiteres »Highlight« ist der sogenannte Heiden- und Diebsturm als Teil der Schlossanlage, der sich für die Kinder immer wieder zu besichtigen lohnt. Als Gefängnisturm in der Frühen Neuzeit genutzt, ist immer noch das Verlies zu sehen und gewährt Einblicke in die Rechtsgeschichte der Vergangenheit. Vgl. Häring, Friedhelm, Die Museen in Gießen, 2. Aufl., Gießen 1986, S. 5. Die in der Stadtgeschichte berühmtesten Gefangenen waren vierundzwanzig Mitglieder der Räuberbande des Großen Galantho gewesen, die im Jahr 1726 wegen Raubmords an einem Pfarrer und seiner Frau ihre letzte Zeit bis zu ihrer Hinrichtung im Turm verbracht hatten. Vgl. Lange, Katrin, Zwischen Verurteilung und Ideologisierung. Zur Einschätzung von Räuberbanden im 18. und frühen 19. Jahrhundert, MOHG 81 (1996), S. 261–276, hier S. 261; dies., Gesellschaft und Kriminalität. Räuberbanden im 18. und frühen 19. Jahrhundert, Frankfurt a. M. 1994, S. 163, m. Anm. 70.

Zu den zermürbenden Haftumständen in einem solchen Turm, dessen Kälte, Feuchtigkeit und mangelnde Hygiene die Gefangenen körperlich stark beeinträchtigte, vgl. ebd., S. 73-74.

28 Zu den verschiedenen Methoden vgl. auch Czech, Ikonothek, S. 142-148; Treml, Museumskurs, S. 122-126; Braas, Bianca, Historisches Lernen mit Kinderbüchern, in: Bergmann/Rohrbach (Hg.), Kinder, S. 135-143, hier S. 139.

29 Häring, Oberhessisches Museum, S. 82.

30 Zur Abgrenzung der universitären Geschichtswissenschaften von der Praxis vgl. Schug, History Marketing, S. 163.

GESCHICHTE GEGEN STUNDENLOHN

Die Berliner Vergangenheitsagentur HILMAR SACK und ALEXANDER SCHUG

Die Begriffe Kapital, Geschichte und Zukunft in einer Überlegung zusammenzubringen, führt den ideengeschichtlich bewanderten Historiker unweigerlich zu Karl Marx – sie weist aber auch den Weg zu einem relativ neuen und sich dynamisch entwickelnden Berufsfeld für Historiker_innen, ein Berufsfeld, das wir als Gründer der »Vergangenheitsagentur, Berlin« seit knapp einem Jahrzehnt mit bestellen.

   Die »Vergangenheitsagentur, Berlin« ist eine Dienstleistungsagentur für Geschichte, eine thematisch spezialisierte Kommunikationsagentur mit angeschlossenem Verlag (Vergangenheitsverlag), oder anders ausgedrückt: eine Geschichtswerkstatt mit Profitinteresse, die sich an der Nachfrage am Markt orientiert. Wir bieten Geschichte gegen Stundenlohn und verkaufen unser Know-how als promovierte Historiker in einer Arbeitswelt, die Historiker_innen in ihren klassischen Arbeitsbereichen (Universität, Archiv, Museum) schon lange keine ausreichenden Arbeitsplätze mehr bietet. Das hat wesentlich mit der seit Jahren anhaltenden Tendenz im Kulturbetrieb zu tun, keine sozialversicherten Arbeitsplätze mehr auszuschreiben, also reguläre Arbeitsverhältnisse zu schaffen, sondern verstärkt Aufträge projektweise für Wechselausstellungen, Publikationen oder die Veranstaltungsorganisation zu vergeben. Diese Tendenz verweist auf eine zunehmende Privatisierung im öffentlichen Kulturbetrieb, mit der sich – positiv betrachtet – die Chance auf eine zwar unsichere, aber abwechslungsreiche Tätigkeit außerhalb der engen Grenzen des klassischen akademischen Arbeitsfeldes verbindet.

Wir sehen uns dabei weniger in der Konkurrenz als vielmehr in einem wechselseitigen Beziehungsverhältnis zur Wissenschaft. Denn die (weitgehend) unabhängige universitäre Geschichtsforschung ist die wichtige Wissensproduktions- und Reflexionsinstanz, ohne deren Ergebnisse viele unsere Auftragsarbeiten aus der freien Wirtschaft kein festes Fundament hätten. Gleichzeitig können aber etliche Arbeiten, mit denen wir beauftragt werden, inhaltlich kaum auf Ergebnisse der historischen Forschung aufbauen, da ihre Themen zu speziell sind. Wenn es z.B. um die Geschichte der industriellen Kommunikation in der Automatisierungsindustrie oder die lokale Geschichte eines oberbayerischen Kohlekraftwerks geht, leisten wir historische Grundlagenarbeit, deren Ergebnisse wiederum auch der universitären Wissenschaft zugute kommen. So sind leitfadengestützte biografische Interviews mit Zeitzeugen der deutschen Entwicklungszusammenarbeit, die wir im Rahmen unseres Projekts »50 Jahre Aktion Brot für die Welt« geführt haben, von der Wissenschaft rezipiert und als Quelle verarbeitet worden.

In einem eigenen kleinen Segment tragen Anbieter wie die »Vergangenheitsagentur, Berlin« und andere Dienstleister im Kulturbereich, die mit der Bearbeitung spezialisierter Mikrogeschichten betraut werden, zum bemerkenswerten Wachstum der Kreativ- und Kulturwirtschaft in Deutschland bei. Diese wird längst nicht mehr nur als ein Imagefaktor, sondern als eigenständiges Wirtschaftsfeld begriffen, und spielt eine Vorreiterrolle auf dem Weg in eine wissensbasierte Ökonomie in Deutschland. In dieser Branche wird schon heute in zukunftsweisenden Arbeits- und Geschäftsmodellen gearbeitet. Darüber hinaus nimmt die Branche eine Vermittlungsfunktion von Wissen und Kultur in einer Art und Weise wahr, wie es öffentlich-rechtliche Akteure dieses Feldes noch immer zu wenig tun bzw. nicht betreiben können.[1]

Die »Vergangenheitsagentur, Berlin« ist eine erfolgreiche Existenzgründung in diesem Bereich. Statt ins Klagelied über das akademische Proletariat und dessen prekäre soziale Lage einzustimmen, setzen wir als »neue« Kulturunternehmer Auftragsarbeiten (vor allem in der Jubiläumskommunikation) für Kunden wie Bundesministerien, Energieunternehmen oder Unternehmen der Konsumbranche, Verbände und Privatpersonen um. Wir initiieren und realisieren zudem Eigenprojekte, z.B. Publikationen, Ausstellungen und Objekte zur Kulturgeschichte des Sparens oder zum Abriss des Palasts der Republik. Mit unserer Arbeit in der »Vergangenheitsagentur, Berlin« bewegen wir uns an Schnittstellen zwischen Wissenschaft, Öffentlichkeit und Wirtschaft, verknüpfen also wissenschaftliche Aufarbeitung, öffentliche Vermittlung und kommerzielles Profitstreben. Unser Geschäft ist die Erinnerung. Anlass genug zur Bestandsaufnahme und kritischen Reflexion unseres erinnerungskulturellen Marktes, von dem wir gleichermaßen profitieren, wie diesen mit marktrelevanten Produkten bedienen.

SEHNSUCHT NACH GESCHICHTE IN ZEITEN DER GLOBALISIERUNG Erinnerung ist en vogue, in Museen, als Titelgeschichte der großen Magazine, im Fernsehen und selbst auf der Kinoleinwand. Mehr noch: »Erinnern ist ein politisches Auseinandersetzungsfeld par excellence, vielleicht das wichtigste«, sagt der Sozialpsychologe Harald Welzer, der Erinnerung als einen heute fast obsessiv verfolgten Wert an sich auf dem Vormarsch sieht.[2] Unzählige, in Deutschland äußerst kontrovers geführte Geschichtsdebatten in den letzten zwei Jahrzehnten stützen diese These. Die Wissenschaft, in der öffentlichen Wahrnehmung zwar längst in die Defensive gedrängt, steht bei diesem Trend nicht abseits. Ob kulturelles, kommunikatives oder soziales Gedächtnis, ob Erinnerungsarbeit, Vergangenheitsbewältigung oder Geschichtspolitik: Mit stets neuen analytischen Begriffen beackert sie das noch immer junge Forschungsfeld der Erinnerungskultur. Währenddessen waltet im deutschen Feuilleton längst eine andere Kraft mit Macht: das Geschichtsgefühl – ein Phänomen, von dem die Zeitschrift »Ästhetik und Kommunikation« bereits 2003 spitz sagte, es scheue die Definition so wie Martin Walser, der den Begriff in seiner umstritten Friedenspreisrede prägte, den intellektuellen Standpunkt.[3] Heute, ein gutes Jahrzehnt nach Walsers ›geschichtsfühligem‹ Paulskirchenauftritt und unzählige politisch-feuilletonistische Gefechte später, bringt jedoch die »emotionale Schleusenöffnung« (Norbert Seitz) z.B. in Bestsellern über den »Bombenkrieg« gegen die Deutschen, also die Emotionalisierungsstrategien auf dem prosperierenden Markt neuer Geschichtsgefühle, keinen mehr ernsthaft auf die intellektuelle Palme. Nach Einschätzung der Literaturwissenschaftlerin Aleida Assmann entwickeln sich in vielen Gesellschaften längst Zweigleisigkeiten zwischen offiziellem und inoffiziellem Gedächtnis: »Unter den monumentalen Deklamationen und Zeichensetzungen des Staates erhält sich das Netz eines sozialen Gedächtnisses, das eine kognitive Dissonanz produziert, damit aber auch eine kritische Distanz zur offiziell verordneten Gegenwartsdeutung ermöglicht.«[4] Neben den großen nationalen und heute nicht selten europäischen Narrativen eines verordneten offiziellen Gedächtnisses, in dem die ›alten‹ Institutionen des Kulturbetriebs ihrer Vermittlerrolle nachkommen, existieren – neben den ganz privaten – zahlreiche weitere, für die Alltagswelt der Menschen dabei oftmals viel relevantere Erinnerungsbezüge, von denen wir uns im Folgenden auf die ökonomischen konzentrieren wollen, weil sie unser eigentliches Geschäft darstellen.

Wie bereits früher in der Kompensationstheorie der Geisteswissenschaften beschrieben, ist Geschichte ein wichtiger Bestandteil der Globalisierungskultur geworden, von der die Wirtschaft und ihre Unternehmen nicht unberührt geblieben sind. Das mag mancher in der zu beobachtenden Ausprägung als Geschichtsfolklore abtun und noch immer als irrelevant für das Management von Unternehmen und die Markenpolitik bezeichnen. Wir sehen das anders. Geschichte kommt eine kompensatorische Funktion in der neuen Globalisierungskultur zu, die durch Schnelligkeit und Unübersichtlichkeit geprägt ist und den Menschen die Orientierung schwierig macht. Das hat zur Folge, dass viele sich verstärkt ihrer eigenen Rolle vergewissern möchten und gerade in der »beschleunigten« Welt nach festen Werten Ausschau halten, die ein Gefühl der Vertrautheit geben. »Zukunft braucht Herkunft«: Odo Marquards Kurzformel zur nachhaltigen Bedeutung der Vergangenheit für Gegenwart und Zukunft ist als eingängiger Claim bis in die Etagen der Marketingabteilungen vorgedrungen. Hier vertraut man gerne auf die besondere Stärke der historischen Erzählung – abseits der großen nationalen Narrative. Der vorhandene Bedeutungszuwachs der Historie in der Wirtschaft hat daher seinen Ursprung keineswegs nur in der Aufarbeitung der Rolle von Unternehmen und Unternehmern im Nationalsozialismus. Neben dieser gesellschaftlich notwendigen und wissenschaftlichen Maßstäben folgenden Vergangenheitsaufarbeitung, die mit der Zwangsarbeiterdebatte Mitte der 1990er Jahre am Anfang des Geschichtsbooms in der Wirtschaft stand, gibt es inzwischen einen zweiten Bereich, in dem Historiker in Unternehmen gefragt sind. Diesen nennen wir History Marketing.[5]

HISTORY MARKETING Unternehmensgeschichte und ihre kreative Darstellung bieten Unternehmen viele Kontaktmöglichkeiten mit ihren Zielgruppen. Das zentrale Instrument zum Aufbau ihres Images ist die Öffentlichkeitsarbeit. Life-Style-Events oder Imagebroschüren sind dabei schön und gut, aber Schall und Rauch, wenn Marken- sowie Kompetenzversprechen durch Geleistetes nicht unter Beweis gestellt werden. Das History Marketing setzt an dieser Stelle an. Es ist gerade die hohe Austauschbarkeit von Produkten, die deren Herkunft und Historie heute zu einem entscheidenden Wettbewerbsvorteil werden lässt. Wer durch seine Geschichte nachweist, dass er schon immer Qualität und Innovationen fabriziert hat, schafft Glaubwürdigkeit am Markt sowie Selbstbewusstsein bei Mitarbeitern. Durch seine Vergangenheit unterscheidet sich ein Unternehmen von Wettbewerbern, weil Geschichte einmalig ist und nicht kopiert werden kann. Sie ist zudem für jeden überprüfbar. Ganz nach dem Motto: Man sagt nicht nur, dass man gut ist, man hat es schon die letzten 100 Jahre gezeigt! Geschichtsfühligkeit, Erinnerungsbezüge, Orientierung und Identität lassen sich wie im Großen ebenso in den vielen gesellschaftlichen Subsystemen konstruieren. Diese Erinnerungskultur im Kleinen, denen unser Geschäft dient, hat oftmals einen konsumistischen Kern.

GESCHICHTE UND KONSUMMYTHEN Marken und Unternehmen sind nicht nur als essenzieller und integraler Bestandteil des Ökonomischen zu begreifen, sondern auch des gesellschaftlichen Handelns, als Bestandteil der Unternehmenskultur und als gesellschaftlicher Faktor. Im Verständnis von Unternehmensgeschichte als Gesellschaftsgeschichte haben nach Hartmut Berghoff Unternehmen Bedeutung als ökonomischer Motor der wirtschaftlichen Entwicklung, als Handlungsfeld sozialer Interaktionen, als politische Akteure und kulturschaffende Institutionen.[6] Gerade Marken nehmen dabei, wie Klaus-Peter Wiedmann herausgearbeitet hat, wichtige Funktionen wahr, die tief in die Lebenswirklichkeit von sozialen Systemen eingreifen.[7]

Mit ihren Werbekampagnen sucht und findet die Wirtschaft im Konsumenten schon lange nicht mehr nur den Käufer ihrer Produkte. Sie bedient den bereitwilligen Abnehmer konstruierter Konsum- und Lebensstilmythen. Werbung erzählt heute komplexe Geschichten, die einen bestimmten Lifestyle um das eigentliche Produkt herumkreieren. Sie übernehmen dabei eine weit über den Absatz des Produkts in die Gesellschaft hinein wirkende Funktion, die wir eigentlich von klassischen Mythen kennen. Die zielgruppenorientierte Markenwelt offeriert Stabilität, Wiedererkennbarkeit, Eindeutigkeit, Verständlichkeit und dadurch Identifikation. So bieten Marken nicht nur Orientierung im Supermarkt, sie bilden einen eigenen Kommunikationsraum und schaffen – ins Extrem gesteigert – als Markenfetischismus Gruppenidentitäten, zunächst jenseits der symbolischen und normativen Autorität des Staates. Die Werbung ist längst wesentlicher Bestandteil der Konstruktion von Erinnerungswelten und Ansatzpunkt vieler Auftragsarbeiten, die wir für Konzerne wie Kraft Foods mit Marken wie Kaffee Hag umgesetzt haben. Werbung wird als Thema einer Markengeschichte zum Transporteur eines Geschichtsgefühls, das uns oftmals erst ermöglicht, sehr spezielle Themen kulturhistorisch an die gesellschaftliche Makrogeschichte anzubinden. Von den großen Unternehmensmuseen (Porsche, Mercedes-Benz, BMW) über das Heidelberger Verpackungsmuseum bis hin zum rein virtuellen Markenmuseum lockt heute das Angebot einer Zeitreise und bietet sich die Markengeschichte als Spiegel einer für alle verständlichen kulturellen Entwicklung.

Zugespitzt formuliert: In Unternehmen und ihren Markengeschichten lassen sich heute die eigentlich starken gesellschaftlichen Kontinuitätserzählungen sehen, zumal die Präsenz konstruierter moderner Konsum-, Marken- und Lebensstilmythen in einem auffallenden Kontrast steht zur Verdrängung herkömmlicher nationaler Mythen aus der staatlich-politischen Sphäre. Auch der einzig wirklich starke (politische) Gründungsmythos der Bundesrepublik – das Wirtschaftswunder – basiert letztlich ja wesentlich auf einem Konsummythos. Die Erzählung von den sich im Gefolge der Währungsreform über Nacht füllenden Schaufenstern und dem anschließenden rasanten Aufschwung zum Exportweltmeister hat seine Stärke weniger im Politischen. Ihn transportiert kein Denkmal, und kein Staatsakt muss seiner gedenken. Vom »Wir sind wieder da« der Markenprodukte bis zum »Wir sind wieder wer« im Behelfsmythos des filmisch erst kürzlich wieder erweckten »Wunder von Bern« tradiert sich diese bundesrepublikanische Ursprungserzählung aus den Wirtschaftswundertagen wirkungsvoll in den Markenmythen und der Populärkultur und wird damit für historische Dienstleistungsagenturen wie die »Vergangenheitsagentur, Berlin« anschlussfähig.

Offen bleiben muss vorläufig, welche längerfristigen Folgen es haben wird, wenn PR-Experten und Marketingberater die Geschichte für sich entdecken – und über ihre emotional wirksamen Erzählungen Geschichtsbilder mitprägen. Bereits heute ist die Werbung jedenfalls wesentlicher Bestandteil einer »Erinnerungen passant« (Harald Welzer).[8] Geschichte gewinnt damit auch einen Unterhaltungswert, der völlig berechtigt ist, wenn es darum geht, neben einem begrenzten akademischen Milieu weitere Zielgruppen anzusprechen und zu erreichen. Qualitätvolle Angewandte Geschichte, selbst das in seiner Zielsetzung eindeutige History Marketing, muss aber unserer Ansicht nach immer einen Weiterleitungseffekt beinhalten, das heißt ein ›Mehr-Wissen-Können‹ ermöglichen. Hier unterscheiden wir uns vom einfachen Werber und klassischen PR-Berater. Quellenangaben und weiterführende Literatur weisen in unseren Produkten immer den Weg zu komplexeren Informationen. In diesem Sinne verstehen wir die »Vergangenheitsagentur, Berlin« als einen Akteur, der Geschichte gesellschaftlich relevant hält, in dem er den Blick in die Vergangenheit lenkt und dabei Lust auf mehr macht.

1 Bundesministerium für Wirtschaft und Technologie (Hg.), Gesamtwirtschaftliche Perspektiven der Kultur- und Kreativwirtschaft in Deutschland. Kurzfassung eines Forschungsgutachtens im Auftrag des Bundesministeriums für Wirtschaft und Technologie, Forschungsbericht Nr. 577, Berlin 2009, S. 3.
2 »Das ist unser Familienerbe«, in: taz, 22.01.2005, www.taz.de/index.php?id=archivseite&dig=2005/01/22/a0308#car, [15.03.2009].
3 Hacke, Jens/Schlak, Stephan/Camann, Alexander (Hg.), Geschichtsgefühl (= Ästhetik & Kommunikation, Heft 122/123, 2003, S. 12.
4 Assmann, Aleida, Soziales und kollektives Gedächtnis, www.bpb.de/files/0FW1JZ.pdf, [19.03.2009].
5 Schug, Alexander, History Marketing. Ein Leitfaden zum Umgang mit Geschichte in Unternehmen, Bielefeld 2003.
6 Berghoff, Hartmut, Moderne Unternehmensgeschichte. Eine themen- und theorieorientierte Einführung, Stuttgart 2004.
7 Klaus-Peter Wiedmann, Die Rolle der Marke in der Gesellschaft, in: Herbrand, Nicolai O./Röhrig, Stefan (Hg.), Die Bedeutung der Tradition für die Markenkommunikation. Konzepte und Instrumente zur ganzheitlichen Ausschöpfung des Erfolgspotenzials Markenhistorie, Stuttgart 2006, S. 23–52.
8 Welzer, Harald (Hg.), Das soziale Gedächtnis. Geschichte, Erinnerung, Tradierung, Hamburg 2001, S. 12.

4. KAPITEL

PUBLIC HISTORY
IN DEN USA

Geschichtswissenschaft als historische Dienstleistung SIMONE RAUTHE

Das Friedrich-Meinecke-Institut an der Freien Universität Berlin und das Zentrum für Zeithistorische Forschung Potsdam haben zum Wintersemester 2008/2009 den innovativen Masterstudiengang Public History im Fach Geschichte eingerichtet. Es handelt sich um ein in dieser Form neues anwendungsorientiertes Angebot,[1] das die »Absolventinnen und Absolventen insbesondere für solche Tätigkeiten, die die Aufbereitung und Vermittlung fachwissenschaftlicher Erkenntnisse in einem breiten öffentlichen Kontext« qualifiziert. Ausgehend von Problemen der Geschichte des 20. Jahrhunderts sollen »Experten für öffentliche Geschichte« ausgebildet werden, indem stärker die ästhetische, politische und kommerzielle Dimension der Auseinandersetzung mit Geschichte in den Blick genommen wird.[2]

Die durch ein Bewerbungsverfahren ausgewählten zwanzig Studierenden pro Semester haben sieben äußerst ambitionierte Module von je vier Semesterwochenstunden und ein achtwöchiges Praktikum in einer Regelstudienzeit von vier Semestern zu absolvieren. Allein die Qualifikationsziele des umfassenden fachwissenschaftlichen Teils »Themenfelder und Kontroversen der Modernen Geschichte« (Modul 1) beschäftigen herkömmliche Geschichtsstudierende ein ganzes Studium. Die Absolventen dieses Moduls sollen bei erfolgreichem Abschluss laut Studienordnung umfassende Qualifikationen erwerben:

»Sie verfügen über grundlegende Kenntnisse der Geschichte seit dem 18. Jahrhundert und vertiefte Kenntnisse zu einzelnen historischen Problemen und Ereignissen dieser Zeit, die jeweils in größere Zusammenhänge eingeordnet werden können. Sie sind mit wichtigen Methoden und Ansätzen der Geschichtswissenschaft vertraut und verfügen über ein Basiswissen der Themen und Probleme von Public History. Sie kennen die Spezialforschung zu ausgewählten Themen und sind in der Lage, auf dieser Basis eigene Forschungskonzeptionen zu entwickeln und umzusetzen. Sie verfügen über vertiefte Kenntnisse wichtiger fachwissenschaftlicher und öffentlicher Kontroversen über Themen der Modernen Geschichte. Sie verfügen über Kategorien zur Analyse des Spannungsverhältnisses von Geschichtswissenschaft und Öffentlichkeit.«[3]

In einem weiteren fachwissenschaftlich orientierten Modul 4 »Medien, Kommunikation und Öffentlichkeit in historischer Perspektive« werden Kompetenzen im Bereich der historischen Medien- und Kommunikationsforschung vermittelt. Der Masterstudiengang besteht ferner aus drei praxisorientierten Modulen: »Computergestützte Erforschung und Vermittlung von Geschichte« (Modul 3), die Erprobung fortgeschrittener EDV-Anwendungen, ihre Einsatzgebiete in der Geschichtswissenschaft und die Grundlagen des elektronischen Publizierens, und »Praxisfelder der Geschichte« (Modul 5), die praktische Erprobung von Geschichte in der Öffentlichkeit und deren theoretische Reflexion sowie »Öffentlichkeitsarbeit und Kulturmanagement« (Modul 7), die Vermittlung von berufsfeldbezogenen Kenntnissen der Betriebwirtschaftlehre, des Kulturmarketings und der Kulturförderung. Die fachwissenschaftlichen und praxisorientierten Teile werden schließlich mit zwei Theorie-Modulen kombiniert. Modul 2 »Historisches Lernen und Geschichtskultur« dient der Einführung in die Geschichtsdidaktik und Modul 6 »Theorien und Formen der Geschichtsdarstellung« widmet sich wesentlichen Ansätzen, Theorien und Formen der Repräsentation von Geschichte, einschließlich Historiografiegeschichte und Geschichtspolitik.

Von den Studierenden des Masterstudiengangs Public History wird offenbar die Bereitschaft erwartet, ein großes Lesepensum zu absolvieren, außerdem sollen die Veranstaltungen selbstständig vor- und nachbereitet sowie Studieneinheiten mittels E-Learning selbsttätig bearbeitet werden.[4]

WAS IST PUBLIC HISTORY?[5] Public History ist eine vergleichsweise junge Teildisziplin der amerikanischen Geschichtswissenschaft und eine Dienstleistung. Die Entstehung der Public History Bewegung stand in unmittelbarem Zusammenhang mit der Bildungsexpansion und der daraus resultierenden Beschäftigungskrise für

Historiker an den Universitäten in den 1970er Jahren. Universitätsprofessoren bemühten sich um den zielgerichteten Ausbau der Anwendungsbereiche von Geschichte in Praxisfeldern jenseits von Universität und Schule, den Non-Teaching Careers, und deren theoretischer Fundierung.[6] Dieser pragmatische Zugang wurde durch die Kritik an der amerikanischen Geschichtswissenschaft ergänzt, die ausschließlich forschende Historiker hervorbringe. Infolge der Konstituierung der Geschichtswissenschaft am Ende des 19. Jahrhunderts sei der Kontakt zur Öffentlichkeit abgebrochen, die sich zuvor intensiv mit Geschichte beschäftigt habe. Die Public History Bewegung zielte auf die Aufwertung alternativer Zugänge zu Geschichte in der außerschulischen Öffentlichkeit und auf die Betonung angewandter Geschichtswissenschaft. Der umstrittene Begriff Public History, den Robert Kelley Mitte der 1970er Jahre an der University of California in Santa Barbara prägte, sollte den Gegensatz zur akademisch betriebenen Geschichtswissenschaft bezeichnen.[7]

Damit liegt ihr Bezug in der New History der 1960er/1970er Jahre, die mit der Betrachtungsweise from the bottom up einen Perspektivwechsel in der amerikanischen Geschichtswissenschaft herbeiführte.[8] Mit der Ausweitung von Gegenständen und Perspektiven gewannen neue Methoden an Bedeutung: Neben die Interpretation schriftlicher Dokumente trat besonders die Oral History.[9] Infolge dieser Entwicklung wurde die politische Geschichte durch sozial- und kulturgeschichtliche Zugänge ergänzt. Die New Social History und ihre Subfelder[10] forcierten mit ihrer vielbeschworenen Verschiedenheit eine Spezialisierung. Multikulturelle Ansätze sowie die Integration interdisziplinärer Ansätze und Methoden, führten letztlich zu einer Fragmentierung der amerikanischen Geschichtswissenschaft. Eine zusammenhängende Darstellung der amerikanischen Geschichte, ein Master Narrative, scheint seither unerreichbar. Ob das eine Synthese herstellende integrierende Moment in einer multikulturellen Geschichtsauffassung, im Politischen oder in der Kultur liegt, bleibt offen.

Peter Novick beklagte in seiner 1988 veröffentlichten Studie ›That Noble Dream‹ den inneren Zustand der amerikanischen Geschichtswissenschaft, die er als eine zersplitterte Zunft charakterisierte. Er stellte den Verlust der einstigen Homogenität der Disziplin in Methode und Interpretation, den die New History zu verantworten habe, am Beispiel des Objektivitätsideals seit Beginn der amerikanischen Geschichtswissenschaft dar.[11]

ERSTE PUBLIC HISTORY STUDIENGÄNGE IN DEN USA Ende der 1970er Jahre wurden zwei gegensätzliche Pionierprogramme in Public History geschaffen: Robert Kelley und G. Wesley Johnson entwickelten an der University of California (Santa Barbara) die Public Historical Studies, einen generalistisch angelegten Studiengang, der Studierende für verschiedene Berufsfelder qualifizieren sollte.[12] Im Gegensatz dazu konzipierten Peter N. Stearns und Joal A. Tarr an der Carnegie Mellon University (Pittsburgh) ein spezialisiertes Programm, Applied History and Social Science, das lediglich auf die Anwendung von Geschichte im Rahmen der Public Policy zielte.[13] Beide Programme gelten, obwohl sie sich von geschichtswissenschaftlichen Inhalten entfernten, als Prototypen für Public History Studiengänge und waren wegweisend für deren weitere Entwicklung.

DAS PUBLIC HISTORY CURRICULUM Als Alternative zur ausschließlich akademisch betriebenen Geschichte erhielt die Public History Bewegung in der zweiten Hälfte der 1970er Jahre soviel Zulauf, dass im April 1980 in Pittsburgh eine Interessenvertretung, das National Council on Public History (NCPH), gegründet werden konnte. The Public Historian, die bereits 1978 begründete wissenschaftliche Zeitschrift der Bewegung, wurde als Hauptpublikation des NCPH angenommen. [14]

Die Förderung wissenschaftlicher Publikationen, die das Materialdefizit in Ausbildung und Praxis ausglichen, zählte zu den Errungenschaften des NCPH in den 1980er Jahren. Ungeachtet der gestiegenen Professionalität der Public Historians gerieten sie gegenüber den Academic Historians in die Defensive. Sie entgegneten Angriffen, Historiker zweiter Klasse zu sein, mit Vorschlägen für die Reintegration von Public und Academic History durch die fundamentale Erneuerung der historischen Disziplin. [15]

In bezug auf das Public History Curriculum sollte ein Jahrzehnt nach der Entstehung der Bewegung der experimentelle Charakter durch Vereinheitlichung und Standardisierung beendet werden. Durch Ausbau von Theorie und Curriculum hielten die Public Historians sogar die Begründung einer neuen Schule der amerikanischen Geschichtswissenschaft für möglich. Die beiden Pionierprogramme gingen in zwei unterschiedliche Curricula auf. Das Skill-Centered Curriculum (Kelley/Johnson) setzte sich langfristig gegenüber dem Single-Focus Curriculum (Stearns/Tarr) an den amerikanischen Universitäten durch. [16]

Eine umfassende Definition der Public History, die ihre Praxisfelder, Adressaten und ihre Verbindung zur Geschichtswissenschaft charakterisiert, wurde in den 1980er Jahren nicht vorgelegt. Ein Grundproblem lag in der Semantik des Begriffs Public History. Beide Segmente des Begriffs wurden größtenteils nicht reflektiert. Eine einheitliche Auffassung von Geschichtswissenschaft und dem Wesen der Öffentlichkeit konnte nicht erzielt werden. [17]

In der Bemühung um ein übergeordnetes Curriculum stellte sich ferner die Frage nach dem Selbstverständnis der Public Historians: Sie sind professionelle Historiker, den Methoden des historischen Forschens verpflichtet und somit Teil der historischen Disziplin. In ihrer Tätigkeit außerhalb von Universität und Schule und den Präsentationsformen der Forschungsergebnisse gehen sie über die traditionelle Geschichtswissenschaft hinaus. Im Bewusstsein, dass sich Geschichtswissenschaft auch nach den Gesetzen des Marktes betreiben lässt, verstehen sie sich als Dienstleister, die Auftragsarbeiten ausführen. Sie fordern von der Geschichtswissenschaft mehr unternehmerischen Geist und Konkurrenzfähigkeit. [18]

Ein verbindliches Standard-Curriculum konnte angesichts der Vielfalt der Studiengänge an amerikanischen Universitäten nicht realisiert werden und erschien nicht wünschenswert. Dennoch weisen die Curricula eine Vielzahl von Gemeinsamkeiten auf, aus denen sich Grundzüge eines übergeordneten Curriculums ableiten lassen: Das Skill-Centered Curriculum orientierte sich an den

Forschungsgegenständen der New History[19]. Exponierte Stellung erhielt die Local History, die infolge der New History eine akademische Aufwertung erfahren hatte. Das dreistufige Curriculum aus Undergraduate, Graduate und Ph. D. Programs wurde von den Graduate Programs dominiert. Den obligatorischen Bereich eines Public History Studiengangs bildete ein Basisseminar, das den Studierenden einen Überblick in Entwicklung, Theorie und Methoden der Public History bieten sollte. Zum Pflichtpensum der interdisziplinären Studiengänge zählten außerdem Seminare in den Methoden der Geschichtswissenschaft, der Public History (Oral History/Material Culture) und denen der Nachbardisziplinen (Quantifizierung). Der Wahlbereich wurde von den Praxisfeldern der Public History bestimmt, die in der Spezialisierung von Internship und anschließender Abschlussarbeit mündeten. In Public History Curricula wurden stets die besonderen Arbeits- und Sozialformen betont, die sich in Gruppenprojekten wie in handlungs-, erfahrungs- und produktions-orientierten Seminaren äußerten. Abgerundet wurden die Curricula durch das Career Counselling, das nicht immer erfolgreich betrieben wurde. Die Integration der Methoden der Oral History[20] und der Material Culture[21] war ein bemerkenswerter Fortschritt für die Methodenlehre der außerschulischen Vermittlung, obwohl ihre Verbindung zu Public History theoretisch unzureichend beschrieben wurde. Erinnerungsmedien wie Oral History Interviews und nonverbale Überreste konnten fortan als Medien historischen Lernens genutzt werden.[22]

Die wissenschaftliche Beschäftigung mit Geschichte kann sich für Historiker, die in der Privatwirtschaft und in der Politikberatung tätig sind, maßgeblich von der Geschichtswissenschaft an Universitäten unterscheiden. Sie sind den Interessen ihrer Auftraggeber verpflichtet und wechseln ihre Rolle vom distanziert analysierenden Historiker zu einer aktiv beteiligten Person. Um Konfliktsituationen zu vermeiden, die sich aus den Grundsätzen der Geschichtswissenschaft ergeben können, legte das NCPH im April 1985 erstmals einen Ethik-Kodex für Public Historians vor, der 2007 überarbeitet wurde.[23] Er beschäftigte sich mit der Beziehung des Historikers zu seinen Quellen, zu Kunden und Arbeitgebern, zur Öffentlichkeit und seiner Verantwortung gegenüber den Prinzipien der Geschichtswissenschaft. Der Ethik-Kodex bot keine Garantie für die in der Diskussion geforderte Aufrichtigkeit der Public Historians, die höher als das Objektivitätsideal eingeschätzt wurde. Da er aber für Außenstehende Transparenz in die Grundsätze der Public Historians brachte, konnte er ihre Glaubwürdigkeit erhöhen.[24]

KOMMUNIKATION MIT DEM NICHT-WISSENSCHAFTLICHEN PUBLIKUM In den 1990er Jahren konnte der beachtenswerte Fortschritt der siebziger und achtziger Jahre nicht fortgesetzt werden. Die Zahl der Veröffentlichungen, die sich mit dem gesamten Gebiet der Public History beschäftigten, ging deutlich zurück. Ebenso halbierte sich die Zahl der Studiengänge an amerikanischen Universitäten auf 55 Programme. Dieser Rückgang könnte im Zusammenhang mit der Erholung des akademischen Arbeitsmarktes gestanden haben.

Eine umfassende Theorie der Public History konnte auch in den 1990er Jahren nicht vorgelegt werden. Lediglich einzelne Aspekte einer solchen Theorie, wie das Verhältnis zur Öffentlichkeit, wurden vertieft. Den wegen seiner Mehrdeutigkeit umstrittenen Begriff Public History präzisierten neue Definitionen.[25] Neue Methoden der Vermittlung, insbesondere die Visual History[26], ergänzten die Oral History und die Material Culture.

Primäres Forschungsinteresse wurde die bis dahin vernachlässigte Frage, wie die Kommunikation zwischen Wissenschaft und Öffentlichkeit gestaltet werden könnte, forciert durch die öffentlichen Kontroversen um das Columbus Quintencenary, die National History Standards, die Enola Gay und Disney's America.[27] Diese Erweiterung führte zu einem diffusen Bezugsrahmen der Public History, die nun im Sinne einer Geschichtskultur als Teil der politischen Kultur angesehen wurde. Kulturwissenschaftliche Einflüsse der 1990er Jahre und die Beobachtung, dass das Interesse der Menschen an der Geschichte auf ihrer Bedeutung für das eigene Leben und Handeln basiert, führten zu einer intensiven Auseinandersetzung mit der Erinnerung. Das von der Erinnerung und ihren Medien ausgehende Potential der Vermittlung zwischen Wissenschaft und Öffentlichkeit, wurde bis dahin von der amerikanischen Geschichtswissenschaft kaum genutzt.[28] David Glassberg sah in der Erinnerung ein neues Paradigma als Basis für die wissenschaftliche Beschäftigung mit Geschichte und ein Medium der Public Historians, das Geschichtsbewusstsein in der Gesellschaft zu stärken. Erinnerung als integratives Moment von Wissenschaft und Öffentlichkeit löste nicht die Frage, an welche Öffentlichkeit oder Teilöffentlichkeiten sich Public Historians wenden.[29] Auch die von Roy Rosenzweig und David Thelen 1995 bis 1997 durchgeführte Befragung How do Americans understand their Pasts? bestätigte lediglich die Bedeutung von Geschichte für die Lebensbewältigung der Menschen.[30]

In den 1990er Jahren gelang der Public History Bewegung schließlich die Sensibilisierung der Disziplin für ihr Anliegen, der Kommunikation mit dem nicht-wissenschaftlichen Publikum, das von der etablierten Geschichtswissenschaft weitgehend ignoriert wurde. In der Kommunikation mit der amerikanischen Öffentlichkeit sahen sie die integrierende Kraft für die fragmentierte Disziplin.[31] Dennoch ist die Hoffnung Johnsons, Public History könnte eine neue Schule der amerikanischen Geschichtswissenschaft begründen, nicht erfüllt worden. Die Disziplin akzeptierte Public History schließlich als ein Subfeld der New History.[32]

Die Erschließung und Analyse von Berufsfeldern für Historiker außerhalb von Universität und Schule zählte seit der Entstehung der Public History Bewegung zu ihren wichtigsten Aufgaben. Die systematische Beschreibung der Berufsfelder wird durch die Vielzahl der Möglichkeiten angewandter Geschichtswissenschaft erschwert. Beschäftigungsmöglichkeiten bieten das Informationsmanagement, die historische Beratung in Institutionen der Demokratie und in Unternehmen, Museen und das Cultural Resources Management, wissenschaftliche Publikationen und Journalismus und die Unterhaltungsindustrie. Lange galten die selbstständigen Historiker, die eine ganze Palette historischer Dienstleistungen anbieten, als eine amerikanische Besonderheit.[33]

KRITIK AN DER PUBLIC HISTORY BEWEGUNG Die Public History Bewegung wurde seit ihrer Entstehung aus verschiedenen Motivationen und von unterschiedlichen Akteuren der amerikanischen Geschichtswissenschaft kritisiert. Sie befand sich in einer doppelten Frontstellung zu den Vertretern der American Association for State and Local History und der etablierten Geschichtswissenschaft. Die Lokalhistoriker empfanden die Public History als Konkurrenz in ihrem Wirkungsbereich. Sie bezweifelten die Kompetenz der Public Historians, Historiker für Tätigkeiten im Rahmen der Lokalgeschichte an Universitäten auszubilden.[34] Die Geschichtswissenschaft hingegen sah sich ihren traditionellen Prinzipien erschüttert. Peter Novick warf den Public Historians in seiner Untersuchung That Noble Dream vor, die Fragmentierung der Disziplin und die Vernachlässigung des Objektivitätsideals beschleunigt sowie den traditionellen Wissenschaftsbegriff preisgegeben zu haben. Ferner seien weite Teile der Public History unkritisch, unwissenschaftlich und populär.[35]

Public History beinhaltet keine umfassende Theorie der außerschulischen Vermittlung von Geschichte, die für die Ausbildung von Historikern für Vermittlungsaufgaben jenseits von Universität und Schule notwendig gewesen wäre. Die wichtigste Bezugsgröße der außerschulischen Vermittlung von Geschichte, die Öffentlichkeit, wurde bis in die neunziger Jahre nicht thematisiert, die Handlungsfelder öffentlicher Erinnerung ebenso wie die amerikanische Geschichtspolitik nicht systematisch berücksichtigt. Public History geriet zu einem mehrdeutigen Schlagwort, das eine ganze Reihe von Aktivitäten angewandter Geschichtswissenschaft und den öffentlichen Umgang mit Geschichte zusammenfasst. Es gelang infolge der Abgrenzung zur akademisch betriebenen Geschichte nicht den inneren Zusammenhang von Forschung und Vermittlung ausreichend zu betonen. Das übergeordnete Curriculum, das auf der Basis der bestehender Theoriebildung zwischen 1976 und 1987 entwickelt wurde, konnte allerdings dem Anspruch der Selbsttätigkeit von Studierenden gerecht werden.

AUSBLICK Die Einrichtung eines Masterstudiengangs Public History an der Freien Universität Berlin zeigt die Bereitschaft von Vertretern der etablierten Geschichtswissenschaft Vermittlungsfragen nicht länger zu externalisieren und sich als Teil einer kommunikativen Disziplin zu verstehen, die die Kluft zwischen professionellen und populären Interessen überwinden hilft und dabei die Mikro- und Makroperspektive auf die Geschichte integriert.

Die Entwicklung der Public History Studiengänge in den USA hat verdeutlicht, dass ein eigens auf Vermittlungsfragen spezialisierter Studiengang den Bezug zu der Geschichtswissenschaft verliert. Aufgrund der Konzeption des ersten deutschen Public History Studiengangs, bei dem auf eine enge Anbindung an die Fachwissenschaft geachtet wurde, ist diese Gefahr wohl nicht gegeben. Allerdings könnte die inhaltliche Dichte des Studiengangs zu einer Überforderung der Studierenden führen, zumal nicht für alle Bereiche geeignete Ausbildungsmaterialien verfügbar sein werden.

Ob auf die Anwendung und Vermittlung von Geschichte in der Öffentlichkeit ausgerichtete Studiengänge gegenüber der traditionellen Historikerausbildung in den USA wie in der Bundesrepublik tatsächlich bessere Berufschancen eröffnen wurde bislang statistisch nicht nachwiesen. Unbeachtet blieb bisher auch, dass in der Regel nur promovierte Historiker in öffentlichen Vermittlungsprozessen tätig werden können.

Von der Vision der amerikanischen Bewegung, jeder Historiker solle ein Public Historian sein, sind die amerikanische und deutsche Geschichtswissenschaft noch weit entfernt. Den Studierenden des neuen Berliner Studiengangs wird dieses Selbstverständnis aber sicher nicht fremd bleiben.

1 Zu ähnlichen Studienangeboten in der Bundesrepublik Deutschland vgl. z. B. den Erweiterungsstudiengang »Geschichtskultur« an der Katholischen Universität Eichstätt-Ingolstadt www.ku-eichstaett.de/Studieninteressenten/Studiengaenge/weitere_studiengaenge/geschichtskultur.de, [24.06.2008]; den Studienschwerpunkt »Fachjournalistik Geschichte« an der Justus-Liebig-Universität Gießen www.uni-giessen.de/cms/fbz/fb04/institute/geschichte/fachjournalistik, [24.06.2008]; den Masterstudiengang »Museum und Ausstellung« an der Carl von Ossietzky Universität Oldenburg www.uni-oldenburg.de/geschichte/15143.html, [24.06.2008].

2 Vgl. www.public-history.fu-berlin.de, [19.06.2008].

3 Ebd.

4 Ebd.

5 Die folgenden Ausführungen beruhen auf meiner Dissertation. Rauthe, Simone, Public History in den USA und der Bundesrepublik Deutschland, Essen 2001.

6 Johnson, G. Wesley u. a., Public History: A New Area of Teaching, Research and Employment, in: Perspectives 18 (March 1980), S. 8–10.

7 Johnson, G. Wesley, Editor's Preface, in: The Public Historian 1 (1978) H. 3, S. 4–10, hier 4ff.; Kelley, Robert, Public History: Its Origins, Nature, and Prospects, in: The Public Historian (1978) H. 3, S. 16–28, hier S. 16ff.; Grele, Ronald J., Whose Public? Whose History? What is the Goal of a Public Historian?, in: The Public Historian 3 (1981) H. 4, S. 40–48.

8 Vgl. Foner, Eric (Hg.), The New American History, 2. Aufl., Philadelphia 1997; Burke, Peter (Hg.), New Perspectives on Historical Writing, Cambridge 1991 (revised edition 2001).

9 Niethammer, Lutz, Oral History in den USA. Zur Entwicklung und Problematik diachroner Befragungen, in: Archiv für Sozialgeschichte 18 (1978), S. 457–501; Thompson, Paul E., The Voice of the Past. Oral History, Oxford 1978; Dunaway, David K./Baum, Willa K., Oral History. An Interdisciplinary Anthology, 2. Aufl., Walnut Creek 1996.

10 Stearns, Peter N., Encyclopedia of Social History, New York 1994.

11 Novick, Peter, That Noble Dream. The Objectivity Question« and the American Historical Profession, New York 1988.

12 Kelley, Public History, S. 23ff.

13 vgl. Stearns, Peter N./Tarr, Joel A., Applied History: A New-Old Departure, in: The History Teacher 14 (1981), S. 517–531.

14 www.ncph.org, [24.06.2008]

15 Leffler, Phyllis K./Brent, Joseph (Hg.), Public and Academic History. A Philosophy and Paradigm, Malabar 1990.

16 1987 waren es bereits über hundert Universitäten in den USA, die Public oder Applied History als Studiengang anboten. Vgl. Johnsen, G. Wesley/Stowe, Noel J., The Field of Public History: Planning the Curriculum – An Introduction, in: The Public Historian 9 (Summer 1987), S. 10–19.

17 Vgl. Leffler, Public and Academic History, S. 15–18.

18 Foreman, Richard, History inside Business, in: The Public Historian 3 (1981) H. 3, S. 41–61.

19 Vgl. speziell zu Labor History und Public History das Themenheft The Public Historian 11 (1989) H. 3.

20 Blatti, Jo, Public History and Oral History, in: Journal of American History 77 (1990), S. 615–625; Frisch, Michael, A Shared Authority. Essays in the Craft and Meaning of Oral and Public History, New York 1990.

21 Schlereth, Thomas J., Material Culture Research and Historical Explanation, in: The Public Historian 7 (1985) H. 4, S. 21–36; Kingery, Daniel David W. (Hg.), History from Things. Essays on Material Culture, Washington 1996.

22 Cohen, Parker Hubbard, A Guide to Graduate Programs in Public History, Indianapolis 1996; ders./Vane, Robert (Hg.), A Collection of Public History Course Syllabi, Indianapolis 1996.

23 www.ncph.org/AbouttheCouncil/BylawsandEthics/tabid/291/Default.aspx#Ethics, [29.06.2008]

24 Vgl. Karamanski, Theodore J., Ethics and Public History. An Anthologie, Malabar 1990.

25 Cole, Charles J. jr., Public History: What Difference Has It Made?, in: The Public Historian 16 (1994) H. 3, S. 9–35 (Zusammenfassung von 22 Essays zur Entwicklung der Public History)

26 Henson, Pamela M./Schorzman, Terri A., Videohistory: Focussing on the American Past, in: Journal of American History 78 (1991), S. 618–627.

27 Brinkley, Alan, Historians and their Publics, in: Journal of American History 81 (1994), S. 1027–1030; Linenthal, Edward T., Committing History in Public: Journal of American History 81 (1994), S. 986–991; Cassity, Michael, History and the Public Purpose, in: Journal of American History 81 (1994), S. 969–976.

28 Rosenzweig, Roy, Marketing the Past: American Heritage and Popular History in the United Staates, 1954–1984, in: Radical History Review 32 (1985), S. 7–29; Mooney Melvin, Patricia, Harnessing the Romance of the Past: Preservation, Tourism, and History, in: The Public Historian 13 (1991) H. 2, S. 35–48.

29 Glassberg, David, Public History and the Study of Memory, in: The Public Historian 18 (1996), S. 7–23, hier S. 14.

30 Rosenzweig, Roy/Thelen, David (Hg.), Presence of the Past. Popular Uses of History in American Life, New York 1998.

31 Cole, What Difference Has it Made?, S. 35

32 Karamanski, Theodore J., Making History Whole: Public Service, Public History, and the Profession, in: The Public Historian 9 (1987) H. 2, S. 91–101, hier S. 97 f.

33 Pomeroy, Robert W., Careers for Students of History (Chart), Limington 1999; Gardner, James B./LaPaglia, Peter S., Public History, Essays from the field, Malabar 1999 (reviesed edition 2004).

34 Green, Howard, A Critique of the Professional Public History Movement, in: Radical History Review 25 (1981), S. 164–171.

35 Vgl. Novick, That Noble Dream, S. 512 ff.

»TIME MACHINES«? LIVING HISTORY-MUSEEN IN DEN USA

ANDREAS ETGES

EINLEITUNG Leben in der Steinzeit oder um 1900, die Bräuteschule 1958 oder »Abenteuer Mittelalter – Leben im 15. Jahrhundert«: Angestoßen durch die 2002 mit großem Erfolg ausgestrahlte vierteilige Serie »Schwarzwaldhaus 1902« wurden für die deutschen Zuschauer in den letzten Jahren eine ganze Reihe von Geschichtsexperimenten fürs Fernsehen produziert. Die auch mit fachwissenschaftlicher Beratung gedrehten Serien gingen in ihrem Konzept weit über das hinaus, was generell in der deutschen Museumslandschaft als ›living history‹ zu sehen ist: Vorführungen in Landwirtschafts- und Handwerksmuseen etwa oder Führungen durch ehemalige Arbeiter in Industriemuseen, in denen erklärt und gezeigt wird, wie bestimmte Tätigkeiten ausgeführt wurden oder wie das Leben von Arbeitern und Bauern aussah.[1]

In den Vereinigten Staaten gibt es seit Jahrzehnten so genannte ›Living-History Museums‹, die in unterschiedlicher Intensität das Leben in der Vergangenheit darstellen wollen. Im Folgenden wird zunächst skizziert, wie sich diese Museumstradition entwickelt hat, die einen Schwerpunkt in landwirtschaftlich-ländlichen Museen hat. Als Fallbeispiele dienen dann die beiden prominentesten und vielleicht ambitioniertesten Institutionen: Plimoth Plantation in Massachusetts, wo das Dorfleben der ersten »Pilgrims« im Jahre 1627 nachgespielt wird, und Colonial Williamsburg, wo das kleinstädtische Leben in der ehemaligen Hauptstadt von Virginia zur Zeit der Amerikanischen Revolution um 1776 nachgestellt wird. Dabei sollen die Stärken einer »lebend(ig)en« Präsentation von Vergangenheit, aber auch die Schwächen und Grenzen eines solchen Ansatzes herausgearbeitet werden.

LIVING HISTORY In Anlehnung an Scott Magelssen wird die Bezeichnung ›Living History‹-Museen hier für diejenigen Institutionen verwendet, in denen kostümierte ›Interpreters‹ in rekonstruierten oder restaurierten Stätten das Leben zu einer bestimmten historischen Zeit für Bildungszwecke darstellen.[2] Diese »Darstellung« kann in der Ich-Form (first-person interpretation) geschehen, in der ein Interpreter eine historische Person möglichst detailgetreu spielt oder als eine Art Kostumführung (third-person interpretation). Möglich sind auch Zwischenformen, wie der Wechsel zwischen beiden Formen.[3] Anders als in der wohl einflussreichsten Studie zu ›Living History‹-Museen, Jay Andersons »Time Machines« von 1984, werden ›Reenactments‹ wie das »Nachspielen« historischer Schlachten aus dem Amerikanischen Bürgerkrieg sowie archäologische Experimente und Expeditionen wie die von Thor Heyerdahl nicht als ›living history‹ verstanden.[4]

Ob es sich bei ›living history‹ um Theater handelt, ist auch unter denjenigen umstritten, die es praktizieren. Gegen die Beschreibung als Theater wurde unter anderem eingewendet, ›living history‹ habe keine fest vorgeschriebene Inszenierung und keine vorgegebenen Texte, sei eine eher improvisatorische Art des »Spielens«, und zudem seien die ›Interpreters‹ nicht Schauspieler, sondern »Lehrende«. Zu Recht räumen aber fast alle Autoren ein, dass es Elemente des Theaters enthält.[5]

DIE ENTWICKLUNG VON LIVING HISTORY-MUSEEN IN DEN USA Im Anschluss an Jay Anderson wird immer wieder das 1891 in Schweden eröffnete Skansen, das erste Freilichtmuseum der Welt, als Ursprung der amerikanischen ›Living History‹-Museen gesehen. Skansens Gründer Artur Hazelius hatte laut Anderson bereits 1876 bei der ›Centennial Exhibit‹ in Philadelphia mit seinen Dioramen die amerikanischen Besucher beeindruckt.[6] Warren Leon und Margaret Piatt haben dagegen zu Recht eine andere, amerikanische Traditionslinie betont: die der ›historic houses‹. Für sie begann ›living history‹ in den USA mit dem John Ward House in Salem, Massachusetts durch das Essex Institute. Von 1909 bis 1912, im Zuge der Restaurierung des 1685 erbauten Hauses, entstand die Idee, den Besuchern den Eindruck eines weiterhin bewohnten Gebäudes zu vermitteln, was u. a. durch kostümierte Museumsführungen geschah.[6]

Deutlicher an Skansen orientiert war das ab 1929 entstehende Freilichtmuseum Greenfield Village. Finanziert von Henry Ford, wurden mehr als 80 historische Gebäude in die Nähe von Detroit geschafft und wieder errichtet, darunter so bedeutende wie Thomas Edisons Laboratorium Menlo Park. Fords Ziel war es, die industrielle Geschichte des Landes zu zeigen. Bereits drei Jahre zuvor hatte sich John D. Rockefeller, Jr. entschieden, die Restaurierung von Williamsburg, von 1669–1780 die Hauptstadt von Virginia, großzügig zu finanzieren. Mit den fast 90 noch erhaltenen Gebäuden aus der Kolonialzeit verfügte die zu Beginn des 20. Jahrhunderts eher provinzielle Stadt über eine bedeutende historische Bausubstanz. Hunderte Gebäude wurden rekonstruiert, darunter das alte Kapitol und der Governor's Palace. Hunderte von später gebauten Häusern wurden dafür abgerissen. So entstand ein einzigartiges historisches Ensemble, das etwa 85 Prozent der kolonialen Stadt umfasst.[8]

Das in Colonial Williamsburg entstehende ›Living History‹-Programm wurde wegweisend für die in den folgenden Jahrzehnten gegründeten Museen und viele bereits bestehende, die ein zunehmend desinteressiertes Publikum wieder in Museen und zu historischen Stätten locken und »lebendigere« Präsentationen zeigen wollten.[9] In den späten 1950er Jahren begann auch der ›National Park Service‹ damit, seine Führungsprogramme und die Interpretationen für die neuartige Präsentation von Geschichte zu öffnen, und es war hier, wo die Bezeichnung »living history« eingeführt wurde.[10] Mit der Gründung der ›Association for Living History Farms and Agricultural Museums‹ (ALHFAM) im Jahre 1970 begann eine – von der Smithsonian Institution unterstützte – größere institutionelle Vernetzung. ALHFAM hat sich zwar 1981 für die nicht-landwirtschaftlich orientierten Einrichtungen geöffnet, doch zeigt ›living history‹ auch heute noch nur in den seltensten Fällen die Geschichte des späten 19. und 20. Jahrhunderts oder die Geschichte von Arbeitern, weshalb Leon und Patt von einem »präindustriellen Bias« sprechen.[11]

COLONIAL WILLIAMSBURG Colonial Williamsburg, das größte ›Living-History‹ Museum der Welt, will die Geschichte einer »revolutionary city« zur Zeit der Amerikanischen Revolution im damals wohl wichtigsten Einzelstaat Virginia zeigen. 1932 hatte John D. Rockefeller, Jr. das bis heute gültige Credo aufgestellt: »That the future may learn from the past«.[12] Doch wie in anderen ›Living-History‹ Museen hat sich die Darstellung der Vergangenheit seit den Anfängen deutlich gewandelt und spiegelte immer wieder gesellschaftliche und geschichtswissenschaftliche Entwicklungen. Wurden in der Anfangszeit Werte wie Freiheit und amerikanischer Patriotismus zelebriert, stand im Kalten Krieg der Vorbildcharakter des amerikanischen demokratischen Systems im Vordergrund. In den 1970er Jahren wurde der Unterhaltungsfaktor zunehmend wichtiger, doch gleichzeitig nahm die Geschichtspräsentation Impulse aus der Sozial- und Alltagsgeschichte auf. Auch das äußere Erscheinungsbild veränderte sich: Häuser bekamen seltener einen Neuanstrich; Straßen blieben zwar asphaltiert, eine zugesetzte Farbmischung sollte jedoch die unbefestigten und oftmals schlammigen Straßen zur Revolutionszeit andeuten. Ein deutlicheres Zugeständnis an die »Authentizität« stellten die nun nicht mehr entfernten Pferdeäpfel dar. Während so aus dem »Schrein« (Greenspan) nach und nach ein sozialgeschichtliches Museum wurde, tat sich Colonial Williamsburg weiterhin schwer mit der Darstellung von Sklaverei.[13] Die Bürgerrechtsbewegung hatte auf politischer Ebene schon in den 1950ern erste große Erfolge gefeiert; in Colonial Williamsburg sollte es bis 1979 dauern, bis die ersten drei afroamerikanischen ›Interpreters‹ eingestellt wurden. Die weitgehende Ausblendung der Sklaverei ist vor dem Hintergrund zu sehen, dass 1776 die Hälfte der 2000-köpfigen Bevölkerung von Williamsburg unfrei war. Andererseits spiegelte dies auf sicherlich unbeabsichtigte Weise »historisch korrekt« einen Grundwiderspruch der später neu gegründeten Vereinigten Staaten wider, nämlich das Beschwören universaler Werte wie Freiheit und Gleichheit bei gleichzeitiger Aufrechterhaltung der Sklaverei. Dazu passt, dass u.a. zwei der wichtigsten amerikanischen Gründerväter, George Washington und Thomas Jefferson – beides Sklavenhalter – für eine Weile in der historischen Hauptstadt Virginias residierten. Eine in den 1980er Jahren gegründete Abteilung für afroamerikanische Geschichte hat unter anderem mit Führungen zur Geschichte von »the other half« für eine inklusivere Geschichtspräsentation gesorgt. Im Unterschied zu den weißen ›first-person interpreters‹ können die schwarzen Darsteller ihre Rolle verlassen, um mit den Besuchern über Sklaverei, die Geschichte der Afroamerikaner an sich und über Rassismus in den USA zu sprechen (»to break character«). Im Zentrum der Präsentation steht aber weiterhin die »weiße« amerikanische Erfolgsgeschichte der Revolution, und an jedem Öffnungstag werden in chronologischer Folge Ereignisse der 1770er und frühen 1780er Jahre gezeigt, oftmals in Form theatralischer Inszenierungen, die jeweils nach demselben Muster ablaufen.[14]

PLIMOTH PLANTATION Auch im Fall von Plimoth Plantation gab es prominente Finanziers.[15] Mitglieder der Hornblower-Familie stifteten in den 1940er und 1950er Jahren hohe Geldsummen und Land an Plimoth Plantation Inc. Das Gründungsziel der Gesellschaft war es, das Wissen über die »Pilgrim Fathers« zu verbessern. Das sollte durch ein Freilichtmuseum geschehen, welches seit 1948/49 immer mehr Gestalt annahm. Nach einer Landschenkung im Jahre 1955 zog das Museum zu seinem heutigen Standort nur wenige Meilen vom historischen Plymouth, welcher der ursprünglichen Siedlung topographisch sehr ähnlich ist. Plimoth Plantation stellt das Dorfleben der heute »Pilgrims« genannten Siedler sieben Jahre nach ihrer Reise auf der »Mayflower« dar. Man wählte dafür das Jahr 1627, weil für dieses Jahr eine genaue Übersicht über die Bewohner existiert und eine sehr gute Beschreibung des Lebens erhalten ist. Mit dem Dienstantritt von James Deetz als stellvertretendem Direktor wandelte sich die Präsentation des Museums in den Folgejahren radikal. Die Dioramen mit kostümierten Figuren verschwanden nach und nach aus den Häusern. Die bislang ausgestellten Antiquitäten wurden verkauft, weil sie nicht dem entsprachen, was die Bewohner von Plymouth besessen hatten, und durch Reproduktionen ersetzt, die von den Besuchern angefasst werden dürfen. Tiere wurden eingeführt, Landwirtschaft wurde betrieben, Handwerkszeuge nicht mehr nur vorgeführt, sondern für Arbeiten im Museum benutzt. Die bedeutendste und laut Deetz und Deetz ungeplante Änderung begann Mitte der 1970er Jahre, als die immer mehr in Alltagsaufgaben involvierten ›Interpreters‹ zunehmend in der Ich-Form zu sprechen begannen, bis die ›first-person interpretation‹ schließlich institutionalisiert wurde. Speziell geschulte Museumsmitarbeiter spielen nun in möglichst originalgetreuer Kleidung die damaligen Bewohner von Plimoth Plantation, deren Biografien einschließlich der damaligen regionalen englischen Dialekte akribisch erforscht wurden. Sie benutzen nur das Vokabular der Zeit und »wissen« nichts von dem, was nach 1627 passierte.[16] Diese Konzeptänderungen, auch ausgelöst durch die Kritik an der zu »sauberen« Geschichtspräsentation, blieb dann wiederum nicht ohne Widerspruch. Aus Sicht mancher Kritiker beschädigte nun das »Hippie-Aussehen« der ›interpreters‹ das Ansehen der »Pilgrims« – daher das Plädoyer nach weniger »Authentizität«. Die Selbstbeschreibung des Präsentationsansatzes als »authentic reproduction«[17] zeigt dagegen den grundsätzlichen Widerspruch: Authentizität, die »künstlich« geschaffen wird.

Auf der zum Museum gehörenden »Mayflower II« im Hafen von Plymouth werden die ›first-person interpreters‹ – die das Jahr 1621 nachstellen – durch Nichtrollenspieler ergänzt, die beispielsweise auch über die Atlantiküberquerung des in England hergestellten Nachbaus des ursprünglichen Schiffes im Jahre 1957 berichten können. Dass sich Plimoth Plantation heute als »bicultural museum« bezeichnet, hat mit dem seit 1972 unternommenen Versuch zu tun, auch die Geschichte der mit den »Pilgrims« in Kontakt gekommenen Indianer zu zeigen.[18] Die indianischen ›Interpreters‹ in der beim Museumsdorf gelegenen Wohnstätte des Wampanoag-Indianers Hobbamock und seiner Familie tragen zwar originalgetreue Kleidung, sie spielen jedoch keine Indianer um 1600, sondern informieren auch über die fast 400 Jahre Geschichte der Wampanoag seit der Begegnung mit den neuen Siedlern.[19]

VORTEILE UND GRENZEN DER PRÄSENTION VON VERGANGENHEIT ALS LIVING HISTORY ›Living history‹ hat in den Vereinigten Staaten viele enthusiastische Befürworter, und Millionen Besucher belegen jedes Jahr aufs Neue die Attraktivität dieser Präsentationsweise von Geschichte. Der »spielerischen« Begegnung mit einer dreidimensionalen »Vergangenheit« mit den Augen, Ohren und manchmal mit der Nase wird eine leichtere Zugänglichkeit als vielen klassischen Geschichtsmuseen bescheinigt, die Objekte in Vitrinen samt zugehörigen Objektbeschriftungen präsentieren. In ›Living-History‹ Museen wird »Geschichte« oft spannend vermittelt, und Besucher werden zur aktiven Beteiligung aufgefordert. Ein Besuch etwa in Plimoth Plantation, wo »Bewohnerinnen« eloquent und glaubwürdig die damaligen religiös begründeten Geschlechterrollen erklären und damit ihre eigene niedrige gesellschaftliche Stellung begründen, kann durchaus beeindrucken.

Das »naturalistische Ideal« (Magelssen) und die vorgespiegelte »Authentizität« von ›Living-History‹ Museen stoßen jedoch in vielerlei Hinsicht an Grenzen, ohne dass dies immer deutlich gemacht wird.[20] Das gilt nicht nur, aber in besonderer Weise bei Handlungen, die gegen Menschenrechte oder gegen Tierschutzbestimmungen verstoßen. Die Darstellung von Sklaverei zählt zu den

»Problembereichen«, und in diesem Zusammenhang ist mit einigem Recht Colonial Williamsburg sehr kritisch betrachtet worden.[21] Zwar entwickelte sich hier, wie beschrieben, in den letzten Jahrzehnten eine weit inklusivere Geschichtspräsentation als früher. Doch was die Zahl der ›Interpreters‹ angeht, müsste »Authentizität« eigentlich bedeuten, dass entsprechend der damaligen Bevölkerungsanteile die Hälfte schwarz zu sein hätte und dass im Übrigen die »Themen« der afroamerikanischen Bewohner gleiches Gewicht und Prominenz zu beanspruchen hätten. Davon ist das Museum noch weit entfernt. Noch problematischer und letztlich undurchführbar ist die naturalistische Darstellung der Sklaverei im Rollenspiel: Bestrafungen wie die Auspeitschung von Sklaven werden weder in Colonial Williamsburg noch in anderen ›Living-History‹ Museen jemals zu sehen sein. Das heißt aber auch, dass Bestrafungen und andere zentrale Elemente dessen, was Sklaverei auch ausmachte, in der Präsentation nicht vorkommen – außer in ›third-person‹ Interpretationen oder in Ausstellungen.

Ein einziges Mal wagte das Museum eine besondere Grenzüberschreitung: die Darstellung einer Sklavenauktion. Die historischen Feierlichkeiten anlässlich der Krönung von König George III. hatten traditionell den Verkauf von Waren und Eigentum umfasst, wozu Sklaven gehörten. Im Oktober 1994 umfassten die entsprechenden ›Living-History‹ Darstellungen in Colonial Williamsburg die Versteigerung von vier Sklaven, die von schwarzen ›Interpreters‹ gespielt wurden. Bereits die öffentliche Ankündigung führte zu heftigen Auseinandersetzungen, bis hin zu Versuchen, das Rollenspiel zu stören. Mitglieder von Bürgerrechtsorganisationen protestierten, weil sie befürchteten, dass hier ein für Sklaven traumatisches Ereignis einem zahlenden Publikum unterhaltsam dargeboten werden sollte. Viele Historiker jedoch befürworteten das Rollenspiel.[22] Es blieb bei diesem einmaligen Experiment, das Leon und Piatt 1989 kaum für möglich gehalten hatten. Auch wenn sie mit ihrer Vorhersage falsch lagen, hatten sie durchaus korrekt vermutet, dass Darstellungen etwa von Sklavenauktionen eine große emotionale Belastung für die Zuschauer und erst recht für die Rollenspieler bedeuten. Das ist einer der Hauptgründe, warum die Sklavenauktion von 1994 eine einmalige Grenzüberschreitung geblieben ist.[23]

Bei der Darstellung von Konflikten innerhalb der jeweils gezeigten Bevölkerungsgruppen haben Museen wie Colonial Williamsburg und Plimoth Plantation seit den 1980er Jahren große Fortschritte gemacht. Plimoth Plantation zeigt etwa die religiösen Auseinandersetzungen zwischen den Dorfbewohnern, die entgegen der landläufigen Meinung nicht alle »Pilgrims« waren. Auf seiner Webseite informiert das Museum zudem sehr reflektiert über die Grenzen der Interpretation und Darstellungsmöglichkeit von ›living history‹ und weist darauf hin, wie intolerant die Bewohner von Plymouth den Indianern, Ausländern, Katholiken, Juden und selbst anderen Protestanten gegenüberstanden. Im Museumsbereich sollen Ausstellungen einige der Defizite der »lebend(ig)en« Präsentation wettmachen und zudem über die Geschichte der Siedlung nach 1627 informieren.[24] Andererseits werden die Besucher des Museumsdorfes mit dem durchaus ernst gemeinten großen Schild begrüßt: »WELCOME to the 17th century.« Der Verzicht auf Führungen und weitere Beschilderungen gibt den Besuchern keine Deutung vor. Indem Plimoth Plantation im Museumsdorf ausschließlich auf ›first-person interpretation‹ setzt, liegt es vor allem an den Besuchern selbst, ob sie durch Gespräche mit den Rollenspielern Informationen über das Leben, Denken und Fühlen der »Pilgrims« bekommen. Das macht einerseits den besonderen Reiz eines solchen Ansatzes aus, kann aber auch dazu führen, dass praktisch keine Kommunikation stattfindet und damit auch keine Auseinandersetzung mit der Geschichte von Plymouth. Im Gegensatz dazu verpackt Colonial Williamsburg seine Botschaften in theatralische Inszenierungen. Das führt aber dazu, wie Schindler richtig beschreibt, dass die Amerikanische Revolution als »ein unausweichliches Ereignis, in dem (...) die Freiheitsliebe des amerikanischen Volkes, geführt von einer selbstlosen Elite« präsentiert wird. Zwar wird diese ›master narrative‹ durch andere Elemente konterkariert, sie ist jedoch weiterhin dominant. Für Gable und Handler ist Colonial Williamsburg deshalb zwar weniger steril und auch demokratischer geworden, aber immer noch eine Art »Disneyland«.[25]

Ein weiteres Problem der ›Living History‹-Museen hängt mit den oft hohen Kosten zusammen, die u. a. in die Ausbildung des Mitarbeiterstabes gehen. Das trifft besonders auf Colonial Williamsburg zu, das auf Massentourismus angewiesen ist. Eintrittsgelder sind nur ein Teil der Einnahmen, die durch Erlöse in Restaurants und Geschäften, durch die angegliederten Hotels, ein Konferenzzentrum, einen Golfplatz sowie Kooperationen mit in der Nähe gelegenen Attraktionen wie dem Freizeitpark Busch Gardens ergänzt werden. Das hat Auswirkungen auf die Präsentation von Geschichte, denn ein zu »unsaubererer« Zustand der Straßen und Häuser oder eine zu sehr von den Erwartungen der Besucher abweichende Interpretation der Amerikanischen Revolution könnte zu weniger Besuchern und damit zu Finanzproblemen führen. Greenspan kommt deshalb zu dem wenig verwunderlichen Schluss: »all in all Colonial Williamsburg has sought to present a version of the past that is more geared toward attracting visitors than repelling them.«[26]

SCHLUSS In den Jahrzehnten seiner Museumsexistenz war Colonial Williamsburg, so Greenspan, immer wieder ein Spiegel der amerikanischen Gesellschaft und ihrer Sicht auf die eigene Vergangenheit.[27] Etwas Ähnliches ließe sich auch für andere ›Living-History‹ Museen sagen. Das verbindet diese Form der Geschichtsdarstellung jedoch zugleich mit der akademischen Geschichtsschreibung, die bei aller oft auch theoretischen und methodischen Reflexion ebenfalls immer wieder als Kind ihrer Zeit zu sehen ist. Auch hier vollzog sich in den letzten Jahrzehnten ein schwieriger und oftmals sehr langsamer Wandel, bis Sozial- und Alltagsgeschichte, Gender oder auch kulturwissenschaftliche Fragestellungen Selbstverständlichkeiten wurden. Der in der akademischen Zunft meist eher abschätzige Blick auf ›Living-History‹-Museen sollte zumindest in diesem Punkt relativiert werden.

Kritischer ist dagegen der Anspruch zu sehen, ›Living-History‹ Museen zeigten die Vergangenheit, »wie sie wirklich war«, oder böten Besuchern die Gelegenheit, wie mit einer Zeitmaschine in die Vergangenheit zu reisen und diese zu erleben, wie es Jay Anderson beschrieben hat. Bei aller versuchten oder erreichten Authentizität: Auch ›living history‹ ist immer nur eine Interpretation der Vergan-

genheit und ist als solche einem stetigen Wandel unterworfen.[28] Dass ›Living-History‹ Museen nicht die Vergangenheit darstellen, sollte deshalb den Besuchern immer wieder klar gemacht werden. Magelssen und andere votieren deshalb eher für die ›third-person interpretation‹, weil sie eine gewisse Distanzierung mit sich bringt, Vergleiche mit heute zulässt (»my time-your time approach«), weil die Geschehnisse auch nach der in dem jeweiligen Museum dargestellten Zeit einbezogen werden können sowie unterschiedliche oder sogar konträre Interpretationen möglich sind.[29] Dies würde jedoch der modernen ›living history‹ den besonderen Reiz nehmen und höchst wahrscheinlich sinkende Besucherzahlen zur Folge haben. Eine andere Möglichkeit wäre es, nach dem Modell mancher schwarzer ›Interpreters‹ in Colonial Williamsburg die gespielte Rolle gelegentlich zu verlassen und kurzzeitig von der ›first-person‹ in die ›third-person‹ zu wechseln.

Ein problematischer neuer Trend in einigen Museen ist die noch stärkere Einbeziehung der Besucher als »Mitspieler« in die Rollenspiele, um so das »Erlebnis« von »Geschichte« noch zu verstärken. So bietet Conner Prairie, ein ›Living-History‹ Museum in Indiana, seit einigen Jahren ein Programm zur ›Underground Railroad‹ an, einem Netzwerk, das Sklaven aus dem amerikanischen Süden bei ihrer Flucht in die Nordstaaten und bis ins heutige Kanada unterstützte. Besucher spielen entflohene Sklaven in den 1830er Jahren in Indiana. »The emotional impact is strong«, warnen die Veranstalter, denn »participants are treated as slaves« und dürfen beispielsweise nur dann sprechen, wenn sie selbst zuvor angesprochen wurden.[30] Das erscheint jedoch als eher milde Form der Einschränkung persönlicher Freiheiten im Vergleich zu dem, was entflohene Sklaven während der Flucht und erst recht nach einer Gefangennahme und der Rückkehr in die Sklaverei zu erwarten hatten. Hier wird, anders als bei der 1994 kritisierten Sklavenauktion in Colonial Williamsburg, tatsächlich eine traumatische Erfahrung als unterhaltsamer Nervenkitzel inszeniert.

Dass Geschichte eine »Diskussion ohne Ende« ist – wie es der niederländische Historiker Pieter Geyl formuliert hat – zeigt sich auch an der Entwicklung der ›Living-History‹ Museen in den USA, und in diesem Sinne sind sie tatsächlich ein wenig »lebendig«.[31] Weil sie im besten Falle mehrere Sinne gleichzeitig ansprechen kann, ist ›living history‹ eine spannende und lehrreiche und »dreidimensionale« Ergänzung zu anderen Formen der Geschichtsvermittlung – unter der Voraussetzung, dass sie sich der Grenzen ihrer Darstellungsform bewusst bleibt und diese Grenzen dem Publikum auch vermittelt.

1 Für neuere Entwicklungen und Ansätze im Museumsbereich siehe den Ausstellungsbericht »›Living history‹ im Museum«. Jahrestagung der Volkskundlichen Kommission für Westfalen, im Oktober 2007, in: www.dhm.de/pipermail/demuseum/2007-November/007763.html [07.08.08]. Ich möchte an dieser Stelle Markus Walz danken, der mich auf den aus der Tagung hervorgehenden Sammelband Living History im Museum. Möglichkeiten und Grenzen einer populären Vermittlungsform, hg. v. Jan Carstensen, u. a., Münster 2008, hingewiesen und mir

noch vor der Veröffentlichung seinen darin erschienenen Aufsatz »Sehen, Verstehen. Historisches Spiel im Museum - zwischen Didaktik und Marketing« zur Verfügung gestellt hat.

2 Magelssen, Scott, Living History Museums. Undoing History through Performance, Lanham, Md. 2007, S. XXI.

3 Eine Erklärung der geläufigsten Fachbegriffe gibt Roth, Stacy F., Glossary: First-Person Interpretation. http://www.alhfam.org/pdfs/First-prson_Glossary.pdf [07.08.08].

4 Anderson, Jay, Time Machines. The World of Living History, Nashville, Tenn. 1984. Deutliche Kritik an diesem viel zu breiten Verständnis übt auch Walz, Historisches Spiel.

5 Vgl. Magelssen, Living History, S. XII u. S. 103 ff.; Anderson, Jay, Living History: Simulating Everyday Life in Living Museums, in: AQ 34 (1982), S. 290-306; Carson, Cary, Colonial Williamsburg and the Practice of Interpretive Planning in American History Museums, in: Public Historian (PH) 20 (1998), S. 11-51, hier S. 45; Piatt, Margaret/ Leon, Warren, Living-History Museums, in: Rosenzweig, Roy/Leon, Warren (Hg.), History Museums in the United States. A Critical Assessment, Urbana 1989, S. 91. Walz spricht von »historischem Spiel« und unterscheidet 10 Typen. Schindler, Sabine, Authentizität und Inszenierung. Die Vermittlung von Geschichte in amerikanischen ›historic sites‹, Heidelberg 2003, die die umfassendste deutsche Studie zum Thema vorgelegt hat, spricht immer wieder explizit von »Schauspielern«.

6 Anderson, Time Machines, S. 17-25.

7 Leon/Piatt, Living-History Museums, S. 64-97. Vgl. Anderson, Time Machines, S. 25-28.

8 Vgl. Greenspan, Anders, Creating Colonial Williamsburg, Washington 2002.

9 Anderson, Time Machines, S. 22, vergleicht europäische Freilichtmuseen, wo ›living history‹ weit seltener zu finden ist, mit Theaterbühnen, deren Kulissen hervorragend seien, denen aber die Schauspieler fehlten.

10 Ebd., S. 36, 47.

11 Vgl. ebd., S. 32-38, S. 47; Leon/Piatt, Living-History Museums, S. 65-72, Zitat S. 71.

12 Rockefeller zit. n. Carson, Colonial Williamsburg, S. 14. S. a. »Our Mission«, Colonial Williamsburg Webseite: www.history.org/foundation/mission.cfm, [07.08.08]. Vgl. zum Folgenden Carson, Colonial Williamsburg; Greenspan, Colonial Williamsburg; Magelssen, Living History, S. 29-34; Schindler, Authentizität, S. 34-38, 95-167.

13 Greenspan, Colonial Williamsburg, S. 148.

14 Zur Problematik dieser ›theatrical interpretations s‹. Schindler, Authentizität, S. 136-152.

15 Zum Folgenden s. Deetz, James/Deetz, Patricia E. Scott, The Times of their Lives: Life, Love, and Death in Plymouth Colony, New York 2000, S. 273 - 291; Anderson, Time Machines, S. 45 - 52; Magelssen, Living History, S. 23-29; Schindler, Authentizität, S. 39-41, 168-228.

16 Deetz and Deetz, Times of their Lives, S. 289. »At that point the visitors became the interpreters, and we started calling the interpreters informants«, schrieb James Deetz 1981. Zit. n. Anderson, Living History, S. 298. Vgl. Snow, Stephen Eddy, Performing the Pilgrims: A Study of Ethnohistorical Role-Playing at Plimoth Plantation, Jackson 1993.

17 Zit. n. Schindler, Authentizität, S. 243.

18 www.plimoth.org/about/ [09.08.08].

19 Zur besonderen Problematik von indianischen ›Interpreters‹ vgl. Peers, Laura, »Playing Ourselves«: First Nations and Native American Interpreters at Living History Sites, in: PH 21 (1999), S. 39-59.

20 Magelssen, Living History, S. 84-90.

21 Vgl. Handler, Richard/ Gable, Eric, The New History in an Old Museum. Creating the Past at Colonial Williamsburg Durham, NC 1997 S. 223. Siehe bereits dies., The Authority of Documents at Some American History Museums, in: JAH 81 (1994), S. 119-136. Siehe auch die Replik von Carson, Cary, Lost in the Fun House. A Commentary on Anthropologists' First Contact with History Museums, in: ebd., S. 137-150. Die Problematik gilt jedoch für ›public history‹ ganz allgemein. Siehe dazu Horton, James Oliver, Presenting Slavery: The Perils of Telling America's Racial Story, in: PH 21 (1999), S. 19-38.

22 Vgl. Williamsburg Slave Auction Riles Va. NAACP, in: Washington Post (WP), 8. Okt. 1994, S. B5; Living History or Undying Racism? Colonial Williamsburg »Slave Auction« Draws Protest, Support, in: WP, 11. Okt. 1994, S. A18; Tears and Protest at Mock Slave Sale, in: New York Times, 11. Okt. 1994; Greenspan, Colonial Williamsburg, S. 164 f.; Carson, Colonial Williamsburg. Horton gehört zur Gruppe der Befürworter. S. ders. Presenting Slavery, S. 31.

23 Leon/Piatt, Living-History Museums, S. 78.

24 Vgl. www.plimoth.org/features/faqs/ [09.08.08]

25 Gable/Handler, New History, S. 220. Stover, Kate F., Is It Real History Yet?: An Update on Living History Museums, in: JAC 12 (1989), S. 13–17, betont die Fortschritte, Magelssen, Living History, bes. S. 18 und S. 80, die Defizite in den beiden Museen. Eine kritische Bilanz zieht auch Schindler, Authentizität, S. 229–246, Zitat S. 230. Der Hinweis von Michael Wallace auf die ursprüngliche Finanzierung der großen Museen durch konservative Eliten, die hier auch ihre Sicht auf die Geschichte der USA präsentieren wollten, bleibt zwar richtig, doch haben sich manche Museen deutlich von der Gründungsidee entfernt. Wallace, Michael, Visiting the Past: History Museums in the United States, in: RHR 25 (1981), S. 63–96 .

26 Zur Problematik ›Living History‹ und Tourismus s. Magelssen, Living History, 63–70. Greenspan, Colonial Williamsburg, S. 173.

27 Greenspan, Colonial Williamsburg, S. 176.

28 Vgl. Leon/Piatt, Living-History Museums, S. 91; Gable/ Handler, New History, S. 223; Deetz and Deetz, Times of their Lives, S. 290. Für sie ist ›living history‹ »the closest thing to time travel« (S. 291). Interessanterweise zitiert Anderson in Time Machines, S. 41 f., Darwin Kelsey, der Mitte der 1960er Jahre in Old Sturbridge Village ein viel kopiertes Farmprojekt betreute, mit einer ähnlichen Relativierung, ohne das dies Auswirkungen auf seine eigene problematische Deutung hatte.

29 Magelssen, Living History, S. 128; Leon/Piatt, Living-History Museums, S. 89.

30 Pressemeldung über »Follow the North Star«-Programm, in: www.connerprairie.org/press/viewrelease?id=56 [08.08.2008].

31 Pieter Geyl, Die Diskussion ohne Ende. Auseinandersetzungen mit Historikern, Darmstadt 1958.

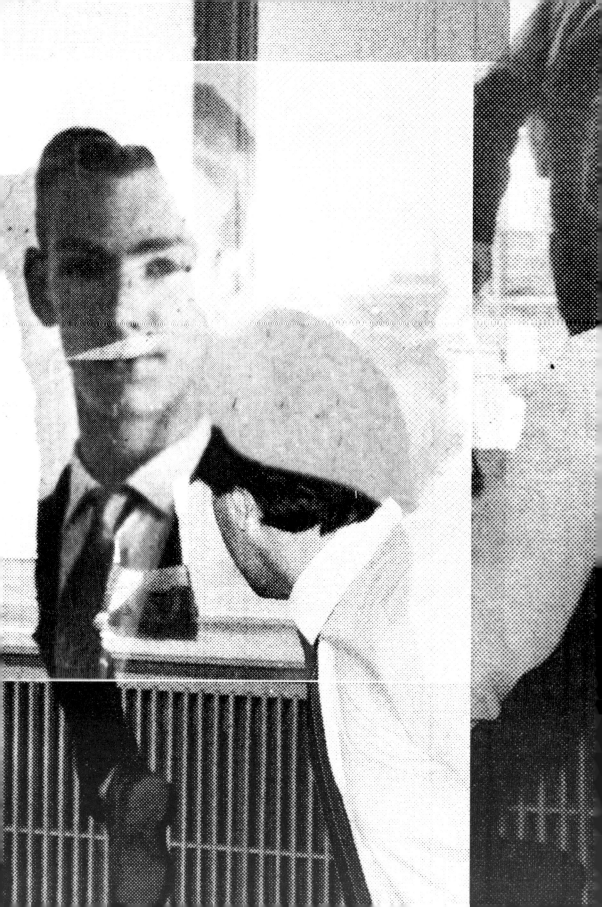

PUBLIC HISTORY IN DER ATLANTISCHEN WIRTSCHAFTSWELT

Ein Praxisbericht KEITH R. ALLEN

In diesem Aufsatz schlage ich vor, die Geschichtsvermittlung amerikanischer Prägung außerhalb des akademischen Betriebs in den Blick zu nehmen, d. h. dort, wo historische Forschung unter marktwirtschaftlichen Bedingungen angewandt wird. Anstelle der Darstellung semantischer Debatten[1] im akademischen Kontext werde ich ein detailliertes Beispiel aus der heutigen Geschäftswelt vorführen, das deutlich macht, in welchen Rahmenbedingungen Geschichte sich heutzutage auf beiden Seiten des Atlantiks verkaufen lässt und welche Möglichkeiten sich dabei für Historiker wie auch für die historische Forschung eröffnen. Es geht um ein Projekt, das ich selbst als Berater einer amerikanischen Public-History-Agentur für eines der größten Geldhäuser Europas durchgeführt habe. Es handelt sich um eine Untersuchung der historischen Verbindungen der Rechtsvorgänger einer weltweit agierenden niederländischen Bank zur transatlantischen Sklaverei. Die

Untersuchung erfolgte aufgrund eines Gesetzes der Stadt Chicago, das seit 2003 alle Handelspartner der Stadt zur Offenlegung ihrer Verbindungen zur Sklaverei in den USA verpflichtet. Ähnliche Gesetze gibt es in anderen Städten und einigen US-Bundesstaaten, eine Entwicklung, die auch bei denjenigen deutschsprachigen Historikern nahezu völlig unbekannt ist, die sich intensiv mit den USA beschäftigen.

ANGEWANDTE FINANZGESCHICHTE UND DIE ATLANTISCHE SKLAVEREI Seit über einem Jahrzehnt herrscht unter Historikern im deutschsprachigen Europa ein breites Interesse am Thema »Großunternehmen und Nationalsozialismus«. Ein Großteil dieses Interesses an der historischen Aufarbeitung dieses Themas kann auf das amerikanische Rechtssystem zurückgeführt werden. In diesem besteht die Möglichkeit, auch ausländische Unternehmen wegen Verstrickungen in das NS-System vor Gericht zu verklagen, was dazu führte, dass viele Unternehmen in die Forschung über die Aktivitäten ihrer Rechtsvorgänger im nazibesetzten Europa investierten. Dieser Prozess der Vergangenheitsbewältigung über das amerikanische Rechtssystem hat sich inzwischen auf andere Zeitalter und Themen ausgeweitet.[2] Weit weniger bekannt – jedoch nicht weniger relevant – sind in diesem Zusammenhang die erwähnten neuen Gesetze, die Unternehmen in den USA dazu zwingen, ihren eigenen historischen Verbindungen zur atlantischen Sklaverei nachzugehen. Im Bundesstaat Kalifornien wie auch in den Städten Chicago, Detroit, Milwaukee, Philadelphia und einer Reihe anderer amerikanischer Städte sind Unternehmen gesetzlich verpflichtet, in die Sklaverei oder in Sklavereiindustrien getätigte Investitionen ebenso detailliert zu dokumentieren, wie aus der Sklaverei erzielte Gewinne. Namen von Sklaven und Sklavenhaltern sind dabei zu nennen wie auch Investitionen in Lebensversicherungspolicen für Sklaven. Diese gesetzlichen Kriterien gelten nicht nur für die heutigen Wirtschaftsunternehmen, sondern erstrecken sich auf deren sämtliche historischen Rechtsvorgänger. Das erste derartige Gesetz, das im September 2000 in Kalifornien verabschiedet wurde, zielte dabei ausdrücklich auf Unternehmenssitze selbst ab, wohingegen andere auch deren Zweigniederlassungen einbeziehen. In der Praxis konzentrierten sich alle Bundesstaaten und Städte mit ihren Offenlegungsgesetzen auf Finanzdienstleister, von denen sich einige im Besitz von Mutter- oder Dachgesellschaften mit Sitz in Westeuropa befinden, dem historischen Ausgangspunkt der transatlantischen Sklaverei. Auftragnehmer, die nach der Einschätzung der US-Gesetzgeber falsche Erklärungen abgegeben, mussten – und müssen – mit der Kündigung ihres Vertrages mit dem betreffenden Staat oder der betreffenden Stadt rechnen. Dies hat zur Folge, dass die Unternehmen die rechtliche Vorschrift ernst nehmen und Experten mit der historischen Recherche beauftragen.

Die skizzierten Gesetze bieten demnach Historikern und Archivaren eine seltene Gelegenheit, die wirtschaftlichen Dimensionen der Sklaverei in neuem Licht zu betrachten. Im Herbst 2005 wurde ich beauftragt, die historischen Verbindungen der größten niederländischen Bank, ABN AMRO, zur Sklaverei im atlantischen Raum zu untersuchen. Ich erhielt diesen Auftrag als Berater von History Associates Incorporated (HAI), einem gewinnorientierten amerikanischen Forschungsunternehmen, das bereits mit ähnlichen Untersuchungen in den USA Erfahrungen gesammelt hatte. Auftraggeber war die damalige amerikanische Niederlassung von ABN AMRO, die LaSalle Bank Corporation, mit Sitz in Chicago. Die niederländische Muttergesellschaft, deren Rechtsvorgänger über ganz Westeuropa verstreut und bis ins frühe 18. Jahrhundert zurückzuverfolgen sind, hat bei der inhaltlichen Ausrichtung des Projekts eine wichtige Rolle gespielt. Sie hat mit ihrem Zuschnitt des Projekts die Anforderungen des Chicagoer »Gesetzes über die Sklavenzeit« mehr als erfüllt. Das Gesetz verlangt von juristischen Personen, die Geschäfte mit der Stadt tätigen, die Offenlegung der historischen Investitionen und der Gewinne aus der afrikanischen Sklaverei, soweit sie die USA betreffen. ABN AMRO entschied sich jedoch, die Dokumentation auszuweiten. Für mich hieß das, eine Aufgabe enormen Ausmaßes zu bewältigen, nämlich die Geschäftsbücher aller niederländischen Rechtsvorgänger der großen Holding auf Verbindungen zur Sklaverei in Nord-, Mittel- und Südamerika, und einschließlich der Karibik aufzuspüren und zu bewerten. Um die Sache noch komplizierter zu gestalten, wurde ich außerdem beauftragt, Aufzeichnungen aus dem »Zeitalter der Sklaverei« einiger ausgewählter ausländischer Niederlassungen von ABN AMRO in Brasilien, England, Frankreich, Deutschland und Schweden zu finden und zu untersuchen.

Die ersten Schritte dieser Untersuchung unternahm ich wenige Wochen, nachdem ich zur Gründung eines Europabüros von HAI nach Berlin umgezogen war. Ich stellte ein Team promovierter holländischer Historiker zusammen. Dazu gehörte Jelmer Vos, der berufliche Erfahrung mit der Datenbank des transatlantischen Sklavenhandels mitbrachte. Jelmer und ich begannen – gemeinsam mit zwei weiteren Historikern, Johan Joor und Arno Bornebroek – zunächst, eine lückenlose Übersicht über alle ABN-AMRO-Rechtsvorgänger aus der Zeit vor 1888 in den Niederlanden zu erstellen (diese zeitliche Begrenzung wurde gewählt, da Brasilien 1888 als letzter Staat des amerikanischen Kontinents die afrikanische Sklaverei gesetzlich verbot). Ich mietete ein Projektbüro im Nationaal Archief in Den Haag, wo die Aufzeichnungen mehrerer Rechtsvorgänger aufbewahrt werden; das Gebäude liegt neben der niederländischen Nationalbibliothek, in der wir weitere Literatur einsehen konnten. In diesen ersten Wochen bestand meine Aufgabe hauptsächlich darin, sicherzustellen, dass wir bei der Suche nach niederländischen Rechtsvorgängern und deren Archivmaterialien möglichst keine Bank übersahen. Außerdem führte ich ausführliche Gespräche mit meinem Forscherteam in den Lesesälen des Archivs, bei denen mir bewusst wurde, welche täglichen Herausforderungen uns die enorme Aufgabe stellte. Und nicht zuletzt musste ich unsere – zum Teil recht brisanten – Ergebnisse dem Historischen Archiv der ABN AMRO, der LaSalle Bank in Chicago und der HAI-Zentrale in Maryland vermitteln. Während dieser Zeit schrieb ich einen ersten Überblick zur Beteiligung der Niederlande an der atlantischen Sklaverei. Wir hatten insgesamt nur fünf Monate Zeit, zu forschen und den gesamten Bericht zu erstellen; und wie so oft, wenn man unter hohem zeitlichen Druck steht, hat sich auch unser Team in kürzester Zeit gut eingespielt. Wir überprüften Dokumente und führten Ermittlungen in über 75 Archiven in den USA, Europa und Südamerika durch. Im

April 2006 war der uns in Auftrag gegebene Bericht fertig und wurde auf der Website der ABN AMRO veröffentlicht.[3]

Der äußerst rege atlantische Handel während des untersuchten Zeitraums führte zu zahlreichen Verbindungen zwischen dem Sklavenhandel auf dem amerikanischen Kontinent und der internationalen Finanzwelt. Dies ist wenig erstaunlich, wenn man bedenkt, dass viele Financiers in jener Zeit im großen Stil Handels- und Produktionsgeschäfte betrieben. Viele der ABN-AMRO-Rechtsvorgänger waren nicht nur Finanzinstitutionen, sondern auch Handelsbankiers. Als solche waren einige in unterschiedlichem Ausmaß an Geschäften beteiligt, die mit der Sklaverei im Zusammenhang standen. Dazu gehörten der Handel mit tropischen Erzeugnissen und die Finanzierung von Plantagen, auf denen diese Waren produziert wurden.

Anstatt an dieser Stelle jede einzelne Verbindung aufzuführen, habe ich mich entschieden, die meiner Meinung nach wichtigsten Ergebnisse unserer Untersuchung aufzuzeigen. Als Erstes ermittelten wir mithilfe der Datenbank des transatlantischen Sklavenhandels [Trans-Atlantic Slave Trade Database (TSTD)][4] verschiedene Verbindungen zwischen ABN-AMRO-Rechtsvorgängern und dem Verkauf afrikanischer Sklaven in die Neue Welt, meistens über den Kauf von Anteilen an Schiffspassagen für den Sklavenhandel, die Gewährung von Krediten und Schifffahrtsversicherungen. Für die Ausrüstung einer Sklavenexpedition mussten hohe Beträge ausgelegt werden, die normalerweise nicht von einzelnen Personen aufgebracht werden konnten. Betrachtet man die Organisation solcher Passagen, zeigt sich die wirtschaftliche Komplexität des Sklavenhandels. Eine Fracht für den Sklavenhandel bedingte die Ausrüstung eines Schiffes, einer Mannschaft von mehr als dreißig Mann, Lebensmittelvorräte, Waren für den afrikanischen Handel und die Versicherung des Schiffes und seiner Ladung. Am teuersten war dabei die Fracht, die durchschnittlich ca. 60 Prozent der Gesamtkosten einer Schiffspassage ausmachte.[5] Daher wurden die meisten Schiffe von einer Investorengruppe ausgerüstet, von der jedes Mitglied ein bestimmtes »Interesse« an der Passage erwarb. Im Allgemeinen wurden die Gewinne oder Verluste einer Überfahrt unter den Investoren anteilig zum Betrag ihrer Beteiligung verteilt. Im Centre des archives du monde du travail in Roubaix, Frankreich, konnten wir die These des Schweizer Historikers Herbert Lüthy bestätigen, dass eine Reihe protestantischer Bankiers des 18. Jahrhunderts, einschließlich eines ABN-AMRO-Rechtsvorgängers, an Schiffspassagen für den Sklavenhandel beteiligt waren.[6] Durch den Vergleich von Einträgen in allgemeinen Geschäftsbüchern, Hauptbüchern und der Korrespondenz von Mallet Frères mit Schiffsnamen in der TSTD konnten wir feststellen, dass dieser französische Rechtsvorgänger Anteile an mehreren Schiffen hielt, die für den transatlantischen Sklavenhandel eingesetzt wurden.[7]

Auf ähnliche Weise betrieben das Haus Mallet sowie ein weiterer französischer Rechtsvorgänger, die Banque André, Geschäfte mit zahlreichen Personen und Firmen, die in der TSTD als Ausstatter von Schiffspassagen für den Sklavenhandel identifiziert wurden. So erhielten zum Beispiel die Handelsfirmen Ambroise Perrotin, Auguste Simon und Fruchard Fils aus Nantes während des Zeitraums, in dem sie Passagen für den Sklavenhandel nach Afrika organisierten, alle beträchtliche Kredite von Mallet. Die Bank André handelte 1819 mit dem Händler Vasse-Mancel aus Le Havre, der fünf Jahre später eine Passage nach Senegal für den Sklavenhandel organisierte, einen Kredit über 15.000 Franken aus. Im Namen der Firma Philippon & Cie aus Le Havre tätigte die Bank André 1.823 Zahlungen für Einkäufe in Liverpool, wobei es sich u. a. um Kaurischneckengehäuse aus den Malediven handelte, die in vielen Teilen Westafrikas als Zahlungsmittel dienten. Diese dienten für eine Passage, die nach dem für den transatlantischen Sklavenhandel typischen Dreiecksmuster verlief: Zunächst wurden die Waren von Liverpool nach Westafrika verschifft; der Erlös aus diesem Geschäft wurde für den Kauf von afrikanischen Sklaven eingesetzt, die in diesem Fall nach Brasilien transportiert wurden.[8] (Anschließend ging es mit Erzeugnissen brasilianischer Plantagen zurück nach Europa.)

Das Geschäft des Schiffswarentransports nach Afrika für den Sklavenhandel konnte profitabel sein, es bestand jedoch stets auch ein großes Verlustrisiko. Eine Methode, dieses Risiko auszugleichen, war, eine Reihe wohlhabender Investoren zu finden, die bereit waren, die teure Fracht des Schiffes zu versichern. Im Allgemeinen erhielten sie dafür einen Anteil an den Gewinnen. Im Gemeentearchief Rotterdam fanden wir Nachweise dafür, dass ein kleiner niederländischer Rechtsvorgänger von ABN AMRO, Chabot, ein Broker für Schifffahrtsversicherungen war. Die Firma verkaufte Versicherungen für nach Afrika verschiffte Waren und den Einkauf von Sklaven. In bis heute erhaltenen Logbüchern von Chabot fanden wir Hinweise, dass das Unternehmen 1774 die Versicherung für die von der Vrouw Maria Isabella und anderen Schiffen transportierte Fracht aushandelte.[9] Die Trans-Atlantic Slave Trade Database identifizierte dieses Schiff als Sklavenhandelsschiff, das in jenem Jahr auf eine Seereise nach Afrika und Surinam auslief. Das Geschäft eines deutschen Rechtsvorgängers, Splitgerber und Daum, verlief nach einem ähnlichen Muster. Nachdem Splitgerber und Daum 1740 von der Preußischen Krone eine Lizenz für den Betrieb einer Zuckerraffinerie in Berlin erhalten hatte, kaufte das Unternehmen Schiffe speziell für die Belieferung der Berliner Raffinerien mit dem Rohstoff Zuckerrohr und den Export und Import anderer Güter, einschließlich Kaffee und Indigo, die alle von Sklaven erzeugt wurden. Aufzeichnungen des Unternehmens weisen auch darauf hin, dass Splitgerber und Daum in zwei Schiffe investierten, 1743 in die St. Michel und 1749 in die La Dame Cathèrine. Von diesen Schiffen ist bekannt, dass sie während dieses Zeitraums für den transatlantischen Sklavenhandel eingesetzt wurden.[10]

Unsere Forschungen haben gezeigt, dass die meisten zeitgenössischen Bankiers in den Niederlanden durch ein zu jener Zeit in Europa als innovativ geltendes, besonderes niederländisches Kreditsystem am amerikanischen Sklavenhandel beteiligt waren.[11] Die niederländischen Financiers entwickelten für die Finanzierung kolonialer Aktivitäten auf dem amerikanischen Kontinent ein einzigartiges Kreditinstrument, ein sogenanntes negotiatie. Diese Kredite wurden durch ein Gesellschafterkonsortium finanziert und Plantagenbesitzern in Form einer Hypothek auf die Plantage und ihre Vermögenswerte, einschließlich Sklaven, gewährt.[12] Mehrere ABN-AMRO-Rechtsvorgänger waren indirekt an diesen Kreditvereinbarungen beteiligt, entweder indem sie im Auftrag ihrer Kunden Anleihen an Plantagen verkauften und kauften oder indem sie auf eigene Rechnung mit diesen Wertpapieren handelten. Für einen Rechtsvorgänger haben wir Nachweise gefunden, dass dieser als Broker und Verwalter von negotiatie-Krediten an Plantagenbesitzer in Niederländisch-Guyana agierte. Die Aufzeichnungen von Ketwich & Voombergh im Gemeentearchief Amsterdam enthielten Informationen im Zusammenhang mit Plantagen in den Guyanas, die als Sicherheit für Kredite zwischen 1772 und 1810 angeboten wurden. Wir entdeckten außerdem zwei Fälle, in denen Ketwich & Voombergh Teileigentümer von Plantagen wurden, nachdem der ursprüngliche Besitzer seinen Kreditverpflichtungen nicht nachkommen konnte.[13]

REZEPTION UNSERER AUFTRAGSFORSCHUNG IN WISSENSCHAFTLICHEN FACHKREISEN In einer Sendung, die im Mai 2006, einen Monat nach der Veröffentlichung unseres Berichts, im niederländischen Radio ausgestrahlt wurde, drückte der Historiker Gert Oostindie von der Universität Leiden Bedenken über Einschränkungen aus, die den Forschungen durch ABN AMRO auferlegt worden seien. Seiner Meinung zielten diese darauf ab, vergangene Aktivitäten in Surinam, der bedeutendsten Plantagenkolonie der Niederlande während des 18. Jahrhunderts, zu verschleiern. Oostindie bemängelte außerdem, dass die in unserem Bericht präsentierten Ergebnisse keinen weiteren historischen Zusammenhang herstellten.[14]

In Erwiderung auf Oostindie ist zu sagen, dass wir tatsächlich in den Archiven uneingeschränkten Zugang für die Durchführung unserer Untersuchungen hatten. Es gibt einen einfachen Grund, warum Surinam in diesem Bericht keinen großen Stellenwert einnimmt: Wir fanden nur wenige archivalische Nachweise über direkte Beteiligungen von Rechtsvorgängern am Sklavenhandel in dieser Kolonie.[15] Unser der Öffentlichkeit zugänglicher Bericht war zudem für eine gebildete, aber nicht ausschießlich akademische Leserschaft bestimmt. Daher hatten wir etwa auf eine wissenschaftliche Einbettung unserer Forschungen verzichtet, was Oostindie in unserem Bericht wohl vermisst hat.

Ich bin jedoch anders als Oostindie der Meinung, dass der Bericht auch für akademische Fachkreise von Interesse ist und der Erforschung der wirtschaftlichen Verflechtungen des transatlantischen Sklavenhandelssystems Impulse geben kann. So haben wir etwa bestehende Verbindungen zwischen – hauptsächlich protestantischen – Pariser Bankiers und zahlreichen Händlern in den Hafenstädten an der französischen Atlantikküste gründlich untersucht. In den Niederlanden haben unsere Untersuchungen der Geschäftsbücher verschiedener Bankhäuser aus dem 18. und 19. Jahrhundert das unterschiedliche Ausmaß der Beteiligungen von niederländischen Finanzinstituten und deren Kunden am negotiatie-Kreditsystem gezeigt – eine Finanzierungsform, der man bis heute noch nicht vollständig auf den Grund gekommen ist. Händler in Amsterdam und in den nahezu zwanzig französischen Sklavenhandelshäfen waren stark auf dieses Finanznetzwerk und auf ein Netz wenig sichtbarer Mittelsmänner angewiesen, welche die für Afrika erforderlichen Waren von kleineren Herstellern tief aus dem Hinterland Europas zusammentrugen, das oftmals nicht mit dem Sklavenhandel in Verbindung gebracht wird. Für den Verkauf von indiennes und anderen Fertig-erzeugnissen sandten Handelsbankfamilien in Teilen des italienisch- und deutschsprachigen Europas Söhne und Brüder zu den westeuropäischen Häfen, und zwar nicht nur als Lehrlinge, sondern in einigen Fällen als Vertreter der Familienunternehmen. Andere erstklassige Studien zeigen, dass eine kleine Anzahl Schweizer und deutscher Händlerfamilien ihre Verbindungen in franzö-sischen Sklavenhandelshäfen nutzten, um Investitionskonsortien beizutreten, mit dem Ziel, afrikanische Sklaven in die Neue Welt zu transportieren.[16] Der afrikanische Sklavenhandel auf dem amerikanischen Kontinent brachte wirt-schaftliche Akteure in verschiedenen Ländern Europas und auf der ganzen Welt zusammen, von denen viele keinen Auslandsbesitz hatten und nicht direkt am Sklavenhandel beteiligt waren.

Durch meine Mitarbeit an der von ABN AMRO beauftragten Forschung konnte ich mein Fachwissen über eine Reihe faszinierender Archivquellen vertiefen und ein Forschungsthema bearbeiten, das zur weiteren akademischen Auseinander-setzung taugt. Dieses Projekt machte einen Punkt deutlich, der von der neuen Wel-le der amerikanischen Gesetzgebung im Zusammenhang mit der Zeit der Skla-verei nur am Rande berührt wird: Der Sklavenhandel und die Praxis der afrika-nischen Sklaverei selbst können nur im größeren Zusammenhang mit der atlan-tischen Wirtschaft verstanden werden. Genau diese Art Forschungsprojekt zeigt die Relevanz der Angewandten Geschichte auf – nicht nur den interessierten Historikern und den Fachleuten, die Geschichte auf Honorarbasis betreiben, son-dern auch denjenigen Historikern, die an Universitäten, Forschungseinrichtun-gen und anderen gemeinnützigen Institutionen zu Hause sind.

1 Rauthe, Simone, Geschichtsdidaktik – ein Auslandmodell? Neue Impulse der amerikanischen Public History, in: Zeithistorische Forschung, Online-Ausgabe, 2 (2005), www.zeithistorische-forschungen.de/site/40208418/default.aspx.

2 Zur thematischen Ausdehnung und den damit verbundenen juristischen Herausforderungen: Rysavy, Charles F./Raghavan, Pranita A., The (Often Insurmountable) Hurdles Facing Foreign Claimants Prosecuting Class Actions in American Courts, in: Tort Trial and Insurance Practice Journal, 42 (Herbst 2006), S. 1–28.

3 www.abnamro.com/about/history/themes/slavery/chicago.cfm.

4 Die zweite Ausgabe der Datenbank des transatlantischen Sklavenhandels [Trans-Atlantic Slave Trade Database] (Erstveröffentlichung 1999 auf CD-ROM durch die Cambridge University Press) ist seit Mai 2008 online frei zugänglich: www.metascholar.org/TASTD-Voyages/index.html.

5 Klein, Herbert S., The Atlantic Slave Trade, Cambridge 1999, S. 86.

6 Herbert Lüthy, La Banque Protestante en France de la Révocation de l'Édit de Nantes à la Révolution, 2 vols., Zürich, 2005.

7 Centre des archives du monde du travail (CAMT), 57 AQ (Banque Mallet Frères et Compagnie), doc. 2, S. 525; CAMT 57 AQ, doc. 4, S. 499, 579; CAMT 57 AQ, doc. 3, S. 177.

8 CAMT, 44 AQ (Banque de Neuflize), doc. 206, S. 55–56, S. 70–71, S. 119, S. 178; CAMT, 44 AQ, doc. 222, S. 48.

9 Gemeentearchief Rotterdam, Toegangsnr. 32.01, Inventarisnr. 53, S. 17 (22. Dezember 1774).

10 Lenz, Friedrich/Unholtz, Otto, Die Geschichte des Bankhauses Schickler, Berlin, 1912, S. 81; David Eltis et al., Herausgeber, The Transatlantic Slave Trade Database, 2. Ausgabe, im Erscheinen (erste Ausgabe veröffentlicht als Trans-Atlantic Slave Trade. Eine Datenbank auf CD-ROM (New York, 1999), Voyage ID-Nr. 30486 (St. Michel) und Voyage ID-Nr. 30546 (La Dame Cathèrine).

11 Weitere Informationen finden sich unter Buist, Marten G., At spes non fracta; Hope & Co. 1770-1815. Merchant Bankers and Diplomats at Work, Den Haag 1974.

12 Weitere Informationen zu diesem Investitionsinstrument finden sich unter van de Voort, Johannes Petrus, De Westindische Plantages van 1720 tot 1795. Financiën en Handel, Eindhoven 1973.

13 Gemeentearchief Amsterdam, Toegangsnr. 600, Inventarisnr 591, Inventaris ›La Pénitence‹, J. F. de Saffon, 11. August 1772; idem, Louis Rigano 8. Juni 1790.

14 www.geschiedenis.vpro.nl/programmas/3299530/afleveringen/27322186/items/28359567/. Eine kurze Zusammenfassung der Kommentare von Oostindie wurde in einer niederländischen Zeitung veröffentlicht. Siehe Bank weigerde vrij slavernijonderzoek, De Volkskrant, 13. Mai 2006. Der führende Gelehrte des Landes auf dem Gebiet der Sklaverei, Piet Emmer, hat in derselben Zeitung ein positiveres Urteil abgegeben. Siehe Geert Dekker, Amerikanen lichten slavernijverleden ABN Amro. De Volkskrant, 2. Mai 2006. Der Einwand der angeblich »fehlenden Wisenschaftlichkeit« wird von Oosindie in niederländischen Publikationen und Vorträgen immer wieder beiläufig erwähnt. Eine kritische Auseinandersetzung mit diesem Beispiel der angewandten Geschichte bleibt allerdings aus. Siehe z.B. Gert Oostindie, Slavernij, Canon en Trauma: Debatten en Dilema's in: Tijdschrift voor Geschiedenis 121 1 (2008), S. 10.

15 Ein umfassenderer Leitfaden über den Handel in Niederländisch-Guyana findet sich unter van Stipriaan, Alex, Surinaams contrast. Roofbouw en overleven in een Caraibische plantagekolonie, 1750-1863, Leiden 1993.

16 Stettler, Niklaus/Haenger, Peter/Labhardt, Robert, Baumwolle, Sklaven und Kredite. Die Basler Welthandelsfirma Christoph Burckhardt & Cie. in revolutionärer Zeit, Basel 2004; Henninger, Wolfgang, Johann Jakob von Bethmann 1717-1792. Kaufmann, Reeder und kaiserlicher Konsul in Bordeaux, Bochum 1993.

»BUT IT MUST NOT BE ALLOWED TO TURN HISTORY UPSIDE DOWN.«

Die Rezeption deutscher Geschichtskonstruktionen in der britischen Presse:
Der 8. Mai 1995 als Fallbeispiel WOLFRAM KNÄBICH

Wie kaum ein anderes Datum der Zeitgeschichte stellt der 8. Mai 1945, der als
»narrative Abbreviatur« (Jörn Rüsen) auf Nationalsozialismus und Holocaust,
Zweiten Weltkrieg, Flucht und Vertreibung verweist, einen gesamteuropäischen
historischen Bezugspunkt dar. Dies bedeutet allerdings nicht, dass sich ein
entsprechender Erinnerungskonsens herausgebildet hätte, das paneuropäische
Ereignis bleibt ein umstrittener »lieu de mémoire«.[1] Das Verhältnis der Deutschen
zum 8. Mai und seine wechselvolle Karriere als politischer Gedenktag gehören
zur intensiv beforschten Geschichte des Umgangs mit dem Nationalsozialismus,
zu »Vergangenheitsbewältigung« und »Erinnerungskultur« und ihrer fundamen-
talen Bedeutung für die deutsche Geschichts- und politische Kultur. Die internationale Wahrnehmung dieser Problematik ist dagegen eher unterbelichtet geblieben.[2] Hier möchte ich anknüpfen und am Beispiel der britischen Qualitätstages-

zeitungen Times, Guardian, Independent und Daily Telegraph[3] die Rezeption des deutschen Gedenkens im Frühjahr 1995 untersuchen.

Wenn man Geschichtskultur begreift als »die Gesamtheit der Formen, in denen Geschichtswissen in einer Gesellschaft präsent ist«[4], dann stellt die Presse ein wichtiges nichtakademisches Medium eines in erster Linie nationalen Geschichtsdiskurses dar. Geschichte in der Presse ist Angewandte Geschichte. Das heißt, die Arbeit am geschichtlichen Wissen unterliegt hier den Bedingungen verschärfter medialer Aufmerksamkeitsökonomie.[5] Parameter der Bearbeitung und Darstellung des Historischen sind in diesem Falle nicht die Kriterien und Objektivitätsstrategien der Geschichtswissenschaft, sondern der journalistische Anspruch, Themen inhaltlich und formal der Leserschaft nahe zu bringen. Geschichte in der Presse braucht einen Aufhänger im Tagesgeschehen. Konkret stellt sich die Frage, wie das auf den ersten Blick eher marginale Thema »Gedenken in Deutschland« jenseits vom »Kraut bashing« der yellow press für ein britisches Publikum relevant und vermittelbar gemacht wurde. Exemplarisch können hier Eigenheiten der Bezugnahme auf handlungsmächtige Geschichtsbilder und ihrer Bearbeitung im Journalismus untersucht werden.[6] Wenn es stimmt, dass »die Frage der Verantwortung für den Krieg, einschließlich der bedingungslosen Kapitulation, [...] bis heute das eigentliche Leitmotiv der britischen Einstellung zu den Deutschen«[7] ist, dann handelt es sich hier außerdem um ein eminent politisches Problem.[8]

GROSSBRITANNIEN UND DER KRIEG: »THEIR FINEST HOUR« ODER »OUR POISONED LEGACY«? Der Zweite Weltkrieg stellt einen zentralen Kristallisationspunkt britischer Identitätsvorstellungen dar. Zugleich wohnt seinem Gedächtnis ein nostalgisches Moment der Flucht aus einer postimperialen, von weltpolitischem Bedeutungsverlust sowie ökonomischen und sozialen Problemen geprägten Gegenwart inne. Der Krieg zählt demgegenüber zu den wenig ambivalent erinnerten Zeiten, »when Britain was ›Great‹«.[9]

Den 50. Jahrestag des Kriegsendes in Europa beging Großbritannien mit einem groß angelegten Gedenk- und Festwochenende, dessen Hauptakzent auf der Vergegenwärtigung, auf dem Wiedererleben der Geschichte lag.[10] »Britons recapture spirit of '45«[11] titelte die Times und brachte damit die frohe Erwartung der einen, den Überdruss der anderen auf den Punkt, denn das Gedenken wurde begleitet von einer Kontroverse über die historische Orientierung der britischen Gesellschaft und die Rolle des Zweiten Weltkriegs darin.

Der Daily Telegraph widmete dem Verhältnis zwischen Geschichtsbild, Gedenken und nationalem Selbstverständnis eine ganze Serie von Editorials und Kommentaren. Im Krieg habe sich der zeitlose Charakter der singulären »island race«[12] bewährt, die sich in der Stunde der Not pragmatisch, nüchtern und einig gegen einen vermeintlich übermächtigen Gegner behauptet habe. Dies gelte es, allen Skeptikern zum Trotz als Angelpunkt der britischen Identität festzuhalten: »its national essence [is] vital and intact«.[13] Nicht ohne germanophoben Zungenschlag verschmolz der Telegraph den historischen Horizont mit der politischen Gegenwart, den Zweiten Weltkrieg mit dem europäischen Einigungsprozess – in der Diktion der Zeitung »a European order as unreal, though not as vile, as that dreamt of by Hitler, and that order will be dominated by Germany«.[14] Großbritannien sei jedoch eine freie Nation mit althergebrachten Institutionen, deren Selbstaufgabe an die internationalistische Utopie der Europäischen Gemeinschaft die falsche Lehre aus dem Krieg sei.[15] Das Gedenken stellte in diesem Rahmen einen Akt nationaler Selbstvergewisserung dar, und das Blatt feierte eine Festtagsdramaturgie, die das traditionelle Band zwischen Royal Family und Nation betonte und die Ehrung der Veteranen mit Straßenfesten à la 1945 verband.[16]

Auch für die Skeptiker bei Guardian und Independent blieb der Zweite Weltkrieg ein glorreiches Kapitel der britischen Geschichte; fragwürdig schien ihnen jedoch seine Eignung als Richtschnur für die politische Gegenwart. Das beste Gedenken, so der Guardian, wäre ein »revisionist approach not to the war [...] but to the role of history in the British people's evaluation of themselves. [...] We could never wish we hadn't won the war, but there are moments to wish we could forget it.«[17] Die Frage erwies sich auch als Generationenproblem. Mit dem Mythos der Kriegsgeneration sei ein Maßstab in Geltung, dem die Nachgeborenen sich ohnehin nicht gewachsen fühlten. »Thanks for the memory, but can we go now?«, fragte der Guardian dementsprechend sarkastisch.[18]

Vor allem aber lehnten die Kritiker die historisch-politischen Kurzschlüsse entschieden ab. Die aktuellen Probleme seien im Rekurs auf die 1940er Jahre nicht mehr zu bewältigen, mit der Dämonisierung der EU, die zum lächerlichen Phantasma geworden sei, schade Großbritannien sich selbst. Vor diesem Hintergrund erschien das nationale Kriegsgedenken als Ausdruck unreflektierter nostalgischer Verklärung eines »Britain that has had its day«.[19] Zudem bezweifelte der Independent seine Glaubwürdigkeit und maß sie am gesellschaftlichen Alltag: »To us, VE Day is a celebration of the uglier aspects of white working-class culture: xenophobic frenzy of the Falklands war, football fans throwing bananas on the pitch, the neighbours who boycott the ailing black-owned pub on the corner.«[20]

Der Debatte um die britische Erinnerungskultur lag also nicht eine inhaltliche Kontroverse über den Zweiten Weltkrieg zugrunde, sondern die Frage, welche Geltung sein Gedächtnis als historisch-politische Leitreferenz beanspruchen könne bzw. wie eine zeitgemäße Auseinandersetzung damit (nicht) aussehen sollte. Daraus ergaben sich eine affirmative Position auf der Basis einer essentialistischen Vorstellung von der eigenen Nation, wie sie der Daily Telegraph und mit Abstrichen die Times vertraten, und eine scharf ablehnende, für eine kritische Revision eintretende Position in Guardian und Independent. Diese Einstellungen beeinflussten auch den Blick auf die deutsche Erinnerungskultur.

»BEFREIUNG ODER NIEDERLAGE« – OPFERPERSPEKTIVE UND NATIONALBEWUSSTSEIN In Deutschland bildete der 8. Mai den Schlusspunkt einer Abfolge von Gedenkanlässen, die mit der Erinnerung an die Befreiung von Auschwitz und die Zerstörung Dresdens begann, im April mit den Jahrestagen der Befreiung der Konzentrationslager auf deutschem Boden an Dichte gewann und in den Zeremonien vom 7. bis 9. Mai in London, Paris, Berlin und Moskau kulminierte. Angesichts der veränderten

Umstände nach der »unverhofften Einheit« (Konrad Jarausch) und der Vielschichtigkeit des Datums trat von neuem die Frage nach der Bedeutung des 8. Mai 1945 in der deutschen Geschichte in den Vordergrund, eine Frage, die Richard von Weizsäckers reflektierte Interpretation als Befreiung 1985 nur scheinbar abschließend beantwortet hatte.[21] Im April 1995 betrat die »Initiative 8. Mai«, eine Gruppe konservativer und nationalliberaler Publizisten und Politiker, die geschichtspolitische Arena. In Anzeigen unter dem Titel »8. Mai – Gegen das Vergessen« in der Frankfurter Allgemeinen Zeitung vertrat sie den Anspruch, einem einseitigen, vermeintlich von Politik und Medien diktierten Konsens eine umfassende Sicht entgegenzustellen. Der 8. Mai bedeute auch »den Beginn von Vertreibungsterror und neuer Unterdrückung im Osten und [...] der Teilung unseres Landes. Ein Geschichtsbild, das diese Wahrheiten verschweigt, verdrängt oder relativiert, kann nicht Grundlage für das Selbstverständnis einer selbstbewußten Nation sein, die wir Deutschen in der europäischen Völkerfamilie werden müssen, um vergleichbare Katastrophen künftig auszuschließen«.[22]

Ein für den 7. Mai in München geplanter Gedenkakt drohte zudem das offizielle Programm der Bundesregierung zu desavouieren. Helmut Kohl konnte die Veranstaltung zwar unterbinden; er irritierte aber selbst, als er unter Hinweis auf die Inkommensurabilität der zu respektierenden individuellen Erfahrungen – sei es der KZ-Überlebenden, sei es der Soldaten, sei es der Heimatvertriebenen – eine klare Positionierung unterließ.[23]

In der britischen Presse avancierten die Kampagne und die lebhafte, überwiegend polemisch geführte Debatte, die sie in den deutschen Medien auslöste,[24] mehr oder weniger zum Leitmotiv der Beiträge, die sich mit dem deutschen Gedenken befaßten. Gerade in Bezug auf den Gedenkparcours stellte sich die Frage nach Glaubwürdigkeit, Repräsentativität und Verbindlichkeit angesichts eines Deutungskonflikts, der bis auf die Regierungsbank reichte.

Hinsichtlich des Interpretationsspielraums waren sich die britischen Zeitungen einig. Zweifellos hätten auch Deutsche infolge des Krieges gelitten, aber das Prinzip von Ursache und Wirkung dürfe nicht außer Acht gelassen werden: Ohne den von Deutschland verschuldeten Krieg hätte es keine Vertreibung gegeben. Dies zu erinnern sie die besondere Verpflichtung der Deutschen, und daher verbot sich jede Deutung, die diese Verantwortung implizit oder explizit in Frage zu stellen schien, vor allem die als undifferenziert empfundene Relativierung verschiedener Opfergruppen. Namentlich Helmut Kohl geriet in die Kritik. Scharf kommentierte die Times, es sei das Hauptanliegen der politischen Eliten im Gedenkjahr, das Recht zur Trauer um die eigenen Toten zu etablieren und einen neuen Patriotismus zu befördern. Kohl versuche, aus dem Kriegsverlierer einen Sieger des Kalten Krieges zu machen. Deutschland brauche zwar einen neuen historischen Konsens, patriotische Ideale, Märtyrer und Kriegshelden für eine Generation, der die Idee kollektiver Schuld unangemessen und überholt erscheine – aber nicht um den Preis der historischen Wahrheit: »To make victims out of the Germans downgrades the real victims. [...] Germany has a right to define its history anew. But it must not be allowed to turn history upside down.«[25]

Der Daily Telegraph erklärte, die ganze Frage der NS-Vergangenheit sei in Deutschland gegenwärtig offener als jemals zuvor seit den Nürnberger Prozessen. Daran knüpfte sich jedoch eine erkennbar der eigenen europaskeptischen Position verpflichtete Kritik am postnationalen Projekt der alten Bundesrepublik, »democratic, pacifist and dedicated to building a new Europe in which nation states, especially their own, would cease to exist as independent entities«. Groß sei der Verdruss auf der politischen Rechten nach fünfzig Jahren »priggish, liberal self-censorship«, die jede vermeintlich »nationalistische« Äußerung als neo-nazistisch denunziere. Der Autor plädierte daher: »The paradox is that only by becoming more nationalistic will Germany be able to preserve the liberal-democratic system it has developed with such success since 1945. Legitimate feelings of national identity must be satisfied, otherwise Germans will lose faith in their institutions.«[26]

Der Guardian ging anfangs vom klaren Konflikt zwischen einer Regierungslinie im Sinne der Befreiungsdeutung und deren konservativen Herausforderern aus. Letztere seien entschlossen, den Jahrestag für ihre »nationalist agenda« zu instrumentalisieren und die NS-Verbrechen gegen »alleged wrongs against Germany after 1945« aufzurechnen.[27] Nach Kohls Versuch, den Streit beizulegen, sah das Blatt die Revisionisten jedoch entschieden auf dem Vormarsch: In seiner einzigen amtlichen Äußerung habe der Kanzler ohne zu differenzieren der Opfer des Holocausts und der Vertreibung gedacht. In diesem Maße stehe das Gedenken bereits unter dem Einfluss der »new right«, und deren Kampagne für eine »›self-confident nation of self-confident citizens‹, to cite its manifesto«, habe gerade erst begonnen. So gesehen waren die offiziellen Repräsentanten selbst zu Komplizen von Teilen der Zivilgesellschaft bei der Arbeit an einer neuen deutschen Identität als »world power« geworden.[28]

Das Blatt zweifelte prinzipiell am Erfolg der »Vergangenheitsbewältigung«. Zum einen dauere der deutsche Generationenkonflikt an, da die Nachgeborenen, »the young and seemingly innocent«, dem NS-Erbe hilflos und entrüstet gegenüberstünden; zum anderen hegten die Eliten tiefes Misstrauen gegenüber der Bevölkerung. Daher rühre auch der politische Einsatz für die institutionelle Verflechtung in Europa: »It is precisely Germany's nationalistic past that the Chancellor [...] wants to see exorcised once and for all.« Angesichts solcher Befindlichkeiten sei die vordringliche Frage nicht die von Befreiung oder Niederlage; »rather, the question today is when and how Germany will have completely recovered the equilibrium and peace of mind, which has eluded her for most of this century«.[29]

Ganz anders sah es der Independent. Während die anderen Zeitungen sich auf die amtliche Erinnerungskultur konzentrierten und die Signale aus der deutschen Zivilgesellschaft als revisionistische Angriffe interpretierten, setzte er Vertrauen in die deutsche Konfliktkultur und wertete sie selbst als Ausdruck einer belastbaren politischen Kultur.[30] Seit 1968 sei die »weasel language« der Nachkriegsjahre der intensiven Auseinandersetzung mit Holocaust und Nationalsozialismus gewichen. Angesichts der »ultra-glasnost« einer jungen Generation stand das Blatt der konservativen »propaganda offensive« kritisch, aber eher gelassen gegenüber:

»There can be little doubt that contemporary Germany, which confronts the Nazi past, is politically healthier than the Germany of 40 years ago, which did not. It would be a pity if some politicians, with their dubious attempts to create a new ›normality‹, sought to put that process into reverse.«[31]

»Germany's journey to health« titelte der Independent am 8. Mai und erklärte: »A new generation has rejected the evil past and built a strong nation.«[32] In dieser Perspektive relativierte sich die Bedeutung des offiziellen Gedenkens, allerdings setzte auch der Independent die Anerkennung der Topoi des eigenen Geschichtsbildes voraus.[33]

Das starke britische Presseecho des deutschen Streits um Befreiung und Niederlage lässt auf erhebliches Publikumsinteresse für diese Problematik schließen. Die Zeitungen – insbesondere Guardian und Independent – griffen das Thema sogar direkt auf, lediglich der Daily Telegraph instrumentalisierte es sehr offensichtlich im Rahmen seiner euroskeptischen politischen Argumentation. Allen gemeinsam diente es jedoch zur inhaltlichen Affirmation des eigenen Geschichtsbildes. Dennoch spiegelt die Rezeption auch die Differenzen der Debatte um die historische Orientierung wider. Der Gegensatz zwischen dem traditionalistischen und dem kritischen Zugriff prägte auch den Blick auf Deutschland. Daraus ergaben sich zum Teil unerwartete Positionen. Die Solidarität des Daily Telegraph mit den deutschen Nationalkonservativen stand im Einklang mit dem eigenen Nationsbild, die Konzentration auf das offizielle Gedenken korrespondierte der positiven Haltung zum britischen Zeremoniell. Letzteres gilt auch für die Times, die jedoch sehr kritisch auf den deutschen Deutungsstreit reagierte und vor allem die politischen Eliten ins Visier nahm. Bei Guardian und Independent entsprach – unabhängig vom Urteil – die Auseinandersetzung mit den Einstellungen der Bevölkerung und den gesellschaftlichen Impulsen der kritischen Haltung zur britischen Erinnerungskultur und ihren politisch-kulturellen Implikationen.

GEDENKEN IN DEUTSCHLAND AUF ENGLISCH: BERGEN-BELSEN, HAMBURG UND JOHN MAJOR Die britische Berichterstattung vom eigentlichen Gedenkparcours in April und Mai zeichnet sich durch eine markant selektive Themensetzung aus. Exemplarisch zeigt sich dies anlässlich der Veranstaltungen zum Gedenken an die Befreiung der Konzentrationslager auf deutschem Boden, die unter großer und oft internationaler Beteiligung stattfanden. Während die kontroverse Zeremonie vom 9. April in Buchenwald ebenso wie die Gedenkfeier in Dachau am 3. Mai lediglich in der Times Erwähnung fand,[34] bezogen sich die Berichte der übrigen Zeitungen ausschließlich auf das ehemalige KZ Bergen-Belsen. In emotionaler und stark personalisierender Weise rekapitulierten sie die Sicht der Zeitgenossen, die Schicksale der Gefangenen und vor allem die Eindrücke der britischen Soldaten, die das Lager 1945 befreit hatten.[35] Deren Erfahrungen, so der Guardian, hätten das britische Bild von NS-Deutschland nachhaltig geprägt: »Belsen became a one-word-synonym in Britain for the horrors of Hitler's Germany. [...] Though Belsen was far from the worst of the hundreds of camps set up by the Nazis, it gained particular notoriety because of the vivid film record.«[36]

Abgesehen vom Guardian, der die Veranstaltung ignorierte, beschränkte sich das Interesse an der Gedenkfeier am 27. April – laut Independent immerhin »the official centrepoint of anniversaries connected with the liberation of camps throughout Germany«[37] – auf die Rede von Bundespräsident Roman Herzog, der die Verantwortung der Deutschen und die Pflicht zur Erinnerung ins Zentrum stellte. Die Times lobte unter Bezugnahme auf den deutschen Deutungsstreit Herzogs Worte als Gegengewicht zu »Kohl's utterances as he tries to persuade Germans to view themselves as a ›normal‹ nation, able to express patriotic attitudes and openly acknowledge that they, too, had suffered during the war«.[38]

Ein ähnlich spezielles Interesse der Briten betraf das Gedenken an die Kapitulation Hamburgs am 3. Mai, an dem Prinz Charles teilnahm. Der Prinz, dessen Rede das vorrangige Thema war, habe neben den britischen Soldaten auch die zivilen Opfer gewürdigt, sich dann aber auf die Aufbauleistung der Deutschen, die britische Unterstützung und die traditionsreichen Beziehungen der Hansestadt zu Großbritannien konzentriert. Mit Ausnahme des Guardian betonten die Zeitungen seine freundliche Aufnahme in der Stadt; der Daily Telegraph, der dem Anlass vier Beiträge widmete, meinte gar, die Hamburger hätten im Gegensatz zu den Dresdnern die Zerstörung ihrer Stadt als tragische Konsequenz des Krieges akzeptiert.[39]

Die Veranstaltung erschien in der britischen Presse wie ein Modellgedenken: Von einer versöhnlichen Gegenwart aus blickten ehemalige Feinde gemeinsam zurück. In der Annahme, die einstigen Gegner hätten die eigene Sicht übernommen, konnten sie am Gedenken der Sieger teilhaben, und partiell ließ sich sogar die Perspektive der Besiegten integrieren.

Unübersichtlicher war eine Veranstaltung mit verschiedenen Akteuren und unter deutscher Federführung, wie der Gedenkakt am 8. Mai im Berliner Schauspielhaus. Times und Daily Telegraph stellten die Zeremonie selbst ins Zentrum ihrer Berichterstattung, insbesondere die Reden des britischen Premierministers John Major und des Bundespräsidenten. Major, monierte der Telegraph, habe mit einer Rede ohne direkten Bezug zu Holocaust und Nationalsozialismus auf deutsche Sensibilitäten Rücksicht genommen und durch das Bild eines dreißigjährigen Krieges von 1914 bis 1945 einem Revisionismus Vorschub geleistet, der den Zweiten Weltkrieg aus dem Versailler Vertrag herleite. Roman Herzog dagegen habe zwar das Leid auf allen Seiten beschrieben, jedoch auch die volle Verantwortung der Deutschen anerkannt.[40] Die Times begrüßte die versöhnlichen Momente, sie vermisste aber auf deutscher Seite neben der kollektiven Scham eine kollektive Bitte um Entschuldigung.[41]

Dagegen verhielten sich Guardian und Independent kritisch distanziert gegenüber einer staatsmännischen »VE Day road show«[42], die ihnen in Zeiten weltweiter Krisen, Kriege und Genozide selbstgefällig erschien. Mit Blick auf Deutschland unterminierte der Guardian den Eindruck des Gedenkens, indem er neben Rechtsradikalismus, Antisemitismus und der geschichtsmüden Bevölkerung vor allem auf den prägenden Einfluss der neuen Rechten auf die Erinnerungspraxis hinwies.[43] Ähnlich, obwohl zurückhaltender, äußerte sich der Independent: Die Signale aus Deutschland blieben »as contradictory as ever«.[44]

Im Grunde präsentierten die britischen Zeitungen einen ganz eigenen deutschen Gedenkparcours. Die Themenauswahl ergab sich entweder aus der Teilnahme britischer Repräsentanten oder aus der Verbindung eines Ereignisses zur britischen Erinnerungskultur. So wurde das deutsche Lagergedenken nur in dem Maße zum britischen Thema, wie es auf den Erfahrungshorizont der britischen Soldaten zugeschnitten war. Im Zentrum stand die Rekapitulation der eigenen Geschichte; für eine umfassende Behandlung fehlte in Großbritannien, dessen Bevölkerung im Gegensatz zu den meisten kontinentaleuropäischen Ländern weder Besatzung noch Deportation erfahren hatte, offenbar die Grundlage. Zugespitzt heißt das, nicht das Ereignis, sondern der Aufnahmekontext machte die Nachricht.

FAZIT: DEUTSCHES GEDENKEN, BRITISCHE PRESSE – GESCHICHTE ZWISCHEN MARKT UND MEINUNG

Die vielfältige Thematisierung der deutschen Erinnerungskultur durch die britische Presse im Frühjahr 1995 verdeutlicht generelle Mechanismen der Geschichtsbearbeitung im journalistischen Segment der Angewandten Geschichte. Die Notwendigkeit, einem Publikum unter den Bedingungen des Pressemarktes ein Thema nahezubringen, entfaltet zweifellos eine Dynamik, die in keiner Beziehung zu wissenschaftlichen Maßstäben steht. Die selektive Themenauswahl zeigt, dass es eines auf Erfahrungen beruhenden Resonanzraumes im kollektiven Gedächtnis bedarf, um ein Thema zu vermitteln; der emotionalisierende und personalisierende Zugriff steht dabei im Einklang mit einem breiteren journalistischen Trend.[45] Die Konsequenz ist eine erhebliche Verkürzung der Perspektive auf den historischen Gegenstand. Dennoch ist Geschichte hier mehr als Unterhaltung. Aus der grundsätzlichen marktökonomischen Ausrichtung auch der Qualitätspresse resultierte nicht die Aufgabe des Anspruchs auf Wertevermittlung, kollektive Sinn- und Identitätsstiftung in der Bezugnahme auf Geschichte. Allerdings erfolgte dies zumeist engagiert, subjektiv und parteiisch – mitunter in Verbindung mit einer allgemeinen politischen Thematik und somit am Rande der Instrumentalisierung. Bei aller strategischen Zurichtung und diskursiven Unzulänglichkeit unterstreicht die Beobachtung der deutschen Debatte um Befreiung und Niederlage ebenso wie das einhellige und entschiedene Urteil aber das Gewicht, das die untersuchten Medien einem Bestand historischer Deutungen mit hoher Bindungskraft für die politische Kultur beimaßen.

An diesem Punkt ergab sich im Übrigen ein Dilemma. Einerseits gingen die Kommentatoren prinzipiell von der Notwendigkeit einer positiven, historisch fundierten nationalen Identität (auch) der Deutschen aus, andererseits aber fürchteten sie die Erosion des angenommenen historischen Konsenses mit schwer abschätzbaren politischen Folgen. Sie brachten damit bereits deutlich das Unbehagen an der anlaufenden Neuformulierung des Geschichtsbildes in Deutschland zum Ausdruck. Eine Auflösung der Konturen der Täter durch den Sprung der Nachkommen in die ›Opferökumene‹ ist mit der britischen Auffassung unvereinbar.[46]

Wie stark aber der Kontext und die primäre Stoßrichtung eines Beitrags die Tendenz der Bezugnahme auf Geschichte beeinflussen, zeigt ein Editorial im

Guardian. Mit Blick auf die Lehren von 1945 und die unerfüllten Hoffnungen auf Frieden gestand das Blatt, das dem deutschen Opferdiskurs sonst eher rigoros begegnete, zu:

»If the spirit of ›reconciliation‹ is more than a lazy phrase it is also surely an occasion when we can acknowledge the suffering of those who were defeated without feeling that this diminishes the sacrifices on the allied side. In the same spirit we might acknowledge too Chancellor Kohl's right to refer to the sufferings of so many Germans after the war – even though he did so [...] with a clumsy proportionality which could hardly avoid giving offence to many veterans.«[47]

1 Vgl. Troebst, Stefan, 1945 – ein (gesamt-)europäischer Erinnerungsort?, in: Osteuropa 58/6 (2008), S. 67–75; Echternkamp, Jörg/Martens, Stefan (Hgg.), Der Zweite Weltkrieg in Europa. Erfahrung und Erinnerung, Paderborn u. a. 2007; Flacke, Monika (Hg.), Mythen der Nationen. 1945 – Arena der Erinnerungen, 2 Bde., Berlin 2004.

2 Vgl. Hurrelbrink, Peter, Der 8. Mai 1945 – Befreiung durch Erinnerung. Ein Gedenktag und seine Bedeutung für das politisch-kulturelle Selbstverständnis in Deutschland, Bonn 2005; Jarausch, Konrad, Zwischen Niederlage und Befreiung. Das Jahr 1945 und die Kontinuitäten deutscher Geschichte, in: GMH 46/5 (1995), S. 272–282; Kirsch, Jan-Holger, Wir haben aus der Geschichte gelernt. Der 8. Mai als politischer Gedenktag in Deutschland, Böhlau u. a. 1999; Naumann, Klaus, Der Krieg als Text. Das Jahr 1945 im kulturellen Gedächtnis der Presse, Hamburg 1998.

3 In den Anmerkungen abgekürzt: T, G, I, DT.

4 Hardtwig, Wolfgang, Geschichtskultur und Wissenschaft, München 1990, S. 8.

5 Zum britischen Pressemarkt vgl. Humphreys, Peter, Medien und Medienpolitik, in: Kastendiek, Hans/Sturm, Roland (Hgg.), Länderbericht Großbritannien, Opladen u. a. 2007, S. 317–339.

6 Vgl. Schoerken, Rolf, Begegnungen mit Geschichte. Vom außerwissenschaftlichen Umgang mit der Historie in Literatur und Medien, Stuttgart 1995, S. 141–152 und S. 165–168; Thiele, Martina, Geschichtsvermittlung in Zeitungen, in: Horn, Sabine/Sauer, Michael (Hgg.), Geschichte und Öffentlichkeit. Orte – Medien – Institutionen, Göttingen 2009, S. 186–193; Ullrich, Volker, Zeitgeschichte als Streitgeschichte. Zur Präsentation von Geschichte in den Printmedien, in: Horn/Sauer (Hgg.), S. 177–185.

7 Kettenacker, Lothar, Englische Spekulationen über die Deutschen, in: Trautmann, Günther (Hg.), Die häßlichen Deutschen? Deutschland im Spiegel der westlichen und östlichen Nachbarn, Darmstadt 1991, S. 194–208, hier S. 197.

8 Anthony Nicholls hält die Rolle europaskeptischer Medien für deutsch-britische Spannungen für maßgeblich. Vgl. Nicholls, Anthony, Die deutsch-britischen Beziehungen. Ein hoffnungs-loser Fall?, Bonn 1998.

9 Noakes, Lucy, War and the British: Gender, Memory and National Identity, London 1998, S. 46. Zur Kriegserinnerung vgl. Connelly, Mark, »We Can Take It!« Großbritannien und die Erinne-rung an die Heimatfront im Zweiten Weltkrieg, in: Echternkamp/Martens (Hgg.) (wie Anm. 1), S. 79–96; Ramsden, John, Mythen und Realitäten des »Peoples's War« in Großbritannien, in: Echternkamp/Martens (Hgg.) (wie Anm. 1), S. 65–77; Syriatou, Athena, »Der Krieg wird uns zusammenhalten«, in: Flacke (Hg.) (wie Anm. 1), Bd. 1, S. 285–313; Walburton, Alan, Britische Ambivalenzen gegenüber Europa oder die nicht vergehende Erinnerung an ein goldenes Zeitalter, in: Bock, Petra/Wolfrum, Edgar (Hgg.), Umkämpfte Vergangenheit. Geschichtsbilder,

Erinnerung und Vergangenheitspolitik im internationalen Vergleich, Göttingen 1999, S. 176–189.

10 Zu Vergegenwärtigung und Rekonstruktion von Geschichte vgl. Schoerken (wie Anm. 6), S. 11–14.

11 T, 08.05., S. 2.

12 DT, Millions like us, 06.05., S.18.

13 DT, A time for pride and celebration, 08.05., S.18.

14 DT, The new struggle, 14.05., S. 29; vgl. DT, They still have a grand plan, 06.05., S.19: Die EU-Währungsunion sei »an insidious threat of British sovereignty« und Teil eines »German grand plan for a homogenised Europe«.

15 DT, The good fight, 07.05., S.VII.

16 DT, A triumph of dignity, 9.5., S.18; ähnlich, aber ohne europhobe Note T, Our debt to tyranny's opponents, 06.05., S. 20; T, With pomp, piety and a party, young and old join in joy of VE-Day, 8.5., S.1.

17 G, A nation infected by our poisoned legacy, 02.05., S. 15.

18 G, Thanks for the memory, but can we go now?, 06.05., S.25.

19 I, Unlearning the lessons of 1945, 08.05., S.14.

20 I, Time to put away symbols which leave a bad taste, 09.05., S. 2.

21 Vgl. Weizsäcker, Richard von, Nach vierzig Jahren. Rede vor Bundestag und Bundesrat, Bonn am 8. Mai 1985, in: Ferdinand, Horst (Hg.), Reden, die die Republik bewegten, Opladen 2002, S. 473–487.

22 FAZ, 8. Mai – Gegen das Vergessen, 07.04., 28.04. und 05.05., jeweils S. 3: »»Im Grunde genommen bleibt dieser 8. Mai 1945 die tragischste und fragwürdigste Paradoxie für jeden von uns. Warum denn? Weil wir erlöst und vernichtet in einem gewesen sind.‹ Die Paradoxie des 8. Mai, die der erste Bundespräsident unserer Republik, Theodor Heuss, so treffend charakterisierte, tritt zunehmend in den Hintergrund. Einseitig wird der 8. Mai von Medien und Politikern als ›Befreiung‹ charakterisiert. Dabei droht in Vergessenheit zu geraten, daß dieser Tag nicht nur das Ende der nationalsozialistischen Schreckensherrschaft bedeutete, sondern auch den Beginn von Vertreibungsterror und neuer Unterdrückung im Osten und den Beginn der Teilung unseres Landes. [...]«.

23 Vgl. v. a. Kohl, Helmut, Erklärung des Bundeskanzlers zum Gedenken an das Ende des Zweiten Weltkrieges vor 50 Jahren, in: Erinnerung heißt Mahnung für die Zukunft. Ansprachen und Erklärungen zum 50.Jahrestag des Kriegsendes, hrsg. vom Presse- und Informationsamt der Bundesregierung, Bonn 1995, S. 90–93.

24 Vgl. Hurrelbrink, S. 268–274; Kirsch, S. 170–179; Naumann, S. 272–289 (alle wie Anm. 2).

25 T, What did you do in the war, Hans?, 06.05., S. 20.

26 DT, Germans in furore over ›liberation‹ and ›suffering‹, 07.05., S. 24.

27 Vgl. G, Angst over war splits Germany, 22.04., S.13.

28 G, A day of reflection gave the new ideologues from both sides a chance to sanitise the past, 09.05., S. 8.

29 G, The sins of the fathers die hard, 22.04., S. 27.

30 Vgl. I, Fate of Jewish teacher holds lesson for German pupils, 19.04., S. 8; I, German bishops hail 1945 ›liberation‹, 26.04., S. 12.

31 I, Germans open the pages to reveal a censored past, 18.04., S. 9.

32 I, Germany's journey to health, 08.05., S.15.

33 Vgl. besonders I, German bishops hail 1945 ›liberation‹, 26.4., S. 12.

34 Vgl. T, Buchenwald inmate decries ›Bonn slur‹ over collaboration, 10.4., S. 9; T, Survivors of Dachau remember in the rain, 01.05., S. 11. Zu den Hintergründen der Kontroverse vgl. Kirsch (wie Anm. 2), S. 157–161.

35 Vgl. G, Journey into hell ›I shall never forget. Never‹, 13.04., o. S.; G, Men who showed Belsen hell to Britain, 15.04., S. 10; I, From out of the horror, a love story«, 13.04., S. 23; I, Full horror of

Nazi rule revealed at Belsen camp, 15.4., S. 7; DT, Belsen: the exemplar of Nazi evil, 02.05., o. S.; T, Liberation of Belsen, 15.04., S. 9.

36 G, Men who showed Belsen hell to Britain, 15.04., S. 10. Zu den Konsequenzen vgl. Cesarani, David, Lacking in Convictions. British War Crimes Policy and National Memory of the Second World War, in: Evans, Martin/Lunn, Ken (Hgg.), War and Memory in the Twentieth Century, Oxford 1997, S. 27-42.

37 I, Holocaust Rememberance Day, 28.04., S. 10.

38 T, Germany pledges to keep memory of Holocaust alive, 28.04., S. 11; ähnlich DT, Prayers and wreaths for victims of death camp, 28.04., S. 14; der Independent stellte Herzogs Plädoyer die Geschichtsmüdigkeit der Anwohner gegenüber, vgl. I, Holocaust Rememberance Day, 28.04., S. 10.

39 Vgl. G, We won't never fight again, Charles assures Germans, 04.05., S. 10; I, Prince greeted warmly by people of Hamburg, 04.05., S. 10; DT, Prince honours a city of courage, 03.05., S. 9; DT, We will never fight again, pledges Prince, 04.05., S. 9; DT, Germans praise prince's trip of reconciliation, 06.05., S. 4; T, Prince honours Allied and German dead in Hamburg, 03.05., S. 11; T, Germans cheer as Prince honours Hamburg's dead, 04.05., S. 9.

40 Vgl. DT, Major's message of peace to the Germans,09.05., S. 4.

41 Vgl. T, Major pays tribute to Kohl, 09.05., S. 2; T, Mitterrand bows out with praise of Germany, 09.05., S. 9.

42 I, Queen sounds note to start the big party, 06.05., S. 1.

43 Vgl. G, Fine words fail to impress as East and West continue to divide opinion on Germany's grim past, 09.05., S. 3; G, A day of reflection gave the new ideologues from both sides a chance to sanitise the past, 09.05., S. 8.

44 Vgl. I, Germany's guilt clearer than ever, 09.05., S. 3.

45 Vgl. Thiele (wie Anm. 6), S. 192.

46 Vgl. Sabrow, Martin, Heroismus und Viktimismus. Überlegungen zum deutschen Opferdiskurs in historischer Perspektive, in: Potsdamer Bulletin für Zeithistorische Studien, 43/44 (2008), S. 7-20. Die intensive Bearbeitung von Bombenkrieg und Vertreibung seit Ende der 1990er Jahre findet erhebliche britische Aufmerksamkeit, vgl. u. a. Niven, Bill (Hg.), Germans as Victims: Remembering the Past in Contemporary Germany, London 2006.

47 G, A peace of garland to be earned, 08.05., S. 10.

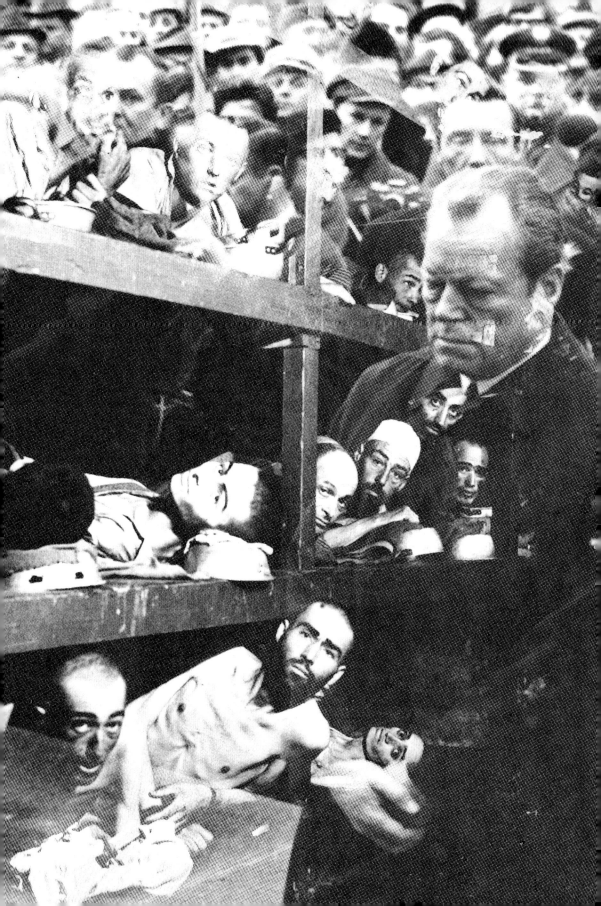

GESCHICHTE IM ZEICHEN PATRIOTISCHER ERZIEHUNG?

Das Institut für Nationales Gedenken in Polen TOBIAS SCHNEIDER

Dass sich das Feld der Angewandten Geschichte keineswegs nur auf marktorientierte Bereiche beschränkt, zeigt die in Europa immer größer werdende Anzahl staatlicher oder halbstaatlicher Museen, Gedenkstätten und Bildungseinrichtungen. Institutionen dieser Art verfolgen vor allem ein gesellschaftspolitisch orientiertes Ziel und rücken ökonomische Marktinteressen weitgehend in den Hintergrund, da sie – mit allen Vor- und Nachteilen – öffentlich gefördert sich nicht am Markt behaupten müssen.

Als ein solcher staatlicher Ort der angewandten Geschichte kann auch das polnische Instytut Pamięci Narodowej (Institut für Nationales Gedenken[1]) begriffen werden. Die Institution wird in der deutschen Öffentlichkeit aufgrund ihrer Zuständigkeit für die Aufarbeitung der Staatssicherheitsunterlagen häufig als polnisches Pendant zur deutschen Birthler-Behörde verstanden. Ein Blick auf die komplexere Struktur, aber auch auf die breiter gefassten Zielsetzungen des Instituts machen deutlich, dass dieser Vergleich nur bedingt richtig ist. Neben den Aufgaben einer strafrechtlichen Verfolgung von Personen, die sich Verbrechen gegen die Menschlichkeit schuldig gemacht haben, und neben der wissenschaftlichen Aufarbeitung der polnischen Geschichte betreibt das Institut einen eigenen Verlag. Zu den Veröffentlichungen des IPN zählen erinnerungsbezogene Bücher, das Bulletin des Instituts sowie Materialien für den Unterricht.[2] Zudem organisiert das IPN öffentliche Veranstaltungen, wie Tagungen und Vorträge, zu historischen Themen. Das Institut hat damit eine beachtliche Breitenwirkung in der polnischen Öffentlichkeit, es beeinflusst die Debatten zur Geschichte und damit die Geschichtsbilder in Polen nachhaltig.

Das Institut für Nationales Gedenken, so die Grundthese meines Beitrages, verfolgt dabei als staatlich finanzierte Institution ein ziel- und nutzenorientiertes Verständnis von Geschichte und beschreitet damit ein ganz eigenes Feld der Angewandten Geschichte. Mit Hilfe des IPN soll ein per Gesetz definiertes positives und identitätsstiftendes Geschichtsbild in der polnischen Gesellschaft etabliert werden. Diese Form staatlicher Geschichtsvermittlung erscheint diskussionswürdig: Die Institution stößt mit ihren patriotischen Zielsetzungen sowie mit ihrer Vermischung von Politik, Justiz und historischer Forschung bei Historikern auf Kritik.[3]

Teile dieser Kritik beruhen bei genauerer Betrachtung jedoch nicht selten auf Unkenntnis über die Tätigkeit des Instituts.[4] Daher will der Beitrag mit einer Analyse der konkreten Arbeit des IPN zeigen, dass das Institut hochwertige und kritische Untersuchungen zu Themen der polnischen Geschichte vorgelegt hat.

Anhand einer Untersuchung zur inneren Struktur des IPN und seiner gesetzlich definierten Zielsetzung soll zunächst deutlich gemacht werden, dass das Institut als staatlicher Ort der angewandten und instrumentalisierten Geschichte betrachtet werden kann. Da es an dieser Stelle nicht möglich ist, alle Wirkungsfelder des IPN erschöpfend darzustellen, beschränkt sich der Beitrag in einem zweiten Schritt auf die Analyse der Rolle des Instituts in zwei historischen Debatten, welche in der polnischen Gesellschaft heftige Kontroversen auslösten und daher auch weit über den Kreis der Fachhistoriker hinaus in die Gesellschaft hinein wahrgenommen wurden. In einem weiteren Schritt soll das IPN in den europäischen Kontext der staatlichen Geschichtspolitik eingebettet werden. Methodisch versteht sich der Beitrag als Werkstattbericht. Er stützt seine Erkenntnisse vor allem auf juristische Dokumente, Zeitschriften- und Buchanalysen, sowie auf zwei leitfadengestützte Interviews.[5]

AUFBAU UND ZIELE DES IPN Die Vorgänger des Instituts für Nationales Gedenken reichen bis in die unmittelbare Nachkriegszeit zurück und hatten ursprünglich die strafrechtliche Untersuchung der deutschen Verbrechen in Polen zur Aufgabe. Dennoch ist das IPN in seiner jetzigen Form erst 1999 auf Grundlage des Gesetzes über das Institut für Nationales Gedenken[6] gegründet worden.[7] Bereits der Name des Instituts wirkt anachronistisch, scheint er sich doch an der Vorstellung zu orientieren, es könne und müsse – wie unter der kommunistischen Herrschaft –

einem einheitlichen Geschichtsbild innerhalb der Gesellschaft verpflichtet sein. Organisatorisch gliedert sich das Institut in vier Abteilungen[8]:

1 Die Hauptkommission zur Verfolgung von Verbrechen gegen das polnische Volk,
2 Die Abteilung zur Bereitstellung und Archivierung von Dokumenten,
3 Die Abteilung für öffentliche Bildung,
4 Die Abteilung für Lustration.[9]

Diese Vierteilung macht deutlich, dass die Aufgaben des Instituts weit über die – in der Öffentlichkeit jedoch am stärksten wahrgenommene[10] – Aufarbeitung der kommunistischen Herrschaft hinausgehen. Im Zusammenhang mit der Bearbeitung der kommunistischen Diktatur und der deutschen Besatzung besitzt das IPN juristische Kompetenzen, hat also die Möglichkeit, Personen festnehmen zu lassen. Zu diesem Zweck verfügt das Institut über angegliederte Staatsanwälte, welche strafrechtliche Maßnahmen einleiten und durchführen können.[11] Hier offenbart sich eine Vermischung von historischer Forschung und strafrechtlicher Kompetenz, die kritisch betrachtet werden muss.[12]

Das Institut wird als staatliche Behörde aus Mitteln des Staatshaushaltes finanziert[13] und durch einen Präsidenten geleitet, der im polnischen Parlament, dem Sejm, mit einer Mehrheit von ⅗ der Abgeordneten gewählt werden muss.[14] Dem Präsidenten steht ein elfköpfiges Kollegium zur Seite, das sich aus Vertretern des Senats, des Sejm und des Staatspräsidenten zusammensetzt und als Entscheidungs- sowie Kontrollorgan fungiert. Obwohl der Präsident des Instituts neben seiner Tätigkeit beim IPN keine politische Funktion ausüben darf, zeigt dieser formal-rechtliche Aufbau des Instituts bereits, wie sehr das IPN von parteipolitischen Interessen beeinflusst werden kann.

Im Gründungsgesetz des Instituts sind zudem die Wirkungsbereiche aufgelistet, in denen sich das Institut nach dem Willen der Exekutive engagieren soll. Zu den Aufgaben gehören:

– die Bewahrung der Erinnerung an die enormen Ausmaße der Opfer, des Verlustes und der Schäden, welche das polnische Volk in der Jahren des Zweiten Weltkrieges und nach seinem Ende zu erleiden hatte;
– die [Bewahrung der] patriotische[n] Tradition des Kampfes des polnischen Volkes gegen Besatzer, Nazismus und Kommunismus;
– [die Erinnerung an] die geleisteten Taten der Bürger zugunsten einer unabhängigen Existenz des polnischen Staates und der Verteidigung der Freiheit und Menschenwürde;
– die Pflicht der Verfolgung von Verbrechen gegen Frieden und Menschlichkeit und von Kriegsverbrechen;
– sowie die Pflicht der Wiedergutmachung aller durch staatliche Verletzung der Menschenrechte Geschädigten.[15]

Die Aufgabenbereiche des Instituts lassen sich demnach in zwei große Blöcke unterteilen: Zum einen geht es um die strafrechtliche Verfolgung von Verbrechen, die unter deutscher Besatzung und in der Zeit des Kommunismus begangen wurden. Der zweite Aufgabenblock lässt sich mit dem Begriff der Geschichtspolitik[16] beschreiben. Offensichtlich geht es hier darum, ein positives, sowohl das Leiden wie auch den Heldenmut des polnischen Volkes betonendes Geschichtsbild zu schaffen. Die Verquickung beider Felder, Geschichtspolitik und strafrecht-liche Verfolgung, stellt eine Gefahr für die Unabhängigkeit des Instituts dar.

Das Institut erscheint als institutioneller Ort, mit dessen Hilfe patriotische Geschichts- und Identitätsbilder konstruiert und in der polnischen Gesellschaft verankert werden sollen. Vor allem für national-konservative Parteien, wie die im Herbst 2007 abgewählte Prawo i Sprawiedliwość (Recht und Gerechtigkeit) Jarosław Kaczyńskis und dessen Zwillingsbruders im Präsidentenamt, Lech Kaczyńskis, kommt der Geschichtspolitik ein zentraler Moment im politischen und gesellschaftlichen Kampf um die sogenannte Vierte Republik zu.[17] In einem Interview definierte der Staatspräsident die Aufgabe der Geschichte wie folgt: »Unser Konzept der Geschichtspolitik beruht darauf, uns den Patriotismus, den Nationalstolz zurückzugeben.[18]«

DIE ROLLE DES IPN IN HISTORISCHEN DEBATTEN

a) Die Debatte um Jedwabne Die Diskussion um die Ereignisse in der kleinen nordostpolnischen Stadt Jedwabne aus dem Jahre 1941, bei welcher es im Kern um die Infragestellung des historischen polnischen Selbstverständnisses als Opfer ging, löste eine der intensivsten historischen Kontroversen im postkom-munistischen Polen aus. Worum ging es in der Debatte? Im Jahre 2000 erschien das Buch Sąsiedzi. Historia zagłady żydowskiego miasteczka[19] (Nachbarn. Die Geschichte der Vernichtung eines jüdischen Ortes) des in Amerika lebenden polnischen Soziologen Jan Tomasz Gross. Darin beschrieb er die Ermordung von 1600 jüdischen Einwohnern Jedwabnes durch polnische Zivilisten am 10. Juli 1941. Die anfangs vor allem historisch und journalistisch geführte Debatte wurde schnell zu einer politischen, in der sich nahezu alle Parteien zu profilieren versuchten.[20]

Paradoxerweise fiel die Veröffentlichung des Buches Nachbarn und die darauf folgende Debatte zeitlich zusammen mit der Entstehung des IPN, so dass sich die Institution, die sich laut Gründungsgesetz mit den Tragödien und dem Helden-mut der Polen befassen sollte, in einer ihrer ersten Untersuchungen mit dem Vorwurf befassen musste, polnische Bürger seien Täter an ihren jüdischen Mitbür-gern gewesen. Im September 2000 eröffnete das IPN unter Leitung des Staatsan-waltes Radosław Ignatiew ein Untersuchungsverfahren, das durch die Hauptkom-mission zur Verfolgung von Verbrechen gegen die polnische Nation durchgeführt wurde. Die verschiedenen Thesen über die Vorfälle von Jedwabne sollten geprüft und es sollte festgestellt werden, ob es noch lebende Personen gebe, die für die Verbrechen zur Verantwortung gezogen werden könnten. Gleichzeitig begannen Forscher aus dem Wissenschaftsressort des Instituts in Zusammenarbeit mit universitären Wissenschaftlern die Vorfälle zu erforschen. Nach über zweijäh-riger intensiver Untersuchung, der Auswertung aller verfügbaren Quellen und der Befragung von über 100 Zeugen erschien im Juni 2002 der Abschlussbericht der eingesetzten Kommission. Der 203 Seiten starke Bericht[21] kam zu dem Ergebnis, dass es keine lebenden Täter mehr gebe, die nicht schon verurteilt worden seien.[22] Zudem kam die Kommission zu dem Ergebnis, dass mindestens 40 Polen eine aktive und 300 Polen eine passive Rolle bei der Ermordung gespielt hätten.

Deutsche SS-Männer und Wehrmachtsangehörige hätten jedoch ebenso einen Beitrag zu den Vorfällen geleistet. »In einem breiteren Verständnis waren sie [die Deutschen] die Anstifter des Verbrechens«, so der Leiter der Strafverfolgungskommission des IPN, Witold Kulesza, auf einer Pressekonferenz.[23] Die Zahl der jüdischen Opfer gibt der Bericht mit nicht weniger als 340 an.[24]

Auf Grundlage der Ergebnisse der Kommission veröffentlichte das Institut im selben Jahr die über 1.500 Seiten starke zweibändige Publikation Wokół Jedwabnego (Rund um Jedwabne).[25] Der erste Band enthält thematisch weitgestreute Essays verschiedener Autoren über die polnisch-jüdischen Beziehungen vor dem deutschen Einmarsch[26], sowie unter sowjetischer Besatzung[27], über die Rolle der katholischen Kirche in der Gegend[28], über die Verantwortung der Polen an den Massenmorden an der jüdischen Bevölkerung in Jedwabne und Umgebung[29] sowie über die Prozesse gegen die Täter von Jedwabne nach 1945.[30] Der zweite Band besteht aus einer umfangreichen Dokumentensammlung. Ohne Frage muss dem IPN zugute gehalten werden, dass mit dem Erscheinen des Mammutwerkes der Fall Jedwabne von einer vergessenen Randerscheinung der polnischen Geschichte zu einem der besterforschten Episoden des Zweiten Weltkrieges und der Judenvernichtung wurde.[31]

Die Autoren der Beiträge haben sich bewusst nicht allein auf den Ort Jedwabne, sondern auch auf die umliegenden Ortschaften konzentriert und kommen zu dem Schluss, dass Jedwabne keineswegs ein Einzelfall war, sondern dass es sich um eine ganze Reihe von Mordtaten an Juden handelte, die mit dem Einmarsch der deutschen Wehrmacht in das damals von der Sowjetunion besetzte Gebiet begann.[32] Keinen Zweifel lässt die Publikation daran, dass deutsche Kampfverbände durch Zusicherung von Straffreiheit, Vorbildfunktion und Enthumanisierung der Juden die Voraussetzungen für das Pogrom geschaffen hatten.[33] Auch wenn die aktive Rolle polnischer Zivilisten nicht negiert und nachgewiesen wird, dass Verbrechen auch ohne deutsche Beteiligung vonstattengingen[34], stellt dieser Befund eine Relativierung der Thesen von Jan Tomasz Gross dar. Als Ursachen für die antijüdischen Ausschreitungen nennen die Autoren neben niedrigen Gründen wie Antisemitismus, Bereicherung und Neid, auch Rachegefühle der polnischen Bevölkerung gegenüber den angeblich mit der brutalen sowjetischen Besatzungsmacht kollaborierenden Juden.[35] Die Autoren stellen dabei den Tatbestand einer prosowjetischen jüdischen Kollaboration nicht in Frage, ohne diesen jedoch empirisch zu beweisen.[36] Trotz der Tatsache, dass hier das alte Vorurteil der żydokomuna (jüdischer Bolschewismus) reproduziert wird, übernehmen die Autoren diese Argumentationsstruktur. Abgesehen von diesen Mängeln ist die Publikation dennoch ohne Zweifel ein »Meilenstein in der Zeitgeschichtsschreibung«[37] Polens.

b) Die Debatte um Kielce Auch bei der heftig geführten Diskussion um Kielce ging es um die Frage, inwieweit sich die polnische Bevölkerung Verbrechen gegen ihre jüdischen Mitbürger schuldig gemacht habe. Nach der Diskussion um Jedwabne war die Debatte um Kielce bereits das zweite Thema, das die eigene historische Schuld betraf. Bei antijüdischen Ausschreitungen waren am 4. Juli 1946 in der zentralpolnischen Stadt Kielce 37 jüdische Männer, Frauen und Kinder ermordet worden.[38] Bereits in den frühen 1990er Jahren hatte das Thema in der polnischen Öffentlichkeit hohe Wellen geschlagen. Eine Reihe von konservativen Historikern vertrat die Ansicht, dass das Pogrom von den kommunistischen Machthabern initiiert worden sei, um den Ruf der antikommunistischen Opposition zu schädigen.[39] Teilweise wurde sogar behauptet, die jüdische Gemeinschaft habe die Vorfälle selbst herbeigeführt, um der Welt die Notwendigkeit eines jüdischen Staates vor Augen zu führen.[40]

Nachdem sich der direkte Vorgänger des IPN bereits 1997 mit dem Thema beschäftigt hatte und keinerlei Beweise für eine dieser Theorien erbracht werden konnten, nahm das Institut des Nationalen Gedenkens auf Druck katholisch-konservativer Kreise eine zweite, weitaus breiter angelegte Untersuchung der Vorfälle vor. In den Jahren 2001 bis 2004 nahm das IPN die Recherchen wieder auf. Trotz intensiver Prüfung jeder verfügbaren Quelle und der Befragung von 170 Zeugen war das Resultat jedoch dasselbe wie bereits 1997. Der offizielle Abschlussbericht der Kommission betonte, dass es für alle Thesen, welche das Pogrom von Kielce in Zusammenhang mit einer wie auch immer gearteten Provokation durch kommunistische Kräfte stellten, keinerlei Beweise oder Anhaltspunkte gebe. Ebenso wurde die These einer jüdischen Inszenierung der Ausschreitungen als unhaltbar verworfen.[41] Vielmehr zeige der aktuelle Stand der Forschung, dass »die Ereignisse am 4. Juli in Kielce einen spontanen Charakter hatten und

als Folge einer Reihe unglücklicher Umstände, die im historischen Charakter der Gesellschaft lagen, geschahen.«[42]

Auf der Basis dieser vier Jahre dauernden Forschungen veröffentlichte das Institut 2006 die über 500 Seiten umfassende Publikation Wokół pogromu kieleckiego (Rund um das Pogrom von Kielce) mit Beiträgen renommierter polnischer Historiker und einer ausführlichen Quellen- und Dokumentensammlung.[43] In den Beiträgen werden das polnisch-jüdische Verhältnis Mitte der 40er Jahre[44], die Rolle der Kirche[45] und des Untergrundes[46] sowie die Rezeptionsgeschichte des Pogroms[47] behandelt. Dabei wird die Provokationsthese zwar nicht ausgeschlossen, jedoch deutlich betont, dass es keinerlei Beweise für die Theorie gebe. Der Bericht analysiert die Rolle des polnischen Antisemitismus bei den Ereignissen von Kielce und kritisiert, dass viele polnische Autoren diese unterschätzten oder gar herunterspielt hätten. Insgesamt bietet die Publikation einen hervorragenden und objektiven Überblick über den Forschungsstand zum Pogrom von Kielce.[48] Wie schon die Publikation zu Jedwabne setzte das IPN damit den wilden Spekulationen über Verschwörungstheorien ein Ende, räumte mit dem Mythos der polnischen Opferrolle auf und trug dazu bei, das schwierige polnisch-jüdische Verhältnis auf eine rationalere Ebene zu stellen.

DAS IPN IM EUROPÄISCHEN KONTEXT Wie gezeigt wurde, kann das Institut für Nationales Gedenken als Versuch angesehen werden, ein vom Staat definiertes Geschichtsbild in der Gesellschaft zu etablieren. Ein Blick auf andere Länder Europas macht dabei deutlich, dass eine per Gesetz verordnete Ansicht der Vergangenheit keineswegs unüblich ist. Der französische Begriff der »lois memorielles«, also der der Erinnerung dienenden Gesetze, verdeutlicht dies. Diese Erinnerungsgesetze haben sich zu einem gängigen staatlichen Mittel entwickelt, Geschichtsbilder in der Gesellschaft zu etablieren und eine öffentliche Negierung dieser Geschichtsbilder mit Sanktionen zu belegen. Vor allem – aber bei Weitem nicht nur – in Frankreich wurde eine ganze Reihe solcher Gesetze in den letzten Jahren vom Parlament beschlossen.

Eines der umstrittensten Gesetze dieser Art verabschiedete die französische Nationalversammlung am 23. Februar 2005. Es sieht die staatliche Anerkennung und das Recht auf materielle Entschädigung für Franzosen vor, die während der Entkolonialisierung Schaden erlitten haben. In Artikel 4 dieses Gesetzes wird zudem bestimmt, dass in den Lehrplänen »der positive Beitrag der französischen Präsenz in Übersee, und insbesondere in Nordafrika« hervorzuheben sei. Ferner sollen die Lehrpläne den Soldaten der französischen Armee aus diesen Gebieten die ihnen gebührende Anerkennung gewähren sowie deren Geschichte und Opfer würdigen.[49] Neben diesem Gesetz hatte das französische Parlament bereits Gesetze gegen die Leugnung der Shoah (Gaysott-Gesetz)[50], über die Anerkennung des Völkermordes an den Armeniern im Jahr 1915 und die Bestrafung seiner Leugnung[51] sowie über die Anerkennung von Menschenhandel und Sklaverei als Verbrechen gegen die Menschlichkeit (Taubira-Delannon-Gesetz)[52] verabschiedet. Es ist möglich, auf Grundlage dieser Gesetze Personen, welche gegenteilige Meinungen in der Öffentlichkeit vertreten, anzuzeigen. So wurde der renommierte französische Historiker Oliver Pétré-Grenouilleau strafrechtlich verfolgt, da er in einem Aufsatz die Charakterisierung des Sklavenhandels als Völkermord abgelehnt hatte.[53] Zwar wurde die Anzeige nach einigen Monaten wegen anhaltende Proteste zurückgezogen; dennoch zeigt dieses Beispiel, wie sehr die französischen Erinnerungsgesetze in die freie historische Meinungsbildung eingreifen können. Zu bemerken ist jedoch, dass es offenen Protest gegen diese verordnete Geschichtspolitik gab und gibt. In einer Petition, die 1000 französische Historiker unterzeichneten, wurde gegen die Vereinnahmung der Geschichte durch die Politik protestiert, so dass Präsident Jacques Chirac die Passage über die positive Rolle Frankreichs als Kolonialmacht ein Jahr später aus dem Gesetzestext streichen ließ.[54]

Frankreich steht mit seinen Erinnerungsgesetzen in Europa allerdings keineswegs allein da. Spanien erließ im Oktober 2006 ein Erinnerungsgesetz über den Umgang mit dem Spanischen Bürgerkrieg in der Öffentlichkeit, das unter anderem alle Statuen und Denkmäler, die im Zusammenhang mit dem Ereignis stehen, zu entfernen verlangt.[55] Das ukrainische Parlament verabschiedete Ende 2006 ein Gesetz, welches den Holodomor[56] als »Genozid am ukrainischen Volk« bezeichnet und seine Leugnung als widerrechtlich einstuft.[57] Im Falle der Ukraine ist zudem bemerkenswert, dass dort im Juli 2006 ein am Vorbild des polnischen IPN orientiertes Institut für Nationales Gedenken als »zentrales Organ der exekutiven Gewalt« ins Leben gerufen wurde. Die Ziele des Instituts sind mit denen seines polnischen Pendants nahezu deckungsgleich. So soll das Institut der »Realisierung der staatlichen Politik in der Sphäre der Erneuerung und Bewahrung des nationalen Gedächtnisses des ukrainischen Volkes« dienen sowie die Erinnerung an die Opfer der politischen Repressionen verewigen.[58]

Neben dem Erlassen von Erinnerungsgesetzen greifen Staaten auch durch andere Maßnahmen in die Gestaltung eines gesellschaftlichen Geschichtsbildes ein. Entscheidungen über den Bau von Denkmälern und Erinnerungsstätten oder die Festlegung von staatlichen Feiertagen zu bestimmten historischen Begebenheiten sind ebenfalls – von niemandem kritisierte – Mittel, um in der Gesellschaft eine bestimmte Sicht der Geschichte zu vermitteln. Betrachtet man die Funktion und die Aufgaben des IPN in diesem größeren Kontext der staatlichen Geschichtspolitik, erscheint das Institut weniger als Ausdruck prinzipiell anderen Geschichtsverständnisses denn als polnische Ausprägung einer gängigen staatlichen Praxis der Geschichtspolitik.

SCHLUSSFOLGERUNG: DIE BEDEUTUNG DER GESCHICHTE FÜR POLEN Ein Blick auf die offizielle Internetpräsenz des Instituts für Nationales Gedenken[59] verdeutlicht, dass es dem Institut darum geht, eine positive Darstellung der polnischen Geschichte zu verbreiten. Bereits auf der Startseite konstruiert die Homepage des IPN durch ein Bild der polnischen Fahne die Kontinuität des polnischen Kampfes gegen Besatzer und Unterdrückung vom Beginn des Zweiten Weltkrieges 1939 über den Warschauer Aufstand 1944 und die Proteste 1956 und 1968 bis hin zur Bewegung der Solidarność 1981.[60] Damit wird versucht durch die Vermittlung eines bestimmten Geschichtsbildes die nationale Identität der polnischen Gesellschaft zu stärken. Dies ist eine legitime und gängige Praxis aller Nationalstaaten. Fragwürdig erscheint jedoch die Vermischung von historischer Forschung, strafrechtlicher Verfolgung und politischer Einflussnahme. Gerade im Umgang mit den Akten der Staatsicherheit in den letzten Jahren offenbaren sich die Gefahren dieser Vermischung. Vieles deutet darauf hin, dass vom IPN zugespielte Materialien gezielt genutzt wurden, um politische Gegner anzugreifen und zu diskreditieren.[61] Nach heftigen Kontroversen in der polnischen Öffentlichkeit wurden Teile des Lustrationsgesetzes daraufhin vom Verfassungsgericht als verfassungswidrig eingestuft.[62]

Bei einer Bewertung des IPN ist zu berücksichtigen, dass die Bedeutung der eigenen Geschichte für die Gesellschaft in Polen mit der in westeuropäischen Gesellschaften nicht einfach zu vergleichen ist. Während der Jahre der Teilungen und Besatzungen des Landes war die Erinnerung an die eigene Geschichte immer auch ein Mittel der polnischen Gesellschaft, in Phasen der Unterdrückung die eigene Identität zu erhalten. Dass dies nicht selten auch zu einer Verklärung der eigenen Geschichte geführt hat und bis heute führt, ist daher kaum verwunderlich.[63] Nach dem Wendejahr 1989 gab es in der polnischen Gesellschaft ein verständliches Bedürfnis, sich mit den »weißen Flecken« der eigenen Geschichte auseinanderzusetzen, also jenen Themen, die in der Volksrepublik tabuisiert gewesen waren. Das IPN ist zweifelsohne Ausdruck dieses polnischen Bedürfnisses und einer spezifischen polnischen Geschichtstradition. Mit Hilfe der Geschichte soll zudem versucht werden, auch in den schwierigen Transformationsprozessen eine gesamtstaatliche Identität zu bewahren und zu festigen. Die Erinnerung an die vielen Jahre der Unterdrückung und des Kampfes gegen feindlich Besatzungen ist hierbei ein Mittel, um die Risse, welche sich innerhalb der polnischen Gesellschaft nach 1989 auftaten, zu schließen.[64]

Gerade für deutsche Beobachter wirkt das IPN mit seiner per Gesetz definierten Geschichtspolitik »von oben« befremdlich. Auch der Gesetzestext zur Gründung des Instituts erzeugt mit seiner national-pathetischen Sprache ein ambivalentes Gefühl. Dass sich die 2005 gewählte national-konservative Regierung unter Jarosław Kaczyński der Geschichtspolitik als eines wesentlichen Mittels zur Durchsetzung ihres Vorhabens bediente, eine vierte, moralisch erneuerte Republik zu schaffen, trug zusätzlich dazu bei, das IPN in einem schlechten Licht erscheinen zu lassen. Nur selten wurde diese Kritik wirklich konkretisiert – wie im Falle der polnischen Lustration[65]; in machen Fällen erscheint sie gar als gänzlich unberechtigt.[66]

In zwei Geschichtskontroversen, die ohne Frage neben der Lustration zu den am meisten diskutierten der jüngeren polnischen Geschichte zählen, legte das IPN jedoch Arbeiten vor. Die Diskussionen um polnische Verbrechen an Juden erschütterten das polnische Verständnis als Opfer der Geschichte im Mark.[67] Auch wenn die Publikationen des IPN nicht verleugnen können, dass sich das Institut in dem schwierigen Spannungsfeld zwischen der Ermittlung der historischen Wahrheit und einer vorgegebenen Identitätsstiftung bewegt, ist die Rolle des IPN in beiden Debatten als kritisch-produktiv zu bewerten. Das Institut sorgte dafür, dass beide Themen intensiv erforscht wurden. Gleiches ließe sich auch für andere Themen der polnischen Geschichte feststellen, in denen Polen als Täter in Erscheinung traten und zu denen das IPN publiziert hat.[68]

Diese Leistung ist von vielen Kritikern übersehen worden. Zudem relativiert sich die Stellung des Instituts als staatliches Mittel der Geschichtspolitik bei einem Blick auf die Praxis anderer europäischer Länder. Sicher besitzt nicht jede Nation eine mit dem IPN vergleichbare Institution, doch über den direkteren Weg der Erinnerungsgesetze und anderer geschichtspolitischer Maßnahmen greifen auch andere Staaten – und wie das Beispiel Frankreich verdeutlicht hat, auch westeuropäische Staaten – aktiv in die Etablierung eines staatlichen Geschichtsbildes ein. So greift das IPN zwei Strömungen auf. Zum einen bewegt es sich innerhalb der polnischen Tradition und dem Bedürfnis, die eigene Leidensgeschichte nach 1989 zu thematisieren, zum anderen ist es Ausdruck eines gesamteuropäischen Trends, die Vergangenheit zu erinnern und der Geschichte eine erhöhte Bedeutung zuzumessen.[69]

1 Die deutsche Bezeichnung ist eine offizielle Vorgabe des IPN, das polnische Wort pamięć bedeutet jedoch auch »Erinnerung, Gedächtnis«, so dass die Bezeichnung »Institut für nationales Gedächtnis / für nationale Erinnerung« eine ebenso zutreffende Übersetzung wäre.

2 Ein Überblick über die Publikationen ist auf der Homepage des IPN zu finden: www.ipn.gov.pl/portal/pl/228/6735/Gdzie_kupic_publikacje_IPN.html.

3 Ein prägnantes Beispiel dieser Kritik ist der deutsche Historiker Dr. Röhr, der in einem Artikel über das Pogrom von Kielce dem IPN vorwirft, die Schuld von Polen bei den Ereignissen nicht wahrhaben zu wollen, vgl. Röhr, Massaker. Auch die Rezension Röhrs zur Jedwabne-Publikation fiel negativ aus, vgl. Röhr, Rezension.

4 In Röhr, Massaker, lassen sich Übersetzungsfehler, Ungenauigkeiten und Übertreibungen feststellen.

5 Zur Methodik der leitfadengestützten Interviews vgl. Diekmann, Empirische Sozialforschung, S. 446–449.

6 Ustawa 1998. Alle Übersetzungen aus dem Polnischen von Tobias Schneider und Julia Kowalski.

7 Das Gesetz war bereits am 7. September vom Sejm verabschiedet worden. Präsident Kwasniewski legte jedoch sein Veto ein, da er verfassungsrechtliche Bedenken hatte. Am 18. Dezember 1998 überstimmte der Sejm mit 282 Ja-Stimmen und 164 Nein-Stimmen mit der erforderlichen 2/3-Mehrheit das Veto. Die Debatte drehte sich vor allem um den Zugang zu den Akten und die Berufung des Vorstandes, vgl. GW vom 19./20. Dezember 1998, »Teczki 2000«, S. 1., RP vom 19./20. Dezember 1998, »Weto odrzucone, ustawa podpisana«, S. 1.

8 Vgl. Ustawa 1998, Art. 18.

9 pol. lustracja = Überprüfung der Geheimdienstunterlagen; in Deutschland. Überprüfung der Stasi-Akten.

10 Die Debatten drehten sich ausschließlich um den Umgang mit den Akten der Staatssicherheit, vgl. Polityka Nr. 40 (1998) »Instytut Pamięci Ułomniej«, S. 36; Nr. 47 (1998), »Kto ma teczki, ten ma władzę«, S. 3–8.

11 Ustawa, Art. 45.

12 Vgl. Pickhan, Interview; Piskorski, Interview.

13 Ustawa, Art. 8. Laut Mitteilung der Pressestelle des IPN beträgt das Budget für 2008 20 Millionen zloty (ca. 5 Millionen Euro).

14 Ustawa, Art. 10.

15 Ustawa 1998, S. 1.

16 Nach Bock/Wolfrum richtet sich Geschichtspolitik »auf die öffentliche Konstruktion von Geschichts- und Identitätsbildern«, die sich über Diskurse, Rituale und Symbole vollziehen und die Funktion der politischen Legitimation und Mobilisierung mittels der Vergangenheit einschließen. Vgl. Bock, Umkämpfte Vergangenheit, hier S. 9. Der Begriff der polityka historyczna ist neu in der polnischen Sprache.

17 Nach Ansicht der PIS zeichnete sich die Dritte Republik (nach 1989) durch Schwäche, Korruption und Werteverlust aus. Die Vierte Republik, welche die Partei nach ihrem Wahlsieg 2005 ausrief, sollte auf konservativen Werten beruhen. Zur Geschichtspolitik der PIS vgl. Ruchniewicz, Geschichtspolitik.

18 Vgl. Arcana 70–71 (2006).

19 Gross, Sąsiedzi; 2001 wurde das Buch in die deutsche Sprache übersetzt und unter dem Titel Nachbarn. Der Mord an den Juden in Jedwabne veröffentlicht.

20 Zur Debatte vgl. Sauerland, Polen und Juden, S. 223–279; Zur politischen Instrumentalisierung vgl. Wolentarska-Ochmann, Collective Memory in Jedwabne, S. 169–172.

21 Tekst postanowienia.

22 Ebd.

23 Vgl. Rzeczpospolita vom 10. Juli 2003. »Wyniki śledztwa w sprawie Jedwabnego. Jednak sąsiedzi.«

24 Vgl. postanowienia o umorzeniu śledztwa w sprawie zabójstwa obywateli polskich narodowości żydowskiej w Jedwabnem w dniu 10 lipca 1941 r.; Rzeczpospolita vom 10. Juli 2002 »Wyniki śledztwa w sprawie Jedwabnego. Jednak sąsiedzi.«; Gazeta Wyborcza vom 10. Juli 2002, S. 6, »Co najmniej 340 ofiar«.

25 Wokół Jedwabnego, Bd. I »Studia«, Bd. II »Dokumenty«, Warszawa 2002. Eine deutsche, jedoch stark gekürzte Version der Publikation erschien 2004 unter dem Titel »Der Beginn der Vernichtung«.

26 Milewski, Polacy i żydzi.

27 Wierzbicki, Stosunki polsko-żydowskie.

28 Liblionka, Duchowieństo diecezji.

29 Machcewicz, Wokół Jedwabnego; Żbikowski, Pogromy i mordy.

30 Rzeplińsk, To jest z ojczyzny mojej?

31 Vgl. hierzu die Rezension von Friedrich.

32 Vgl. Machcewicz, Wokół Jedwabnego, S. 31.

33 Dimitrów, Oddziały operacyjne, hier S. 332–335.

34 Ebd. S. 344.

35 Vgl. beispielsweise bei Dimitrow, Oddziały operacyjne, S. 328–331. Machcewicz, Wokół Jedwabnego, S. 34–38. Zu den weiteren Motiven ebd. S. 39–48.

36 Vgl. beispielsweise Wierzbicki, Stosunki polsko-żydowskie, S. 152–153. Sowjetische Dokumente weisen eine sehr unterschiedliche Beteiligung von Juden an den neuen Machtorganen aus, vgl. Friedrich, Rezension.

37 Friedrich Rezension, S. 459.

38 Zu den Ereignissen in Kielce am 4. Juli 1946 vgl. Sauerland, Polen und Juden, S. 148–153.

39 Eine Reihe von Artikeln, welche die in der polnischen Gesellschaft intensiv geführte Debatte verdeutlichen, sind abgedruckt in: Zabić Zyda.

40 Vgl. zur Rezeptionsgeschichte des Kielcer Pogroms Friedrich, Das Pogrom und Szaynok, Spory.

41 Vgl. Postanowienie, S. 470–478, hier vor allem S. 478.

42 Ebd., S. 178.

43 Wokół pogromu. Die Veröffentlichung wurde 2006 ins Englische übersetzt. In der englischen Ausgabe fehlen jedoch der Bericht der Kommission sowie die Quellensammlung, vgl. Reflections on the Kielce Pogrom.

44 Szaynok, Polacy i żydzi.

45 Żaryn, Hierarchia.

46 Śmietanka-Kruszelnicki, Pogrom w Kielcach.

47 Szaynok, Spory.

48 Vgl. dazu auch die Rezension von Friedrich: Comparative, S. 247.

49 Vgl. loi no 2005–158.

50 Vgl. loi no 90–615.

51 Vgl. loi no 2001–70.

52 Vgl. loi no 2001–434.

53 Vgl. Eckert, Der Kolonialismus, S. 32–33.

54 Vgl. Eckert, Der Kolonialismus, S. 33.

55 Vgl. Ley 121/000099.

56 Der Begriff Holodomor hat sich in der Ukraine als Bezeichnung für die Hungersnot von 1932/33 durchgesetzt, bei der in der gesamten Sowjetunion zwischen 5–7 Millionen Menschen ums Leben kamen. Ukrainische Historiker sehen die Ursache des Hungers in der Politik Stalins, der mit der bewussten Aushungerung der Bevölkerung gegen die ukrainischen Bauern vorgehen wollte, die sich der Kollektivierung widersetzten. Diese Deutung des Holodomor als Genozid ist international umstritten. Vgl. dazu: Jilge, Geschichtspolitik in der Ukraine.

57 Vgl. Gesetz der Ukraine Nr. 376/V vom 28.11.2006, Pro Holodomor 1932–1933 rokiv v Ukraïni, in: Vidomosti Verchovnoï Rady Ukraïny [(VVR), (2006) 50, S. 504, zitiert nach Jilge, S. 26.

58 Beschluss des Ministerkabinetts der Ukraine Nr. 927 vom 5.7. 2006, Pro zatverdzennja Polozennja pro Ukraïns›kyj instytut nacional›noï pam»jati, in: Oficijnyj visnyk Ukraïny, (2006) 27, 19.07.2006, S. 83, 1962., zitiert nach Jilge, S. 25.

59 www.ipn.gov.pl.

60 wie 54. Stand 24.03.2008.

61 Vgl. Piskorski, Interview.

62 Vgl. zum Thema der Lustration Grajewski, Lustration in Polen; Paradowska, Aufarbeitung und Ranküne, Pickhan, Interview.

63 Das 2004 in Warschau eröffnete Museum des Warschauer Aufstandes (Muzeum Powstania Warszawskiego) kann als bildhafter Ausdruck dieser Verklärung gesehen werden. Auch einige Veröffentlichungen des IPN gehen, wie beispielsweise Konspiracja i opór społeczny w Polsce 1944–1956 (Konspiration und Gesellschaftlicher Widerstand in Polen 1944–1956), in diese Richtung.

64 Zur Bedeutung der Geschichte für Polens Gesellschaft, vgl. Dimitrów, Begriffe und Daten; Ruchniewicz, Geschichtspolitik; Ders., Die historische Erinnerung; Kosmala, Lange Schatten.

65 Vgl. hierzu Grajewski, Lustration in Polen; Paradowska, Aufarbeitung und Ranküne.

66 Vgl. Rezension Röhrs zu Wokol Jedwabnego.

67 »Viele von uns – auch mich – hat dieses Buch tief erschüttert. Es schien uns unfassbar, dass Polen ein solches Verbrechen begangen haben sollten. [...]«, beschrieb beispielsweise der Chefredakteur der Gazeta Wyborcza, Adam Michnik, sein Empfinden bei der Veröffentlichung des Buches Nachbarn; Michnik, Vorwort, S. 1

68 Siehe beispielsweise Ukraińcy na zachodnisch i północnych ziamiach Polski 1947–1957 (Die Ukrainer in der westlichen und nördlichen Gebieten Polens 1947–1957).

69 Vgl. Piskorski, Interview.

AUSSER-UNIVERSITÄRE GESCHICHTSPRAXIS IN DER SCHWEIZ

ALEXANDRA BLOCH PFISTER

Wachsende Professionalität, Diversifikation des Angebots – der Markt für historische Dienstleistungen in der Schweiz ist im Aufbruch: An eine Darstellung der akademischen Orte der Geschichtskultur schließt sich im Folgenden die Untersuchung von Rahmenbedingungen und Praxis freiberuflichen und außeruniversitären Arbeitens von Historiker_innen in der Schweiz an.

AKADEMISCHE ORTE DER GESCHICHTSKULTUR Geschichte kann in der Schweiz an acht Universitäten studiert werden, im Studienjahr 2007/08 waren insgesamt 3.443 Geschichts studierende eingeschrieben. 353 schlossen 2006 nach der alten Studienordnung mit dem Lizentiat ab, 34 mit dem Bachelor, drei mit einem Master und 45 mit einem Doktorat. Auskünfte über die sich ans Studium anschließenden beruflichen Tätigkeiten sind spärlich: Medien, Verlagswesen und Verwaltung gelten als die üblichen Tätigkeitsfelder von gut ausgebildeten Generalisten, wie Historiker es darstellen. Da die Lehrerausbildung für Sekundarstufe I und II in der Schweiz auf dem akademischen Studium aufbaut und dieses voraussetzt, finden sich unter diesen Zahlen auch etliche Geschichtslehrer. Genaue Zahlen stehen aufgrund des föderativ strukturierten Schweizer Bildungssystems nicht zur Verfügung. Hochgerechnet kann vermutet werden, dass mindestens 20 Prozent der Absolventen den Lehrerberuf wählen: Im Kanton Zürich wurden 2006 93 Lizentiatsabschlüsse in Geschichte gemacht, 2007 von 22 Hauptfachhistorikern das Zürcher Diplom für das Höhere Lehramt, d. h. die Lehrbefähigung für die Sekundarstufen I und II, erworben. Weil das Diplom aber nur die Voraussetzung für eine Festanstellung ist, an den Gymnasien und Berufsschulen aber auch mit befristeten Lehraufträgen unterrichtet wird, ist die Anzahl unterrichtender Geschichtsabsolventen vermutlich höher. Das Feld der Vermittlung von Geschichte ist in der Schweiz nicht von Lehrstühlen für Didaktik der Geschichte besetzt wie in Deutschland.[1] Dies bringt einerseits bezüglich der Geschichtslehrerausbildung eine Abhängigkeit von deutschen Publikationen mit sich, ermöglicht aber andererseits den Geschichtsstudierenden und Lehramtsanwärtern eine breitere und akademischere Auseinandersetzung mit Geschichte während ihres Studiums. Auch fällt ein späterer Wechsel zwischen Schule und Privatwirtschaft oder Verwaltung so leichter.

Die ersten Geschichtslehrstühle wurden in der Schweiz zur Zeit des Liberalismus ab den 1830er Jahren geschaffen. Viele Schweizer Lehrstuhlinhaber beschränkten sich bis ins 20. Jahrhundert hinein auf nationale Geschichtsschreibung; nur wenige beteiligten sich an internationalen Diskussionen und wurden auch außerhalb der Grenzen wahrgenommen (so z. B. Jacob Burckhardt oder Johann Jakob Bachofen).[2] Es dominierte bis in die 1970er Jahre eine liberale Auffassung von Geschichtsschreibung in der Tradition der Erklärung und Beschreibung der Bundesstaatsgründung von 1848, welche verstärkt wurde durch die politische Entwicklung in Deutschland in den 1930er Jahren: Das Einstehen für die Demokratie wurde in der Schweiz nachgerade zu einer Weltanschauung. Obwohl bereits 1902 – und damit im internationalen Vergleich sehr früh – in Genf ein Lehrstuhl für Wirtschaftsgeschichte geschaffen und 1910 das Wirtschaftsarchiv in Basel gegründet worden war, erfolgte erst ab den 1970er Jahren eine breitere Öffnung gegenüber den neuen wissenschaftlichen Strömungen und zuerst der Einbezug ökonomischer und sozialer, später auch anthropologischer, kultureller, technologischer und genderspezifischer Perspektiven in eine sich immer umfassender verstehende Geschichtsschreibung. Dass die Auseinandersetzung zwischen Vertretern der Sozialgeschichte und der Alltagsgeschichte, wie sie polemisch in Deutschland geführt wurde, in der Schweiz kaum hohe Wellen warf, ist neben anderem auch darauf zurückzuführen, dass verschiedene das Gebiet der Sozialgeschichte abdeckende Lehrstuhlinhaber (Rudolf Braun in Zürich, Erich Gruner in Bern, Markus Mattmüller in Basel) Alltag und Arbeiter von Anbeginn zu Parametern ihrer Untersuchungen gemacht hatten. Kontroversen wurden in der Schweiz vielmehr zwischen Vertretern einer politisch liberalen Geschichtsschreibung und sich zumeist dem linken Parteienspektrum zuordnenden Sozialhistorikern ausgetragen. Konnte es noch in den 1980er Jahren zu

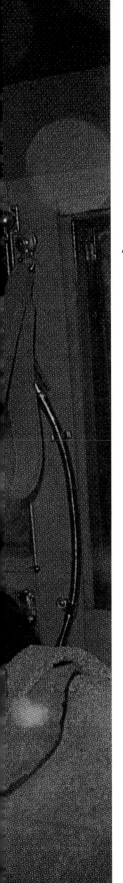

polarisierenden Stellungnahmen kommen, so ist die Einnahme einer sozialhistorischen Perspektive unter Einbezug alltags- und gendergeschichtlicher Termino-
logien heute, auch aufgrund des Generationswechsels auf den Lehrstühlen,
selbstverständlich. Raum für Auseinandersetzungen bleibt aber: Eine betont
leserfreundliche Darstellung der Schweizer Geschichte wurde Anfang 2008 in der
Romandie zu einem Bestseller, hat aber auch einen Historikerstreit entfacht.[3]
Linke Historiker, die an den welschen Hochschulen eine starke Position inneha-
ben, sehen in dem ereignisgeschichtlich orientierten, einfach und leicht verständlich, allerdings ohne Fußnoten und Quellenhinweise geschriebenen Werk einen
Angriff auf die seriöse sozialwissenschaftliche Geschichtsschreibung.

AUSSERUNIVERSITÄRE PRAXISFELDER Der in den 1960er Jahren erfolgte Aufbruch erfasste sowohl die akademische Forschung und Lehre von Geschichte als
auch deren Anwendung und Vermittlung außerhalb der Universitäten. Hier lassen sich Gemeinsamkeiten zur europäischen respektive us-amerikanischen und
deutschen Entwicklung ausmachen wie auch substantielle Unterschiede.

Wie in den USA und in Deutschland führte auch in der Schweiz die Zunahme
der Studierenden aufgrund der Bildungsrevolution der 1960er Jahre zu einem
Überschuss an Akademikern. Die Entstehung der Public-History-Bewegung in
den USA wird explizit auf den Stellenmangel an den Universitäten und Colleges
zurückgeführt und auf die daraus resultierenden Bemühungen, den Absolventen
non-teaching careers und alternative Beschäftigungsmöglichkeiten zu erschließen.[4] Eine ähnliche Entwicklung mit institutionalisierten Ausbildungsgängen
ließ sich in Europa zu dieser Zeit nicht durchsetzen; in Deutschland wurde der
Impetus zu Neuerungen zum Teil von den bestehenden und für die Geschichtsvermittlung zuständigen Didaktik-Lehrstühlen aufgefangen.[5] In der Schweiz wurde vermutlich eine kritische Masse an beschäftigungslosen Historikern einfach
nicht erreicht: Zudem standen aufgrund der Ausbildungsstruktur und der
Tatsache, dass das Lehrerstudium erst auf dem akademischen Studium aufbaute,
stets auch andere Laufbahnen zur Verfügung. Dennoch kam es auch in der
Schweiz zur Erschließung neuer Berufsfelder und zu innovativen Existenzgrün-
dungen durch Historiker.

Der Gründung von Verlagen kam in diesem Rahmen immer wieder treibende
und gestaltende Kraft zu: Selbständige Verlage bieten die Möglichkeit, eigene und
selbst ausgewählte Schriften zu publizieren, und schaffen damit nicht nur einen
Raum für unabhängige Meinungsäußerung, sondern bieten auch ein Gefäß für
neue, innovative Literatur und Forschungsrichtungen an. 1975 wurde der Limmatverlag gegründet, um den heute noch als Standardwerk geltenden, von Studierenden in Kollektivarbeit erstellten Quellenband zur Schweizer Arbeitergeschichte
zu verlegen. Dessen Publikation war von anderen Verlagen, darunter dem Suhr-
kamp-Verlag, aus politischen Gründen abgelehnt worden. Der Limmatverlag wird
bis heute als Kollektiv bzw. von einem Team gleichberechtigter Verleger geführt;
etliche Mitarbeiter des Quellenbandes zur Arbeitergeschichte schufen sich in
den folgenden Jahren einen Namen als freiberufliche, außerhalb der universitären Hierarchien tätige Historiker.[6] 1985 gründeten zwei Historiker in Zürich den

Chronos-Verlag für Geschichte; das erste veröffentlichte Buch war eine Studie, entstanden im Auftrag des National Fonds. Der Verlag profilierte sich in der Folge als erste Adresse für sozial- und wirtschaftshistorische Publikationen in der Schweiz, der heute neben wissenschaftlichen Fach- auch Sachbücher publiziert, die sich an ein breites Publikum richten. Deutlich als Teil eines Netzwerks wird von seinen Gründern der seit 1998 in Baden bestehende Verlag hier+jetzt gesehen. Hier werden schwerpunktmäßig Bücher zu kultur- und wirtschaftsgeschichtlichen Themen der Schweiz des 20. Jahrhunderts verlegt. Die Verleger sind zusätzlich als Autoren, in der Museumsarbeit und im Archivwesen tätig.

Neben dem Verlagswesen erschlossen sich in den letzten Jahren selbständig tätige Historiker das Feld der Archivdienstleistungen. Vorwiegend sind freischaffende Historiker_innen aber immer noch als Autoren tätig. Auch hier ergaben sich neue Formen von Vorgehen und Zusammenarbeit. So wurde in den 1980er Jahren die an den Mittelalter-Lehrstuhl von Roger Sablonier angebundene Beratungsstelle für Landesgeschichte (BLG) in Zürich gegründet, da Sablonier immer wieder Anfragen zur Vermittlung von Studenten für Honoraraufträge erhielt. Ebenso war es ihm ein Anliegen, seine Absolventen in wirtschaftlichem Denken zu schulen. Denn diese – so Sablonier – trieben zu wenig Wertschöpfung aus ihren beruflichen Kenntnissen und sollten das Feld nicht den Kulturmanagern und Werbefachleuten überlassen. Das direkte akademische Umfeld habe verständnislos reagiert, auch von deutschen Kollegen sei der Vorwurf der unlauteren Konkurrenz durch Politiknähe gekommen, den er vehement bestritten und betont, er stehe zu seinen Meinungen. Das Modell zeigte durchaus Erfolge: Etliche der heute tätigen freien Historiker stammen aus diesem Umfeld.

An der benachbarten Eidgenössischen Technischen Hochschule (ETH) sind solche Spin-offs durchaus üblich. Eine ähnliche Entwicklung fand in Bern im Umfeld des Lehrstuhls von Christian Pfister mit dem Spin-off Betrieb ViaStoria statt. 2003 entstand der Betrieb aus der Fachorganisation »Inventar historischer Verkehrswege der Schweiz« und beschäftigt heute 20 Mitarbeitende.

DIE SCHWEIZER ENTWICKLUNG Die Entwicklung der Anwendung von Geschichte in außeruniversitären Kontexten verlief in der Schweiz in mehreren Aspekten unterschiedlich zu derjenigen in Deutschland. So stießen Geschichtswerkstätten, die in den 1980er Jahren in verschiedenen deutschen Städten entstanden und an die skandinavische Bewegung des Grabe-wo-du-stehst und die britische History-Workshop-Bewegung anknüpften, in der Schweiz, wo sie Geschichtsläden genannt wurden, auf wenig Resonanz oder blieben kurze Episoden. Dafür können mindestens drei Gründe ausgemacht werden. Zum einen war die Aufarbeitung des Nationalsozialismus nicht im gleichen Ausmaß drängend, da bis in die innersten Familienbeziehungen wirkend, wie in Deutschland. »Spurensicherungsprojekte«, Alltagsgeschichte der »kleinen Leute« und »erzählte Geschichte«, Themen, die oft als Projekte in Gemeinschaftsarbeit (Ausstellungen, Filme) angegangen wurden, stießen aus diesem Grund in der Schweiz nicht auf eine vergleichbare Resonanz.[7] Eine Vergangenheits- und Schuldbewältigung setzte erst in den 1990er Jahren mit den us-amerikanischen Sammelklagen gegen Schweizer Banken um die nachrichtenlosen Vermögen von Holocaust-Opfern ein. Die Ausstellung »L'histoire c'est moi«, die zwischen 2004 und 2008 in vielen Schweizer Städten das größte hierzulande je durchgeführte Oral-History-Projekt präsentierte – 550 Interviews von Zeitzeug_innen des Zweiten Weltkriegs in der Schweiz, erhoben vom Verein Archimob – kann als vergleichbare Reaktion in kleinerem Rahmen auf die Anforderungen zur Vergangenheitsbewältigung gesehen werden.

Ein weiterer Grund für die geringe Resonanz von Geschichtswerkstätten ist darin zu sehen, dass die Schweizer Arbeitergeschichte weniger spektakulär und von Arbeitskämpfen gekennzeichnet verlief als in anderen Ländern. Bereits in den 1930er Jahren war unter dem Druck der sich verändernden außenpolitischen Lage ein Streikverzicht zwischen Arbeitgebern und Arbeitnehmern im sogenannten Friedensabkommen vereinbart worden. Drittens ist sicherlich das unter basisdemokratischen Voraussetzungen entstandene, mit einem historischen Bewusstsein vielfach eng verbundene und in allen sozialen Schichten vorhandene politische Bewusstsein bedeutungsvoll: das Selbstverständnis, ein politisches Subjekt bzw. ein aktiver Bestandteil des politischen Geschehens mit unmittelbaren Mitwirkungsrechten zu sein. Ein »Prozess der Geschichtsaneignung als aktive Subjekte«[8] war, zumal auch keine militärische Niederlage zu verarbeiten war, in diesem Sinne nicht nötig und dringend.

Die Tatsache allerdings, dass das »politische Subjekt« bis 1971 ausschließlich männlich war, erklärt, warum sich Stadtrundgänge, namentlich Frauenstadtrundgänge, die ebenfalls im Umfeld der Geschichtswerkstatt-Bewegung entstanden, in der Schweiz behaupteten. Die Gleichstellung der Geschlechter stellt in der Schweiz insofern ein wichtiges Thema dar, als den Frauen hier erst 1971 auf Bundesebene das Stimmrecht zugestanden wurde. Ab 1991 in Basel und Zürich durchgeführt, werden heute in verschiedenen Schweizer Städten solche Stadtführungen angeboten und gut besucht.

Im Allgemeinen lässt sich festhalten, dass das Verhältnis zur Vergangenheit in der Schweiz ungebrochener und unbelasteter ist, als es sich für Deutschland zeigt. Themen wie die Verfolgung der Jenischen in den 1930er Jahren, der Schweizer Zigeuner, betrafen kleine Randgruppen und wurden im Zuge der Neuerungsbewegung seit den 1960er Jahren aufgearbeitet. Die Aufarbeitung der Geschichte der nachrichtenlosen, auf Schweizer Banken liegenden Vermögen von im Holocaust umgebrachten Juden betraf primär die Schweizer Banken und den Ruf der Schweiz im Ausland, vor allem in den USA. Die von der Bundesversammlung (dem Schweizer Parlament) zur Aufarbeitung der Hintergründe eingesetzte Bergier-Kommission erarbeitete die komplexen wirtschaftlichen Verflechtungen der Schweiz mit Nazi-Deutschland. In der Schweiz wurde die offene Thematisierung des Aspekts des Profits durch die Kriegswirtschaft (u. a. Lieferung und Produktion von Kriegsmaterial) in den 1990er Jahren erst möglich, als die Aktivdienst-Generation, für die allein die erfolgreiche Bewahrung der territorialen Souveränität gegolten hatte, älter und spärlicher wurde und sich mit dem Zusammenbruch der Sowjetunion das Bedrohungsszenario zu erübrigen begann. Die intellektuelle Diskussion betraf den Schweizer Durchschnittsbürger nicht in existenzieller Weise, schuf aber in der Öffentlichkeit ein Bewusstsein für die politische und gesellschaftliche Funktion von Geschichte und Historiker_innen. Unmittelbare Auswirkungen von Nationalsozialismus und Zweitem Weltkrieg wie Zwangsarbeit, Schicksale von Vertriebenen, Flüchtlingen und Aussiedlern, die in Deutschland zur Gründung von historischen Forschungsabteilungen (u. a. Volkswagen-Stiftung) oder auf die Aufzeichnung von Biografien spezialisierten historischen Büros führten, fehlen in der Schweiz.

DER FREIE HISTORIKER IM AUFTRAG DER ÖFFENTLICHEN HAND Wie wird Geschichte in der Schweiz heute außerhalb der Universitäten praktiziert und vermittelt? Dazu wurden 19 Schweizer Historiker_innen befragt, die in unterschiedlichem Umfang freiberuflich tätig, zwischen drei und 27 Jahren im Geschäft sind und im besten beruflichen Alter stehen (35 bis 65 Jahre).[9] In der Mehrzahl sind es Einzelkämpfer, fünf der Befragten führen ein eigenes Unternehmen mit ein bis zwölf Mitarbeitern. Dreizehn haben keine zusätzlichen Festanstellungen, die übrigen verfügen über zusätzliche feste Anstellungen zwischen 20 bis 70 Prozent bei Institutionen wie Staatsarchiven, der kantonalen Denkmalpflege, dem Historischen Lexikon der Schweiz oder als Dokumentalistin beim TV. Die Selbständigkeit wird sowohl in der Weise praktiziert, dass für Aufträge Werkverträge geschlossen werden, als auch in der Weise, dass befristete Arbeitsverträge bzw. Festanstellungen auf Zeit eingegangen werden.

Das Spektrum der Leistungen umfasst schriftliche Auftragsarbeiten, Ausstellungen, Archivdienstleistungen, Verlegen von (historischen) Büchern, Museums- und Organisationsberatung und Projektentwicklung im historischen Bereich. Die Mehrzahl der Befragten ist ausschließlich oder zusätzlich im Bereich der schriftlichen Auftragsarbeiten tätig: Sie verfassen im Auftrag von Kommunen, Kantonen, Institutionen oder Vereinen Untersuchungen und Jubiläums- und Festschriften. Ein Drittel der Interviewten ist zusätzlich oder ausschließlich im Bereich Ausstellungen tätig: Sie konzipieren, entwickeln und realisieren Ausstellungen – ein Bereich, der in den letzten Jahren kontinuierlich gewachsen ist. Zwei der angefragten Historiker haben sich, der eine im Rahmen einer eigenen Firma, die zeitweise bis zu einem Dutzend Mitarbeiter beschäftigt, auf Archivdienstleistungen spezialisiert, d. h. auf Archivreorganisation, Consulting in Archivreorganisation und Records Management. Einer der Befragten ist Museums- und Organisationsberater, Initiator und Leiter eines Museologielehrgangs, den er in Verbindung mit Schweizer Hochschulen anbietet. Die Spezialisierung auf Archivdienstleistungen wie auch auf das Ausstellungsgeschäft setzte in den 1990er Jahren ein.

Die Entscheidung, selbständig zu arbeiten, wurde nur in wenigen Fällen bewusst gefällt: Meist lagen dann bereits genug Aufträge vor oder es bestand eine sichere berufliche Perspektive. Oft dagegen nahm die Entwicklung eine bewusste Entscheidung vorweg: Auf einen bestehenden Auftrag folgten weitere Anfragen. Diese Situation korrespondiert mit der wiederkehrenden Aussage, keine aktive Akquise zu betreiben bzw. betreiben zu müssen. Die Aufträge kommen, weil der gute Ruf da ist, über Empfehlungen, bestehende Leistungsausweise und Netzwerke.

Die Auftraggeber der befragten Historiker_innen sind vielfach die öffentliche Hand (Kommunen, Kantone, Bund), die nicht nur Jubiläumsschriften beauftragt, sondern auch wissenschaftliche Projekte über den Nationalfonds finanziert. Daneben treten Institutionen und Vereine auf, seltener Firmen und Private. Nur einer der Befragten zählt Firmen zu seinen regelmäßigen Auftraggebern. Obwohl gerade auch bei den global tätigen Schweizer Konzernen sicherlich die Aufarbeitung einiger Themen von großem historischem Interesse wäre, fehlt der gleichsam existentielle, politische und öffentliche Druck, dies in einem vergleichbaren Ausmaß wie deutsche Firmen zu tun.

WACHSENDE NACHFRAGE FÖRDERT PROFESSIONALISIERUNG Der Markt für historische Dienstleistungen (historische Auftragsarbeiten, Publikationen, Ausstellungen, Archivorganisation, Vorträge) hat sich nach Ansicht der meisten Befragten in den letzten Jahren vergrößert. Dabei spielt der Markt, der sich aus der Bewältigung der Kriegserfahrungen und -fakten erschloss, eine gewisse, wenn auch keine treibende Rolle. So waren in den Arbeitsgruppen der Unabhängigen Experten-Kommission Schweiz – Zweiter Weltkrieg (Bergier-Kommission) neben wenigen freien Historikern etliche junge Historiker tätig, die ihr Studium gerade abgeschlossen hatten, sich u. a. durch ihre akademischen Abschlussarbeiten für eine Mitarbeit qualifiziert hatten und diese Tätigkeit als Sprungbrett für ihre weitere berufliche Karriere in Verwaltung, NGOs und Privatwirtschaft nutzten. In der Mehrzahl aber arbeiteten Universitätshistoriker mit.

Beschrieben wird der Markt für schriftliche Auftragsarbeiten als heterogen, unprofessionell, instabil, unsicher strukturiert, wenig transparent und konjunkturabhängig. Derjenige für Archivdienstleistungen dagegen sei stabil und wachsend. Die Tätigkeit eines freien Historikers, der überwiegend schriftliche Auftragsarbeiten anbietet, gilt als wenig lukrativ, Zusatzqualifikationen (Leistungsausweis, Projekterfahrung) seien für ein länger andauerndes Bestehen am Markt gefragt; oft werde die freiberufliche Tätigkeit nur temporär ausgeübt. Als Vorteil und Privileg werden dagegen die selbstbestimmte Arbeitsweise wahrgenommen, sowie die Möglichkeit, denjenigen Themen nachzugehen, die von eigenem Interesse sind. Dies ist allerdings nur in bestimmten, gesellschaftlich nachgefragten Bereichen wie Frauengeschichte möglich, bei einer regionalen Spezialisierung oder bei der Art und Weise, wie Akzente bei der Aufarbeitung von beauftragten Arbeiten oder Ausstellungen gesetzt werden. Die wachsende Nachfrage geht einher mit höheren Ansprüchen und dem Bewusstsein, dass für eine historische Publikation Professionsangehörige hinzuzuziehen sind: Seit bald 20 Jahren werden keine pensionierten Lehrer oder abgetretenen Generaldirektoren mit dem Verfassen von Orts- und Firmengeschichten mehr betraut, sondern professionelle Historiker. Das Vorhandensein von qualitativ guten Arbeiten auf dem Markt führte wiederum zu gestiegenen Ansprüchen der Nachfrager und zu einem professionelleren Vorgehen der Historiker_innen insofern, als sie sich in Büros zusammenschließen und zusätzlich einträglichere Dienstleistungen (Archiv, Ausstellungen, Kommunikation) anbieten.

Die Tendenz zur Professionalisierung historischer Arbeit außerhalb der Universitäten seit den 1990er Jahren trug bei zur Festsetzung professioneller Standards durch die Berufsgruppe. Die Schweizerische Gesellschaft für Geschichte (SGG) entstand aus der 1999 eingeleiteten Reform der Allgemeinen Geschichtforschenden Gesellschaft der Schweiz (AGGS). Die Gesellschaft verabschiedete 2001 neue Statuten, in denen eine Abteilung »Berufsinteressen« formell konstituiert wurde.[10] Diese Abteilung erarbeitete zwei Dokumente, die die Rahmenbedingungen freiberuflicher, historischer Arbeit umreißen: einen »Leitfaden für freiberufliche Historiker und Historikerinnen«[11] 2003 sowie einen »Ethik-Kodex der Schweizerischen Gesellschaft für Geschichte (SGG)« in Verbindung mit »Grundsätzen zur Freiheit der wissenschaftlichen historischen Forschung und Lehre« 2004.[12]

Ziel des Leitfadens ist es, aktuellen und zukünftigen Mitgliedern der SGG »Anhaltspunkte zu vermitteln, wie sie die organisatorischen und arbeitsrechtlichen Grundlagen regeln können, um optimale Voraussetzungen zur Erarbeitung der oft auf ad-hoc-Basis geplanten historischen Darstellungen zu erhalten. Es liegt im Interesse aller, dass professionelle Dienstleitungen vertraglich korrekt geregelt und angemessen honoriert werden. Wer übliche Minimalstandards unterschreitet, schadet nicht nur sich selbst, sondern auch den Berufskollegen und -kolleginnen.«[13] Dargelegt werden in einem ersten Teil »Schritte zur Planung, Erarbeitung und Veröffentlichung einer historischen Untersuchung«. Danach wird auf Vertragsformen eingegangen (Arbeits-, Werk- und Mandatsvertrag) und betont, dass in jedem Fall und Auftrag ein schriftlicher Vertrag abzuschließen sei. Auf einen Musterarbeitsvertrag folgt ein Angebotsbeispiel für ein Ortsbuch sowie eine Gehaltsliste des Personalamts des Kantons Bern, deren Gehaltsklassen unterschiedlichen Aufgaben und Verantwortungsstufen zugeordnet werden (von der Mitarbeiterin ohne Spezialkenntnisse bis zum Gesamtprojektleiter mit Erfahrung in Wissenschaft und Praxis). Stundensätze von 45 bis 180 Franken bzw. Tagessätze von 300 bis 1.400 Franken werden empfohlen. Die zweite Auflage wurde ergänzt um Hinweise und Tipps für Ausstellungen (Honorierung, inhaltliche Verantwortung, Organisation, Versicherungen), einen Mustervertrag sowie eine Budget-Aufstellung für Ausstellungen.

Die befragten Historiker_innen begrüßen einhellig den Leitfaden als gutes Orientierungsinstrument, das die gegenseitigen Rechte und Pflichten definiert und damit ein »Dreinschwatzen« der Auftraggeber möglichst verhindert. Etliche halten die finanziellen Vorgaben für zu hoch und selten durchsetzbar, einige halten sie für realistisch und angemessen. Vielfach werde jedoch mit einem fixen Kostendach gearbeitet, was, wenn das Zeitmanagement gelegentlich außer Kontrolle gerate, die Gefahr der Selbstausbeutung beinhalte. Hervorgehoben wird auch, dass die Situation Selbständiger zu wenig berücksichtigt sei, da der Arbeitsvertrag, also eine zeitweise Festanstellung, aus naheliegenden Gründen (Sozialleistungen, Krankheit und Ferien inbegriffen) favorisiert werde. Der Leitfaden der SGG ist nach meiner Kenntnis das einzige Dokument einer Berufsorganisation im deutschen Sprachraum, das die Rahmenbedingungen für professionelles, freiberufliches historisches Arbeiten thematisiert. Er wird auch in Deutschland rezipiert.

PROFESSIONELLE ETHIK Welches berufliche Selbstverständnis kennzeichnet die freischaffenden Schweizer Historiker_innen? Wie vereinbaren sie die Bedürfnisse des Marktes mit ihrem eigenen Selbstverständnis? Man mache dauernd den Spagat, so einer der Befragten, zwischen dem eigenen Selbstverständnis als Historiker mit wissenschaftlichem Hintergrund und den Bedürfnissen der Auftraggeber und des Publikums. Die Gefahr, so ein anderes Statement, einer beschönigenden oder sich in gewissen Bereichen zurückhaltenden Geschichtsschreibung bestehe. Denn freischaffende Historiker richten sich an eine andere Zielgruppe als Universitätshistoriker. Sie betreiben keine Forschung zum Selbstzweck, sondern bereiten für den Auftraggeber konkrete Informationen auf. Dabei schreibe er die Auftragsarbeiten so, berichtet ein Befragter, dass sie an die allgemeine Forschung angebunden werden könnten. Es wird aber auch darauf hingewiesen, dass die Differenz zwischen akademischer und nichtakademischer Schreibe im deutschen Sprachraum besonders groß sei, ein Unterschied, der, wie von anderer Seite betont wird, im englischen Sprachraum weniger bestehe.

An professioneller Ethik orientierte Geschichtsschreibung wurde der SGG bzw. der angegliederten Abteilung »Berufsinteressen« im Zusammenhang mit einer sich in verschiedenen Bereichen zu Beginn des 21. Jahrhunderts zeigenden zunehmenden Verrechtlichung der historischen Arbeit ein Anliegen. Die Vorgabe des Schutzes von Drittinteressen, so die Initiatoren der Diskussion, führe zu politisch motivierten Aktensperren und bedrohe die wissenschaftliche historische Forschung.[14] Um dieser Tendenz Einhalt zu gebieten, verabschiedete die SGG 2004 den in der Abteilung »Berufsinteressen« erarbeiteten Ethik-Kodex sowie »Grundsätze zur Freiheit der wissenschaftlichen historischen Forschung und Lehre«.[15]

Die meisten der befragten Historiker_innen kennen den Ethik-Kodex und akzeptieren ihn vorbehaltlos. Weltweit gibt es wenig Ethik-Richtlinien von Geschichtsgesellschaften, da die Grundsätze der historischen Methode nach verbreiteter Meinung auch vieler Schweizer Historiker_innen einen genügend starken ethischen Orientierungsrahmen darstellen.[16] In den USA wurde ein ähnliches Dokument (Ethical Guidelines for the Historians) bereits 1985 vom National Council on Public History (NCPH) erlassen, einem Zusammenschluss von Historikern, die alternative Wege und non-teaching carreers eingeschlagen hatten.[17] Geregelt wurde damit die Beziehung des Historikers zu seinen Quellen, den Kunden und Arbeitgebern, zur Öffentlichkeit und zu seiner Verantwortung gegenüber den Grundsätzen der Wissenschaft.

DIE JÜNGSTE ENTWICKLUNG: PROJEKTE IM BEREICH PUBLIC HISTORY UND ANGEWANDTER GESCHICHTE Die Professionalisierungstendenz, die die Tätigkeit von freiberuflichen Schweizer Historiker_innen in den letzten Jahren erfasste, führte zum für 2008 geplanten Projekt eines Nachdiplomstudiengangs in Angewandter Geschichte (Master of Advanced Studies in Public History) an der Universität

Luzern. Mangels ausreichender Interessenten konnte er bis heute nicht durchgeführt werden. Der Studiengang soll zentrale Qualifikationen für eine professionelle Tätigkeit im Bereich Public History vermitteln. Schwerpunkte wurden gelegt in der Förderung der organisatorischen, kommunikativen und sozialen Kompetenzen, der Weiterentwicklung der Kernkompetenzen Schreiben und Recherchieren in Verbindung mit unterschiedlichen Medien sowie in der Reflexion der Bedeutung von Geschichte und ihrer Vermittlung an die Öffentlichkeit. Der berufsbegleitende Studiengang umfasste fünf Module à elf Kurstage während zwei Jahren und wurde auf 18.500 Schweizer Franken veranschlagt.

Zustande kam dagegen 2005 der Nachdiplomstudiengang »Master of Advanced Studies in Applied History« der Universität Zürich. Berufsbegleitend konzipiert, dauert er zwei Jahre, umfasst 22 Module und kostet 24.000 Schweizer Franken. Ein Nachfrage-Einbruch nach der ersten Runde führte zu einer Reduktion des Angebots. Hier handelt es sich nicht um durch freischaffende Historiker angewandte Geschichte, sondern um Vermittlung von historischem Kernwissen: Professoren unterrichten Berufstätige aus unterschiedlichen Berufsfeldern in historischem Denken, schulen sie darin, komplexe Situationen aufs Wesentliche zu reduzieren und eine historische Sensibilität zu entwickeln. Applied History bedeutet hier nicht die Anwendung von Geschichte durch professionelle Historiker in unterschiedlichen, nichtakademischen Kontexten, sondern die Ausbildung von Persönlichkeiten aus unterschiedlichen Berufsfeldern (Medien, Politik, Diplomatie, Wirtschaft, Verwaltung, Bildungswesen) durch Hochschullehrer in geschichtswissenschaftlichem Denken und Methodik. Von bisherigen Volkshochschulkursen unterscheidet sich das Angebot durch Themenvielfalt und Qualität, den Anspruch, den erwerbbaren Titel und den Preis.

FAZIT Angewandte Geschichte, so die meisten der befragten Historiker, wird in der Schweiz durchaus betrieben; allerdings werde der Begriff kaum benutzt oder der angelsächsische der Public History bevorzugt. Sie umschreiben ihre Tätigkeit als eine vermittelnde, sehen sich als Popularisierer zwischen akademischer Historie und dem breiten Publikum. Sie bereiten historische Erkenntnisse für ein nichtakademisches Publikum auf, setzen dabei eher Karten und Bilder als Theorien ein und bemühen sich, wissenschaftlich und professionell, aber gleichzeitig auch einfach und verständlich zu schreiben. Gleichzeitig aber, wie von verschiedener Seite betont wird, bleiben Recherchetechnik und Quellenkritik gleich; allenfalls sinkt der Rechercheumfang im Vergleich mit akademischen Arbeiten aufgrund des Zeitdrucks. Vereinzelt wird eine stark intrinsische Dimension betont und Angewandte Geschichte umschrieben als das Stellen von Fragen, »die mich selber bewegen«, oder als eigene Perspektive auf die Welt und als die sich daraus ergebenden Fragestellungen. Damit würden sich Thesenfelder aufdecken lassen, die für die historische Forschung und das heutige Selbstverständnis weiterführend seien: Beispielhaft sei hier die Geschlechtergeschichte angeführt, trug ihre außeruniversitäre Aufarbeitung doch wesentlich bei zur Verankerung dieser Thematik an den Universitäten.

Angewandte Geschichte in außeruniversitären Kontexten in der Schweiz ist, so das Fazit, gekennzeichnet durch wachsende Professionalität und ein diversifiziertes Angebot der Leistungserbringer. Das im Vergleich zu Deutschland flexiblere Arbeitsrecht führt vielfach zur Kombination von freiberuflicher Tätigkeit und Teilzeit-Festanstellung. Die Marktabhängigkeit prägt die freiberufliche Arbeit insofern, als die Historiker_innen ihren Schreib- und Formulierungsstil auf die Zielgruppe ausrichten, einfach, spannend, jedoch auch wissenschaftlich anschlussfähig zu schreiben beabsichtigen. Das im Vergleich zu Deutschland historisch bedingte, andersartige Verhältnis zur Vergangenheit führt zu einer anderen, möglicherweise schwächeren Nachfrage im Bereich Biografien und Firmengeschichtsschreibung. Andererseits besteht aufgrund der basisdemokratischen Tradition ein kontinuierliches Bedürfnis nach Lokal- und Regionalgeschichtsschreibung.

1 An der Hochschule Luzern wurde im Sommer 2008 erstmals ein Lehrstuhl für Geschichtsdidaktik geschaffen.
2 Vgl. dazu die Ausführungen von Francois Walter im Artikel »Geschichte« im Historischen Lexikon der Schweiz, www.hls-dhs-dss.ch.
3 Andrey, Georges, Histoires Suisse pour les Nuls, Editions First, Paris 2007. Vgl. dazu auch den Artikel »Tell entzweit die Eidgenossen auch weiterhin. Welscher Historikerstreit um eine neue Schweizer Geschichte«, in: NZZ, Internationale Ausgabe, 07.03.2008, S. 35.
4 Rauthe, Simone, Public History in den USA und der Bundesrepublik Deutschland, Essen 2001, S. 87.
5 Erst zum Wintersemester 2008/2009 wird an der FU Berlin erstmals ein Masterstudiengang in Public History durchgeführt.
6 Vgl. dazu den Artikel von Rea Brändle in: Tages-Anzeiger, 08.08.2001, S. 50.
7 Vgl. zu den Geschichtswerkstätten: Forschungsstelle für Zeitgeschichte in Hamburg/Galerie Morgenland/Geschichtswerkstatt Eimsbüttel (Hg.). Geschichtswerkstätten: gestern-heute-morgen. Bewegung! Stillstand. Aufbruch? München, Hamburg 2004.
8 Böge Volker, in: Ebd., S. 8.
9 Die Auswahl erfolgte aufgrund persönlicher Bekanntschaft bzw. persönlicher Vermittlung, kann somit zwar nicht für eine umfassende Repräsentativität der Situation freischaffender Schweizer Historiker stehen, gibt aber sicherlich Orientierungsrichtungen vor. Leider musste aus terminlichen Gründen auf einen Einbezug der französischsprachigen Schweizer Historiker_innen verzichtet werden. Herzlich danken möchte ich für ihre Auskunftsbereitschaft und ihre Kommentare: Samy Bill, Markus Brühlmeier, Jacqueline Häusler, Karin Huber, Martin Illi, Elisabeth Joris, Adrian Knöpfli, Mario König, Martin Lengwiler, Martin Leonhard, Bruno Meier, Thomas Meier, Andreas Meyerhans, Sabina Roth, Verena Rothenbühler, Roger Sablonier, Beatrice Schumacher, Andreas Schwab, Markus Stromer, Jakob Tanner und Heidi Witzig.
10 Vgl. dazu den Aufsatz von Zala, Sacha, Der Ethik-Kodex der Schweizerischen Gesellschaft für Geschichte: Eine Binnensicht, in: Schweizerische Zeitschrift für Geschichte 55 (2005/4), S. 463–468, hier S. 464.
11 Leitfaden für freiberufliche Historiker und Historikerinnen. Tarife und Verträge – Erläuterungen und Empfehlungen der Schweizerischen Gesellschaft für Geschichte (SGG). Bern 2003, zweite,

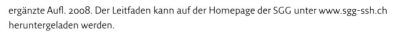

ergänzte Aufl. 2008. Der Leitfaden kann auf der Homepage der SGG unter www.sgg-ssh.ch heruntergeladen werden.

12 Ethik-Kodex und Grundsätze zur Freiheit der wissenschaftlichen historischen Forschung und Lehre, Bern 2004.

13 Leitfaden, Geleitwort des Präsidenten zur ersten Auflage, S. 2.

14 Zala, Ethik-Kodex, S. 467. Konkret ging es um eine durch den Bund erschwerte Akteneinsicht für ein NF-Projekt Schweiz-Südafrika im Zusammenhang anstehender us-amerikanischer Sammelklagen, den Eingriff in die Drucklegung einer Dissertation über Homosexualität in Schaffhausen durch die Schaffhauser Justiz sowie die übergreifende Diskussion um die historische Wahrheitssuche zwischen Justiz und Wissenschaft im Zusammenhang mit der Aufarbeitung der wirtschaftlichen Verflechtungen Schweiz-Deutschland im Zweiten Welt-krieg und den nachrichtenlosen Konten auf Schweizer Banken.

15 Der Ethik-Kodex verpflichtet Historiker_innen auf wissenschaftliche Integrität und Sachlichkeit und die Einhaltung der bestmöglichen Standards in Forschung, Lehre und beruflicher Praxis. Sie haben die Unversehrtheit und Authentizität der Quellen zu wahren und sie nach wissen-schaftlich anerkannten Regeln der Quellenkritik zu interpretieren. Zusätzlich werden Rahmen-bedingungen für Forschung und Publikation festgelegt. Die Grundsätze zur Freiheit der wissen-schaftlichen Forschung und Lehre fordern u. a. eine rechtliche Regelung des Zugangs zu Unter-nehmensarchiven, das Recht zur Einsehung von Archivgut nach spätestens 30 Jahren sowie eine Verjährung des Bankengeheimnisses nach 50 Jahren.

16 Vgl. dazu Zala, Ethik-Kodex, S. 464.

17 Rauthe, Public History, S. 93, 109.

AUTOR_ INNEN-VERZEICHNIS

FELIX ACKERMANN studierte Kulturwissenschaften an der Europa-Universität Viadrina und beendete die London School of Economics and Political Sciences als Master of Science in Russian and Postsoviet Studies. 2008 Promotion an der Viadrina zur Sowjetisierung Ostpolens am Beispiel der Stadt Grodno. 2001 Mitbegründer des Instituts für angewandte Geschichte an der Europa-Universität, in dem er heute die Projektförderung der Geschichtswerkstatt Europa, ein Förderprogramm der Stiftung »Erinnerung, Verantwortung und Zukunft« leitet. Letzte Publikation: Vom Dorf nach Grodno. Die Sowjetisierung Westweißrusslands als Akkulturationsprozess dörflicher Migranten, in: Bohn, Thomas M. (Hg.), Von der »europäischen Stadt« zur »sozialistischen Stadt« und zurück – Urbane Transformationen im östlichen Europa des 20. Jahrhunderts, München 2009, S. 335–361.

KEITH R. ALLEN studierter Ökonom, 1997 Promotion im Bereich Zeitgeschichte. Tätigkeiten unter anderem für die Schweizer Unabhängige Expertenkommission und das US Holocaust Memorial Museum. Von 2005 bis 2007 Aufbau des ersten History Associates Incorporated-Büros außerhalb der USA. Auf diese Erfahrungen aufbauend, arbeitet er an verschiedenen Text-, Recherche- und Medienaufträgen. Siehe: www.keithrallen.com

THORSTEN BECK Magister Artium in Judaistik, Politikwissenschaften und Neuerer deutscher Literatur. Wissenschaftlicher Mitarbeiter im Jüdischen Museum Berlin.

MATHIAS BEREK Magister-Studium der Kulturwissenschaften, Kommunikations- und Medienwissenschaften an der Universität Leipzig. Promotion in Kulturwissenschaften an der Universität Leipzig zum Thema »Der Stellenwert der Erinnerungskultur bei der Konstruktion von Wirklichkeit«, Abschluss 2008. Derzeitiges Forschungsprojekt: Jewish-German lifeworld and sociological theory: Moritz Lazarus. Mitarbeiter der Gedenkstätte Zwangsarbeit während der NS-Zeit, Leipzig. Letzte Publikation: Gutes oder schlechtes Erinnern? Die Notwendigkeit des Politischen in der Erinnerungskultur, in: Hahn, Hans Henning/Hein-Kircher, Heidi/Kochanowska-Nieborak, Anna (Hg.), Erinnerungskultur und »Versöhnungskitsch« in Mitteleuropa, Marburg 2008.

ALEXANDRA BLOCH PFISTER Studium der Geschichte, Germanistik und Soziologie an der Universität Zürich. Diplom für das Höhere Lehramt 1994, Promotion in Geschichte 2005. Freiberuflich tätig als Historikerin und Journalistin in Münster/Westfalen. Publikationen: Priester der Volksbildung. Der Professionalisierungsprozess der Zürcher Volksschullehrkräfte 1770–1914, Zürich 2007. Aufsätze und Publikationen zu Bildungs-, Gender- und Unternehmensgeschichte, Autorin von Lehrmitteln und Unterrichtshilfen.

JULIAN BLOMANN studierte historisch orientierte Kulturwissenschaften (Schwerpunkt Vor- und Frühgeschichte und Frühe Neuzeit) und Medienpsychologie an der Universität des Saarlandes und gründete 2002 die Agentur Historica Events, aus der 2008 die Agentur Erlebnisraum hervorging.
    Neben seiner Tätigkeit als Geschäftsführer hat er einen Lehrauftrag an der Universität des Saarlandes zu den Themen Living History und historisch orientiertes Veranstaltungsmanagement. Publikation: Geschichte verkaufen. Eventkultur als Arbeitsfeld, Saarbrücken 2007.

BRIGITTE BRAUN Medienhistorikerin und Filmwissenschaftlerin. Studium der Geschichte, Kunstgeschichte und Germanistik in Kiel, Breslau und Trier. Mitarbeiterin im Fach Medienwissenschaft der Universität Trier, Forschungsschwerpunkte: Frühes Kino, Kino in der Weimarer Republik, Film und Politik, Film und Geschichte. Promotionsprojekt zum Thema »Filmpolitik und Filmpropaganda im besetzten Rheinland, 1918 bis 1930«. Publikationen zum Frühen Kino und zum Revisionis-

mus im Weimarer Kino, u.a. DVD: Crazy Cinématographe. Europäisches Jahr-
marktkino 1896 bis 1916, Edition Filmmuseum 18, 2007.

KERSTIN BRÜCKWEH seit 2007 wissenschaftliche Mitarbeitern am Deutschen Historischen Institut
London. Zuvor Buchhandelslehre in Hannover, Studium der Geschichte und
Germanistik in Baltimore (USA) und Bielefeld, dort Promotion, danach zweijäh-
rige Tätigkeit als Verlagsredakteurin in München. Schreibt zurzeit eine Geschich-
te des Fragebogens als wichtigem sozialen Werkzeug des 20. Jahrhunderts.
Dissertation zur Geschichte der Gewalt in Deutschland, veröffentlicht unter dem
Titel: Mordlust. Serienmorde, Gewalt und Emotionen im 20. Jahrhundert,
Frankfurt/New York 2006.

MARCUS CYRON zwischen 1996 und 2001 Studium verschiedener Geschichts- und Altertumswissenschaften an den Berliner Universitäten, derzeit freier Autor und Administrator für
Projekte der Wikimedia Foundation, Publikationen in und zur Wikipedia sowie
im Mosaik-Comic-Umfeld.

SILKE EILERS Studium der Neueren und Neuesten Geschichte, Europäischen Ethnologie, Mittelalterlichen Geschichte und Historischen Hilfswissenschaften in Münster. 2002
Promotion, 2003 Publikation der Dissertation: Handbuch der Phillumenie. Zünd-
holzetiketten als historische Quelle. Eine bildkundliche Untersuchung, Ahlen
2003. Wissenschaftliche Mitarbeit in Museen, derzeit als freie Historikerin und
Wissenschaftsjournalistin tätig, u.a. Redakteurin der Sektion »politik« der
Online-Zeitschrift »kunsttexte.de«. Forschungsschwerpunkte: Visual History,
politische Ikonografie, Medientheorie, Kulturgeschichte des 19. und 20. Jahrhunderts, Zeitgeschichte. Letzte Publikation: Sie kommen. Selbstbilder und Fremd-
bilder der Neuen Frauenbewegung, in: Gerhard Paul (Hg.), Das Jahrhundert der
Bilder. 1949 bis heute, Göttingen 2008, S. 458–465.

ANDREAS ETGES Professor für Geschichte Nordamerikas am John F. Kennedy-Institut für Nordameri-
kastudien der Freien Universität Berlin, wo er sich am Masterstudiengang »Public
History« beteiligt. In Bochum, Madison, Wisconsin und Bielefeld hat er
Geschichte, Germanistik und Journalismus studiert und 1998 an der Universität
Bielefeld über deutschen und amerikanischen Wirtschaftsnationalismus im
langen 19. Jahrhundert promoviert. Er war Kurator der Ausstellung »John F. Kennedy« (Berlin 2003 und Wien 2005), ist Kurator des Museums »The Kennedys« in
Berlin sowie Hauptautor und Herausgeber von: John F. Kennedy, Wolfratshausen
2003 (Katalog der Ausstellung im Deutschen Historischen Museum).

SANDRA MARIA FANROTH ausgebildete Journalistin und Mediatorin, war zehn Jahre lang Bildungsre-
ferentin beim Anne Frank Zentrum, Berlin. Dort Konzeption und Durchführung
von Seminaren, Trainings und Fortbildungsreihen für historisch-politische und
Diversity-Themen, Demokratie- und Menschenrechtspädagogik. Seit Oktober
2008 freiberuflich tätig im Bereich Training, Coaching, Prozessbegleitung. Lehr-
aufträge an der Alice-Salomon-Fachhochschule, Berlin sowie Forschung für die

Freie Universität, Amsterdam. Außerdem bietet sie Trainings für Kreatives, berufliches und wissenschaftliches Schreiben an.

MICHAELA FENSKE studierte Kulturanthropologie/Europäische Ethnologie, Geschichte sowie Wirtschafts- und Sozialgeschichte an den Universitäten Göttingen und Tübingen. Zu ihren Forschungsschwerpunkten gehört unter anderem die historische Alltagskultur. Mehrjährige Berufstätigkeit in Forschung und Lehre an den Universitäten Göttingen, Hamburg und Zürich sowie in außeruniversitären Forschungseinrichtungen und im Bereich Wissenschaftsmanagement. Wichtigste Veröffentlichungen: Ein Dorf in Unruhe. Waake im 18. Jahrhundert, Bielefeld 1999; Micro, Macro, Agency. Historical Ethnography as Cultural Anthropology Practice, in: Journal of Folklore Research 44/1 (2007), S. 67–99.

ETTA GROTRIAN Historikerin, seit 2001 im Jüdischen Museum Berlin mit multimedialer Geschichtsvermittlung und Fragen der Museumsdokumentation betraut, Veröffentlichungen in Schulbüchern in den Bereichen Geschichte und Ethik/Philosophie.

WOLFGANG HARDTWIG 1972 Promotion in München, 1982 Habilitation in München. 1985 bis 1991 Professor für Neuere Geschichte an der Universität Erlangen-Nürnberg. Seit 1991 Professor für Neuere Geschichte (Schwerpunkt 19. Jahrhundert) an der Humboldt-Universität zu Berlin. Zahlreiche Publikationen zur Sozial- und Kulturgeschichte Deutschlands vom 16. bis 20. Jahrhundert, zur Geschichte der Ge-schichtsschreibung und zur Geschichtstheorie.

THOMAS HEPPENER war sieben Jahre Deutschlandbeauftragter des Anne Frank Hauses, Amsterdam und Vorstandsvorsitzender des Anne Frank Zentrums e. V., bevor er 2006 Direktor des Anne Frank Zentrums, Berlin wurde. 2007 Gründung der Anne Frank Stiftung, Deutschland. Im Erstberuf Mathematik- und Physiklehrer, dann BWL-Studium mit Schwerpunkt Marketing im Non-Profit-Bereich. Seit 1991 Vorstandsmitglied der Stiftung Demokratische Jugend. Beratung von Kommunen und freien Trägern, Leitung von Seminaren und Workshops, Organisation von Konferenzen zum Umgang mit Rechtsextremismus, Jugendgeschichtsarbeit, Öffentlichkeitsarbeit, Fundraising und Lobbyarbeit.

SUSANNE HILGER Professorin für Wirtschaftsgeschichte der Neuzeit an der Heinrich-Heine-Universität Düsseldorf. Studium der Verfassungs-, Sozial- und Wirtschaftsgeschichte, Kunstgeschichte sowie der Neueren Germanistik in Bonn. Promotion 1996 an der Universität Erlangen-Nürnberg mit einer Arbeit über Sozialpolitik und Unternehmensorganisation in der rheinisch-westfälischen Eisen- und Stahlindustrie, ausgezeichnet mit dem Karl-Giehrl-Preis der Universität. 2002 Habilitation mit einer Arbeit über »Amerikanisierung« deutscher Unternehmen nach dem Zweiten Weltkrieg, erschienen 2004. Forschungsschwerpunkte im Bereich der transnationalen Unternehmensgeschichte. Seit 2004 Leiterin der Abteilung für Wirtschaftsgeschichte an der Heinrich-Heine-Universität Düsseldorf.

WOLFGANG HOCHBRUCK Professur für Nordamerikanistik in Freiburg. Studium der Germanistik, Anglistik und Geschichte in Freiburg, Halifax und Berkeley, Promotion 1990, Habilitation 2001. Akademische Positionen in Osnabrück, Stuttgart und Braunschweig.

TANJA KINKEL Studium der Germanistik, Theater- und Kommunikationswissenschaft, Promotion über Lion Feuchtwangers Auseinandersetzung mit dem Thema Macht. Literaturpreise und Stipendien in Rom, Los Angeles und an der Drehbuchwerkstatt München, seit 2007 PEN-Mitglied, im gleichen Jahr Übernahme der Schirmherrschaft Bundesstiftung Kinderhospiz. Veröffentlichung von zwölf Romanen, in dreizehn Sprachen übersetzt.

WOLFRAM KNÄBICH 1999 bis 2007 Studium der Neueren und Neuesten Geschichte, Politikwissenschaft und Theaterwissenschaft in Berlin und Paris. Seit 2008 wissenschaftlicher Mitarbeiter an der Ludwig-Maximilians-Universität München im DFG-Projekt »Robert Davidsohn (1853 bis 1937): seine Autobiographie und seine Aufzeichnungen aus dem Ersten Weltkrieg – Erstdeditionen mit Kommentar«. Aktuelle Publikation: Solitär wider Willen. Wandlungen der Kulturkritik bei Friedrich Sieburg nach 1945, in: Hohendahl, Peter Uwe/Schütz, Erhard (Hg.), Solitäre und Netzwerker. Akteure des kulturpolitischen Konservatismus nach 1945 in den Westzonen Deutschlands, Essen 2009.

THOMAS KRÜGER seit Juli 2000 Präsident der Bundeszentrale für politische Bildung. Seit 1995 Präsident des Deutschen Kinderhilfswerkes. Außerdem Mitglied der Kommission für Jugendmedienschutz und des Kuratoriums für den Geschichtswettbewerb des Bundespräsidenten, Mitglied im Beirat Deutscher Kinderpreis (World Vision) und im Aufsichtsrat Initiative Musik. Von 1991 bis 1994 Senator für Jugend und Familie in Berlin, anschließend von 1994 bis 1998 Mitglied des Deutschen Bundestages.

CHRISTOPH KÜHBERGER Studium der Geschichte, Italianistik und Pädagogik an der Universität Salzburg und Università degli Studi di Perugia, 2003 zeitgeschichtliche Promotion. Professor für vergleichende Neuere und Neueste europäische Kulturgeschichte am Institut für Geschichte der Universität Hildesheim. Publikation (Auswahl): Kühberger, Christoph/Lübke, Christian/Terberger, Thomas (Hg.), Wahre Geschichte – Geschichte als Ware. Die Verantwortung der Geschichtswissenschaft gegenüber Wissenschaft und Gesellschaft. Rahden/Westf. 2007; Kühberger, Christoph/Sedmak, Clemens, Ethik der Geschichtswissenschaft. Zur Einführung, Wien 2008.

EDGAR LERSCH Studium der Geschichte, der Philosophie, Katholischen Theologie und der Pädagogik. Promotion 1977 mit einer Arbeit über die Auswärtige Kulturpolitik der Sowjetunion in den 1920er Jahren; seit 1979 Leiter des Historischen Archivs des SDR bzw. des SWR. 2001 Honorarprofessor für Mediengeschichte und Archivkunde der Medien an der Universität Halle-Wittenberg. Neben Arbeiten zum Geschichtsfernsehen siehe auch: Dussel, Konrad/Lersch, Edgar (Hg.), Quellen zur Programmgeschichte des deutschen Hörfunks und Fernsehens, Göttingen 1999.

ESTHER MACCALLUM-STEWART Promotion an der University of Sussex zum Thema »Popular Cultural Representation of the First World War«, gleichzeitig Associate Lecturer. Postgraduate research fellow am SMARTlab der University of East London.

SABINE MÜLLER Studium der Mittleren und Neueren Geschichte, Kunstgeschichte und Alten Geschichte, Promotion (2003) und Habilitation (2008) in Alter Geschichte. Lehrkraft für besondere Aufgaben am Historischen Seminar der Leibniz-Universität Hannover. Publikation: Maßnahmen der Herrschaftssicherung gegenüber der makedonischen Opposition bei Alexander d. Gr., Frankfurt a. M. 2003.

JANIS NALBADIDACIS 2004 bis 07 Bachelorstudium der Geschichte und Grundschulpädagogik an der Humboldt-Universität zu Berlin, anknüpfend Masterstudiengang der Geschichte.

LISA NIEMEYER Studium der Geschichte, Anglistik, Wirtschaft und Fachjournalistik in Gießen, Frankfurt/Main und Cambridge; M. A. Neuere Geschichte Universität Frankfurt am Main; MPhil in Historical Studies, University of Cambridge; seit 2006 Promotion an der University of Cambridge zum Thema »Popularising History. Historical fiction, Cultural Heritage, and the Nation in the German States 1848–1880.« Stipendien u. a. der Studienstiftung des deutschen Volkes und des Evangelischen Studienwerkes Villigst e. V.

JACQUELINE NIESSER hat Kulturwissenschaften an der Europa Universität Viadrina sowie Neuere und Neueste Geschichte an der Uniwersytet Wroclawski studiert. Ihre Diplomarbeit verfasste sie über die Geschichte von Macht und Ohnmacht der Vertriebenenverbände in Deutschland. Jacqueline Nießer leitet das Institut für Angewandte Geschichte in Frankfurt an der Oder und koordiniert in Berlin ein EU-Programm für Nachwuchsführungskräfte vom Westlichen Balkan.

MARTIN NISSEN Studium der Geschichte, Deutsch und Englisch in Freiburg i. Br. und Dublin. Wissenschaftlicher Mitarbeiter an der Albert-Ludwigs-Universität Freiburg i. Br., danach wissenschaftlicher Mitarbeiter und Lehrbeauftragter an der HU Berlin. Bibliotheksreferendar an der TIB/UB Hannover. Forschungsschwerpunkte: Geschichtstheorie, Historiographiegeschichte, Bibliotheks- und Buchhandelsgeschichte. Letzte Publikation: Populäre Geschichtsschreibung. Historiker, Verleger und die deutsche Öffentlichkeit (1848 bis 1900), Köln 2009.

RAINER PÖPPINGHEGE Studium der Neueren Geschichte, Englischen Philologie und Politikwissenschaft in Münster. Privatdozent und Akademischer Oberrat am Lehrstuhl für Neueste Geschichte der Universität Paderborn und Geschäftsführer des dortigen Historischen Instituts. Forschungsschwerpunkte: Kommunikationsgeschichte des Ersten Weltkriegs, Geschichts- und Erinnerungskultur in Deutschland, z. B. Straßenbenennungen, Geschichtsbilder im Computerspiel. Publikation u. a.:

Im Lager unbesiegt. Deutsche, britische und französische Kriegsgefangenen-Zeitungen im Ersten Weltkrieg, Essen 2006.

SIMONE RAUTHE Studienrätin im Kirchendienst, bis 1998 Lehramtsstudium mit den Fächern Geschichte und Deutsch an der Heinrich-Heine-Universität Düsseldorf, 2001 Promotion in Neuerer Geschichte mit der Dissertation: Public History in den USA und der Bundesrepublik Deutschland, Essen 2001. 2001 bis 2003 Auftragsarbeit für die Evangelische Kirche im Rheinland, 2004 bis 2008 Schuldienst, seit 2008 Lehrkraft für besondere Aufgaben (zum Zwecke der Habilitation) am Historischen Seminar II der Universität zu Köln. Veröffentlichungen zur Didaktik der Geschichte und der (kirchlichen) Zeitgeschichte, zuletzt: Scharfe Gegner. Die Disziplinierung kirchlicher Mitarbeitender durch das Evangelische Konsistorium der Rheinprovinz und seine Finanzabteilung 1933 bis 1945, Bonn 2003.

ROBERT RÜCKEL Gründungsdirektor und Geschäftsführer des DDR-Museums. Der studierte Betriebswirt mit Schwerpunkt Kulturmarketing ist als Verleger, Autor und Kulturberater tätig. Jüngst erschienen: DDR-Führer. Alltag eines vergangenen Staates in 22 Kapiteln, Berlin 2009.

HILMAR SACK studierte Geschichte, Kunstgeschichte und Politikwissenschaften in Göttingen, Paris und Berlin und promovierte 2007 in Neuerer und Neuester Geschichte an der Humboldt-Universität. Tätigkeiten für Museen und Archive in Deutschland und Frankreich. Er war freiberuflich im Kulturtourismus und als Museumspädagoge tätig, u. a. für das Deutsche Historische Museum und die Stiftung preußische Schlösser und Gärten. Von 2003 bis 2007 war er wissenschaftlicher Mitarbeiter der Enquete-Kommission »Kultur in Deutschland«. Referent im Deutschen Bundestag. Mitgründer der Vergangenheitsagentur. Letzte Veröffentlichung: Der Krieg in den Köpfen. Die Erinnerung an den Dreißigjährigen Krieg in der deutschen Krisenerfahrung zwischen Julirevolution und deutschem Krieg, Berlin 2008.

ACHIM SAUPE Studium der Geschichte, Philosophie und Politologie an der Freien Universität Berlin. Promotion 2007 zum Thema: Der Historiker als Detektiv – Der Detektiv als Historiker. Historik, Kriminalistik und der Nationalsozialismus als Kriminalroman, Bielefeld 2009. Wissenschaftlicher Mitarbeiter und Koordinator des Doktorandenkollegs am Zentrum für Zeithistorische Forschung, Potsdam.

MATTHIAS SCHICKEL Studium in Würzburg und Wien 1990 bis 1996, seit 2000 am Katharinen-Gymnasium Ingolstadt. Promotion 2004 zum Dr. phil. an der Julius-Maximilians-Universität Würzburg zum Thema: Zwischen Wilson und Lenin. Die Anfänge der globalen Blockbildung in den Jahren 1917 bis 1919, Hamburg 2005. Publizistische Tätigkeit u. a. in der ZEIT, Schulbuchautor beim Cornelsen-Verlag, Herausgeber des Buches »Ingolstadt entdecken – Geschichte(n) einer Stadt« (im Erscheinen).

DANIEL SCHLÄPPI Studium der Geschichte, Literatur und Philosophie an der Universität Bern. Er promovierte 2000 mit der Arbeit: Die Zunftgesellschaft zu Schmieden zwischen Tradition und Moderne. Sozial-, struktur- und kulturgeschichtliche Aspekte von der Helvetik bis ins ausgehende 20. Jahrhundert, Bern 2001. Habilitationsprojekt zu: Gemeinbesitz, kollektive Ressourcen und die politische Kultur der alten Eidgenossenschaft (17. und 18. Jahrhundert). Dazu erschienen: Das Staatswesen als kollektives Gut. Gemeinbesitz als Grundlage der politischen Kultur in der frühneuzeitlichen Eidgenossenschaft, in: Marx, Johannes/Frings, Andreas (Hg.), Neue politische Ökonomie in der Geschichte, Köln 2007, S. 169–202.

TOBIAS SCHNEIDER Studium der Neueren und Neusten Geschichte, Soziologie und Philosophie an der Humboldt-Universität Berlin und an der Uniwersytet Warszawski (Universität Warschau). Engagiert sich bei der Gemeinschaft für studentischen Austausch in Mittel- und Osteuropa (GFPS) e. V.

ALEXANDER SCHUG Studium der Neueren und Neuesten Geschichte in Dresden, London, Berlin, 2007 Promotion an der Humboldt-Universität zu Berlin zur Kulturgeschichte der Werbung. Inhaber der Vergangenheitsagentur, Berlin, Verleger und Publizist. Lehrbeauftragter für Angewandte Geschichte an der Humboldt-Universität zu Berlin, zuletzt erschienen (Auswahl): Palast der Republik. Politischer Diskurs und private Erinnerung, Berlin 2007 (Herausgeber); History Marketing. Ein Leitfaden zum Umgang mit Geschichte in Unternehmen, Bielefeld 2003.

MARIANNE SOMMER hat an den Universitäten Zürich und Coventry Biologie und Anglistik studiert. In ihrer Dissertation analysierte sie die Konstruktion eines Menschenbildes im Spannungsfeld Primatologie-Medien-Öffentlichkeit (1888 bis 1998) (Foremost in Creation: Anthropomorphism and Anthropocentrism in National Geographic Articles on Non-Human Primates, 2000). Im Anschluß war sie für zwei Jahre als Walther-Rathenau-Postdoktorandin am Max-Planck-Institut für Wissenschaftsgeschichte in Berlin. 2002 und 2003 hielt sie ein Postdoc von der National Science Foundation inne. An der Pennsylvania State University war sie am interdisziplinären Programm Science, Medicine and Technology in Culture beteiligt und wissenschaftlicher Gast des STS Instituts. Seit 2004 ist sie an der Professur für Wissenschaftsforschung der ETH Zürich, wo sie sich in Wissenschaftsgeschichte und -forschung habilitiert hat: Bones and Ochre: »The Curious Afterlife of the Red Lady of Paviland«, Harvard University Press 2007. Im Frühjahr 2006 war sie Visiting Fellow an der Stanford University.

THOMAS SPAHN Studium der Geschichte, Englische Philologie und Deutsch als Fremd-/Zweitsprache in Oldenburg, Sydney, Berlin und Potsdam. Gründungsvorstand des Vereins »Lernen aus der Geschichte e. V.« an der Technischen Universität Berlin und Lehrerfortbildner am Goethe-Institut. Erste Staatsexamensarbeit zum Einsatz von WebQuests im kompetenzorientierten Geschichtsunterricht.

SVEN TETZLAFF Studium der Sozial- und Wirtschaftsgeschichte, Neueren Geschichte und Volkskunde an der Universität Hamburg. Seit 2001 Projektleiter des Geschichtswettbewerbs des Bundespräsidenten und seit 2008 Leiter des Bereichs Bildung der Körber-Stiftung in Hamburg. Veröffentlichungen zur Technik-, Kultur- und Sozialgeschichte und zur Durchführung von Schülerwettbewerben.

VIKTORIA E. URMERSBACH Studium der Geschichtswissenschaft, Literatur, Philosophie in Hamburg, Dublin und St. Petersburg. 1996 Magisterarbeit am Institut für Sozial- und Wirtschaftsgeschichte in Hamburg zur Problematik von Zeitdiagnose, Geschichtstheorie und Historiografie bei Historikern des Historismus. Volontariat bei der Cinecentrum Deutsche Gesellschaft für Film- und Fernsehproduktion mbH Hamburg in der Redaktion des ZDF-Geschichtsmagazins Damals. Langjährige freie Mitarbeit bei NDR- und Arte-Produktionen, u.a. für die Doku–Dramen Die Nacht der großen Flut (NDR, Arte 2006) und Eschede – Zug 884 (ARD 2008).

REINHOLD VIEHOFF Universitätsprofessor für Medien- und Kommunikationswissenschaften an der Martin Luther Universität. Seine Forschungsinteressen umfassen u.a. Medienästhetik, Sozialpsychologie der Kommunikation und der Medien, Gattungstheorie, Fernsehprogrammforschung, Mediengeschichte und Probleme der kulturellen Identität. Herausgeber einer internationalen Fachzeitschrift (SPIEL), von fachwissenschaftlichen Buchreihen und Mitglied von referential boards internationaler Zeitschriften. Bis 2008 Sprecher der DFG-Forschergruppe 382 »Programmgeschichte des Fernsehens der DDR-komparativ«. Dekan der Philosophischen Fakultät II der Martin Luther Universität Halle-Wittenberg. Zuletzt u. a. publiziert: Schriftsteller und Rundfunk, Konstanz 2002; Geschichte im Fernsehen, Berlin 2007; Deutsches Fernsehen Ost, Berlin 2008.

LUDWIG MARIA VOGL-BIENEK Dipl. Soz., Gründungsmitglied von »Illuminago«, einem Performance Projekt. Die Arbeit als Projektionskünstler und Dramaturg ist eng verbunden mit seinen medien- und sozialgeschichtlichen Forschungsarbeiten. Im Rahmen des SFB 600 »Fremdheit und Armut« an der Universität Trier stellt er derzeit eine Dissertation fertig (Lichtspiele im Schatten der Armut – Inszenierungen sozialer Fragen im Medium der viktorianischen Magic Lantern Show). Publikationen: From Life – The Use of the Optical Lantern in Charity and Social Care. In: Gestrich, Andreas/King, Steven A./Raphael, Lutz: Being Poor in Modern Europe. Historical Perspectives 1800–1940, Bern 2006, S. 467–484. ›Projektionskunst‹ – Paradigma der visuellen Massenmedien des 19. Jahrhunderts«. In: Leonhard, Joachim-Felix et al. (Hg.): Medienwissenschaft. Ein Handbuch zur Entwicklung der Medien und Kommunikationsformen, 2. Teilband, Berlin/New York 2001, S. 1043–1058.

Bibliografische Information der Deutschen Nationalbibliothek
Die Deutsche Nationalbibliothek verzeichnet diese
Publikation in der Deutschen Nationalbibliografie;
detaillierte bibliografische Daten sind im Internet über
www.dnb.d-nb.de abrufbar.

Die Gestaltung des Buches haben Studierende der Kunsthochschule
Berlin-Weißensee unter Leitung von Prof. Wim Westerveld übernommen.
Grafisches Konzept & Satz:
Jana Dörfelt (www.janadoerfelt.de),
Eva Kretschmer (www.eigenbrote.de) und
Hendrik Möhler (www.polygonislands.com).

© 2009 Franz Steiner Verlag Stuttgart
Schrift: Quadraat und FrescoSans
Gedruckt auf säurefreiem, alterungsbeständigem Papier.
Druck: Az Druck und Datentechnik, Kempten

Printed in Germany
ISBN 978–3-515-09336-1